经济均衡问题的数理研究

张从军　王月虎　著

科学出版社

北京

内 容 简 介

本书介绍了经济均衡问题相关数理研究的背景和动态、研究热点和框架、研究内容和方法，以及二十余年来国内外相关学者特别是著者及其所带领的团队在以上方面的研究成果. 全书内容包括绪论、均衡问题研究的数学基础、均衡问题解的存在性研究、均衡问题解的迭代算法、带上下界的均衡问题、广义向量均衡问题、赋序集上的均衡问题、微分均衡问题及均衡问题的应用.

本书可供数学、经济、管理等相关领域教师、研究生和科研工作者参考使用.

图书在版编目(CIP)数据

经济均衡问题的数理研究/张从军，王月虎著. —北京：科学出版社，2020.12
ISBN 978-7-03-067509-5

Ⅰ.①经… Ⅱ.①张… ②王… Ⅲ.①经济均衡–数理经济学–研究
Ⅳ.①F019.1

中国版本图书馆 CIP 数据核字(2020) 第 264190 号

责任编辑：姚莉丽 李 萍/责任校对：杨 然
责任印制：张 伟/封面设计：陈 敬

科 学 出 版 社 出版
北京东黄城根北街 16 号
邮政编码：100717
http://www.sciencep.com
天津市新科印刷有限公司 印刷
科学出版社发行 各地新华书店经销
*
2020 年 12 月第 一 版 开本：720×1000 1/16
2022 年 7 月第三次印刷 印张：23 1/4
字数：467 000
定价：128.00 元
(如有印装质量问题，我社负责调换)

前　言

"均衡 (equilibrium)"一词初见于物理学中, 指物体受合外力为零时的一种状态——静止或匀速直线运动. 后来经济学家用到经济领域中, 用来描述"在各种利益驱动和效用驱动下, 人的行为和稀缺资源的配置所达成的一种稳定状态".

1874 年法国经济学家瓦尔拉斯 (Walras) 在《纯粹经济学要义》一书中首先提出一般均衡理论: 在一个社会中, 如果消费者都追求效用最大化, 生产者都追求生产利润最大化, 是否存在一个价格体系, 在这一体系下, 生产者与消费者能取得全面的供求平衡.

非 Walras 均衡理论的创始人克洛尔 (R.W.Clower) 在 1960 年和 1965 年分别发表了《凯恩斯与古典学派: 一种动态见解》和《凯恩斯主义者的反革命: 一种理论评价》两篇论文, 创立了非 Walras 均衡理论. 该理论认为: 古典理论主要关心均衡状态, 但它并没否定存在其他可能性; 同样, 凯恩斯理论主要关心非均衡状态. 它在本质上并不反对 Walras 均衡, 而是发展 Walras 均衡. 这种逐步发展起来的非 Walras 分析方法, 通过考察更一般的价格机制, 通过在短期引入数量信号和价格–数量混合调整, 以及通过研究除价格预期之外的数量预期, 创造出了一系列在几个方面概括了传统微观经济学概念的非 Walras 均衡概念.

系统科学也把经济均衡概念理解为"任何特定的经济过程'倾向'的结果"或"经济中某种模糊的'长期'收敛于此的吸引状态", 也就是说当经济系统围绕某一状态或趋势上下波动而保持状态、结构不变或者朝一个特定状态不断收敛时, 都认为是经济均衡状态.

Walras 不仅首次提出了一般经济均衡问题, 而且用非线性方程组刻画了该问题的数学形式, 但未能正确给出均衡解的存在性证明. 从而为后人留下了一个对经济学具有深远意义的数学问题: 如何严格证明 Walras 一般经济均衡的存在性? 在此后数十年, 该问题逐渐引起 Cassel, Neisser, Stackelberg, Zenthen 和 Schlesinger 等诸多数理经济学家的强烈关注, 这期间仅有罗马尼亚数学家 Wald 做出了严格的存在性证明, 遗憾的是, 由于其证明中相关假设的经济意义不明确, 难以作为一般经济均衡问题的数学基础. 该问题的最终解决得益于非线性分析理论的发展, 1954 年美国经济学家 Arrow 和 Debreu 利用角谷静夫不动点定理给出了令人满意的严格证明, 并因此分别获得 1972 年和 1983 年的诺贝尔经济学奖, 从而奠定了一般经济均衡问题在经济学中的中心地位. Arrow 和 Debreu 的工作激发了更多经济学家将深刻的非线性分析工具应用于经济问题, 极大地促进了关于经济均衡问题的数理研究. 1994 年, Blum, Oettli 抽象出经济均衡问题简洁的数学表述, 后人常称其为抽象经济均衡问题. 这一均衡理论的研究结果, 在最优化理论、控制论、数理经济等许多领域具有广泛应用, 同时与不动点问题、最优化问题、变分不等式问题、极大极小问题、相补问题等有密切联系, 它为我们研究金融、经济、网络分析、交通和最优化等问题提供了一个统一、自然、新颖的框架, 成为解决这些问题的有力工具. 由于它所包含问题的广泛性和解决问题的深刻性, 国内外许多学者产生了长期的研究兴趣. 此后, 许多经济学者研究各种各样的商品空间、各种因素影响的价格体系, 讨论均衡价格的存在问题. 由于影响价格的因素越来越多, 商品空间也从有限维到无穷维, 许多数学工作者研究在什么条件下均衡点存在, 讨论均衡解的性态, 设计均衡点的算法, 证明算法的收敛性, 等等.

在 1900 年的国际数学家大会上, 希尔伯特提出的 23 个数学问题, 给 20 世纪的数学打上了深刻烙印. 现在, 21 世纪具有怎样的数学难题呢? 1997 年 6 月, 在加拿大多伦多的菲尔兹数学研究所, 斯梅尔 (Smale) 在会上作了 "未来世纪数学问题" 的报告, 他在报告中提出了 18 个未来世纪的重大数学问题, 这就是 21 世纪的 18 个世界数学难题. 21 世纪 18 个世界数学难题其中之一就与均衡问题有关, 即: 把动力学引进经济学理论之中——把一般的经济学均衡理论的数学推广到包含价格调节的情形.

二十余年来, 我们一直关注均衡理论的研究进展. 著者于 2010 年主持承担了国家自然科学基金面上项目 "抽象经济均衡问题的相关研究" (项目批准号: 11071109), 王月虎博士 2020 年主持承担了国家自然科学基金青年项目 "食品质量管理问题驱动的非线性微分博弈研究: 均衡分析与保序性态" (项目批准号: 72001101). 本书意在将这些项目的研究, 以及我和我的博士研究生、硕士研究生长期以来在这一领域的相关探讨重新梳理出来, 并期望以此为线索介绍均衡问题相关数理研究的研究背景和动态、研究热点和框架、研究内容和方法. 因为迄今, 均衡问题的相关研究文献甚多, 但国内外专门系统、全面介绍这一领域的专著我们尚未见到. 如果本书能给在这一领域感兴趣的读者提供一个比较系统的参考工具, 或许就是我们将本书付梓的初衷.

本书的出版得到了科学出版社的大力支持和精心排版, 得到南京财经大学和有关部门的热情帮助和关心, 得到南京财经大学著作出版基金和数学学科经费的资助以及相关研究领域一些著名学者的高度肯定和鼓励. 借此机会, 一并向他们表示衷心感谢.

诚恳期待各位专家、学者和读者对本书提出宝贵意见. 邮箱 zcjyysxx@163.com (张从军), wyhmath@163.com(王月虎).

张从军

2020 年 6 月 6 日于仙林

目　　录

第1章　绪　　论

1.1　经济均衡问题及其背景

19 世纪末法国经济学家 Walras 首次提出一般经济均衡问题, 并用非线性方程组刻画了该问题的数学形式, 但未能正确给出均衡解的存在性证明. 从而为后人留下一个对经济学具有深远意义的数学问题: 如何严格证明 Walras 一般经济均衡的存在性? 在此后数十年, 该问题逐渐引起 Cassel, Neisser, Stackelberg, Zenthen, Schlesinger 等诸多数理经济学家的强烈关注, 但其间仅有罗马尼亚数学家 Wald 做出了严格的存在性证明, 遗憾的是, 其证明中相关假设的经济意义不明确, 难以作为一般经济均衡问题的数学基础. 该问题的最终解决得益于非线性分析理论的发展, 1954 年美国经济学家 Arrow 和 Debreu 利用角谷静夫不动点定理给出了令人满意的严格证明, 并因此分别获得 1972 年和 1983 年的诺贝尔经济学奖, 从而奠定了一般经济均衡问题在经济学中的中心地位. Arrow 和 Debreu 的工作激发了更多经济学家将深刻的非线性分析工具应用于经济问题, 从而极大地促进了关于经济均衡问题的数理研究. 1994 年, Blum 和 Oettli[1] 提出了一种比 Walras 一般经济均衡问题内涵更深、外延更广的均衡问题: 寻找 $\bar{x} \in C$ 使得

$$f(\bar{x}, y) \geqslant 0, \quad \forall y \in C,$$

其中, X 是一个实拓扑向量空间, C 是 X 的非空闭凸子集, $f : C \times C \to \mathbb{R}$ 是一个给定的二元泛函且对 $\forall x \in C$ 都有 $f(x, x) = 0$. 方便起见, 以下记该问题为 $\mathrm{EP}(C, f)$.

1.2　几类广义均衡问题

近二十余年, 国内外学者在古典均衡问题 $\mathrm{EP}(C, f)$ 基础上, 从不同角度对均衡问题进行了相应地推广, 进而提出了多种广义均衡问题. 回顾这些工作, 容易发现有关均衡问题的推广研究主要沿着以下两条主线展开: ① 将映射 f 由标量值推广到向量值, 并进一步由单值映射推广到集值映射; ② 将子集 C 推广到集值映射 $S : C \to 2^Y \setminus \{\varnothing\}$ 的情形. 下面分别沿着这两条主线回顾一些广义均衡问题.

方便起见, 除非特别声明, 本节总假设 X, Y 是实拓扑向量空间, C 是 X 的非空子集, K 为 Y 中的非空闭凸体锥, $\mathbb{R}$ 表示实数集, $T : C \to 2^Y \setminus \{\varnothing\}$, $S : C \to 2^X \setminus \{\varnothing\}$ 为集值映射, $\phi : C \times C \to \mathbb{R}$.

1. 围绕映射 f 进行的研究工作

1997 年, Bianchi, Hadjisavvas 和 Schaible[2] 将古典均衡问题 EP(C, f) 中的映射 $f : C \times C \to \mathbb{R}$ 推广到向量值情形, 即 $f : C \times C \to Y$, 并提出了以下**向量均衡问题**: 寻找 $\bar{x} \in C$, 使得 $\forall y \in C$ 都有

$$f(\bar{x}, y) \succeq 0. \tag{1.2.1}$$

与此同时, 还提出另一种向量均衡问题: 寻找 $\bar{x} \in C$, 使得 $\forall y \in C$ 都有

$$f(\bar{x}, y) \nprec 0, \tag{1.2.2}$$

其中 $\succeq$ 表示由 K 按如下方式诱导的半序关系: $y \succeq x \Leftrightarrow y - x \in K$. 以下分别将向量均衡问题 (1.2.1) 和 (1.2.2) 记为 VEP$(C, f, \succeq)$ 与 VEP$(C, f, \nprec)$.

1997 年, Ansari, Oettli 和 Schlager[3] 将向量值映射 $f : C \times C \to Y$ 推广到集值映射的情形, 即 $f : C \times C \to 2^Y \setminus \{\varnothing\}$. 并由此提出以下**广义向量均衡问题**: 寻找 $\bar{x} \in C$ 使得 $\forall y \in C$ 都有

$$f(\bar{x}, y) \nsubseteq -\mathrm{int} K. \tag{1.2.3}$$

与此同时, 还提出另一种广义向量均衡问题: 寻找 $\bar{x} \in C$ 使得 $\forall y \in C$ 都有

$$f(\bar{x}, y) \subseteq K. \tag{1.2.4}$$

以下分别将广义向量均衡问题(1.2.3)和(1.2.4)记为GVEP$(C, f, \nsubseteq)$与GVEP$(C, f, \subseteq)$.

1999 年, Konnov 和 Yao[4] 将广义向量均衡问题 GVEP$(C, f, \nsubseteq)$ 中固定锥推广到移动锥的情形, 进而提出以下**广义向量均衡问题**: 寻找 $\bar{x} \in C$, 使得 $\forall y \in C$, 都有

$$f(\bar{x}, y) \nsubseteq -\mathrm{int} K(\bar{x}), \tag{1.2.5}$$

其中, $K : C \to 2^Y \setminus \{\varnothing\}$ 为集值映射, 且 $\forall x \in C$, $K(x)$ 都是闭凸真体锥. 以下将广义向量均衡问题 (1.2.5) 记为 GVEP$(C, f, K_x, \nsubseteq)$.

2003 年, Huang 和 Li 等[5] 将向量均衡问题 VEP$(C, f, \nprec)$ 中的固定锥推广到移动锥的情形, 并同时引入映射 $g : C \to C$, 从而提出了**隐向量均衡问题**: 寻找 $\bar{x} \in C$, 使得 $\forall y \in C$ 都有

$$f(g(\bar{x}), y) \notin -\mathrm{int} K(\bar{x}), \tag{1.2.6}$$

其中, $K : C \to 2^Y \setminus \{\varnothing\}$ 为集值映射且 $\forall x \in C$, $C(x)$ 为闭凸体锥. 特别地, 如果 g 为恒等映射, 则上述问题即为: 寻找 $\bar{x} \in C$, 使得 $\forall y \in C$ 都有

$$f(\bar{x}, y) \notin -\mathrm{int} K(\bar{x}). \tag{1.2.7}$$

以下分别将广义均衡问题 (1.2.6) 和 (1.2.7) 记为 VEP(C, f, K_x) 和 IVEP(C, f, g, K_x).

2. 围绕集合 C 进行的研究工作

1995 年, Noor 和 Oettli[6] 定义了集值映射 $S : C \to 2^X \setminus \{\varnothing\}$, 从而将集合 C 推广到集值情形, 并由此提出**拟均衡问题**: 寻找 $\bar{x} \in C$, 使得 $\forall y \in S(\bar{x})$ 都有

$$\bar{x} \in S(\bar{x}), \quad \phi(\bar{x}, y) \geqslant 0. \tag{1.2.8}$$

以下记拟均衡问题 (1.2.8) 为 QEP(C, S, ϕ).

下面介绍拟均衡问题 QEP(C, S, ϕ) 的一种特殊形式, 即: 寻找 $\bar{x} \in X, \bar{y} \in Y$, 使得 $\forall y \in S(\bar{x})$ 都有

$$\bar{x} \in C, \quad \bar{x} \in S(\bar{x}), \quad \bar{y} \in T(\bar{x}), \quad f(y, \bar{y}) \geqslant f(\bar{x}, \bar{y}), \tag{1.2.9}$$

其中, $f : C \times Y \to \mathbb{R}$. 以下将拟均衡问题 (1.2.9) 记为 QEP(C, S, T_m, f).

特别地, 如果 QEP(C, S, T_m, f) 中的 T 为单值映射, 则 QEP(C, S, T_m, f) 即: 寻找 $\bar{x} \in X$, 使得 $\forall y \in S(\bar{x})$ 都有

$$\bar{x} \in C, \quad \bar{x} \in S(\bar{x}), \quad f(y, T(\bar{x})) \geqslant f(\bar{x}, T(\bar{x})). \tag{1.2.10}$$

记该问题为 QEP(C, S, T_s, f). 显然, 若令

$$\phi(x, y) := \sup_{v \in T(x)} (f(y, v) - f(x, v)),$$

则 QEP(C, S, T_m, f) 即为 QEP(C, S, ϕ).

1998 年, Lin 和 Park[7] 将 QEP(C, S, ϕ) 中的二元映射 ϕ 推广到三元映射的情形, 即 $f : C \times Y \times X \to \mathbb{R}$. 由此提出了**广义拟均衡问题**: 寻找 $\bar{x} \in C$ 且 $\bar{y} \in T(\bar{x})$, 使得 $\forall z \in S(\bar{x})$ 都有

$$\bar{x} \in S(\bar{x}), \quad f(\bar{x}, \bar{y}, z) \geqslant 0. \tag{1.2.11}$$

以下将广义拟均衡问题 (1.2.11) 记为 GQEP(C, S, T, f).

2000 年, Park[8] 考虑了广义拟均衡问题 GQEP(C, S, T, f) 的一种特殊形式: 寻找 $\bar{x} \in X, \bar{y} \in Y$, 使得 $\forall z \in S(\bar{x})$ 都有

$$\bar{x} \in S(\bar{x}), \quad \bar{y} \in T(\bar{x}), \quad \psi(\bar{x}, \bar{y}, \bar{x}) \geqslant \psi(\bar{x}, \bar{y}, z), \tag{1.2.12}$$

其中, $\psi : X \times Y \times X \to \mathbb{R}$. 以下将广义拟均衡问题 (1.2.12) 记为 QEP$(C, S, T, \psi(\cdot, \cdot, \cdot))$.

2003 年, Ansari 和 Flores-Bazán[9] 综合考虑了广义拟均衡问题和广义向量均衡问题, 从而提出了**广义向量拟均衡问题**: 寻找 $\bar{x} \in C$, 使得 $\forall y \in S(\bar{x})$ 都有

$$\bar{x} \in S(\bar{x}), \quad f(\bar{x}, y) \not\subseteq -\text{int}K, \tag{1.2.13}$$

其中, $f : C \times C \to Y$, 在 (1.2.13) 式中 K 为 Y 中的闭凸体锥. 记该问题为 GVQEP(C, S, f, K). 相应地, 还可以定义另一种广义向量拟均衡问题: 寻找 $\bar{x} \in C$, 使得 $\forall y \in S(\bar{x})$ 都有

$$\bar{x} \in S(\bar{x}), \quad f(\bar{x}, y) \not\subseteq -\text{int}K(\bar{x}), \tag{1.2.14}$$

其中, $f : C \times C \to Y$, $K : C \to 2^Y \setminus \{\varnothing\}$ 为集值映射且 $\forall x \in C$, $K(x)$ 为真闭凸体锥. 记该问题为 GVQEP(C, S, f, K_x).

特别地, 如果广义向量拟均衡问题 GVQEP(C, S, f, K) 和 GVQEP(C, S, f, K_x) 中的映射 f 为单值映射, 则以上两类集值向量拟均衡问题退化为单值向量拟均衡问题, 以下分别记这两类单值向量拟均衡问题为 VQEP(C, S, f, K) 和 VQEP(C, S, f, K_x).

除以上单独推广均衡问题以外, 有些学者还同时考虑了均衡问题和其他非线性问题. 例如, 2002 年, Moudafi[10] 同时考虑了均衡问题和变分不等式问题并提出了以下**混合均衡问题**: 寻找 $\bar{x} \in C$, 使得

$$f(g(\bar{x}), y) + \langle T\bar{x}, y - \bar{x}\rangle \geqslant 0, \quad \forall y \in C, \tag{1.2.15}$$

其中, H 为 Hilbert 空间, C 是 H 的非空闭凸子集, $T, g : C \to C$ 为非线性算子, 映射 $f : C \times C \to \mathbb{R}$ 满足 $f(x, x) = 0$. 以下记该问题为 MEP(f, g, T).

当然, 均衡问题的广义形式还有很多, 以上仅仅列出了近些年研究较多的几类广义均衡问题. 图 1.1 给出了均衡问题的推广历程.

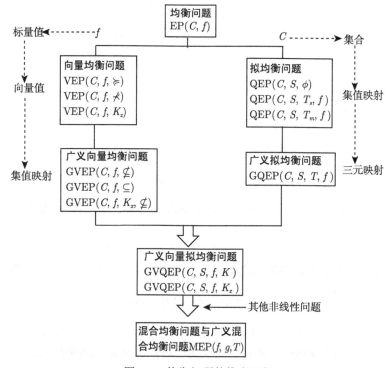

图 1.1　均衡问题的推广历程

1.3 均衡问题与相关非线性问题之间的关系

均衡问题为我们研究不动点问题、互补问题、变分不等式问题、鞍点问题、凸优化问题、Nash 均衡问题等提供了一个统一的框架. 换言之, 以上问题在适当的条件下均可转化为均衡问题. 为此, 我们给出以下几个例子. 在这些例子中, 总约定 X 是一个实拓扑向量空间, C 是 X 的非空闭凸子集, X^* 表示 X 的对偶空间.

例 1.1 (不动点问题) 令 X 为一个 Hilbert 空间, $T : C \to C$ 为一给定映射. 不动点问题即为: 寻找 $\bar{x} \in C$, 使得 $\bar{x} = T(\bar{x})$. 若令 $f(x, y) = \langle x - T(x), y - x \rangle$, 则 $\bar{x}$ 为 T 的不动点当且仅当 $\bar{x}$ 是均衡问题 $\mathrm{EP}(C, f)$ 的解.

例 1.2 (变分不等式问题) 令 X 为 Hilbert 空间, $T : C \to X^*$. 变分不等式问题是指: 寻找 $\bar{x} \in C$, 使得 $\langle T(\bar{x}), y - \bar{x} \rangle \geqslant 0, \forall y \in C$ 都成立. 记该变分不等式问题为 $\mathrm{VI}(C, T)$. 若令 $f(x, y) = \langle T(x), y - x \rangle$, 则变分不等式问题 $\mathrm{VI}(C, T)$ 即为均衡问题 $\mathrm{EP}(C, f)$.

例 1.3 (优化问题) 令 $\phi : C \to \mathbb{R}$, 优化问题即为: 寻找 $\bar{x} \in C$, 使得 $\phi(\bar{x}) \leqslant \phi(y), \forall y \in C$ 都成立. 通常记该问题为 $\min\{\phi(x)|x \in C\}$. 若令 $f(x, y) = \phi(y) - \phi(x)$, 则优化问题 $\min\{\phi(x)|x \in C\}$ 即为均衡问题 $\mathrm{EP}(C, f)$.

例 1.4 (凸可微优化问题) 若 $\phi : X \to \mathbb{R}$ 为凸函数且 Gâteaux 可微, 并 ϕ 在 x 处的微分 $D\phi(x) \in X^*$. 由凸分析的知识可知, $\bar{x}$ 是优化问题 $\min\{\phi(x)|x \in C\}$ 的解当且仅当 $\bar{x}$ 满足如下变分不等式: $\langle D\phi(\bar{x}), y - \bar{x} \rangle \geqslant 0, \forall y \in C$. 进一步令 $f(x, y) = \langle D\phi(x), y - x \rangle$, 则以上凸可微优化问题即为均衡问题 $\mathrm{EP}(C, f)$.

例 1.5 (互补问题) 令 C 为一个非空闭凸锥且它的极锥定义为 $C^* := \{x^* \in X^* | \langle x^*, y \rangle \geqslant 0, \forall y \in C\}$, $T : C \to X^*$ 为一个给定的映射. 互补问题是指: 寻找 $\bar{x} \in C$, 使得 $T(\bar{x}) \in K^*$ 且 $\langle T(\bar{x}), \bar{x} \rangle = 0$. 容易验证, 该问题等价于变分不等式问题 $\mathrm{VI}(C, T)$, 由例 1.2 可知, 它可以进一步转化为均衡问题.

例 1.6 (鞍点问题) 令 $C_1, C_2 \in X$, $\phi : C_1 \times C_2 \to \mathbb{R}$. 鞍点问题是指: 寻找 $(\bar{x}_1, \bar{x}_2) \in C_1 \times C_2$, 使得 $\phi(\bar{x}_1, y_2) \leqslant \phi(y_1, \bar{x}_2), \forall (y_1, y_2) \in C_1 \times C_2$. 若令 $C = C_1 \times C_2$ 并定义 $f((x_1, x_2), (y_1, y_2)) = \phi(y_1, x_2) - \phi(x_1, y_2)$, 则 $\bar{x} = (\bar{x}_1, \bar{x}_2)$ 是鞍点问题的解当且仅当其为均衡问题 $\mathrm{EP}(C, f)$ 的解.

例 1.7 (Nash 均衡问题) 令有限指标集 I 表示局中人的集合, 对任意 $i \in I$, C_i 表示第 i 个局中人的策略集, 并记 $C := \prod_{i \in I} C_i$. 对任意 $i \in I$, 函数 $f_i : C \to \mathbb{R}$ 表示第 i 个局中人的支付函数. 对 $x := (x_i)_{i \in I}$, 定义 $x^i := (x_j)_{j \in I, j \neq i}$. 如果存在 $\bar{x} = (\bar{x}_i)_{i \in I} \in C$, 使得对所有 $i \in I$, 都有 $f_i(\bar{x}) \leqslant f_i(\bar{x}^i, y_i), \forall y_i \in C_i$, 则称 $\bar{x}$ 为一个 Nash 均衡点. 若令 $f(x, y) = \sum_{i \in I} (f_i(x^i, y_i) - f_i(x))$, 则 $\bar{x} \in C$ 为一个 Nash 均衡点

等价于 $\bar{x}$ 是均衡问题 $\mathrm{EP}(C, f)$ 的解.

由以上几个例子可见均衡理论包含问题的广泛性和研究问题的深刻性.

1.4　均衡问题的研究概况

迄今为止, 关于均衡问题的研究已有二十余年, 并取得了一系列丰硕的成果. 回顾这些工作, 主要涉及以下几个研究课题.

1. 均衡问题解的存在性

关于均衡问题解的存在性研究可追溯到 Blum 和 Oettli 于 1994 年的工作, 他们在文献 [1] 中首次提出了均衡问题并利用 KKM 定理研究均衡问题解的存在性. 此后, 国内外学者在不同空间框架下对多种广义均衡问题解的存在性展开了大量研究, 运用的主要工具有: KKM 定理、F-KKM 定理、不动点定理、Ekeland 变分原理、极大元原理等. 事实上, 为保证均衡问题解的存在性, 除以上分析工具外往往还要求相关映射及其定义域具有良好的性质, 例如, 映射的连续性、上半连续性、下半连续性、单调性、伪单调性、拟单调性以及定义域的紧性和凸性等. 因此, 如果回顾有关均衡问题解的存在性方面的文献, 不难发现这方面的研究主要沿着以下几条路线展开: 从古典均衡问题到广义均衡问题、从有限维空间到无限维空间、从连续性到半连续性、从单调性到广义单调性、从凸性到广义凸性、从紧性到弱紧性. 由于这些研究多是基于映射的连续性或结合单调性, 所以考虑的空间框架都具有拓扑结构. 然而, 如果有关映射的连续性未知或空间框架不具有拓扑结构, 那么上述多数方法不再适用. 因此, 在赋序集上考虑不连续的均衡问题十分迫切而且具有重要的理论意义. 遗憾的是这方面的研究并不多见. 2012 年, Nishimura 和 Ok[11] 在 Hilbert 格中利用序方法研究了广义变分不等式问题解的存在性. 2012 年以来, Li 和 Yao[12]、Xie 等[14] 在赋序集中利用序方法研究了广义鞍点问题和广义 Nash 均衡问题, 但这些问题都是均衡问题的特殊形式, 换言之, 利用序方法研究不连续的均衡问题仍是一个全新的课题.

2. 均衡问题解的性态

均衡问题的解往往依赖于相关映射及其定义域, 当相关映射及其定义域发生变化时, 均衡问题的解通常会随之改变. 在经济现象中, 我们也经常关注当外生变量发生变化时均衡点的变动情况. 因此, 研究映射和定义域受参数扰动时均衡解的性态不仅具有理论意义而且具有一定的现实意义. 2002 年, Moudafi 在 Hilbert 空间中利用 Wiener-Hopf 方程技巧研究了混合均衡问题解的连续性. 此后便掀起了这方面的研究热潮, 国内外学者在不同空间框架下关注了有关均衡问题的多种连续性, 例如, 连续性、上半连续性、下半连续性、Hausdorff 连续性、Hölder 连续性等. 然而, 连续性只能刻画参数扰动时均衡解的变化范围, 并不能描述均衡解的变化趋势——保序性和逆序性等. 由于了解参数扰动下解映射的保序性和逆序性具有重要的理论意义和现实意义, 所以有关均衡问题解的保序性研究自然也应成为一个重要的课题. 但这方面的研究迄今为止并不多见.

3. 均衡问题解的迭代算法

为求解均衡问题及其相关问题, 国内外学者从 21 世纪初开始对均衡问题的迭代算法进行了大量的研究. 2003 年, Noor[16] 考虑了一类集值均衡问题, 并利用辅助原理研究了该问题解的迭代算法. 2007 年, Takahashi 和 Takahashi[17] 利用黏滞逼近和辅助原理构造了求解均衡问题和不动点问题公共元的迭代算法. 此后, 关于均衡问题、不动点问题及变分不等式问题公共元的迭代算法研究逐渐引起许多学者的关注, 并有大量的混合算法相继问世. 在这些工作中, 2007 年到 2008 年之间的研究主要侧重将有关不动点的迭代算法、变分不等式的迭代算法及均衡问题的迭代算法进行某种组合, 进而构造出求解这些问题公共元的迭代算法. 2009 年之后的工作主要侧重对之前算法的推广, 如从 Hilbert 空间推广到 Banach 空间、从古典均衡问题推广到广义均衡问题、从一个非扩张映射推广到无限个非扩张映射、从非扩张映射推广到渐近伪压缩型映射等. 以上有关均衡问题的算法多数利用了投影技巧, 而比投影技巧更灵活的 Wiener-Hopf 方程技巧使用得很少. 近几年, 虽然有学者利用该技巧构造了一些求解变分不等式问题和不动点问题的迭代算法, 但并没有将其应用到有关均衡问题的算法研究中, 这为我们在这方面的研究提供了一个新的切入点.

4. 带上下界均衡问题

带上下界的均衡问题是 Isac 等[18] 于 1999 年提出的, 但此后关于此问题的研究主要集中于解的存在性方面, 例如, Li[19] 介绍了极端子集的概念, 并利用 KKM 定理给出该问题解的存在性定理; Chadli 等[20] 利用不动点定理给出了该问题解的存在性定理; Zhang[21] 定义了 (α, β)-凸的概念并用不动点定理给出了该问题解的存在性定理. 然而, 有关带上下界均衡问题稳定性方面的研究目前并不多见.

5. 微分变分不等式问题与微分均衡问题

随着社会的发展和技术的进步, 当今现实世界所面临的大量问题逐渐由低维发展到高维、由静态演化到动态、由相对独立趋向交叉融合, 例如, 动态交通流问题、多刚体接触力学问题、动态供应链网络均衡问题等. 这些复杂问题很难只依靠微分方程理论或者均衡理论独立解决, 唯有将这些非线性分析理论交叉融合, 才有望开辟一条新路径. 2008 年, Pang 和 Stewart[23] 将微分方程与变分不等式相结合, 在

Mathematical Programming 上发表了一篇长达 80 页的论文, 全面系统地介绍了"微分变分不等式"的基本理论. 近十年, 该问题已被推广至多种形式, 其研究课题现已涵盖: 解的存在性、算法设计、稳定性分析和应用研究. 特别是 2016 年至 2019 年, 其空间框架也从有限维空间推广到 Banach 空间, 相关研究成果与日俱增, 现已发展为优化领域和方程领域一个新兴的热点交叉问题. 目前关于微分变分不等式的主要研究工具为拓扑不动点定理, 因此对映射的连续性要求较强. 为此, 第 8 章给出一种研究微分变分不等式的新方法——序不动点定理. 另外, 注意到"均衡问题"比"变分不等式"内涵更深、外延更广, 所以很自然提出一类由均衡问题和微分方程构成的微分均衡问题. 由于均衡问题的用途极其广泛, 针对微分均衡问题的研究具有重要理论意义和应用价值.

6. 均衡问题的相关应用

以上几个课题都是从理论方面对均衡问题进行的研究. 由于均衡理论为许多非线性问题提供了一个统一的研究框架, 近几十年已被应用到多个领域, 例如金融领域、经济领域、网络分析、交通问题等. 其解决问题的深刻性是其他工具难以替代的, 因此, 有关均衡问题的应用研究也有待于进一步深入.

第2章 均衡问题研究的数学基础

本章主要介绍研究均衡问题需要的一些基本工具及相关概念, 限于篇幅, 并突出重点, 其中相关命题仅以定理的形式给出, 而省略了证明, 详情可参考文献 [24] 等.

2.1 凸集与凸函数

定义 2.1 设 E 是实线性空间, $K \subset E$. 如果对任何 $x, y \in K$, $0 \leqslant t \leqslant 1$ 都有 $tx + (1-t)y \in K$, 则称 K 是凸集.

定理 2.1 凸集具有以下基本性质:

(1) 任意个凸集的交是凸集;

(2) 设 K 为凸集, $x_1, x_2, \cdots, x_n \in K$, $0 \leqslant t_i \leqslant 1$, $i = 1, 2, \cdots, n$, 且 $\sum\limits_{i=1}^{n} t_i = 1$, 则 $\sum\limits_{i=1}^{n} t_n x_i \in K$;

(3) 任意有限个凸集的代数和是凸集. 设 $K_1, K_2 \subset E$, K_1 与 K_2 的代数和定义为

$$K_1 + K_2 \triangleq \{x = x_1 + x_2 : x_1 \in K_1, x_2 \in K_2\};$$

(4) $K \subset E$ 是平衡凸集的充要条件是: 对任何 $x, y \in K$, 以及适合 $|\alpha| + |\beta| \leqslant 1$ 的 α, β, 均有 $\alpha x + \beta y \in K$;

(5) 设 K 是凸集, $a \in E$, 平移映射 $T_a : x \to x + a$ 将凸集 K 映成凸集 $K + a$, 且将 K 的边界映为 $K + a$ 的边界;

(6) 设 E, F 是线性空间, $T : E \to F$ 是线性映射, 则 T 将 E 中的凸集 E 映成 F 中的凸集 $T(K)$.

定义 2.2 设 E 是线性空间, D 是 E 中的凸集, 泛函 $g : D \to \overline{\mathbb{R}} = (-\infty, +\infty]$. 如果对一切 $x, y \in D$, $0 < \lambda < 1$, 有

$$g(\lambda x + (1-\lambda)y) \leqslant \lambda g(x) + (1-\lambda)g(y),$$

则称 g 是凸泛函. 如果 $x \neq y$, 上式严格不等式成立, 则称 g 是严格凸的. 如果存在 $x_0 \in D$, 使 $g(x_0) < +\infty$, 则称 g 是真泛函.

若 $-g$ 为凸泛函, 则称 g 为凹泛函.

定义 2.3   设 E 是线性空间, D 是 E 中的凸集, $g : D \to \overline{\mathbb{R}}$, 若 $\forall \lambda \in \mathbb{R}$, $F_\lambda = \{x \in D : g(x) \leqslant \lambda\}$ 为凸集, 则称 g 为拟凸泛函.

定义 2.4   设 E 是赋范空间, D 是 E 中的凸集, 泛函 $g : D \subset X \to \overline{\mathbb{R}} = (-\infty, +\infty]$, 如果存在常数 $x, y \in D$, $0 < \lambda < 1$, 对一切 $x, y \in D$, $0 < \lambda < 1$, 有

$$g(\lambda x + (1 - \lambda)y) \leqslant \lambda g(x) + (1 - \lambda)g(y) - C\lambda(1 - \lambda)\|x - y\|^2,$$

则称 g 是一致凸的.

定理 2.2 $\forall \lambda \in \mathbb{R}$, $\{x \in D : g(x) \geqslant \lambda\}$ 是凸集的充要条件是: $\forall \lambda \in \mathbb{R}$, $\{x \in D : g(x) > \lambda\}$ 是凸集.

2.2   Banach 空间的凸性和光滑性

以下设 X 是 Banach 空间, S_X 表示 X 中的单位球面, B_X, $\overline{B}_X$ 分别表示 X 中的开和闭的单位球.

定义 2.5   设 X 是 Banach 空间, 如果对任何 $x, y \in S_X$, $x \neq y$, 都有 $\left|\dfrac{x + y}{2}\right| < 1$, 则称 X 是严格凸的.

定理 2.3   设 X 是 Banach 空间, 以下叙述是等价的:

(1) X 是严格凸的;

(2) $\forall x, y \in S_X$, $t \in (0, 1)$, $x \neq y$, 有

$$\|tx + (1 - t)y\| < 1;$$

(3) $\forall x \neq 0, y \neq 0$, x 与 y 不共线, 都有

$$\|x + y\| < \|x\| + \|y\|;$$

(4) X 上的任一连续线性泛函在 S_X 上至多一点处达到它的极大值, 即 $\forall f \in X^*$, 至多存在一点 $x_0 \in S_X$, 使

$$f(x_0) = \max_{x \in S_X} \langle f, x \rangle = \|f\|.$$

定义 2.6   设 X 是 Banach 空间, 如果 $\forall \varepsilon \in (0, 2)$, 存在正数 $\delta(\varepsilon) > 0$, 使

$$\|x - y\| \geqslant \varepsilon, x, y \in S_X \Rightarrow \left\|\frac{x + y}{2}\right\| \leqslant 1 - \delta(\varepsilon),$$

则称 X 是一致凸空间.

定理 2.4 X 是一致凸空间的充要条件是: 对任何 $\{x_n\}, \{y_n\} \subset S_X, \|x_n + y_n\|$
$\to 2(n \to \infty)$ 必有

$$\|x_n - y\| \to 0 \quad (n \to \infty).$$

定义 2.7 设 X 是 Banach 空间, 如果 $\forall \varepsilon > 0, x \in \overline{B}_X$, 存在 $\delta(\varepsilon, x) > 0$ 对任
何 $y \in \overline{B}_X$,

$$\|x - y\| \geqslant \varepsilon \Rightarrow \left\|\frac{x + y}{2}\right\| \leqslant 1 - \delta,$$

则称 X 是局部一致凸空间.

定理 2.5 一致凸空间是局部一致凸的; 局部一致凸空间是严格凸的; 有限维
的严格凸空间是一致凸的.

注 2.1 (1) Hilbert 空间是一致凸空间.

(2) 空间 $l^p, L^p[a, b]$, 当 $p > 1$ 时是一致凸空间; l^1, l^∞ 均不是严格凸空间, $L[0, 1]$,
$C[a, b]$ 都不是一致凸空间.

定义 2.8 设 X 是线性空间, E 是 X 中的一个集合. 如果 $x_0 \in F \cap H_f^r$ 且 E
位于 H_f^r 的一侧, 则称超平面 H_f^r 是 E 在 x_0 处的支撑超平面. 此时, 称 f 为 E 在
x_0 处的支撑泛函.

定义 2.9 设 X 是 Banach 空间, $x_0 \in S_X$, 如果 x_0 有唯一的支撑泛函 f_{x_0}, 则
称 X 在 x_0 处是光滑的, 如果 S 在 S_X 的每一点处光滑, 则称 X 是光滑空间, 或称
X 具有光滑的范数.

定理 2.6 设 X 是可分的 Banach 空间, 则 S_X 上的光滑点的全体在 S_X 上
稠密.

定义 2.10 设 X 是 Banach 空间, 如果 $\forall \varepsilon > 0, \exists \delta > 0$, 当 $x, y \in X, x \in S_X$,
$\|y\| < \delta$ 时, 有

$$\|x + y\| + \|x - y\| < 2 + \varepsilon\|y\|,$$

则称 X 是一致光滑的.

定义 2.11 设 X 是 Banach 空间, 如果极限

$$\lim_{x \to 0} \frac{\|x + \lambda y\| - \|x\|}{\lambda}$$

关于 S_X 中的 x, y 一致存在, 则称 X 的范数 $\|\cdot\|$ 是一致 Fréchet 可微的.

定理 2.7 设 X 是 Banach 空间, 则

(1) 如果 X 是严格凸的, 则 X 光滑;

(2) 如果 X^* 是光滑的, 则 X 是严格凸的.

定理 2.8 设 X 是自反的 Banach 空间, 则 X 是严格凸的充要条件是 X^* 光
滑; X 光滑的充要条件是 X^* 严格凸.

定理 2.9　一致凸的 Banach 空间是自反的; 一致光滑的 Banach 空间是自反的.

定理 2.10　设 X 是 Banach 空间, 则 X 是一致凸的充要条件是 X^* 一致光滑; X 一致光滑的充要条件是 X^* 一致凸.

定理 2.11　设 X 是 Banach 空间, 以下说法等价:

(1) X 是一致光滑的;

(2) X^* 是一致凸的;

(3) X 的范数是一致 Fréchet 可微的.

2.3　集值映射相关概念与连续性

定义 2.12　设 X, Y 是两个集合, $T: X \to Y$ 是一种对应法则, 如果对每一 $x \in X$, 通过 T 有 Y 中的一个子集 $T(x)$ 与之对应, 则称 T 是 X 到 Y 的一个集值映射. $T(x)$ 称为 T 在 x 处的像或值. 如果存在至少一个元素 $x \in X$, 使 $T(x)$ 非空, 则称 T 是真集值映射. 以后除非特别说明, 本书所指的集值映射均为真集值映射. 对于真集值映射 T, 集合

$$D(T) := \{x \in X | T(x) \neq \varnothing\}$$

称为 T 的定义域.

定义 2.13　设 $T: X \to Y$ 是集值映射, 称 $X \times Y$ 的子集

$$\{(x, y) | y \in T(x)\} = G(T)$$

为 T 的图像.

定义 2.14　设 $T: X \to Y$ 是集值映射, 称

$$I(T) = \bigcup_{x \in D(T)} T(x)$$

为 T 的像或值域.

定义 2.15　设 $T: X \to Y$ 是集值映射, $T^{-1}: Y \to X$ 定义如下: $x \in T^{-1}(y)$ 当且仅当 $y \in T(x)$. 此时称 T^{-1} 是 T 的逆映射.

定义 2.16　设 $T: X \to Y$ 是集值映射, M 是 Y 的子集, 称

$$T^{-1}(M) := \{x \in X : T(x) \subseteq M\}$$

为 M 在 T 之下的原像.

$$\mathrm{Core}M := \{x \in X : T(x) \cap M \neq \varnothing\}$$

为 M 在 T 之下的柱心.

定义 2.17 设 E 是 Banach 空间, E^* 是它的对偶空间, $J : E \to E^*, \forall x \in E$, 记 $f(x) = \langle f, x \rangle$,

$$J(x) = \{f \in E^* : \langle f, x \rangle = \|x\|^2, \|f\| = \|x\|\},$$

则称 J 是 E 上的正规对偶映射.

定理 2.12 正规对偶映射有下列基本性质:

(1) $D(J) = E$;

(2) J 是奇映射: $J(-x) = -J(x), \forall x \in E = D(J)$;

(3) J 是正齐次的: $J(\lambda x) = \lambda J(x), \forall \lambda > 0, x \in E$;

(4) J 是有界的;

(5) 当 E^* 严格凸时, I 是 $E \to E^*$ 的单值映射.

定理 2.13 设 E 是自反的, E 与 E^* 都是严格凸的, 则正规对偶映射 $J : E \to E^*$ 是严格单调的、次连续的, 且 J 是 E 与 E^* 之间的满单射.

定理 2.14 设 E 是 Banach 空间, J 是正规对偶映射, 以下命题是等价的:

(1) E 是严格凸的;

(2) $\forall x, y \in E$, 当 x, y 线性无关时, $\forall f \in J(x), \langle f, y \rangle < \|x\| \, \|y\|$;

(3) J 在下述意义下是严格单调的, 即

$$\forall x, y \in E, x \neq y, f_x \in J(x), f_y \in J(y), \text{有} \langle f_x - f_y, x - y \rangle < 0.$$

定理 2.15 设 E 是 Banach 空间, $x_0 \in S_E$, 则以下命题等价:

(1) E 在 x_0 处光滑;

(2) J 的任一单值选择 $f_x \in J(x)$ 在 x_0 处按 E 的范数拓扑和 E^* 的弱 $*$ 拓扑是连续的;

(3) 存在 J 的单值映射选择 $f_x \in J(x)$, 使 f_x 在 S_E 上于 x_0 处关于 E 的范数拓扑和 E^* 的弱 $*$ 拓扑是连续的;

(4) E 的范数 $\| \cdot \|$ 在 x_0 处具有有界线性的 Gâteaux 微分.

定义 2.18 设 X 是 Banach 空间, $M \subset X, \forall x \in X, y \in M$, 若

$$\|x - y\| = d(x, M) = \inf_{z \in M} \|x - z\|,$$

则称 y 是 x 在 M 中的最佳逼近元. 如果 $\forall x \in X$, M 中皆有最佳逼近元, 则称 M 是近迫的. 如果对任何 $x \in X, x$ 在 M 中的最佳逼近元唯一存在, 则称 M 是 Chebyshev的. $\forall x \in X$, 令

$$P_M(x) = \left\{ y \in M : \|y - x\| = \inf_{z \in M} \|x - z\| \right\},$$

则称 P_M 是 X 到 M 的距离投影, $P_M : X \to M$ 一般是集值映射.

定理 2.16 设 E 是赋范空间, E_n 是 E 的 n 维线性子空间, 则 E_n 是近迫的.

定理 2.17 设 X 是一致凸的 Banach 空间, M 是 X 中的闭凸集, 则 M 是 Chebyshev 的.

定理 2.18 设 X 是严格凸的 Banach 空间, M 是 X 中的凸集, $x \in X - M$, 若 x 在 M 中的最佳逼近元存在, 则必唯一.

定理 2.19 设 E 是严格凸的 Banach 空间, E_n 是 E 的有限维线性子空间, 则 E_n 是 Chebyshev 的.

定义 2.19 设 E 是 Banach 空间, E^* 是 E 的共轭空间, $\forall x \in E, f \in E^*$, 记 $f(x) = \langle f, x \rangle$.

定义 2.20 设 $T : E \to E^*$ 是集值映射, 如果 T 的图像 $G(T)$ 是 $E \times E^*$ 中的单调集, 则称 T 是集值单调映射, 简称 T 是单调的; 如果 T 的图像 $G(T)$ 是 $E \times E^*$ 中的极大单调集, 则称 T 是极大单调的.

定理 2.20 $T : E \to E^*$ 单调的充要条件是 $\forall x, y \in D(T), f \in T(x), g \in T(y)$, 有 $\langle f - g, x - y \rangle \geqslant 0$.

定理 2.21 设 $T : E \to E^*$ 是单调的, 则 T 是极大单调的充要条件是: 对 $\forall y \in D(T), g \in T(y), \langle f - g, x - y \rangle \geqslant 0$ 可推出 $x \in D(T)$ 和 $f \in T(x)$.

定理 2.22 设 E 是自反 Banach 空间, 则 $T : E \to E^*$ 单调的充要条件是 $T^{-1} : E^* \to E = E^{**}$ 单调; T 极大单调的充要条件是 T^{-1} 极大单调.

定义 2.21 设 X, Y 是 Hausdorff 拓扑空间, $F : X \to Y$ 是集值映射, $x_0 \in X$. 如果对任意 $y \in F(x_0)$ 及 y 的任何邻域 $N(y)$, 存在 x_0 的邻域 $N(x_0)$, 使对任何 $x \in N(x_0)$, 都有

$$F(x) \cap N(y) \neq \varnothing,$$

则称 F 在 x_0 处下半连续. 如果 F 在 X 中的每一点下半连续, 则称 F 在 X 中下半连续.

定义 2.22 设 X, Y 是 Hausdorff 拓扑空间, $F : X \to Y$ 是集值映射, $x_0 \in X$. 如果 F 在 x_0 处既上半连续又下半连续, 则称 F 在 x_0 处连续. 若 F 在 X 中每一点连续, 则称 F 在 X 中连续.

定理 2.23 设 $F : X \to Y, G : Y \to Z$ 都是集值映射, 定义集值映射 $GF : X \to Z$ 如下

$$GF(x) = \bigcup_{y \in F(x)} G(y),$$

则若 F 和 G 都上半连续, GF 也上半连续.

定理 2.24 设 $F : X \to Y$ 是上半连续的集值映射且具有闭值, 则 F 的图像是闭的.

定理 2.25 设 F 和 G 是从 X 到 Y 的两个集值映射, 满足以下条件:

(1) $\forall x \in X, F(x) \cap G(x) \neq \varnothing$;

(2) F 在 x_0 处上半连续;

(3) $F(x_0)$ 是紧集;

(4) G 有闭图像,

则集值映射 $F \cap G : x \to F(x) \cap G(x)$ 在 x_0 处上半连续.

推论 2.1 设 G 是拓扑空间到紧拓扑空间 X 的集值映射, 如果 G 具有闭图像, 则 G 是上半连续的.

定理 2.26 设 X 是紧的拓扑空间, $F : X \to Y$ 是具有紧值的上半连续映射, 则 $F(X)$ 是 Y 中的紧集.

当考虑的空间为度量空间时, 集值映射的连续性也可用度量来刻画.

定义 2.23 设 X, Y 是度量空间, $F : X \to Y$ 是集值映射, $x_0 \in X$, 如果对 $F(x_0)$ 的任何邻域 $N(F(x_0))$, 存在 $\eta > 0$, 当 $x \in B(x_0, \eta)$ 时, 有

$$F(x) \subset N(F(x_0)),$$

则称 F 在 x_0 点上半连续; 如果对任意的 $y \in F(x_0)$ 及任意的 $\varepsilon > 0$, 存在 $\eta > 0$, 当 $x \in B(x_0, \eta)$ 时, 恒有

$$F(x) \cap B(y, \varepsilon) \neq \varnothing,$$

则称 F 在 x_0 点下半连续.

定理 2.27 设 X 是度量空间, K 是 X 的紧子集, 则 K 的任何邻域包含一个以 K 为中心的开球.

定理 2.28 设 $F : X \to Y$ 是具有紧值的集值映射, 则 F 在 x_0 点上半连续的充分必要条件是: $\forall \varepsilon > 0, \exists \eta > 0, \forall x \in B(x_0, \eta), F(x) \subset B(F(x_0), \varepsilon)$.

定理 2.29 设 $F : X \to Y$ 是集值映射, 则以下条件是等价的:

(1) F 是上半连续的;

(2) Y 中的任何开集的原像是 X 中的开集;

(3) Y 中的任何闭集的柱心是 X 中的闭集.

定理 2.30 设 $F : X \to Y$ 是集值映射, 则以下命题等价:

(1) F 在 X 中下半连续;

(2) Y 中任何闭集的原像是 X 中的闭集;

(3) Y 中任何开集的柱心是 X 中的开集;

(4) $\forall x_0 \in X, \forall \{x_n\} \subset X, x_n \to x_0, y_0 \in F(x_0)$, 存在 $y_n \in F(x_n), y_n \to y_0 (n \to +\infty)$.

2.4　Ekeland 变分原理

定义 2.24　设 X 是拓扑空间, $\overline{\mathbb{R}} = \mathbb{R} \cup \{+\infty\}$, $f : X \to \overline{\mathbb{R}}$ 是任一实泛函, 如果

$$f(x_0) \leqslant \lim_{x \to x_0} f(x),$$

则称 f 在 $x_0 \in X$ 处是下半连续的. 如果

$$f(x_0) \geqslant \lim_{x \to x_0} f(x),$$

则称 f 在 $x_0 \in X$ 处是上半连续的. 如果 f 在 X 的任何点处下半连续 (上半连续), 则称 f 是 X 上的下半连续 (上半连续) 泛函.

显然, f 是下半连续的当且仅当 $-f$ 上半连续.

定理 2.31　设 X 是拓扑空间, $f : X \to \overline{\mathbb{R}}$ 是任一泛函, 下列陈述是相互等价的:

(1) f 在 X 上是下半连续的;

(2) $\forall x_0 \in X$, $\forall \varepsilon > 0$, $\exists x_0$ 的 $U(x_0)$ 邻域, 当 $x \in U(x_0)$ 时 $f(x) > f(x_0) - \varepsilon$;

(3) 对任何 $r \in \mathbb{R}$, 水平集 $F_r = \{x \in X : f(x) \leqslant r\}$ 是 X 中的闭集;

(4) 对任何 $r \in \mathbb{R}$, 集 $G_r = \{x \in X : f(x) > r\}$ 是 X 中的开集;

(5) f 的上图 $\mathrm{epi}(f) \overset{\triangle}{=} \{(x, r) \in X \times \mathbb{R} : f(x) \leqslant r\}$ 在乘积空间 $X \times \overline{\mathbb{R}}$ 中是闭的.

定理 2.32(Ekeland 变分原理)　设 (X, d) 是一完备的度量空间, $f : X \to \mathbb{R}$ 是真下半连续的泛函, 满足 $\inf(f) = C > -\infty$, 又设存在 $\varepsilon > 0$ 和 $x_0 \in X$ 使

$$f(x_0) \leqslant \inf_{x \in X} f(x) + \varepsilon,$$

则对任何 $\lambda > 0$, 存在点 $x_\lambda \in X$, 满足

(1) $f(x_\lambda) \leqslant f(x_0) - \varepsilon \lambda d(x_0, x_\lambda)$;

(2) $d(x_\lambda, x_0) \leqslant 1/\lambda$;

(3) $\forall x \neq x_\lambda, f(x) > f(x_\lambda) - \varepsilon \lambda d(x, x_\lambda)$.

从上述定理可推出: 只要 $f : X \to \overline{\mathbb{R}}$ 是真凸下半连续的且下有界, 则 $\forall \varepsilon > 0$, 恒存在 $x_\varepsilon \in X$ 满足

$$f(x_\varepsilon) \leqslant \inf_{x \in X} f(x) + \varepsilon;$$
$$f(x) \geqslant f(x_\varepsilon) - \varepsilon d(x, x_\varepsilon), \quad \forall x \in X.$$

所以, 定理给出极为广泛的函数类近似极小点的存在性与近似极小点的构造.

2.5 若干不动点定理

自 20 世纪初以来, 不动点理论取得了很大的发展, 下面主要回顾一些经典的不动点定理.

定理 2.33 (Brouwer 不动点定理) 平面闭单位圆盘上的连续自映射, 至少有一个不动点.

定理 2.34 有限维空间中有界闭凸集上的连续自映射必有不动点.

定理 2.35 (Banach 不动点定理) 完备度量空间中的压缩映射必存在唯一的不动点.

定理 2.36 (Schauder 不动点定理) 赋范空间中非空紧凸集上的连续自映射必有不动点.

定理 2.37 赋范空间中非空凸集上紧的连续自映射必有不动点.

定理 2.38 (Tychonoff 不动点定理) 局部凸空间中非空紧凸集上的连续自映射必有不动点.

定义 2.25 (集值映射的不动点) 设 X 是一拓扑空间, $T : X \to X$ 是集值映射, 若存在 $x \in X$, 使 $x \in T(x)$, 则称 x 是 T 的不动点.

1941 年, Kakutanni 把 Brouwer 不动点定理推广到集值映射的情形.

定理 2.39 设 K 是 $\mathbb{R}^n$ 中的有界闭凸集, $T : K \to K$ 是具有闭凸值的上半连续集值映射, 则 T 必有不动点.

1950 年, Bohnenblust 和 Karlin 把 Schauder 不动点定理推广到集值映射的情形.

定理 2.40 设 E 是 Banach 空间, K 是 E 的紧凸子集, $T : K \to K$ 是具有闭凸值的上半连续集值映射, 则 T 必有不动点.

1952 年, Glicksberg 把 Tychonoff 不动点定理推广到集值映射的情形.

定理 2.41 设 T 是局部凸的 Hausdoff 拓扑向量空间, K 是 E 的非空紧凸集, $T : K \to K$ 是具有闭凸值的上半连续集值映射, 则 T 必有不动点.

该定理也称为 K-F-G 不动点定理. 1972 年 Himmelberg 推广了 K-F-G 的定理, 获得如下结果.

定理 2.42 (Himmelberg 不动点定理) 设 E 是局部凸的 Hausdorff 拓扑向量空间, $K \subseteq E$ 是非空凸集, $D \subset K$ 是非空紧集, $T : K \to D$ 是具有闭凸值的上半连续集值映射, 则 T 在 K 中有不动点.

Browder 在 1968 年又证明了另一种形式的关于集值映射的不动点定理.

定理 2.43 (Browder 不动点定理) 设 E 是 Hausdorff 拓扑向量空间, X 为 E 的紧凸集, $S : X \to X$ 是集值映射, 且满足下列条件之一:

(1) $\forall x \in X, S(x)$ 是非空的, $\forall y \in X, S^{-1}(y)$ 是 X 中的开集;

(2) $\forall x \in X, S(x)$ 是开集, $\forall y \in X, S^{-1}(y)$ 是非空凸集,

则 S 在 X 中存在不动点.

1989 年, Tarafdar 将 Browder 不动点原理推广为如下形式.

定理 2.44 (Tarafdar 不动点定理)　设 E 是 Hausdorff 拓扑向量空间, X 是 E 的紧凸集, $S : X \to X$ 是集值映射, 满足.

(1) $\forall x \in X$, $S(x)$ 是非空凸集;

(2) $\forall y \in X$, $S^{-1}(y)$ 包含一个 X 的开子集 O_y;

(3) $\bigcup_{y \in x} O_y = X$,

则 S 在 X 中存在不动点.

2.6　KKM 定理与 Ky Fan 极大极小不等式

在证明均衡问题解的存在性时, 一个重要的思路是通过构造集值映射将其转化为一个非空交问题, 然后再利用 KKM 定理证明该非空交问题有解. 因此, KKM 定理在研究 (广义) 均衡问题解的存在性方面发挥着重要作用. 下面回顾关于 KKM 定理的基本概念及其推广形式.

定义 2.26　设 E 是线性空间, X 是 E 的非空子集, $G : X \to E$ 是集值映射, 若对任何有限集 $\{x_1, \cdots, x_n\} \subset X$, 有

$$\mathrm{co}\{x_1, x_2, \cdots, x_n\} \subset \bigcup_{i=1}^{n} G(x_i),$$

则称 G 为 KKM 映射.

定义 2.27　设 E 是拓扑线性空间, $X \subset E$, $G : X \to E$ 是集值映射. 若 $\forall x \in X$, $G(x)$ 与 E 的任一有限子空间 L 的交 $L \cap G(x)$, 按 L 中的拓扑是闭的, 则称 G 是有限闭的.

定理 2.45(KKM 定理)　设 E 拓扑是线性空间, X 是 E 的非空子集, $G : X \to E$ 是 KKM 映射且是有限闭的, 则集族 $\{G(x) : x \in X\}$ 具有有限交性质.

下面是 Ky Fan 关于有限维 KKM 定理的无穷维推广, 称为 FKKM 定理.

定理 2.46(FKKM 定理)　设 E 是 Hausdorff 拓扑向量空间, X 是 E 的非空子集, $G : X \to E$ 是具有闭值的 KKM 映射, 且存在一点 $x_0 \in X$, 使 $G(x_0)$ 是 E 中的紧集, 则

$$\bigcap_{x \in X} G(x) \neq \varnothing.$$

定理 2.47(Ky Fan 极大极小不等式)　设 E 是 Hausdorff 拓扑向量空间, X 是 E 的非空紧凸子集, $\varphi : X \times X \to \mathbb{R}$ 满足:

(1) $\forall y \in X$, $\varphi(x, y)$ 关于 x 是下半连续的;

(2) $\forall x \in X$, $\varphi(x, y)$ 关于 y 是拟凹的,

则存在 $x_0 \in X$, 使

$$\sup_{y \in X} \varphi(x_0, y) = \min_{x \in X} \sup_{y \in X} \varphi(x, y) \leqslant \sup_{x \in X} \varphi(x, x).$$

定理 2.48 (Ky Fan 极大极小不等式的几何形式) 设 E 是 Hausdorff 拓扑向量空间, X 是 E 的非空紧凸集, $\Gamma \subset X \times X$ 满足:

(1) $\forall y \in X$, $\Gamma_2(y) = \{x \in X : (x, y) \in \Gamma\}$ 是开集;

(2) $\forall x \in X$, $\Gamma_1(x) = \{y \in X : (x, y) \in \Gamma\}$ 是凸集;

(3) $\Delta \cap \Gamma = \varnothing$, 其中 $\Delta = \{(x, x) : x \in X\}$,

则存在 $x_0 \in X$, 使 $\Gamma_1(x_0) = \varnothing$.

定理 2.49 (Ky Fan 极大极小原理) 设 E 是 Hausdorff 拓扑向量空间, X 是 E 的非空紧凸集, F 是线性空间, Y 是 F 的凸子集, $\varphi : X \times Y \to \mathbb{R}$ 满足:

(1) $\forall y \in Y$, $\varphi(x, y)$ 关于 x 是下半连续的凸泛函;

(2) $\forall x \in X$, $\varphi(x, y)$ 关于 y 是凹泛函,

则有

$$\min_{x \in X} \sup_{y \in Y} \varphi(x, y) = \sup_{y \in Y} \min_{x \in X} \varphi(x, y).$$

定理 2.50 Brouwer 不动点定理、FKKM 定理、Ky Fan 极大极小不等式、Browder 不动点定理和 Ky Fan 极大极小不等式的几何形式都是等价的.

定理 2.51 (Ky Fan 不等式定理) 设 E 是 Hausdorff 拓扑向量空间, X 是 E 的紧凸集, $f : X \to (-\infty, +\infty]$, 且 $f \not\equiv +\infty$, $\varphi : X \times X \to \mathbb{R}$, $\varphi(x, x) \geqslant 0, \forall x \in X$ 且满足:

(1) $\forall x \in X$, $f(y) + \varphi(x, y)$ 关于 y 拟凸;

(2) $\forall y \in X$, $f(x) - \varphi(x, y)$ 关于 x 下半连续,

则存在 $\overline{x} \in X$, 使

$$f(y) + \varphi(\overline{x}, y) \geqslant f(\overline{x}), \quad \forall y \in X.$$

定理 2.52 (Ky Fan 截口定理) 设 E 是 Hausdorff 拓扑向量空间, X 为 E 的非空紧凸集, $A \subset X \times X$ 满足:

(1) $\forall x \in X$, $(x, x) \in A$;

(2) $\forall x \in X$, $\{y \in X : (x, y) \notin A\}$ 为凸集或空集;

(3) $\forall y \in X$, $\{x \in X : (x, y) \in A\}$,

则存在 $x_0 \in X$, 使 $\{x_0\} \times X \subseteq A$.

第 3 章 均衡问题解的存在性研究

本章分别在欧氏空间、拓扑向量空间、度量空间和模糊度量空间研究 (广义) 均衡问题及其几类特殊形式的存在性问题, 例如, 多目标优化问题、变分不等式问题、Nash 均衡问题等.

3.1 欧氏空间中半凸多目标优化拟弱有效解的最优性条件及对偶定理

1. 问题背景与相关预备知识

多目标优化作为最优化理论和应用的重要分支, 其理论研究涉及凸分析、非光滑分析、非线性分析等学科, 同时, 它在国民生活中的众多领域均有着重要应用. 我们知道, 对于多目标优化问题的有效解在非紧条件下往往不存在, 然而在实际应用数值方法求解优化问题时, 所得到的解常常是近似解, 并且近似解在很弱的情况下都可能存在. 故研究多目标优化问题的近似解显得更加符合实际应用和理论研究的需要. 近些年, 众多学者对此课题开展了深入的研究, 获得了丰富的成果.

本节考虑如下带一般约束的多目标优化问题:

$$(\text{VP}) \quad \begin{cases} \min & f(x) = (f_1(x), f_2(x), \cdots, f_k(x))^{\mathrm{T}}, \\ \text{s.t.} & h(x) = (h_1(x), h_2(x), \cdots, h_m(x))^{\mathrm{T}} \leqslant 0, \\ & g(x) = (g_1(x), g_2(x), \cdots, g_l(x))^{\mathrm{T}} = 0, \\ & x \in X, \end{cases}$$

其中 $X \subset \mathbb{R}^n$ 是非空开集, $f_i, h_j, g_t : \mathbb{R}^n \to \mathbb{R} (i = 1, \cdots, k, j = 1, \cdots, m, t = 1, \cdots, l)$ 是 X 上的局部 Lipschitz 连续函数. 问题 (VP) 的可行集记为

$$S = \{x \in X : h(x) \leqslant 0, g(x) = 0\}, \quad I(x) = \{j \in \{1, \cdots, m\} : h_j(x) = 0\}.$$

设 $\mathbb{R}^n$ 是 n 维欧氏空间, 记 $\mathbb{R}^n_+ = \{x \in \mathbb{R}^n : x_i \geqslant 0, i = 1, \cdots, n\}$, $\text{int}\mathbb{R}^n_+ = \{x \in \mathbb{R}^n : x_i > 0, i = 1, \cdots, n\}$. 下面定义 $\mathbb{R}^n$ 中的序关系:

$$x < y \Leftrightarrow y - x \in \text{int}\mathbb{R}^n_+, \quad x \leqslant y \Leftrightarrow y - x \in \mathbb{R}^n_+.$$

设 $\varepsilon = (\varepsilon_1, \varepsilon_2, \cdots, \varepsilon_k)^{\mathrm{T}} \in \mathbb{R}^k_+$, 下面引进 ε-拟弱有效解的概念.

定义 3.1[25]　称 $\overline{x} \in S$ 为问题 (VP) 的 ε-拟弱有效解, 如果

$$(f(S) - f(\overline{x}) + \varepsilon \|x - \overline{x}\|) \cap (-\mathrm{int}\mathbb{R}_+^k) = \varnothing.$$

若 $\varepsilon = 0$, 则以上定义退化为问题 (VP) 的弱有效解.

定义 3.2　设 $f : \mathbb{R}^n \to \mathbb{R}$ 在点 $\overline{x}$ 处是 Lipschitz 的, 则 $f(x)$ 在点 $\overline{x}$ 处沿方向 $d \in \mathbb{R}^n$ 的 Clarke 方向导数、Clarke 广义方向导数、Clarke 广义次梯度分别定义为如下形式:

$$f'(\overline{x}, d) = \lim_{t \downarrow 0} \frac{f(\overline{x} + td) - f(\overline{x})}{t},$$

$$f^\circ(\overline{x}, d) = \lim_{t \downarrow 0} \sup_{y \to x} \frac{f(y + td) - f(y)}{t}$$

$$= \lim_{\delta \downarrow 0} \sup \left\{ \frac{f(y + td) - f(y)}{t} \,\middle|\, 0 < t < \delta, \|y - x\| < \delta \right\},$$

$$\partial f(\overline{x}) = \{ \xi \in \mathbb{R}^n \,|\, f^\circ(\overline{x}, d) \geqslant \langle \xi, d \rangle, \forall d \in \mathbb{R}^n \}.$$

定义 3.3　称 $f(x)$ 在点 x 处是正则的, 如果满足: 对任意 $d \in \mathbb{R}^n$, 有 $f'(x, d)$ 存在, 并且 $f'(x, d) = f^\circ(x, d)$.

定义 3.4[26]　对任意给定的 $\varepsilon \geqslant 0$, 称函数 $\varphi : K \to \mathbb{R}$ 在集合 $K \subseteq X$ 上是 ε-凸函数, 如果对所有的 $x, y \in K$ 和 $\lambda \in (0,1)$, 有

$$\varphi(\lambda x + (1 - \lambda)y) \leqslant \lambda\varphi(x) + (1 - \lambda)\varphi(y) + \varepsilon\lambda(1 - \lambda)\|x - y\|.$$

定义 3.5[27]　称函数 $f : X \to \mathbb{R}$ 在 $x \in K$ 处是 ε-半凸的, 对 $\varnothing \neq K \subset X, \varepsilon > 0$, 如果下列条件成立:

(i) f 在点 x 的球形邻域内是 Lipschitz 的;

(ii) 对任意 $d \in X$, 有 $f'(x, d)$ 存在, 且满足 $0 \leqslant f^\circ(x, d) - f'(x, d) \leqslant \sqrt{\varepsilon} \|d\|$;

(iii) 由 $x + d \in K$ 和 $f'(x, d) + \sqrt{\varepsilon} \|d\| \geqslant 0$ 可推出 $f(x + d) + \sqrt{\varepsilon} \|d\| \geqslant f(x)$ 成立.

引理 3.1[25]　如果 $\overline{x} \in S$ 是问题 (VP) 的一个 ε-拟弱有效解, 则 $\overline{x}$ 是如下向量优化问题的弱有效解:

$$(\mathrm{VP1}) \qquad \min_{x \in S} f(x) + \varepsilon \|x - \overline{x}\|.$$

引理 3.2[28]　设 X 是 Asplund 空间, $f_i : X \to \overline{\mathbb{R}}, i = 1, 2$ 是下半连续函数且其中一个函数在 $\overline{x}$ 处是局部 Lipschitz 的, 则有如下关系成立:

$$\partial(f_1 + f_2)(\overline{x}) \subset \partial f_1(\overline{x}) + \partial f_2(\overline{x}).$$

受文献 [25] 等工作的启发, 本节在相关文献考虑 MP 问题的基础上, 增加了等式约束条件, 即本节考虑的 (VP) 问题, 并将文献 [25] 中定理 3.3、定理 3.4 中的凸性假设改为半凸性假设, 得到 (VP) 问题 ε-拟弱有效解的相应最优性条件 (见本节定理 3.1 和定理 3.2).

类似地, 本节定义了 (VP) 问题的拉格朗日函数及其 ε-拟弱鞍点, 得到 (VP) 问题 ε-拟弱鞍点的相应定理 (见本节定理 3.3 和定理 3.4). 接着, 我们定义了 (VP) 问题的对偶问题 (VD) 问题, 得到 (VP) 问题的弱对偶和强对偶定理 (见本节定理 3.5 和定理 3.6).

2. 问题 (VP) 的 ε-拟弱有效解的存在条件

定理 3.1　设存在 $\overline{x} \in S$, $\lambda = (\lambda_1, \cdots, \lambda_k)^{\mathrm{T}} \in \mathbb{R}_+^k \setminus \{0\}$, 使得

(i) $\sum_{i=1}^{k} \lambda_i f_i$ 在 $\overline{x}$ 处是 $(\lambda^{\mathrm{T}} \varepsilon)^2$-半凸的;

(ii) $\sum_{i=1}^{k} \lambda_i f_i'(\overline{x}, x - \overline{x}) + \lambda^{\mathrm{T}} \varepsilon \|x - \overline{x}\| \geqslant 0, \forall x \in S,$

那么, $\overline{x}$ 是问题 (VP) 的 ε-拟弱有效解.

证明　由条件 (i) 和 (ii), 可得

$$\sum_{i=1}^{k} \lambda_i f_i(x) + \lambda^{\mathrm{T}} \varepsilon \|x - \overline{x}\| \geqslant \sum_{i=1}^{k} \lambda_i f_i(\overline{x}), \quad \forall x \in S. \tag{3.1.1}$$

假设 $\overline{x}$ 不是问题 (VP) 的 ε-拟弱有效解. 那么, 存在 $\hat{x} \in S$ 使得

$$f(\hat{x}) - f(\overline{x}) + \varepsilon \|\hat{x} - \overline{x}\| \in -\mathrm{int}\mathbb{R}_+^k,$$

因此, 由 $\lambda \in \mathbb{R}_+^k \setminus \{0\}$, 可得

$$\lambda^{\mathrm{T}} f(\hat{x}) + \lambda^{\mathrm{T}} \varepsilon \|\hat{x} - \overline{x}\| \in \lambda^{\mathrm{T}} f(\overline{x}).$$

这与 (3.1.1) 式矛盾. 因此, $\overline{x}$ 是问题 (VP) 的 ε-拟弱有效解.　　□

定理 3.2　假设 $f_i, h_j, v_t (i = 1, \cdots, k; j = 1, \cdots, m; t = 1, \cdots, l)$ 在 $\overline{x} \in S$ 处是正则的, 并且满足

$$\sum_{i=1}^{k} \overline{\lambda}_i f_i + \sum_{j=1}^{m} \overline{u}_j h_j + \sum_{t=1}^{l} \overline{v}_t g_t$$

在 $\overline{x}$ 处是 $(\lambda^{\mathrm{T}} \varepsilon)^2$-半凸的, 则 $\overline{x}$ 是问题 (VP) 的 ε-拟弱有效解当且仅当存在 $\lambda \in \mathbb{R}_+^k \setminus \{0\}, \mu \in \mathbb{R}_+^m, v \in \mathbb{R}_+^l$, 使得

(i)　$0 \in \sum_{i=1}^{k} \lambda_i \partial f_i(\overline{x}) + \sum_{j=1}^{m} \mu_j \partial h_j(\overline{x}) + \sum_{t=1}^{l} v_t \partial g_t(\overline{x}) + \lambda^{\mathrm{T}} \varepsilon B^*;$

(ii) $\sum\limits_{j=1}^{m} \mu_j h_j(\overline{x}) = 0$;

(iii) $\sum\limits_{i=1}^{k} \lambda_i f_i + \sum\limits_{j=1}^{m} \mu_j h_j + \sum\limits_{t=1}^{l} v_t g_t$ 在 $\overline{x}$ 处是 $\left(\lambda^{\mathrm{T}} \varepsilon\right)^2$-半凸的.

这里, B^* 是 $\mathbb{R}^n$ 中的单位球.

证明　必要性: 由引理 3.1 可知, $\overline{x}$ 是问题 (VP1) 的弱有效解. 利用 Fritz-John 型必要性条件可知, 存在 $\lambda \in \mathbb{R}^k_+$ 和 $u \in \mathbb{R}^m_+, v \in \mathbb{R}^l_+$ 使得

$$0 \in \sum_{i=1}^{k} \lambda_i \partial(f_i(\overline{x}) + \varepsilon_i \|x - \overline{x}\|) + \sum_{j=1}^{m} u_j \partial h_j(\overline{x}) + \sum_{t=1}^{l} v_t \partial g_t(\overline{x}),$$

$$\sum_{j=1}^{m} u_j h_j(\overline{x}) = 0.$$

由引理 3.2 有

$$\sum_{i=1}^{k} \lambda_i \partial(f_i(\overline{x}) + \varepsilon_i \|x - \overline{x}\|) \subseteq \sum_{i=1}^{k} \lambda_i \partial f_i(\overline{x}) + \sum_{i=1}^{k} \lambda_i \partial \varepsilon_i \|x - \overline{x}\|,$$

故

$$0 \in \sum_{i=1}^{k} \lambda_i \partial f_i(\overline{x}) + \sum_{j=1}^{m} u_j \partial h_j(\overline{x}) + \sum_{t=1}^{l} v_t \partial g_t(\overline{x}) + \lambda^{\mathrm{T}} \varepsilon B^*.$$

充分性: 由 (i) 知, 存在

$$x_i^* \in \partial f_i(\overline{x}), \quad y_j^* \in \partial h_j(\overline{x}), \quad z_t^* \in \partial g_t(\overline{x}), \quad b^* \in B^*,$$

其中 $i = 1, \cdots, k; j = 1, \cdots, m; t = 1, \cdots, l$, 使得

$$0 = \sum_{i=1}^{k} \lambda_i x_i^* + \sum_{j=1}^{m} \mu_j y_j^* + \sum_{t=1}^{l} v_t z_t^* + \lambda^{\mathrm{T}} \varepsilon b^*.$$

由 Clarke 方向导数的性质和定理 3.2 的假设, 可知

$$\left(\sum_{i=1}^{k} \lambda_i f_i + \sum_{j=1}^{m} \mu_j h_j + \sum_{t=1}^{l} v_t g_t\right)'(\overline{x}, d)$$

$$= \sum_{i=1}^{k} \lambda_i f_i'(\overline{x}, d) + \sum_{j=1}^{m} \mu_j h_j'(\overline{x}, d) + \sum_{t=1}^{l} v_t g_t'(\overline{x}, d)$$

$$= \sum_{i=1}^{k} \lambda_i f_i^\circ(\overline{x}, d) + \sum_{j=1}^{m} \mu_j h_j^\circ(\overline{x}, d) + \sum_{t=1}^{l} v_t g_t^\circ(\overline{x}, d)$$

$$\geqslant \sum_{i=1}^{k} \lambda_i \langle x_i^*, d \rangle + \sum_{j=1}^{m} \mu_j \langle y_j^*, d \rangle + \sum_{t=1}^{l} v_t \langle z_t^*, d \rangle$$

$$= \left\langle \sum_{i=1}^{k} \lambda_i x_i^* + \sum_{j=1}^{m} \mu_j y_j^* + \sum_{t=1}^{l} v_t z_t^*, d \right\rangle$$

$$= \langle -\lambda^{\mathrm{T}} \varepsilon b^*, d \rangle$$

$$= -\lambda^{\mathrm{T}} \varepsilon \langle b^*, d \rangle$$

$$\geqslant -\lambda^{\mathrm{T}} \varepsilon \|d\|,$$

即成立

$$\left(\sum_{i=1}^{k} \lambda_i f_i + \sum_{j=1}^{m} \mu_j h_j + \sum_{t=1}^{l} v_t g_t \right)' (\overline{x}, d) + \lambda^{\mathrm{T}} \varepsilon \|d\| \geqslant 0.$$

由 $\sum\limits_{i=1}^{k} \overline{\lambda}_i f_i + \sum\limits_{j=1}^{m} \overline{u}_j h_j + \sum\limits_{t=1}^{l} \overline{v}_t g_t$ 在 $\overline{x}$ 处是 $(\lambda^{\mathrm{T}} \varepsilon)^2$-半凸的, 取 $d = x - \overline{x}, x \in X$, 可得

$$\sum_{i=1}^{k} \lambda_i f_i(x) + \sum_{j=1}^{m} \mu_j h_j(x) + \sum_{t=1}^{l} v_t g_t(x) + \lambda^{\mathrm{T}} \varepsilon \|x - \overline{x}\|$$

$$\geqslant \sum_{i=1}^{k} \lambda_i f_i(\overline{x}) + \sum_{j=1}^{m} \mu_j h_j(\overline{x}) + \sum_{t=1}^{l} v_t g_t(\overline{x}).$$

由 (ii) 及 $\sum\limits_{t=1}^{l} v_t g_t(\overline{x}) = 0$, 得

$$\sum_{i=1}^{k} \lambda_i f_i(x) + \sum_{j=1}^{m} \mu_j h_j(x) + \sum_{t=1}^{l} v_t g_t(x) + \lambda^{\mathrm{T}} \varepsilon \|x - \overline{x}\| \geqslant \sum_{i=1}^{k} \lambda_i f_i(\overline{x}).$$

又由于

$$\sum_{j=1}^{m} \mu_j h_j(x) \leqslant 0, \quad \sum_{t=1}^{l} v_t g_t(x) = 0, \quad \forall x \in S,$$

从而

$$\sum_{i=1}^{k} \lambda_i f_i(x) + \lambda^{\mathrm{T}} \varepsilon \|x - \overline{x}\| \geqslant \sum_{i=1}^{k} \lambda_i f_i(\overline{x}), \quad \forall x \in S,$$

即 $\overline{x}$ 是问题 (VP) 的 ε-拟弱有效解. 　　　　　　　　　　　□

3. ε-拟弱鞍点及拉格朗日对偶

定义 3.6 设 $e = (1, \cdots, 1)^{\mathrm{T}} \in \mathbb{R}^k$. 对任意的 $x \in X$ 和 $u \in \mathbb{R}_+^m, v \in \mathbb{R}_+^l$, 定义拉格朗日函数形式如下

$$L(x, u, v) = f(x) + [u^{\mathrm{T}}h(x) + v^{\mathrm{T}}g(x)]e.$$

定义 3.7 称 $(\overline{x}, \overline{u}, \overline{v}) \in X \times \mathbb{R}_+^m \times \mathbb{R}_+^l$ 是拉格朗日函数的 ε-拟弱鞍点, 如果下面两式成立:

$$L(\overline{x}, u, v) - \varepsilon \|u - \overline{u}\| - \varepsilon \|v - \overline{v}\| \leqslant L(\overline{x}, \overline{u}, \overline{v}), \quad \forall u \in \mathbb{R}_+^m, v \in \mathbb{R}_+^l,$$

$$L(x, \overline{u}, \overline{v}) + \varepsilon \|x - \overline{x}\| - L(\overline{x}, \overline{u}, \overline{v}) \notin -\mathrm{int}\mathbb{R}_+^k, \quad \forall x \in X.$$

注 3.1 若 $\varepsilon = 0$, ε-拟弱鞍点退化到 Xu 在 1994 年研究的广义拉格朗日鞍点[29].

定理 3.3 设 $(\overline{x}, \overline{u}, \overline{v}) \in X \times \mathbb{R}_+^m \times \mathbb{R}_+^l$ 是 ε-拟弱鞍点, $\overline{x}$ 是问题

$$\max_{x \in X} \overline{u}^{\mathrm{T}} h(x), \quad \max_{x \in X} \overline{v}^{\mathrm{T}} g(x)$$

的最优解, 则 $\overline{x}$ 是问题 (VP) 的 ε-拟弱有效解.

证明 由 ε-拟弱鞍点的定义可得, 对任意 $x \in X$, 有

$$\left(f(x) - f(\overline{x}) + \varepsilon \|x - \overline{x}\| + \overline{u}^{\mathrm{T}}\big(h(x) - h(\overline{x})\big)e + \overline{v}^{\mathrm{T}}\big(g(x) - g(\overline{x})\big)e\right) \cap \left(-\mathrm{int}\mathbb{R}_+^k\right) = \varnothing.$$

再由 $\overline{x}$ 是问题 $\max_{x \in X} \overline{u}^{\mathrm{T}} h(x)$, $\max_{x \in X} \overline{v}^{\mathrm{T}} g(x)$ 的最优解可知, 对任意 $x \in X$, 有

$$\overline{u}^{\mathrm{T}}(h(x) - h(\overline{x}))e \leqslant 0,$$

$$\overline{v}^{\mathrm{T}}(g(x) - g(\overline{x}))e \leqslant 0,$$

$$0 \leqslant f(x) - f(\overline{x}) + \varepsilon \|x - \overline{x}\| + \overline{u}^{\mathrm{T}}(h(x) - h(\overline{x}))e + \overline{v}^{\mathrm{T}}(g(x) - g(\overline{x}))e$$

$$\leqslant f(x) - f(\overline{x}) + \varepsilon \|x - \overline{x}\|,$$

故

$$\left(f(x) - f(\overline{x}) + \varepsilon \|x - \overline{x}\|\right) \cap \left(-\mathrm{int}\mathbb{R}_+^k\right) = \varnothing,$$

因此结论成立. $\square$

定理 3.4 设 $\overline{x}$ 是问题 (VP) 的 ε-拟弱有效解. 若定理 3.2 中的假设条件成立, 则存在 $\overline{u} \in \mathbb{R}_+^m, \overline{v} \in \mathbb{R}_+^l$ 使得 $(\overline{x}, \overline{u}, \overline{v})$ 是 ε-拟弱鞍点.

证明 由定理 3.2, 存在 $\overline{\lambda} \in \mathbb{R}_+^k$ 和 $\overline{u} \in \mathbb{R}_+^m$ 和 $\overline{v} \in \mathbb{R}_+^l$, 使得

$$0 \in \sum_{i=1}^{k} \overline{\lambda}_i \partial f_i(\overline{x}) + \sum_{j=1}^{m} \overline{u}_j \partial h_j(\overline{x}) + \sum_{t=1}^{l} \overline{v}_t \partial g_t(\overline{x}) + \varepsilon^{\mathrm{T}} \overline{\lambda} B^*, \tag{3.1.2}$$

$$\sum_{j=1}^{m} \overline{u}_j h_j(\overline{x}) = 0. \tag{3.1.3}$$

易证

$$L(\overline{x}, u, v) - \varepsilon \|u - \overline{u}\| - \varepsilon \|v - \overline{v}\| \leqslant L(\overline{x}, \overline{u}, \overline{v}), \quad \forall u \in \mathbb{R}_+^m, v \in \mathbb{R}_+^l.$$

下面证明

$$L(x, \overline{u}, \overline{v}) + \varepsilon \|x - \overline{x}\| - L(\overline{x}, \overline{u}, \overline{v}) \notin -\mathrm{int}\mathbb{R}_+^k, \quad \forall x \in X.$$

假设不成立, 则存在 $x \in X$ 使得

$$f(\overline{x}) + \overline{u}^{\mathrm{T}} h(\overline{x}) e + \overline{v}^{\mathrm{T}} g(\overline{x}) e > f(x) + \overline{u}^{\mathrm{T}} h(x) e + \overline{v}^{\mathrm{T}} g(x) e + \varepsilon \|x - \overline{x}\|,$$

即

$$f(x) - f(\overline{x}) + \overline{u}^{\mathrm{T}}(h(x) - h(\overline{x})) e + \overline{v}^{\mathrm{T}}(g(x) - g(\overline{x})) e + \varepsilon \|x - \overline{x}\| < 0.$$

结合 $\sum\limits_{i=1}^{k} \overline{\lambda}_i = 1$ 有

$$\sum_{i=1}^{k} \overline{\lambda}_i (f_i(x) - f_i(\overline{x})) + \sum_{j=1}^{m} \overline{u}_j^{\mathrm{T}}(h_j(x) - h_j(\overline{x})) + \sum_{t=1}^{l} \overline{v}_t^{\mathrm{T}}(g_t(x) - g_t(\overline{x})) + \varepsilon^{\mathrm{T}} \overline{\lambda} \|x - \overline{x}\| < 0.$$

$$\tag{3.1.4}$$

再由定理 3.2 中的假设条件: $f_i, h_j, v_t (i = 1, \cdots, k; j = 1, \cdots, m; t = 1, \cdots, l)$ 在 $\overline{x} \in S$ 处是正则的, 和

$$\sum_{i=1}^{k} \overline{\lambda}_i f_i + \sum_{j=1}^{m} \overline{u}_j h_j + \sum_{t=1}^{l} \overline{v}_t g_t$$

在 $\overline{x}$ 处是 $(\lambda^{\mathrm{T}} \varepsilon)^2$-半凸的, 类似定理 3.2 的证明可得到

$$\sum_{i=1}^{k} \overline{\lambda}_i f_i(x) + \sum_{j=1}^{m} \overline{u}_j h_j(x) + \sum_{t=1}^{l} \overline{v}_t g_t(x) + \overline{\lambda}^{\mathrm{T}} \varepsilon \|x - \overline{x}\|$$

$$\geqslant \sum_{i=1}^{k} \overline{\lambda}_i f_i(\overline{x}) + \sum_{j=1}^{m} \overline{\mu}_j h_j(\overline{x}) + \sum_{t=1}^{l} \overline{v}_t g_t(\overline{x}), \quad \forall x \in X.$$

这与式 (3.1.4) 矛盾, 因此结论成立.   □

下面我们考虑问题 (VP) 的 ε 拉格朗日对偶问题.

对 $u \in \mathbb{R}^m, v \in \mathbb{R}^l$ 考虑如下问题

$$(\mathrm{VP})_{(u,v)} \quad \begin{cases} \min & L(x, u, v), \\ \mathrm{s.t.} & x \in S. \end{cases}$$

设 $W(u, v)$ 为问题 $(\mathrm{VP})_{(u,v)}$ 的所有 ε-拟弱有效解的集合, 并设 $\Omega_w(u, v) = \{L(x, u, v) : x \in W(u, v)\}$. 下面考虑如下形式的对偶问题

$$(\mathrm{VD}) \quad \begin{cases} \max & \Omega_w(u, v), \\ \mathrm{s.t.} & u \in \mathbb{R}_+^m, v \in \mathbb{R}_+^l. \end{cases}$$

定理 3.5 设 x 是问题 (VP) 的任意可行点,

$$\overline{y} \in \bigcup_{u \in \mathbb{R}^m_+, v \in \mathbb{R}^l_+} \Omega_w(u, v),$$

即存在 $\overline{u} \in \mathbb{R}^m_+$, $\overline{v} \in \mathbb{R}^l_+$ 和 $\overline{x} \in W(\overline{u}, \overline{v})$, 使得 $\overline{y} = L(\overline{x}, \overline{u}, \overline{v})$, 则

$$(f(x) + \varepsilon \|x - \overline{x}\| - \overline{y}) \cap (-\text{int}\mathbb{R}^k_+) = \varnothing.$$

证明 由 $\overline{x} \in W(\overline{u}, \overline{v})$ 可知, 不存在 $\hat{x} \in S$ 使得

$$L(\hat{x}, \overline{u}, \overline{v}) + \varepsilon \|\hat{x} - \overline{x}\| < L(\overline{x}, \overline{u}, \overline{v}) = \overline{y}.$$

由于 $\overline{u} \in \mathbb{R}^m_+$, $\overline{v} \in \mathbb{R}^l_+$, $h(\hat{x}) \leqslant 0$, $g(\hat{x}) = 0$, 故不存在 $\hat{x} \in S$ 使得

$$f(\hat{x}) < L(\hat{x}, \overline{u}, \overline{v}) = f(\hat{x}) + [\overline{u}^{\mathrm{T}} h(\hat{x}) + \overline{v}^{\mathrm{T}} g(\hat{x})] e,$$

$$f(\hat{x}) + \varepsilon \|\hat{x} - \overline{x}\| < L(\hat{x}, \overline{u}, \overline{v}) + \varepsilon \|\hat{x} - \overline{x}\| < \overline{y}.$$

故 $f(\hat{x}) + \varepsilon \|\hat{x} - \overline{x}\| < \overline{y}$, 因此结论成立. $\quad\square$

定理 3.6 设 $\overline{x}$ 是问题 (VP) 的 ε-拟弱有效解. 定理 3.2 中的条件成立, 则存在 $\overline{u} \in \mathbb{R}^m_+$, $\overline{v} \in \mathbb{R}^l_+$, 使得 $(\overline{x}, \overline{u}, \overline{v})$ 是问题 (VD) 的 ε-拟弱有效解.

证明 由定理 3.4 可知, 存在 $\overline{u} \in \mathbb{R}^m_+$, $\overline{v} \in \mathbb{R}^l_+$ 使得 $(\overline{x}, \overline{u}, \overline{v})$ 是 $L(x, u, v)$ 的 ε-拟弱鞍点, 且 $\sum\limits_{j=1}^{m} \overline{u}_j h_j(\overline{x}) = 0$.

下面证明 $\overline{x}$ 是问题 $(\text{VP})_{(\overline{u}, \overline{v})}$ 的 ε-拟弱有效解. 若不然, 存在 $\hat{x} \in S$ 使得

$$L(\hat{x}, \overline{u}, \overline{v}) + \varepsilon \|\hat{x} - \overline{x}\| < L(\overline{x}, \overline{u}, \overline{v}).$$

这与 ε-拟弱鞍点的定义矛盾.

下面用反证法证明结论. 假设 $(\overline{x}, \overline{u}, \overline{v})$ 不是问题 (VD) 的 ε-拟弱有效解, 则存在 $\overline{u} \in \mathbb{R}^m_+$, $\overline{v} \in \mathbb{R}^l_+$, $\hat{x} \in W(\hat{u}, \hat{v})$ 和 $\hat{y} \in \Omega_w(\hat{u}, \hat{v})$ 使得

$$L(\overline{x}, \overline{u}, \overline{v}) + \varepsilon \|(\overline{u}, \overline{v}, \overline{x}) - (\hat{u}, \hat{v}, \hat{x})\| < L(\hat{x}, \hat{u}, \hat{v}) = \hat{y},$$

因此

$$L(\overline{x}, \overline{u}, \overline{v}) + \varepsilon \|\overline{x} - \hat{x}\| < L(\hat{x}, \hat{u}, \hat{v}) = \hat{y}.$$

由 $\sum\limits_{j=1}^{m} \overline{u}_j h_j(\overline{x}) = 0$, $\sum\limits_{t=1}^{l} \overline{v}_t g_t(\overline{x}) = 0$ 可得

$$f(\overline{x}) + \varepsilon \|\overline{x} - \hat{x}\| < \hat{y}.$$

这与定理 3.5 矛盾. $\quad\square$

3.2　拓扑向量空间中几类变分不等式解的存在性

以下在拓扑向量空间中依次讨论关于模糊映射的变分不等式和隐变分不等式解的存在性.

3.2.1　关于模糊映射的广义变分不等式

1. 引言

本小节在拓扑向量空间研究一类模糊单调映射的变分不等式, 讨论解集的性质和模糊映射的满射性 (surjectivity). 本小节的工作推广了文献 [30] 和 [31] 中的结果. 令 Φ 为一个实数或复数域. E, F 为 Φ 上向量空间, $\langle *, * \rangle : F \times E \to \Phi$ 为二元映射. $\langle *, * \rangle : F \times E \to \Phi$ 称为变量相关的, 如果对所有 $f \in F$ 且 $x \in E, \langle f, x \rangle = 0$ 蕴含 $f = 0$. 映射 $T : X \to 2^F$, 称为单调的, 如果 $\mathrm{Re}\langle u - w, x - y \rangle \geqslant 0$ 对所有 $x, y \in X, u \in T(x), w \in T(y)$ 成立. 令 $T : X \to 2^F$ 为单调映射, T 称为极大单调的, 如果当 $y \in X, g \in T(y), \mathrm{Re}\langle f - g, x - y \rangle \geqslant 0$ 时有 $x \in X$ 和 $f \in T(x)$.

F 上的模糊集 A 为如下一个映射 $A : E \to [0, 1]$. F 上模糊集的集合记为 $E(F)$. 令 X 为 E 的非空子集. 映射 S 称为模糊映射, 如果它是从 X 到 $E(F)$ 的映射. 模糊映射 $S : X \to E(F), S(x), x \in X$ (下面记为 S_x) 为 $E(F)$ 中的模糊集, $S_x(y), y \in F$ 为 y 在 S_x 中的隶属度. 令 $A \in E(F), \alpha \in (0, 1]$, 则集合 $(A)_\alpha = \{x \in F, A(x) \geqslant \alpha\}$ 称为 A 的 α-cut 集.

对任意 $x_0 \in E$ 和任意 $\epsilon > 0$, 令 $w(x_0, \epsilon) = \{y \in F : |\langle y, x_0 \rangle| < \epsilon\}$, $\sigma(F, E)$ 表示 F 上由集族 $\{w(x, \epsilon) : x \in E, \epsilon > 0\}$ 生成的拓扑. 如果 F 拥有 $\sigma(F, E)$-拓扑, 则称 F 为一个局部凸的拓扑向量空间; 如果 X 关于该拓扑是紧的, 则称 E 上的拓扑 $\sigma(E, F)$ 为 $\sigma(E, F)$ 紧的.

2. 预备知识

定义 3.8　模糊映射 $S : X \to E(F)$ 称为凸的, 如果对任意 $x \in X$ 模糊集 S_x 是凸的, 即: 对任意 $t \in [0, 1]$ 和任意 $y, z \in F$, 我们都有

$$S_x(ty + (1 - t)z) \geqslant \min\{S_x(y), S_x(z)\}.$$

定义 3.9　令 E 和 F 为 Φ 上的向量空间, X 为 E 上的非空子集. 模糊映射 $S : X \to E(F)$ 称为模糊单调的(关于 $\langle *, * \rangle$), 如果 $S_x(u) > 0, S_y(v) > 0$, 对任意 $x, y \in X$ 和任意 $u, v \in F$, 下式成立:

$$\mathrm{Re}\langle v - u, y - x \rangle \geqslant 0.$$

定义 3.10 令 E 和 F 为 Φ 上的向量空间, X 为 E 上的非空子集. 存在一个下半连续的函数 $\alpha(x): X \to (0,1]$ 使得对任意 $x \in X$, $(T_x)_{\alpha(x)}$ 非空. 模糊映射 $S: X \to E(F)$ 称为模糊极大单调(关于 $\langle *, * \rangle$ 和 $\alpha(x)$), 如果 S 是单调的, $S^*: X \to E(F)$ 为模糊单调的, 并且当 $(S_x)_{\alpha(x)} \subset (S_x^*)_{\alpha(x)}$, $\forall x \in X$ 时, 总有下式成立:

$$(S_x)_{\alpha(x)} = (S_x^*)_{\alpha(x)}, \quad \forall x \in X.$$

由上述定义可知 $S: X \to E(F)$ 为模糊极大单调的 (关于 $\langle *, * \rangle$ 和 $\alpha(x)$) 当且仅当 $\overline{S}: X \to 2^F, x \to (T_x)_{\alpha(x)}$ 为正规极大单调算子.

定义 3.11 模糊映射 $S: X \to E(F)$ 称为闭的, 如果 $S_x(y)$ 在 $X \times F$ 上是上半连续的. S 称为序列开的(关于 X 上的相对拓扑和 F 上的拓扑), 如果对任意 $\varepsilon > 0, r \in [0,1)$ 以及 X 上的广义序列 $x_\mu \to x \in X$ 且 $S_x(y) > r, y \in F$, F 上存在一个广义序列 $y_\mu \to y$ 使得 $S_{x_\mu}(y_\mu) + \varepsilon > r$.

本节余下部分, E 总表示一个局部凸的 Hausdorff 拓扑向量空间, F 为一个局部凸的 Hausdorff 拓扑向量空间 (关于 $\sigma(F,E)$-拓扑). 二元泛函 $\langle *, * \rangle: F \times E \to \Phi$ 为变量相关的.

引理 3.3[30] 令 X 为 E 的非空凸子集, $T: X \to 2^F$ 为单调映射. 令 T 在 X 的任意线段上是上半连续的, 存在 $\sigma(E,F)$-紧集 $K \subset E$ 和 $x_0 \in X$ 使得对任意 $y \in X \backslash K$,

$$\inf_{w \in T(y)} \mathrm{Re}\langle w, y - x_0 \rangle > 0,$$

存在 $\overline{y} \in X$ 使得

$$\inf_{w \in T(\overline{y})} \mathrm{Re}\langle w, \overline{y} - x \rangle \leqslant 0, \quad \forall x \in X.$$

此外, 如果 $T(\overline{y})$ 为一个紧凸集, 则存在 $\overline{w} \in T(\overline{y})$ 使得

$$\mathrm{Re}\langle \overline{w}, \overline{y} - x \rangle \leqslant 0, \quad \forall x \in X.$$

引理 3.4[31] 令 $T: E \to 2^F$ 为单调映射且具有紧凸值, T 在 E 中的任意线段上是上半连续的, 对任意 $w_0 \in F$ 存在一个 $\sigma(F,E)$ 紧集 K 和 $x_0 \in E$ 使得对任意 $y \in E \backslash K$,

$$\inf_{w+w_0 \in T(y)} \mathrm{Re}\langle w, y - x_0 \rangle > 0, \tag{3.2.1}$$

则 T 是满射的且解集 $S(w_0) = \{y \in E : w_0 \in T(y)\}$ 为一个非空 $\sigma(E,F)$-闭凸集.

引理 3.5[30] 令 $T: E \to 2^F$ 为单调映射且具有紧凸值, T 在 E 中的任意线段上是上半连续的, 则 T 是极大单调的.

3. 主要结果

定理 3.7　令 X 为 E 的非空凸子集, $T : X \to E(F)$ 为一个模糊单调映射, 存在下半连续函数 $\alpha(x) : X \to (0, 1]$ 使得对任意 $x \in X$, $(T_x)_{\alpha(x)}$ 非空. 令 T 在 X 的任意线段上是闭的, 且存在 $\sigma(E, F)$-紧集 $K \subset E$ 和 $x_0 \in X$ 使得对任意 $y \in X \setminus K$,

$$\inf_{w \in (T_y)_{\alpha(y)}} \mathrm{Re}\langle w, y - x_0 \rangle > 0,$$

则存在 $\overline{y} \in X$ 使得

$$\inf_{w \in (T_y)_{\alpha(\overline{y})}} \mathrm{Re}\langle w, \overline{y} - x \rangle \leqslant 0, \quad \forall x \in X.$$

此外, 如果 $(T_{\overline{y}})_{\alpha(\overline{y})}$ 为一个紧凸集, 则存在 $\overline{w} \in (T_{\overline{y}})_{\alpha(\overline{y})}$ 使得

$$\mathrm{Re}\langle \overline{w}, \overline{y} - x \rangle \leqslant 0, \quad \forall x \in X.$$

证明　令 $\overline{T} : X \to 2^F, x \to (T_x)_{\alpha(x)}$. 我们仅证明 $\overline{T}$ 满足引理 3.3 的条件. 事实上, 我们可得到

(1) 对任意 $x, y \in X$ 和 $u \in \overline{T}x, w \in \overline{T}y$, 由 $T_x(u) \geqslant \alpha(x) > 0, T_y(w) \geqslant \alpha(y) > 0$ 和 T 的模糊单调性, 可得

$$\mathrm{Re}\langle w - u, y - x \rangle \geqslant 0,$$

因此 $\overline{T}$ 是单调的.

(2) 令 $[x_1, x_2] = \{tx_1 + (1 - t)x_2 : t \in [0, 1]\}$ 为 E 的线段. 因为 $T : [x_1, x_2] \to E(F)$ 是闭的, 所以 $T_x(y)$ 在 $[x_1, x_2] \times F$ 上是上半连续的.

令 $\{y_i\}_{i \in J}$ 为一个网, $(T_x)_{\alpha(x)}, x \in [x_1, x_2], y_i \to y_0 \in F$, 则 $T_x(y_i) \geqslant \alpha(x)$, $\forall i \in J$. 因为 T 是闭的, $T_x(y)$ 在 $[x_1, x_2] \times F$ 上是上半连续的, 我们可得

$$T_x(y_0) \geqslant \limsup_{i \in J} T_x(y_i) \geqslant \alpha(x),$$

这说明 $y_0 \in (T_x)_{\alpha(x)}$, 因此对任意 $x \in [x_1, x_2], (T_x)_{\alpha(x)}$ 是闭的. 令

$$\mathrm{graph}(\overline{T}) = \bigcup_{x \in [x_1, x_2]} \{(x, y) | y \in \overline{T}x\}.$$

我们将证明 $\mathrm{graph}(\overline{T})$ 在 $[x_1, x_2] \times F$ 中是闭的. 事实上, 令 $(x_j, y_j)_{j \in J} \subset \mathrm{graph}(\overline{T})$ 为一个网, 且 $x_j \to x_0 \in [x_1, x_2], y_j \to y_0 \in F$. 由 T 的闭性和 $\alpha(x)$ 的上半连续性, 我们可知

$$T_{x_0}(y_0) \geqslant \limsup_{j \in J} T_{x_j}(y_j) \geqslant \limsup_{j \in J} \alpha(x_j)$$

$$\geqslant \liminf_{j \in J} \alpha(x_j) \geqslant \alpha(x_0), \tag{3.2.2}$$

这说明 $y_0 \in (T_{x_0})_{\alpha(x_0)}$，$(x_0, y_0) \in \text{graph}(\overline{T})$ 且 $\text{graph}(\overline{T})$ 是闭的，进而可知 $\overline{T}$ 在任何线段 $[x_1, x_2] \times F$ 上是上半连续的.

(3) 存在 $x_0 \in X$，使得对任意 $y \in X \backslash K$，$\displaystyle\inf_{w \in (T_y)_{\alpha(y)}} \text{Re}\langle w, y - x_0 \rangle > 0$，则 $\displaystyle\inf_{w \in \overline{T}y} \text{Re}\langle w, y - x_0 \rangle > 0$.

联合 (1)，(2) 和 (3)，可知引理 3.3 的所有条件已被满足，由引理 3.3 可知存在 $\overline{y} \in X$ 使得

$$\inf_{y \in \overline{T}y} \text{Re}\langle w, \overline{y} - x \rangle \leqslant 0, \quad \forall x \in X, \tag{3.2.3}$$

这说明对任意 $\overline{y} \in X$ 使得

$$\inf_{w \in (T_{\overline{y}})_{\alpha(\overline{y})}} \text{Re}\langle w, \overline{y} - x \rangle \leqslant 0, \quad \forall x \in X. \tag{3.2.4}$$

为得到第二个结论，假设 $(T_{\overline{y}})_{\alpha(\overline{y})}$ 是紧凸集，则 $\overline{T}\overline{y} = (T_{\overline{y}})_{\alpha(\overline{y})}$ 也是一个紧凸集. 由引理 3.3 可得，存在 $\overline{w} \in \overline{T}\overline{y}$ 使得

$$\text{Re}\langle \overline{w}, \overline{y} - x \rangle \leqslant 0, \quad \forall x \in X.$$

由此可知存在 $\overline{w} \in (T_{\overline{y}})_{\alpha(\overline{y})}$，使得

$$\text{Re}\langle \overline{w}, \overline{y} - x \rangle \leqslant 0, \quad \forall x \in X. \qquad \square$$

定理 3.8 令 $T : E \to E(F)$ 为单调映射，T 在 E 中的任意线段上是闭的，存在一个下半连续的函数 $\alpha(x) : X \to (0, 1]$ 使得对任意 $x \in X$，$(T_x)_{\alpha(x)}$ 是非空紧凸集. 对任意 $w_0 \in F$，如果存在一个 $\sigma(E, F)$-紧集 K 和 $x_0 \in E$ 使得对任意 $y \in E \backslash K$，

$$\inf_{w + w_0 \in (T_y)_{\alpha(y)}} \text{Re}\langle w, y - x_0 \rangle > 0,$$

则 T 是满射的，即：对任意 $w \in F$ 存在 $x \in E$，使得 $w \in (T_x)_{\alpha(x)}$，且解集 $S(w_0) = \{y \in E : w_0 \in T(y)\}$ 是非空间 $\sigma(E, F)$-闭凸集.

证明 对任给的 $w_0 \in F$，令 $\overline{T} : E \to 2^F, x \to (T_x)_{\alpha(x)} - w_0, \forall x \in E$. 则 $\overline{T}$ 是一个单调映射且具有紧凸值，$\overline{T}$ 在 E 的任意线段上是上半连续的. 由定理的条件的可知，存在一个 $\sigma(E, F)$-紧集 K 和 $x_0 \in E$ 使得对任意 $y \in E \backslash K$，

$$\inf_{w \in \overline{T}(y)} \text{Re}\langle w, y - x_0 \rangle > 0.$$

由定理 3.7 可知存在 $\overline{y} \in E, v \in \overline{T}(\overline{y})$ 使得

$$\text{Re}\langle \overline{w} - w_0, \overline{y} - x \rangle \leqslant 0, \quad \forall x \in E.$$

由引理 3.5 可知 $\overline{T}$ 是极大单调的, 我们可知 $w_0 = \overline{w} \in \overline{T}(\overline{y})$, 所以 T 是满射.

因为 T 是满射, 所以 $S(w_0) = \left\{ y \in E : w_0 \in (T_y)_{\alpha(y)} \right\}$ 非空, 为证明 $S(w_0)$ 为 $\sigma(E, F)$-闭凸集, 记

$$H = \bigcap_{y \in E} \bigcap_{v \in (T_y)_{\alpha(y)}} \{ z \in E : \mathrm{Re}\langle w_0 - v, z - y \rangle \geqslant 0 \}.$$

同理, 可以证明 H 是 $\sigma(E, F)$-闭凸集. 现在证明 $S(w_0) = H$. 对任意 $z \in S(w_0)$ 有 $z \in E$ 且 $w_0 \in (T_z)_{\alpha(z)}$. 因为 T 是模糊单调的, 对任意 $y \in E, v \in (T_y)_{\alpha(y)}$ 有

$$\mathrm{Re}\langle w_0 - v, z - y \rangle \geqslant 0,$$

因此, $z \in H$, 且 $S(w_0) \subset H$.

相反地, 对任意 $z \in H$ 有 $z \in E$ 且 $\mathrm{Re}\langle w_0 - v, z - y \rangle \geqslant 0, \forall z \in E, v \in (T_y)_{\alpha(y)}$, 定义映射 $\widetilde{T} : E \to 2^F$ 如下:

$$\widetilde{T}(y) = \begin{cases} (T_y)_{\alpha(y)}, & y \neq z, \\ (T_y)_{\alpha(y)} \cup \{w_0\}, & y = z. \end{cases}$$

由定理的条件和引理 3.5 可知 $\overline{T}$ 是极大单调的. 由定义可知 $\overline{T} = \tilde{T}$, 因此 $w_0 \in (T_z)_{\alpha(z)}$ 且 $z \in S(w_0)$. 因此, $H \subset S(w_0)$. 从而, $S(w_0) = H$. $\qquad\square$

注 3.2   上述定理推广了文献 [30] 和 [237] 中的结果. 如果 E 是自反 Banach 空间, $F = E^*$, $\langle *, * \rangle$ 为 E 和 E^* 的对偶积, 则由定理 3.8 可得 [237] 中的相应结果. 如果 T 是正规集值单调算子, 则由定理 3.8 可得 [30] 中的相应结果.

3.2.2   一类隐变分不等式及其在 Nash 限制平衡问题中的应用

以下研究一类隐变分不等式的存在性问题, 削弱了对所研究的映射定义域的紧性要求. 作为应用, 我们讨论它与经济数学中 Nash 限制平衡问题的关系.

1. 引言及预备知识

隐变分不等式在经济数学、控制论、微分方程等方面的有效应用, 引起了一些学者的浓厚兴趣 (见 [32-34]). 本小节在著者对变分不等式和隐变分不等式研究的基础上 (见 [30, 35-38]), 进一步获得了一类隐变分不等式解的存在性定理, 并给出了它在经济数学中的 Nash 限制平衡问题上的应用.

本小节设 E 是拓扑线性空间, X 是 E 的非空子集, 2^X 表示 X 的非空子集全体, $\overline{\mathbb{R}} = (-\infty, +\infty]$, 其他本小节所涉概念及记号见文献 [38]. 以下是证明本小节结果要用到的主要引理.

引理 3.6[38]　设 E 是局部凸的 Hausdorff 拓扑线性空间, X 是 E 的非空闭凸集. $g: X \times X \to \overline{\mathbb{R}}$ 且对 $\forall z \in X, \exists x \in X$, 使 $g(z, x) < +\infty$; $\psi: X \times X \times X \to \mathbb{R}$, 对 $\forall z \in X, x \in X, \psi(z, x, x) \geqslant 0$. 若以下条件成立:

(i) 存在 $x_0 \in X$, 对 $\forall z \in X$,

$$K_z = \{x \in X : \psi(z, x, x_0) + g(z, x_0) \geqslant g(z, x)\}$$

是紧集. 特别地, K_{x_0} 是紧凸集且 $\forall z \in K_{x_0}$, 有 $K_z \subset K_{x_0}$.

(ii) 对 $\forall z \in X, \psi(z, x, y)$ 单调半连续, 关于 x 上半连续, 关于 y 凸、下半连续, 对 $\forall z \in X, \psi(z, x, y)$ 关于 $(z, y) \in X \times X$ 下半连续.

(iii) $g: X \times X \to \overline{\mathbb{R}}$ 在 $X \times X$ 上是下半连续的, 对 $\forall z \in X, g(z, x)$ 关于 x 是凸的; 对于 $X \times X$ 中的任意网 (z_α, x_α), 若 $z_\alpha \to z \in X$ 且 $g(z_\alpha, y) + \psi(z_\alpha, x_\alpha, y) \geqslant g(z_\alpha, x_\alpha), \forall y \in X$, 则对 $\forall y \in X$, 存在 $\{y_\alpha\} \subseteq X$ 使得

$$\varliminf_{\alpha} [g(z_\alpha, y_\alpha) + \psi(z_\alpha, x_\alpha, y_\alpha) - \psi(z_\alpha, x_\alpha, y)] \leqslant g(z, y).$$

那么存在 $\overline{x} \in X$, 使

$$g(\overline{x}, y) + \psi(\overline{x}, \overline{x}, y) \geqslant g(\overline{x}, \overline{x}), \quad \forall y \in X.$$

2. 隐变分不等式解的存在性

设 E 是拓扑线性空间, X 是 E 的非空子集, $Q: X \to 2^X$ 是集值映射: $J: X \times X \to \mathbb{R}$ 是泛函, 我们要研究的一类隐变分不等式问题是: 求 $\overline{x} \in X$, 使 $\overline{x} \in Q(\overline{x})$, 对 $\forall y \in Q(\overline{x})$, 有

$$J(\overline{x}, y) \geqslant J(\overline{x}, \overline{x}). \tag{3.2.5}$$

以下是关于此类隐变分不等式解的存在性的两个定理.

定理 3.9　设 E 是局部凸的 Hausdorff 拓扑线性空间, X 是 E 的非空正则闭凸集, $Q: X \to 2^X$ 是具有非空闭凸值的上半连续映射, $J: X \times X \to \mathbb{R}$ 是单调半连续泛函, 关于 x 上半连续, 关于 y 凸、下半连续, 对 $\forall x \in X, J(x, x) = 0$. 若以下条件成立:

(i) 存在 $x_0 \in X$, 对 $\forall z \in X$,

$$k_z = \{x \in X : J(x, x_0) + \delta(Q(x), x_0) \geqslant \delta(Q(x), x)\}$$

是紧集, 特别地, K_{x_0} 是紧凸集且 $\forall z \in K_{x_0}$, 有 $k_z \subset K_{x_0}$, 其中

$$\delta(Q(z), x) = \begin{cases} 0, & x \in Q(z), \\ +\infty, & x \notin Q(z). \end{cases}$$

(ii) 设 $\{x_\alpha\}, \{z_\alpha\}$ 是 X 中的网, $x_\alpha \in Q(z_\alpha)$, 当 $z_\alpha \to z$ 且 $J(x_\alpha, y) \geqslant 0, \forall y \in Q(z_\alpha)$ 时, 对任何 $y \in X$, 存在 $y_\alpha \in Q(z_\alpha)$ 使 $\varliminf_\alpha [J(x_\alpha, y_\alpha) - J(x_\alpha, y)] \leqslant 0$, 则问题 (3.2.5) 有解.

证明 令 $g(x, y) = \delta(Q(x), y), \forall x, y \in X$, $\psi(z, x, y) = J(x, y), \forall x, y, z \in X$, 则 $g: X \times X \to \overline{\mathbb{R}}, \Psi: X \times X \times X \to \mathbb{R}$. 因为 $Q: X \to 2^X$ 具有非空闭凸值, 故对任何 $z \in X$, 存在 $x \in X$, 使 $x \in Q(z)$, 因而

$$g(z, x) = \delta(Q(z), x) = 0 < +\infty.$$

又对 $\forall z \in X, x \in X, \Psi(z, x, x) = J(x, x) = 0.$ 因为

$$k_z = \{x \in X : \psi(z, x, x_0) + g(z, x_0) \geqslant g(z, x)\}$$
$$= \{x \in X : J(x, x_0) + \delta(Q(z), x_0) \geqslant \delta(Q(z), x)\},$$

由条件 (i) 知引理 3.6 中条件 (i) 满足. 又对 $\forall z \in X, \psi(z, x, y) = J(x, y)$ 单调半连续, 关于 x 上半连续, 关于 y 凸、下半连续. 对 $\forall x \in X$, 因为 $\psi(z, x, y) = J(x, y)$ 与 z 无关, $J(x, y)$ 关于 y 下半连续, 故 $\psi(z, x, y)$ 关于 (z, y) 下半连续. 于是引理 3.6 中条件 (ii) 满足. 由于 Q 具有凸值, 易验证 $g(z, x)$ 关于 x 是凸的. 下证 $g(z, x)$ 在 $X \times X$ 上是下半连续的.

设 $(z_\alpha, x_\alpha) \to (z, x)$, 即 $z_\alpha \to z, x_\alpha \to x$,

$$g(z_\alpha, x_\alpha) = \delta(Q(z_\alpha), x_\alpha) = \begin{cases} 0, & x_a \in Q(z_\alpha), \\ +\infty, & x_\alpha \notin Q(z_\alpha). \end{cases}$$

若 $x \notin Q(z)$, 因为 X 正则, $Q(z)$ 具有非空闭值, 所以存在 x 的邻域 U_1 及 $Q(z)$ 的邻域 U_2, 使 $U_1 \cap U_2 = \varnothing$. 由 $z_\alpha \to z$ 且 Q 上半连续知存在 α_0, 当 $\alpha \geqslant \alpha_0$ 时, 有 $x_\alpha \in U_1$ 且 $Q(z_\alpha) \subset U_2$. 于是当 $\alpha \geqslant \alpha_0$ 时, $x_\alpha \notin Q(z_\alpha)$, 故 $\delta(Q(z_\alpha), x_\alpha) = +\infty$, 因而有 $g(z, x) = \delta(Q(z), x) = +\infty = \varliminf_\alpha (\delta(Q, (z_\alpha), x_\alpha)) = \varliminf_\alpha g(z_\alpha, x_\alpha).$

若 $x \in Q(z)$, 显然有

$$g(z, x) = \delta(Q(z), x) = 0 \leqslant \varliminf_\alpha g(z_\alpha, x_\alpha),$$

这就证明了引理 3.6 中条件 (iii) 满足. 设 (z_α, x_α) 是 $X \times X$ 中的任一网, 若 $z_\alpha \to z \in X$ 且 $g(z_\alpha, y) + \psi(z_\alpha, x_\alpha, y) \geqslant g(z_\alpha, x_\alpha), \forall y \in X$, 即有 $\delta(Q(z_\alpha), y) + J(x_\alpha, y) \geqslant \delta(Q(z_\alpha), x_\alpha)$, 特别地, 对 $\forall y \in Q(z_\alpha), x_\alpha \in Q(z_\alpha)$, 便有 $J(x_\alpha, y) \geqslant 0$. 由条件 (ii), 对 $\forall y \in X$, 存在 $y_\alpha \in Q(z_\alpha)$ 使

$$\varliminf_\alpha [J(x_a, y_\alpha) - J(x_\alpha, y)] \leqslant 0,$$

从而

$$\varliminf_{\alpha} \left[g\left(z_{\alpha}, y_{\alpha}\right) + \psi\left(z_{\alpha}, x_{\alpha}, y_{\alpha}\right) - \psi\left(z_{\alpha}, x_{\alpha}, y\right) \right]$$

$$= \varliminf_{\alpha} \left[\delta\left(Q\left(z_{\alpha}\right), y_{\alpha}\right) + J\left(x_{\alpha}, y_{\alpha}\right) - J\left(x_{\alpha}y\right) \right]$$

$$= \varliminf_{\alpha} \left[J\left(x_{\alpha}, y_{\alpha}\right) - J\left(x_{\alpha}, y\right) \leqslant 0 \leqslant \delta(Q(z), y) \right] = g(z, y),$$

这就证明了引理 3.6 中的条件 (iv) 满足. 于是, 存在 $\overline{x} \in X$ 使 $g(\overline{x}, y) + \psi(\overline{x}, \overline{x}, y) \geqslant g(\overline{x}, \overline{x}), \forall y \in X$, 即 $\delta(Q(\overline{x}), y) + J(\overline{x}, y) \geqslant \delta(Q(\overline{x}), \overline{x}), \forall y \in X$. 对 $\forall y \in Q(\overline{x})$, 上式变为

$$J(\overline{x}, y) \geqslant \delta(Q(\overline{x}), \overline{x}), \tag{3.2.6}$$

若 $\overline{x} \in Q(\overline{x})$, (3.2.6) 变为 $J(\overline{x}, y) \geqslant +\infty$, 这与 $J : X \times X \to \mathbb{R}$ 矛盾. 故存在 $\overline{x} \in X, \overline{x} \in Q(\overline{x})$, 使 $J(\overline{x}, y) \geqslant 0$, 对 $\forall y \in Q(\overline{x})$ 成立, 再注意到 $J(\overline{x}, \overline{x}) = 0$, 即知存在 $\overline{x} \in X, \overline{x} \in Q(\overline{x}), J(\overline{x}, y) \geqslant J(\overline{x}, \overline{x}), \forall y \in Q(\overline{x})$, 亦即 (3.2.5) 有解. □

定理 3.10 设 E 是局部凸的 Hausdorff 拓扑线性空间, X 是 E 中的非空正则闭凸集, $Q : X \to 2^X$ 是具有非空闭凸值的上半连续映射, $J : X \times X \to \mathbb{R}$ 下半连续, $J(x, y)$ 关于 y 是凸集. 再设以下条件成立:

(i) 存在 $x_0 \in X$, 对 $\forall z \in X$,

$$k_z = \{x \in X : J(z, x_0) + \delta(Q(z), x_0) \geqslant \delta(Q(z), x) + J(z, x)\}$$

是紧集, 特别地, K_{x_0} 是紧凸集且 $\forall z \in K_{x_0}$, 有 $K_z \subset K_{x_0}$, 其中

$$\delta(Q(z), x) = \begin{cases} 0, & x \in Q(z), \\ +\infty, & x \notin Q(z). \end{cases}$$

(ii) 对任何网 $z_{\alpha} \to z, \forall y \in X$, 存在 $y_{\alpha} \in Q(z_{\alpha})$, 使

$$\varliminf_{\alpha} J(z_{\alpha}, y_{\alpha}) \leqslant J(z, y),$$

则 (3.2.5) 有解.

证明 令 $g(x, y) = \delta(Q(x), y) + J(x, y), \forall x, y \in X, \psi(z, x, y) \equiv 0, \forall x, y, z \in X$, 则 $g : X \times X \to \overline{\mathbb{R}}$, 对 $\forall z \in X$, 因为 $Q(z)$ 非空, 故存在 $x \in Q(z) \subset X$, 使

$$g(z, x) = \delta(Q(z), x) + J(z, x) = J(z, x) < +\infty,$$

由条件 (i), 存在 $x_0 \in X$, 对 $\forall z \in X$,

$$k_z = \{x \in X : \psi(z, x, x_0) + g(z, x_0) \geqslant g(z, x)\}$$

$$= \{x \in X : \delta(Q(z), x_0) + J(z, x_0) \geqslant \delta(Q(z), x) + J(z, x)\}$$

是紧集, 故引理 3.6 的条件 (i) 满足. 由于 Q 具凸值, $J(z,x)$ 关于 x 凸, 易验证 $\delta(Q(z),x)$ 在 $X \times X$ 上是下半连续的, 而已知 $J(z,x)$ 在 $X \times X$ 上也是下半连续的, 故 $g(z,x)$ 在 $X \times X$ 上是下半连续的. 故引理 3.6 的条件 (iii) 满足.

设 (z_α, x_α) 是 $X \times X$ 中的任一网, 若 $z_\alpha \to z \in X$ 且 $g(z_\alpha, y) + \psi(z_\alpha, x_\alpha, y) \geqslant g(z_\alpha, x_\alpha), \forall y \in X$, 即 $\delta(Q(z_\alpha), y) + J(z_\alpha, y) \geqslant \delta(Q(z_\alpha), x_\alpha) + J(z_\alpha, x_\alpha), \forall y \in X$. 由条件 (ii), 存在 $y_\alpha \in Q(z_\alpha)$, 使 $\varliminf_\alpha J(z_\alpha, y_\alpha) \leqslant J(z, y), \forall y \in X$. 于是

$$\varliminf_\alpha [g(z_\alpha, y_\alpha) + \psi(z_\alpha, x_\alpha, y_\alpha) - \psi(z_\alpha, x_\alpha, y)] = \varliminf_\alpha [g(z_\alpha, y_\alpha)]$$

$$= \varliminf_\alpha [\delta(Q(z_\alpha), y_\alpha) + J(z_\alpha, y_\alpha)] = \varliminf_\alpha [J(z_\alpha, y_\alpha)]$$

$$\leqslant J(z, y)$$

$$\leqslant J(z, y) + \delta(Q(z), y)$$

$$= g(z, y).$$

这就证明了引理 3.6 的条件全部满足, 因而存在 $\overline{x} \in X$ 使 $\delta(Q(\overline{x}), y) + J(\overline{x}, y) \geqslant \delta(Q(\overline{x}), \overline{x}) + J(\overline{x}, \overline{x})$, 对 $\forall y \in X$ 成立. 特别地, $y \in Q(\overline{x})$, 上式变为

$$J(\overline{x}, y) \geqslant \delta(Q(\bar{x}), \overline{x}) + J(\overline{x}, \overline{x}). \tag{3.2.7}$$

若 $\overline{x} \notin Q(\overline{x})$, 由 δ 与 J 的定义知 (3.2.7) 式不可能成立. 故存在 $\overline{x} \in X$, 使 $\overline{x} \in Q(\overline{x})$,

$$J(\overline{x}, y) \geqslant J(\overline{x}, \overline{x}), \quad \forall y \in Q(\overline{x}),$$

于是 (3.2.5) 有解. □

3. 在 Nash 限制平衡问题中的应用

以下给出我们所讨论的隐变分不等式问题在经济数学中 Nash 限制平衡问题上的应用. 设 $E_1, E_2, \cdots, E_n$ 是 n 个拓扑空间, $X_1 \subset E_1, X_2 \subset E_2, \cdots, X_n \subset E_n$ 是 n 个子集, $X = X_1 \times X_2 \times \cdots \times X_n$. $Q_1 : X_1 \to 2^{X_1}, Q_2 : X_2 \to 2^{X_2}, \cdots, Q_n : X_n \to 2^{X_n}$ 是 n 个 n 变元的集值映射, $J_1 : X \to \mathbb{R}, J_2 : X \to \mathbb{R}, \cdots, J_n : X \to \mathbb{R}$ 是 n 个 n 变元的函数. Nash 限制平衡问题实质上就是要找 $\overline{x} = \{\overline{x}_1, \overline{x}_2, \cdots, \overline{x}_n\} \in X$, 使得对每一 $i = 1, 2, \cdots, n$, 有

$$J_i(\overline{x}_1, \overline{x}_2, \cdots, \overline{x}_{i-1}, \overline{x}_i, \overline{x}_{i+1}, \cdots, \overline{x}_n)$$
$$\leqslant J_i(\overline{x}_1, \cdots, \overline{x}_{i-1}, y_i, \overline{x}_{i+1}, \cdots, \overline{x}_n), \quad \forall y_i \in Q_i(\overline{x}). \tag{3.2.8}$$

定理 3.11 设 $Q(x) = Q_1(x) \times Q_2(x) \times \cdots \times Q_n(x)$, $J(x, y) = \sum_{i=1}^n J_i(x_1, \cdots, x_{i-1}, y_i, x_{i+1}, \cdots, x_n)$ 在定理 3.9 或定理 3.10 的条件下, (3.2.8) 有解.

证明 在定理 3.9 或定理 3.10 的条件下, 我们知道 (3.2.5) 有解, 即存在 $\overline{x} \in X$, 使 $\overline{x} \in Q(\overline{x})$,

$$J(\overline{x}, y) \geqslant J(\overline{x}, \overline{x}), \quad \forall y \in Q(\overline{x}),$$

这就是说, 存在 $\overline{x} = (\overline{x}_1, \overline{x}_2, \cdots, \overline{x}_n) \in X_1 \times X_2 \times \cdots \times X_n, \overline{x}_i \in Q_i(\overline{x}), i = 1, 2, \cdots, n$, 对 $\forall y = (y_1, y_2, \cdots, y_n), y_i \in Q_i(\overline{x}), i = 1, 2, \cdots, n$, 都有

$$\sum_{i=1}^{n} J_i(\overline{x}_1, \overline{x}_2, \cdots, \overline{x}_{i-1}, y_i, \overline{x}_{i+1}, \cdots, \overline{x}_n) \geqslant \sum_{i=1}^{n} J_i(\overline{x}_1, \overline{x}_2, \cdots, \overline{x}_i, \cdots, \overline{x}_n). \quad (3.2.9)$$

特别地, 取

$$y^{(1)} = (y_1, \overline{x}_2, \overline{x}_3, \cdots, \overline{x}_n) \in Q_1(\overline{x}) \times Q_2(\overline{x}) \times \cdots \times Q_n(\overline{x}) = Q(\overline{x}),$$

$$y^{(2)} = (\overline{x}_1, y_2, \overline{x}_3, \cdots, \overline{x}_n) \in Q(\overline{x}),$$

$$\cdots\cdots$$

$$y^{(n)} = (\overline{x}_1, \overline{x}_2, \cdots, \overline{x}_{n-1}, y_n) \in Q(\overline{x}).$$

把 $y^{(1)}, y^{(2)}, \cdots, y^{(n)}$ 依次代入 (3.2.9) 式, 则对每一 $i = 1, 2, \cdots, n$, 有

$$J_i(\overline{x}_1, \cdots, \overline{x}_{i-1}, y_i, \overline{x}_{i+1}, \cdots, \overline{x}_n) \geqslant J_i(\overline{x}_1, \overline{x}_2, \cdots, \overline{x}_n),$$

即存在 $\overline{x} = (\overline{x}_1, \overline{x}_2, \cdots, \overline{x}_n) \in X$, 对每一 $i = 1, 2, \cdots, n$, 有

$$J_i(\overline{x}_1, \overline{x}_2, \cdots, \overline{x}_{i-1}, \overline{x}_i, \overline{x}_{i+1}, \cdots, \overline{x}_n)$$
$$\leqslant J_i(\overline{x}_1, \overline{x}_2, \cdots, \overline{x}_{i-1}, y_i, \overline{x}_{i+1}, \cdots, \overline{x}_n), \quad \forall y_i \in Q_i(\overline{x}),$$

于是 (3.2.8) 有解. □

3.3 度量空间中压缩映射的不动点定理及其对微分方程的应用

下面在通常的度量空间中探索一些不动点定理, 然后利用这些不动点定理研究一些微分方程解的存在性, 为此首先回顾一些关于扩张映射的基本概念和引理.

1. 扩张映射相关概念及引理

定义 3.12   设 (X,d) 是度量空间, M 是 X 的一个非空子集, 称映射 $T: M \to X$ 为扩张的, 如果存在常数 $h > 1$, 使得 $d(Tx, Ty) \geqslant h d(x, y)$, $\forall x, y \in M$.

注 3.3   如果 f 是扩张映射, 则 f 是一个单射. 假如 f 不是单射, 则存在 $x_0 \neq y_0 \in X$ 使得 $f(x_0) = f(y_0) \in X$, 对于 $x_0 \neq y_0 \in X$, 则 $d(x_0, y_0) > 0$. 再由 $f(x_0) = f(y_0)$, 即 $d(f(x_0), f(y_0)) = 0$ 与 f 是扩张映射矛盾. 因此, f 是单射.

定义 3.13   设 $\omega : [0, \infty) \to [0, \infty)$, $\omega(0) = 0$ 且 $\omega(t)$ 是一个增函数, 称其为 ω 函数, 如果满足: $\forall \varepsilon > 0$, $\exists M > 0$, 当 $\varepsilon < t < M$ 时, $\omega(t) < \varepsilon$.

例如, $f(x) = \dfrac{1}{10} x$ 就是一个 ω 函数.

引理 3.7   设 (X,d) 是完备度量空间, $f: X \to X$ 对 f 的 p $(p > 1)$ 迭代有

(1) 如果 f^p 有唯一的不动点, 则 f 有唯一的不动点;

(2) 如果存在 $z \in X$, 使得 f^p 的迹收敛到 z, 则 f 的迹也收敛到 z;

(3) 如果 f^p 的迹是有界序列, 则 f 的迹也是有界序列.

引理 3.8   设 (X,d) 是完备度量空间, A 是 X 上的扩张映射且是满射, 则 A 有唯一的不动点.

证明   由注 3.3 知, 如果 A 是扩张映射, 则 A 是一个单射. 又 A 是满射, 故 A 是一一映射. 则 A^{-1} 存在且是一个压缩映射, 因此, 存在唯一 $x_0 \in X$, 使得 $A^{-1}(x_0) = x_0 \in X$, 即 $x_0 = A(x_0) \in X$. $\hfill \square$

引理 3.9[40]   设 (X, ρ) 是一个完备的度量空间, f 是 X 上的自映射, 如果满足: $\forall \varepsilon > 0$, $\exists \delta > 0$ 使得, 当 $\varepsilon < \rho(x, y) < \varepsilon + \delta$ 时, $\rho(f(x), f(y)) < \varepsilon$, 则 f 在 X 上有唯一的不动点 ξ, 且 $\lim\limits_{n \to \infty} f^n(x) = \xi$, $\forall x \in X$.

2. 度量空间中扩张映射的不动点定理

定理 3.12   设 (X,d) 为完备的度量空间, $f: X \to X$ 是一个满射, 满足: $\forall x, y \in X$, $\exists p \in \mathbb{N}^+$, 使得

$$d(f^p(x), f^p(y)) \geqslant h d(x, y), \ h > 1, \tag{3.3.1}$$

则 f 有唯一的不动点.

证明   因为 $f: X \to X$ 是一个满射, 易得 f^p 也是一个满射. 由 (3.3.1) 式可知 f^p 是扩张映射, 结合引理 3.8, 故 f^p 有唯一的不动点, 再由引理 3.7 知, f 有唯一的不动点. $\hfill \square$

推论 3.1   设 (X,d) 是完备度量空间, $f: X \to X$ 是满射, 若存在 $h > 1$, 使得 $d(f^{k+1}(x), f^k(x)) \geqslant h d(x, f(x))$, $\forall x \in X$, 则 f 在 X 中有唯一不动点 (其中 k 为大于 1 的某正整数).

证明 因为 f 为满射, 设 $y = f(x)$, 由定理 3.12 可得. 下面给出的例子说明满足条件的映射是存在的, 且定理 3.12 是引理 3.8 的推广. □

例 3.1

$$f(x) = \begin{cases} \dfrac{1}{2n-5}, & x = \dfrac{1}{2n}, \\ 0, & x = 0, \\ \dfrac{1}{2n+2}, & x = \dfrac{1}{2n-1}, \end{cases} \quad x \in \left\{\dfrac{1}{n}\right\} \cup \{0\} \quad (n \geqslant 3, n \in \mathbb{N}),$$

d 为通常意义下的距离. $\left\{\left\{\dfrac{1}{n}\right\} \cup \{0\}, d\right\} (n \geqslant 3)$ 是完备度量空间, 显然 f 不是扩张映射, 也不是压缩映射, 但 f 有不动点 0.

下证 f^2 是扩张映射. 对任意的 $x, y \in \left\{\dfrac{1}{n}\right\} \cup \{0\}, n \geqslant 3$, 若 x, y 都为零, 则 $d\left(f^2(x), f^2(x)\right) \geqslant hd(x, y)$ (其中 h 为任意大于 1 的数). 若 x, y 中有一个为零, 不妨设 $x = 0$.

当 $y = \dfrac{1}{2w}$ 时, 其中 w 为大于 1 的正整数:

$$d\left(f^2(x), f^2(y)\right) = \left|\dfrac{1}{2w-2}\right| > \left(1 + \dfrac{1}{2w-1}\right) d\left(0, \dfrac{1}{2w}\right), \quad 1 + \dfrac{1}{2w-1} > 1.$$

当 $y = \dfrac{1}{2v-1}$ 时, 其中 v 为大于 2 的正整数:

$$d\left(f^2(x), f^2(y)\right) = \left|\dfrac{1}{2v-3}\right| > \left(1 + \dfrac{1}{2v-2}\right) d\left(0, \dfrac{1}{2v-1}\right), \quad 1 + \dfrac{1}{2v-2} > 1.$$

当 $y = 0$ 时, 同样有上面的结果. 若当 x, y 中都非零, 则

存在 u, v 为正整数, 使得 $x = \dfrac{1}{2u}, y = \dfrac{1}{2v+1} (u > 1, v \geqslant 1), f^2\left(\dfrac{1}{2u}\right) = \dfrac{1}{2u-2},$ $f^2\left(\dfrac{1}{2v+1}\right) = \dfrac{1}{2v-1},$

$$d\left(f^2\left(\dfrac{1}{2u}\right), f^2\left(\dfrac{1}{2v+1}\right)\right) = \left|f^2\left(\dfrac{1}{2u}\right) - f^2\left(\dfrac{1}{2v+1}\right)\right|$$

$$= \left|\dfrac{2v - 2u + 1}{(2v-1)(2u-2)}\right|$$

$$> \left(1 + \dfrac{2u + 4v}{(2v-1)(2u-2)}\right)\left|\dfrac{1}{2u} - \dfrac{1}{2v+1}\right|,$$

显然 $1 + \dfrac{2u + 4v}{(2v-1)(2u-2)} > 1.$

存在 u, v 为正整数, 使得 $x = \dfrac{1}{2u}, y = \dfrac{1}{2v}$,

$$d\left(f^2(x), f^2(y)\right) = \left|\frac{1}{2u-2} - \frac{1}{2v-2}\right| > \left(1 + \frac{4u+4v-6}{(2u-2)(2v-2)}\right) d\left(\frac{1}{2u}, \frac{1}{2v}\right),$$

其中 $1 + \dfrac{4u+4v-6}{(2u-2)(2v-2)} > 1$.

存在 u, v 为正整数, 使得 $x = \dfrac{1}{2u+1}, y = \dfrac{1}{2v+1}$,

$$d\left(f^2(x), f^2(y)\right) = \left|\frac{1}{2u-1} - \frac{1}{2v-1}\right| > \left(1 + \frac{4u+2v}{(2u-1)(2v-1)}\right) d\left(\frac{1}{2u+1}, \frac{1}{2v+1}\right),$$

其中 $1 + \dfrac{4u+2v}{(2u-1)(2v-1)} > 1$. 可见, f^2 是扩张映射.

注 3.4　若 M, N 是完备度量空间且 $M \subset N$, A 是 M 到 N 的扩张映射且是满射, 由引理 3.8 得 A 有唯一的不动点, 显然该不动点也是 A^{-1} 的不动点, 令映射 $T(x) = \alpha A(x) + (1-\alpha)A^{-1}(x)$, 可见, 该不动点也是 T 的不动点.

定理 3.13　设 M 是 Banach 空间中的有界完备子集, A 是 M 到 $N \supset M$ 的扩张映射且是满射,

$$\begin{cases} \forall x_0 \in M, \\ x_{n+1} = \alpha_n A x_n + (1-\alpha_n) A^{-1} x_n, \end{cases}$$

如果 $\inf\lim\limits_{n\to\infty} \alpha_n = 0$, 则 $\{x_n\}$ 强收敛于 A 的不动点.

证明　M 是 Banach 空间中的有界子集, 则 $\exists Q > 0, \forall x \in M, \|x\| \leqslant Q$. 因为 $\inf\lim\limits_{n\to\infty} \alpha_n = 0$, 故 $\forall \varepsilon > 0, \exists N_1 > 0, \forall n > N_1$, 使得 $\alpha_n \leqslant \dfrac{\varepsilon}{2Q}$. 因为 M 完备, A 是 M 上的扩张映射且满射, 则

$$\exists\, 0 < k < 1, \quad \forall x, y \in N, \quad \left\|A^{-1}x - A^{-1}y\right\| \leqslant k\|x - y\|.$$

因为 M 完备, A 是 M 上的扩张映射且满射, 由引理 3.8 知, A 有唯一不动点, 假设 p 就是 A 的唯一不动点.

$$\begin{aligned}
\|x_{n+1} - p\| &= \left\|\alpha_n(Ax_n - p) + (1-\alpha_n)(A^{-1}x_n - p)\right\| \\
&\leqslant \left\|\alpha_n(Ax_n - p)\right\| + \left\|(1-\alpha_n)(A^{-1}x_n - p)\right\| \\
&= \alpha_n\|Ax_n - p\| + (1-\alpha_n)\left\|A^{-1}x_n - p\right\|,
\end{aligned}$$

当 $\forall n > N_1$ 时,

$$\|x_{n+1} - p\| \leqslant \varepsilon + \left(1 - \frac{\varepsilon}{2Q}\right)\left\|A^{-1}x_n - p\right\| \leqslant \varepsilon + k\left(1 - \frac{\varepsilon}{2Q}\right)\|x_n - p\| \leqslant k\|x_n - p\|,$$

$$\tag{3.3.2}$$

因为 $0 < k < 1$, 故当 $n > N_1$ 时, $\{\|x_n - p\|\}$ 是单调递减序列, 又 M 有界, 显然 $\{\|x_n - p\|\}$ 有界, 因此, 当 $n \to \infty$ 时, $\{\|x_n - p\|\}$ 极限存在. 对 (3.3.2) 式两边取 $n \to \infty$ 时的极限, 则 $\lim\limits_{n \to \infty} \|x_n - p\| = 0$. 因此, $\{x_n\}$ 强收敛于 A 的不动点.　　□

由以下例子可见, 在定理 3.13 的条件下, 通过在 MATLAB 上运行, 我们很容易得到不动点的近似值.

取 $A = 2x - 2, x_0 = -5, \alpha_n = \dfrac{1}{n}, M = [-20, 2], N = [-42, 2]$, 则 $A^{-1} = \dfrac{x}{2} + 1$, 迭代算法为

$$
\begin{cases}
x_0 = -5, \\
x_{n+1} = \dfrac{1}{n}(2x_n - 2) + \dfrac{n-1}{n}\left(\dfrac{x_n}{2} + 1\right),
\end{cases}
$$

通过在 MATLAB 上运行 25 步得到 $\{x_n\}$ 收敛到 $(1.999, 2.001)$ 内.

3. 度量空间中压缩映射的不动点定理在微分方程中的应用

带两点边值的微分方程是一类常见微分方程, 在文献 [40,43] 中, 一些学者在带偏序结构的度量空间中建立了不动点存在性定理, 并且应用它们证明了下面的带两点边值的微分方程解的存在性.

问题 (1): 带两点边值的微分方程

$$
\begin{cases}
u'(t) = f(t, u(t)), \quad t \in [0, T], \\
u(0) = u(T),
\end{cases}
\tag{3.3.3}
$$

其中 $T > 0$, $f : [0, T] \times \mathbb{R} \to \mathbb{R}$ 是连续函数, 求方程解存在的条件.

问题 (2):

$$
x'(t) = f(t, x) + g(t, x), \quad t \in [0, T], \quad x(0) = x_0,
\tag{3.3.4}
$$

其中 $\forall T > 0, I \subset \mathbb{R}, f : [0, T] \times \mathbb{R} \to \mathbb{R}$ 是连续函数, 求该方程的解存在的条件.

以下利用引理 3.9 证明问题 (1) 在一定条件下存在唯一解.

定理 3.14　在问题 (1) 中, $f : [0, T] \times \mathbb{R} \to \mathbb{R}$ 是连续函数, 满足: $\exists \lambda > 0$ 使得 $\forall x, y \in \mathbb{R}, y \geqslant x$, 有

$$
0 \leqslant f(t, y) + \lambda y - [f(t, x) + \lambda x] \leqslant \lambda \omega(y - x),
\tag{3.3.5}
$$

其中 ω 是定义 3.13 中的 ω 函数, 则问题 (1) 有唯一的解.

证明　问题 (1) 等价于积分方程 $u(t) = \displaystyle\int_0^T G(t, s)[f(s, u(s)) + \lambda u(s)]\mathrm{d}s$, 其中

$$
G(t, s) = \begin{cases}
\dfrac{\mathrm{e}^{\lambda(T+s-t)}}{\mathrm{e}^{\lambda T} - 1}, & 0 \leqslant s < t \leqslant T, \\[3mm]
\dfrac{\mathrm{e}^{\lambda(s-t)}}{\mathrm{e}^{\lambda T} - 1}, & 0 \leqslant t < s \leqslant T.
\end{cases}
$$

定义 $F : C([0,T], \mathbb{R}) \to C([0,T], \mathbb{R})$ 为

$$F(u(t)) = \int_0^T G(t,s)[f(s,u(s)) + \lambda u(s)]\mathrm{d}s.$$

如果 $u \in C([0,T], \mathbb{R})$ 是 F 的一个不动点, 则 $u \in C([0,T], \mathbb{R})$ 是问题 (1) 的一个解. $u, v \in C([0,T], \mathbb{R})$, $u \leqslant v$ 当且仅当 $u(t) \leqslant v(t)$, $\forall t \in [0,T]$. 令 $d(u,v) = \sup\limits_{f \in [0,T]} |u(t) - v(t)|$, $u,v \in C([0,T], \mathbb{R})$. 由 (3.3.5) 式左边的不等式知, 对于 $u \geqslant v$,

$$f(t,u) + \lambda u \geqslant f(t,v) + \lambda v.$$

对于任意的 $(t,s) \in [0,T] \times [0,T]$, 由 $G(t,s) > 0$ 结合上式, 知

$$F(u) = \int_0^T G(t,s)[f(s,u(s)) + \lambda u(s)]\mathrm{d}s \geqslant \int_0^T G(t,s)[f(s,v(s)) + \lambda v(s)]\mathrm{d}s = F(v),$$

因为 $u, v \in C([0,T], \mathbb{R})$, 所以 u, v 在 $[0,T]$ 可取到最大值和最小值. 对任意 $u \geqslant v$, 由 (3.3.5) 知

$$
\begin{aligned}
d(F(u), F(v)) &\leqslant \sup_{t \in [0,T]} |F(u(t)) - F(v(t))| \\
&\leqslant \sup_{t \in [0,T]} \int_0^T G(t,s)|f(s,u(s)) + \lambda u(s) - f(s,v(s)) - \lambda v(s)|\mathrm{d}s \\
&\leqslant \sup_{t \in [0,T]} \int_0^T G(t,s)\lambda\omega(u(s) - v(s))\mathrm{d}s \\
&= \sup_{t \in [0,T]} \int_0^T G(t,s)\lambda\omega(d(u(s), v(s)))\mathrm{d}s,
\end{aligned}
$$

因为 $\omega(t)$ 是一个增函数, 对 $u \geqslant v$, 由 $d(u,v)$ 的定义知

$$\omega(d(u(s), v(s))) \leqslant \omega(d(u,v)),$$

$$
\begin{aligned}
d(F(u), F(v)) &\leqslant \sup_{t \in [0,T]} \int_0^T G(t,s)\lambda\omega(d(u(s), v(s)))\mathrm{d}s \\
&\leqslant \lambda\omega(d(u,v)) \sup_{t \in [0,T]} \int_0^T G(t,s)\mathrm{d}s \\
&= \lambda\omega(d(u,v)) \sup_{t \in [0,T]} \frac{1}{\mathrm{e}^{\lambda T} - 1} \left(\frac{1}{\lambda} \mathrm{e}^{\lambda(T+s-t)}\Big|_0^t + \frac{1}{\lambda} \mathrm{e}^{\lambda(s-t)}\Big|_t^T \right) \\
&\leqslant \lambda\omega(d(u,v)) \frac{1}{\lambda(\mathrm{e}^{\lambda T} - 1)} \left(\mathrm{e}^{\lambda T} - 1 \right) \\
&\leqslant \omega(d(u,v)).
\end{aligned}
$$

由 $\omega(t)$ 的定义知, $\exists M > 0$, $\varepsilon < d(u,v) < M$, $w(d(u,v)) < \varepsilon$, $\exists \delta > 0$, 且 $M = \varepsilon + \delta$, 则 $\varepsilon < d(u,v) < \varepsilon + \delta$, $\omega(d(u,v)) < \varepsilon$. 从而 $d(F(u), F(v)) < \varepsilon$. 由引理 3.9 得, F 有唯一的不动点, 且 $\lim\limits_{n \to \infty} F^n(u_0) = u$, $\forall u_0 \in C([0,T], \mathbb{R})$, u 为 F 的不动点, 即问题 (1) 的解. 接下来, 证明解的唯一性. 设 $\alpha(t)$ 是问题 (1) 的一个下解, 类似文献 [41] 中定理 3.12 的证明, 得该解是唯一的. $\qquad\square$

注 3.5 比照文献 [41—43] 中相关定理的条件, 定理 3.14 中所给的条件相对是简单的.

接下来研究问题 (2) 的解的存在性.

定理 3.15 在问题 (2) 中, $f : [0,T] \times \mathbb{R} \to \mathbb{R}$ 是连续函数, 满足: $\exists \lambda > 0$ 使得 $\forall x, y \in \mathbb{R}$, $y \geqslant x$, 有

$$0 \leqslant f(t,y) - f(t,x) + g(t,y) - g(t,x) \leqslant \lambda \eta(y - x), \qquad (3.3.6)$$

其中 η 都是定义 3.13 中的 ω 函数, 则问题 (2) 有解.

证明 问题 (2) 等价于积分方程 $x(t) = x_0 + \int_0^t f(s, x(s)) \mathrm{d}s + \int_0^t g(s, x(s)) \mathrm{d}s$. 由文献 [44] 可知, 定义 $F : C([0,T], \mathbb{R}) \to C([0,T], \mathbb{R})$ 为

$$F(u(t)) = x_0 + \int_0^t f(s, u(s)) + g(s, u(s)) \mathrm{d}s.$$

如果 $u \in C([0,T], \mathbb{R})$ 是 F 的不动点, 则 $u \in C([0,T], \mathbb{R})$ 是问题 (2) 的解. $u, v \in C([0,T], \mathbb{R})$, $u \leqslant v$ 当且仅当 $u(t) \leqslant v(t)$, $\forall t \in [0,T]$. 如果令 $d(u,v) = \sup\limits_{t \in [0,T]} |u(t) - v(t)|$, $u, v \in C([0,T], \mathbb{R})$, 则由 (3.3.6) 式知, 对于 $u(s) \geqslant v(s)$, $f(t, u(s)) + g(t, u(s)) \geqslant f(t, v(s)) + g(t, v(s))$, $\forall t \in [0,T]$. 令

$$F(u(t)) = x_0 + \int_0^t f(s, u(s)) + g(s, u(s)) \mathrm{d}s,$$

$$F(u) = x_0 + \int_0^t f(s, u(s)) + g(s, u(s)) \mathrm{d}s \geqslant x_0 + \int_0^t f(s, v(s)) + g(s, v(s)) \mathrm{d}s = F(v).$$

由 (3.3.6) 式可知

$$
\begin{aligned}
d(F(u), F(v)) &\leqslant \sup_{t \in [0,T]} |F(u(t)) - F(v(t))| \\
&\leqslant \sup_{t \in [0,T]} \left| \int_0^t [f(s, u(s)) - f(s, v(s))] \mathrm{d}s + \int_0^t [g(s, u(s)) - g(s, v(s))] \mathrm{d}s \right| \\
&\leqslant \sup_{t \in [0,T]} \left| \int_0^T \lambda \eta(u(s) - v(s)) \mathrm{d}s \right|
\end{aligned}
$$

$$\leqslant \sup_{t\in[0,T]} \left| \int_0^T \lambda\eta(d(u(s),v(s)))\mathrm{d}s \right|$$

$$\leqslant \sup_{f\in[0,T]} \left| \int_0^T \lambda\eta(d(u,v))\mathrm{d}s \right|. \tag{3.3.7}$$

由 ω 函数的定义知, $\exists M > 0,\ \varepsilon < d(u,v) < M,\ \omega(d(u,v)) < \varepsilon,\ \exists \delta > 0$ 且 $M = \varepsilon + \delta$, 则 $\varepsilon < d(u,v) < \varepsilon + \delta, \eta(d(u,v)) < \varepsilon$,

$$d(F(u),F(v)) \leqslant \sup_{t\in[0,T]} \left| \int_0^T \lambda\eta(d(u,v))\mathrm{d}s \right|$$

$$\leqslant \sup_{t\in[0,T]} \int_0^T \lambda\varepsilon\mathrm{d}s$$

$$\leqslant T\lambda\varepsilon,$$

当 T 足够小, 使得 $T < \dfrac{1}{\lambda}$, 由引理 3.9 得, F 有唯一的不动点, 且 $\lim\limits_{n\to\infty} F^n(u_0) = u$, $\forall u_0 \in C([0,T],\mathbb{R})$, u 为 F 的不动点, 即为问题 (2) 的解. $\square$

3.4 模糊度量空间中的不动点定理

本节介绍若干模糊度量空间中的不动点定理, 所涉及的基本概念如下.

1. 模糊度量空间的相关概念和性质

定义 3.14[47]   二元运算 $* : [0,1]^2 \to [0,1]$ 被称为连续 t-范数, 如果 $([0,1],*)$ 是阿贝尔拓扑群, 即满足下面 4 条:

(1) $*$ 满足结合律和交换律运算;

(2) $*$ 是连续的;

(3) $a * 1 = a,\ \forall a \in [0,1]$;

(4) $a * b \leqslant c * d,\ \forall a \leqslant c, b \leqslant d, a,b,c,d \in [0,1]$.

若只满足(1), (2), (4) 条称为 t-范数. 显然 $*$ 定义为 $a*b \geqslant ab, \forall a,b \in [0,1]$, $*$ 满足上面的四个条件, 故 $*$ 是连续的 t-范数.

定义 3.15[47]   称 $(X,M,*)$ 为模糊度量空间, 如果 X 是任意的非空集, $*$ 是连续的 t-范数, M 是在 $X^2 \times [0,\infty)$ 上的模糊集, 满足下面的条件:

(1) $M(x,y,t) > 0$;

(2) $M(x,y,t) = 1 \Leftrightarrow x = y$;

(3) $M(x,y,t) = M(y,x,t)$;

(4) $M(x,y,t) * M(y,z,s) \leqslant M(x,z,s+t)$;

(5) $M(x, y, \cdot) : (0, \infty) \to [0, 1]$ 连续, 其中 $\forall x, y, z \in X, t, s > 0$.

注 3.6 由上面定义可知 $\forall x, y \in X, M(x, y, \cdot)$ 是单调不减函数.

定义 3.16[48] 设 $(X, M, *)$ 为模糊度量空间, M 是在 $X^2 \times [0, \infty)$ 上的模糊集, 称 M 在 $X^2 \times (0, \infty)$ 满足 n-性质, 如果

$$\lim_{n \to \infty} [M(x, y, k^n t)]^{n^p} = 1, \quad x, y \in X, k > 1, \exists p > 0.$$

定义 3.17 设 $(X, M, *)$ 为模糊度量空间, M 是在 $X^2 \times [0, \infty)$ 上的模糊集, 称 M 在 $X^2 \times (0, \infty)$ 满足 τ-性质, 如果

$$\lim_{n \to \infty} M(x, y, k^n t) = 1, \quad \forall x, y \in X, k > 1.$$

定义 3.18[49] 称 $\Phi(t) : \mathbb{R}^+ \to \mathbb{R}^+$ 满足 Φ 条件, 如果 $\Phi(t)$ 严格单调增加, 且 $\Phi(0) = 0, \lim_{n \to \infty} \Phi^n(t) = \infty, \forall t > 0$, 其中 $\Phi^n(t) = \Phi(\Phi^{n-1}(t))$.

注 3.7 由 Φ 条件定义可知, 它具有如下性质:

(1) $\Phi(t) > t, \forall t > 0$;

(2) 对任意正数 $n = 1, 2, \cdots, \Phi^n(t) > \Phi^{n-1}(t) > \cdots > \Phi(t) > t, \forall t > 0$.

定义 3.19 设 $(X, M, *)$ 为模糊度量空间, M 是在 $X^2 \times [0, \infty)$ 上的模糊集, 称 M 在 $X^2 \times (0, \infty)$ 满足 Φ-性质, 如果 $\lim_{n \to \infty} M(x, y, \Phi^n(t)) = 1, \forall x, y \in X$, 其中 $\Phi(t)$ 满足 Φ 条件.

注 3.8 显然 Φ-性质是 τ-性质的推广, 令 $\Phi(t) = kt$, Φ-性质就等同于 τ-性质. τ-性质是特殊的 n-性质, 若 M 具有 n-性质, 则 M 具有 τ-性质, 因为 $\lim_{n \to \infty} [M(x, y, k^n t)]^{n^p} = 1$, 故

$$\lim_{n \to \infty} \ln [M(x, y, k^n t)]^{n^p} = 0 \Rightarrow \lim_{n \to \infty} \frac{\ln M(x, y, k^n t)}{\dfrac{1}{n^p}} = 0 \Rightarrow \lim_{n \to \infty} \ln M(x, y, k^n t) = 0.$$

$\lim_{n \to \infty} M(x, y, k^n t) = 1$, 但 τ-性质满足时, 不一定能满足 n-性质, 例如,

$$\lim_{n \to \infty} \left(1 - \frac{1}{n}\right) = 1,$$

但 $\lim_{n \to \infty} \left(1 - \dfrac{1}{n}\right)^{n^p} = \mathrm{e}^{-p}$ 不一定会等于 1.

定义 3.20 设 $(X, M, *)$ 为模糊度量空间, M 是在 $X^2 \times [0, \infty)$ 上的模糊集.

(1) 序列 $\{x_n\} \subset X$ 称为收敛到 $x \in X$, 如果 $\lim_{n \to \infty} M(x_n, x, t) = 1, \forall t > 0$;

(2) 序列 $\{x_n\} \subset X$ 称为柯西序列, 如果任意的 $0 < \varepsilon < 1, t > 0$, 存在 $n_0 \in \mathbb{N}$ 使

$$M(x_n, x_m, t) > 1 - \varepsilon, \quad \forall n, m \geqslant n_0;$$

(3) 模糊度量空间称为完备的, 如果每个柯西序列都收敛.

定义 3.21　设 $(X, M, *)$ 是模糊度量空间, M 是在 $X^2 \times [0, \infty)$ 上的模糊集, 称 M 在 $X^2 \times (0, \infty)$ 上连续, 如果 $\{(x_n, y_n, t_n)\} \subset X^2 \times (0, \infty)$ 收敛于 $\{(x, y, t)\} \subset X^2 \times (0, \infty)$, 即 $\lim\limits_{n \to \infty} M(x_n, y_n, t_n) = M(x, y, t)$, 即

$$\lim_{n \to \infty} M(x_n, x, t) = \lim_{n \to \infty} M(y_n, y, t) = 1$$

且

$$\lim_{n \to \infty} M(x, y, t_n) = M(x, y, t).$$

注 3.9　由模糊集的性质及相关定义, 可得 M 是 $X^2 \times (0, \infty)$ 上的连续函数 (见 [48]).

定义 3.22　称 H_M 为紧子集上的 Hausdorff 模糊度量, 如果 $(X, M, *)$ 为模糊度量空间, M 是在 $X^2 \times [0, \infty)$ 上的模糊集, 定义函数

$$H_M : H_0(X) \times H_0(X) \times (0, \infty) \to (0, \infty), \quad \forall A, B \in H_0(X), \ \forall t > 0,$$

$$H_M(A, B, t) = \min\left\{ \inf_{a \in A} M(a, B, t), \inf_{b \in B} M(A, b, t) \right\},$$

其中 $H_0(X)$ 为 X 的紧子集,

$$M(a, B, t) = \sup_{b \in B} M(a, b, t).$$

2. 模糊度量空间中自映射的不动点定理

定理 3.16　设 $(X, M, *)$ 为完备的模糊度量空间, $a * b \geqslant ab$, $a, b \in [0, 1]$, M 是在 $X^2 \times [0, \infty)$ 上的模糊集, M 满足 Φ-性质. $f : X \to X$, 满足

$$M(f(x), f(y), t) \geqslant M(x, y, \Phi(t)), \quad \forall x, y \in X, \ x \neq y, \tag{3.4.1}$$

则 f 在 X 上有不动点.

若条件 (3.4.1) 换为 $M(f(x), f(y), t) > M(x, y, \Phi(t))$, $\forall x, y \in X$, $x \neq y$, 则 f 在 X 上有唯一的不动点.

证明　$M(f(x), f(y), t) \geqslant M(x, y, \Phi(t))$, $\forall x, y \in X$, $x \neq y$. 由 x, y 的任意性, 不妨取 $y = f(x)$, 则 (3.4.1) 式变为

$$M\left(f(x), f^2(x), t\right) \geqslant M(x, f(x), \Phi(t)), \tag{3.4.2}$$

对任意取定的 $x_0 \in X$, $\exists f(x_0), f^2(x_0) \in X$ 使得

$$M\left(f^2(x_0), f(x_0), t\right) \geqslant M\left(f(x_0), x_0, \Phi(t)\right),$$

$\exists f^3(x_0) \in X$ 使得

$$M(f^3(x_0), F^2(x_0), t) \leqslant M(f^2(x_0), f(x_0), \Phi(t)).$$

用上面的构造方法一直下去到第 n 次可得

$$M\left(f^{n+1}(x_0), f^n(x_0), t\right) \geqslant M\left(f^n(x_0), f^{n-1}(x_0), \Phi(t)\right).$$

接下来证明 $\{x_n\}$ 为柯西列, $\exists N > 0, \forall n > m > N$, 由 (3.4.2) 式, 以及 x 的任意性得

$$\begin{aligned}
M\left(f^n(x_0), f^m(x_0), t\right) &\geqslant M\left(f^{n-1}(x_0), f^{m-1}(x_0), \Phi(t)\right) \\
&\geqslant M\left(f^{n-2}(x_0), f^{m-2}(x_0), \Phi^2(t)\right) \\
&\geqslant \cdots \geqslant M\left(f^{n-m+1}(x_0), f(x_0), \Phi^{m-1}(t)\right) \\
&\geqslant M\left(f^{n-m}(x_0), x_0, \Phi^m(t)\right).
\end{aligned}$$

因为 M 满足 Φ-性质, 知 $\lim\limits_{m \to \infty} M\left(f^{n-m}(x_0), x_0, \Phi^m(t)\right) = 1$, 则

$$\lim_{m \to \infty} M\left(f^n(x_0), f^m(x_0), t\right) \geqslant \lim_{m \to \infty} M\left(f^{n-m}(x_0), x_0, \Phi^m(t)\right) = 1,$$

根据定义 3.21 连续的定义及注 3.9 知, $\{f^n(x_0)\}$ 是柯西列. 又 $(X, M, *)$ 为完备的模糊度量空间, 所以存在 $y_0 \in X$, 使得 $\lim\limits_{n \to \infty} M\left(f^n(x_0), y_0, t\right) = 1$. 又

$$M\left(f^{n+1}(x_0), f(y_0), t\right) \geqslant M\left(f^n(x_0), y_0, \Phi(t)\right) \geqslant M\left(f^n(x_0), y_0, t\right),$$

而 $\lim\limits_{n \to \infty} M\left(f^n(x_0), y_0, t\right) = 1$, 则 $\lim\limits_{n \to \infty} M\left(f^{n+1}(x_0), f(y_0), t\right) = 1$. 由模糊度量空间性质 (2) 及注 3.9 知, $\lim\limits_{n \to \infty} f^n(x_0) = f(y_0) = y_0$. 所以 f 在 X 上有不动点. 若条件 (3.4.1) 换为 $M(f(x), f(y), t) > M(x, y, \Phi(t))$, $\forall x, y \in X, x \neq y$, 由前面的证明知, f 在 X 上有不动点, 接下来证明不动点的唯一性. 若存在 $y_0, y_0' \in X, y_0 \neq y_0'$, $f(y_0) = y_0$, $f(y_0') = y_0'$, 由 (3.4.1) 式得

$$M(y_0, y_0', t) = M(f(y_0), f(y_0'), t) > M(y_0, y_0', \Phi(t)), \quad \forall x, y \in X, x \neq y,$$

这与注 3.6 矛盾, 故 $y_0 = y_0'$, 因此证明了不动点的唯一性. $\qquad\square$

推论 3.2 设 $(X, M, *)$ 为完备的模糊度量空间, $a * b \geqslant ab, a, b \in [0, 1]$, M 是在 $X^2 \times [0, \infty)$ 上的模糊集, M 满足 Φ-性质. $f : X \to X$ 为一一映射, 若满足 $M(f(x), f(y), \Phi(t)) \leqslant M(x, y, t), \forall x, y \in X, x \neq y$, 则 f 在 X 上有不动点; 若满足 $M(f(x), f(y), \Phi(t)) < M(x, y, t), \forall x, y \in X, x \neq y$, 则 f 在 X 上有唯一的不动点.

证明　由于 f 为一一映射, 则存在 $f^{-1}: X \to X$,

$$M\left(f^{-1}(f(x)), f^{-1}(f(y)), t\right) = M(x,y,t) \geqslant M(f(x), f(y), \Phi(t)), \quad \forall x,y \in X.$$

根据定理 3.16 可知, f^{-1} 的不动点就是 f 的不动点, 所以 f 在 X 上有不动点. 若把 "$\leqslant$" 换为 "$<$", 唯一性的证明同定理 3.16.　　　　　　□

推论 3.3　设 $(X, M, *)$ 为完备的模糊度量空间, $a * b \geqslant ab$, $a, b \in [0,1]$, M 是在 $X^2 \times [0, \infty)$ 上的模糊集, M 满足 τ-性质. $f: X \to X$, 若满足

$$M(f(x), f(y), kt) \geqslant M(x,y,t), \quad 0 < k < 1, \forall x, y \in X, x \neq y,$$

则 f 在 X 上有不动点.

证明　设 $\Phi(t) = \dfrac{1}{k} t, 0 < k < 1$, 由定理 3.16, 显然可以得到推论 3.3 的结果.　□

注 3.10　推论 3.3 中的 "$\leqslant$" 换为 "$<$" 就可得到唯一的不动点, 接下来只需证明唯一性, 类似定理 3.16 的证明可证.

定理 3.17　设 $(X, M, *)$ 为完备的模糊度量空间, $a * b \geqslant ab$, $a, b \in [0,1]$, M 是在 $X^2 \times [0, \infty)$ 上的模糊集, M 满足 Φ-性质. 若满足

$$H_M(F(x), F(y), t) \geqslant M(x, y, \Phi(t)), \quad \forall x, y \in X,$$

若 $F: X \to X$ 为具紧值的集值映射, 则 F 在 X 上有不动点.

证明　由选择公理知, 存在 f, 使得 $f(x) \in F(x)$, $\forall x \in X$, $f: X \to X$. 又因为 $F: X \to X$ 为具有紧值的集值映射, 所以 $\forall x_1, y_1 \in X$, 存在

$$x_2 = f(x_1) \in F(x_1), \quad y_2 = f(y_1) \in F(y_1),$$

由 H_M 的定义得

$$M\left(f(x_1), f(y_1), t\right) = M(x_2, y_2, t) \geqslant H_M\left(F(x_1), F(y_1), t\right) \geqslant M\left(x_1, y_1, \Phi(t)\right),$$

根据 x_1, y_1 的任意性, 以及 $M\left(f(x_1), f(y_1), t\right) \geqslant M\left(x_1, y_1, \Phi(t)\right)$, 由定理 3.16 知, f 在 X 上存在不动点 $y_0 \in X$, 即 $y_0 = f(y_0) \in F(y_0)$, 所以 F 在 X 上存在不动点.　　　　　　□

推论 3.4　设 $(X, M, *)$ 为完备的模糊度量空间, $a * b \geqslant ab$, $a, b \in [0,1]$, M 是在 $X^2 \times [0, \infty)$ 上的模糊集, M 满足 τ-性质, 若满足

$$H_M(F(x), F(y), kt) \geqslant M(x, y, t), \quad \forall x, y \in X, \, 0 < k < 1.$$

若 $F: X \to X$ 为具有紧值的集值映射, 则 F 在 X 上有不动点.　　　　　□

证明　由定理 3.17 及推论 3.2 可得.

第4章 均衡问题解的迭代算法

4.1 欧氏空间中均衡问题解的迭代算法

4.1.1 非线性互补问题的两种数值解法

1. 引言

考虑非线性互补问题 NPC(F): 寻找一个向量 $x \in \mathbb{R}^n$, 使

$$x \geqslant 0, \quad F(x) \geqslant 0, \quad x^{\mathrm{T}} F(x) = 0, \tag{4.1.1}$$

其中, $F : \mathbb{R}^n \to \mathbb{R}^n$ 是一个非线性映射.

一个 NPC(F) 可转化为寻找一个极大单调算子的零点问题. 由 Martinet 提出的邻近点算法, 将极大单调算子的零点问题转化为一个极大包含问题. 将极大单调包含问题中的线性项用非线性项代替, 使上述问题转化为非线性方程组的问题, 此类算法称为 LQP(logarithmic-quadratic proximal) 算法.

He 等[50]、Bnouhachem[51]、Noor 和 Bnouhachem[52]、Xu 等[53] 引进了基于"预测校正方法"的 LQP 算法, 能很好地求解上述非线性方程组问题.

预测校正方法, 在每次迭代过程中包括两个步骤: 预测步与校正步. 预测项是通过在一个误差准则下近似求解 LQP 方程组获得的; 校正步, 亦称迭代步, 一般是由一个投影算子表示的.

例如, Noor 和 Bnouhachem 在文献 [52] 中, 提出了如下算法.

步骤 1: 寻找近似解 $\tilde{x}^k$, 使得

$$0 \approx \beta_k F\left(\tilde{x}^k\right) + \tilde{x}^k - x^k + \mu X_k \lg \frac{\tilde{x}^\kappa}{x^k} =: \xi^k,$$

其中 $X_k = \mathrm{diag}(x_1^k, x_2^k, \cdots, x_n^k)$, $\|\xi^k\| \leqslant \eta \|x^k - \tilde{x}^k\|, \eta \in (0, 1)$.

步骤 2: 对 $\alpha > 0$, $x^{k+1}(\alpha)$ 是下面方程组的正数解:

$$\left(\frac{1-\mu}{1+\mu}\right) \alpha \beta_k F\left(\tilde{x}^k\right) + x - x^k + \mu X_k \lg \frac{x}{x^k} = 0.$$

Yuan 在文献 [54] 中提出了以下算法.

步骤 1: 寻找 $\tilde{x}^k \in \mathbb{R}_+^n$, 满足

$$0 \approx \beta_k F\left(\tilde{x}^k\right) + \tilde{x}^k - (1-\mu)x^k - \mu X_k^2 \left(\tilde{x}^k\right)^{-1} =: \xi^k,$$

其中, ξ^k 满足如下误差准则:

$$\left\|\xi^k\right\| \leqslant \eta\sqrt{1-\mu^2}\left\|x^k - \tilde{x}^k\right\|.$$

步骤 2: $x^{k+1}(\alpha_k) = P_{\mathbb{R}^n_+}\left[x^k - \alpha_k\frac{\beta_k}{1+\mu}F(\tilde{x}^k)\right].$

受文献 [52,54] 所提算法的启发, 这里提出了一种基于预测校正方法的 LQP 算法. 在新算法中我们设置了两个预测步, 并使用 x^k 与投影算子的凸组合构成算法的校正步.

此外, 可借助非线性互补函数, 将 NPC(F) 转化为非线性方程组问题:

$$\Phi(x) = 0, \tag{4.1.2}$$

其中, $\Phi : \mathbb{R}^n \to \mathbb{R}^m$ 是一个非线性映射.

Levenberg-Marquardt 算法, 可以看作是一种非线性最小二乘法, 是用于求解上述非线性方程组问题的一种改进的 Gauss-Newton 算法. 由于此算法在优化领域具有广泛应用, 因此有关该算法的研究成果颇丰, 例如可参见文献 [55—57].

Levenberg-Marquardt 算法, 在每个迭代点处, 搜索方向 d_L^k 通过如下线性方程组获得:

$$\left(\Phi'\left(x^k\right)^{\mathrm{T}}\Phi'\left(x^k\right) + \mu_k I\right)d = -\Phi'\left(x^k\right)^{\mathrm{T}}\Phi\left(x^k\right), \tag{4.1.3}$$

其中, $\Phi'(x)$ 表示 $\Phi(x)$ 的 Jacobian 矩阵, $\mu_k > 0$ 是一个参数. 参数 μ_k 的引入克服了 Gauss-Newton 算法中对矩阵 $\Phi'(x^*)$ 必须满秩的要求. Yamashita 和 Fukushima[59]、Dan[60] 等学者提出了该参数的更新准则: $\mu_k = \left\|\Phi\left(x^k\right)\right\|^\delta$, 其中 $\delta \in (0,2]$. 这里将沿用这一更新准则.

值得注意的是, 由于 $\Phi'\left(x^k\right)^{\mathrm{T}}\Phi'\left(x^k\right)$ 的半正定性, 正参数 μ_k 的引入使得搜索方向 (试探步)d_L^k 远离了矩阵广义逆下的迭代步 $d_{MP}^k = -\Phi'\left(x^k\right)^{\mathrm{T}}\Phi\left(x^k\right)$. 所以, 以下将考虑将下式的解 d_G^k 作为修正的搜索方向:

$$\left(\Phi'\left(x^k\right)^{\mathrm{T}}\Phi'\left(x^k\right) + \mu_k I\right)d_G^k = -\Phi'\left(x^k\right)^{\mathrm{T}}\Phi\left(x^k\right) + \mu_k d_L^k, \tag{4.1.4}$$

这样很可能 d_G^k 比 d_L^k 更靠近 d_{MP}^k.

另外, 为了保证此类非线性方程组算法的全局收敛性, 通常需要假设 F 为 P_0 函数; 且在证明其超线性收敛性时, 通常需要一些非奇异性和严格互补条件的假设, 参见文献 [50,59].

考虑到以上两点, 本书给出了一种改进的 Levenberg-Marquardt 算法. 该算法的优点在于搜索方向经过修正能更接近 Moore-Penrose 步, 并且其全局收敛性的证明不需要 F 为 P_0 函数的假设.

下面我们分别给出一种新的 LQP 算法和 Levenberg-Marquardt 算法, 阐述算法中参数的选取方法, 给出收敛性定理, 通过数值实验说明新算法相对已有算法的优劣, 表明算法的有效性.

2. 非线性互补问题的 LQP 算法

算法 4.1

步骤 0: 设置参数 $\beta_0 > 0, \varepsilon > 0, \mu \in (0,1), \delta \in (1,2), \sigma \in (1,2), \eta \in (0,1),$ $\tau \in (0,1]$. 初始点为 $x^0 > 0$.

步骤 1: 如果 $\| \min \{ x^k, F(x^k) \} \|_\infty \leqslant \varepsilon$, 算法终止. 否则, 转入步骤 2.

步骤 2: (预测步 1) 寻找 $\tilde{x}^k \in \mathbb{R}^n_+$, 满足

$$0 \approx \beta_k F(\tilde{x}^k) + \tilde{x}^k - x^k + \mu X_k \lg \frac{\tilde{x}^k}{x^k} =: \xi^k, \tag{4.1.5}$$

其中, ξ^k 满足如下非精确误差准则:

$$\| \xi^k \| \leqslant \eta \sqrt{1 - \mu^2} \, \| x^k - \tilde{x}^k \|. \tag{4.1.6}$$

计算 $\xi^k := \beta_k (F(\tilde{x}^k) - F(x^k)), r = \dfrac{\| \xi^* \|}{\sqrt{1 - \mu^2} \, \| x^k - \tilde{x}^k \|}$. 如果 $r > \eta$, 令 $\beta_k = \beta_k * \dfrac{0.8}{r}$, 重复步骤 2; 否则, 转入步骤 3.

步骤 3: (预测步 2) 计算最优参数 α_k. 然后, 寻找如下方程组的正数解 $\hat{x}^k$:

$$\left(\frac{1 - \mu}{1 + \mu} \right) \alpha \beta_k F(\tilde{x}^k) + x - x^k + \mu x_k \lg \frac{\tilde{x}^k}{x^k} = 0. \tag{4.1.7}$$

步骤 4: (校正步) 计算最优参数 γ_k. 然后, 生成新的迭代点 x^{k+1}:

$$x^{k+1}(\gamma) = \tau x^k + (1 - \tau) P_{\mathbb{R}^n_+} \left[x^k - \gamma (x^k - \hat{x}^k) \right]. \tag{4.1.8}$$

步骤 5: 如果 $r \leqslant 0.5$, 令 $\beta_{k+1} = \dfrac{\beta_k * 0.7}{r}$; 否则, 令 $\beta_{k+1} = \beta_k$.

步骤 6: 令 $k = k + 1$, 转入步骤 1.

注 4.1 算法 4.1 中包括了两个预测步和一个校正步. 校正步由一个凸组合表示, 如式 (4.1.8) 所示. 此外, 算法中对于参数 α 和 γ 的确定是本节研究的重点.

下面研究参数的确定及收敛性分析.

令 $\Pi(\alpha) = \| x^k - x^* \|^2 - \| \hat{x}^k(\alpha) - x^* \|^2, \Psi(\gamma) = \| x^k - x^* \|^2 - \| x^{k+1}(\gamma) - x^* \|^2$, 下面说明如何确定合适的参数 α 和 γ, 同时给出算法 4.1 的收敛性定理.

首先给出两个常用结论.

引理 4.1　假设 $P_{\mathbb{R}^n_+}(.)$ 表示欧氏范数下的投影, 即

$$P_{\mathbb{R}^n_+}(y) = \min\{\|y - x\|, x \in \mathbb{R}^n_+\},$$

那么, 对任意的 $u \in \mathbb{R}^n_+$ 和 $v \in \mathbb{R}^n_+$, 有下面两式成立

$$\left\langle v - P_{\mathbb{R}^n_+}(v), P_{\mathbb{R}^n_+} - u \right\rangle \geqslant 0,$$

$$\left\| P_{\mathbb{R}^n_+}(v) - u \right\|^2 \leqslant \|v - u\|^2 - \left\| v - P_{\mathbb{R}^n_t}(v) \right\|^2.$$

引理 4.2[52]　对给定的 $x^k > 0, q \in \mathbb{R}^n$, 假定 x 是如下方程组的一个正数解

$$q + x - x^k + \mu X_k \lg\frac{x}{x^k} = 0,$$

其中 $X_K = \text{diag}\left(x_1^k, \cdots, x_n^k\right), \lg\frac{x}{x^k} = \left(\lg\frac{x_1}{x_1^k}, \cdots, \lg\frac{x_n}{x_n^k}\right)^{\mathrm{T}}$, 那么, 对任意的 $y \geqslant 0$, 有下式成立

$$\langle x - y, -q \rangle \geqslant \frac{1 + \mu}{2}\left(\|x - y\|^2 - \left\|x^k - y\right\|^2\right) + \frac{1 - \mu}{2}\left\|x^k - x\right\|^2.$$

下面的定理 4.1, 用来说明如何确定参数 α.

定理 4.1[52]　假设对任意的 $x^* \in \Omega^*, \alpha > 0, \tilde{x}^k$ 和 $\hat{x}^k$ 是由算法 4.1 生成的, 则有下式成立:

$$\Pi(\alpha) \geqslant \frac{1 - \mu}{1 + \mu}\Phi(\alpha), \tag{4.1.9}$$

其中

$$\Phi(\alpha) = 2\alpha\varphi_k - \alpha^2\|d_k\|^2, \tag{4.1.10}$$

$$d_k = (x^k - \tilde{x}^k) + \frac{1}{1 + \mu}\xi^k, \tag{4.1.11}$$

$$\varphi_k = \frac{1}{1 + \mu}\left\|x^k - \tilde{x}^k\right\|^2 + \frac{1}{1 + \mu}\left\langle x^k - \tilde{x}^k, \xi^k \right\rangle. \tag{4.1.12}$$

注 4.2　通过选取合适的 α 极大化 $\Phi(\alpha)$, 使每次迭代产生的迭代量 $\Pi(\alpha)$ 极大化. 由式 (4.1.10) 可知, $\Phi(\alpha)$ 是关于 α 的二次函数, 其极大值点位于

$$\alpha_k^* = \frac{\varphi_k}{\|d_k\|^2}, \tag{4.1.13}$$

此时,

$$\Phi(\alpha) = \alpha^*\varphi_k. \tag{4.1.14}$$

引理 4.3 假设 $x^* \in \Omega^*$, $\tilde{x}^k$ 是由算法 4.1 生成的, 那么下式成立:

$$\Phi\left(\alpha_k^*\right) \geqslant \frac{1+\mu^2-\eta^2}{4(1+\mu)} \left\| x^k - \tilde{x}^k \right\|^2. \tag{4.1.15}$$

证明 一方面, 由式 (4.1.6)、式 (4.1.12)、柯西 - 施瓦茨不等式及 $\mu \in (0,1)$ 有

$$
\begin{aligned}
\varphi_k &= \frac{1}{1+\mu} \left\| x^k - \tilde{x}^k \right\|^2 + \frac{1}{1+\mu} \left\langle x^k - \tilde{x}^k, \xi^k \right\rangle \\
&\geqslant \frac{1}{1+\mu} \left\| x^k - \tilde{x}^k \right\|^2 - \frac{1}{1+\mu} \left\| x^k - \tilde{x}^k \right\| \left\| \xi^k \right\| \\
&\geqslant \frac{1}{1+\mu} \left(\left\| x^k - \tilde{x}^k \right\|^2 - \frac{1-\mu^2}{2} \left\| x^k - \tilde{x}^k \right\|^2 - \frac{1}{2(1-\mu^2)} \left\| \xi^k \right\|^2 \right) \\
&\geqslant \frac{1}{1+\mu} \frac{1+\mu^2-\eta^2}{2} \left\| x^k - \tilde{x}^k \right\|^2 \\
&= \frac{1+\mu^2-\eta^2}{2(1+\mu)} \left\| x^k - \tilde{x}^k \right\|^2.
\end{aligned}
\tag{4.1.16}
$$

另一方面, 由式 (4.1.6)、式 (4.1.12) 有

$$
\begin{aligned}
\varphi_k &= \frac{1}{1+\mu} \left\| x^k - \tilde{x}^k \right\|^2 + \frac{1}{1+\mu} \left\langle x^k - \tilde{x}^k, \xi^k \right\rangle \\
&= \frac{1}{2} \left[\left\| x^k - \tilde{x}^k \right\|^2 + \frac{1-\mu}{1+\mu} \left\| x^k - \tilde{x}^k \right\|^2 + \frac{2}{1+\mu} \left\langle x^k - \tilde{x}^k, \xi^k \right\rangle \right] \\
&> \frac{1}{2} \left[\left\| x^k - \tilde{x}^k \right\|^2 + \frac{1}{(1+\mu)^2} \left\| \xi^k \right\|^2 + \frac{2}{1+\mu} \left\langle x^k - \tilde{x}^k, \xi^k \right\rangle \right].
\end{aligned}
\tag{4.1.17}
$$

由于 $\|a+b\|^2 = \|a\|^2 + \|b\|^2 + 2\langle a, b\rangle$ 及 $d_k = \left(x^k - \tilde{x}^k\right) + \frac{1}{1+\mu}\xi^k$, 则 $\varphi_k \geqslant \frac{1}{2} \|d_k\|^2$.

由式 (4.1.13)

$$\alpha_k^* > \frac{1}{2}. \tag{4.1.18}$$

由式 (4.1.14)、式 (4.1.18) 及式 (4.1.16) 知, 式 (4.1.15) 成立. $\qquad\square$

为了加快收敛速度, 用松弛因子 $\delta \in (1,2)$ 乘以 α_k^*, 得到 α_k, 即

$$\alpha_k = \delta\alpha_k^* = \delta \frac{\left\| x^k - \tilde{x}^k \right\|^2 + \left\langle x^k - \tilde{x}^k, \xi^k \right\rangle}{(1+\mu) \left\| \left(x^k - \tilde{x}^k\right) + \frac{1}{1+\mu}\xi^k \right\|^2}.$$

此时,

$$
\begin{aligned}
\Phi\left(\alpha_k\right) &= \Phi\left(\delta\alpha_k^*\right) \\
&= \left(2\delta - \delta^2\right) \Phi\left(\alpha_k^*\right) \\
&\geqslant \frac{\delta(2-\delta)\left(1+\mu^2-\eta^2\right)}{4(1+\mu)} \left\| x^k - \tilde{x}^k \right\|^2.
\end{aligned}
\tag{4.1.19}
$$

由定理 4.1 中式 (4.1.9) 可知, 下式成立:

$$
\begin{aligned}
\Pi\left(\alpha_k\right) &= \Pi\left(\delta\alpha_k^*\right) \\
&= \left\|x^k - x^*\right\|^2 - \left\|\hat{x}^k\left(\delta\alpha_k^*\right) - x^*\right\|^2 \\
&\geqslant \frac{1-\mu}{1+\mu}\Phi\left(\delta\alpha_k^*\right) \\
&\geqslant \frac{\delta(2-\delta)(1-\mu)\left(1+\mu^2-\eta^2\right)}{4(1+\mu)^2}\left\|x^k - \tilde{x}^k\right\|^2.
\end{aligned}
\tag{4.1.20}
$$

采用类似于定理 4.1 的思想, 我们给出定理 4.2, 分析参数 γ 的选取方法.

为描述简单, 令 $x_*^k(\gamma) := P_{\mathbb{R}_+^n}\left[x^k - \gamma\left(x^k - \hat{x}^k\right)\right]$.

定理 4.2　假设 $x^* \in \Omega^*$, 且 $\tilde{x}^k$ 和 $\hat{x}^k$ 是由算法 4.1 生成的, 则有

$$
\Psi(\gamma) \geqslant (1-\tau)\Theta(\gamma),
$$

其中

$$
\Theta(\gamma) = \gamma\left[\left\|x^k - \hat{x}^k\right\|^2 + \left\|x^k - x^*\right\|^2 - \left\|\hat{x}^k - x^*\right\|^2\right] - \gamma^2\left\|x^k - \hat{x}\right\|^2.
\tag{4.1.21}
$$

证明　由 $\|a+b\|^2 = \|a\|^2 + \|b\|^2 + 2\langle a, b\rangle$ 及 $\langle a+b, b\rangle = \langle a, b\rangle + \|b\|^2$, 有下面两式成立

$$
2\left\langle x^k - x^*, x_*^k(\gamma) - x^*\right\rangle = \left\|x^k - x^*\right\|^2 - \left\|x^k - x_*^k(\gamma)\right\|^2 + \left\|x_*^k(\gamma) - x^*\right\|^2,
$$

$$
2\left\langle x^* - \hat{x}^k, x^k - \hat{x}^k\right\rangle = \left\|x^* - \hat{x}^k\right\|^2 - \left\|x^* - x^k\right\|^2 + \left\|x^k - \hat{x}^k\right\|^2.
$$

由引理 4.1, 有

$$
\left\|x_*^k(\gamma) - x^*\right\|^2 \leqslant \left\|x^k - \gamma\left(x^k - \hat{x}^k\right) - x^*\right\|^2 - \left\|x^k - \gamma\left(x^k - \hat{x}^k\right) - x_*^k(\gamma)\right\|^2.
$$

注意到 $2\langle a+b, b\rangle = \|a+b\|^2 - \|a\|^2 + \|b\|^2$ 及 $\tau \in (0,1)$, 有

$$
\begin{aligned}
&\left\|x^{k+1}(\gamma) - x^*\right\|^2 \\
={}&\left\|\tau\left(x^k - x^*\right) + (1-\tau)\left(x_*^k(\gamma) - x^*\right)\right\|^2 \\
={}&\tau^2\left\|x^k - x^*\right\|^2 + (1-\tau)^2\left\|\left(x_*^k(\gamma) - x^*\right)\right\|^2 + 2\tau(1-\tau)\left\langle x^k - x^*, x_*^k(\gamma) - x^*\right\rangle \\
\leqslant{}&\tau\left\|x^k - x^*\right\|^2 + (1-\tau)\Big[\left\|x^k - \gamma\left(x^k - \hat{x}^k\right) - x^*\right\|^2 - \big\|x^k \\
&-\gamma\left(x^k - \hat{x}^k\right) - x_*^k(\gamma)\big\|^2 - \tau\left\|x^k - x_*^k(\gamma)\right\|^2\Big].
\end{aligned}
$$

那么

$$
\begin{aligned}
\left\|x^{k+1}(\gamma) - x^*\right\|^2 &= \left\|x^k - x^*\right\|^2 - (1-\tau)\big[\left\|x^k - x_*^k(\gamma) - \gamma\left(x^k - \hat{x}^k\right)\right\|^2 \\
&\quad + \tau\left\|x^k - x_*^k(\gamma)\right\|^2 - \gamma^2\left\|x^k - \hat{x}^k\right\|^2 + 2\gamma\left\langle x^k - x^*, x^k - \hat{x}^k\right\rangle\big] \\
&\leqslant \left\|x^k - x^*\right\|^2 - (1-\tau)\left[2\gamma\left\langle x^k - x^*, x^k - \hat{x}^k\right\rangle - \gamma^2\left\|x^k - \hat{x}^k\right\|^2\right].
\end{aligned}
\tag{4.1.22}
$$

由 $\Psi(\gamma)$ 的定义、式 (4.1.22) 及 $\|a-c\|^2 = \langle a-b, a-c\rangle + \langle b-c, a-c\rangle$，则

$$
\begin{aligned}
\Psi(\gamma) &= \left\|x^k - x^*\right\|^2 - \left\|x^{k+1}(\gamma) - x^*\right\|^2 \\
&\geqslant (1-\tau)\left[2\gamma\left\langle x^k - x^*, x^k - \hat{x}^k\right\rangle - \gamma^2\left\|x^k - \hat{x}^k\right\|^2\right] \\
&= (1-\tau)\left[2\gamma\left(\left\|x^k - \hat{x}^k\right\|^2 - \left\langle x^* - \hat{x}^k, x^k - \hat{x}^k\right\rangle\right) - \gamma^2\left\|x^k - \hat{x}^k\right\|^2\right] \\
&\geqslant (1-\tau)\big[\gamma(2\left\|x^k - \hat{x}^k\right\|^2 - \left\|x^* - \hat{x}^k\right\|^2 + \left\|x^* - x^k\right\|^2 \\
&\quad - \left\|x^k - \hat{x}^k\right\|^2) - \gamma^2\left\|x^k - \hat{x}^k\right\|^2\big] \\
&= (1-\tau)\Theta(\gamma).
\end{aligned}
\tag{4.1.23}
$$

$\square$

注 4.3 由于 $\Psi(\gamma)$ 衡量了算法在第 $k+1$ 步相对于第 k 步的改进，因此通过选取合适的 γ 极大化 $\Theta(\gamma)$，使每次迭代产生的迭代量 $\Psi(\gamma)$ 极大化. 由式 (4.1.21) 可知，$\Theta(\gamma)$ 是关于 γ 的二次函数，由 $\Phi(\alpha)$ 的定义式及定理 2.1，则极大值点位于
$$
\gamma_k^* = \frac{\left\|x^k - \hat{x}^k\right\|^2 + \Phi(\alpha_k)}{2\left\|x^k - \hat{x}^k\right\|^2}.
$$

注 4.4 为了加快收敛速度，用松弛因子 $\sigma \in (0,1)$ 乘以 γ_k^*，得到 γ_k，即

$$
\gamma_k = \sigma\gamma_k^* = \sigma\frac{\left\|x^k - \hat{x}^k\right\|^2 + \Phi(\alpha_k)}{2\left\|x^k - \hat{x}^k\right\|^2}.
\tag{4.1.24}
$$

下面的定理 4.3 是算法 4.1 收敛性分析过程中一个重要的结论.

定理 4.3 假设 $x^* \in \Omega^*$, $\sigma \in (0,1)$, $\tilde{x}^k$, $\hat{x}^k$ 及 $x^{k+1}(\gamma_k)$ 是由算法 4.1 生成的，那么下式成立:

$$
\Psi(\gamma) \geqslant \frac{\sigma(2-\sigma)(1-\tau)\delta^2(2-\delta)^2\left(1+\mu^2-\eta^2\right)^2}{64(1+\mu)^2}\left\|x^k - \tilde{x}^k\right\|^2.
$$

证明 由式 (4.1.18)、式 (4.1.19)、式 (4.1.24) 及定理 4.2,
$$
\begin{aligned}
\Psi(\gamma) &\geqslant (1-\tau)\Theta(\gamma) \\
&= (1-\tau)\left\{\gamma_k\left[\left\|x^k - \hat{x}^k\right\|^2 + \left\|x^k - x^*\right\|^2 - \left\|\hat{x}^k - x^*\right\|^2\right] - \gamma_k^2\left\|x^k - \hat{x}^k\right\|^2\right\}
\end{aligned}
$$

$$\geqslant (1-\tau)\left\{\gamma_k\left[\left\|x^k-\hat{x}^k\right\|^2+\Phi\left(\alpha_k\right)\right]-\gamma_k^2\left\|x^k-\hat{x}^k\right\|^2\right\}$$

$$=\sigma(1-\tau)\left\{\gamma_k^*\left[\left\|x^k-\hat{x}^k\right\|^2+\Phi\left(\alpha_k\right)\right]-\sigma\left(\gamma_k^*\right)^2\left\|x^k-\hat{x}^k\right\|^2\right\}$$

$$=\sigma(2-\sigma)(1-\tau)\gamma_k^*\frac{\left\|x^k-\hat{x}^k\right\|^2+\Phi\left(\alpha_k\right)}{2}$$

$$\geqslant\frac{\sigma(2-\sigma)(1-\tau)\delta^2(2-\delta)^2\left(1+\mu^2-\eta^2\right)^2}{64(1+\mu)^2}\left\|x^k-\tilde{x}^k\right\|^2.\qquad\square$$

定理 4.3 表明, 算法 4.1 生成的序列 $\{x^k\}$, 关于式 (4.1.5) 的解点是 Féjer 单调的. 故有如下推论成立.

推论 4.1　令 $x^*\in\Omega^*$, 且 $\{\tilde{x}^k\}$, $\{x^k\}$ 由算法 4.1 生成, 那么

(1) 序列 $\{x^k\}$ 有界;

(2) 序列 $\{\|x^k-x^*\|\}$ 是非增的;

(3) $\lim\limits_{k\to\infty}\left\|x^k-\tilde{x}^k\right\|=0$;

(4) 序列 $\{\tilde{x}^k\}$ 有界.

下面给出算法 4.1 的收敛性证明中需要用到的一个引理.

引理 4.4　给定 $x^k\in\mathbb{R}_+^n$, $\beta_k>0$, 且 $\tilde{x}^k$ 和 ξ^k 满足式 (4.1.5) 和式 (4.1.6), 那么对任意的 $x\in\mathbb{R}_+^n$ 有下式成立:

$$\left\langle\tilde{x}^k-x,\beta_kF\left(\tilde{x}^k\right)-\xi^k\right\rangle\geqslant\left\langle x^k-\tilde{x}^k,(1+\mu)x-\mu x^k-\tilde{x}^k\right\rangle.\qquad(4.1.25)$$

证明　在引理 4.2 中, 假定 $q=\beta_kF\left(\tilde{x}^k\right)-\xi^k$, $y=x$, 即有式 (4.1.25) 成立. $\square$

最后, 我们给出算法 4.1 的全局收敛性定理.

定理 4.4　如果 $\inf\limits_{k=0}^{\infty}\beta_k=\beta>0$, 那么由算法 4.1 生成的序列 $\{x^k\}$ 收敛到 $\mathrm{NPC}(F)$ 的一个解 x^{∞}.

利用文献 [53] 中类似的证明方法, 由定理 4.3、推论 4.1 及引理 4.4, 易证定理 4.4, 此处不再赘述.

3. 数值实验

下面我们将算法 4.1 与文献 [52] 中的算法作比较. 考虑如下 $\mathrm{NPC}(F)$:

$$x\geqslant 0,\quad F(x)\geqslant 0,\quad x^{\mathrm{T}}F(x)=0,$$

其中, $F(x)=D(x)+Mx+q$. 式中, $D(x)$ 和 $Mx+q$ 分别为 $F(x)$ 的非线性项和线性项. 特别地, 令矩阵 $M=A^{\mathrm{T}}A+B$, 其中, A 是元素在区间 $(-5,+5)$ 上随机生成的 $n\times n$ 矩阵, B 是元素在区间 $(-5,+5)$ 上随机生成的 $n\times n$ 反对称矩阵. 向量 $q\in\mathbb{R}^n$ 的元素在区间 $(-200,+300)$ 上服从一致分布. $D(x)$ 的分量为 $D_j(x)=d_j*\arctan(x_j)$, 其中, $d_j\in(0,1)$. 文献 [52—54, 300] 测试了类似的问题.

测试上述 NPC(F) 的维数 n 从 100 到 1000. 为了与文献 [52] 中的算法作对比, 选取相同的参数: $\beta_0 = 1, \eta = 0.91, \mu = 0.01, \delta = \sigma = 1.99, \tau = 0.01$; 终止准则为

$$\left\| \min \left\{ x^k, F\left(x^k\right) \right\} \right\|_\infty \leqslant 10^{-7},$$

初始点为 $x^0 = (0, 0, \cdots, 0)^{\mathrm{T}}$ 或 $x^0 = (1, 1, \cdots, 1)^{\mathrm{T}}$.

利用 MATLAB2013a 编程, 对比结果如表 4.1 及表 4.2 所示. 其中, No.iter. 表示迭代次数; CPU 表示计算时间, 单位: s.

表 4.1　初始点为 $x^0 = (0, 0, \cdots, 0)^{\mathrm{T}}$ 时的数值实验结果

维数 n	文献 [52] 算法		算法 4.1	
	No.iter.	CPU/s	No.iter.	CPU/s
100	209	0.04	198	0.03
200	243	0.36	236	0.31
400	269	1.91	278	2.16
600	253	6.02	259	5.83
800	263	13.9	262	12.71

表 4.2　初始点为 $x^0 = (1, 1, \cdots, 1)^{\mathrm{T}}$ 时的数值实验结果

维数 n	文献 [52] 算法		算法 4.1	
	No.iter.	CPU/s	No.iter.	CPU/s
100	229	0.06	218	0.1
200	272	0.37	271	0.32
400	283	2.01	279	2.23
600	296	6.9	303	5.97
800	311	16.63	309	16.32

从表中两种算法的迭代次数和计算时间来看, 虽然数值实验的部分结果较文献 [60] 中提出的算法表现差, 但整体上, 算法 4.1 比文献 [52] 提出的算法更加有效. 例如, 从表 4.1 中可看出当维数为 400 时, 算法 4.1 的 No.iter. 和 CPU 分别为 278 次和 2.16 秒, 差于文献 [52] 中所提算法的 269 次的迭代次数和 1.91 秒的计算时间. 但是, 从表 4.2 中可以看出当维数为 800 时, 这里所改进的算法的 No.iter. 和 CPU 分别为 309 次和 16.32 秒, 显然要优于文献 [52] 中所提算法的 311 次的迭代次数和 16.63 秒的计算时间.

4.1.2　非线性互补问题的 Levenberg-Marquardt 算法及适定性分析

1. 非线性互补问题的 Levenberg-Marquardt 算法

算法 4.2

步骤 0: 给定初始点 $x^0 \in \mathbb{R}^n$. 选取参数 $\eta \in (0, 1)$, $\lambda \in (0, 1)$, $\alpha \in (0, 0.8)$,

$\sigma \in \left(0, \dfrac{1}{2}(1-\alpha)\right), \delta \in (0,2]$. 令 $\mu_0 = \left\|\Phi\left(x^0\right)\right\|^{\delta}$, $\kappa := \sqrt{2n}$, $\beta_0 := \left\|\Phi\left(x^\circ\right)\right\|$, $\tau_0 := \left(\dfrac{\alpha}{2\kappa}\beta_0\right)^2$, $k := 0$.

步骤 1: 如果 x^k 满足 $\left\|\nabla\Psi\left(x^k\right)\right\| \leqslant \varepsilon$, 则算法终止.

步骤 2: 计算如下 Levenberg-Marquardt 线性方程组, 得到搜索方向 $d_L^k \in \mathbb{R}^n$:

$$\left(\Phi'_{\tau_k}\left(x^k\right)^{\mathrm{T}}\Phi'_{\tau_k}\left(x^k\right) + \mu_k I\right) d_L^k = -\Phi'_{\tau_k}\left(x^k\right)^{\mathrm{T}}\Phi_{\tau_k}\left(x^k\right), \tag{4.1.26}$$

其中, $\mu_k = \left\|\Phi\left(x^k\right)\right\|^{\delta}$.

步骤 3: 计算如下方程组, 得到修正的搜索方向 $d_G^k \in \mathbb{R}^n$:

$$\left(\Phi'_{\tau_k}\left(x^k\right)^{\mathrm{T}}\Phi'_{\tau_k}\left(x^k\right) + \mu_k I\right) d_G^k = -\Phi'_{\tau_k}\left(x^k\right)^{\mathrm{T}}\Phi_{\tau_k}\left(x^k\right) + \mu_k d_L^k. \tag{4.1.27}$$

步骤 4: 令 $\sigma_k = \min\left\{\sigma, \dfrac{1}{4}\mu_k\right\}$, 并计算使下式成立的最小的非负整数 $s_k \in \{0,1,\cdots\}$:

$$\Psi_{\tau_k}\left(x^k + \lambda^{s_k}d_G^k\right) \leqslant \Psi_{\tau_k}\left(x^k\right) - \sigma_k\lambda^{s_k}\left\|d_G^k\right\|^2, \tag{4.1.28}$$

令 $t_k := \lambda^{s_k}, x^{k+1} = x^k + t_k d_G^k$.

步骤 5:

$$\left\|\Phi\left(x^{k+1}\right)\right\| \leqslant \max\left\{\eta\beta_k, \dfrac{1}{\alpha}\left\|\Phi\left(x^{k+1}\right) - \Phi_{\tau_k}\left(x^{k+1}\right)\right\|\right\}, \tag{4.1.29}$$

则令 $\beta_{k+1} := \left\|\Phi\left(x^{k+1}\right)\right\|$, 并选取合适的 τ_{k+1}, 满足

$$0 < \tau_{k+1} \leqslant \min\left\{\left(\dfrac{\alpha}{2\kappa}\beta_{k+1}\right)^2, \dfrac{1}{4}\tau_k, \overline{\tau}\left(x^{k+1}, \gamma\beta_{k+1}\right)\right\}, \tag{4.1.30}$$

其中 $\overline{\tau}(\cdot,\cdot)$ 的定义见引理 4.6.

否则, 令 $\beta_{k+1} := \beta_k$, 并选取合适的 τ_{k+1}, 满足

$$0 < \tau_{k+1} \leqslant \min\left\{\left(\dfrac{\alpha}{2\kappa}\left\|\Phi\left(x^{k+1}\right)\right\|\right)^2, \dfrac{1}{4}\tau_k\right\}. \tag{4.1.31}$$

步骤 6: 令 $k := k+1$, 转到步骤 1.

注 4.5　在算法 4.2 中, 我们对搜索方向 d_L^k 进行了修正, 使得新的搜索方向更接近 Moore-Penrose 步. 另外, 为使算法更加精确有效, 针对文献 [300] 中的算法中所涉及的一些参数及不等式关系做了适当的修正.

为了讨论简便, 定义指标集

$$K := \{0\} \cup \left\{k \in \mathbb{N} \,\middle|\, \left\|\Phi\left(x^k\right)\right\| \leqslant \max\left\{\eta\beta_{k-1}, \dfrac{1}{\alpha}\left\|\Phi\left(x^k\right) - \Phi_{\tau_k-1}\left(x^k\right)\right\|\right\}\right\}. \tag{4.1.32}$$

下面先给出连续函数的广义 Jacobian 的定义.

定义 4.1 假定 $G : \mathbb{R}^n \to \mathbb{R}^n$ 是局部 Lipschitz 连续函数, 那么, G 在点 $x \in \mathbb{R}^n$ 处的 Clarke 意义下的广义 Jacobian 定义为

$$\partial G(x) = \mathrm{conv}\left\{ H \in \mathbb{R}^{n \times n} \middle| H = \lim_{x^k \to x} G'\left(x^k\right), x^k \in D_G \right\},$$

其中, D_G 是 G 的可微点组成的集合, $\mathrm{conv}(A)$ 是集合 A 的凸包.

已有文献常称 $\partial_C G(x)^{\mathrm{T}}$ 为 G 在点 $x \in \mathbb{R}^n$ 处的 C-次微分, 其中

$$\partial_C G(x)^{\mathrm{T}} := \partial G_1(x) \times \cdots \times \partial G_n(x).$$

2. 算法的收敛性分析

下面的引理对于分析算法收敛性十分有用.

引理 4.5 $(1)^{[55]}$ 对任意的 $x \in \mathbb{R}^n, \tau_1, \tau_2 \geqslant 0$, 有下式成立:

$$\|\Phi_{\tau_1} - \Phi_{\tau_2}\| \leqslant \kappa \left| \sqrt{\tau_1} - \sqrt{\tau_2} \right|,$$

其中, $\kappa = \sqrt{2n}$. 特别地, 对任意的 $x \in \mathbb{R}^n, \tau \geqslant 0$, 有下式成立:

$$\|\Phi_\tau - \Phi\| \leqslant \kappa \sqrt{\tau}.$$

$(2)^{[61]}$ 对所有的 $k \in \mathbb{N}$, 有下面两式成立:

$$\left\|\Phi_{\tau_k}\left(x^{k+1}\right)\right\| < \left\|\Phi_{\tau_k}\left(x^k\right)\right\|$$

和

$$\left\|\Phi_{\tau_k}\left(x^{k+1}\right)\right\| + \kappa\sqrt{\tau_{k+1}} \leqslant \left\|\Phi_{\tau_k}\left(x^k\right)\right\| + \kappa\sqrt{\tau_k}.$$

本章所给出的算法中, 涉及 $\overline{\tau}$ 的表达式, 因此我们给出如下结论.

引理 4.6 $^{[56]}$ 假定 $x \in \mathbb{R}^n$ 是任意给定的向量, x 不是 $\mathrm{NPC}(F)$ 的解. 定义如下常量

$$\gamma(x) := \max_{i \in \beta(x)} \left\{ \|x_i e_i + F_i(x)\nabla F_i(x)\| \right\} \geqslant 0$$

和

$$\alpha(x) := \max_{i \notin \beta(x)} \left\{ x_i^2 + F_i(x)^2 \right\} > 0,$$

其中, $\beta(x) := \{i | x_i = F_i(x) = 0\}$. 假定 δ 为一给定的常数, 定义

$$\overline{\tau}(x, \delta) := \begin{cases} 1, & \dfrac{n\gamma(x)^2}{\delta^2} - \alpha(x) \leqslant 0, \\[2mm] \dfrac{\alpha(x)^2}{2} \dfrac{\delta^2}{n\gamma(x)^2 - \delta^2\alpha(x)}, & \dfrac{n\gamma(x)^2}{\delta^2} - \alpha(x) > 0, \end{cases}$$

则对任意的 $\tau \in (0, \overline{\tau}(x, \delta)]$, 有 $\mathrm{dist}\left(\Phi_\tau'(x), \partial_C \Phi(x)\right) \leqslant \delta$.

下面证明算法 4.2 的适定性.

定理 4.5　算法 4.2 是适定的.

证明　只要证明当 λ 足够小时, Armijo 线性搜索准则满足即可.

由式 (4.1.26)、式 (4.1.27)、$0 < \sigma_k \leqslant \mu_k$ 及 $\nabla\Psi_\tau(x) = (\Psi'_\tau(x))^{\mathrm{T}} = (\Phi'_\tau(x))^{\mathrm{T}}\Phi_\tau(x)$, 对足够小的 λ 有

$$
\begin{aligned}
& \Psi_{\tau_k}\left(x^k + \lambda d_G^k\right) - \Psi_{\tau_k}\left(x^k\right) \\
={} & \lambda \nabla\Psi_{\tau_k}\left(x^k\right)^{\mathrm{T}} d_G^k + o(\lambda) \\
\leqslant{} & -\lambda\left(\Phi_{\tau_k}\left(x^k\right)^{\mathrm{T}}\Phi'_{\tau_k}\left(x^k\right) - \mu_k\left(d_L^k\right)^{\mathrm{T}}\right) d_G^k + o(\lambda) \\
={} & -\lambda\left(d_G^k\right)^{\mathrm{T}}\left(\nabla\Phi_{\tau_k}\left(x^k\right)\Phi'_{\tau_k}\left(x^k\right) + \mu_k I\right) d_G^k + o(\lambda) \\
\leqslant{} & -\lambda\mu_k\left\|d_G^k\right\|^2 + o(\lambda) \\
\leqslant{} & -\lambda\sigma_k\left\|d_G^k\right\|^2 + o(\lambda),
\end{aligned}
$$

故算法 4.2 是适定的. □

下面分析算法 4.2 的全局收敛性. 先介绍一个引理.

引理 4.7 [55]　令 $\{x^k\}$ 是由算法 4.2 生成的序列. 假设该序列至少有一个聚点 x^*, 那么,

(1) 如果 x^* 是 NPC(F) 的一个解, 则指标集 K 是无限集, 且 $\{\tau_k\} \to 0$;

(2) 指标集 K 是无限集, 当且仅当 $\{x^k\}$ 的每个聚点都是 NPC(F) 的一个解.

下面利用奇异值分解定理对 d_L^k, d_G^k 作如下简化.

由式 (4.1.26)、式 (4.1.27) 知

$$
d_L^k = -\left[\nabla\Phi_{\tau_k}\left(x^k\right)\Phi'_{\tau_k}\left(x^k\right) + \mu_k I\right]^{-1}\nabla\Phi_{\tau_k}\left(x^k\right)\Phi_{\tau_k}\left(x^k\right).
$$

$$
d_G^k = -\left[\nabla\Phi_{\tau_k}\left(x^k\right)\Phi'_{\tau_k}\left(x^k\right) + \mu_k I\right]^{-1}\left[\nabla\Phi_{\tau_k}\left(x^k\right)\Phi_{\tau_k}\left(x^k\right) - \mu_k d_L^k\right].
$$

由奇异值分解定理, $\Phi'_{\tau_k}\left(x^k\right)$ 被分解为

$$
\Phi'_{\tau_k}\left(x^k\right) = U_k\Sigma_k V_k^{\mathrm{T}} = U_k\begin{bmatrix}\sigma_{k,1} & & & \\ & \sigma_{k,2} & & \\ & & \ddots & \\ & & & \sigma_{k,n}\end{bmatrix}V_k^{\mathrm{T}},
$$

其中 $U_k, V_k \in \mathbb{R}^{n\times n}$ 是正交矩阵, 且 $\sigma_{k,1} \geqslant \sigma_{k,2} \geqslant \cdots \geqslant \sigma_{k,n} \geqslant 0$. 那么, 我们有

$$
d_L^k = -V_k\Lambda_k V_k^{\mathrm{T}}\nabla\Psi_{\tau_k}\left(x^k\right)
$$

和

$$
\begin{aligned}
d_G^k &= -V_k \Lambda_k V_k^{\mathrm{T}} \left[\nabla \Psi_{\tau_k} \left(x^k \right) - \mu_k d_L^k \right] \\
&= -V_k \Lambda_k V_k^{\mathrm{T}} \left(I + \mu_k V_k \Lambda_k V_k^{\mathrm{T}} \right) \nabla \Psi_{\tau_k} \left(x^k \right) \\
&= -V_k \left(\Lambda_k \Theta_k \right) V_k^{\mathrm{T}} \nabla \Psi_{\tau_k} \left(x^k \right) \\
&= -V_k X_k V_k^{\mathrm{T}} \nabla \Psi_{\tau_k} \left(x^k \right),
\end{aligned}
\tag{4.1.33}
$$

其中

$$
\Lambda_k = \begin{bmatrix}
\dfrac{1}{\sigma_{k,1}^2 + \mu_k} & & \\
& \ddots & \\
& & \dfrac{1}{\sigma_{k,n}^2 + \mu_k}
\end{bmatrix},
$$

$$
\Theta_k = \begin{bmatrix}
1 + \dfrac{\mu_k}{\sigma_{k,1}^2 + \mu_k} & & \\
& \ddots & \\
& & \dfrac{\mu_k}{\sigma_{k,n}^2 + \mu_k}
\end{bmatrix},
$$

$$
X_k = \begin{bmatrix}
\dfrac{1}{\sigma_{k,1}^2 + \mu_k} \left(1 + \dfrac{\mu_k}{\sigma_{k,1}^2 + \mu_k} \right) & & \\
& \ddots & \\
& & \dfrac{1}{\sigma_{k,n}^2 + \mu_k} \left(1 + \dfrac{\mu_k}{\sigma_{k,n}^2 + \mu_k} \right)
\end{bmatrix},
$$

那么

$$
\left\| d_G^k \right\|^2 = \nabla \Psi_{\tau_k} \left(x^k \right)^{\mathrm{T}} V_k X_k^2 V_k^{\mathrm{T}} \nabla \Psi_{\tau_k} \left(x^k \right).
\tag{4.1.34}
$$

最后, 采用文献 [61] 中收敛性分析相似的思想, 证明算法 4.2 的全局收敛性.

定理 4.6　假设 $\{x^k\}$ 是由算法 4.2 生成的序列, $\{x^k\}_L$ 是其收敛于 x^* 的一个子列, 则 x^* 是函数 Ψ 的稳定点.

证明　假设指标集 K 是无限集, 由引理 4.7 知, 结论成立.

假设指标集 K 是有限集. 令 $K \cap L = \varnothing$, $\hat{k}$ 是 K 中最大的数. 那么, 由算法 4.2 中的步骤 5 知, 对所有的 $k > \hat{k}$,

$$
\tau_k \leqslant \tau_{\hat{k}}, \quad \beta_k = \beta_{\hat{k}} = \left\| \Phi \left(x^{\hat{k}} \right) \right\|, \quad \left\| \Phi \left(x^k \right) \right\| > \eta \beta_{k-1} = \eta \left\| \Phi \left(x^{\hat{k}} \right) \right\| > 0.
$$

从而, 对所有的 $k > \hat{k}$,

$$
\Psi \left(x^k \right) = \frac{1}{2} \left\| \Phi \left(x^k \right) \right\|^2 > \frac{1}{2} \eta^2 \left\| \Phi \left(x^{\hat{k}} \right) \right\|^2 = \eta^2 \Psi \left(x^{\hat{k}} \right) > 0.
$$

下面证明 $\nabla\Psi\left(x^*\right)=0$. 如若不然, 假设 $\nabla\Psi\left(x^*\right)\neq0$.

首先, 证明 $\liminf\limits_{k\in L}t_k=0$. 假设 $\liminf\limits_{k\in L}t_k=t^*>0$. 由 Armijo 线搜索准则 (4.1.28), 对所有的 $k\in L$,

$$\Psi_{\tau_k}\left(x^{k+1}\right)-\Psi_{\tau_k}\left(x^k\right)\leqslant-\sigma_k t_k\left\|d_G^k\right\|^2. \tag{4.1.35}$$

由于 $\{x\}_L\to x^*,\{\tau_k\}\to0$, 则存在某个 $m>0$ 使得对所有的 $k\in L,i=1,\cdots,n$,

$$\left|\sigma_{k,i}^2\right|<m.$$

由假设 $\nabla\Psi\left(x^*\right)\neq0$, $\{\mu_k\}_L\to\mu^*=\left\|\Phi\left(x^*\right)\right\|^\delta>0$. 故存在向量 $M>0$, 对充分大的 $k\in L$ 有

$$\left\|d_G^k\right\|^2\geqslant\left[\frac{1}{m+\mu_k}\left(1+\frac{\mu_k}{m+\mu_k}\right)\right]^2\left\|\nabla\Phi_{\tau_k}\left(x^k\right)\right\|^2\geqslant M\left\|\nabla\Phi_{\tau_k}\left(x^k\right)\right\|^2. \tag{4.1.36}$$

由式 (4.1.35)、式 (4.1.36), 对充分大的 $k\in L$ 有

$$\Psi_{\tau_k}\left(x^{k+1}\right)-\Psi_{\tau_k}\left(x^k\right)\leqslant-\sigma_k t_k M\left\|\nabla\Phi_{\tau_k}\left(x^k\right)\right\|^2. \tag{4.1.37}$$

由于 K 是有限集, $\{\sigma_k\}_L\to\sigma^*=\min\left\{\sigma,\dfrac{1}{4}\left\|\Phi\left(x^*\right)\right\|^\delta\right\}>0$ 及 $\{\tau_k\}\to0$, 我们假设 $c:=\sigma^*t^*M\left\|\nabla\Phi_{\tau_k}\left(x^k\right)\right\|^2$, 那么由式 (4.1.37), 对充分大的 $k\in L$, 有

$$\Psi_{\tau_k}\left(x^{k+1}\right)-\Psi_{\tau_k}\left(x^k\right)\leqslant-\frac{c}{2}. \tag{4.1.38}$$

假定 $L=\{l_0,l_1,l_2,\cdots\}$. 由引理 4.5 有

$$\left\|\Phi\left(x^{l_j+1}\right)\right\|\leqslant\left\|\Phi\left(x^{l_j+1}\right)\right\|+2\kappa\sqrt{\tau_{l_j+1}}.$$

那么, 对充分大的 l_j 有

$$\begin{aligned}
\Psi\left(x^{l_j+1}\right)&=\frac{1}{2}\left\|\Phi\left(x^{l_j+1}\right)\right\|^2\\
&\leqslant\left(\left\|\Phi\left(x^{l_j+1}\right)\right\|+2\kappa\sqrt{\tau_{l_j+1}}\right)^2\\
&=\Psi\left(x^{l_j+1}\right)+2\kappa\sqrt{\tau_{l_j+1}}\left\|\Phi\left(x^{l_j+1}\right)\right\|+2\kappa^2\tau_{l_j+1}\\
&=\Psi\left(x^{l_j+1}\right)+\frac{c}{4}.
\end{aligned} \tag{4.1.39}$$

由式 (4.1.38)、式 (4.1.39), 对充分大的 l_j 有

$$\Psi\left(x^{l_{j+1}}\right)-\Psi\left(x^{l_j}\right)=\left(\Psi\left(x^{l_{j+1}}\right)-\Psi\left(x^{l_j+1}\right)\right)+\left(\Psi\left(x^{l_j+1}\right)-\Psi\left(x^{l_j}\right)\right)\leqslant-\frac{c}{4}.$$

这与 $\Psi(x) \geqslant 0$ 矛盾, 故 $\liminf\limits_{k \in L} t_k = 0$. 因此, 我们可以令 $\lim\limits_{k \in L} t_k = 0$. 那么, 对于足够大的 $k \in L$, λ^{s_k-1} 总不满足式 (4.1.28), 即: 对充分大的 $k \in L$,

$$\frac{\Psi_{\tau_k}\left(x^k + \lambda^{s_k-1} d_G^k\right) - \Psi_{\tau_k}\left(x^k\right)}{\lambda^{s_k-1}} > -\sigma \left\|d_G^k\right\|^2. \tag{4.1.40}$$

假定 $\{d^k\}_L \to d^*, \{\sigma_k\}_L \to \sigma^*$, 由式 (4.1.40) 有

$$\nabla\Psi\left(x^*\right)^{\mathrm{T}} d^* \geqslant -\sigma^* \|d^*\|^2. \tag{4.1.41}$$

假定 $\{V_k\}_L \to V_*, \{X_k\}_L \to X_*, \mu^* = \|\Phi\left(x^*\right)\|^{\delta} > 0$, 其中

$$X_* = \mathrm{diag}\left(\frac{1}{\sigma_1^2 + \mu^*}\left(1 + \frac{\mu^*}{\sigma_1^2 + \mu^*}\right), \cdots, \frac{1}{\sigma_n^2 + \mu^*}\left(1 + \frac{\mu^*}{\sigma_n^2 + \mu^*}\right)\right).$$

由式 (4.1.33)、式 (4.1.33) 及式 (4.1.41), 则有

$$-\nabla\Psi\left(x^*\right)^{\mathrm{T}} V_* X_* V_*^{\mathrm{T}} \nabla\Psi\left(x^*\right) \geqslant -\sigma^* \nabla\Psi\left(x^*\right)^{\mathrm{T}} V_* X_*^2 V_*^{\mathrm{T}} \nabla\Psi\left(x^*\right). \tag{4.1.42}$$

又 $\sigma^* \leqslant \frac{1}{4}\mu^*$, 则由式 (4.1.42) 有

$$\nabla\Psi\left(x^*\right) = 0. \qquad \qquad \Box$$

3. 数值实验

下面我们将算法 4.2 与文献 [300] 中的算法做比较. 给出两个算例, 说明算法 4.2 的优越性及有效性.

参数设定如下: $\varepsilon = 1.0\mathrm{e} - 7$, $\eta = 0.8$, $\lambda = 0.5$, $\alpha = 0.7$, $\sigma = 0.05$, $\delta = 2$, $\kappa := \sqrt{2n}$.

例 4.1 假定 $F(x) = Mx + q$, 其中,

$$M = \begin{bmatrix} 4 & 1 & 0 & \cdots & 0 \\ -2 & 4 & 1 & \cdots & 0 \\ 0 & -2 & 4 & \cdots & 0 \\ \vdots & \vdots & \vdots & & \vdots \\ 0 & 0 & 0 & \cdots & 1 \\ 0 & 0 & 0 & \cdots & 4 \end{bmatrix}, \quad q = (-1, -1, \cdots, -1)^{\mathrm{T}}.$$

例 4.2 (Kojima-Shindo 问题) 假定 $F(x) = (f_1(x), f_2(x), f_3(x), f_4(x))^{\mathrm{T}}$, 其中,

$$f_1(x) = 3x_1^2 + 2x_1x_2 + 2x_2^2 + x_3 + 3x_4 - 6,$$
$$f_2(x) = 2x_1^2 + x_1 + x_2^2 + 10x_3 + 2x_4 - 2,$$
$$f_3(x) = 3x_1^2 + x_1x_2 + 2x_2^2 + 2x_3 + 9x_4 - 9,$$
$$f_4(x) = x_1^2 + 3x_2^2 + 2x_3 + 3x_4 - 3.$$

该问题有两个解: $x^1 = \left(\dfrac{\sqrt{6}}{2}, 0, 0, 0.5\right)^{\mathrm{T}}$ 和 $x^2 = (1, 0, 3, 0)^{\mathrm{T}}$.

利用 MATLAB2013a 编程, 实验结果见表 4.3 所示. 其中, No.iter. 表示迭代次数, NF. 表示计算函数 F 值的次数.

表 4.3　数值实验结果

问题	维数 n	初始点	文献 [300] 中的算法			算法 4.2		
			No.iter.	NF.	$\|\nabla\Psi(x)\|$	No.iter.	NF.	$\|\nabla\Psi(x)\|$
问题 1	4	(1,1,1,1)	6	6	3.2e-08	5	5	6.14e-08
	4	(1,2,3,4)	11	11	4.3e-13	4	4	4.56e-10
问题 2	4	(1,1,1,2)	7	7	2.3e-07	3	3	9.55e-12
	4	(2,2,2,2)	9	9	7.2e-08	3	3	6.38e-12
	4	(1,2,3,4)	11	11	4.3e-13	2	2	1.54e-08

从表中两种算法的迭代次数和函数 F 值的计算次数来看, 算法 4.2 比文献 [61] 中提出的算法更加有效. 例如, 表 4.3 中, 问题 1 和问题 2 经过两种算法的测试后, 算法 4.2 的迭代次数及函数 F 值计算次数明显小于文献 [61] 中的算法.

4.1.3　一类广义变分不等式的最速下降法

1. 引言及预备知识

在变分不等式理论中, 发展有效的迭代算法计算其近似解以及研究算法的收敛性被认为是最为有意义的研究内容之一, 这些算法中最简单的是投影类算法, 后来许多学者在其基础上进行推广和改进, 常见的有外梯度算法等. 此处我们利用间隙函数将变分不等式等价地转化为有约束最优化理论这一思想, 再结合已有文献中提出一类最速下降算法, 给出了广义变分不等式的最速下降法, 同时研究了该算法的收敛性. 这一结果可以看成是对已有文献中变分不等式进行的推广.

2006 年, Noor 研究了一类广义变分不等式 (GVIP(F,f)):

寻找一个向量 $x \in \mathbb{R}^n, f(x) \in S$, 使得

$$\langle F(x), f(y) - f(x)\rangle \geqslant 0, \quad \forall y \in \mathbb{R}^n, \ f(y) \in C. \tag{4.1.43}$$

这里, $F : S \subset \mathbb{R}^n \to \mathbb{R}^n$ 连续可微, $f : \mathbb{R}^n \to \mathbb{R}$ 连续可微, S 是 $\mathbb{R}^n$ 的非空闭凸集. 当 GVIP (F, f) 中 $f = I$ 时, GVIP(F, f) 退化为标准变分不等式.

下面定义广义变分不等式 GVIP(F, f) 的广义间隙函数:

$$g_\alpha(x) = \max_{g(y) \in S} \psi_\alpha(x, y)$$
$$= \max_{g(y) \in S} \{\langle F(x), f(x) - f(y)\rangle - \alpha\phi(f(x), f(y))\}$$
$$= \langle F(x), f(x) - y_\alpha(x)\rangle - \alpha\phi(f(x), y_\alpha(x)).\qquad(4.1.44)$$

这里 $y_\alpha(x)$ 是 $-\psi_\alpha(x, \cdot)$ 的最小点, 其中 α 为一正参数. 函数 ϕ 满足以下几个条件:

(C1) 函数 ϕ 在 $\mathbb{R}^{2n}$ 上连续可微;

(C2) 函数 ϕ 在 $\mathbb{R}^{2n}$ 上非负;

(C3) 对任意的 $x \in \mathbb{R}^n$, 函数 $\phi(x, \cdot)$ 关于 y 是一致强凸的, 即: 存在一个常数 $\lambda > 0$ 使得对任意的 $y_1, y_2 \in \mathbb{R}^n$,

$$\phi(x, y_1) - \phi(x, y_2) \geqslant \langle \nabla_y\phi(x, y_2), y_1 - y_2\rangle + \lambda\|y_1 - y_2\|^2;\qquad(4.1.45)$$

(C4) $\phi(x, y) = 0$ 当且仅当 $x = y$;

(C5) $\nabla_2\phi(x, \cdot)$ 是一致 Lipschitz 连续的, 也就是存在常数 $L' > 0$ 使得对任意的 $x \in S$, 都有

$$\|\nabla_2\phi(x, y_1) - \nabla_2\phi(x, y_2)\| \leqslant L'\|y_1 - y_2\|, \quad \forall y_1, y_2 \in \mathbb{R}^n.\qquad(4.1.46)$$

Wu 等[69] 证明了函数 g_α 具有以下几个性质:

(Al) 函数 g_α 在 S 上是非负的;

(A2) 函数 $g_\alpha = 0$ 和 $x \in S$ 当且仅当 x 是 VIP ($\langle T(x), y - x\rangle \geqslant 0, \forall y \in k$) 的解;

(A3) 函数 $-\psi_\alpha(x, \cdot)$ 在 S 上存在唯一极小值 $y_\alpha(x)$.

2. GVIP(F, g) 的最速下降法及其分析

首先假定 f 是闭值域的凸映射并且 $S \subseteq \text{rge}(f)$, 其中

$$\text{rge}(f) = \{y \in \mathbb{R}^n : \exists x \in H \text{ s.t. } y = f(x)\}.\qquad(4.1.47)$$

定理 4.7 假设函数 ϕ 满足 (C1)—(C4), 那么, g_α 是可微的并且

$$\nabla g_\alpha(x) = \nabla g(x)F(x) + \nabla F(x)(g(x) - y_\alpha(x)) - \alpha\nabla_x\phi(g(x), y_\alpha(x)).\qquad(4.1.48)$$

命题 4.1 假设函数 ϕ 满足 (C1)—(C4), 那么 x 是 GVIP(F, f) 的解当且仅当对任意的 $\alpha > 0$ 都有 $f(x) = y_\alpha(x)$ 成立.

引理 4.8 假设函数 ϕ 满足 (C1)—(C4), 那么 g_α 是非负的, 并且 $g_\alpha(x) = 0$ 当且仅当 x 为 GVIP (F, f) 的解.

引理 4.9　令函数 ϕ 满足 (C1)—(C4), 假设 $\nabla g_\alpha(x) = 0$, 如果 $\nabla F(x)$ 是正定的, 那么 x 是 GVIP(F, g) 的解.

此处作如下假设:

(a) 对任意的 $x \in S$, $\nabla F(x)$ 是正定的;

(b) 对任意的 $x, y \in S$, 有

$$\nabla_x \phi(x, y) = -\nabla_y \phi(x, y). \tag{4.1.49}$$

从上面的定理和性质, 我们不难得到: 问题 GVIP(F, f) 等价于下面带约束的优化问题

$$\min_{s, t, x \in S} g_\alpha(x). \tag{4.1.50}$$

算法 4.3

步骤 0: 任选 $x^0 \in S, \varepsilon, t \in (0, 1)$, 并置 $k := 0$.

步骤 1: 如果 $g_\alpha(x) \leqslant \varepsilon$, 则终止.

步骤 2: 计算 $y_\alpha(x^k)$. 令

$$d^k = y_\alpha(x^k) - f(x^k). \tag{4.1.51}$$

步骤 3: 令 m_k 为满足下式的最小非负整数 m:

$$g_\alpha(x^k + t^m d^k) \leqslant g_\alpha(x^k) - t^{2m} \|d^k\|^2.$$

步骤 4: 令 $f(x^{k+1}) = f(x^k) + t^{m_k} d^k, k := k + 1$, 返回步骤 1.

引理 4.10　设 $\{x^k\}$ 为算法 4.3 产生的迭代序列, 若 $\{x^k\}$ 不是 GVIP(F, g) 的解, d^k 是由 (4.1.45) 式计算出来的向量, 那么

$$\nabla g_\alpha(x^k)^{\mathrm{T}} d^k < 0, \tag{4.1.52}$$

即 d^k 是 g_α 在 x^k 点的下降方向.

证明　首先证明对任意的 k, 都有 $f(x^k) \in S$.

由算法 4.3 的初始点的选择 $x^0 \in S$, 知 $f(x^0) \in S$. 假设 $f(x^k) \in S$, 下证 $f(x^{k+1}) \in S$.

由于 $x^k, y_\alpha(x^k) \in S, t_k \in (0, 1)$ 以及 S 是凸的, 那么

$$f(x^{k+1}) = f(x^k) + t_k d^k = (1 - t_k) f(x^k) + t_k y_\alpha(x^k) \in S. \tag{4.1.53}$$

下面用 y_α, x 来代替 $y_\alpha(x^k), x^k$. 结合 (4.1.48) 式得

$$\begin{aligned}
\nabla g_\alpha(x)^{\mathrm{T}} d &= \{y_\alpha F(x) + \nabla F(x)(g(x) - y_\alpha) - \alpha \nabla_x \phi(g(x), y_\alpha)\}^{\mathrm{T}} d \\
&= (g(x) - y_\alpha)^{\mathrm{T}} \nabla F(x)(y_\alpha - g(x)) \\
&\quad + \{\nabla g(x) F(x) - \alpha \nabla_x \phi(g(x), y_\alpha)\}^{\mathrm{T}} (y_\alpha - g(x)). \tag{4.1.54}
\end{aligned}$$

上述 "+" 号前面一项 < 0, 只需证 "+" 后面一项 $\leqslant 0$ 即可.

由于 y_α 是函数 $-\psi_\alpha(x, \cdot)$ 在 S 上的唯一极小值, 根据一阶最优性条件:

$$\langle -\nabla_y \psi(x, y_\alpha), u - y_\alpha \rangle = \langle \nabla g(x) F(x) + \alpha \nabla_y \phi(x, y_\alpha), u - y_\alpha \rangle \geqslant 0, \quad \forall u \in S. \tag{4.1.55}$$

取 $u = x \in S$, 则

$$\{\nabla g(x) F(x) + \alpha \nabla_y \phi(x, y_\alpha)\}^{\mathrm{T}} (y_\alpha - x) \leqslant 0. \tag{4.1.56}$$

由 (4.1.49) 式得

$$\{\nabla g(x) F(x) + \alpha \nabla_y \phi(x, y_\alpha)\}^{\mathrm{T}} (y_\alpha - x) \leqslant 0. \tag{4.1.57}$$

$\square$

下面给出算法 4.3 的全局收敛性.

定理 4.8 设 $\{x^k\}$ 为算法 4.3 产生的迭代序列, x^* 是 $\{x^k\}$ 的聚点, 则 x^* 是 GVIP 的解.

证明 令 $\{x^k\}_K$ 为收敛到 x^* 的子序列.

若 $g_\alpha(x^*) = 0$, 据引理 4.8, 即得 x^* 是 GVIP 的解.

若 $g_\alpha(x^*) \neq 0$, 根据映射 g_α 的连续性得, $\{y_\alpha(x^k)\}_K \to y_\alpha(x^*)$, 从而

$$\{d^k\}_K \to y_\alpha(x^*) - f(x^*). \tag{4.1.58}$$

下证: $d^* = 0$.

用反证法证明, 由引理 4.10 知序列 $\{g_\alpha(x^k)\}$ 是单调下降且有界的, 从而序列 $\{g_\alpha(x^k)\}$ 收敛. 再由算法 4.3 中的步骤 3 的搜索法则可得

$$0 \leftarrow g_\alpha(x^{k+1}) - g_\alpha(x^k) \leqslant -t^{2m_k} \|d^k\|^2, \quad \forall k. \tag{4.1.59}$$

从而 $\lim\limits_{k \to \infty} t^{2m_k} \|d^k\|^2 = 0$. 由假设 $d^* \neq 0$ 得

$$\lim_{k \to \infty} t^{m_k} = 0. \tag{4.1.60}$$

不失一般性, 不妨令对 $\forall k \in K, t_k < 1$, 则算法 4.3 的步骤 3 无法找到最小的非负正整数 m, 即有下式成立:

$$g_\alpha(x^k + t^{m_k-1} d^k) > g_\alpha(x^k) - (t^{m_k})^2 \|d^k\|^2, \quad \forall k, \tag{4.1.61}$$

即

$$\frac{g_\alpha(x^k + t^{m_k-1} d^k) - g_\alpha(x^k)}{t^{m_k}} > t^{m_k} \|d^k\|^2, \quad \forall k. \tag{4.1.62}$$

令 $k \to \infty$, 由 (4.1.60) 式和 g_α 的连续可微性可得

$$\nabla g_\alpha \left(x^*\right)^{\mathrm{T}} d^* \geqslant 0. \tag{4.1.63}$$

另一方面, 注意到 $d^* = y_\alpha \left(x^*\right) - x^* \neq 0$ 且由引理 4.9 知 $\nabla g_\alpha \left(x^*\right)^{\mathrm{T}} d^* < 0$, 这与 (4.1.63) 式矛盾, 从而 $d^* = 0$, 得证. $\qquad\qquad\square$

4.2　Hilbert 空间中均衡问题解的迭代算法

4.2.1　集值非线性混合变分包含问题解的存在性及其算法

1. 引言

变分不等式与变分包含问题在优化理论、控制论、经济数学等诸多领域具有广泛应用, 近些年来引起了许多学者的广泛兴趣. 以下研究一类广义集值非线性混合变分包含问题, 它为许多已有问题 (见 [30, 62]) 和一些新型的变分不等式与变分包含问题提供了一个更为一般和统一的数学框架, 从而使我们能够方便地处理一些优化问题.

以下设 H 是 Hilbert 空间, 范数和内积分别是 $\|\cdot\|, \langle\cdot, \cdot\rangle$, $F, T, G : H \to 2^H$ 是集值映射, $f, \eta : H \times H \to H$ 是单值映射, 广义集值非线性混合变分包含问题是指: 寻找 $x \in H, u \in F(x), v \in T(x), w \in G(x)$, 使

$$\langle w - f(u, v), \eta(y, w) \rangle \geqslant \varphi(w) - \varphi(y), \quad \forall y \in H, \tag{4.2.1}$$

其中 $\varphi : H \to \mathbb{R} \cup \{+\infty\}$ 是泛函, $\mathrm{dom}\varphi = \{x \in H : \varphi(x) < +\infty\} \neq \varnothing$.

2. 预备知识

以下给出要用到的一些定义和引理.

定义 4.2　集值映射 $G : H \to 2^H$ 称为 α-强单调的, 如果存在常数 $\alpha > 0$, 使得对 $\forall u \in G(x), v \in G(y)$, 都有

$$\langle u - v, x - y \rangle \geqslant \alpha \|x - y\|^2, \quad \forall x, y \in H. \tag{4.2.2}$$

$G : H \to 2^H$ 称为 β-Lipschitz 连续的, 如果存在常数 $\beta > 0$, 使得对 $\forall u \in G(x), v \in G(y)$, 都有

$$\|u - v\| \leqslant \beta \|x - y\|, \quad \forall x, y \in H. \tag{4.2.3}$$

定义 4.3　映射 $\eta : H \times H \to H$ 称为单调的, 如果

$$\langle \eta(x, y), x - y \rangle \geqslant 0, \quad \forall x, y \in H. \tag{4.2.4}$$

η 称为严格单调的, 如果 (4.2.4) 中等号当且仅当 $x = y$ 时成立.

η 称为 a-单调的, 如果存在常数 $a > 0$, 使得

$$\langle \eta(x,y), x - y \rangle \geqslant a \|x - y\|^2, \quad \forall x, y \in H. \tag{4.2.5}$$

η 称为 b-Lipschitz 连续的, 如果存在常数 $b > 0$, 使得

$$\|\eta(x,y)\| \leqslant b \|x - y\|, \quad \forall x, y \in H. \tag{4.2.6}$$

定义 4.4 设 $\eta : H \times H \to H$ 是单值映射, $\varphi : H \to \mathbb{R} \cup \{+\infty\}$ 是真泛函, $x_0 \in H, h$ 称为 φ 在 x_0 处的 η-次梯度, 如果

$$\langle h, \eta(y, x_0) \rangle \leqslant \varphi(y) - \varphi(x_0), \quad \forall y \in H.$$

φ 在 x_0 处的一切 η-次梯度的集合用 $\partial_\eta \varphi(x_0)$ 表示, 称为 φ 在 x_0 处的 η-次微分, 即

$$\partial_\eta \varphi(x_0) = \{h \in H : \langle h, \eta(y, x_0) \rangle \leqslant \varphi(y) - \varphi(x_0), \ \forall y \in H\}.$$

定义 4.5 集值映射 $T : H \to 2^H$ 称为 η-单调的, 如果对 $x \in H, u \in T(x), v \in T(y)$, 有

$$\langle u - v, \eta(x, y) \rangle \geqslant 0. \tag{4.2.7}$$

T 称为极大 η-单调的, 如果它是 η-单调的, 且若 $\langle u - v, \eta(x, y) \rangle \geqslant 0, x \in H, v \in T(y)$, 就有 $x \in H, u \in T(x)$, 其中 $\eta : H \times H \to H$ 是单值映射.

命题 4.2 如果 $\eta : H \times H \to H$ 是反对称的 (即对 $\forall x, y \in H, \eta(x, y) = -\eta(y, x)$), $\varphi : H \to \mathbb{R} \cup \{+\infty\}$ 是真泛函, 则集值映射 $\partial_\eta \varphi : H \to 2^H$ 是 η-单调的.

事实上, 对 $\forall x, y \in H, u \in \partial_\eta \varphi(x), v \in \partial_\eta \varphi(y)$, 都有

$$\langle u, \eta(y, x) \rangle \leqslant \varphi(y) - \varphi(x),$$

$$\langle v, \eta(x, y) \rangle \leqslant \varphi(x) - \varphi(y),$$

于是

$$\begin{aligned}
\langle u - v, \eta(x, y) \rangle &= \langle u, \eta(x, y) \rangle - \langle v, \eta(x, y) \rangle = \langle u, \eta(x, y) \rangle + \langle u, \eta(y, x) \rangle \\
&\geqslant [\varphi(x) - \varphi(y)] + [\varphi(y) - \varphi(x)] \geqslant 0. \tag{4.2.8}
\end{aligned}$$

定义 4.6 设 $f : H \times H \to H$ 是单值映射, $F : H \to 2^H$ 是集值映射, 如果存在常数 $\delta > 0$, 使得对 $\forall x_1, x_2 \in H, u_1 \in F(x_1), u_2 \in F(x_2)$, 都有

$$\|f(u_1, \cdot) - f(u_2, \cdot)\| \leqslant \delta \|x_1 - x_2\|, \tag{4.2.9}$$

则称 f 关于 F 和第一变元是 δ-Lipschitz 连续的.

如果存在常数 $\sigma > 0$, 使得对 $\forall x_1, x_2 \in H, v_1 \in F(x_1), v_2 \in F(x_2)$, 都有

$$\|f(\,\cdot\,, v_1) - f(\,\cdot\,, v_2)\| \leqslant \sigma \|v_1 - v_2\|, \tag{4.2.10}$$

则称 f 关于 F 和第二变元是 σ-Lipschitz 的.

定义 4.7   设 $T : H \to 2^H$ 是集值映射, 如果存在常数 $\rho > 0$, 使对 $\forall x, y \in H$, 都有

$$H(T(x), T(y)) \leqslant \rho \|x - y\|, \tag{4.2.11}$$

则称 T 是 ρ-Lipschitz 的, 其中 $H(T(x), T(y))$ 是两集合 $T(x)$ 与 $T(y)$ 之间的 Hausdorff 距离.

3. 变分包含存在解的充要条件及迭代算法

定理 4.9   在广义集值非线性混合变分包含问题 (4.2.1) 中, $x \in H, u \in F(x), v \in T(x), w \in G(x)$ 是问题 (4.2.1) 的解当且仅当 $x \in H, u \in F(x), v \in T(x), w \in G(x)$ 满足

$$f(u, v) - w \in \partial_\eta \varphi(w). \tag{4.2.12}$$

证明   设 $x \in H, u \in F(x), v \in T(x), w \in G(x)$ 是问题 (4.2.1) 的解, 则有

$$\langle w - f(u, v), \eta(y, w) \rangle \geqslant \varphi(w) - \varphi(y), \quad \forall y \in H$$

或写成

$$\langle f(u, v) - w, \eta(y, w) \rangle \leqslant \varphi(y) - \varphi(w), \quad \forall y \in H,$$

由 $\partial_\eta \varphi(w)$ 的定义知, $f(u, v) - w \in \partial_\eta \varphi(w)$.

反之, 同理可得.   □

引理 4.11[63]   设 $\eta : H \times H \to H$ 是严格单调的, $T : H \to 2^H$ 是 η-单调的, I 是恒等映射, $\lambda > 0$, 如果 $I + \lambda T$ 的值域 $R(I + \lambda T) = H$, 则 T 是极大 η-单调的, 且 $I + \lambda T$ 的逆映射 $(I + \lambda T)^{-1}$ 是单值映射.

定理 4.10   设 $\eta : H \times H \to H$ 是严格单调的、反对称的, $\varphi : H \to R \cup \{+\infty\}$ 是真泛函, 满足 $R(I + \lambda \partial_\eta \varphi) = H, \lambda > 0$, 则 $x \in H, u \in F(x), v \in T(x), w \in G(x)$ 是问题 (4.2.1) 的解的充要条件是

$$w = (I + \lambda \partial_\eta \varphi)^{-1} \{w - \lambda(w - f(u, v))\}. \tag{4.2.13}$$

证明   若 $w = (I + \lambda \partial_\eta \varphi)^{-1} \{w - \lambda(w - f(u, v))\}$ 成立, 由 $(I + \lambda T)^{-1}$ 的定义, $w - \lambda(w - f(u, v)) \in (I + \lambda \partial_\eta \varphi)(w)$, 从而 $f(u, v) - w \in \partial_\eta \varphi(w)$, 由定理 4.9, $x \in H, u \in F(x), v \in T(x), w \in G(x)$ 是问题 (4.2.1) 的解.

反之, 设 $x \in H, u \in F(x), v \in T(x), w \in G(x)$ 是问题 (4.2.1) 的解, 则 $f(u,v) - w \in \partial_\eta \varphi(w)$, 从而, $w - \lambda(w - f(u,v)) \in (I + \lambda \partial_\eta \varphi)(w)$, 即

$$w \in (I + \lambda \partial_\eta \varphi)^{-1} \{w - \lambda(w - f(u,v))\}. \tag{4.2.14}$$

由 $\eta : H \times H \to H$ 是反对称的及命题 4.2, $\partial_\eta \varphi : H \to 2^H$ 是 η-单调的, 再由引理 4.11, $(I + \lambda \partial_\eta \varphi)^{-1}$ 是单值映射, 于是由 (4.2.14) 式得

$$w = (I + \lambda \partial_\eta \varphi)^{-1} \{w - \lambda(w - f(u,v))\}. \qquad \square$$

定义 4.8 称 $(I + \lambda \partial_\eta \varphi)^{-1}$ 是关于 $\partial_\eta \varphi$ 的预解算子, 记作 J_λ^φ, 其中 $\lambda > 0$ 是常数.

由定义 4.8, (4.2.13) 式可写作

$$x = x - w + J_\lambda^\varphi \{w - \lambda(w - f(u,v))\}, \tag{4.2.15}$$

这就为下面的迭代算法提供了基础.

引理 4.12[63] 设 $\eta : H \times H \to H$ 是反对称的 a-单调的、b-Lipschitz 连续的, 即满足:

(1) $\forall x, y \in H, \eta(x,y) = -\eta(y,x)$;

(2) 存在常数 $a > 0$, 使

$$\langle \eta(x,y), x - y \rangle \geqslant a \|x - y\|^2, \quad \forall x, y \in H; \tag{4.2.16}$$

(3) 存在常数 $b > 0$, 使

$$\|\eta(x,y)\| \leqslant b \|x - y\|, \quad \forall x, y \in H, \tag{4.2.17}$$

则有

$$\|J_\lambda^\varphi(x) - J_\lambda^\varphi(y)\| \leqslant ba^{-1} \|x - y\|, \quad \forall x, y \in H. \tag{4.2.18}$$

算法 4.4

设 $\eta, f : H \times H \to H$ 是单值映射, $F, T : H \to 2^H$ 分别是具有紧值的、ρ-Lipschitz 连续的和 τ-Lipschitz 连续的集值映射, $G : H \to 2^H$ 是集值映射.

任给 $x_0 \in H$, 取 $u_0 \in F(x_0), v_0 \in T(x_0), w_0 \in G(x_0)$, 令 $y_0 = (1 - \alpha_0)x_0 + \alpha_0 \{x_0 - w_0 + J_\lambda^\varphi[w_0 - \lambda(w_0 - f(u_0, v_0))]\}$, 取 $u_0^* \in F(y_0), v_0^* \in T(y_0), w_0^* \in G(y_0)$, 再令 $x_1 = (1 - \alpha_0)x_0 + \alpha_0 \{y_0 - w_0^* + J_\lambda^\varphi[w_0^* - \lambda(w_0^* - f(u_0^*, v_0^*))]\}$, 存在 $u_1 \in F(x_1)$, 使 $\|u_1 - u_0\| \leqslant H(F(x_1), F(x_0))$; 存在 $v_1 \in T(x_1)$, 使 $\|v_1 - v_0\| \leqslant H(T(x_1), T(x_0))$.

再取 $w_1 \in G(x_1)$, 令 $y_1 = (1-\alpha_1)x_1 + \alpha_1 \{x_1 - w_1 + J_\lambda^\varphi[w_1 - \lambda(w_1 - f(u_1, v_1))]\}$, 存在 $u_1^* \in F(y_1), v_1^* \in T(y_1)$, 使

$$\|u_0^* - u_1^*\| \leqslant H(F(y_0), F(y_1)),$$

$$\|v_0^* - v_1^*\| \leqslant H(T(y_0), T(y_1)),$$

再取 $w_1^* \in G(y_1)$, 令 $x_2 = (1-\alpha_1)x_1 + \alpha_1 \{y_1 - w_1^* + J_\lambda^\varphi[w_1^* - \lambda(w_1^* - f(u_1^*, v_1^*))]\}$. 如此下去, 得到

$$u_n \in F(x_n), \ \|u_n - u_{n+1}\| \leqslant H(F(x_n), F(x_{n+1})), \tag{4.2.19}$$

$$v_n \in T(x_n), \ \|v_n - v_{n+1}\| \leqslant H(T(x_n), T(x_{n+1})), \tag{4.2.20}$$

$$u_n^* \in F(y_n), \ \|u_n^* - u_{n+1}^*\| \leqslant H(F(y_n), F(y_{n+1})), \tag{4.2.21}$$

$$v_n^* \in T(y_n), \ \|v_n^* - v_{n+1}^*\| \leqslant H(T(y_n), T(y_{n+1})), \tag{4.2.22}$$

其中

$$y_n = (1-\alpha_n)x_n + \alpha_n \{x_n - w_n + J_\lambda^\varphi[w_n - \lambda(w_n - f(u_n, v_n))]\}, \quad w_n \in G(x_n). \tag{4.2.23}$$

再取 $w_n^* \in G(y_n)$, 则

$$x_{n+1} = (1-\alpha_n)x_n + \alpha_n \{y_n - w_n^* + J_\lambda^\varphi[w_n^* - \lambda(w_n^* - f(u_n^*, v_n^*))]\}. \tag{4.2.24}$$

$\{x_n\}, \{u_n\}, \{v_n\}, \{w_n\}, \{y_n\}, \{u_n^*\}, \{v_n^*\}, \{w_n^*\}$ 称为双步迭代序列, 其中 $\lambda > 0$ 是一常数, $\{\alpha_n\}$ 是 $[0,1]$ 中的序列, 满足 $\lim\limits_{n \to \infty} \alpha_n$ 存在, 但 $\lim\limits_{n \to \infty} \alpha_n \neq 0$.

4. 算法的收敛性分析

定理 4.11　设 $F, T : H \to 2^H$ 分别是 ρ-Lipschitz 连续的和 τ-Lipschitz 连续的且具有紧值; $G : H \to 2^H$ 是 α-强单调的, β-Lipschitz 连续的且具有闭值; $\eta : H \times H \to H$ 是 a-单调的、b-Lipschitz 连续的、反对称的; $f : H \times H \to H$ 关于 F 和第一个变元是 δ-Lipschitz 连续的, 关于 F 和第二变元是 σ-Lipschitz 连续的;

$$k = (1 + ba^{-1})(1 - 2\alpha + \beta^2)^{\frac{1}{2}} + ba^{-1}(1 + 2\lambda\delta + \lambda^2\delta^2)^{\frac{1}{2}}$$
$$+ ba^{-1}\lambda(\beta^2 + 2\sigma\beta\tau + \sigma^2\tau^2)^{\frac{1}{2}} < 1,$$

则存在 $x \in H, u \in F(x), v \in T(x), w \in G(x)$ 满足问题 (4.2.1), 且算法 4.4 中的序列 $\{x_n\}, \{u_n\}, \{v_n\}, \{w_n\}$ 在 H 中收敛于 x, u, v, w.

证明 假设 $x \in H, u \in F(x), v \in T(x), w \in G(x)$ 是问题 (4.2.1) 的解, 由定理 4.10,

$$w = J_\lambda^\varphi \left\{ w - \lambda[w - f(u,v)] \right\}, \tag{4.2.25}$$

从而

$$x = (1 - \alpha_n)x + \alpha_n \left\{ x - w + J_\lambda^\varphi [w - \lambda(w - f(u,v))] \right\}. \tag{4.2.26}$$

由 (4.2.25) 式及 (4.2.24) 式

$$
\begin{aligned}
\|x_{n+1} - x\| &\leqslant (1 - \alpha_n) \|x_n - x\| + \alpha_n \|y_n - x - (w_n^* - w)\| \\
&\quad + \alpha_n \| J_\lambda^\varphi [w - \lambda(w - f(u,v))] \\
&\quad - J_\lambda^\varphi [w_n^* - \lambda(w_n^* - f(u_n^*, v_n^*))] \|.
\end{aligned}
\tag{4.2.27}
$$

由于 η 是 a-强单调的、b-Lipschitz 连续的、反对称的, 根据引理 4.12 有

$$
\begin{aligned}
\|x_{n+1} - x\| &\leqslant (1 - \alpha_n) \|x_n - x\| + \alpha_n \|y_n - x - (w_n^* - w)\| \\
&\quad + \alpha_n ba^{-1} \|w - w_n^* - \lambda[w - w_n^* + f(u_n^*, v_n^*) - f(u,v)]\| \\
&\leqslant (1 - \alpha_n) \|x_n - x\| + \alpha_n \|y_n - x - (w_n^* - w)\| \\
&\quad + \alpha_n ba^{-1} \|y_n - x + w - w_n^* - y_n + x - \lambda[w - w_n^* + f(u_n^*, v_n^*) - f(u,v)]\| \\
&\leqslant (1 - \alpha_n) \|x_n - x\| + \alpha_n(1 + ba^{-1}) \|y_n - x - (w_n^* - w)\| \\
&\quad + \alpha_n ba^{-1} \|y_n - x + \lambda[w - w_n^* + f(u_n^*, v_n^*) - f(u,v)]\| \\
&\leqslant (1 - \alpha_n) \|x_n - x\| + \alpha_n(1 + ba^{-1}) \|y_n - x - (w_n^* - w)\| \\
&\quad + \alpha_n ba^{-1} \|y_n - x + \lambda[f(u_n^*, v_n^*) - f(u, v_n^*)]\| \\
&\quad + \alpha_n ba^{-1}\lambda \|w - w_n^* + f(u, v_n^*) - f(u,v)\|.
\end{aligned}
\tag{4.2.28}
$$

由于 G 是 α-强单调的、β-Lipschitz 连续的, 所以对于 $w \in G(x), w_n^* \in G(y_n)$, 有

$$\langle w_n^* - w, y_n - x \rangle \geqslant \alpha \|y_n - x\|^2, \quad x, y_n \in H,$$

$$\|w_n^* - w\| \leqslant \beta \|y_n - x\|.$$

从而

$$
\begin{aligned}
\|y_n - x - (w_n^* - w)\|^2 &= \langle y_n - x - (w_n^* - w), y_n - x - (w_n^* - w) \rangle \\
&= \langle y_n - x, y_n - x \rangle - \langle w_n^* - w, y_n - x \rangle - \langle y_n - x, w_n^* - w \rangle + \langle w_n^* - w, w_n^* - w \rangle \\
&\leqslant \|y_n - x\|^2 - 2\alpha \|y_n - x\|^2 + \beta^2 \|y_n - x\|^2 = (1 - 2\alpha + \beta^2) \|y_n - x\|^2. \tag{4.2.29}
\end{aligned}
$$

由于 f 关于 F 和第一个变元是 δ-Lipschitz 连续的, 所以

$$\|y_n - x + \lambda[f(u_n^*, v_n^*) - f(u, v_n^*)]\|^2$$

$$\leqslant \|y_n - x\|^2 + 2\lambda \langle f(u_n^*, v_n^*) - f(u, v_n^*), y_n - x \rangle + \lambda^2 \|f(u_n^*, v_n^*) - f(u, v_n^*)\|^2$$

$$\leqslant \|y_n - x\|^2 + 2\lambda \|f(u_n^*, v_n^*) - f(u, v_n^*)\| \|y_n - x\| + \lambda^2 \|f(u_n^*, v_n^*) - f(u, v_n^*)\|^2$$

$$\leqslant \|y_n - x\|^2 + 2\lambda\delta \|y_n - x\| \|y_n - x\| + \lambda^2\delta^2 \|y_n - x\|^2, \tag{4.2.30}$$

于是 (4.2.30) 式变为

$$\|y_n - x + \lambda[f(u_n^* - v_n^*) - f(u - v_n^*)]\|^2$$

$$\leqslant \|y_n - x\|^2 + 2\lambda\delta \|y_n - x\|^2 + \lambda^2\delta^2 \|y_n - x\|^2$$

$$= (1 + 2\lambda\delta + \lambda^2\delta^2) \|y_n - x\|^2. \tag{4.2.31}$$

由于 f 关于 F 和第二变元是 σ-Lipschitz 连续的, T 是 τ-Lipschitz 连续的, G 是 β-Lipschitz 连续的, 所以

$$\|w - w_n^* + f(u, v_n^*) - f(u, v)\|^2$$

$$\leqslant \|w - w_n^*\|^2 + 2\|f(u, v_n^*) - f(u, v)\| \|w - w_n^*\| + \|f(u, v_n^*) - f(u, v)\|^2$$

$$\leqslant \|w - w_n^*\|^2 + 2\sigma \|v_n^* - v\| \|w - w_n^*\| + \sigma^2 \|v_n^* - v\|^2$$

$$\leqslant \beta^2 \|y_n - x\|^2 + 2\sigma\tau \|y_n - x\| \cdot \beta \|y_n - x\| + \sigma^2\tau^2 \|y_n - x\|^2$$

$$= (\beta^2 + 2\sigma\tau\beta + \sigma^2\tau^2) \|y_n - x\|^2. \tag{4.2.32}$$

综合 (4.2.27)—(4.2.32) 式得

$$\|x_{n+1} - x\| \leqslant (1 - \alpha_n) \|x_n - x\| + \alpha_n (1 + ba^{-1})(1 - 2\alpha + \beta^2)^{\frac{1}{2}} \|y_n - x\|$$

$$+ \alpha_n ba^{-1}(1 + 2\lambda\delta + \lambda^2\delta^2)^{\frac{1}{2}} \|y_n - x\|$$

$$+ \alpha_n ba^{-1}\lambda(\beta^2 + 2\sigma\tau\beta + \sigma^2\tau^2)^{\frac{1}{2}} \|y_n - x\|$$

$$\leqslant (1 - \alpha_n) \|x_n - x\| + \alpha_n \{(1 + ba^{-1})(1 - 2\alpha + \beta^2)^{\frac{1}{2}}$$

$$+ ba^{-1}(1 + 2\lambda\delta + \lambda^2\delta^2)^{\frac{1}{2}} + ba^{-1}\lambda(\beta^2 + 2\sigma\tau\beta + \sigma^2\tau^2)^{\frac{1}{2}}\} \|y_n - x\|$$

$$\leqslant (1 - \alpha_n) \|x_n - x\| + \alpha_n k \|y_n - x\|, \tag{4.2.33}$$

其中

$$k = (1 + ba^{-1})(1 - 2\alpha + \beta^2)^{\frac{1}{2}} + ba^{-1}(1 + 2\lambda\delta + \lambda^2\delta^2)^{\frac{1}{2}}$$

$$+ ba^{-1}\lambda(\beta^2 + 2\sigma\tau\beta + \sigma^2\tau^2)^{\frac{1}{2}}.$$

由 (4.2.23) 式及 (4.2.25) 式, 类似于上面的推导得

$$\|y_n - x\| \leqslant (1 - \alpha_n) \|x_n - x\| + \alpha_n \|x_n - x - (w_n - w)\|$$

$$+ \alpha_n \|J_\lambda^\varphi[w_n - \lambda(w_n - f(u_n, v_n))] - J_\lambda^\varphi[w - \lambda(w - f(u, v))]\|$$

$$\leqslant (1 - \alpha_n) \|x_n - x\| + \alpha_n k \|x_n - x\|. \tag{4.2.34}$$

因为 $k < 1$, 所以 $\|y_n - x\| \leqslant \|x_n - x\|$, 代入 (4.2.33) 式得

$$\|x_{n+1} - x\| \leqslant (1 - \alpha_n)\|x_n - x\| + \alpha_n k\|x_n - x\|$$

$$= (1 - \alpha_n(1 - k))\|x_n - x\|$$

$$\leqslant \prod_{j=0}^{n}(1 - \alpha_j(1 - k))\|x_0 - x\|. \tag{4.2.35}$$

因为 $1 - k \geqslant 0$, 由无穷乘积的性质, $\prod\limits_{j=0}^{\infty}[1 - \alpha_j(1 - k)] = 0$, 所以 $\{x_n\}$ 强收敛于 x.

又因为存在 $u_\wedge \in F(x)$, $v_\wedge \in T(x)$,

$$\|u_n - u_\wedge\| \leqslant H(F(x_n), F(x)) \leqslant \rho\|x_n - x\|,$$

$$\|v_n - v_\wedge\| \leqslant H(T(x_n), T(x)) \leqslant \tau\|x_n - x\|,$$

$$\|w_n - w\| \leqslant \beta\|x_n - x\|.$$

以上表明 $\{x_n\}$, $\{u_n\}$, $\{v_n\}$, $\{w_n\}$ 都是 H 中的柯西列. 因此存在 $\bar{x}, \bar{u}, \bar{v}, \bar{w} \in H$, 使

$$x_n \to \bar{x}, \quad u_n \to \bar{u}, \quad v_n \to \bar{v}, \quad w_n \to \bar{w}.$$

再由 (4.2.34) 式, $\{y_n\}$ 是 H 中的柯西列, 且 $y_n \to \bar{x}$. 根据 $\{y_n\}$ 的构造, 再由引理 4.12, J_λ^φ 是连续的, 在 (4.2.23) 式两边取极限得

$$\bar{w} = J_\lambda^\varphi[\bar{w} - \lambda(\bar{w} - f(\bar{u}, \bar{v}))]. \tag{4.2.36}$$

再由

$$d(\bar{u}, F(\bar{x})) \leqslant \|\bar{u} - u_n\| + d(u_n, F(\bar{x})) \leqslant \|\bar{u} - u_n\| + H(F(x_n), F(\bar{x}))$$

$$\leqslant \|\bar{u} - u_n\| + \rho\|x_n - \bar{x}\| \to 0 \quad (n \to \infty), \tag{4.2.37}$$

以及 $F(\bar{x})$ 是闭的, 则 $\bar{u} \in F(\bar{x})$. 同理有 $\bar{v} \in T(\bar{x})$.

再由 G 是取闭值的、β-Lipschitz 连续的及

$$d(\bar{w}, G(\bar{x})) \leqslant \|\bar{w} - w_n\| + d(w_n, G(\bar{x}))$$

$$\leqslant \|w_n - \bar{w}\| + d(w_n, y)$$

$$\leqslant \|w_n - \bar{w}\| + \beta\|x_n - \bar{x}\| \to 0 \quad (n \to \infty),$$

所以得 $\bar{w} \in G(\bar{x})$, 其中 $w_n \in G(\bar{x})$, $y \in G(\bar{x})$.

由 (4.2.36) 式及定理 4.10, $\bar{x} \in H, \bar{u} \in F(\bar{x}), \bar{v} \in T(\bar{x}), \bar{w} \in G(\bar{x})$ 是问题 (4.2.1) 的解, 且算法 4.4 中的双步迭代序列 $\{x_n\}$, $\{u_n\}$, $\{v_n\}$, $\{w_n\}$ 分别收敛于 $\bar{x}, \bar{u}, \bar{v}, \bar{w}$. 这就完成了证明. □

注 4.6　在定理 4.11 中, 我们只要取 G 为单值情形或 F, T, G 均为单值情形, 取 f 或 η 为一些特殊函数, 就可得到文献 [30,62] 中所研究过的一些变分不等式与变分包含问题.

4.2.2　一类集值混合变分不等式解的间隙函数、误差界与迭代算法

1. 引言

非线性泛函分析是当今数学研究中一个非常重要的研究方向, 在现实生活当中, 人们会在很多领域遇到非线性问题, 为了解决所遇到的非线性问题, 建立了解决非线性问题的若干理论, 并且将建立的非线性理论广泛应用于非线性方程、计算数学、最优化理论、经济问题等各方面.

1964 年, Stanpacclia 在文献 [182] 中首次提出了变分不等式问题, 随着人们的不断研究, 提出了各种形式的变分不等式问题, 并针对各种变分不等式问题, 研究了相应的求解方法, 包括迭代算法、算法的收敛性等.

经典的变分不等式问题如下: 设 H 是一个实的 Hilbert 空间, S 是 H 中的闭凸子集, $T : H \to H$ 是向量值函数. 寻找 $u \in S$, 满足 $\langle T(u), v - u \rangle \geqslant 0$, 对任意的 $v \in S$ 成立, $T : H \to H$ 表示 H 上的内积, 以下将该问题记为 VIP(T, S).

为了求解变分不等式问题, 人们经常建立间隙函数来进行等价求解. 间隙函数为定义在 H 上或者是 H 的子集上的实值函数.

在文献 [68] 中, Fukushima 定义了正则间隙函数 $g_\alpha : H \to \mathbb{R}$,

$$g_\alpha(u) = \max_{v \in S} \left\{ \langle T(u), u - v \rangle - \frac{\alpha}{2} \|v - u\|^2 \right\},$$

其中 α 是一个大于零的参数, 他证明了 u 是 VIP(T, S) 的解当且仅当 u 是函数 g_α 在集合 S 上的最小点, 且有 $g_\alpha(u) = 0$. 因此, 函数 g_α 可以看成是 VIP(T, S) 的一个等价的有约束的最优化变形.

在文献 [69] 中, Wu, Florian 和 Marcotte 扩展了正则间隙函数的概念, 他们定义正则间隙函数 $G_\alpha : H \to \mathbb{R}$,

$$G_\alpha(u) = \max_{v \in S} \psi_\alpha(u, v) = \max_{v \in S} \{ \langle T(u), u - v \rangle - \alpha \phi(u, v) \},$$

其中, $\alpha > 0$, 函数 $\phi : H \times H \to \mathbb{R}$ 满足下列条件:

(C1) ϕ 在 $H \times H$ 上连续可微;

(C2) ϕ 在 $H \times H$ 上非负;

(C3) $\phi(u, \cdot)$ 关于 u 是一致强凸的, 即存在常数 $\lambda > 0$, 对于任意的 $u \in H$, 满足: $\phi(u, v_1) - \phi(u, v_2) \geqslant \langle \nabla_2 \phi(u, v_2), v_1 - v_2 \rangle + \lambda \|v_1 - v_2\|^2, \forall v_1, v_2 \in H$, 其中, $\nabla_2 \phi$ 是 ϕ 关于第二个变量的偏导数;

(C4) $\phi(u, v) = 0$ 当且仅当 $u = v$.

文献 [69] 还证明了函数 G_α 也可以看作 VIP(T, S) 的等价有约束最优化变形.

在文献 [70] 中 Fukushima 定义了一个新的函数, $H_{\alpha\beta} : H \to \mathbb{R}, 0 < \alpha < \beta$, 并证明了它是 VIP$(T, S)$ 等价无约束最优化变形. 因为此函数是由两个正则间隙函数

的差所定义的, 所以称函数 $H_{\alpha\beta}$ 为 D-间隙函数.

在文献 [71] 中, Huang 和 Ng 证明了 T 连续可微但不必 Lipschitz 连续时, 正则间隙函数 G_α 可以为 VIP(T, S) 提供误差界.

在文献 [72] 中, Solodov 研究了一类非光滑的广义变分不等式, 即 GVIP(T, g, φ) 问题. GVIP(T, g, φ) 问题是指: 对于给定的映射 $T, g : H \times H$ 和函数 $\varphi : H \to (-\infty, +\infty]$, 寻找 $u \in H$, 满足

$$\langle T(u), v - g(u) \rangle + \varphi(v) - \varphi(g(u)) \geqslant 0, \quad \forall v \in H.$$

针对 GVIP(T, g, φ) 问题, Solodov 建立了一类间隙函数, 并通过这类间隙函数得到了误差界.

在文献 [73] 中, Noor 研究了另一类广义变分不等式, 即 GVIP(T, g) 问题. GVIP(T, g) 问题是指: 对于给定的映射 $T, g : H \to H$, S 是 H 中的闭凸子集, 寻找 $u \in H, g(u) \in S$, 使得如下不等式成立

$$\langle T(u), g(v) - g(u) \rangle \geqslant 0, \quad \forall v \in H, \ g(v) \in S.$$

如果 $g \equiv I$, 则 GVIP(T, g) 就变成经典的变分不等式 VIP(T, S) 问题. Noor 对 GVIP(T, g) 问题建立了一类间隙函数, 并在一定条件下, 得到了误差界.

20 世纪 70 年代, 学者们证明了经济学中的均衡问题和变分不等式的求解有着非常密切的联系, 为了研究许多均衡问题, 首先可以将均衡问题转化为变分不等式问题, 如新古典纯粹交易模型、Nash 均衡问题以及网络均衡问题等. 因此, 研究变分不等式的求解方法具有极其重要的理论意义和现实意义.

70 年代后期, 美国能源部提出了关于能源政策研究的项目独立评估系统 (PIES), 该系统便是用迭代方法求解的一个大规模的变分不等式, 至此, 通过迭代方法求解变分不等式问题, 引起了人们的广泛关注. 在文献 [74] 中, Bensoussan 证明了 PIES 算法是求解非线性等式系统的经典 Jacobi 迭代方法的一般形式.

基于 Robinson 的研究, Josephy 通过大量的数值实验, 确立了利用牛顿法求解变分不等式的有效性, 同时提供了牛顿法快速收敛的基础理论.

由于将牛顿法运用于某些经济均衡问题时缺乏健壮性, 基于对牛顿法的全局收敛性的要求, 在文献 [75] 中, Pang 提出了线性搜索的 B-可微牛顿法, 分析了该方法的收敛性, 确立了该方法的全局收敛性和局部收敛性.

在文献 [76] 中, Dirkse 和 Ferris 替换了 Pang 的线性搜索, 以路径搜索算法成功地得到了变分不等式问题的解.

90 年代, Fischer 提出的 NCP 函数, 被广泛应用于 KKT 条件的改写, 得到了弱于 B-可微但具有全局收敛和局部收敛的半光滑化法.

　　经过几十年的研究, 变分不等式的理论和算法得到了很大的发展. 由于变分不等式问题应用十分广泛, 其理论和相关算法日益受到许多学者的广泛关注, 并应用于解决各种各样的实际问题.

　　设 H 是一个实 Hilbert 空间, H 上的内积和范数分别表示为 $\langle \cdot, \cdot \rangle$ 和 $\| \cdot \|$. 设 S 是 H 中的非空闭凸子集, $T : H \to C(H)$ 是一个集值映射, 其中 $C(H)$ 是 H 中的所有非空有界的闭子集所组成的集簇, 单值映射 $g : H \to H, \varphi : H \to \mathbb{R} \cup \{+\infty\}$, 其中, φ 是一个有效域闭的真凸函数, 并且 φ 是下半连续的. $\partial \varphi(u) = \{x \in H : \varphi(v) \geqslant \varphi(u) + \langle x, v - u \rangle, \forall v \in H\}$, $\partial \varphi$ 表示 φ 的次微分并且 $\partial \varphi \neq \varnothing$. $\mathrm{dom}(\varphi) = \{u \in H : \varphi(u) < +\infty\}$ 表示 φ 的有效域, 并且 $g(H) \cap \mathrm{dom}(\varphi) \neq \varnothing$.

　　我们考虑如下问题: 寻找 $u \in H, w \in T(u)$, 对于任意的 $v \in H$, 使得下面的不等式成立

$$\langle w, v - g(u) \rangle + \varphi(v) - \varphi(g(u)) \geqslant 0. \tag{4.2.38}$$

　　我们称问题 (4.2.38) 为广义集值混合变分不等式问题, 记作 GSMVIP(T, g, φ).

　　我们所研究的问题 (4.2.38) 包含几种典型的变分不等式问题:

　　(1) 当 $T : H \to H$ 是一个单值映射时, 问题 (4.2.38) 可以转化为: 寻找 $u \in H$ 使得

$$\langle T(u), v - g(u) \rangle + \varphi(v) - \varphi(g(u)) \geqslant 0, \quad \forall v \in H. \tag{4.2.39}$$

问题 (4.2.39) 便是广义混合变分不等式问题.

　　(2) 若 g 为恒等映射, 即 $g \equiv I$, 则问题 (4.2.38) 可以转化为: 寻找 $u \in S, w \in T(u)$, 对于任意的 $v \in S$, 使得下面的不等式成立

$$\langle w, v - u \rangle + \varphi(v) - \varphi(u) \geqslant 0. \tag{4.2.40}$$

问题 (4.2.40) 便是一般的集值混合变分不等式问题.

　　(3) 若 φ 是 S 的指示函数, 即

$$\varphi(u) = \begin{cases} 0, & u \in S, \\ +\infty, & u \notin S, \end{cases}$$

则问题 (4.2.38) 可以转化为: 寻找 $u \in S, w \in T(u)$, 对于任意的 $v \in S$, 使得下面的不等式成立

$$\langle w, v - g(u) \rangle - \varphi(g(u)) \geqslant 0.$$

　　(4) 若 φ 是 S 的指示函数, g 为恒等映射, 则问题 (4.2.38) 可以转化为: 寻找 $u \in S, w \in T(u)$, 对于任意的 $v \in S$, 使得下面的不等式成立

$$\langle w, v - u \rangle \geqslant 0. \tag{4.2.41}$$

(5) 若 $T: H \to H$ 是一个单值映射, φ 是 S 的指示函数, g 为恒等映射, 通过 (4.2.38) 式可知, 问题 (4.2.38) 可以转化为: 寻找 $u \in S$, 使得

$$\langle T(u), v - u \rangle \geqslant 0, \quad \forall v \in S. \tag{4.2.42}$$

问题 (4.2.42) 便是经典的变分不等式 VIP(T, S) 问题.

为了求解经典的变分不等式 VIP(T, S) 问题, 在文献 [89] 中, Fukushima 定义了正则间隙函数 $g_\alpha: H \to \mathbb{R}$,

$$g_\alpha(u) = \max_{v \in S} \left\{ \langle T(u), u - v \rangle - \frac{\alpha}{2} \| v - u \|^2 \right\},$$

其中 α 是一个大于零的参数. 他证明了 u 是 VIP(T, S) 的解当且仅当 u 是函数 g_α 在集合 S 上的最小点, 且有 $g_\alpha(u) = 0$.

为求解问题 (4.2.38), 下面将利用满足条件 (C1)—(C4) 的函数建立 GSMVIP (T, g, φ) 的间隙函数和 D-间隙函数, 研究所建立的间隙函数的性质, 并通过间隙函数和 D-间隙函数给出问题 (4.2.38) 的解的误差界.

2. 预备知识

定义 4.9[24]　称集值映射 $T: H \to C(H)$ 是 H 上具有模 δ 的 g-强单调的, 如果存在常数 $\delta > 0$ 满足　$\langle v_1 - v_2, g(u_1) - g(u_2) \rangle \geqslant \delta \| u_1 - u_2 \|^2$, 对于所有的 $u_1, u_2 \in H, v_1 \in T(u_1), v_2 \in T(u_2)$.

定义 4.10[24]　称集值映射 $T: K \subset H \to 2^H$ 在 K 中的子集 U 上是具有模 L 的 Lipschitz 连续的, 如果存在常数 $L > 0$ 使得

$$H(T(u_1), T(u_2)) \leqslant L \| u_1 - u_2 \|, \quad \forall u_1, u_2 \in U,$$

其中, $H(\cdot, \cdot)$ 是 H 中的非空有界子集上的 Hausdorff 度量, 即

$$H(T(u_1), T(u_2))$$
$$= \max \left\{ \sup_{x \in T(u_1)} \inf_{y \in T(u_2)} \| x - y \|, \sup_{y \in T(u_2)} \inf_{x \in T(u_1)} \| x - y \| \right\}, \quad \forall u_1, u_2 \in U.$$

定义 4.11[24]　称映射 $g: H \to H$ 在 H 上是具有模 t 的 Lipschitz 连续映射, 如果存在常数 $t > 0$, 满足

$$\| g(u_1) - g(u_2) \| \leqslant t \| u_1 - u_2 \|, \quad \forall u_1, u_2 \in H.$$

定义 4.12　设函数 $f: H \to \mathbb{R}$, 称函数 f 是一致强凸的, 如果存在常数 $d > 0$, 满足

$$f(v_1) - f(v_2) \geqslant \langle \nabla f(v_2), v_1 - v_2 \rangle + d \| v_1 - v_2 \|^2, \quad \forall v_1, v_2 \in H.$$

注 4.7 如果函数 f 在凸集 $S \subseteq H$ 上是一致强凸的, 则映射 f 在凸集 S 上存在唯一的最小点.

引理 4.13 [70] 如果函数满足条件 (C1)—(C4), 则 $\nabla \phi_2(u, v) = 0$ 当且仅当 $u = v$.

引理 4.14 [77] 如果函数满足条件 (C3), 则对于任意的 $v_1, v_2 \in H$, 有

$$\langle \nabla_2 \phi(u, v_1) - \nabla_2 \phi(u, v_2), v_1 - v_2 \rangle \geqslant 2\lambda \|v_1 - v_2\|^2,$$

即 $\nabla_2 \phi(u, \cdot)$ 在 H 上是强单调的, 模为 2λ, 其中 λ 是条件 (C3) 中给定的常数. 有时还要求必满足如下的条件:

(C5) $\nabla_2 \phi(u, \cdot)$ 是一致连续的, 即存在常数 $k > 0$, 使得对任意的 $u \in H$, 都有

$$\|\nabla_2 \phi(u, v_1) - \nabla_2 \phi(u, v_2)\| \leqslant k \|v_1 - v_2\|, \quad \forall v_1, v_2 \in H.$$

引理 4.15 [71] 如果函数 ϕ 满足条件 (C1)—(C5), λ, k 为相应的系数, 则有

$$\lambda \|u - v\|^2 \leqslant \phi(u, v) \leqslant (k - \lambda) \|u - v\|^2, \quad \forall u, v \in H.$$

3. GSMVIP (T, g, φ) 的间隙函数与误差界

针对问题 (4.2.38), 建立相应的间隙函数如下: 对于任意的 $u \in H$, 有

$$G_\alpha(u) = \inf_{w_n \in T(u)} \sup_{v \in H} \psi_\alpha(w_u, u, v)$$

$$= \inf_{w_e \in T(u)} \sup_{v \in H} \{ \langle w_u, g(u) - v \rangle + \varphi(g(u)) - \varphi(v) - \alpha \phi(g(u), v) \}, \quad (4.2.43)$$

其中, $\alpha > 0$ 是一个常数, 当 $u \in H$ 取定后, w_u 为从集合 $T(u)$ 中任意选取的元素, 函数 ψ_α 为关于变量 w_u, u, v 的三元函数, 并有

$$\psi_\alpha(w_u, u, v) = \langle w_u, g(u) - v \rangle + \varphi(g(u)) - \varphi(v) - \alpha \phi(g(u), v).$$

引理 4.16 如果 $\phi(u, \cdot)$ 是一致凸的, 若取定某个 $w_u \in T(u)$, 则 $-\psi_\alpha(w_u, u, \cdot)$ 在 H 上也是一致凸的.

证明 因为 $\phi(u, \cdot)$ 是一致凸的, 所以, 对于任意的 $u \in H$, 存在 $\lambda > 0$, 有

$$\phi(g(u), v_1) - \phi(g(u), v_2) \geqslant \langle \nabla_2 \phi(g(u), v_2), v_1 - v_2 \rangle + \lambda \|v_1 - v_2\|^2, \quad \forall v_1, v_2 \in H.$$

令

$$F(v) = -\psi_\alpha(w_u, u, v) = \langle w_u, v - g(u) \rangle + \varphi(v) - \varphi(g(u)) + \alpha \phi(g(u), v),$$

则有

$$F(v_1) - F(v_2)$$

$$= \langle w_u, v_1 - g(u) \rangle + \varphi(v_1) - \varphi(g(u)) + \alpha \phi(g(u), v_1)$$

$$\quad - \langle w_u, v_2 - g(u) \rangle - \varphi(v_2) + \varphi(g(u)) - \alpha \phi(g(u), v_2)$$

$$= \langle w_u, v_1 - v_2 \rangle + \varphi(v_1) - \varphi(v_2) + \alpha \{ \phi(g(u), v_1) - \phi(g(u), v_2) \}$$

$$\geqslant \langle w_u, v_1 - v_2 \rangle + \varphi(v_1) - \varphi(v_2) + \alpha \{ \langle \nabla_2 \phi(g(u), v_2), v_1 - v_2 \rangle + \lambda \|v_1 - v_2\|^2 \}$$

$$\geqslant \langle w_u + \alpha \nabla_2 \phi (g(u), v_2), v_1 - v_2 \rangle + \langle x, v_1 - v_2 \rangle + \alpha \lambda \|v_1 - v_2\|^2$$

$$= \langle w_u + x + \alpha \nabla_2 \phi (g(u), v_2), v_1 - v_2 \rangle + \alpha \lambda \|v_1 - v_2\|^2$$

$$= \langle \nabla F (v_2), v_1 - v_2 \rangle + \alpha \lambda \|v_1 - v_2\|^2, \tag{4.2.44}$$

其中 $\alpha \lambda > 0$, $x \in \partial \varphi (v_2)$. 因此 $-\psi_\alpha (w_u, u, \cdot)$ 在 H 上是一致凸的. □

根据引理 4.16 可知, $-\psi_\alpha (w_u, u, \cdot)$ 在 H 上是一致凸的, 所以, 对于给定的 $u \in H$, 在取定某个 $w_u \in T(u)$ 后, $-\psi_\alpha (w_u, u, \cdot)$ 在 H 上有唯一的最小点, 记作 $v_a (u, w_u)$. 对于给定的 $u \in H$, 如果当 $w_u = w^*, v = v_a(u, w)$ 时, 函数式恰好取得函数值, 那么 $G_a(u)$ 可以改写为

$$G_\alpha(u) = \langle w^*, g(u) - v_\alpha (u, w^*) \rangle + \varphi(g(u)) - \varphi (v_\alpha (u, w^*)) - \alpha \phi (g(u), v_\alpha (u, w^*)),$$
$$\tag{4.2.45}$$

其中, $v_\alpha (u, w^*)$ 为在给定 $u \in H$ 后, $w_u = w^*$ 时, $-\psi_\alpha (w^*, u, \cdot)$ 在 H 上的唯一的最小点.

注 4.8　如无其他说明, 下面所出现的 $w^*, v_\alpha (u, w^*)$ 均为以上所述含义.

引理 4.17　设函数必满足条件 (C1)—(C4), 则 $u \in H, w_u \in T(u)$ 是 GSMVIP(T, g, φ) 的解当且仅当对任意的常数 $\alpha > 0, g(u) = v_\alpha (u, w_u)$.

证明　充分性: 对于任意的 $u \in H, w_u \in T(u)$, 假设 $v_\alpha (u, w_u)$ 是 $-\psi_\alpha (w^*, u, \cdot)$ 在 H 上的最小点, 则

$$0 \in \partial (-\psi_\alpha (w_u, u, v_\alpha (u, w_u))) = w_n + \partial \varphi (v_\alpha (u, w_u)) + \alpha \nabla_2 \phi (g(u), v_\alpha (u, w_u)).$$

故

$$-w_u - \alpha \nabla_2 \phi (g(u), v_\alpha (u, w_u)) \in \partial \varphi (v_\alpha (u, w_u)),$$

由次梯度的定义可知

$$\varphi(v) \geqslant \varphi (v_\alpha (u, w_u)) + \langle -w_u - \alpha \nabla_2 \phi (g(u), v_\alpha (u, w_u)), v - v_a (u, w_u) \rangle,$$

对于任意的 $v \in H$ 成立.

由上式可得

$$\langle w_u, v - v_\alpha (u, w_u) \rangle + \varphi(v) - \varphi (v_\alpha (u, w_u)) \geqslant -\langle \alpha \nabla_2 \phi (g(u), v_\alpha (u, w_u)), v - v_\alpha (u, w_u) \rangle,$$
$$\tag{4.2.46}$$

对于任意的 $v \in H$ 成立.

如果 $g(u) = v_\alpha (u, w_u)$, 由 (4.2.46) 式与引理 4.13 可得

$$\langle w_u, v - g(u) \rangle + \varphi(v) - \varphi(g(u)) \geqslant 0, \quad \forall v \in H,$$

因此, $u \in H, w_u \in T(u)$ 为 GSMVIP(T, g, φ) 的解.

必要性: 如果

$$u \in H, \quad w_u \in T(u)$$

为 GSMVIP(T, g, φ) 的解, 则有

$$\langle w_u, v - g(u) \rangle + \varphi(v) - \varphi(g(u)) \geqslant 0, \quad \forall v \in H,$$

取 $v = v_\alpha(u, w_u)$ 可得

$$\langle w_u, v_a(u, w_u) - g(u) \rangle + \varphi(v_\alpha(u, w_u)) - \varphi(g(u)) \geqslant 0, \quad \forall v \in H. \tag{4.2.47}$$

因为 $g(u) \in H$, 令 $v = g(u)$, 由 (4.2.46) 式可得

$$\langle w_u, g(u) - v_\alpha(u, w_u) \rangle + \varphi(g(u)) - \varphi(v_\alpha(u, w_u))$$
$$\geqslant -\langle \alpha \nabla_2 \phi(g(u), v_\alpha(u, w_u)), g(u) - v_\alpha(u, w_u) \rangle. \tag{4.2.48}$$

将 (4.2.47) 式与 (4.2.48) 式相加可得

$$\langle \alpha \nabla_2 \phi(g(u), v_\alpha(u, w_u)), g(u) - v_\alpha(u, w_u) \rangle \geqslant 0.$$

因为 $\alpha > 0$, 所以

$$\langle \nabla_2 \phi(g(u), v_\alpha(u, w_u)), g(u) - v_\alpha(u, w_u) \rangle \geqslant 0.$$

又

$$\lambda \| g(u) - v_\alpha(u, w_u) \|^2 \geqslant 0,$$

所以

$$\langle \nabla_2 \phi(g(u), v_\alpha(u, w_u)), g(u) - v_\alpha(u, w_u) \rangle + \lambda \| g(u) - v_\alpha(u, w_u) \|^2 \geqslant 0.$$

再由 (C2), (C4) 及 $\phi(u, \cdot)$ 的强凸性可得

$$0 \leqslant \langle \nabla_2 \phi(g(u), v_\alpha(u, w_u)), g(u) - v_\alpha(u, w_u) \rangle + \lambda \| g(u) - v_\alpha(u, w_u) \|^2$$
$$\leqslant \phi(g(u), g(u)) - \phi(g(u), v_\alpha(u, w_u))$$
$$\leqslant 0,$$

即

$$\phi(g(u), v_\alpha(u, w_u)) = 0,$$

因此, 由 (C4) 可得

$$g(u) = v_\alpha(u, w_u). \qquad \Box$$

定理 4.12　设函数 ϕ 满足条件 (C1)—(C5), $\overline{u} \in H, \overline{\overline{w}} \in T(u)$ 的解, T 是 H 上具有模 δ 的 g-强单调映射, $\delta > 0$. T, g 在 H 上是 Lipschitz 连续的, 模分别为 $L, t > 0$, 则对于任意的 $u \in H$, 存在 $w_u \in T(u)$ 满足

$$\| w_u - \overline{\overline{w}} \| \leqslant H(T(u), T(\overline{\overline{u}})),$$

并且, 当 $\|w_u - \overline{\overline{w}}\| \leqslant H(T(u), T(\overline{\overline{u}}))$ 时, 有

$$\|u - \overline{\overline{u}}\| \leqslant \frac{L + \alpha k t}{\delta} \|g(u) - v_\alpha(u, w_u)\|, \quad \forall u \in H, \alpha > 0,$$

$$\|w_u - \overline{\overline{w}}\| \leqslant \frac{L(L + \alpha k t)}{\delta} \|g(u) - v_\alpha(u, w_u)\|, \quad \forall u \in H, \ \alpha > 0.$$

证明 设 GSMVIP(T, g, φ) 的解为 $\overline{\overline{u}} \in H, \overline{\overline{w}} \in T(\overline{\overline{u}})$, 则对于任意的 $u \in H$, 根据 H 中的非空有界子集上的 Hausdorff 度量的定义可知, 存在 $w_u \in T(u)$ 满足

$$\|w_u - \overline{\overline{w}}\| \leqslant H(T(u), T(\overline{\overline{u}})). \tag{4.2.49}$$

设 GSMVIP(T, g, φ) 的解为 $\overline{\overline{u}} \in H, \overline{\overline{w}} \in T(\overline{\overline{u}})$, 则有

$$\langle \overline{\overline{w}}, v - g(\overline{\overline{u}}) \rangle + \varphi(v) - \varphi(g(\overline{\overline{u}})) \geqslant 0, \quad \forall v \in H. \tag{4.2.50}$$

对于任意的 $u \in H, w_n \in T(u)$, 取 $v = v_a(u, w_u) \in H$, 代入 (4.2.50) 式可得

$$\langle \overline{\overline{w}}, v_\alpha(u, w_u) - g(\overline{\overline{u}}) \rangle + \varphi(v_\alpha(u, w_u)) - \varphi(g(\overline{\overline{u}})) \geqslant 0, \quad \forall u \in H, \ w_u \in T(u). \tag{4.2.51}$$

在 (4.2.46) 式中, 取 $v = g(\overline{\overline{u}})$, 可得

$$\langle w_{\overline{\overline{u}}}, g(\overline{\overline{u}}) - v_\alpha(u, w_u) \rangle + \varphi(g(\overline{\overline{u}})) - \varphi(v_\alpha(u, w_u))$$
$$\geqslant -\langle \alpha \nabla_2 \phi(g(u), v_\alpha(u, w_u)), g(\overline{\overline{u}}) - v_\alpha(u, w_u) \rangle. \tag{4.2.52}$$

将 (4.2.51) 式和 (4.2.52) 式相加可得

$$\langle w_u - \overline{\overline{w}}, v_\alpha(u, w_u) - g(\overline{\overline{u}}) \rangle \leqslant \langle \alpha \nabla_2 \phi(g(u), v_\alpha(u, w_u)), g(\overline{\overline{u}}) - v_\alpha(u, w_u) \rangle. \tag{4.2.53}$$

进而

$$\langle \alpha \nabla_2 \phi(g(u), v_\alpha(u, w_u)), g(\overline{\overline{u}}) - v_\alpha(u, w_u) \rangle$$
$$= \alpha \langle \nabla_2 \phi(g(u), v_\alpha(u, w)), g(\overline{\overline{u}}) - g(u) \rangle$$
$$\quad + \alpha \langle \nabla_2 \phi(g(u), v_\alpha(u, w_u)), g(u) - v_\alpha(u, w_u) \rangle$$
$$= \alpha \langle \nabla_2 \phi(g(u), v_\alpha(u, w_u)) - \nabla_2 \phi(g(u), g(u)), g(\overline{\overline{u}}) - g(u) \rangle$$
$$\quad - \alpha \langle \nabla_2 \phi(g(u), g(u)) - \nabla_2 \phi(g(u), v_\alpha(u, w_u)), g(u) - v_\alpha(u, w_u) \rangle$$
$$\leqslant \alpha \|\nabla_2 \phi(g(u), v_\alpha(u, w_u)) - \nabla_2 \phi(g(u), g(u))\| \|g(\overline{\overline{u}}) - g(u)\|$$
$$\quad - 2\alpha \lambda \|g(u) - v_\alpha(u, w_u)\|^2$$
$$\leqslant \alpha k \|g(\overline{\overline{u}}) - g(u)\| \|g(u) - v_\alpha(u, w_u)\| - 2\alpha \lambda \|g(u) - v_\alpha(u, w_u)\|^2$$
$$\leqslant \alpha k t \|\overline{\overline{u}} - u\| \|g(u) - v_\alpha(u, w_u)\| - 2\alpha \lambda \|g(u) - v_\alpha(u, w_u)\|^2$$
$$\leqslant \alpha k t \|\overline{\overline{u}} - u\| \|g(u) - v_\alpha(u, w_u)\|. \tag{4.2.54}$$

由 (4.2.53) 与 (4.2.54) 式可得

$$\langle w_u - \overline{\overline{w}}, v_\alpha(u, w_u) - g(\overline{\overline{w}}) \rangle \leqslant \alpha k t \|\overline{\overline{w}} - u\| \|g(u) - v_\alpha(u, w_u)\|. \tag{4.2.55}$$

因为 T 在 H 上是具有模 L 的 Lipschitz 连续映射, 所以

$$H(T(u), T(\overline{\overline{u}})) \leqslant L \|u - \overline{\overline{u}}\|. \tag{4.2.56}$$

由 (4.2.49) 与 (4.2.56) 式, 可得

$$\|w_n - \overline{\overline{w}}\| \leqslant L \|u - \overline{\overline{u}}\|. \tag{4.2.57}$$

由 (4.2.55) 与 (4.2.57) 式及 T 在 H 上是具有模 δ 的 g-强单调映射, 可得

$$\begin{aligned}
\delta \|\overline{\overline{u}} - u\|^2 &\leqslant \langle w_u - \overline{\overline{w}}, g(u) - g(\overline{\overline{u}}) \rangle \\
&\leqslant \langle w_u - \overline{\overline{w}}, g(u) - v_\alpha(u, w_u) \rangle + \langle w_u - \overline{\overline{w}}, v_\alpha(u, w_u) - g(\overline{\overline{u}}) \rangle \\
&\leqslant \|w_u - \overline{\overline{w}}\| \|g(u) - v_\alpha(u, w_u)\| + \langle w_u - \overline{\overline{w}}, v_\alpha(u, w_u) - g(\overline{\overline{u}}) \rangle \\
&\leqslant L \|\overline{\overline{u}} - u\| \|g(u) - v_\alpha(u, w_u)\| + \alpha k t \|\overline{\overline{u}} - u\| \|g(u) - v_\alpha(u, w_u)\| \\
&= (L + \alpha k t) \|\overline{\overline{u}} - u\| \|g(u) - v_\alpha(u, w_u)\|,
\end{aligned} \tag{4.2.58}$$

即

$$\|u - \overline{\overline{u}}\| \leqslant \frac{L + \alpha k t}{\delta} \|g(u) - v_\alpha(u, w_u)\|, \quad \forall u \in H, \ \alpha > 0.$$

由 (4.2.57) 与 (4.2.58) 式, 可得

$$\|w_u - \overline{\overline{w}}\| \leqslant \frac{L(L + \alpha k t)}{\delta} \|g(u) - v_\alpha(u, w_u)\|, \quad \forall u \in H, \ \alpha > 0. \qquad \square$$

引理 4.18   如果函数 ϕ 满足条件 (C1)—(C4), 则对于任意的 $u \in H, \alpha > 0$, 当 $w_0 = w^* \in T(u)$ 时, $G_\alpha(u)$ 满足

$$G_\alpha(u) \geqslant \alpha \lambda \|g(u) - v_\alpha(u, w^*)\|^2 \geqslant 0.$$

此外 $G_\alpha(u) = 0$, 当且仅当 $u \in H, w^* \in T(u)$ 是 GSMVIP(T, g, φ) 的解, 其中, w^*, $v_\alpha(u, w^*)$ 为注 4.8 中所表示的含义.

证明   对于任意的 $u \in H, w_u \in T(u), \alpha > 0$, 令 $v = g(u)$, 将 $v = g(u)$ 代入 (4.2.46) 式,

$$\begin{aligned}
&\langle w_u, g(u) - v_\alpha(u, w_u) \rangle + \varphi(g(u)) - \varphi(v_\alpha(u, w_u)) \\
&\geqslant - \langle \alpha \nabla_2 \phi(g(u), v_\alpha(u, w_u)), g(u) - v_\alpha(u, w_u) \rangle,
\end{aligned} \tag{4.2.59}$$

当 $w_u = w^* \in T(u)$ 时, 由 (4.2.45) 与 (4.2.59) 式, 可得

$$
\begin{aligned}
G_\alpha(u) &= \langle w^*, g(u) - v_\alpha(u, w^*) \rangle + \varphi(g(u)) - \varphi(v_\alpha(u, w^*)) - \alpha\phi(g(u), v_\alpha(u, w^*)) \\
&\geqslant -\langle \alpha\nabla_2\phi(g(u), v_\alpha(u, w^*)), g(u) - v_\alpha(u, w^*) \rangle - \alpha\phi(g(u), v_\alpha(u, w^*)) \\
&= -\{\langle \alpha\nabla_2\phi(g(u), v_\alpha(u, w^*)), g(u) - v_\alpha(u, w^*) \rangle + \alpha\phi(g(u), v_\alpha(u, w^*))\} \\
&\geqslant \alpha\left\{ -\phi(g(u), g(u)) + \lambda\|g(u) - v_\alpha(u, w^*)\|^2 \right\} \\
&= \alpha\lambda\|g(u) - v_\alpha(u, w^*)\|^2 .
\end{aligned}
$$

由 $\alpha > 0, \lambda > 0$ 可得

$$
\alpha\lambda > 0,
$$

故

$$
G_\alpha(u) \geqslant \alpha\lambda\|g(u) - v_\alpha(u, w)\|^2 \geqslant 0.
$$

下面证明引理 4.18 中的充分必要性.

必要性: 如果 $G_\alpha(u) = 0$, 则有 $g(u) = v_\alpha(u, w^*)$. 由引理 4.17 可知, $u \in H, w^* \in T(u)$ 是 GSMVIP (T, g, φ) 的解.

充分性: 若 $u \in H, w^* \in T(u)$ 是 GSMVIP (T, g, φ) 的解, 由引理 4.17 可知

$$
g(u) = v_\alpha(u, w^*). \tag{4.2.60}
$$

由 (4.2.45) 与 (4.2.60) 式可得

$$
G_\alpha(u) = \langle w^*, g(u) - v_\alpha(u, w^*) \rangle + \varphi(g(u)) - \varphi(v_\alpha(u, w^*)) - \alpha\phi(g(u), v_\alpha(u, w^*)) = 0.
$$

$\square$

定理 4.13　如果函数 ϕ 满足条件 (C1)—(C5), $\overline{\overline{u}} \in H, \overline{\overline{w}} \in T(\overline{\overline{u}})$ 是 GSMVIP(T, g, φ) 的解, T 在 H 上是具有模 δ 的 g-强单调映射, $\delta > 0$. T, g 是 H 上的 Lipschitz 连续的, 模分别为 $L, t > 0$, 则对于任意的 $u \in H$, 存在 $w_u \in T(u)$ 满足

$$
\|w_{\overline{\overline{u}}} - \overline{\overline{w}}\| \leqslant H(T(u), T(\overline{\overline{u}})),
$$

并且, 当 $\|w_u - \overline{\overline{w}}\| \leqslant H(T(u), T(\overline{\overline{u}}))$ 且 $w_u = w^*$ 时, 有

$$
\|u - \overline{\overline{u}}\| \leqslant \frac{L + \alpha k t}{\delta\sqrt{\alpha\lambda}}\sqrt{G_\alpha(u)}, \quad \forall u \in H, \ \alpha > 0,
$$

$$
\|w_u - \overline{\overline{w}}\| \leqslant \frac{L(L + \alpha k t)}{\delta\sqrt{\alpha\lambda}}\sqrt{G_\alpha(u)}, \quad \forall u \in H, \ \alpha > 0.
$$

证明　由定理 4.12 可知, 对于任意的 $u \in H$, 存在 $w_u \in T(u)$ 满足

$$\|w_u - \overline{\overline{w}}\| \leqslant H(T(u), T(\overline{u})).$$

并且, 当 $\|w_u - \overline{\overline{w}}\| \leqslant H(T(u), T(\overline{u}))$ 时, 有

$$\|u - \overline{u}\| = \frac{L + \alpha k t}{\delta} \|g(u) - v_\alpha(u, w_u)\|, \quad \forall u \in H, \ \alpha > 0, \tag{4.2.61}$$

$$\|w_u - \overline{\overline{w}}\| \leqslant \frac{L(L + \alpha k t)}{\delta} \|g(u) - v_\alpha(u, w_u)\|, \quad \forall u \in H, \ \alpha > 0. \tag{4.2.62}$$

当 $w_u = w^*$ 时, 由 (4.2.61) 与 (4.2.62) 式, 可得

$$\|u - \overline{u}\| \leqslant \frac{L + \alpha k t}{\delta} \|g(u) - v_\alpha(u, w^*)\|, \quad \forall u \in H, \ \alpha > 0. \tag{4.2.63}$$

$$\|w^* - \overline{\overline{w}}\| = \|w_u - w\| \leqslant \frac{L(L + \alpha k t)}{\delta} \|g(u) - v_\alpha(u, w^*)\|, \quad \forall u \in H, \ \alpha > 0. \tag{4.2.64}$$

由引理 4.18 可知, 对于任意的 $u \in H, \alpha > 0$, 当 $w_u = w^* \in T(u)$ 时, $G_\alpha(u)$ 满足

$$G_\alpha(u) \geqslant \alpha \lambda \|g(u) - v_\alpha(u, w^*)\|^2. \tag{4.2.65}$$

由 (4.2.63) 与 (4.2.65) 式, 可得

$$\|u - \overline{u}\| \leqslant \frac{L + \alpha k t}{\delta \sqrt{\alpha \lambda}} \sqrt{G_\alpha(u)}, \quad \forall u \in H, \ \alpha > 0.$$

由 (4.2.64) 与 (4.2.65) 式, 可得

$$\|w_u - \overline{\overline{w}}\| \leqslant \frac{L(L + \alpha k t)}{\delta \sqrt{\alpha \lambda}} \sqrt{G_\alpha(u)}, \quad \forall u \in H, \ \alpha > 0. \qquad \square$$

定理 4.14　如果函数满 ϕ 足条件 (C1)—(C5), $\overline{u} \in H, \overline{\overline{w}} \in T(\overline{u})$ 是 GSMVIP(T, g, φ) 的解, T 在 H 上是具有模 δ 的 g-强单调映射, $\delta > 0$. g 在 H 上是 Lipschitz 连续的, 模为 $t > 0$, 则有

$$\|u - \overline{u}\| \leqslant \frac{1}{\sqrt{\delta + \alpha(\lambda - k)t^2}} \sqrt{G_\alpha(u)}, \quad \forall u \in H, \ 0 < \alpha < \frac{\delta}{(k - \lambda)t^2}.$$

证明　对于任意固定的 $u \in H$, 选取 $w_u \in T(u)$. 设 $\overline{u} \in H, \overline{\overline{w}} \in T(\overline{u})$ 是 GSMVIP (T, g, φ) 的解, 则有

$$\langle \overline{\overline{w}}, v - g(\overline{u}) \rangle + \varphi(v) - \varphi(g(\overline{u})) \geqslant 0, \quad \forall v \in H.$$

取 $v = g(u)$, 可得

$$\langle \overline{\overline{w}}, g(u) - g(\overline{u}) \rangle + \varphi(g(\overline{u})) - \varphi(g(\overline{u})) \geqslant 0. \tag{4.2.66}$$

因为

$$G_\alpha(u) = \inf_{w_u \in T(u)} \sup_{v \in H} \psi_\alpha(w_u, u, v)$$

$$= \inf_{w_u \in T(u)} \sup_{v \in H} (\langle w_u, g(u) - v \rangle + \varphi(g(u)) - \varphi(v) - \alpha\phi(g(u), v))$$

$$= \langle w^*, g(u) - v_\alpha(u, w^*) \rangle + \varphi(g(u)) - \varphi(g(u, w^*)) - \alpha\phi(g(u), v_\alpha(u, w^*))$$

$$\geqslant \langle w^*, g(u) - g(\overline{\overline{u}}) \rangle + \varphi(g(u)) - \varphi(g(\overline{\overline{u}})) - \alpha\phi(g(u), g(\overline{\overline{u}}))$$

$$\geqslant \langle \overline{\overline{w}}, g(u) - g(\overline{\overline{u}}) \rangle + \delta\|u - \overline{\overline{u}}\|^2 + \varphi(g(u)) - \varphi(g(\overline{\overline{u}})) - \alpha\phi(g(u), g(\overline{\overline{u}}))$$

$$= \left\{ \delta\|u - \overline{\overline{u}}\|^2 - \alpha\phi(g(u), g(\overline{\overline{u}})) \right\} + \left\{ \langle \overline{\overline{w}}, g(u) - g(\overline{\overline{u}}) \rangle + \varphi(g(u)) - \varphi(g(\overline{\overline{u}})) \right\},$$

$$(4.2.67)$$

由 (4.2.66) 与 (4.2.67) 式, 可得

$$G_\alpha(u) \geqslant \delta\|u - \overline{\overline{u}}\|^2 - \alpha\phi(g(u), g(\overline{\overline{u}})). \tag{4.2.68}$$

由引理 4.14 可知, 如果 ϕ 满足条件 (C3) 与 (C5), 则有

$$2\lambda\|v_1 - v_2\|^2 \leqslant k\|v_1 - v_2\|^2,$$

即

$$2\lambda \leqslant k,$$

故

$$k - \lambda > 0.$$

由引理 4.15 可知

$$\lambda\|g(u) - g(\overline{\overline{u}})\|^2 \leqslant \phi(g(u), g(\overline{\overline{u}})) \leqslant (k - \lambda)\|g(u) - g(\overline{\overline{u}})\|^2, \tag{4.2.69}$$

由 (4.2.69) 式, 可得

$$-\alpha\phi(g(u), g(\overline{\overline{u}})) \geqslant \alpha(\lambda - k)\|g(u) - g(\overline{\overline{u}})\|^2 \geqslant \alpha(\lambda - k)t^2\|u - \overline{\overline{u}}\|^2, \tag{4.2.70}$$

由 (4.2.68) 与 (4.2.70) 式, 可得

$$G_\alpha(u) \geqslant \left[\delta + \alpha(\lambda - k)t^2\right]\|u - \overline{\overline{u}}\|^2,$$

即

$$\|u - \overline{\overline{u}}\| \leqslant \frac{1}{\sqrt{\delta + \alpha(\lambda - k)t^2}}\sqrt{G_\alpha(u)}, \quad \forall u \in H.$$

由 $\sqrt{\delta + \alpha(\lambda - k)t^2} > 0$, 可得

$$0 < \alpha < \frac{\delta}{(k-\lambda)t^2}. \qquad \square$$

4. GSMVIP (T, g, φ) 的 D-间隙函数与误差界

定义 4.13　GSMVIP(T, g, φ) 的 D-间隙函数如下:

$$
\begin{aligned}
D_{\alpha\beta}(u) &= G_\alpha(u) - G_\beta(u) \\
&= \inf_{w_u \in T(u)} \sup_{v \in H} (w_u, u, v) - \inf_{w_u \in T(u)} \sup_{v \in H} \psi_\beta(w_u, u, v) \\
&= \inf_{w_u \in T(u)} \sup_{v \in H} \{\langle w_u, g(u) - v \rangle + \varphi(g(u)) - \varphi(v) - \alpha\phi(g(u), v)\} \\
&\quad - \inf_{w_n \in T(u)} \sup_{v \in H} \{\langle w_u, g(u) - v \rangle + \varphi(g(u)) - \varphi(v) - \beta\phi(g(u), v)\} \\
&= \langle w_\alpha^*, g(u) - v_\alpha(u, w_\alpha^*) \rangle + \varphi(g(u)) - \varphi(v_\alpha(u, w_\alpha^*)) \\
&\quad - \alpha\phi(g(u), v_\alpha(u, w_\alpha^*)) \\
&\quad - \langle w_\beta^*, g(u) - v_\beta(u, w_\beta^*) \rangle - \varphi(g(u)) + \varphi(v_\beta(u, w_\beta^*)) \\
&\quad + \beta\phi(g(u), v_\beta(u, w_\beta^*)) \\
&= \langle w_\alpha^*, g(u) - v_\alpha(u, w_\alpha^*) \rangle - \langle w_\beta^*, g(u) - v_\beta(u, w_\beta^*) \rangle \\
&\quad + \varphi(v_\beta(u, w_\beta^*)) - \varphi(v_\alpha(u, w_\alpha^*)) \\
&\quad + \beta\phi(g(u), v_\beta(u, w_\beta^*)) - \alpha\phi(g(u), v_\alpha(u, w_\alpha^*)),
\end{aligned}
$$

其中, $\alpha < \beta$, 且对于给定的 $u \in H$, w_α^* 与 w_β^* 分别为函数 G_α 与 G_β 在 $u \in H$ 处取得函数值 $G_\alpha(u)$ 与 $G_\beta(u)$ 时的 w_u, $v_\alpha(u, w_\alpha^*)$ 与 $v_\beta(u, w_\beta^*)$ 分别为 $-\psi_\alpha(w_\alpha^*, u, \cdot)$ 与 $-\psi_\beta(w_\beta, u, \cdot)$ 在 H 上的唯一的最小点.

引理 4.19　设函数 ϕ 满足条件 (C3), 对于任意给定的 $u \in H$, 则有

$$(\beta - \alpha)\phi(g(u), v_\beta(u, w_\alpha^*)) \leqslant D_{\alpha\beta}(u) \leqslant (\beta - \alpha)\phi(g(u), v_\alpha(u, w_\beta)).$$

证明

$$
\begin{aligned}
D_{\alpha\beta}(u) &= G_\alpha(u) - G_\beta(u) \\
&= \inf_{w_u \in T(u)} \sup_{v \in H} \psi_\alpha(w_u, u, v) - \inf_{w_u \in T(u)} \sup_{v \in H} \psi_\beta(w_u, u, v) \\
&= \inf_{w_u \in T(u)} \sup_{v \in H} \{\langle w_u, g(u) - v \rangle + \varphi(g(u)) - \varphi(v) - \alpha\phi(g(u), v)\} \\
&\quad - \inf_{w_u \in T(u)} \sup_{v \in H} \{\langle w_u, g(u) - v \rangle + \varphi(g(u)) - \varphi(v) - \beta\phi(g(u), v)\}
\end{aligned}
$$

$$= \langle w_\alpha^*, g(u) - v_\alpha(u, w_\alpha^*) \rangle + \varphi(g(u)) - \varphi(v_\alpha(u, w_\alpha^*)) - \alpha\phi(g(u), v_\alpha(u, w_\alpha^*))$$

$$- \{\langle w_\beta^*, g(u) - v_\beta(u, w_\beta^*) \rangle + \varphi(g(u)) - \varphi(v_\beta(u, w_\beta^*)) - \beta\phi(g(u), v_\beta(u, w_\beta^*))\}$$

$$\leqslant \langle w_\beta^*, g(u) - v_\alpha(u, w_\beta^*) \rangle + \varphi(g(u)) - \varphi(v_\alpha(u, w_\beta^*)) - \alpha\phi(g(u), v_\alpha(u, w_\beta^*))$$

$$- \{\langle w_\beta^*, g(u) - v_\beta(u, w_\beta^*) \rangle + \varphi(g(u)) - \varphi(v_\beta(u, w_\beta^*)) - \beta\phi(g(u), v_\beta(u, w_\beta^*))\}$$

$$\leqslant \langle w_\beta^*, g(u) - v_\alpha(u, w_\beta^*) \rangle + \varphi(g(u)) - \varphi(v_\alpha(u, w_\beta^*)) - \alpha\phi(g(u), v_\alpha(u, w_\beta^*))$$

$$- \{\langle w_\beta^*, g(u) - v_\alpha(u, w_\beta^*) \rangle + \varphi(g(u)) - \varphi(v_\alpha(u, w_\beta^*)) - \beta\phi(g(u), v_\alpha(u, w_\beta^*))\}$$

$$\leqslant (\beta - \alpha)\phi(g(u), v_\alpha(u, w_\beta^*)),$$

$$D_{\alpha\beta}(u) = G_\alpha(u) - G_\beta(u)$$

$$= \inf_{w_u \in T(u)} \sup_{v \in H} \psi_\alpha(w_u, u, v) - \inf_{w_u \in T(u)} \sup_{v \in H} \psi_\beta(w_u, u, v)$$

$$= \inf_{w_u \in T(u)} \sup_{v \in H} \langle w_u, g(u) - v \rangle + \varphi(g(u)) - \varphi(v) - \alpha\phi(g(u), v)\}$$

$$- \inf_{w_u \in T(u)} \sup_{v \in H} \{\langle w_u, g(u) - v \rangle + \varphi(g(u)) - \varphi(v) - \beta\phi(g(u), v)\}$$

$$= \langle w_\alpha^*, g(u) - v_\alpha(u, w_\alpha^*) \rangle + \varphi(g(u)) - \varphi(v_\alpha(u, w_\alpha^*)) - \alpha\phi(g(u), v_\alpha(u, w_\alpha^*))$$

$$- \inf_{w_u \in T(u)} \sup_{v \in H} (\langle w_u, g(u) - v \rangle + \varphi(g(u)) - \varphi(v) - \beta\phi(g(u), v))$$

$$= \langle w_\alpha^*, g(u) - v_\alpha(u, w_\alpha^*) \rangle + \varphi(g(u)) - \varphi(v_\alpha(u, w_\alpha^*)) - \alpha\phi(g(u), v_\alpha(u, w_\alpha^*))$$

$$- \{\langle w_\beta, g(u) - v_\beta(u, w_\beta) \rangle + \varphi(g(u)) - \varphi(v_\beta(u, w_\beta)) - \beta\phi(g(u), v_\beta(u, w_\beta))\}$$

$$\geqslant \langle w_\alpha^*, g(u) - v_\alpha(u, w_\alpha^*) \rangle + \varphi(g(u)) - \varphi(v_\alpha(u, w_\alpha^*)) - \alpha\phi(g(u), v_\alpha(u, w_\alpha^*))$$

$$- \{\langle w_\alpha^*, g(u) - v_\beta(u, w_\alpha^*) \rangle + \varphi(g(u)) - \varphi(v_\beta(u, w_\alpha^*)) - \beta\phi(g(u), v_\beta(u, w_\alpha^*))\}$$

$$\geqslant \langle w_\alpha^*, g(u) - v_\beta(u, w_\alpha^*) \rangle + \varphi(g(u)) - \varphi(v_\beta(u, w_\alpha^*)) - \alpha\phi(g(u), v_\beta(u, w_\alpha^*))$$

$$- \{\langle w_\alpha^*, g(u) - v_\beta(u, w_\alpha^*) \rangle + \varphi(g(u)) - \varphi(v_\beta(u, w_\alpha^*)) - \beta\phi(g(u), v_\beta(u, w_\alpha^*))\}$$

$$\geqslant (\beta - \alpha)\phi(g(u), v_\beta(u, w_\alpha^*)).$$

$\square$

定理 4.15 设函数 ϕ 满足条件 (C1)—(C4), 则函数 $D_{\alpha\beta}$ 在 H 上是非负的. 如果 $w_\alpha^* = w_\beta^* = w$, 则 $D_{\alpha\beta}(u) = 0$ 当且仅当 $u \in H, w^* \in T(u)$ 是 GSMVIP (T, g, φ) 的解.

证明   由引理 4.19, (C2) 与 $\beta > \alpha$, 可得

$$D_{\alpha\beta}(u) \geqslant (\beta - \alpha)\phi\left(g(u), v_\beta\left(u, w_\alpha^*\right)\right) \geqslant 0,$$

因此, 函数 $D_{\alpha\beta}$ 在 H 上是非负的.

下面证明定理 4.15 中的充分必要性.

充分性: 若 $u \in H, w^* \in T(u)$ 是 GSMVIP (T, g, φ) 的解, 则由引理 4.17 可知

$$g(u) = v_\alpha\left(u, w^*\right).$$

将 $w^* = w_\beta^*$ 代入 (4.2.71) 式可得

$$g(u) = v_\alpha\left(u, w_\beta^*\right), \tag{4.2.71}$$

由条件 (C4) 可得

$$\phi\left(g(u), v_\alpha\left(u, w_\beta^*\right)\right) = 0, \tag{4.2.72}$$

由引理 4.19 可知

$$D_{\alpha\beta}(u) \leqslant (\beta - \alpha)\phi\left(g(u), v_\alpha\left(u, w_\beta^*\right)\right). \tag{4.2.73}$$

由 (4.2.72) 与 (4.2.73) 式可知

$$D_{\alpha\beta}(u) \leqslant 0. \tag{4.2.74}$$

因函数 $D_{\alpha\beta}$ 在 H 上是非负的, 即

$$D_{\alpha\beta}(u) \geqslant 0. \tag{4.2.75}$$

由 (4.2.74) 与 (4.2.75) 式可知

$$D_{\alpha\beta}(u) = 0.$$

必要性: 若 $D_{\alpha\beta}(u) = 0$, 则由引理 4.19 可知

$$(\beta - \alpha)\phi\left(g(u), v_\beta\left(u, w_\alpha^*\right)\right) \leqslant D_{\alpha\beta}(u) = 0. \tag{4.2.76}$$

因为

$$\beta - \alpha > 0, \tag{4.2.77}$$

所以, 由 (4.2.77) 与 (C2) 可知

$$(\beta - \alpha)\phi\left(g(u), v_\beta\left(u, w_\alpha^*\right)\right) \geqslant 0. \tag{4.2.78}$$

由 (4.2.76) 与 (4.2.78) 式可知

$$(\beta - \alpha)\phi\left(g(u), v_\beta\left(u, w_\alpha^*\right)\right) = 0. \tag{4.2.79}$$

由 (4.2.77) 与 (4.2.79) 式可知

$$\phi\left(g(u), v_\beta\left(u, w_\alpha^*\right)\right) = 0.$$

由 (C4) 可知

$$g(u) = v_\beta\left(u, w_\alpha^*\right). \tag{4.2.80}$$

将 $w_\alpha^* = w^*$ 代入 (4.2.80) 式可得

$$g(u) = v_\beta\left(u, w^*\right).$$

由引理 4.19 可知, $u \in H, w^* \in T(u)$ 是 GSMVIP (T, g, φ) 的解. $\qquad\square$

定理 4.16 设函数 ϕ 必满足条件 (C1)—(C5). $\overline{u} \in H, \overline{w} \in T(\overline{u})$ 是 GSMTVIP (T, g, φ) 的解, T 在 H 上是具有模 δ 的 g-强单调映射, $\delta > 0$. T, g 在 H 上是 Lipschitz 连续映射, 模分别为 $L, t > 0$, 则对于任意的 $u \in H$ 存在 $w_u \in T(u)$ 满足

$$\|w_u - \overline{w}\| \leqslant H(T(u), T(u)),$$

并且, 当 $\|w_u - \overline{w}\| \leqslant H(T(u), T(\overline{u}))$ 且 $w_u = w_\alpha^*$ 时, $\sqrt{D_{\alpha\beta}(u)}$ 关于 GSMTVIP(T, g, φ) 有全局误差界, 即

$$\|\overline{u} - u\| \leqslant \frac{L + \beta kt}{\delta\sqrt{(\beta - \alpha)\lambda}}\sqrt{D_{\alpha\beta}(u)}, \quad \forall u \in H, \ \beta > \alpha,$$

$$\|w_u - \overline{w}\| \leqslant\leqslant \frac{L(L + \beta kt)}{\delta\sqrt{(\beta - \alpha)\lambda}}\sqrt{D_{\alpha\beta}(u)}, \quad \forall u \in H, \ \beta > \alpha.$$

证明 由定理 4.12 可知, 对于任意的 $u \in H$, 存在 $w_u \in T(u)$ 满足

$$\|w_u - \overline{w}\| \leqslant H(T(u), T(\overline{u})),$$

并且, 当 $\|w_u - \overline{w}\| \leqslant H(T(u), T(\overline{u}))$ 时, 有

$$\|u - \overline{u}\| \leqslant \frac{L + \beta kt}{\delta}\|g(u) - v_\beta\left(u, w_u\right)\|, \quad \forall u \in H, \ \beta > 0, \tag{4.2.81}$$

$$\|w_u - \overline{w}\| \leqslant \frac{L(L + \beta kt)}{\delta}\|g(u) - v_\beta\left(u, w_u\right)\|, \quad \forall u \in H, \ \beta > 0. \tag{4.2.82}$$

当 $w_u = w_\alpha^*$ 时, 由 (4.2.81) 与 (4.2.82) 式可得

$$\|u - \overline{u}\| \leqslant \frac{L + \beta kt}{\delta}\|g(u) - v_\beta\left(u, w_\alpha^*\right)\|, \quad \forall u \in H, \ \beta > 0, \tag{4.2.83}$$

$$\|w_\alpha^* - \overline{w}\| = \|w_u - \overline{w}\| \leqslant \frac{L(L + \beta kt)}{\delta} \|g(u) - v_\beta(u, w_\alpha^*)\|, \quad \forall u \in H, \ \beta > 0. \tag{4.2.84}$$

由引理 4.19 可得

$$D_{\alpha\beta}(u) \geqslant (\beta - \alpha)\phi(g(u), v_\beta(u, w_\alpha^*)). \tag{4.2.85}$$

由引理 4.15 可得

$$\phi(g(u), v_\beta(u, w_\alpha^*)) \geqslant \lambda \|g(u) - v_\beta(u, w_\alpha^*)\|^2. \tag{4.2.86}$$

由 (4.2.83)—(4.2.86) 式可得

$$\|\overline{u} - u\| \leqslant \frac{L + \beta kt}{\delta\sqrt{(\beta - \alpha)\lambda}} \sqrt{D_{\alpha\beta}(u)}, \quad \forall u \in H, \ \beta > \alpha, \tag{4.2.87}$$

$$\|w_u - \overline{w}\| \leqslant \frac{L(L + \beta kt)}{\delta\sqrt{(\beta - \alpha)\lambda}} \sqrt{D_{\alpha\beta}(u)}, \quad \forall u \in H, \ \beta > \alpha. \tag{4.2.88}$$

□

4.2.3　均衡问题解的迭代算法

以下讨论均衡问题、变分不等式问题及一个非扩张映射的公共元的迭代算法, 并分析这些迭代算法的强收敛性. 作为推广, 我们还考虑了混合均衡问题、非凸变分不等式问题以及有限个非扩张映射的情形.

1. 引言

关于均衡问题的理论和应用研究, 除均衡问题解的存在性和性态两方面外, 还有均衡问题解的算法研究. 特别是 2007 年以后, 有关均衡问题、变分不等式问题及不动点问题的公共元的算法研究十分活跃, 并有大量成果问世. 这些工作多是通过修正不动点的迭代算法和变分不等式的迭代算法而得到的混合算法. 下面分别简要回顾一些关于不动点问题、变分不等式问题以及均衡问题的迭代算法, 然后介绍几个有关这些问题公共元的迭代算法.

1) 不动点问题的迭代算法

1922 年, Banach[167] 给出了著名的压缩映射原理, 在他的证明中用到了以下非常简洁的迭代格式:

$$x_{n+1} = Tx_n.$$

该迭代格式常被称为 **"Picard 迭代"**. Banach 指出由 "Picard 迭代" 生成的序列收敛于压缩映射 T 的不动点. 然而, 当 T 为非扩张映射时, 以上结论并不成立.

1953 年, Mann[162] 给出一种新的迭代格式: $x_{n+1} = T\left(\sum\limits_{j=1}^{n} a_{nj}x_j\right)$, 其中 a_{nj} 为控制序列. 在控制序列满足一定条件下, 他证明了由该迭代格式生成的序列收敛

于连续自映射 T 的不动点. 随后该迭代格式被发展成以下更为常用的 **"正规 Mann 迭代"**:

$$x_{n+1} = (1 - \alpha_n)x_n + \alpha_n Tx_n, \quad n \geqslant 0,$$

其中, $x_0 \in C$, $\{\alpha_n\} \subseteq [0,1]$. 1955 年, Krasnoselskii[179] 选择控制序列 $\alpha_n \equiv \dfrac{1}{2}$, 并在一致凸的 Banach 空间中证明了由正规 Mann 迭代生成的序列强收敛于非扩张映射 T 的不动点. 为保证强收敛性, 他要求 $T(C)$ 必须为紧致的. 事实上, 如果去掉有关紧性的条件, 一般只能得到弱收敛定理. 例如, 1979 年, Reich[163] 令控制序列 $\{\alpha_n\}$ 满足条件: $0 \leqslant \alpha_n \leqslant 1$ 且 $\sum\limits_{n=1}^{\infty} \alpha_n = \infty$, 在一致凸 Banach 空间中证明了由正规 Mann 迭代生成的序列弱收敛于非扩张映射 T 的不动点.

1967 年, Browder[164] 给出了伪压缩映射的定义, 从而推广非扩张映射的概念. 一个很自然的问题是: 由正规 Mann 迭代生成的序列能否收敛于一个伪压缩映射的不动点? 遗憾的是, Borwein, Hick 等曾通过反例表明上述想法不一定成立.

1976 年, Ishikawa[165] 为求解伪压缩映射的不动点, 构造了一种新的迭代格式, 后来称之为 **"Ishikawa 迭代"**:

$$\begin{cases} y_n = (1 - \beta_n)x_n + \beta_n Tx_n, \\ x_{n+1} = (1 - \alpha_n)x_n + \alpha_n Ty_n, \quad n \geqslant 0, \end{cases}$$

其中, $\{\alpha_n\}$, $\{\beta_n\}$ 为 $[0,1]$ 中的控制序列, T 为 Lipschitz 伪压缩映射. 当控制序列满足一定条件时, 他在 Hilbert 空间中证明了由该迭代格式生成的序列强收敛于 T 的不动点.

事实上, 为了求解非扩张映射的不动点, 除了在 "Mann 迭代格式" 的基础之上展开研究, 还有一种经典的迭代格式, 即 Halpern[166] 于 1967 年提出的 **"Halpern 迭代"**:

$$x_{n+1} = (1 - \alpha_n)x_0 + \alpha_n Tx_n.$$

他在控制序列满足条件 $\lim\limits_{n \to \infty} \alpha_n = 0$ 且 $\sum\limits_{n=1}^{\infty} \alpha_n = \infty$ 时获得有关非扩张映射的强收敛定理. 此后, Lions[168], Wittmann[170] 等通过修改控制序列的条件改进了 Halpern 的结果. Reich[169], Shioji 和 Takahashi[171] 等进一步将这些结果推广到了 Banach 空间.

2000 年, Moudafi[172] 为求解非扩张映射的不动点, 构造了以下称为 **"黏滞逼近"** 的迭代格式:

$$x_{n+1} = \frac{1}{1 + \varepsilon_n} Tx_n + \frac{\varepsilon_n}{1 + \varepsilon_n} f(x_n),$$

其中 f 为压缩映射. 在控制序列 $\{\varepsilon_n\}$ 满足一定条件时, 他证明了关于非扩张映射 T 的强收敛定理. 此后, Xu[173], Marino[177] 等在此基础之上做了一些改进和应用方面的工作.

2003 年, Nakajo 和 Takahashi[175] 为在非紧性的条件下得到关于非扩张映射的强收敛定理, 提出了以下 **"CQ 迭代"**:

$$
\begin{cases}
y_n = (1 - \alpha_n)x_n + \alpha_n T x_n, \\
C_n = \{z \in C : \|y_n - z\| \leqslant \|x_n - z\|\}, \\
Q_n = \{z \in C : \langle x_n - z, x_0 - x_n \rangle \geqslant 0\}, \\
x_{n+1} = P_{C_n \cap Q_n} x_0,
\end{cases}
$$

他们在 Hilbert 空间中证明了当 C 为闭凸子集且控制序列满足一定条件时, 由以上迭代格式生成的序列强收敛于非扩张映射的不动点.

此后, 受 Mann, Halpern 和 Ishikawa 工作的鼓舞, Kim 和 Xu[176], Marino 和 Xu[177], Takahashi 和 Matsushita[178] 等学者将以上结果从空间和映射的角度进行了推广, 获得了许多丰富的成果.

2) 变分不等式问题的迭代算法

设 H 是 Hilbert 空间, 其内积和范数分别记为 $\langle \cdot, \cdot \rangle$ 和 $\| \cdot \|$, K 为 H 的非空闭凸子集, T 为非线性算子. 1964 年, Stampscchia[182] 提出了变分不等式的概念, 寻找 $u \in K$ 使得

$$\langle Tu, v - u \rangle \geqslant 0, \quad 对任意 \ v \in K.$$

以下记该问题为 $\mathrm{VI}(K, T)$. 变分不等式问题为纯数学与应用数学领域的许多问题提供了一个统一的研究框架. 因而也一直是非线性领域的热点问题. 自 20 世纪 70 年代以来, 在求解变分不等式的算法方面, 国内外学者发展了多种方法和技巧, 例如, 投影技巧、Wiener-Hopf 方程技巧、罚函数法和外梯度法等. 以下主要回顾两种常用的技巧: 投影技巧和 Wiener-Hopf 方程技巧.

投影技巧最早可追溯到 1967 年 Lion 和 Stampacchia[183] 的工作. 其核心思想是利用内积或广义内积的变分特征将变分不等式问题转化为有关投影算子的不动点问题. 具体而言, 变分不等式 $\mathrm{VI}(K, T)$ 的解等价于映射 $P_K \circ (I - \rho T)$ 的不动点, 其中 P_K 为 H 到 K 上的投影算子, ρ 为任意给定的正数. 因此, 可以利用映射 $P_K \circ (I - \rho T)$ 构造求解变分不等式 $\mathrm{VI}(K, T)$ 的迭代算法. 一般为保证这类迭代算法的收敛性, 映射 T 通常需要是强单调的和 Lipschitz 连续的. 为放松这些条件, 投影技巧被不断改进, 并在此基础上发展一些其他的方法, 如外梯度型方法等, 更多内容见文献 [184].

Wiener-Hopf 方程技巧最早可追溯到 Shi[186] 于 1991 年的工作. 其核心思想是通过度量投影算子建立变分不等式问题与 Wiener-Hopf 方程之间的等价性. 具体而言, 变分不等式 $\mathrm{VI}(K, T)$ 的解等价于 Wiener-Hopf 方程 $\rho T P_K z + Q_K z = 0$ 的解

且有 $u = P_K z$ 和 $z = u - \rho Tu$, 其中 $Q_K = I - P_K$. 因此, 可以利用等式 $u = P_K z$ 和 $z = u - \rho Tu$ 构造求解变分不等式 $\text{VI}(K, T)$ 的迭代算法. 此后, Robinson[187], Verma[188], Al-Shemas[189]、Noor[190]、Wu[191] 等学者研究了一些不同的广义变分不等式, 并分别建立了这些广义变分不等式与广义 Wiener-Hopf 方程之间的等价性, 进而构造了求解这些广义变分不等式的迭代算法. 以上研究表明 Wiener-Hopf 方程技巧比投影技巧更灵活.

3) 均衡问题的迭代算法

关于均衡问题的算法研究始于 21 世纪初, 因为变分不等式问题可视为均衡问题的特殊形式, 故很自然的想法是将求解变分不等式的迭代方法和有关技巧 (如投影技巧和 Wiener-Hopf 方程技巧) 应用到均衡问题中. 遗憾的是, 由于一般的均衡问题中并不含有内积, 进而无法构造投影算子, 因此上述方法不能直接推广到均衡问题中. 为此, 必须发展新的技巧. 2003 年, Noor[16] 研究了一类集值均衡问题, 利用辅助原理研究了该问题解的迭代算法. 辅助原理的基本思想是通过引入内积构造辅助均衡问题, 并由此建立起辅助均衡问题与原问题之间的联系. 例如, 为求解古典均衡问题 $\text{EP}(C, f)$, 可以构造以下辅助均衡问题: 对给定的 $u \in K$, 寻找 $\omega \in K$ 使得

$$\rho f(u, v) + \langle \omega - u, v - \omega \rangle \geqslant 0, \quad \forall v \in K,$$

其中 $\rho > 0$ 是一个常数. 显然, 如果辅助均衡问题的解 $\omega = u$, 则 ω 必为原古典均衡问题的解. 注意到这点, 便可利用辅助均衡问题构造求解原均衡问题的迭代算法. 从 2004 年到 2006 年, Noor 利用辅助原理分别构造求解非凸均衡问题、混合拟非凸均衡问题及半均衡问题解的迭代算法 (见 [192–194]).

4) 均衡问题、变分不等式问题及不动点问题的公共元的迭代算法

除了分别独立地研究均衡问题、变分不等式问题及不动点问题的迭代算法以外, 近几年许多学者开始关注这些问题公共元的算法. 这些算法在优化问题中有着广泛的应用. 例如, 2007 年, Takahashi 和 Takahashi[17] 利用黏滞逼近和辅助原理构造了以下求解 $\text{EP}(C, f)$ 和 $\text{F}(S)$ 公共元的迭代算法:

$$\begin{cases} f(u_n, y) + \dfrac{1}{r_n} \langle y - u_n, u_n - x_n \rangle \geqslant 0, & \forall y \in C, \\ x_{n+1} = \alpha_n f(x_n) + (1 - \alpha_n) S u_n, \end{cases} \tag{4.2.89}$$

其中 $\text{F}(S)$ 表示关于非扩张映射 S 的不动点问题.

2007 年, Tada 和 Takahashi[197] 利用 Mann 迭代格式、CQ 迭代格式及辅助原理构造了求解 $\text{EP}(C, f)$ 和 $\text{F}(S)$ 公共元的迭代算法:

$$\begin{cases} f(u_n, y) + \dfrac{1}{r_n}\langle y - u_n, u_n - x_n \rangle \geqslant 0, \quad \forall y \in C, \\ \omega_n = (1 - \alpha_n)x_n + \alpha_n S u_n, \\ C_n = \{z \in H : \|\omega_n - z\| \leqslant \|x_n - z\|\}, \\ D_n = \{z \in H : \langle x_n - z, x - x_n \rangle \geqslant 0\}, \\ x_{n+1} = P_{C_n \cap D_n}(x), \end{cases} \tag{4.2.90}$$

并在一定条件下证明了该算法的强收敛性.

2008 年, Plubtieng 和 Punpaeng[200] 利用投影技巧、辅助原理构造了求解 EP(K, f), VI(K, T) 及 F(S) 公共元的迭代算法:

$$\begin{cases} f(u_n, y) + \dfrac{1}{r_n}\langle y - u_n, u_n - x_n \rangle \geqslant 0, \quad \forall y \in K, \\ y_n = P_C(u_n - \lambda_n A u_n), \\ x_{n+1} = \alpha_n x_1 + \beta_n x_n + \gamma_n S P_C(y_n - \lambda_n A y_n), \end{cases}$$

并在一定条件下证明了该算法的强收敛性.

仔细观察, 可以发现以上算法并未用到新的技巧, 只是已有迭代技巧的不同组合. 事实上, 虽然近几年有关公共元的迭代算法很多, 但几乎都是在均衡问题、不动点问题及变分不等式问题的迭代技巧的基础之上构造的混合算法. 这些工作的进展主要体现在四个方面: 空间框架、映射性质、问题形式、问题个数. 如, 从 Hilbert 空间到 Banach 空间, 从非扩张映射到渐近伪压缩型映射, 从古典均衡问题到广义混合均衡问题, 从一个非扩张映射到无限个非扩张映射等, 相关文献见 [65–80]. 由前面的介绍可知 Wiener-Hopf 方程技巧比投影技巧更灵活, 然而利用 Wiener-Hopf 方程技巧构造均衡问题与其他问题公共元的算法尚属罕见.

基于上述分析, 本章的主要任务是利用 Wiener-Hopf 方程技巧和辅助原理构造求解均衡问题、不动点问题及变分不等式问题的公共元的迭代算法. 具体从以下几方面展开, 第 2 部分回顾一些基本概念和引理; 第 3 部分构造求解均衡问题、变分不等式问题及一个非扩张映射的公共元的迭代算法; 第 4 部分构造求解均衡问题、广义变分不等式问题及一个非扩张映射的公共元的迭代算法; 第 5 部分构造求解混合均衡问题、变分不等式问题及有限个非扩张映射的公共元的迭代算法.

2. 预备知识

设 H 为实 Hilbert 空间, 其中 H 上的内积和范数分别记为 $\langle \cdot, \cdot \rangle$ 和 $\| \cdot \|$. K 为 H 的非空闭凸子集. $T, S : K \to K$ 为非线性映射. $M : H \to 2^H$ 为集值映射, $f : K \times K \to \mathbb{R}$ 为二元泛函, 其中 $\mathbb{R}$ 表示实数集. P_K 为 H 到闭凸集 K 上的投影算子且 $Q_K = I - P_K$, 其中 I 为恒等映射.

定义 4.14 设 $T : K \to K$ 为单值映射.

(i) 如果存在常数 $\mu > 0$, 使得对任意 $x, y \in K$, 都有 $\|Tx - Ty\| \leqslant \mu\|x - y\|$, 则称 T 为 μ-Lipschitz 连续的.

(ii) 如果存在常数 $r > 0$, 使得对任意 $x, y \in K$, 都有 $\langle Tx - Ty, x - y \rangle \geqslant r\|x - y\|^2$, 则称 T 为 r-强单调的;

(iii) 如果存在常数 $\gamma > 0$, 使得对任意 $x, y \in K$, 都有 $\langle Tx - Ty, x - y \rangle \geqslant \gamma\|Tx - Ty\|^2$, 则称 T 为 γ-余强制;

(iv) 如果存在常数 $\gamma > 0$, 使得对任意 $x, y \in K$, 都有 $\langle Tx - Ty, x - y \rangle \geqslant -\gamma\|Tx - Ty\|^2$, 则称 T 为松弛 γ-余强制;

(v) 如果存在两个常数 $\gamma, r > 0$, 使得对任意 $x, y \in K$, 都有 $\langle Tx - Ty, x - y \rangle \geqslant -\gamma\|Tx - Ty\|^2 + r\|x - y\|^2$, 则称 T 为松弛 (γ, r)-余强制.

定义 4.15 设 $M : H \to 2^H$ 为集值映射.

(i) 如果存在常数 $k > 0$, 使得 $\langle w_1 - w_2, u - v \rangle \geqslant -k\|u - v\|^2, \forall w_1 \in Mu, \forall w_2 \in Mv$, 则称 M 为松弛单调映射;

(ii) 如果存在一个常数 $\lambda > 0$, 使得 $\|w_1 - w_2\| \leqslant \lambda\|u - v\|, \forall w_1 \in Mu, \forall w_2 \in Mv$, 则称 M 为 Lipschitz 连续映射.

引理 4.20[200] 如果映射 $f : K \times K \to \mathbb{R}$ 满足下列条件:

(i) 对任意 $x \in K$, $f(x, x) = 0$;

(ii) f 是单调的, 即, 对任意 $x, y \in K$, $f(x, y) + f(y, x) \leqslant 0$;

(iii) 对任意 $x, y, z \in K$, $\lim\limits_{t \to 0} f(tz + (1 - t)x, y) \leqslant f(x, y)$;

(iv) 对任意 $x \in K$, $f(x, \cdot)$ 是凸的且下半连续的,

则 $EP(f) \neq \varnothing$.

引理 4.21[200] 设 $r > 0$, $x \in H$ 且 f 满足引理 4.20 的条件 (i)—(iv), 则存在 $z \in K$ 使得 $f(z, y) + \dfrac{1}{r}\langle y - z, z - x \rangle \geqslant 0, \forall y \in K$.

引理 4.22[200] 设 $r > 0$, $x \in H$ 且 f 满足引理 4.20 的条件 (i)—(iv). 定义映射 $T_r : H \to K$ 为 $T_r(x) = \left\{ z \in K : f(z, y) + \dfrac{1}{r}\langle y - z, z - x \rangle \geqslant 0, \forall y \in K \right\}$, 则有以下结论成立:

(a) T_r 为单值映射;

(b) T_r 为稳固 (firmly) 非扩张的, 即, $\|T_r x - T_r y\|^2 \leqslant \langle T_r x - T_r y, x - y \rangle$ 对 $\forall x, y \in H$ 都成立;

(c) $EP(f) = F(T_r)$, 其中 $F(T_r)$ 表示 T_r 的不动点集, $EP(f)$ 表示均衡问题的解集;

(d) $EP(f)$ 为闭凸集.

1988 年, Noor[185] 研究了以下广义变分不等式: 寻找 $\overline{x} \in H$ 使得 $g(\overline{x}) \in H$ 且

$$\langle T\overline{x}, g(y) - g(\overline{x}) \rangle \geqslant 0, \quad \forall g(y) \in K. \tag{4.2.91}$$

方便起见, 以下记该变分不等式的解集为 $GVI(H, T, g)$. 显然, 如果 $g = I$, 则变分不等式 GVI(H, T, g) 即为古典变分不等式 VI(H, T).

为求解 GVI(H, T, g), Noor 给出了以下广义 Wiener-Hopf 方程:

$$Tg^{-1}P_K z + \rho^{-1} Q_K z = 0, \tag{4.2.92}$$

其中, 假设 g^{-1} 是存在的. 显然, 如果 $g = I$, 则 (4.2.92) 式即为

$$TP_K z + \rho^{-1} Q_K z = 0. \tag{4.2.93}$$

该算子方程由 Shi[186] 于 1991 年给出. 方便起见, 以下分别记算子方程 (4.2.92) 和 (4.2.93) 为 WHE(T, g) 与 WHE(T).

引理 4.23[185]　*变分不等式 GVI(H, T, g) 存在解 $\tilde{x} \in H$ 当且仅当 WHE(T, g) 存在解 $\tilde{z} \in H$, 并且 $g(\overline{x}) = P_K \tilde{z}$, $\tilde{z} = g(\overline{x}) - \rho T\overline{x}$, 其中 $\rho > 0$ 为一个常数.*

引理 4.24[186]　*变分不等式 VI(H, T) 存在解 $\overline{x} \in H$ 当且仅当 WHE(T) 存在解 $\overline{z} \in H$, 并且 $\overline{x} = P_K \overline{z}$, $\overline{z} = \overline{x} - \rho T\overline{x}$.*

为研究一个非扩张映射和变分不等式的公共元的迭代算法, Noor[190] 给出了以下包含一个非扩张映射的 Wiener-Hopf 方程:

$$TSP_K z + \rho^{-1} Q_K z = 0. \tag{4.2.94}$$

以下引理揭示了 Wiener-Hopf 方程 (4.2.94) 和古典变分不等式 VI(K, T) 之间的等价性.

引理 4.25[190]　*古典变分不等式 VI(K, T) 存在解 $\tilde{x}$ 当且仅当 Wiener-Hopf 方程 (4.2.94) 存在解 $\tilde{z}$, 并且 $\tilde{z} = \tilde{x} - \rho T\tilde{x}$, $\tilde{x} = SP_K \tilde{z}$.*

Wu 等[191] 研究了广义变分不等式: 寻找 $u \in K$, 使得

$$\langle Tu + w, v - u \rangle \geqslant 0, \quad \forall v \in C, \forall w \in Mu. \tag{4.2.95}$$

记该广义变分不等式问题为 GVI(K, T, M). 为研究该变分不等式解的迭代算法, 他考虑了以下包含一个非扩张映射 S 的 Wiener-Hopf 方程:

$$TSP_K z + w + \rho^{-1} Q_K z = 0, \quad \forall w \in MSP_K z. \tag{4.2.96}$$

以下记该算子方程为 WHE(T, S). 关于 Wiener-Hopf 方程 (4.2.96) 和以上广义变分不等式之间 (4.2.95) 的等价性, Wu 等给出了以下结果.

引理 4.26[191] 变分不等式(4.2.95)存在解 $\tilde{c} \in H$ 当且仅当 Wiener-Hopf 方程 (4.2.96)存在解 $\tilde{z} \in H$, 并且 $\tilde{z} = \tilde{c} - \rho(T\tilde{c} + w)$, $\tilde{c} = SP_K\tilde{z}$.

此外, 我们还需要以下引理.

引理 4.27[173] 设 $\{a_n\}$ 为非负序列, 且满足

$$a_{n+1} \leqslant (1 - \lambda_n)a_n + b_n, \quad \forall n \geqslant n_0,$$

其中, n_0 为某一个非负整数, 且 $\{\lambda_n\}$ 为 $[0,1]$ 中的序列且满足 $\sum\limits_{n=1}^{\infty} \lambda_n = \infty$, $b_n = o(\lambda_n)$, 则 $\lim\limits_{n\to\infty} a_n = 0$.

引理 4.28 设 $x, z \in K$, 如果对任意 $y \in K$,

$$\langle y - z, z - x \rangle \geqslant 0, \tag{4.2.97}$$

则 $x = z$.

证明 假设 $x \neq z$. 令 $y = x$, 则 (4.2.97) 即为 $0 \leqslant \langle x-z, z-x \rangle = -\|x-z\|^2 < 0$, 矛盾! $\qquad\square$

3. 均衡问题、变分不等式及一个非扩张映射的公共元的迭代算法

本部分首先利用引理 4.24 构造求解均衡问题 EP(K, f) 和变分不等式问题 VI(K, T) 的公共元的迭代算法, 并证明该算法的强收敛性; 然后, 利用引理 4.25 构造求解均衡问题 EP(K, f)、变分不等式问题 VI(K, T) 及不动点问题 F(S) 的公共元的迭代算法, 并证明由此迭代算法生成的序列的强收敛性.

1) 求解均衡问题 EP(K, f) 和变分不等式问题 VI(K, T) 的公共元的迭代算法

算法 4.5

对于给定的 z_0, 按如下迭代步骤计算 z_{n+1}:

$$\begin{cases} u_n = P_K z_n, \\ f(v_n, y) + \dfrac{1}{r}\langle y - v_n, v_n - u_n \rangle \geqslant 0, \quad \forall y \in K, \\ z_{n+1} = v_n - \rho T v_n. \end{cases}$$

通过适当变形, 算法 4.5 可以写成如下形式.

算法 4.6

对于给定的 z_0, 按以下迭代步骤计算 z_{n+1}:

$$\begin{cases} f(v_n, y) + \dfrac{1}{r}\langle y - v_n, v_n - P_K z_n \rangle \geqslant 0, \quad \forall y \in K, \\ z_{n+1} = v_n - \rho T v_n. \end{cases}$$

如果对任意 $x, y \in K$, $f(x, y) = 0$, 则算法 4.5 即为以下求解变分不等式 VI(K, T) 的算法, 该算法由 Shi 给出.

算法 4.7

对于给定的 z_0, 按以下迭代步骤计算 z_{n+1}:

$$\begin{cases} u_n = P_K z_n, \\ z_{n+1} = u_n - \rho T u_n. \end{cases}$$

方便起见, 以下记均衡问题 $EP(K, f)$ 的解集为 $EP(f)$, 变分不等式问题 $VI(K, T)$ 的解集为 $VI(K, T)$, 不动点问题 F(S) 的解集为 $F(S)$, Wiener-Hopf 方程 $WHE(T)$ 的解集为 $WHE(T)$.

定理 4.17 设 K 为 H 的非空闭凸子集, 映射 $f : K \times K \to \mathbb{R}$ 满足引理 4.20 的条件 (i)—(iv). 映射 $T : K \to K$ 为 α-强单调的和 β-Lipschitz 连续的, 并且 $EP(K, f) \cap VI(K, T) \neq \varnothing$. 序列 $\{z_n\}, \{u_n\}, \{v_n\}$ 由算法 4.5 生成, 其中 $\rho > 0$ 为常数且

$$0 < 1 - 2\alpha\rho + \beta^2\rho^2 < 1,$$

则由算法 4.5 生成的序列 $\{u_n\}, \{v_n\}$ 强收敛于 $s \in EP(f) \cap VI(K, T)$, 且由算法 4.5 生成的序列 $\{z_n\}$ 强收敛于 $\tilde{z} \in WHE(T)$.

证明 设 $\tilde{z} \in WHE(T)$ 且 $s \in EP(f) \cap VI(K, T)$.

第一步 估计 $\|z_{n+1} - \tilde{z}\|$.

由引理 4.24 可得

$$\tilde{z} = s - \rho Ts,$$
$$s = P_K \tilde{z},$$

于是有

$$\begin{aligned}
\|z_{n+1} - \tilde{z}\| &= \|v_n - \rho T v_n - s + \rho Ts\| \\
&= \sqrt{\|v_n - s - (\rho T v_n - \rho Ts)\|^2} \\
&\leqslant \sqrt{\|v_n - s\|^2 - 2\rho \langle T v_n - Ts, v_n - s \rangle + \|T v_n - Ts\|^2} \\
&\leqslant \sqrt{1 - 2\alpha\rho + \beta^2\rho^2} \, \|v_n - s\|.
\end{aligned} \tag{4.2.98}$$

上面推导分别利用了 T 的 α-强单调性和 μ-Lipschitz 连续性.

第二步 估计 $\|v_n - s\|$.

因为 $s \in EP(f) \cap VI(K, T)$, 所以

$$f(s, y) \geqslant 0, \quad \forall y \in K. \tag{4.2.99}$$

在 (4.2.99) 式中令 $y = v_n$, 同时在算法 4.5 中令 $y = s$, 则

$$f(s, v_n) \geqslant 0 \text{ 和 } f(v_n, s) + \frac{1}{r}\langle s - v_n, v_n - u_n \rangle \geqslant 0, \tag{4.2.100}$$

由 f 的单调性可得

$$f(s, v_n) \geqslant 0 \Rightarrow f(v_n, s) \leqslant 0, \tag{4.2.101}$$

联立 (4.2.100) 式和 (4.2.101) 式可知

$$\langle s - v_n, v_n - u_n \rangle \geqslant 0,$$

由此可得

$$\langle s - v_n, v_n - s + s - u_n \rangle \geqslant 0$$
$$\Rightarrow \langle s - v_n, v_n - s \rangle + \langle s - v_n, s - u_n \rangle \geqslant 0$$
$$\Rightarrow \|s - v_n\|^2 \leqslant \langle s - v_n, s - u_n \rangle \leqslant \|s - v_n\| \cdot \|s - u_n\|$$
$$\Rightarrow \|s - v_n\| \leqslant \|s - u_n\|$$
$$\Rightarrow \|v_n - s\| \leqslant \|u_n - s\|.$$

第三步 估计 $\|u_n - s\|$ 并证明由算法 4.5 生成序列的强收敛性.
由 P_K 的非扩张性可知

$$\|u_n - s\| = \|P_K z_n - P_K \tilde{z}\| \leqslant \|z_n - \tilde{z}\|.$$

综合以上三步可得

$$\|z_{n+1} - \tilde{z}\| \leqslant \sqrt{1 - 2\alpha\rho + \beta^2\rho^2}\|v_n - s\|$$
$$\leqslant \sqrt{1 - 2\alpha\rho + \beta^2\rho^2}\|u_n - s\|$$
$$\leqslant \sqrt{1 - 2\alpha\rho + \beta^2\rho^2}\|z_n - \tilde{z}\|,$$

进而可知

$$\|z_{n+1} - \tilde{z}\| \leqslant \sqrt{1 - 2\alpha\rho + \beta^2\rho^2}\|z_n - \tilde{z}\|$$
$$\leqslant \cdots \leqslant (\sqrt{1 - 2\alpha\rho + \beta^2\rho^2})^{n+1}\|z_0 - \tilde{z}\|.$$

因为

$$\sqrt{1 - 2\alpha\rho + \beta^2\rho^2} < 1,$$

所以

$$\|z_{n+1} - \tilde{z}\| \to 0 \quad (n \to \infty),$$

因此, 由

$$\|v_n - s\| \leqslant \|u_n - s\| = \|P_K z_n - P_K z\| \leqslant \|z_n - z\|,$$

可知

$$\|v_n - s\| \to 0 \quad (n \to \infty),$$

$$\|u_n - s\| \to 0 \quad (n \to \infty). \qquad \square$$

2) 求解 $\mathrm{EP}(K, f), \mathrm{VI}(K, T)$ 及 $\mathrm{F}(S)$ 的公共元的迭代算法

本部分利用引理 4.25 构造求解 $EP(f) \cap VI(K, T) \cap F(S)$ 的迭代算法并证明由此迭代算法生成的序列的强收敛性.

算法 4.8

对给定的 $z_0 \in H$, 按如下迭代步骤计算 z_{n+1}:

$$\begin{cases} u_n = \alpha_n P_K z_n + (1 - \alpha_n) S P_K z_n, \\ f(v_n, y) + \dfrac{1}{r}\langle y - v_n, v_n - u_n \rangle \geqslant 0, \quad \forall y \in K, \\ z_{n+1} = (1 - \alpha_n) z_n + \alpha_n (v_n - \rho T v_n). \end{cases}$$

当 $S = I$ 时, 算法 4.8 即为以下迭代算法.

算法 4.9

对给定的 $z_0 \in H$, 按以下迭代步骤计算 z_{n+1}:

$$\begin{cases} u_n = P_K z_n, \\ f(v_n, y) + \dfrac{1}{r}\langle y - v_n, v_n - u_n \rangle \geqslant 0, \quad \forall y \in K, \\ z_{n+1} = (1 - \alpha_n) z_n + \alpha_n (v_n - \rho T v_n). \end{cases}$$

当 $\alpha_n = 1$ 且 $S = I$ 时, 算法 4.8 即为以下迭代算法.

算法 4.10

对给定的 $z_0 \in H$, 按以下迭代步骤计算 z_{n+1}:

$$\begin{cases} u_n = P_K z_n, \\ f(v_n, y) + \dfrac{1}{r}\langle y - v_n, v_n - u_n \rangle \geqslant 0, \quad \forall y \in K, \\ z_{n+1} = v_n - \rho T v_n. \end{cases}$$

当 $f = 0$ 时, 由引理 4.28 可知算法 4.8 即为如下求解 $VI(K, T) \cap F(S)$ 的迭代算法.

算法 4.11

对给定的 $z_0 \in H$, 按以下迭代步骤计算 z_{n+1}:

$$\begin{cases} u_n = \alpha_n P_K z_n + (1 - \alpha_n) SP_K z_n, \\ z_{n+1} = (1 - \alpha_n) z_n + \alpha_n (u_n - \rho T u_n). \end{cases}$$

当 $f = 0$, $S = I$ 且 $\alpha_n = 1$ 时, 由引理 4.28 可知算法 4.8 即为如下求解变分不等式 $\mathrm{VI}(K, T)$ 的迭代算法.

算法 4.12

对给定的 $z_0 \in H$, 按以下迭代步骤计算 z_{n+1}:

$$\begin{cases} u_n = P_K z_n, \\ z_{n+1} = u_n - \rho T u_n. \end{cases}$$

定理 4.18 设 K 为 H 的非空闭凸子集. 映射 f 满足引理 4.20 的条件 (i)—(iv). 映射 $T : K \to K$ 为松弛 (γ, r)-余强制的和 μ-Lipschitz 连续的. 映射 $S : K \to K$ 为 k-严格伪压缩的且 $EP(f) \cap VI(K, T) \cap F(S) \neq \varnothing$, 其中

$$\sum_{n=0}^{\infty} \alpha_n = \infty, \quad \alpha \in [k, 1), \quad 0 < \rho < \frac{2(r - \gamma\mu - k)}{(\mu + m)^2}, \quad r > \gamma\mu + k,$$

则由算法 4.8 生成的序列 $\{u_n\}$ 和 $\{v_n\}$ 强收敛于 $\tilde{c} \in EP(f) \cap VI(K, T) \cap F(S)$, 并且由算法 4.8 生成的序列 $\{z_n\}$ 强收敛于 $\tilde{z} \in WHE(T)$.

证明 设 $\tilde{z} \in WHE(T)$ 且 $\tilde{c} \in EP(f) \cap VI(K, T) \cap F(S)$.

第一步 估计 $\|z_{n+1} - \tilde{z}\|$.

由引理 4.25 可知

$$\tilde{z} = \tilde{c} - \rho T\tilde{c},$$
$$\tilde{c} = SP_K \tilde{z},$$

进而可得

$$\tilde{c} = \alpha_n P_K \tilde{z} + (1 - \alpha_n) SP_K \tilde{z},$$
$$\tilde{z} = (1 - \alpha_n) \tilde{z} + \alpha_n (\tilde{c} - \rho T\tilde{c}),$$

因此

$$\|z_{n+1} - \tilde{z}\|$$
$$= \|(1 - \alpha_n) z_n + \alpha_n (v_n - \rho T v_n) - \tilde{z}\|$$

$$= \|(1-\alpha_n)z_n + \alpha_n(v_n - \rho T v_n) - (1-\alpha_n)\tilde{z} - \alpha_n(\tilde{c} - \rho T \tilde{c})\|$$

$$= \|(1-\alpha_n)z_n - (1-\alpha_n)\tilde{z} + \alpha_n(v_n - \rho T v_n) - \alpha_n(\tilde{c} - \rho T \tilde{c})\|$$

$$\leqslant (1-\alpha_n)\|z_n - \tilde{z}\| + \alpha_n\|v_n - \tilde{c} - \rho(T v_n - T\tilde{c})\|$$

$$= (1-\alpha_n)\|z_n - \tilde{z}\| + \alpha_n\sqrt{\|v_n - \tilde{c} - \rho(T v_n - T\tilde{c})\|^2}$$

$$= (1-\alpha_n)\|z_n - \tilde{z}\| + \alpha_n\sqrt{\|v_n - \tilde{c}\|^2 - 2\rho\langle T v_n - \rho T\tilde{c}, v_n - \tilde{c}\rangle + \rho^2\|T v_n - T\tilde{c}\|^2}$$

$$\leqslant (1-\alpha_n)\|z_n - \tilde{z}\|$$
$$+ \alpha_n\sqrt{\|v_n - \tilde{c}\|^2 - 2\rho[-\gamma\|T v_n - \rho T\tilde{c}\|^2 + r\|v_n - \tilde{c}\|^2] + \rho^2\|T v_n - \rho T\tilde{c}\|^2}$$

$$\leqslant (1-\alpha_n)\|z_n - \tilde{z}\|$$
$$+ \alpha_n\sqrt{\|v_n - \tilde{c}\|^2 - 2\rho[-\gamma\mu^2\|v_n - \tilde{c}\|^2 + r\|v_n - \tilde{c}\|^2] + \rho^2\mu^2\|v_n - \tilde{c}\|^2}$$

$$= (1-\alpha_n)\|z_n - \tilde{z}\| + \alpha_n\sqrt{1 + 2\rho\gamma\mu^2 - 2\rho r + \rho^2\mu^2}\|v_n - \tilde{c}\|.$$

在以上推导中, 利用了 T 的 (γ, r)- 余强制性和 μ-Lipschitz 连续性.

第二步 估计 $\|v_n - \tilde{c}\|$.

因为 $\tilde{c} \in EP(f) \cap VI(K, T) \cap F(S)$, 所以

$$f(\tilde{c}, y) \geqslant 0, \quad \forall y \in K, \tag{4.2.102}$$

在 (4.2.102) 式中令 $y = v_n$ 并且在算法 4.8 中令 $y = \tilde{c}$, 则

$$f(\tilde{c}, v_n) \geqslant 0 \text{ 和 } f(v_n, \tilde{c}) + \frac{1}{r}\langle \tilde{c} - v_n, v_n - u_n\rangle \geqslant 0. \tag{4.2.103}$$

由 f 的单调性可知

$$f(\tilde{c}, v_n) \geqslant 0 \Rightarrow f(v_n, \tilde{c}) \leqslant 0, \tag{4.2.104}$$

联立 (4.2.103) 式和 (4.2.104) 式可知

$$\langle \tilde{c} - v_n, v_n - u_n\rangle \geqslant 0,$$

进而可得

$$\langle \tilde{c} - v_n, v_n - \tilde{c} + \tilde{c} - u_n\rangle$$
$$\Rightarrow \langle \tilde{c} - v_n, v_n - \tilde{c}\rangle + \langle \tilde{c} - v_n, \tilde{c} - u_n\rangle$$
$$\Rightarrow \|\tilde{c} - v_n\|^2 \leqslant \langle \tilde{c} - v_n, \tilde{c} - u_n\rangle \leqslant \|\tilde{c} - v_n\| \cdot \|\tilde{c} - u_n\|$$
$$\Rightarrow \|\tilde{c} - v_n\| \leqslant \|\tilde{c} - u_n\|$$
$$\Rightarrow \|v_n - \tilde{c}\| \leqslant \|u_n - \tilde{c}\|.$$

第三步   估计 $\|u_n - \tilde{c}\|$ 并证明由算法 4.8 生成序列的强收敛性.
因为

$$u_n = \alpha_n P_K z_n + (1 - \alpha_n) S P_K z_n,$$
$$\tilde{c} = \alpha_n P_K \tilde{z} + (1 - \alpha_n) S P_K \tilde{z},$$

所以

$$\begin{aligned}
\|u_n - \tilde{c}\| &= \|\alpha_n P_K z_n + (1 - \alpha_n) S P_K z_n - \alpha_n P_K \tilde{z} - (1 - \alpha_n) S P_K \tilde{z}\| \\
&= \|\alpha_n P_K z_n - \alpha_n P_K \tilde{z} + (1 - \alpha_n) S P_K z_n - (1 - \alpha_n) S P_K \tilde{z}\| \\
&\leqslant \alpha_n \|P_K z_n - P_K \tilde{z}\| + (1 - \alpha_n) \|S P_K z_n - S P_K \tilde{z}\| \\
&\leqslant \|z_n - \tilde{z}\|.
\end{aligned}$$

由以上三步可得

$$\begin{aligned}
\|z_{n+1} - \tilde{z}\| &\leqslant (1 - \alpha_n) \|z_n - \tilde{z}\| + \alpha_n \sqrt{1 + 2\rho\gamma\mu^2 - 2\rho r + \rho^2\mu^2} \|v_n - \tilde{c}\| \\
&\leqslant (1 - \alpha_n) \|z_n - \tilde{z}\| + \alpha_n \sqrt{1 + 2\rho\gamma\mu^2 - 2\rho r + \rho^2\mu^2} \|u_n - \tilde{c}\| \\
&\leqslant (1 - \alpha_n) \|z_n - \tilde{z}\| + \alpha_n \sqrt{1 + 2\rho\gamma\mu^2 - 2\rho r + \rho^2\mu^2} \|z_n - \tilde{c}\| \\
&= [1 - \alpha_n(1 - \theta)] \|z_n - \tilde{c}\|,
\end{aligned}$$

其中 $\theta = \sqrt{1 + 2\rho\gamma\mu^2 - 2\rho r + \rho^2\mu^2}$.
由引理 4.27 易知

$$\|z_n - \tilde{z}\| \to 0 \quad (n \to \infty),$$

又因为

$$\|v_n - s\| \leqslant \|u_n - s\| = \|P_K z_n - P_K z\| \leqslant \|z_n - z\|,$$

所以

$$\|u_n - s\| \to 0 \quad (n \to \infty),$$
$$\|v_n - s\| \to 0 \quad (n \to \infty). \qquad \square$$

4. 均衡问题、广义变分不等式及非扩张映射的公共元的迭代算法

自从古典变分不等式提出以来, 它已被推广到多种形式, 例如, 非凸变分不等式、集值变分不等式等各种广义变分不等式. 与此同时, Wiener-Hopf 方程也有多种推广形式, 关于某些广义变分不等式与广义算子方程的等价性可参见本小节第 2 部分中的相关引理. 本部分将分别考虑广义变分不等式 $\text{GVI}(K, T, g)$ 和

GVI(K, T, M). 首先, 构造求解广义变分不等式 GVI(K, T, g) 和均衡问题 EP(K, f) 公共元的迭代算法并利用引理 4.23 证明该迭代序列的强收敛性; 其次, 构造求解广义变分不等式 GVI(K, T, M)、均衡问题 EP(K, f) 及一个非扩张映射公共元的迭代算法并利用引理 4.26 证明该迭代序列的强收敛性.

1) 均衡问题 EP(K, f) 与非凸变分不等式 GVI(K, T, g) 的公共元的迭代算法

方便起见, 以下记 GVI(K, T, g) 的解集为 $GVI(K, T, g)$, Wiener-Hopf 方程 WHE(T, g) 的解集为 $WHE(T, g)$.

算法 4.13

对给定的 $z_0 \in H$, 按以下迭代算法计算 z_{n+1}:

$$
\begin{cases}
g(u_n) = P_K z_n, \\
f(v_n, y) + \dfrac{1}{r}\langle y - v_n, v_n - u_n \rangle \geqslant 0, \quad \forall y \in K, \\
z_{n+1} = g(v_n) - \rho T v_n.
\end{cases}
$$

定理 4.19 设 K 为 H 的非空闭凸子集. 映射 $f : K \times K \to \mathbb{R}$ 满足引理 4.20 的条件 (i)—(iv). 映射 $T : K \to K$ 为 α-强单调的且 β-Lipschitz 连续的. 映射 $g : K \to K$ 为 σ-强单调的和 δ-Lipschitz 连续的. 假设 g^{-1} 存在且 $EP(f) \cap GVI(K, T) \neq \varnothing$, 其中

$$
k = \sqrt{1 - 2\sigma + \delta^2} \neq 1, \quad t = \sqrt{1 - 2\rho\alpha + \beta^2\rho^2}, \quad 0 < \frac{k+t}{1-k} < 1, \ \rho > 0, \quad (4.2.105)
$$

则由算法 4.13 生成的序列 $\{u_n\}, \{v_n\}$ 强收敛于 $s \in EP(f) \cap GVI(K, T)$, 并且由算法 4.13 生成的序列 $\{z_n\}$ 强收敛于 $\tilde{z} \in WHE(T, g)$.

证明 设 $s \in EP(f) \cap GVI(K, T), \tilde{z} \in WHE(T, g)$.

第一步 估计 $\|z_{n+1} - \tilde{z}\|$. 由引理 4.23 可知

$$
\begin{aligned}
g(s) &= P_K \tilde{z}, \\
\tilde{z} &= g(s) - \rho T s,
\end{aligned}
\tag{4.2.106}
$$

进而可得

$$
\begin{aligned}
\|z_{n+1} - \tilde{z}\| &= \|g(v_n) - g(s) - \rho(Tv_n - Ts)\| \\
&\leqslant \|v_n - s - (g(v_n) - g(s))\| + \|v_n - s - \rho(Tv_n - Ts)\| \\
&= \sqrt{\|v_n - s\|^2 - 2\langle g(v_n) - g(s), v_n - s\rangle + \|g(v_n) - g(s)\|^2} \\
&\quad + \sqrt{\|v_n - s\|^2 - 2\rho\langle Tv_n - Ts, v_n - s\rangle + \rho^2\|Tv_n - Ts\|^2} \\
&\leqslant \sqrt{1 - 2\sigma + \delta^2}\|v_n - s\| + \sqrt{1 - 2\rho\alpha + \beta^2\rho^2}\|v_n - s\|
\end{aligned}
$$

$$\leqslant (k+t)\|v_n - s\|^2.$$

在以上推导过程中, 分别利用了 T, g 的强单调性和 Lipschitz 连续性, 其中 $k = \sqrt{1 - 2\sigma + \delta^2} \neq 1$, $t = \sqrt{1 - 2\rho\alpha + \beta^2\rho^2}$.

第二步 估计 $\|v_n - s\|$.

与定理 4.17 的证明类似, 以下不等式成立

$$\|v_n - s\| \leqslant \|u_n - s\|.$$

第三步 估计 $\|u_n - s\|$ 并证明由算法 4.13 生成的序列的强收敛性.

由 (4.2.106) 可知

$$\|u_n - s\| \leqslant \|u_n - s - (g(u_n) - g(s)) + P_K z_n - P_K z\|$$
$$\leqslant k\|u_n - s\| + \|z_n - z\|,$$

进而可得

$$\|u_n - s\| \leqslant \left(\frac{1}{1-k}\right)\|z_n - z\| \quad (k \neq 1).$$

综合以上三步可知

$$\|z_{n+1} - z\| \leqslant (k+t)\|v_n - s\| \leqslant (k+t)\|u_n - s\| \leqslant \left(\frac{k+t}{1-k}\right)\|z_n - z\|.$$

因为

$$0 < \frac{k+t}{1-k} < 1,$$

所以

$$\|z_n - \tilde{z}\| \to 0 \quad (n \to \infty),$$
$$\|u_n - s\| \to 0 \quad (n \to \infty),$$
$$\|v_n - s\| \to 0 \quad (n \to \infty). \qquad \square$$

注 4.9 显然, 如果 g 为恒等映射, 则定理 4.19 即为定理 4.17.

注 4.10 由引理 4.28 易知, 如果映射 $f(x, y) = 0, \forall x, y \in K$, 则算法 4.13 即为

$$\begin{cases} g(u_n) = P_K z_n, \\ z_{n+1} = g(u_n) - \rho T u_n. \end{cases}$$

此算法由 Noor 在文献 [13] 中给出, 由此可见我们的算法推广了他的结果.

注 4.11　事实上, 条件 (4.2.105) 很容易满足, 例如,

$$\alpha = \frac{7}{4}, \quad \beta = \sqrt{2}, \quad \delta = \frac{\sqrt{2}}{10}, \quad \sigma = \frac{49}{100}, \quad \rho = \frac{1}{4}.$$

2) 均衡问题 EP(K, f)、集值变分不等式 GVI(K, T, M) 及一个非扩张映射的公共元的迭代算法

算法 4.14

对给定的 $z_0 \in H$, 按以下迭代算法计算 z_{n+1}:

$$\begin{cases} u_n = \alpha P_K z_n + (1 - \alpha) S P_K z_n, \\ f(v_n, y) + \dfrac{1}{r} \langle y - v_n, v_n - u_n \rangle \geqslant 0, \quad \forall y \in K, \\ z_{n+1} = (1 - \alpha_n) z_n + \alpha_n [v_n - \rho(T v_n + w_n)]. \end{cases}$$

当 $S = I$ 时, 算法 4.14 即为如下算法.

算法 4.15

对给定的 $z_0 \in H$, 按以下迭代算法计算 z_{n+1}:

$$\begin{cases} u_n = P_K z_n, \\ f(v_n, y) + \dfrac{1}{r} \langle y - v_n, v_n - u_n \rangle \geqslant 0, \quad \forall y \in K, \\ z_{n+1} = (1 - \alpha_n) z_n + \alpha_n [v_n - \rho(T v_n + w_n)]. \end{cases}$$

如果 $S = I$ 且 $\alpha_n = 1$, 则算法 4.14 即为如下算法.

算法 4.16

对给定的 $z_0 \in H$, 按以下迭代算法计算 z_{n+1}:

$$\begin{cases} u_n = P_K z_n, \\ f(v_n, y) + \dfrac{1}{r} \langle y - v_n, v_n - u_n \rangle \geqslant 0, \quad \forall y \in K, \\ z_{n+1} = v_n - \rho(T v_n + w_n). \end{cases}$$

当 $f = 0$ 时, 算法 4.14 即为如下算法.

算法 4.17

对给定的 $z_0 \in H$, 按以下迭代算法计算 z_{n+1}:

$$\begin{cases} u_n = \alpha P_K z_n + (1 - \alpha) S P_K z_n, \\ z_{n+1} = (1 - \alpha_n) z_n + \alpha_n [v_n - \rho(T v_n + w_n)], \end{cases}$$

该算法即为文献 [23] 给出的算法.

当 $f = 0$ 且 $S = I$ 时, 算法 4.14 即为如下算法.

算法 4.18

对给定的 $z_0 \in H$, 按以下迭代算法计算 z_{n+1}:

$$\begin{cases} u_n = SP_K z_n, \\ z_{n+1} = (1 - \alpha_n)z_n + \alpha_n[v_n - \rho(Tv_n + w_n)], \end{cases}$$

该算法即为文献 [23] 给出的算法.

当 $f = 0$, $S = I$ 且 $\alpha_n = 1$ 时, 算法 4.14 即为如下算法.

算法 4.19

对给定的 $z_0 \in H$, 按以下迭代算法计算 z_{n+1}:

$$\begin{cases} u_n = SP_K z_n, \\ z_{n+1} = u_n - \rho(Tu_n + w_n), \end{cases}$$

该算法即为文献 [26] 给出的算法.

方便起见, 以下记集值变分不等式 GVI(K,T,M) 的解集为 $GVI(K,T,M)$, 广义 Wiener-Hopf 方程 WHE(T,S) 的解集为 $WHE(T,S)$.

定理 4.20 设 K 为 H 的非空闭凸子集, 映射 f 满足引理 4.20 的条件 (i)—(iv), 映射 $T : K \to K$ 为松弛 (γ, r)-余强制的和 μ-Lipschitz 连续的. 映射 $S : K \to K$ 为 k-严格伪压缩的且 $EP(f) \cap VI(K,T) \cap F(S) \neq \varnothing$. 映射 $M : H \to 2^H$ 为集值 k-松弛单调的和 m-Lipschitz 连续的, 其中,

$$\sum_{n=0}^{\infty} \alpha_n = \infty, \quad \alpha \in [k,1), \quad 0 < \rho < \frac{2(r - \gamma\mu - k)}{(\mu + m)^2}, \quad r > \gamma\mu + k,$$

则由算法 4.14 生成的序列 $\{u_n\}$, $\{v_n\}$ 强收敛于 $\tilde{c} \in EP(f) \cap VI(K,T) \cap F(S)$, 并且由算法 4.14 生成的序列 $\{z_n\}$ 强收敛于 $\tilde{z} \in WHE(T,S)$.

证明 设 $\tilde{c} \in EP(f) \cap VI(K,T) \cap F(S)$ 且 $\tilde{z} \in WHE(T,S)$.

第一步 估计 $\|z_{n+1} - \tilde{z}\|$ 和 $\|u_n - \tilde{c}\|$.

利用与文献 [37] 类似的技巧可得

$$\|z_{n+1} - \tilde{z}\| \leqslant (1 - \alpha_n)\|z_n - \tilde{z}\| + \alpha_n\theta\|v_n - \tilde{c}\|,$$

$$\|u_n - \tilde{c}\| \leqslant \|z_n - \tilde{z}\|,$$

其中, $\theta = \sqrt{1 + 2\rho(\gamma\mu - r + k) + \rho^2(\mu + m)^2}$.

第二步 估计 $\|v_n - \tilde{c}\|$.

由定理 4.18 的证明可知

$$\|v_n - \tilde{c}\| \leqslant \|u_n - \tilde{c}\|.$$

由以上两步可得

$$\|z_{n+1} - \tilde{z}\| \leqslant (1 - \alpha_n)\|z_n - \tilde{z}\| + \alpha\theta\|u_n - \tilde{c}\|$$
$$\leqslant (1 - \alpha_n)\|z_n - \tilde{z}\| + \alpha\theta\|z_n - \tilde{c}\|$$
$$= [1 - \alpha_n(1 - \theta)]\|z_n - \tilde{z}\|,$$

由引理 4.27 可知

$$\|z_n - \tilde{z}\| \to 0 \quad (n \to \infty),$$

注意到

$$\|v_n - s\| \leqslant \|u_n - s\| \leqslant \|z_n - z\|,$$

所以

$$\|u_n - s\| \to 0 \quad (n \to \infty),$$
$$\|v_n - s\| \to 0 \quad (n \to \infty). \qquad \Box$$

5. 混合均衡问题、变分不等式及有限个非扩张映射的公共元的迭代算法

作为本小节第 3 部分所研究问题的推广工作, 这部分将考虑以下混合均衡问题: 寻找 $\overline{x} \in K$, 使得

$$F(\overline{x}, y) + \phi(y) - \phi(\overline{x}) \geqslant 0, \quad \forall y \in K.$$

方便起见, 以下记该问题为 MEP(F, ϕ), 相应地记该问题的解集为 $MEP(F, \phi)$. 为求解混合均衡问题 MEP(F, ϕ), Wangkeeree 等[198] 给出以下关于 F, ϕ 及 K 的假设:

(A1) 对任意 $x \in K$, $F(x, x) = 0$;

(A2) F 是单调的, 即, 对任意 $x, y \in K$, $F(x, y) + F(y, x) \leqslant 0$;

(A3) 对任意 $x, y, z \in K$, $\limsup\limits_{t \to 0} F(x + t(z - x)) \leqslant F(x, y)$;

(A4) 映射 $y \mapsto F(x, y)$ 是凸的且下半连续的.

(B1) 对任意 $x \in H$ 和 $r > 0$, 存在有界子集 $D_x \subseteq K$ 和 $y_x \in K$, 使得对任意 $z_x \in K \setminus D_x$,

$$F(z, y) + \phi(y_x) - \phi(z) + \frac{1}{r}\langle y_x - z, z - x \rangle < 0;$$

(B2) K 为有界集合.

引理 4.29　设 K 为 H 的非空闭凸子集. 映射 $F : K \times K \to \mathbb{R}$ 满足 (A1)—(A4) 且 $\phi : K \to \mathbb{R} \cup \{+\infty\}$ 为真下半连续的凸函数. 假设 (B1) 或 (B2) 之一成立. 对 $r > 0$ 和 $x \in H$, 定义如下映射 $T_r : H \to K$:

$$T_r = \left\{ z \in K : F(z, y) + \phi(y) - \phi(z) + \frac{1}{r}\langle y - z, z - x \rangle \geqslant 0, \forall y \in K \right\},$$

对任意 $x \in H$. 则以下结论成立:

(i) 对任意 $x \in H$, $T_r \neq \varnothing$;

(ii) T_r 为稳固非扩张的, 即, 对任意 $x, y \in H$, $\|T_r x - T_r y\|^2 \leqslant \langle T_r x - T_r y, x - y \rangle$;

(iii) T_r 是单值映射;

(iv) $F(T_r) = MEP(F, \phi)$;

(v) $MEP(F, \phi)$ 是闭的和凸的.

为构造求解有限个非扩张映射的不动点的迭代算法, Takahashi 和 Shimoji[199] 给出以下定义和引理.

设 $\{S_1, S_2, S_3, \cdots, S_N\}$ 为 K 上的自映射. $\{\lambda_{n1}, \lambda_{n2}, \lambda_{n3}, \cdots, \lambda_{nN}\}$ 为非负实数列且 $0 \leqslant \lambda_{ni} < 1$. 对任意 $n \in \mathbb{N}^+$, 构造映射 $\{U_{n1}, U_{n2}, U_{n3}, \cdots, U_{nN}\}$ 如下:

$$U_{n1} = \lambda_{n1} S_1 + (1 - \lambda_{n1}) I,$$
$$U_{n2} = \lambda_{n2} S_2 U_{n2} + (1 - \lambda_{n2}) I,$$
$$\cdots\cdots$$
$$U_{n,N-1} = \lambda_{n,N-1} S_{N-1} U_{n,N-2} + (1 - \lambda_{n,N-1}) I,$$
$$W_n = U_{nN} = \lambda_{nN} S_N U_{n,N-1} + (1 - \lambda_{nN}) I.$$

以下称 W_n 为由 $\{S_1, S_2, S_3, \cdots, S_N\}$ 和 $\{\lambda_{n1}, \lambda_{n2}, \lambda_{n3}, \cdots, \lambda_{nN}\}$ 生成的 W-映射.

引理 4.30[199]   设 X 为 Banach 空间, K 为 X 的非空闭凸子集. $S_i : K \to K$, $i \in \{1, 2, \cdots, N\}$ 为有限个非扩张映射且 $\bigcap\limits_{i=1}^{N} F(S_i) \neq \varnothing$. $\{\lambda_{n1}, \lambda_{n2}, \lambda_{n3}, \cdots, \lambda_{nN}\}$ 为非负实数列且对任意 $i \in \mathbb{N}^+$ 都有 $0 \leqslant \lambda_n \leqslant b < 1$. W_n 为由 $\{S_1, S_2, S_3, \cdots, S_N\}$ 和 $\{\lambda_{n1}, \lambda_{n2}, \lambda_{n3}, \cdots, \lambda_{nN}\}$ 生成的 W-映射. 则 W_n 为非扩张的. 此外, 如果 X 是严格凸的, 则 $F(W_n) = \bigcap\limits_{i=1}^{N} F(S_i)$.

引理 4.31   设 $z \in H$, $u \in K$, 则 $\langle u - z, v - u \rangle \geqslant 0, \forall v \in K$ 当且仅当 $u = P_K z$.

下面首先研究含有有限个非扩张映射的广义 Wiener-Hopf 方程与相关变分不等式问题以及不动点问题之间的联系, 其次利用该关系构造求解均衡问题、变分不等式问题以及有限个非扩张映射的公共元的迭代算法, 并且在不同的单调性条件下讨论该迭代序列的强收敛性.

引理 4.32   如果 $\bar{c} \in VI(K, T) \cap F(S)$, 则 $\bar{z} = \bar{c} - \rho T \bar{c}$ 为算子方程 $T S P_K z + \rho^{-1} Q_K z = 0$ 的解而且 $\bar{c} = S P_K \bar{z}$, 其中 $Q_K = I - S P_K$.

证明   因为 $\bar{c} \in VI(K, T)$, 所以

$$\langle T\bar{c}, y - \bar{c} \rangle \geqslant 0, \quad \forall y \in K, \tag{4.2.107}$$

利用内积的性质可知, (4.2.107) 式等价于 $\langle \bar{c} - (\bar{c} - T\bar{c}), y - \bar{c} \rangle, \forall y \in K$. 由引理 4.31

可知

$$\bar{c} = P_K(\bar{c} - \rho T\bar{c}). \tag{4.2.108}$$

另一方面, 因为 $\bar{c} \in F(S)$, 故

$$\bar{c} = S(\bar{c}), \tag{4.2.109}$$

联立 (4.2.108) 和 (4.2.109) 可得

$$\bar{c} = S(\bar{c}) = SP_K(\bar{c} - \rho T\bar{c}), \tag{4.2.110}$$

令 $Q_K = I - SP_K$, 则

$$Q_K(\bar{c} - \rho T\bar{c}) = \bar{c} - \rho T\bar{c} - SP_K(\bar{c} - \rho T\bar{c}) = -\rho T\bar{c}, \tag{4.2.111}$$

记 $\bar{c} - \rho T\bar{c}$ 为 $\bar{z}$, 则 (4.2.111) 式即为 $TSP_K z + \rho^{-1} Q_K z = 0$. □

注 4.12 引理 4.32 的逆命题不成立. 例如, 设 $H = K = \mathbb{R}$, $S(x) = x - 1$, $T(x) = -x - 1$, $\rho = 1$, 则 $z = 1$ 为算子方程 $TSP_K z + \rho^{-1} Q_K z = 0$ 的解, 但 $\bar{c} = SP_K \bar{z}$ 并非变分不等式 $VI(K, T)$ 的解. 这个反例表明引理 4.6 (Noor 给出结果) 中的 "当且仅当" 并不成立.

由引理 4.30 和引理 4.32 易证下面引理.

引理 4.33 设 $n \in \mathbb{N}^+$. 如果 $\bar{c} \in VI(K, T) \cap \left(\bigcap_{i=1}^{N} F(S_i) \right)$, 则 $\bar{z} = \bar{c} - \rho T\bar{c}$ 为算子方程 $TW_n P_K z + \rho^{-1} Q_K z = 0$ 的解且 $\bar{c} = W_n P_K \bar{z}$, 其中 $Q_K = I - W_n P_K$.

注 4.13 当 $S_i = I, i \in \{1, 2, \cdots, N\}$ 时, 算子方程 $TW_n P_K z + \rho^{-1} Q_K z = 0$ 即为 $TP_K z + \rho^{-1} Q_K z = 0$, 由前面的介绍可知, 该算子方程即为由 Shi 于 1991 年给出的那个 Wiener-Hopf 方程.

本小节称算子方程 $TSP_K z + \rho^{-1} Q_K z = 0$ 与 $TW_n P_K z + \rho^{-1} Q_K z = 0$ 为广义 Wiener-Hopf 方程. 方便起见, 以下将算子方程 $TP_K z + \rho^{-1} Q_K z = 0$, $TSP_K z + \rho^{-1} Q_K z = 0$ 及 $TW_n P_K z + \rho^{-1} Q_K z = 0$ 记为 WHE(T), WHE(T, S) 和 WHE(T, W_n), 并把它们的解集分别记作 $WHE(T)$, $WHE(T, S)$ 和 $WHE(T, W_n)$.

基于以上引理, 我们可以构造求解混合均衡问题、变分不等式及有限个非扩张映射的公共元的迭代算法.

定理 4.21 设 K 为 H 的非空闭凸子集, $S_i : K \to K, i \in \{1, 2, \cdots, N\}$ 为有限个非扩张映射. 映射 $F : K \times K \to \mathbb{R}$ 满足引理 4.1 中的条件(A1)—(A4) 并使 $MEP(F, \varphi) \cap \left(\bigcap_{i=1}^{N} F(S_i) \right) \cap VI(K, T) \neq \varnothing$. 映射 $T : K \to K$ 为 α-强单调的和 β-连

续的且 $0 < 1 - 2\alpha\rho + \beta^2\rho^2 < 1$. 序列 $\{z_n\}, \{u_n\}, \{v_n\}$ 由以下迭代算法生成:

$$\begin{cases} u_n = W_n P_K z_n, \\ F(v_n, y) + \varphi(y) - \varphi(v_n) + \dfrac{1}{r}\langle y - v_n, v_n - u_n \rangle \geqslant 0, \quad \forall y \in K, \\ z_{n+1} = v_n - \rho T v_n, \end{cases}$$

则序列 $\{u_n\}, \{v_n\}$ 强收敛于 $\bar{c}$ 并且 $\{z_n\}$ 强收敛于 $\bar{z}$, 其中 $\bar{c} \in MEP(F, \varphi) \cap \left(\bigcap_{i=1}^{N} F(S_i) \right) \cap VI(K, T), \bar{z} = \bar{c} - \rho T\bar{c} \in WHE(T, W_n)$.

证明 设 $\bar{c} \in MEP(F, \varphi) \cap \left(\bigcap_{i=1}^{N} F(S_i) \right) \cap VI(K, T)$. 由引理 4.33 可得

$$\bar{z} = \bar{c} - \rho T\bar{c} \in WHE(T, W_n) \quad \text{和} \quad \bar{c} = W_n P_K \bar{z}. \tag{4.2.112}$$

现将以下证明分为三步.

第一步 估计 $\|z_{n+1} - \bar{z}\|$.

由 (4.2.112) 可得

$$\begin{aligned} \|z_{n+1} - \bar{z}\| &= \|v_n - \rho T v_n - (\bar{c} - \rho T\bar{c})\| \\ &= \|v_n - \bar{c} + (\rho T\bar{c} - \rho T v_n)\| \\ &= \sqrt{\|v_n - \bar{c}\|^2 - 2\rho\langle T v_n - T\bar{c}, v_n - \bar{c}\rangle + \rho^2\|T v_n - T\bar{c}\|^2} \\ &\leqslant \sqrt{\|v_n - \bar{c}\|^2 - 2\rho\alpha\|v_n - \bar{c}\|^2 + \rho^2\beta^2\|v_n - \bar{c}\|^2} \\ &= \sqrt{1 - 2\rho\alpha + \rho^2\beta^2}\|v_n - \bar{c}\|. \end{aligned}$$

以上推导利用了 T 的 α-强单调性和 β-Lipschitz 连续性.

第二步 估计 $\|v_n - \bar{c}\|$.

因为 $\bar{c} \in MEP(F, \varphi)$, 所以

$$F(\bar{c}, y) + \varphi(y) - \varphi(\bar{c}) \geqslant 0, \quad \forall y \in K, \tag{4.2.113}$$

在 (4.2.113) 式中令 $y = v_n$, 则 (4.2.113) 式即为 $F(\bar{c}, v_n) + \varphi v_n - \varphi\bar{c} \geqslant 0$, 进而可得

$$\varphi(v_n) - \varphi(\bar{c}) \geqslant -F(\bar{c}, v_n), \tag{4.2.114}$$

由 $F(x, y)$ 的单调性可知 $F(\bar{c}, v_n) + F(v_n, \bar{c}) \leqslant 0$, 由此可得

$$-F(\bar{c}, v_n) \geqslant F(v_n, \bar{c}), \tag{4.2.115}$$

联立 (4.2.114) 式和 (4.2.115) 式可得 $\varphi(v_n) - \varphi(\bar{c}) \geqslant -F(\bar{c}, v_n) \geqslant F(v_n, \bar{c})$, 即

$$F(v_n, \bar{c}) + \varphi\bar{c} - \varphi v_n \leqslant 0. \tag{4.2.116}$$

另一方面, 由迭代算法的构造可知 v_n 满足

$$F(v_n, y) + \varphi(y) - \varphi(v_n) + \frac{1}{r}\langle y - v_n, v_n - u_n \rangle \geqslant 0, \quad \forall y \in K, \qquad (4.2.117)$$

在 (4.2.117) 式中令 $y = \bar{c}$ 可得

$$F(v_n, \bar{c}) + \varphi(\bar{c}) - \varphi(v_n) + \frac{1}{r}\langle \bar{c} - v_n, v_n - u_n \rangle \geqslant 0, \qquad (4.2.118)$$

由 (4.2.116) 式和 (4.2.118) 式可知

$$\langle \bar{c} - v_n, v_n - u_n \rangle \geqslant 0,$$
$$\langle \bar{c} - v_n, v_n - \bar{c} + \bar{c} - u_n \rangle \geqslant 0,$$
$$\langle \bar{c} - v_n, v_n - \bar{c} \rangle + \langle \bar{c} - v_n, \bar{c} - u_n \rangle \geqslant 0,$$
$$\langle v_n - \bar{c}, v_n - \bar{c} \rangle \leqslant \langle \bar{c} - v_n, \bar{c} - u_n \rangle \leqslant \|\bar{c} - v_n\|\|\bar{c} - u_n\|,$$
$$\|v_n - \bar{c}\| \leqslant \|u_n - \bar{c}\|.$$

第三步   估计 $\|u_n - \bar{c}\|$.
根据引理 4.33 和投影算子的非扩张性可知

$$\|u_n - \bar{c}\| = \|W_n P_K z_n - W_n P_K \bar{z}\| \leqslant \|P_K z_n - P_K \bar{z}\| \leqslant \|z_n - \bar{z}\|.$$

综合以上三步可得

$$\begin{aligned}
\|z_{n+1} - \bar{z}\| &\leqslant \sqrt{1 - 2\rho\alpha + \rho^2\beta^2}\, \|v_n - \bar{c}\| \\
&\leqslant \sqrt{1 - 2\rho\alpha + \rho^2\beta^2}\, \|u_n - \bar{c}\| \\
&\leqslant \sqrt{1 - 2\rho\alpha + \rho^2\beta^2}\, \|z_n - \bar{z}\|,
\end{aligned} \qquad (4.2.119)$$

归纳可得

$$\begin{aligned}
\|z_{n+1} - \bar{z}\| &\leqslant \sqrt{1 - 2\rho\alpha + \rho^2\beta^2}\|z_n - \bar{z}\| \\
&\leqslant \cdots \\
&\leqslant (\sqrt{1 - 2\rho\alpha + \rho^2\beta^2})^n \|z_1 - \bar{z}\|.
\end{aligned}$$

因为 $0 < 1 - 2\rho\alpha + \rho^2\beta^2 < 1$, 故

$$\|z_n - \bar{z}\| \to 0 \quad (n \to \infty),$$

由 (4.2.119) 式可知

$$\|u_n - \bar{c}\| \to 0 \quad (n \to \infty),$$

$$\|v_n - \bar{c}\| \to 0 \quad (n \to \infty). \qquad \square$$

通过合适地选择 F, T, S, φ, N, 可以得一些推论.

如果 $N = 1, S = S_1$, 则可以得到求解 $MEP(F, \varphi) \cap F(S) \cap VI(K, T)$ 的迭代算法和强收敛定理.

推论 4.2 设 K 为 H 的非空闭凸子集, S 为一个非扩张映射. 映射 $F : K \times K \to \mathbb{R}$ 满足引理 4.20 的条件(A1)—(A4) 以保证 $MEP(F, \varphi) \cap F(S) \cap VI(K, T) \neq \varnothing$. 映射 $T : K \to K$ 为 α-强单调的和 β-Lipschitz 连续的且 $0 < 1 - 2\alpha\rho + \beta^2\rho^2 < 1$. 序列 $\{z_n\}, \{u_n\}, \{v_n\}$ 由以下迭代算法生成:

$$\begin{cases} u_n = SP_K z_n, \\ F(v_n, y) + \varphi(y) - \varphi(v_n) + \dfrac{1}{r}\langle y - v_n, v_n - u_n \rangle \geqslant 0, \quad \forall y \in K, \\ z_{n+1} = v_n - \rho T v_n, \end{cases}$$

则序列 $\{u_n\}, \{v_n\}$ 强收敛于 $\bar{c}$ 并且 $\{z_n\}$ 强收敛于 $\bar{z}$, 其中 $\bar{c} \in MEP(F, \varphi) \cap F(S) \cap VI(K, T), \bar{z} = \bar{c} - \rho T\bar{c} \in WHE(T, S)$.

如果 $S = I, \forall i \in \{1, 2, \cdots, N\}$, 则可以得到求解 $MEP(F, \varphi) \cap VI(K, T)$ 的迭代算法及强收敛定理.

推论 4.3 设 K 为 H 的非空闭凸子集. 映射 $F : K \times K \to \mathbb{R}$ 满足引理 4.20 中的条件(A1)—(A4) 以保证 $MEP(F, \varphi) \cap VI(K, T) \neq \varnothing$. 映射 $T : K \to K$ 为 α-强单调的和 β-Lipschitz 连续的且满足 $0 < 1 - 2\alpha\rho + \beta^2\rho^2 < 1$. 序列 $\{z_n\}, \{u_n\}, \{v_n\}$ 由下列迭代算法生成:

$$\begin{cases} u_n = P_K z_n, \\ F(v_n, y) + \varphi(y) - \varphi(v_n) + \dfrac{1}{r}\langle y - v_n, v_n - u_n \rangle \geqslant 0, \quad \forall y \in K, \\ z_{n+1} = v_n - \rho T v_n, \end{cases}$$

则序列 $\{u_n\}, \{v_n\}$ 强收敛于 $\bar{c}$ 并且 $\{z_n\}$ 强收敛于 $\bar{z}$, 其中 $\bar{c} \in MEP(F, \varphi) \cap VI(K, T), \bar{z} = \bar{c} - \rho T\bar{c} \in WHE(T)$.

如果对任意 $x \in K, \varphi = 0$, 则可以得到求解 $EP(F, \varphi) \cap \left(\bigcap_{i=1}^{N} F(S_i) \right) \cap VI(K, T)$ 的迭代算法和强收敛定理.

推论 4.4 设 K 为 H 的非空闭凸子集. 映射 $S_i : K \to K, i \in \{1, 2, \cdots, N\}$ 为有限个非扩张映射. 映射 $F : K \times K \to \mathbb{R}$ 满足引理 4.20 的条件 (A1)—(A4) 以保证 $EP(F, \varphi) \cap \left(\bigcap_{i=1}^{N} F(S_i) \right) \cap VI(K, T) \neq \varnothing$. 映射 $T : K \to K$ 为 α-强单调的和 β-Lipschitz 连续的且 $0 < 1 - 2\alpha\rho + \beta^2\rho^2 < 1$. 序列 $\{z_n\}, \{u_n\}, \{v_n\}$ 由以下迭代算

法生成:

$$
\begin{cases}
u_n = W_n P_K z_n, \\
F(v_n, y) + \dfrac{1}{r}\langle y - v_n, v_n - u_n\rangle \geqslant 0, \quad \forall y \in K, \\
z_{n+1} = v_n - \rho T v_n,
\end{cases}
$$

则序列 $\{u_n\}, \{v_n\}$ 强收敛于 $\bar{c}$ 并且 $\{z_n\}$ 强收敛于 $\bar{z}$, 其中 $\bar{c} \in EP(F, \varphi) \cap VI(K, T)$ $\cap \left(\bigcap\limits_{i=1}^{N} F(S_i)\right), \bar{z} = \bar{c} - \rho T\bar{c} \in WHE(T, W_n)$.

　　如果对任意 $x \in K$ 都有 $\varphi = 0$ 且 $N = 1, S = S_1$, 则可以得到求解 $EP(F) \cap$ $F(S) \cap VI(K, T)$ 的迭代算法和强收敛定理.

　　推论 4.5　设 K 为 H 的非空闭凸子集. 映射 S 为有限个非扩张映射. 映射 $F:$ $K \times K \to \mathbb{R}$ 满足引理 4.20 的条件(A1)—(A4) 以保证 $EP(F, \varphi) \cap F(S) \cap VI(K, T) \neq$ $\varnothing$. 映射 $T: K \to K$ 为 α-强单调的和 β-Lipschitz 连续的且 $0 < 1 - 2\alpha\rho + \beta^2\rho^2 < 1$. 序列 $\{z_n\}, \{u_n\}, \{v_n\}$ 由以下迭代算法生成:

$$
\begin{cases}
u_n = S P_K z_n, \\
F(v_n, y) + \dfrac{1}{r}\langle y - v_n, v_n - u_n\rangle \geqslant 0, \quad \forall y \in K, \\
z_{n+1} = v_n - \rho T v_n,
\end{cases}
$$

则序列 $\{u_n\}, \{v_n\}$ 强收敛于 $\bar{c}$ 且 $\{z_n\}$ 强收敛于 $\bar{z}$, 其中 $\bar{c} \in EP(F, \varphi) \cap F(S) \cap$ $VI(K, T), \bar{z} = \bar{c} - \rho T\bar{c} \in WHE(T, S)$.

　　如果对任意 $x \in K$ 都有 $\varphi(x) = 0$ 且 $S_i = I, \forall i \in \{1, 2, \cdots, N\}$, 则可以得到求解 $EP(F) \cap VI(K, T)$ 的迭代算法和强收敛定理.

　　推论 4.6　设 K 为 H 的非空闭凸子集. 映射 $F: K \times K \to \mathbb{R}$ 满足引理 4.20 中的条件(A1)—(A4) 以保证 $EP(F) \cap VI(K, T) \neq \varnothing$. 映射 $T: K \to K$ 为 α-强单调的和 β-Lipschitz 连续的且 $0 < 1 - 2\alpha\rho + \beta^2\rho^2 < 1$. 序列 $\{z_n\}, \{u_n\}, \{v_n\}$ 由以下迭代算法生成:

$$
\begin{cases}
u_n = P_K z_n, \\
F(v_n, y) + \dfrac{1}{r}\langle y - v_n, v_n - u_n\rangle \geqslant 0, \quad \forall y \in K, \\
z_{n+1} = v_n - \rho T v_n,
\end{cases}
$$

则序列 $\{u_n\}, \{v_n\}$ 强收敛于 $\bar{c}$ 且序列 $\{z_n\}$ 强收敛于 $\bar{z}$, 其中 $\bar{c} \in EP(F, \varphi) \cap$ $VI(K, T), \bar{z} = \bar{c} - \rho T\bar{c} \in WHE(T)$.

　　如果 $F(x, y) = 0, \forall x, y \in K$ 且 $\varphi(x) = 0, \forall x \in K$, 则可以得到求解 $\left(\bigcap\limits_{i=1}^{N} F(S_i)\right)$ $\cap VI(K, T)$ 的迭代算法和强收敛定理.

推论 4.7 设 K 为 H 的非空闭凸子集. 映射 $S_i : K \to K, i \in \{1, 2, \cdots, N\}$ 为有限个非扩张映射. 假设 $\left(\bigcap\limits_{i=1}^{N} F(S_i) \right) \cap VI(K, T) \neq \varnothing$. 映射 $T : K \to K$ 为 α-强单调的且 β-Lipschitz 连续的且 $0 < 1 - 2\alpha\rho + \beta^2\rho^2 < 1$. 序列 $\{z_n\}, \{u_n\}, \{v_n\}$ 由以下迭代算法生成:

$$\begin{cases} v_n = W_n P_K z_n, \\ z_{n+1} = v_n - \rho T v_n, \end{cases}$$

则序列 $\{v_n\}$ 强收敛于 $\bar{c}$ 并且序列 $\{z_n\}$ 强收敛于 $\bar{z}$, 其中 $\bar{c} \in \left(\bigcap\limits_{i=1}^{N} F(S_i) \right) \cap VI(K, T), \bar{z} = \bar{c} - \rho T \bar{c} \in WHE(T, W_n)$.

如果 $F(x, y) = 0, , \forall x, y \in K$ 且 $\varphi(x) = 0, \forall x \in K$ 且 $N = 1, S = S_1$, 则可以得到求解 $F(S) \cap VI(K, T)$ 的迭代算法和强收敛定理.

推论 4.8 设 K 为 H 的非空闭凸子集, 映射 S 为非扩张的. 假设 $F(S) \cap VI(K, T) \neq \varnothing$. 映射 $T : K \to K$ 为 α-强单调的和 β-Lipschitz 连续的且 $0 < 1 - 2\alpha\rho + \beta^2\rho^2 < 1$. 序列 $\{z_n\}, \{u_n\}, \{v_n\}$ 由以下迭代序列生成:

$$\begin{cases} v_n = S P_K z_n, \\ z_{n+1} = v_n - \rho T v_n, \end{cases}$$

则序列 $\{v_n\}$ 强收敛于 $\bar{c}$ 并且序列 $\{z_n\}$ 强收敛于 $\bar{z}$, 其中 $\bar{c} \in F(S) \cap VI(K, T)$, $\bar{z} = \bar{c} - \rho T \bar{c} \in WHE(T, S)$.

如果 $F(x, y) = 0, \forall x, y \in K$ 且 $\varphi(x) = 0, \forall x \in K$ 且 $S_i = I, \forall i \in \{1, 2, \cdots, N\}$, 则可以得到求解 $VI(K, T)$ 的迭代算法.

推论 4.9 设 K 为 H 的非空闭凸子集. 假设 $VI(K, T) \neq \varnothing$. 映射 $T : K \to K$ 为 α-强单调的和 β-Lipschitz 连续的且 $0 < 1 - 2\alpha\rho + \beta^2\rho^2 < 1$. 序列 $\{z_n\}, \{u_n\}, \{v_n\}$ 由以下迭代序列生成:

$$\begin{cases} v_n = P_K z_n, \\ z_{n+1} = v_n - \rho T v_n, \end{cases}$$

则序列 $\{v_n\}$ 强收敛于 $\bar{c}$ 并且序列 $\{z_n\}$ 强收敛于 $\bar{z}$, 其中 $\bar{c} \in VI(K, T), \bar{z} = \bar{c} - \rho T \bar{c} \in WHE(T)$.

注 4.14 为保证迭代序列的强收敛性, 在以上所有定理中我们都要求 $0 < 1 - 2\alpha\rho + \beta^2\rho^2 < 1$. 事实上, 这个条件很容易满足, 例如, 令 $\varphi = \dfrac{1}{16}, \beta = \dfrac{\sqrt{2}}{3}, \rho = \dfrac{1}{2}$.

注 4.15 虽然有些学者利用 Wiener-Hopf 技巧构造过一些迭代算法, 但他们的研究都没有将抽象均衡问题考虑到相关问题中.

注 4.16 以上结果可以进一步推广到无限个非扩张映射的情形.

下面将利用前面的迭代算法求解如下极小值问题:

$$\min_{x\in\bigcap\limits_{i=1}^{N} F(S_i)} h(x). \tag{4.2.120}$$

以下将此极小值问题 $\min\limits_{x\in K} h(x)$ 记为 MIN(h), 并把该问题的解集记为 $MIN(h)$.

如果对任意 $x, y \in K$ 都有 $F(x,y) = 0$, 则混合均衡问题 MEP(F,ϕ) 即为**极小值问题**: 寻找 $\overline{x} \in K$ 使得 $\varphi(\overline{x}) \leqslant \varphi(y), \forall y \in K$. 因此, 我们有以下求解 MIN($h$) 的迭代算法.

定理 4.22　设 K 为 H 的非空闭凸子集. 映射 $S_i : K \to K, i \in \{1, 2, \cdots, N\}$ 为有限个非扩张映射. 映射 $T : K \to K$ 为 α-强单调的和 β-Lipschitz 连续的且 $0 < 1 - 2\alpha\rho + \beta^2\rho^2 < 1$. 假设 $MIN(h) \cap \left(\bigcap\limits_{i=1}^{N} F(S_i)\right) \cap VI(K,T) \neq \varnothing$. 序列 $\{z_n\}, \{u_n\}, \{v_n\}$ 由以下迭代算法生成:

$$\begin{cases} u_n = W_n P_K z_n, \\ h(y) - h(v_n) + \dfrac{1}{r}\langle y - v_n, v_n - u_n\rangle \geqslant 0, \quad \forall y \in K, \\ z_{n+1} = v_n - \rho T v_n, \end{cases}$$

则(a) 序列 $\{u_n\}, \{v_n\}$ 强收敛于 $\overline{c}$ 且序列 $\{z_n\}$ 强收敛于 $\overline{z}$, 其中 $\overline{c} \in MIN(h) \cap F\left(\bigcap\limits_{i=1}^{N}\right) \cap VI(K,T), \overline{z} = \overline{c} - \rho T\overline{c} \in WHE(T, W_n)$;

(b) $\overline{c} \in \operatorname{argmin}\limits_{x\in\bigcap\limits_{i=1}^{N} F(S_i)} h(x)$, 即 $\overline{c}$ 为 MIN(h) 的一个解.

证明　在定理 4.21 中, 令 $F(x,y) = 0$ 且 $\varphi(x) = h(x)$, 则可得到 (a), 进而可知 (b) 成立. □

4.2.4　非线性混合变分不等式的算法

1. 引言

近些年, 变分包含的理论成为纯数学与应用数学领域的一个重要分支, 该理论为我们解决经济、优化、金融等问题提供了一个统一的框架.

受文献 [78] 和 [30] 的启发, 以下讨论广义非线性混合变分不等式近似解的存在性、算法及收敛性分析. 我们建立了变分包含与一般预备解方程之间的联系, 获得了若干迭代迭代算法, 并做了收敛性分析. 所获得的结果推广并改进了文献 [78-80] 中相应的结果.

以下总假设, H 为实 Hilbert 空间, 其中的范数和内积分别记为 $\|\cdot\|, \langle\cdot,\cdot\rangle$, 2^H 表示 H 的所有子集构成的集族, $C(H)$ 为 H 的所有紧子集构成的集合. η, N: $H \times H \to H$ 为单值映射, $G, T, A : H \to 2^H$ 为集值映射.

我们关注以下问题: 寻找 $x \in H, u \in T(x), v \in A(x), w \in G(x)$ 使得

$$\langle w - N(u,v), \eta(y,w) \rangle \geqslant \varphi(w) - \varphi(y), \quad \forall y \in H, \tag{4.2.121}$$

其中 $\varphi : H \to \mathbb{R} \cup \{+\infty\}$, $\mathrm{dom}\, \varphi = \{z \in H : \varphi(z) < \infty\}$.

上述问题称为广义集值非线性混合变分包含问题, 满足上述条件的 $x \in H, u \in T(x), v \in A(x), w \in G(x)$ 称为 (4.2.121) 的解.

2. 预备知识与基本结果

定义 4.16 映射 $\eta : H \times H \to H$ 称为单调的, 如果

$$\langle \eta(x,y), x - y \rangle \geqslant 0, \quad \forall x, y \in H, \tag{4.2.122}$$

η 称为严格单调的, 如果 (4.2.122) 中的等号成立当且仅当 $x = y$.

η 称为强单调的, 如果存在一个常数 $\sigma > 0$, 使得

$$\langle \eta(x,y), x - y \rangle \geqslant \sigma \|x - y\|^2, \quad \forall x, y \in H.$$

η 称为 Lipschitz 连续的, 如果存在常数 $\delta > 0$ 使得

$$\|\eta(x,y)\| \leqslant \delta \|x - y\|, \quad \forall x, y \in H.$$

定义 4.17 令 $\eta : H \times H \to H$ 为单值映射, $\varphi : H \to \mathbb{R} \cup \{+\infty\}$ 为泛函, $x \in H$, 我们称 $w \in H$ 是 φ 在 $x \in \mathrm{dom}\, \varphi$ 的 η-子可微, 如果

$$\partial_\eta \varphi(x) = \{w \in H : \langle w, \eta(y,x) \rangle \leqslant \varphi(y) - \varphi(x), \ \forall y \in H\}.$$

定义 4.18 集值映射 $Q : H \to 2^H$ 称为 η-单调的, 如果对任意 $x, y \in H, w \in Q(x), z \in Q(y)$, 都有

$$\langle w - z, \eta(x,y) \rangle \geqslant 0.$$

Q 称为极大 η-单调的, 当且仅当它是 η-单调的且不存在其他的 η-单调集值映射, 使得其图严格包含 $\mathrm{graph}(Q)$.

注 4.17 如果 $\eta : H \times H \to H$ 满足下列条件: 对任意 $x, y \in H, \eta(x,y) = -\eta(y,x)$, 并且 $\varphi : H \to \mathbb{R} \cup \{+\infty\}$ 是真泛函, 则易知集值映射 $\partial_\eta \varphi : H \to 2^H$ 是 η-单调的.

定理 4.23 $x \in H, u \in T(x), v \in A(x), w \in G(x)$ 为广义集值非线性混合变分问题 (4.2.121) 的解当且仅当

$$N(u,v) - w \in \partial_\eta \varphi(w).$$

证明　令 $x \in H, u \in T(x), v \in A(x), w \in G(x)$ 为问题 (4.2.121) 的解, 则

$$\langle w - N(u,v), \eta(y,w) \rangle \geqslant \varphi(w) - \varphi(y), \quad \forall y \in H,$$

即

$$\langle N(u,v) - w, \eta(y,w) \rangle \leqslant \varphi(y) - \varphi(w), \quad \forall y \in H,$$

由 $\partial_\eta \varphi(w)$ 的定义可得 $N(u,v) - w \in \partial_\eta \varphi(w)$.

类似可知 "反向也成立". □

引理 4.34[63]　如果 $\eta : H \times H \to H$ 是严格单调的且 $Q : H \to 2^H$ 为 η-单调的集值映射. 如果 $(I + \rho Q)$ 的值域 $R(I + \rho Q) = H$, 对任意 $\rho > 0$ 都成立, 其中 I 为恒等映射, 则 Q 为极大 η-单调的. 此外, 逆算子 $(I + \rho Q)^{-1}$ 是单值的.

定理 4.24　令 $\eta : H \times H \to H$ 为严格单调的, 对任意 $x, y \in H, \eta(x,y) = -\eta(y,x)$, 且 $\varphi : H \to \mathbb{R} \cup \{+\infty\}$ 是真泛函, 满足 $R(I + \lambda \partial_\eta \varphi) = H, \lambda > 0$. 则函数 $x \in H, u \in T(x), v \in A(x), w \in G(x)$ 为 (4.2.121) 的解当且仅当 $x \in H, u \in T(x), v \in A(x), w \in G(x)$ 满足下式

$$w = (I + \lambda \partial_\eta \varphi)^{-1} [w - \rho(w - N(u,v))].$$

证明　如果 $w = (I + \lambda \partial_\eta \varphi)^{-1} \{w - \lambda(w - N(u,v))\}$, 则可得 $w - \lambda(w - N(u,v)) \in (I + \lambda \partial_\eta \varphi)(w)$, 则 $N(u,v) - w \in \partial_\eta \varphi(w)$, 由定理 4.23, $x \in H, u \in T(x), v \in A(x), w \in G(x)$ 为问题 (4.2.121) 的解.

反之, 令 $x \in H, u \in T(x), v \in A(x), w \in G(x)$ 是问题 (4.2.121) 的解, 则 $N(u,v) - w \in \partial_\eta \varphi(w)$, 由此可得 $w - \lambda(w - N(u,v)) \in (I + \lambda \partial_\eta \varphi)(w)$, 即

$$w \in (I + \lambda \partial_\eta \varphi)^{-1} \{w - \lambda(w - N(u,v))\}. \tag{4.2.123}$$

由注 4.17 可知, $\partial_\eta \varphi : H \to 2^H$ 为 η-单调的. 由引理 4.34, $(I + \lambda \partial_\eta \varphi)^{-1}$ 是单值的. 由 (4.2.123) 可得

$$w = (I + \lambda \partial_\eta \varphi)^{-1} \{w - \lambda(w - f(u,v))\}. \qquad □$$

定义 4.19　$(I + \lambda \partial_\eta \varphi)^{-1}$ 称为关于 $\partial_\eta \varphi$ 的预解算子, 记为 J_φ, 其中 $\lambda > 0$ 是个常数.

引理 4.35[63]　令 $\eta : H \times H \to H$ 关于常数 $\sigma > 0$ 和 $\delta > 0$ 为强单调和 Lipschitz 连续的, 并且满足条件: 对任意 $x, y \in H, \eta(x,y) = -\eta(y,x)$. 则

$$\|J_\varphi(x) - J_\varphi(y)\| \leqslant \tau \|x - y\|, \quad \forall x, y \in H, \tag{4.2.124}$$

其中 $\tau = \delta \sigma^{-1}$.

定理 4.24 表明集值变分包含问题 (4.2.121) 等价于如下不动点问题

$$x = (1-\lambda)x + \lambda\left\{x - w + J_\varphi[w - \rho(w - N(u,v))]\right\}, \qquad (4.2.125)$$

这里 $0 < \lambda < 1$, 为一个参数. 该不动点问题的等价性质可以用来构造迭代算法.

算法 4.20

假设 $G, T, A : H \to C(H)$, $\eta, N : H \times H \to H$ 为算子. 对给定的 $x_0 \in H, u_0 \in T(x_0), v_0 \in A(x_0)$, 令

$$x_1 = (1-\lambda)x_0 + \lambda\left\{x_0 - w_0 + J_\varphi[w_0 - \rho(w_0 - N(u_0, v_0))]\right\}.$$

因为 $x_0 \in H, u_0 \in T(x_0), v_0 \in A(x_0), w_0 \in G(x_0)$, 存在 $u_1 \in T(x_1), v_1 \in A(x_1)$, 使得

$$\|u_1 - u_0\| \leqslant M(T(x_1), T(x_0)),$$
$$\|v_1 - v_0\| \leqslant M(A(x_1), A(x_0)),$$

其中, $M(\cdot, \cdot)$ 为 $C(H)$ 上的 Hausdorff 度量.

取 $w_1 \in G(x_1)$, 令

$$x_2 = (1-\lambda)x_1 + \lambda\left\{x_1 - w_1 + J_\varphi[w_1 - \rho(w_1 - N(u_1, v_1))]\right\}.$$

同理, 我们可以获得序列 $\{u_n\}, \{v_n\}, \{w_n\}$ 和 $\{x_n\}$ 使得

$$u_n \in T(x_n) : \|u_{n+1} - u_n\| \leqslant M(T(x_{n+1}), T(x_n)),$$
$$v_n \in A(x_n) : \|v_{n+1} - v_n\| \leqslant M(A(x_{n+1}), A(x_n)),$$
$$w_n \in G(x_n),$$
$$x_{n+1} = (1-\lambda)x_n + \lambda\left\{x_n - w_n + J_\varphi[w_n - \rho(w_n - N(u_n, v_n))]\right\}, n = 0, 1, 2\cdots.$$

与问题 (4.2.121) 相关, 我们考虑预解方程组. 更准确地说, 令 $R_\varphi = I - J_\varphi$, 其中 I 是恒等算子, J_φ 为预解算子, 对于给定的非线性方程 $G, T, A : H \to 2^H$, $\eta, N : H \times H \to H$, 考虑如下问题: 寻找 $z, x \in H, u \in T(x), v \in A(x), w \in G(x)$ 使得

$$w + \rho^{-1} R_\varphi z = N(u, v), \qquad (4.2.126)$$

其中 $\rho > 0$ 是一个常数. (4.2.126) 称为集值预解方程.

定理 4.25 令 $\eta : H \times H \to H$ 为严格单调的, 对任意 $x, y \in H, \eta(x, y) = -\eta(y, x)$ 且 $\varphi : H \to \mathbb{R} \cup \{+\infty\}$ 是真泛函, 满足 $R(I + \rho \partial_\eta \varphi) = H, \rho > 0$, 函数

$x \in H, u \in T(x), v \in A(x), w \in G(x)$ 满足变分包含 (4.2.121) 当且仅当 $z, x \in H, u \in T(x), v \in A(x), w \in G(x)$ 满足集值预解方程 (4.2.126), 其中

$$w = J_\varphi z \tag{4.2.127}$$

和

$$z = w - \rho(w - N(u, v)). \tag{4.2.128}$$

证明   令 $x \in H, u \in T(x), v \in A(x), w \in G(x)$ 为 (4.2.126) 的一个解, 则通过定理 4.24, 我们可得

$$w = J_\varphi[w - \rho(w - N(u, v))]. \tag{4.2.129}$$

利用 $R_\varphi = I - J_\varphi$ 和 (4.2.129), 可得

$$\begin{aligned}
&R_\varphi[w - \rho(w - N(u, v))] \\
&= w - \rho(w - N(u, v)) - J_\varphi[w - \rho(w - N(u, v))] \\
&= -\rho w + \rho N(u, v),
\end{aligned}$$

由此可得 $w + \rho^{-1} R_\varphi z = N(u, v)$, 其中 $z = w - \rho(w - N(u, v))$.

反之, 令 $z, x \in H, u \in T(x), v \in A(x), w \in G(x)$ 为 (4.2.126) 的解, 则

$$\rho(w - N(u, v)) = -R_\varphi z = J_\varphi z - z. \tag{4.2.130}$$

由定理 4.24 和 (4.2.129) 式, 可得 $w = J_\varphi(z)$, $x \in H$, $u \in T(x)$, $v \in A(x)$, $w \in G(x)$ 为 (4.2.121) 的解.   □

由定理 4.25, 我们可得广义集值非线性混合变分包含 (4.2.121) 和集值预解方程 (4.2.126) 是等价的. 该等价形式对数值算法的构造十分重要. 问题 (4.2.126) 更一般化且更可行. 下面利用该等价关系去构造一些迭代算法. 需要指出的是, 该等价关系也可用于研究变分包含问题的敏感性分析.

定理 4.25 可以被用来构造如下两种迭代算法.

算法 4.21

令 G 的值域满足 $R(G) = H$, 则 (4.2.126) 可被写成

$$R_\varphi z = -\rho(w - N(u, v)),$$

由此可得

$$z = J_\varphi z - \rho(w - N(u, v)) = w - \rho(w - N(u, v)). \tag{4.2.131}$$

由此不动点格式可以构造如下算法.

对给定的 $z_0 \in H, \exists x_0 \in H, w_0 \in G(x_0)$ 使得 $w_0 = J_\varphi(z_0)$ 且 $u_0 \in T(x_0), v_0 \in A(x_0)$, 按以下迭代算法计算 $\{z_n\}, \{u_n\}, \{v_n\}, \{w_n\}$ 和 $\{x_n\}$:

$$\begin{cases} w_n = J_\varphi z_n, \\ u_n \in T(x_n): \|u_{n+1} - u_n\| \leqslant M(T(x_{n+1}), T(x_n)), \\ v_n \in A(x_n): \|v_{n+1} - v_n\| \leqslant M(A(x_{n+1}), A(x_n)), \\ z_{n+1} = w_n - \rho(w_n - N(u_n, v_n)), \quad n = 0, 1, 2 \cdots. \end{cases} \tag{4.2.132}$$

算法 4.22

令 G 满足 $R(G) = H$, 则 (4.2.126) 可被写为

$$0 = -\rho^{-1} R_\varphi z - (w - N(u, v)),$$

由此可得

$$R_\varphi z = \left(1 - \rho^{-1}\right) R_\varphi z - (w - N(u, v)),$$

即

$$z = J_\varphi z + \left(1 - \rho^{-1}\right) R_\varphi z - (w - N(u, v)) = \left(1 - \rho^{-1}\right) R_\varphi z + N(u, v).$$

利用该不动点格式, 可以构造如下迭代算法.

对于给定的 $z_0 \in H$ 按以下迭代算法 $\{z_n\}, \{u_n\}, \{v_n\}, \{w_n\}$ 和 $\{x_n\}$:

$$\begin{cases} w_n = J_\varphi z_n, \\ u_n \in T(x_n): \|u_{n+1} - u_n\| \leqslant M(T(x_{n+1}), T(x_n)), \\ v_n \in A(x_n): \|v_{n+1} - v_n\| \leqslant M(A(x_{n+1}), A(x_n)), \\ z_{n+1} = \left(1 - \rho^{-1}\right) R_\varphi z_n + N(u_n, v_n), \quad n = 0, 1, 2 \cdots. \end{cases}$$

算法 4.23

令 $\eta, N : H \times H \to H$ 为单值映射, $T, A : H \to 2^H$ 为两个具紧值的集值映射且分别为 ρ-Lipschitz 连续的和 τ-Lipschitz 连续的. $G : H \to 2^H$ 为集值映射.

对于给定的 $x \in H$, 取 $u_0 \in T(x_0), v_0 \in A(x_0), w_0 \in G(x_0)$, 令

$$y_0 = (1 - \alpha_0) x_0 + \alpha_0 \{x_0 - w_0 + J_\varphi[w_0 - \lambda(w_0 - N(u_0, v_0))]\},$$

取

$$u_0^* \in T(y_0), \quad v_0^* \in A(y_0), \quad w_0^* \in G(y_0),$$

令

$$x_1 = (1 - \alpha_0) x_0 + \alpha_0 \{y_0 - w_0^* + J_\varphi[w_0^* - \lambda(w_0^* - N(u_0^*, v_0^*))]\},$$

存在 $u_1 \in T(x_1)$, s.t. $\|u_1 - u_0\| \leqslant H(T(x_1), T(x_0))$,

存在 $v_1 \in A(x_1)$, s.t. $\|v_1 - v_0\| \leqslant H(A(x_1), A(x_0))$.

取 $w_1 \in G(x_1)$, 令

$$y_1 = (1 - \alpha_1) x_1 + \alpha_1 \{x_1 - w_1 + J_\varphi [w_1 - \lambda (w_1 - N(u_1, v_1))]\},$$

存在 $u_1^* \in T(y_1), v_1^* \in A(y_1)$, 使得

$$\|u_0^* - u_1^*\| \leqslant H(T(y_0), T(y_1)),$$
$$\|v_0^* - v_1^*\| \leqslant H(A(y_0), A(y_1)).$$

取 $w_1^* \in G(y_1)$, 令

$$x_2 = (1 - \alpha_1) x_1 + \alpha_1 \{y_1 - w_1^* + J_\varphi [w_1^* - \lambda (w_1^* - N(u_1^*, v_1^*))]\}.$$

重复以上步骤可获得

$$u_n \in T(x_n) : \|u_n - u_{n+1}\| \leqslant H(T(x_n), T(x_{n+1})),$$
$$v_n \in A(x_n) : \|v_n - v_{n+1}\| \leqslant H(A(x_n), A(x_{n+1})),$$
$$u_n^* \in T(y_n) : \|u_n^* - u_{n+1}^*\| \leqslant H(T(y_n), T(y_{n+1})),$$
$$v_n^* \in A(y_n) : \|v_n^* - v_{n+1}^*\| \leqslant H(A(y_n), A(y_{n+1})).$$

其中

$$y_n = (1 - \alpha_n) x_n + \alpha_n \{x_n - w_n + J_\varphi [w_n - \lambda (w_n - N(u_n, v_n))]\}, \quad w_n \in G(x_n).$$

取 $w_n^* \in G(y_n)$, 则

$$x_{n+1} = (1 - \alpha_n) x_n + \alpha_n \{y_n - w_n^* + J_\varphi [w_n^* - \lambda (w_n^* - N(u_n^*, v_n^*))]\},$$

$\{x_n\}, \{u_n\}, \{v_n\}, \{w_n\}, \{y_n\}, \{u_n^*\}, \{v_n^*\}, \{\omega_n^*\}$ 称为两步迭代序列, 其中 $\lambda > 0$ 为常数. $\{\alpha_n\}$ 为 $[0,1]$ 内的序列, 满足 $\lim\limits_{n \to \infty} \alpha_n$ 存在但 $\lim\limits_{n \to \infty} \alpha_n \neq 0$.

3. 收敛性分析

以下讨论算法 4.20、算法 4.21 及算法 4.23 的收敛性. 为此引入以下概念.

定义 4.20　对任意 $x_1, x_2 \in H$, 算子 $T : H \to C(H)$ 称为 M-Lipschitz 连续的, 如果存在常数 $\alpha > 0$ 使得 $M(T(x_1), T(x_2)) \leqslant \alpha \|x_1 - x_2\|$, 其中 $M(\cdot, \cdot)$ 是 $C(H)$ 上的 Hausdorff 度量.

定义 4.21 对任意 $u \in G(x), v \in G(y)$, 算子 $G : H \to 2^H$ 称为强单调的, 如果存在常数 $\xi > 0$ 使得 $\langle u - v, x - y \rangle \geqslant \xi \|x - y\|^2, \forall x, y \in H$.

对任意 $u \in G(x), v \in G(y)$, 算子 $G : H \to 2^H$ 称为 Lipschitz 连续的, 如果存在常数 $\mu > 0$ 使得

$$\|u - v\| \leqslant \mu \|x - y\|, \quad \forall x, y \in H.$$

定理 4.26 令 $T, A : H \to C(H)$ 为 M-Lipschitz 连续的 (关于常数 $\alpha > 0, \beta > 0$). 令 $G : H \to H$ 关于常数 $\mu > 0$ 是 Lipschitz 连续的, 关于常数 $\xi > 0$ 是强单调的. 令 $\eta : H \times H \to H$ 关于常数 $\sigma > 0$ 为强单调的且关于常数 $\delta > 0$ 为 Lipschitz 连续的, 且满足条件: 对于 $x, y \in H, \eta(x, y) = -\eta(y, x)$. 如果 $N(u, \cdot)$ 关于 $\gamma > 0$ 是 Lipschitz 连续的, $N(\cdot, v)$ 关于 $\omega > 0$ 是 Lipschitz 连续的, 并且

$$\sqrt{1 - 2\xi + \mu^2} + \tau\mu + \tau\rho\gamma\beta + \tau\rho\omega\alpha < 1 + \tau\rho\mu, \tag{4.2.133}$$

则存在 $x \in H, u \in T(x), v \in A(x), w \in G(x)$, 满足 (4.2.125), 由算法 4.20 生成的 $\{u_n\}, \{v_n\}, \{w_n\}$ 及 $\{x_n\}$ 强收敛于 H 中的 u, v, w 和 x.

证明 由算法 4.20 可得

$$
\begin{aligned}
\|x_{n+1} - x_n\| = &\|(1-\lambda)(x_n - x_{n-1}) + \lambda(x_n - x_{n-1} - w_n + w_{n-1}) \\
&+ \lambda\{J_\varphi[w_n - \rho(w_n - N(u_n, v_n))] \\
&- J_\varphi[w_{n-1} - \rho(w_{n-1} - N(u_{n-1}, v_{n-1}))]\}\| \\
\leqslant &(1-\lambda)\|x_n - x_{n-1}\| + \lambda\|x_n - x_{n-1} - w_n + w_{n-1}\| \\
&+ \lambda\tau\|(1-\rho)(w_n - w_{n-1}) + \rho(N(u_n, v_n) - N(u_{n-1}, v_{n-1}))\| \\
\leqslant &(1-\lambda)\|x_n - x_{n-1}\| + \lambda\|x_n - x_{n-1} - g(x_n) + g(x_{n-1}) + g(x_{n-1})\| \\
&+ \lambda\tau(1-\rho)\|w_n - w_{n-1}\| + \lambda\rho\tau\|N(u_n, v_n) - N(u_n, v_{n-1})\| \\
&+ \lambda\tau\rho\|N(u_n, v_{n-1}) - N(u_{n-1}, v_{n-1})\|. \tag{4.2.134}
\end{aligned}
$$

因为 $G : H \to H$ 关于 $\mu > 0$ 是 Lipschitz 连续的且关于 $\xi > 0$ 是强单调的, 故

$$\|w_n - w_{n-1}\| \leqslant \mu\|x_n - x_{n-1}\| \tag{4.2.135}$$

和

$$
\begin{aligned}
&\|x_n - x_{n-1} - w_n + w_{n-1}\|^2 \\
&= \|x_n - x_{n-1}\|^2 - 2\langle x_n - x_{n-1}, w_n - w_{n-1}\rangle + \|w_n - w_{n-1}\|^2 \\
&\leqslant (1 - 2\xi + \mu^2)\|x_n - x_{n-1}\|^2. \tag{4.2.136}
\end{aligned}
$$

因为 $N(\cdot, v)$ 关于 $\omega > 0$ 是 Lipschitz 连续的且 $T : H \to C(H)$ 关于 $\alpha > 0$ 是 M-Lipschitz 连续的, 所以

$$
\begin{aligned}
\|N(u_n, v_{n-1}) - N(u_{n-1}, v_{n-1})\| &\leqslant \omega \|u_n - u_{n-1}\| \\
&\leqslant \omega M(T(x_n), T(x_{n-1})) \\
&\leqslant \sigma \alpha \|x_n - x_{n-1}\|.
\end{aligned} \tag{4.2.137}
$$

同理, 因为 $N(u, \cdot)$ 关于 $\gamma > 0$ 是 Lipschitz 连续的且 $A : H \to C(H)$ 关于 $\beta > 0$ 是 M-Lipschitz 连续的, 所以

$$
\begin{aligned}
\|N(u_n, v_n) - N(u_n, v_{n-1})\| &\leqslant \gamma \|v_n - v_{n-1}\| \\
&\leqslant \gamma M(A(x_n), A(x_{n-1})) \\
&\leqslant \gamma \beta \|x_n - x_{n-1}\|.
\end{aligned} \tag{4.2.138}
$$

由 (4.2.134)—(4.2.138), 可得

$$
\begin{aligned}
\|x_{n+1} - x_n\| &\\
&\leqslant \left(1 - \lambda + \lambda \sqrt{1 - 2\xi + \delta^2} + \lambda \tau (1 - \rho)\delta + \lambda \tau \rho \gamma \beta + \lambda \tau \rho \sigma \alpha\right) \|x_n - x_{n-1}\| \\
&\leqslant \theta \|x_n - x_{n-1}\|,
\end{aligned} \tag{4.2.139}
$$

其中 $\theta = 1 - \lambda + \lambda \sqrt{1 - 2\xi + \delta^2} + \lambda \tau (1 - \rho)\delta + \lambda \tau \rho \gamma \beta + \lambda \tau \rho \sigma \alpha$.

由 (4.2.133) 可得 $\theta < 1$. 因此由 (4.2.139) 可得序列 $\{x_n\}$ 为 H 中的柯西列, 即: $x_n \to x \in H(n \to \infty)$. 由 (4.2.135), $\{w_n\}$ 是 H 中的柯西列, 即 $w_n \to w \in H(n \to \infty)$. 由算法 4.20 可得

$$
\|u_{n+1} - u_n\| \leqslant M(T(x_{n+1}), T(x_n)) \leqslant \alpha \|x_n - x_{n-1}\|. \tag{4.2.140}
$$

由此可知 $\{u_n\}$ 为 H 中的柯西列, 即 $u_n \to u \in H(n \to \infty)$. 同理可证 $\{v_n\}$ 也是 H 中的柯西列, 即 $v_n \to v \in H(n \to \infty)$. 现在利用 N, G, J_φ 的连续性和算法 4.20 可得

$$
x = (1 - \lambda)x + \lambda\{x - w + J_\varphi[w - \rho(w - N(u, v))]\}. \tag{4.2.141}
$$

下面证明 $u \in T(x)$. 事实上,

$$
\begin{aligned}
d(u, T(x)) &\leqslant \|u - u_n\| + d(u_n, T(x)) \\
&\leqslant \|u - u_n\| + M(T(x_n), T(x)) \\
&\leqslant \|u - u_n\| + \alpha \|x_n - x\| \to 0 \quad (n \to \infty),
\end{aligned} \tag{4.2.142}
$$

其中 $d(u, T(x)) = \inf\{\|u-t\|, t \in T(x)\}$, 故 $d(u, T(x)) = 0$. 由此可知 $u \in T(x)$, 因为 $T(x) \in C(H)$. 同理可知 $v \in A(x), w \in G(x)$. 由引理 4.34 可知 $x \in H, u \in T(x), v \in A(x), w \in G(x)$ 为 (4.2.121) 的解, 且由算法 4.20 生成的序列 $\{u_n\}, \{v_n\}, \{w_n\}$ 及 $\{x_n\}$ 强收敛于 u, v, w 和 x. $\square$

定理 4.27 令 $T, A : H \to C(H)$ 关于常数 $\alpha > 0, \beta > 0$ 为 M-Lipschitz 连续的. 令 $G : H \to H$ 关于 $\mu > 0$ 是 Lipschitz 连续的且关于 $\xi > 0$ 是强单调的. G 满足 $R(G) = H$. 令 $\eta : H \times H \to H$ 关于常数 $\sigma > 0$ 和 $\delta > 0$ 分别是强单调的和 Lipschitz 连续的, 并且满足条件: 对任意 $x, y \in H, \eta(x, y) = -\eta(y, x)$. 如果 $N(u, \cdot)$ 关于 $\gamma > 0$ 是 Lipschitz 连续的且 $N(\cdot, v)$ 关于 $\omega > 0$ 是 Lipschitz 连续的, 且

$$\sqrt{1 - 2\xi + \mu^2} + \tau\mu + \tau\rho\gamma\beta + \tau\rho\omega\alpha < 1 + \tau\rho\mu, \qquad (4.2.143)$$

则存在 $z, x \in H, u \in T(x), v \in A(x), w \in G(x)$, 满足 (4.2.126) 和 (4.2.128), 且由算法 4.21 生成的 $\{z_n\}, \{u_n\}, \{v_n\}, \{w_n\}$ 及 $\{x_n\}$ 强收敛于 z, u, v, w 及 x.

证明 由算法 4.21 可得

$$
\begin{aligned}
\|z_{n+1} - z_n\| &= \|w_n - w_{n-1} - \rho(w_n - N(u_n, v_n) - \rho(w_{n-1} - N(u_{n-1}, v_{n-1})))\| \\
&\leqslant (1 - \rho)\|w_n - w_{n-1}\| + \rho\|N(u_n, v_n) - N(u_{n-1}, v_{n-1})\| \\
&\leqslant (1 - \rho)\|w_n - w_{n-1}\| + \rho\|N(u_n, v_n) - N(u_n, v_{n-1})\| \\
&\quad + \rho\|N(u_n, v_{n-1}) - N(u_{n-1}, v_{n-1})\|.
\end{aligned} \qquad (4.2.144)
$$

因为 $G : H \to H$ 关于 $\mu > 0$ 是 Lipschitz 连续的, 故有

$$\|w_n - w_{n-1}\| \leqslant \mu\|x_n - x_{n-1}\| \qquad (4.2.145)$$

和

$$
\begin{aligned}
&\|x_n - x_{n-1} - w_n + w_{n-1}\|^2 \\
&= \|x_n - x_{n-1}\|^2 - 2\langle x_n - x_{n-1}, w_n - w_{n-1}\rangle + \|w_n - w_{n-1}\|^2 \\
&\leqslant (1 - 2\xi + \mu^2)\|x_n - x_{n-1}\|^2.
\end{aligned}
$$

因为 $N(\cdot, v)$ 关于 $\omega > 0$ 是 Lipschitz 连续的且 $T : H \to C(H)$ 关于 $\alpha > 0$ 是 M-Lipschitz 连续的, 故

$$
\begin{aligned}
\|N(u_n, v_{n-1}) - N(u_{n-1}, v_{n-1})\| &\leqslant \omega\|u_n - u_{n-1}\| \\
&\leqslant \omega M(T(x_n), T(x_{n-1})) \\
&\leqslant \omega\alpha\|x_n - x_{n-1}\|.
\end{aligned} \qquad (4.2.146)
$$

同理, $N(u, \cdot)$ 关于常数 $\gamma > 0$ 是 Lipschitz 连续的, 且 $A : H \to C(H)$ 关于常数 $\beta > 0$ 是 M-Lipschitz 连续的, 因此

$$
\begin{aligned}
\|N(u_n, v_n) - N(u_n, v_{n-1})\| &\leqslant \gamma \|v_n - v_{n-1}\| \\
&\leqslant \gamma M(A(x_n), A(x_{n-1})) \\
&\leqslant \gamma \beta \|x_n - x_{n-1}\|.
\end{aligned}
\tag{4.2.147}
$$

由 (4.2.144)—(4.2.147) 可得

$$
\|z_{n+1} - z_n\| \leqslant ((1-\rho)\mu + \rho\gamma\beta + \rho\omega\alpha) \|x_n - x_{n-1}\|.
\tag{4.2.148}
$$

由 (4.2.132), (4.2.145) 和引理 4.35 可得

$$
\begin{aligned}
\|x_n - x_{n-1}\| &= \|x_n - x_{n-1} - (w_n - w_{n-1}) + J_\varphi(z_n) - J_\varphi(z_{n-1})\| \\
&\leqslant \|x_n - x_{n-1} - w_n + w_{n-1}\| + \|J_\varphi(z_n) - J_\varphi(z_{n-1})\| \\
&\leqslant \sqrt{1 - 2\xi + \mu^2} \|x_n - x_{n-1}\| + \|J_\varphi(z_n) - J_\varphi(z_{n-1})\| \\
&\leqslant \sqrt{1 - 2\xi + \mu^2} \|x_n - x_{n-1}\| + \tau \|z_n - z_{n-1}\|.
\end{aligned}
$$

由此可知

$$
\|x_n - x_{n-1}\| \leqslant \frac{\tau}{1 - \sqrt{1 - 2\xi + \mu^2}} \|z_n - z_{n-1}\|,
\tag{4.2.149}
$$

联立 (4.2.148) 和 (4.2.149) 可得

$$
\begin{aligned}
\|z_{n+1} - z_n\| &\leqslant ((1-\rho)\mu + \rho\gamma\beta + \rho\omega\alpha) \frac{\tau}{1 - \sqrt{1 - 2\xi + \mu^2}} \|z_n - z_{n-1}\| \\
&\leqslant \theta \|z_n - z_{n-1}\|,
\end{aligned}
\tag{4.2.150}
$$

其中 $\theta = ((1-\rho)\mu + \rho\gamma\beta + \rho\omega\alpha) \dfrac{\tau}{1 - \sqrt{1 - 2\xi + \mu^2}}$.

由 (4.2.143) 可得 $\theta < 1$. 因此由 (4.2.150), 可知序列 $\{z_n\}$ 为 H 中的柯西列, 即 $z_n \to z \in H(n \to \infty)$. 由 (4.2.149), 可知 $\{x_n\}$ 也是 H 中的柯西列, 所以存在 x 使得 $x_n \to x \in H(n \to \infty)$. 由 (4.2.145), $\{w_n\}$ 是 H 的柯西列, 即 $w_n \to w \in H(n \to \infty)$. 由 (4.2.132) 可知

$$
\|u_{n+1} - u_n\| \leqslant M(T(x_{n+1}), T(x_n)) \leqslant \alpha \|x_{n+1} - x_n\|,
$$

由此可知序列 $\{u_n\}$ 是 H 中的柯西列, 即 $u_n \to u \in H(n \to \infty)$. 同理可得 $\{v_n\}$ 也是 H 中的柯西列, 即 $v_n \to v \in H(n \to \infty)$. 现在利用算子 N, G, J_φ 的连续性和算法 4.21 可得 $z = w - \rho(w - N(u, v)) = J_\varphi z - \rho(w - N(u, v))$, 即 $w + \rho^{-1} R_\varphi z = N(u, v)$.

下面证明 $u \in T(x)$. 事实上,

$$
\begin{aligned}
d(u, T(x)) &\leqslant \|u - u_n\| + d(u_n, T(x)) \\
&\leqslant \|u - u_n\| + M(T(x_n), T(x)) \\
&\leqslant \|u - u_n\| + \alpha \|x_n - x\| \to 0 \quad (n \to \infty),
\end{aligned}
$$

由于 $d(u, T(x)) = \inf\{\|u - t\|, t \in T(x)\}$, 所以 $d(u, T(x)) = 0$, 进而可知 $u \in T(x)$, 又因为 $T(x) \in C(H)$, 同理可知 $v \in A(x)$. 由定理 4.25 可得 $z, x \in H, u \in T(x), v \in A(x), w \in G(x)$ 为 (4.2.126) 的解, 且由算法 4.21 生成的序列 $\{z_n\}, \{u_n\}, \{v_n\}, \{w_n\}$ 及 $\{x_n\}$ 强收敛于 z, u, v, w 及 x. □

定理 4.28   令 $T, A : H \to 2^H$ 为 ρ-Lipschitz 连续的、τ-Lipschitz 连续的且具有紧值的; $G : H \to 2^H$ 为 α-强单调的、β-Lipschtiz 连续的且具有闭值; $\eta : H \times H \to H$ 是单调的、b-Lipschitz 连续的且满足条件: 对任意 $x, y \in H, \eta(x, y) = -\eta(y, x)$; $N : H \times H \to H$ 关于 T 和第一变量为 δ-Lipschitz 连续的, 关于 T 和第二变量为 σ-Lipschitz 连续的;

$$
k = (1 + \mu)\left(1 - 2\alpha + \beta^2\right)^{\frac{1}{2}} + \mu\left(1 + 2\lambda\delta + \lambda^2\delta^2\right)^{\frac{1}{2}} + \mu\lambda\left(\beta^2 + 2\sigma\beta\tau + \sigma^2\tau^2\right)^{\frac{1}{2}} < 1,
\tag{4.2.151}
$$

则存在 $x \in H, u \in T(x), v \in A(x), w \in G(x)$ 满足 (4.2.121), 且由算法 4.23 生成的序列 $\{x_n\}, \{u_n\}, \{v_n\}, \{w_n\}$ 强收敛于 x, u, v, w.

证明   假设 $x \in H, u \in F(x), v \in T(x), w \in G(x)$ 为问题 (4.2.121) 的解.

由定理 4.24 可得

$$
w = J_\varphi\{w - \lambda[w - N(u, v)]\},
\tag{4.2.152}
$$

由 (4.2.152) 可得

$$
x = (1 - \alpha_n)x + \alpha_n\{x - w + J_\varphi[w - \lambda(w - N(u, v))]\}.
\tag{4.2.153}
$$

由 (4.2.152) 和 (4.2.153) 可得

$$
\begin{aligned}
\|x_{n+1} - x\| &\leqslant (1 - \alpha_n)\|x_n - x\| + \alpha_n\|y_n - x - (w_n^* - w)\| \\
&\quad + \alpha_n\|J_\varphi[w - \lambda(w - N(u, v))] - J_\varphi[w_n^* - \lambda(w_n^*, v_n^*)]\|.
\end{aligned}
\tag{4.2.154}
$$

因为 η 是强单调的、b-Lipschtiz 连续的, 由引理 4.35 可得

$$
\begin{aligned}
\|x_{n+1} - x\| &\leqslant (1 - \alpha_n)\|x_n - x\| + \alpha_n\|y_n - x - (w_n^* - w)\| \\
&\quad + \alpha_n b a^{-1}\|w - w_n^* - \lambda[w - w_n^* + N(u_n^*, v_n^*) - N(u, v)]\| \\
&\leqslant (1 - \alpha_n)\|x_n - x\| + \alpha_n\|y_n - x - (w_n^* - w)\|
\end{aligned}
$$

$$+\alpha_n ba^{-1}\|y_n - x + w - w_n^* - y_n + x$$

$$-\lambda\left[w - w_n^* + N(u_n^*, v_n^*) - N(u, v)\right]\|$$

$$\leqslant (1-\alpha_n)\|x_n - x\| + \alpha_n(1 + ba^{-1})\|y_n - x - (w_n^* - w)\|$$

$$+\alpha_n ba^{-1}\|y_n - x + \lambda\left[w - w_n^* + N(u_n^*, v_n^*) - N(u, v)\right]\|$$

$$\leqslant (1-\alpha_n)\|x_n - x\| + \alpha_n(1 + ba^{-1})\|y_n - x - (w_n^* - w)\|$$

$$+\alpha_n ba^{-1}\|y_n - x + \lambda[N(u_n^*, v_n^*) - N(u, v_n^*)]\|$$

$$+\alpha_n ba^{-1}\lambda\|w - w_n^* + N(u, v_n^*) - N(u, v)\|. \tag{4.2.155}$$

因为 G 是 α-强单调的、β-Lipschtiz 连续的, 所以对 $w \in G(x), w_n^* \in G(y_n)$,

$$\langle w_n^* - w, y_n - x\rangle \geqslant \alpha\|y_n - x\|^2, \quad x, y_n \in H,$$

$$\|w_n^* - w\| \leqslant \beta\|y_n - x\|.$$

由此可得

$$\|y_n - x - (w_n^* - w)\|^2 = \langle y_n - x - (w_n^* - w), y_n - x - (w_n^* - w)\rangle$$

$$= \langle y_n - x, y_n - x\rangle - \langle w_n^* - w, y_n - x\rangle$$

$$- \langle y_n - x, w_n^* - w\rangle + \langle w_n^* - w, w_n^* - w\rangle$$

$$\leqslant \|y_n - x\|^2 - 2\alpha\|y_n - x\|^2 + \beta^2\|y_n - x\|^2$$

$$= (1 - 2\alpha + \beta^2)\|y_n - x\|^2. \tag{4.2.156}$$

因为 N 关于 T 和第一变量是 δ-Lipschitz 连续的, 由此可得

$$\|y_n - x + \lambda[N(u_n^*, v_n^*) - N(u, v_n^*)]\|^2$$

$$\leqslant \|y_n - x\|^2 + 2\lambda\langle N(u_n^*, v_n^*) - N(u, v_n^*), y_n - x\rangle + \lambda^2\|N(u_n^*, v_n^*) - N(u, v_n^*)\|^2$$

$$\leqslant \|y_n - x\|^2 + 2\lambda\|N(u_n^*, v_n^*) - N(u, v_n^*)\|\cdot\|y_n - x\| + \lambda^2\|N(u_n^*, v_n^*) - N(u, v_n^*)\|^2$$

$$\leqslant \|y_n - x\|^2 + 2\lambda\delta\|y_n - x\|\|y_n - x\| + \lambda^2\delta^2\|y_n - x\|^2, \tag{4.2.157}$$

故

$$\|y_n - x + \lambda[N(u_n^* - v_n^*) - N(u - v_n^*)]\|^2$$

$$\leqslant \|y_n - x\|^2 + 2\lambda\delta\|y_n - x\|^2 + \lambda^2\delta^2\|y_n - x\|^2$$

$$= (1 + 2\lambda\delta + \lambda^2\delta^2)\|y_n - x\|^2. \tag{4.2.158}$$

因为 N 关于 T 和第二变量是 σ-Lipschitz 连续的, A 是 τ-Lipschitz 连续的, G 是 β-Lipschitz 连续的, 故

$$\|w - w_n^* + N(u, v_n^*) - N(u, v)\|^2$$

$$
\begin{aligned}
&\leqslant \|w - w_n^*\|^2 + 2 \|N(u, v_n^*) - N(u, v)\| \|w - w_n^*\| + \|N(u, v_n^*) - N(u, v)\|^2 \\
&\leqslant \|w - w_n^*\|^2 + 2\sigma \|v_n^* - v\| \|w - w_n^*\| + \sigma^2 \|v_n^* - v\|^2 \\
&\leqslant \beta^2 \|y_n - x\|^2 + 2\sigma\tau \|y_n - x\| \cdot \beta \|y_n - x\| + \sigma^2\tau^2 \|y_n - x\|^2 \\
&= \left(\beta^2 + 2\sigma\tau\beta + \sigma^2\tau^2\right) \|y_n - x\|^2 .
\end{aligned}
\tag{4.2.159}
$$

由 (4.2.154) 和 (4.2.159) 可得

$$
\begin{aligned}
\|x_{n+1} - x\| &\leqslant (1 - \alpha_n) \|x_n - x\| + \alpha_n \left(1 + ba^{-1}\right) \left(1 - 2\alpha + \beta^2\right)^{\frac{1}{2}} \|y_n - x\| \\
&\quad + \alpha_n ba^{-1} \left(1 + 2\lambda\delta + \lambda^2\delta^2\right)^{\frac{1}{2}} \|y_n - x\| \\
&\quad + \alpha_n ba^{-1}\lambda \left(\beta^2 + 2\sigma\tau\beta + \sigma^2\tau^2\right)^{\frac{1}{2}} \|y_n - x\| \\
&\leqslant (1 - \alpha_n) \|x_n - x\| + \alpha_n \Big\{ \left(1 + ba^{-1}\right) \left(1 - 2\alpha + \beta^2\right)^{\frac{1}{2}} \\
&\quad + ba^{-1} \left(1 + 2\lambda\delta + \lambda^2\delta^2\right)^{\frac{1}{2}} \\
&\quad + ba^{-1}\lambda \left(\beta^2 + 2\sigma\tau\beta + \sigma^2\tau^2\right)^{\frac{1}{2}} \Big\} \|y_n - x\| \\
&\leqslant (1 - \alpha_n) \|x_n - x\| + \alpha_n k \|y_n - x\| ,
\end{aligned}
\tag{4.2.160}
$$

其中

$$
k = (1 + \mu) \left(1 - 2\alpha + \beta^2\right)^{\frac{1}{2}} + \mu \left(1 + 2\lambda\delta + \lambda^2\delta^2\right)^{\frac{1}{2}} + \mu\lambda \left(\beta^2 + 2\sigma\tau\beta + \sigma^2\tau^2\right)^{\frac{1}{2}} .
\tag{4.2.161}
$$

由 (4.2.152), 同理可得

$$
\begin{aligned}
\|y_n - x\| &\leqslant (1 - \alpha_n) \|x_n - x\| + \alpha_n \|x_n - x - (w_n - w)\| \\
&\quad + \alpha_n \|J_\varphi[w_n - \lambda(w_n - N(u_n, v_n))] - J_\varphi[w - \lambda(w - N(u, v))]\| \\
&\leqslant (1 - \alpha_n) \|x_n - x\| + \alpha_n k \|x_n - x\| .
\end{aligned}
\tag{4.2.162}
$$

因为 $k < 1$, 所以 $\|y_n - x\| \leqslant \|x_n - x\|$.

由 (4.2.160) 可得

$$
\begin{aligned}
\|x_{n+1} - x\| &\leqslant (1 - \alpha_n) \|x_n - x\| + \alpha_n k \|x_n - x\| = (1 - \alpha_n(1 - k)) \|x_n - x\| \\
&\leqslant \prod_{j=0}^{n} (1 - \alpha_j(1 - k)) \|x_0 - x\| .
\end{aligned}
$$

因为 $1 - k \geqslant 0$, 由无限积的性质, $\prod\limits_{j=0}^{\infty} [1 - \alpha_j(1 - k)] = 0$, 所以 $\{x_n\}$ 强收敛于 x.

因为存在 $u_\wedge \in T(x)$ 和 $v_\wedge \in A(x)$ 使得

$$\|u_n - u_\wedge\| \leqslant H\left(T\left(x_n\right), T(x)\right) \leqslant \rho\left\|x_n - x\right\|,$$
$$\|v_n - v_\wedge\| \leqslant H\left(A\left(x_n\right), A(x)\right) \leqslant \tau\left\|x_n - x\right\|,$$
$$\|w_n - w\| \leqslant \beta\left\|x_n - x\right\|,$$

由此可得 $\{x_n\}, \{u_n\}, \{v_n\}, \{w_n\}$ 是 H 的柯西列, 所以存在 $\overline{x}, \overline{u}, \overline{v}, \overline{w} \in H$ 使得

$$x_n \to \overline{x}, \quad u_n \to \overline{u}, \quad v_n \to \overline{v}, \quad w_n \to \overline{w}.$$

由 (4.2.152) 可得 $\{y_n\}$ 是 H 中的柯西列, 且 $y_n \to \overline{x}$. 由 $\{y_n\}$ 的构造及引理 4.35, J_φ 是连续的, 由 (4.2.152) 可得

$$\overline{w} = J_\varphi[\overline{w} - \lambda(\overline{w} - N(\overline{u}, \overline{v}))]. \tag{4.2.163}$$

因为

$$d(\overline{u}, T(\overline{x})) \leqslant \|\overline{u} - u_n\| + d\left(u_n, T(\overline{x})\right) \leqslant \|\overline{u} - u_n\| + H\left(T\left(x_n\right), T(\overline{x})\right)$$
$$\leqslant \|\overline{u} - u_n\| + \rho\left\|x_n - \overline{x}\right\| \to 0 \quad (n \to \infty),$$

且 $T(\overline{x})$ 是闭的, 可得 $\overline{u} \in T(\overline{x})$. 同理可得 $\overline{v} \in A(\overline{x})$, 因为 G 是闭值的、β-Lipschtiz 连续的,

$$d(\overline{w}, G(\overline{x})) \leqslant \|\overline{w} - w_n\| + d(w_n, G(\overline{x}))$$
$$\leqslant \|w_n - \overline{w}\| + d(w_n, y)$$
$$\leqslant \|w_n - \overline{w}\| + \beta\left\|x_n - \overline{x}\right\| \to 0 \quad (n \to \infty),$$

故 $\overline{w} \in G(\overline{x})$, 其中 $w_n \in G(\overline{x})$, $y \in G(\overline{x})$.

由 (4.2.163) 和定理 4.24, $\overline{x} \in H, \overline{u} \in T(\overline{x}), \overline{v} \in A(\overline{x}), \overline{w} \in G(\overline{x})$ 是问题 (4.2.121) 的解, 由算法 4.23 生成的 $\{x_n\}, \{u_n\}, \{v_n\}, \{w_n\}$ 强收敛于 $\overline{x}, \overline{u}, \overline{v}, \overline{w}$. □

4.2.5　一类变分不等式的间隙函数与误差界

1. 引言

变分不等式理论是非线性分析的重要组成部分, 它在力学、微分方程、控制论、数理经济、对策理论、优化理论、非线性规划理论和应用等领域都有广泛的应用. 自 20 世纪 60 年代以来, Lions, Browder, Stampacchia, Ky Fan 等提出并创立了变分不等式理论, 近几十年该方面的研究已取得重要进展, 逐步成为一个内容丰富、方法多样、思想深刻并具有广泛应用前景的研究方向.

变分不等式这一问题产生于许多不同的学科领域, 如物理学、工程学和金融学等学科. 如 1933 年 Signorini[83] 在研究一个线性弹性体与刚性体的无摩擦接触问题时导出了一个变分不等式, 称之为 Signorini 问题. 而变分不等式作为一个系统的研究方向则始于 20 世纪 60 年代, Hartman, Stampacchia 被认为是变分不等式理论的创立者. 他们所研究的第一个变分不等式, 如下所述:

设 K 是 $\mathbb{R}^n$ 中的有界闭凸集, $F: K \to \mathbb{R}^n$ 是一个连续映象, 求 $u \in K$ 使得

$$\langle F(u), v - u \rangle \geqslant 0, \quad \forall v \in K. \tag{4.2.164}$$

上述变分不等式与最优化理论和微分方程紧密联系, 几十年来, 变分不等式 (4.2.164) 已被国内外学者多方面推广. 20 世纪 70 年代, 变分不等式在最优控制问题、弹性问题、弹塑性问题及渗流领域中都得到了成功的应用[84]. 如 Chipot[85] 和 Rodrigues[86] 研究了障碍问题、水坝问题的正则理论. 20 世纪 80 年代以来, 变分不等式理论及应用得到了深入发展, 至今已较为系统.

对于变分不等式问题, 我们可以利用间隙函数等价地将其转化为有约束最优化问题或无约束最优化问题. 间隙函数的基本思想是将所研究的变分不等式问题等价地转化为最优化问题, 再利用最优化问题已有的技巧、算法、理论结果来研究原来问题的解. 在许多数学问题 (诸如均衡问题、相补问题等) 的理论分析和算法研究中, 间隙函数都起到了极其重要的作用.

间隙函数是指定义在某个集合或空间上的实值函数, 它在给定集合或其空间上的全局最小点集为所研究问题的解集. 一般地, 我们利用间隙函数将变分不等式问题等价地转化为最优化问题, 就可以利用优化问题已知的技巧、算法和理论结果来研究不同的原问题. 而且, 对于一些可能比较困难的问题, 利用间隙函数, 就可以统一问题的陈述并简化处理过程.

建立间隙函数需要遵循两个原则: ① 定义的间隙函数适应性强; ② 定义的间隙函数有较好的解析性质. 此外, 间隙函数另外一个重要的应用是得到相应的误差界和全局误差界. 所谓误差界是指一个与某个剩余函数有关, 能够界定测试集合内向量到给定集合距离上界的不等式.

许多变分不等式的思想都来源于 Auslender[87], 其针对变分不等式 (4.2.164) 定义了函数 $f: H \to \mathbb{R} \cup \{+\infty\}$:

$$f(x) = \sup_{y \in C} \{\langle F(x), x - y \rangle\},$$

并且给出了 x 是变分不等式 (4.2.164) 的解的充要条件是 x 为问题 $\min_{x \in C} f(x)$ 的解, 并且 $f(x) = 0$. 所以, 利用这个函数, 我们便得到了变分不等式的一个等价的有约束最优化变形. 此后, Auchmuty[88] 和 Fukushima[89] 给出了变分不等式的可微间隙函

数. Fukushima[89] 针对经典变分不等式定义了正则间隙函数. Wu[69], Florian 等[69] 扩展了正则间隙函数, 采用了满足一些条件的抽象函数 $\phi(x, y)$ 代替了 Fukushima 使用的 $\frac{1}{2}\|x - y\|^2$, 使得正则函数的适用范围更广. Wu 等证明了函数 g_α 也可以看作是变分不等式的等价有约束最优化变形. 1997 年, Fukushima 新定义了一个间隙函数 $H_{\alpha\beta} : H \to R$, 证明了该间隙函数是变分不等式的等价无约束最优化变形. 此后, 许多研究学者还对研究对象变分不等式作了相应的推广, 如 Solodov[72] 和 Noor[73] 分别就两类不同的广义变分不等式建立了相应的间隙函数, 并利用间隙函数的性质给出了误差界.

之前提到间隙函数的作用之一是等价地将其变为约束最优化问题或无约束最优化问题. 文献 [69] 中提出了一种算法, 这种算法利用最速下降法的原理, 避免了间隙函数的梯度问题. 这类算法最大的优点, 就是通过间隙函数的作用, 以及最速下降法研究了变分不等式解的问题. 因此, 这部分借助这种思想, 针对广义混合变分不等式给出了一类算法, 进而求解了广义变分不等式.

非线性互补问题 (NCP) 是变分不等式的一个重要特例. 它是 C 为非负象限时变分不等式的特殊情形. 给定向量值函数 $F : \mathbb{R}^n \to \mathbb{R}^n$, NCP 问题是指: 寻找一个向量 $x \in \mathbb{R}^n$ 满足

$$F(x) \geqslant 0, \quad x \geqslant 0, \quad F(x)^{\mathrm{T}} x = 0.$$

有限维变分不等式和非线性互补问题的研究虽然开始于 20 世纪 60 年代, 但与无限维情形不同, 它起源于优化领域. 关于有限维变分不等式这一课题, 许多理论结果和数值方法都已提出. 关于 20 世纪 90 年代的相关研究成果可参见 [92,93].

求解变分不等式和非线性互补问题经常使用的主要算法有: 牛顿法、拟牛顿法、内点信赖域法、对称化牛顿法、投影法等. 其中的投影方法, 在某些条件下, 可以很容易地证明这种算法的全局收敛性. 本章采用了一个新的密度函数建立 NCP 函数, 同时利用上述算法中的光滑化牛顿法解决了非线性互补问题, 并给出了全局收敛性的讨论.

2. 预备知识

设 H 是 Hilbert 空间且 K 是 H 中的一个非空闭凸子集, 设 $T : K \to 2^H$ 是一个集值映射且 $f : H \to \mathbb{R} \cup \{+\infty\}$ 是一个真凸下半连续函数. 考虑如下的集值混合变分不等式 SMVI (T, K): 寻找 $x \in K$ 和 $w \in T(x)$ 使得

$$\langle w, y - x \rangle + f(y) - f(x) \geqslant 0, \quad \forall y \in K. \tag{4.2.165}$$

集值混合变分不等式应用范围非常广, 例如力学问题 [90]、均衡问题 [91]. 集值混合变分不等式包含了多种变分不等式的情形, 如果 $f = 0$, 则问题 (4.2.165) 退化

为集值变分不等式问题, 即: 寻找 $x \in K$ 和 $w \in T(x)$ 使得

$$\langle w, y - x \rangle \geqslant 0, \quad \forall y \in K. \tag{4.2.166}$$

如果 T 是单值映射, 则问题 (4.2.166) 退化为经典变分不等式问题, 即: 寻找 $x \in K$ 使得

$$\langle T(x), y - x \rangle \geqslant 0, \quad \forall y \in K. \tag{4.2.167}$$

1992 年, Fukushima[89] 使用特殊函数 $\phi(x,y) = \frac{1}{2}\|x-y\|^2$ 定义了正则间隙函数 $G_\alpha : H \to \mathbb{R}$ 如下

$$G_\alpha(x) = \max_{y \in C}\left\{\langle T(x), x - y\rangle - \frac{\alpha}{2}\|x-y\|^2\right\},$$

这里, α 是个参数. Fukushima 证明了 x 是 (4.2.167) 的解当且仅当 x 为函数 $G_\alpha(x)$ 在 C 上的最小点且 $G_\alpha(x) = 0$. 函数 $G_\alpha(x)$ 可以看作是经典变分不等式 (4.2.167) 的一个等价有约束最优化变形.

Wu 等扩展了正则间隙函数, 利用满足下列条件 (C1)—(C4) 的抽象函数 $\phi(x,y)$ 建立了广义正则函数 $G_\alpha(x) = \max_{y \in C}\{\langle F(x), x - y\rangle - \alpha\phi(x,y)\}$.

(C1) ϕ 在 $H \times H$ 上连续可微;

(C2) ϕ 在 $H \times H$ 上非负;

(C3) $\phi(x, \cdot)$ 关于 x 是一致强凸的: 存在常数 $\lambda > 0$, 对任意的 $x \in H$, 满足

$$\phi(x, y_1) - \phi(x, y_2) \geqslant \langle \nabla_2 \phi(x, y_2), y_1 - y_2\rangle + \lambda \|y_1 - y_2\|^2, \quad \forall y_1, y_2 \in H,$$

这里 $\nabla_2 \phi$ 是函数 ϕ 关于第二个变量的偏导;

(C4) $\phi(x,y) = 0$ 当且仅当 $x = y$.

满足条件 (C1)—(C4) 的抽象函数 $\phi(x,y)$ 有很多, 例如 Fukushima 使用的特殊函数 $\phi(x,y) = \frac{1}{2}\|x-y\|^2$, 将其推广化可以验证 $\phi(x,y) = k\|x-y\|^2 (k > 0)$ 满足条件 (C1)—(C4). 容易验证, 以下几类函数满足上述条件 (C1)—(C4).

(1) $\phi(x,y) = k\langle x - y, B(x)(x-y)\rangle$, $B(x)$ 是一个连续可微的、对称的一致正定矩阵.

(2) $\phi(x,y) = \psi(x-y)$. 这里 $\psi : H \to H$ 是一个在 H 上非负、连续可微、强凸的函数, 满足 $\psi(0) = 0$ 和 $\nabla\psi$ 是 Lipschitz 连续的.

(3) 设 $g : H \to \mathbb{R}$ 是一个 Gâteaux 可微的凸函数. 那么由函数 g 可以定义 Bregman 距离函数如下:

$$D_g(y,x) := g(y) - g(x) - \langle \nabla g(x), y - x\rangle.$$

1997 年, Fukushima[89] 新定义了一个函数 $H_{\alpha\beta} : H \to \mathbb{R}, 0 < \alpha < \beta$, 并且证明了它是变分不等式 (4.2.167) 的等价无约束最优化变形.

以下针对集值混合变分不等式分别定义广义正则间隙函数和广义 D-间隙函数, 研究这两类间隙函数各自具有的性质, 并且证明这两类间隙函数的最小点就是集值混合变分不等式的解, 同时得到关于集值混合变分不等式解的全局误差界. 由于集值混合变分不等式是混合变分不等式和经典变分不等式的推广, 因此, 本小节所得结果可以看成是对之前结果的推广.

定义 4.22 *函数 $T : K \subset H \to 2^H$ 是强单调的当且仅当, 存在 $\beta > 0$ 使得对于* graph T *中所有 $(x, w), (x^*, w^*)$ 有下式成立:*

$$\langle w - w^*, x - x^* \rangle \geqslant u \| x - x^* \|^2, \tag{4.2.168}$$

那么, 所研究的问题的解是唯一的.

引理 4.36 *设函数 ϕ 满足条件 (C3), 那么对任意的 $y_1, y_2 \in H$, 有*

$$\langle \nabla_2 \phi(x, y_1) - \nabla_2 \phi(x, y_2), y_1 - y_2 \rangle \geqslant 2\lambda \| y_1 - y_2 \|^2, \tag{4.2.169}$$

即: $\nabla_2 \phi(x, \cdot)$ 在 H 也是强单调的, 模为 2λ.

有时, 也要求函数 ϕ 满足下面的条件 (C5):

(C5) $\nabla_2 \phi(x, \cdot)$ 是一致 Lipschitz 连续的, 也就是存在常数 $L' > 0$ 使得对任意的 $x \in H$, 都有

$$\| \nabla_2 \phi(x, y_1) - \nabla_2 \phi(x, y_2) \| \leqslant L' \| y_1 - y_2 \|, \quad \forall y_1, y_2 \in H. \tag{4.2.170}$$

由定义 4.22 可得, $2\lambda \leqslant L'$.

引理 4.37 *设函数 ϕ 满足条件 (C1)—(C4), 那么*

$$\nabla_2 \phi(x, y) = 0, \tag{4.2.171}$$

当且仅当

$$x = y.$$

引理 4.38 *设函数 ϕ 满足 (C1)—(C5), λ, L' 是相对应的系数, 则有下式成立:*

$$\lambda \| x - y \|^2 \leqslant \phi(x, y) \leqslant (L' - \lambda) \| x - y \|^2, \quad \forall x, y \in H. \tag{4.2.172}$$

定义 4.23 *函数 $T : K \subset H \to 2^H$ 在 K 中的子集 B 上是 Lipschitz 连续的当且仅当, 存在 $L > 0$, 使得*

$$H(T(x), T(y)) \leqslant L \| x - y \|, \quad \forall x, y \in B, \tag{4.2.173}$$

其中 $H(\cdot,\cdot)$ 是 H 中的非空有界子集的 Hausdorff 度量, 即

$$H(T(x),T(y)) = \max\left\{\sup_{r\in T(x)}\inf_{s\in T(y)}\|r-s\|, \sup_{s\in T(y)}\inf_{r\in T(x)}\|r-s\|\right\}, \quad \forall x,y \in B.$$

引理 4.39 设 C 是 Hilbert 空间 H 中的非空闭凸集, f 是 C 上的严格凸函数, 则 f 在 C 中只有一个最小点.

证明 假设 f 存在两个最小点 $x_1, x_2 \in C$, 即 $f(x_1) = f(x_2) = \min f(x)$, 根据函数的严格凸性, 任取 $\alpha \in (0,1)$, 有

$$f(\alpha x_1 + (1-\alpha)x_2) < \alpha f(x_1) + (1-\alpha)f(x_2) = f(x_1),$$

即存在 $x_3 = \alpha x_1 + (1-\alpha)x_2$, 使得 $f(x_3) < f(x_1)$, 矛盾. $\square$

3. SMVI(T,K) 的广义间隙函数和误差界

首先定义 SMVI(T,K) 的广义间隙函数 G_α 如下:

对任意的 $x \in H, \alpha > 0$,

$$\begin{aligned}
G_\alpha(x) &= \max_{y\in H}\psi_\alpha(x,y)\\
&= \max_{y\in H}\{\langle w, x-y\rangle + f(x) - f(y) - \alpha\phi(x,y)\}, \quad \forall y \in H.
\end{aligned} \tag{4.2.174}$$

由于 $\phi(x,\cdot)$ 是一致凸的, 所以 $-\psi_\alpha(x,\cdot)$ 在 H 上也是一致凸的, 由引理 4.39 知在 H 上存在唯一最小点 $\pi_\alpha(x)$, 则

$$G_\alpha(x) = \langle w, x - \pi_\alpha(x)\rangle + f(x) - f(\pi_\alpha(x)) - \alpha\phi(x, \pi_\alpha(x)).$$

引理 4.40 若 ϕ 满足 (C1)—(C4), $T: K \to 2^H$ 是一个集值映射且 $f: H \to \mathbb{R} \cup \{+\infty\}$ 是一个真凸下半连续函数, 那么对任意 $\alpha > 0, x = \pi_\alpha(x)$ 当且仅当 x 是 SMVI(T,K) 的解.

证明 对任意的 $x \in H$, 取 $w \in T(x)$, 由 $\pi_\alpha(x)$ 是 $\phi(x,\cdot)$ 在 H 上的最小点, 则

$$0 \in \partial(-\psi(x, \pi_\alpha(x))) = w + \partial f(\pi_\alpha(x)) + \alpha\nabla_2\phi(x, \pi_\alpha(x)). \tag{4.2.175}$$

由次梯度的定义有

$$f(y) \geqslant f(\pi_\alpha(x)) - \langle w + \alpha\nabla_2\phi(x,\pi_\alpha(x)), y - \pi_\alpha(x)\rangle, \tag{4.2.176}$$

即

$$\langle w, y - \pi_\alpha(x)\rangle + f(y) - f(\pi_\alpha(x)) \geqslant \alpha\langle -\nabla_2\phi(x,\pi_\alpha(x)), y - \pi_\alpha(x)\rangle. \tag{4.2.177}$$

若 $x = \pi_\alpha(x)$, 由 (4.2.171) 式得 $\nabla_2\phi(x, \pi_\alpha(x)) = 0$, 则 $\langle \alpha\nabla_2\phi(x, \pi_\alpha(x)), y - \pi_\alpha(x)\rangle = 0$, 故

$$\langle w, y - \pi_\alpha(x)\rangle + f(y) - f(\pi_\alpha(x)) \geqslant 0.$$

从而 x 是 SMVI (T, K) 的解.

若 x 是 SMVI (T, K) 的解, 在 (4.2.165) 式中取 $y = \pi_\alpha(x)$ 得

$$\langle w, \pi_\alpha(x) - x\rangle + f(\pi_\alpha(x)) - f(x) \geqslant 0. \tag{4.2.178}$$

又由条件 (C3) 得

$$\phi(x, x) - \phi(x, \pi_\alpha(x)) \geqslant \langle \nabla_2\phi(x, \pi_\alpha(x)), x - \pi_\alpha(x)\rangle + \lambda \|x - \pi_\alpha(x)\|^2. \tag{4.2.179}$$

由条件 (C2) 与条件 (C4) 知

$$\phi(x, x) - \phi(x, \pi_\alpha(x)) \leqslant 0.$$

故

$$\langle \nabla_2\phi(x, \pi_\alpha(x)), x - \pi_\alpha(x)\rangle + \lambda \|x - \pi_\alpha(x)\|^2 \leqslant 0, \tag{4.2.180}$$

结合 (4.2.178) 与 (4.2.180) 得 $x = \pi_\alpha(x)$. □

定理 4.29　若函数 ϕ 满足 (C1)—(C5), f 是正常闭凸函数, 且 F 是关于 SMVI (T, K) 的解是强单调的, F 关于 $\overline{x}$ 是 Lipschitz 连续的, 那么

$$\|x - \overline{x}\| \leqslant \frac{L + \alpha L'}{u} \|x - \pi_\alpha(x)\|.$$

证明　由于 $\overline{x}$ 是 SMVI (T, K) 的解, 取 $\overline{w} \in T(\overline{x})$ 得

$$\langle \overline{w}, y - \overline{x}\rangle + f(y) - f(\overline{x}) \geqslant 0. \tag{4.2.181}$$

对于 $\forall x \in H, \pi_\alpha(x) \in H$, 在 (4.2.181) 式中取 $y = \pi_\alpha(x)$ 得

$$\langle \overline{w}, \pi_\alpha(x) - \overline{x}\rangle + f(\pi_\alpha(\overline{x})) - f(\overline{x}) \geqslant 0, \tag{4.2.182}$$

在 (4.2.177) 式中取 $y = \overline{x}, \hat{w} \in T(x)$, 使得 $\|\hat{w} - \overline{w}\| \leqslant H(T(x), T(\overline{x}))$, 则有

$$\langle \hat{w}, \overline{x} - \pi_\alpha(x)\rangle + f(\overline{x}) - f(\pi_\alpha(x)) \geqslant \alpha \langle -\nabla_2\phi(x, \pi_\alpha(x)), \overline{x} - \pi_\alpha(x)\rangle. \tag{4.2.183}$$

由 (4.2.182) 和 (4.2.183) 式得

$$\langle \hat{w} - \overline{w}, \pi_\alpha(x) - \overline{x}\rangle \leqslant \alpha \langle \nabla_2\phi(x, \pi_\alpha(x)), \overline{x} - \pi_\alpha(x)\rangle.$$

注意到

$$\alpha \left\langle \nabla_2\phi\left(x, \pi_\alpha(x)\right), \overline{x} - \pi_\alpha(x)\right\rangle$$
$$= \alpha \left\langle \nabla_2\phi\left(x, \pi_\alpha(x)\right), \overline{x} - x\right\rangle + \alpha \left\langle \nabla_2\phi\left(x, \pi_\alpha(x)\right), x - \pi_\alpha(x)\right\rangle$$
$$= \alpha \left\langle \nabla_2\phi\left(x, \pi_\alpha(x)\right) - \nabla_2\phi(x, x), \overline{x} - x\right\rangle$$
$$\quad - \alpha \left\langle \nabla_2\phi(x, x) - \nabla_2\phi\left(x, \pi_\alpha(x)\right), x - \pi_\alpha(x)\right\rangle$$
$$\leqslant \alpha \left\| \nabla_2\phi\left(x, \pi_\alpha(x)\right) - \nabla_2\phi(x, x)\right\| \left\|\overline{x} - x\right\| - 2\alpha\lambda \left\|x - \pi_\alpha(x)\right\|^2$$
$$\leqslant \alpha L' \left\|x - \pi_\alpha(x)\right\| \left\|\overline{x} - x\right\| - 2\alpha\lambda \left\|x - \pi_\alpha(x)\right\|^2, \tag{4.2.184}$$

由 (4.2.168) 式得

$$u\|x - \overline{x}\|^2 \leqslant \langle \hat{w} - \overline{w}, x - \overline{x}\rangle$$
$$\leqslant \langle \hat{w} - \overline{w}, x - \pi_\alpha(x)\rangle + \langle \hat{w} - \overline{w}, \pi_\alpha(x) - \overline{x}\rangle$$
$$\leqslant L\|x - \overline{x}\| \|x - \pi_\alpha(x)\| + \alpha L' \|x - \pi_\alpha(x)\| \|x - \overline{x}\|$$
$$\leqslant (L + \alpha L') \|x - \overline{x}\| \|x - \pi_\alpha(x)\|,$$

因此

$$\|x - \overline{x}\| \leqslant \frac{L + \alpha L'}{u} \|x - \pi_\alpha(x)\|. \qquad \square$$

下面给出 G_α 关于集值混合变分不等式的全局误差界.

引理 4.41 设函数 ϕ 满足条件 (C1)—(C4), 则

$$G_\alpha(x) \geqslant \alpha\lambda \|x - \pi_\alpha(x)\|^2.$$

当 $G_\alpha(x) = 0$ 时, x 是 SMVI (T, K) 的解.

定理 4.30 设函数 ϕ 满足条件 (C1)—(C5), 假定 T 关于 SMVI (T, K) 的解 $\overline{x}$ 是强单调的, T 是 Lipschitz 连续的, 模是 L, 那么 $\sqrt{G_\alpha}$ 关于 SMVI (T, K) 有全局误差界, 即

$$\|x - \overline{x}\| \leqslant \frac{L + \alpha L'}{u\sqrt{\alpha\lambda}} \sqrt{G_\alpha(x)}.$$

证明 由引理 4.41 和定理 4.37 知

$$G_\alpha(x) \geqslant \alpha\lambda \|x - \pi_\alpha(x)\|^2, \quad \|x - \overline{x}\| \leqslant \frac{L + \alpha L'}{u} \|x - \pi_\alpha(x)\|$$

和

$$G_\alpha(x) \geqslant \frac{\alpha\lambda u^2}{(L + \alpha L)^2} \|x - \overline{x}\|^2.$$

从而,

$$\|x - \overline{x}\| \leqslant \frac{L + \alpha L'}{u\sqrt{\alpha\lambda}} \sqrt{G_\alpha(x)}. \qquad \square$$

4. SMVI(T,K) 的广义 D-间隙函数和误差界

下面, 定义 SMVI(T,K) 的广义 D-间隙函数, 如下:

$$
\begin{aligned}
H_{\alpha\beta}(x) &= G_\alpha(x) - G_\beta(x) \\
&= \max_{y \in H} \psi_\alpha(x,y) - \max_{y \in H} \psi_\beta(x,y) \\
&= \langle w, \pi_\beta(x) - \pi_\alpha(x) \rangle + f(\pi_\beta(x)) - f(\pi_\alpha(x)) \\
&\quad + \beta\phi(x, \pi_\beta(x)) - \alpha\phi(x, \pi_\alpha(x)).
\end{aligned}
\tag{4.2.185}
$$

这里, α, β 是满足 $0 < \alpha < \beta$ 的任意参数, $\pi_\alpha(x)$ 和 $\pi_\beta(x)$ 分别是 $-\psi_\alpha(x,\cdot)$ 和 $-\psi_\beta(x,\cdot)$ 在 H 上的最小点.

引理 4.42　设函数 ϕ 满足条件 (C3), 则

$$
(\beta - \alpha)\phi(x, \pi_\beta(x)) \leqslant H_{\alpha\beta}(x) \leqslant (\beta - \alpha)\phi(x, \pi_\alpha(x)).
$$

证明　由定义可知

$$
\begin{aligned}
H_{\alpha\beta}(x) &= G_\alpha(x) - G_\beta(x) \\
&= \max_{y \in H} \psi_\alpha(x,y) - \max_{y \in H} \psi_\beta(x,y) \\
&= \psi_\alpha(x, \pi_\alpha(x)) - \psi_\beta(x, \pi_\beta(x)) \\
&\geqslant \psi_\alpha(x, \pi_\beta(x)) - \psi_\beta(x, \pi_\beta(x)) \\
&= \langle w, x - \pi_\beta(x) \rangle + f(x) - f(\pi_\beta(x)) - \alpha\phi(x, \pi_\beta(x)) \\
&\quad - \langle w, x - \pi_\beta(x) \rangle - f(x) + f(\pi_\beta(x)) + \beta\phi(x, \pi_\beta(x)) \\
&= (\beta - \alpha)\phi(x, \pi_\beta(x)).
\end{aligned}
\tag{4.2.186}
$$

同理, 可证 $H_{\alpha\beta}(x) \leqslant (\beta - \alpha)\phi(x, \pi_\alpha(x))$.

其中, 第一个不等号中的第一项是因为 $\pi_\alpha(x)$ 是 $-\psi_\alpha(x,\cdot)$ 在 H 上的最小点, 故对于 $\pi_\beta(x) \in H$, 有 $-\psi_\alpha(x, \pi_\beta(x)) \geqslant -\psi_\alpha(x, \pi_\alpha(x))$, 即 $\psi_\alpha(x, \pi_\beta(x)) \leqslant \psi_\alpha(x, \pi_\alpha(x))$. $\quad\square$

定理 4.31　设函数 ϕ 满足条件 (C1)—(C4), 那么 $H_{\alpha\beta}$ 是非负的, 且 $H_{\alpha\beta}(x) = 0$ 当且仅当 x 是 SMVI(T,K) 的解.

证明　由引理 4.42 知, $H_{\alpha\beta}(x) \geqslant (\beta - \alpha)\phi(x, \pi_\beta(x))$, 以及 $\beta > \alpha > 0$, 由 $\phi(\cdot, \cdot)$ 非负知 $H_{\alpha\beta}$ 非负.

若 $H_{\alpha\beta}(x) = 0$, 由条件 (C2) 和 (C4) 得, $x = \pi_\alpha(x)$, 由引理 4.36 知 x 是 SMVI(T,K) 的解.

若 x 是 SMVI(T, K) 的解, 由引理 4.42 知, $x = \pi_\alpha(x)$, 最后由条件 (C4) 得, $\phi(x, \pi_\alpha(x)) = 0$. 最后由 $H_{\alpha\beta}$ 的非负性知 $H_{\alpha\beta}(x) = 0$. 　　　　□

下面通过广义 D-间隙函数给出 SMVI(T, K) 的误差界.

定理 4.32　设函数 ϕ 满足条件 (C1)—(C5). F 关于 SMVI(T, K) 是强单调的, F 关于 $\overline{x}$ 是 Lipschitz 连续的, 模是 L, 那么 $\sqrt{H_{\alpha\beta}}$ 关于 SMVI (T, K) 有全局误差界:

$$\|x - \overline{x}\| \leqslant \frac{L + \alpha L'}{u} \sqrt{\frac{1}{\lambda(\beta - \alpha)}} \sqrt{H_{\alpha\beta}(x)}.$$

证明　由引理 4.427、引理 4.38 和定理 4.29 知

$$\begin{aligned}
H_{\alpha\beta}(x) &\geqslant (\beta - \alpha)\phi(x - \pi_\beta(x)) \\
&\geqslant (\beta - \alpha)\lambda \|x - \pi_\beta(x)\|^2 \\
&\geqslant \lambda(\beta - \alpha)\left(\frac{u}{L + \alpha L'}\right)^2 \|x - \overline{x}\|^2,
\end{aligned}$$

故

$$\|x - \overline{x}\| \leqslant \frac{L + \alpha L'}{u} \sqrt{\frac{1}{\lambda(\beta - \alpha)}} \sqrt{H_{\alpha\beta}(x)}. \qquad \square$$

4.3　Banach 空间中均衡问题解的迭代算法

4.3.1　均衡问题和相对非扩张映射的强收敛定理

1. 引言

设 E 是一实 Banach 空间, C 是 E 的非空闭凸子集, E^* 是 E 的对偶空间. $f : C \times C \to \mathbb{R}$ 为一泛函, 其中 $\mathbb{R}$ 为实数集. 均衡问题即为: 寻找 $\hat{x} \in C$ 使得

$$f(\hat{x}, y) \geqslant 0, \quad \forall y \in C. \tag{4.3.1}$$

其解集记为 $EP(f)$. $\hat{x} \in EP(f)$ 当且仅当 $\forall y \in C$, $\langle T\hat{x}, y - \hat{x}\rangle \geqslant 0$, 即 $\hat{x}$ 是变分不等式的解集. 均衡问题为我们研究经济、金融、最优化等一系列问题提供了较为系统的数学框架. 近年来, 许多作者 (如 [17, 103–106, 109]) 对该问题做了较为全面和深入的研究. 在 Hilbert 空间中, 一些作者 (如 Blum-Oettli[1], Takahashi[17]) 对均衡问题提出了有效的迭代格式, 并证明了算法的收敛性. 以下给出后面要用到的一些定义和记号.

设 $S : C \to C$ 是一映射. 如果满足 $\|Sx - Sy\| \leqslant \|x - y\|, \forall x, y \in C$, 则称 S 为非扩张的. 如果对 $x \in C$, 满足 $Sx = x$, 则称 x 为 S 的不动点, S 的不动点集记为 $F(S)$.

通常有三种经典的迭代序列来逼近非扩张映射的不动点.

第一种是由 Halpern[166] 所引入的, 其定义如下: 设 $x_0 \in C$ 为任一元,

$$x_{n+1} = t_n x_0 + (1 - t_n) S x_n, \quad \forall n \in \mathbb{N}, \tag{4.3.2}$$

其中 $\{t_n\}_{n=1}^{\infty}$ 为 $[0, 1]$ 中的序列.

第二种迭代序列是由 Mann[162] 所引入的, 其定义如下: 设 $x_0 \in C$ 为任一元,

$$x_{n+1} = t_n x_n + (1 - \alpha_n) S x_n, \quad \forall n \in \mathbb{N}, \tag{4.3.3}$$

其中 $\{\alpha_n\}_{n=1}^{\infty}$ 为 $[0, 1]$ 中的序列.

第三种迭代序列是由 Ishikawa 所引入的, 其定义如下: 设 $x_0 \in C$ 为任一元,

$$\begin{cases} y_n = \beta_n x_n + (1 - \beta_n) S x_n, \\ x_{n+1} = \alpha_n x_n + (1 - \alpha_n) S y_n, \end{cases} \tag{4.3.4}$$

其中 $\{\alpha_n\}_{n=1}^{\infty}$ 和 $\{\beta_n\}_{n=1}^{\infty}$ 为 $[0, 1]$ 中的序列. 一般地, 关于迭代序列 (4.3.2)—(4.3.4) 的强收敛性质需要附加一定条件, 比如所讨论的空间具有下面所述的较好的性质: 对于 Mann[162] 所定义的序列 (4.3.3), Reich[163] 证明了如果 E 是一致凸、Fréchet 可导的 Banach 空间, 序列 $\{\alpha\}$ 满足 $\sum\limits_{n=1}^{\infty} \alpha_n (1 - \alpha_n) = \infty$, 则有 (4.3.3) 式定义的 序列 $\{x_n\}$ 弱收敛于 S 的不动点, 并且文献 [97] 说明了即使在 Hilbert 空间中 Mann 的迭代序列也只具有弱收敛性质.

近年来, 一些作者改进了 Mann 的迭代序列 (4.3.3), 进而得到强收敛定理. Nakajo 和 Takahashi[175] 对 Hilbert 空间中的非扩张映射 S 提出了如下修正的迭代 算法 (我们称之为 CQ 迭代方式)

$$\begin{cases} \forall x_0 \in C, \\ y_n = \alpha_n x_n + (1 - \alpha_n) S x_n, \\ C_n = \{z \in C : \|y_n - z\| \leqslant \|x_n - z\|\}, \\ Q_n = \{z \in C : \langle x_0 - x_n, x_n - z \rangle \geqslant 0\}, \\ x_{n+1} = P_{C_n \cap Q_n} x_0, \quad n = 0, 1, \cdots, \end{cases} \tag{4.3.5}$$

其中 P_K 定义为 H 到其一闭凸子集 K 的度量投影, S 是 C 到其自身的非扩张映 射, 他们证明了上面所定义的序列 $\{x_n\}$ 强收敛到 $P_{F(S)} x_0$.

接下来 Matsushita 和 Takahashi[178] 在 Banach 空间中证明了如下 (用 CQ 迭

代方式) 关于相对非扩张映射的强收敛定理.

$$\begin{cases} x_0 = x \in C, \\ y_n = J^{-1}\left(\alpha_n J x_n + (1-\alpha_n)\, JSx_n\right), \\ C_n = \{z \in C : \phi(z, y_n) \leqslant \phi(z, x_n)\}, \\ Q_n = \{z \in C : \langle Jx - Jx_n, x_n - z\rangle \geqslant 0\}, \\ x_{n+1} = P_{C_n \cap Q_n}x, \quad n = 0, 1, \cdots. \end{cases} \tag{4.3.6}$$

最后, Takahashi-Zembayashi[98] 证明了 Banach 空间中关于均衡问题和相对非扩张映射的强收敛定理.

最近, Martinez-Yanes 和 Xu[99] 在 Hilbert 空间中提出了修正 (4.3.2) 的迭代序列. 更确切地说, 他们引入了如下关于非扩张映射 S 的迭代序列, 其中 C 是一闭凸子集.

$$\begin{cases} \forall x_0 \in C, \\ y_n = \alpha_n x_0 + (1-\alpha_n)\, Sx_n, \\ C_n = \left\{z \in C : \|y_n - z\|^2 \leqslant \left\| x_n - z \right\|^2 + \alpha_n\left(\|x_0\|^2 + 2\langle x_n - x_0, z\rangle\right)\right\}, \\ Q_n = \{z \in C : \langle x_0 - x_n, x_n - z\rangle \geqslant 0\}, \\ x_{n+1} = P_{C_n \cap Q_n}x_0, \quad n = 0, 1, \cdots. \end{cases} \tag{4.3.7}$$

他们同时也修正了序列 (4.3.4). 更确切地, 他们定义了如下的序列 $\{x_n\}$:

$$\begin{cases} \forall x_0 \in C, \\ z_n = \beta_n x_n + (1-\beta_n)\, Sx_n, \\ y_n = \alpha_n x_n + (1-\alpha_n)\, Sz_n, \\ C_n = \Big\{z \in C : \|y_n - z\|^2 \leqslant \|x_n - z\|^2 \\ \qquad\qquad + (1-\alpha_n)\left(\|z_n\|^2 - \left\| x_n \right\|^2 + 2\langle x_n - z_n, v\rangle\right)\Big\}, \\ Q_n = \{z \in C : \langle x_0 - x_n, x_n - z\rangle \geqslant 0\}, \\ x_{n+1} = P_{C_n \cap Q_n}x_0, \quad n = 0, 1, \cdots. \end{cases} \tag{4.3.8}$$

一些作者还对严格伪压缩映射、渐近非扩张映射、广义投射下迭代格式做了进一步的分析. 下面在此基础上主要讨论均衡问题的若干迭代算法及其收敛性分析. 4.3.1 小节的结构如下.

第 1 部分为引言, 概括国内外专家学者在这方面的最新研究成果, 介绍相关的一些概念和引理.

第 2 部分为预备知识, 针对不同种类的映射, 依次得到相对非扩张映射、非扩张映射、严格伪压缩映射、渐近非扩张映射的不动点集与均衡问题解集的强收敛定理.

第 3 部分通过引入新的迭代方式, 研究其在广义投射下, 关于相对非扩张映射的强收敛性, 并且作为应用得到关于非扩张映射与凸可行性问题的一些收敛定理.

这部分的结果是新的, 并且可以看作文献 [98, 176, 178] 等所获相应结果的直接改进和推广. 此外, 还给出了文献 [98, 102, 175] 等所讨论的问题在一些新的条件下的收敛性. 在证明过程中, 我们也提供了一些新的估计技巧.

2. 预备知识

设 E 是一实 Banach 空间, 范数为 $\|\cdot\|$, E^* 是 E 的对偶空间, $\langle\cdot,\cdot\rangle$ 为对偶积. 定义 E 到 2^{E^*} 的正规对偶映射 J 如下:

$$Jx = \left\{f^* \in E^* : \langle x, f^*\rangle = \|x\|^2 = \|f\|^2\right\},$$

对 $x \in E$. 称 Banach 空间 E 具有 Kadec-Klee 性质, 如果 E 中的序列 $\{x_n\}$ 满足: $x_n \rightharpoonup x$ 且 $\|x_n\| \to \|x\|$, 则 $x_n \to x$, 其中 $\rightharpoonup$ 和 $\to$ 分别表示弱收敛与强收敛. 正规对偶映射的一些性质如下 (见 [24]):

(1) 如果 E 是光滑的, 则 J 是单值映射;

(2) 如果 E 是严格凸的, 则 J 是 1-1 的, 也就是说, 若 $Jx \cap Jy$ 非空, 则 $x = y$;

(3) 如果 E 是自反的, 则 J 是映上的;

(4) 如果 E 光滑的、自反的, 则 J 是范数弱 (norm-to-weak) 连续的, 也就是说, $Jx_n \rightharpoonup Jx$ 只要 $x_n \to x$;

(5) 如果 E 是一致凸的, 则 E 具有 Kadec-Klee 性质;

(6) E^* 是 Fréchet 可导的当且仅当 E 是具有 Kadec-Klee 性质的严格凸的自反的 Banach 空间;

(7) 对偶映射 J 是单调的, 也就是说, $\langle x - y, x^* - y^*\rangle \geqslant 0$ 只要 $x^* \in Jx$ 且 $y^* \in Jy$;

(8) 如果 E 是严格凸的, 则 J 是严格单调的, 也就是说, $x = y$ 只要 $\langle x - y, x^* - y^*\rangle = 0$, $x^* \in Jx$ 且 $y^* \in Jy$.

设 E 是一光滑的 Banach 空间. 函数 $\phi : E \times E \to \mathbb{R}$ 定义如下:

$$\phi(y, x) = \|y\|^2 - 2\langle y, Jx\rangle + \|x\|^2, \quad \forall x, y \in E,$$

由 ϕ 的定义易得

$$(\|y\| - \|x\|)^2 \leqslant \phi(y, x) \leqslant (\|y\| + \|x\|)^2, \quad \forall x, y \in E. \tag{4.3.9}$$

函数 ϕ 也具有下列性质:

$$\phi(y, x) = \phi(z, x) + \phi(y, z) + 2\langle z - y, Jx - Jz\rangle, \quad \forall x, y, z \in E. \tag{4.3.10}$$

关于 Banach 空间的一致凸、严格凸、光滑等概念请参见第 2 章. 如同文献 [160], E 到 C 的广义投射 Π_C 定义为: 使得函数 $\phi(x,y)$ 取得最小值点的 $x \in E$; 也就是说 $\Pi_C x = \overline{x}$, 其中 $\overline{x}$ 是最小值问题 $\phi(\overline{x}, x) = \min\limits_{y \in C} \phi(y, x)$ 的解. 如果 E 是 Hilbert 空间, 则 $\phi(y, x) = \|x - y\|^2$ 且 Π_C 是 H 到 C 的度量投影 P_C.

关于广义投射, 我们有如下引理.

引理 4.43 设 E 是光滑、严格凸、自反的 Banach 空间, C 为其非空闭凸子集, 则

$$\phi(x, \Pi_C y) + \phi(\Pi_C y, y) \leqslant \phi(x, y), \quad \forall x \in C, \ y \in E.$$

引理 4.44 设 E 是光滑、严格凸、自反的 Banach 空间, C 为其非空闭凸子集, 令 $x \in E, z \in C$, 则

$$z = \Pi_C x \Leftrightarrow \langle y - z, Jx - Jz \rangle \leqslant 0, \quad \forall y \in C. \tag{4.3.11}$$

Kamimura 和 Takahashi[100] 证明了如下结果. 这些结果在证明我们的定理时起重要作用

引理 4.45 设 E 是一致凸、一致光滑的 Banach 空间, $\{x_n\}, \{y_n\}$ 是 E 中的两序列, 如果 $\phi(x_n, y_n) \to 0$ 并且 $\{x_n\}$ 或 $\{y_n\}$ 至少有一个有界, 则 $\|x_n - y_n\| \to 0$.

设 E 是光滑、严格凸、自反的 Banach 空间, C 是其一非空闭凸子集. 点 $p \in C$ 称为 S 的渐近不动点, 如果存在 C 中的序列 $\{x_n\}$ 使得 $\{x_n\}$ 弱收敛于 p 并且 $\lim\limits_{n \to \infty} \|x_n - Sx_n\| = 0$. 我们定义 $\hat{F}(S)$ 的渐近不动点集为 $F(S)$. 根据文献 [100], 如果 C 上的自映射 S 满足以下条件:

(1) $F(S)$ 是非空的;

(2) $\phi(u, Sx) \leqslant \phi(u, x), \forall u \in F(S), x \in C$;

(3) $\hat{F}(S) = F(S)$,

则称 S 为相对非扩张映射,

下面的引理来自 Matsushita 和 Takahashi[178] 的工作.

引理 4.46(Matsushita-Takahashi[178]) 设 E 是严格凸、自反的 Banach 空间, C 是其一非空闭凸子集, S 是 C 到其自身的相对非扩张映射, 则 $F(S)$ 是闭凸的.

注 4.18 引理 4.43—引理 4.46 在 Hilbert 空间中均成立, 此时广义投影 Π_C 变为度量投影 P_C, $\phi(y, x) = \|x - y\|^2, J = I$, 此时 I 为恒等算子.

3. Banach 空间中关于均衡问题和相对非扩张映射的强收敛定理

本部分修正迭代序列 (4.3.7) 和 (4.3.8), 用与 Takahashi 和 Zembayashi[98] 类似的思想来证明关于均衡问题解集与相对非扩张映射不动点集公共元的强收敛定理.

为解决均衡问题, 假设二元函数 f 满足以下条件:

(A1) $f(x,x) = 0, \forall x \in C$;

(A2) f 是单调的, 即: $f(x,y) + f(y,x) \leqslant 0, \forall x, y \in C$;

(A3) $\forall x, y, z \in C, \limsup\limits_{t \to 0} f(tz + (1-t)x, y) \leqslant f(x,y)$;

(A4) $\forall x \in C, f(x, \cdot)$ 是凸的、下半连续的.

关于 f 我们有如下的结果.

引理 4.47(Blum-Oettli[1])　设 E 是光滑、严格凸、自反的 Banach 空间. C 是其一非空闭凸子集, $f: C \times C \to \mathbb{R}$ 满足 (A1)—(A4), 令 $r > 0$ 且 $x \in E$, 则存在 $z \in C$ 使得

$$f(z,y) + \frac{1}{r}\langle y - z, Jz - Jx\rangle \geqslant 0, \quad \forall y \in C.$$

下面的引理来自 Takahashi 和 Zembayashi 的工作[98].

引理 4.48 (Takahashi 和 Zembayashi[98])　设 E 是一致光滑、严格凸、自反的 Banach 空间, C 是其一非空闭凸子集 $f: C \times C \to \mathbb{R}$ 满足 (A1)—(A4). 对 $r > 0$ 和 $x \in E$, 定义映射 $T_r: E \to C$ 如下:

$$T_r(x) = \left\{z \in C : f(z,y) + \frac{1}{r}\langle y - z, Jz - Jx\rangle \geqslant 0, \forall y \in C\right\},$$

$\forall x \in E$, 则下列结论成立:

(1) T_r 是一单值映射;

(2) T_r 是一严格非扩张型的映射, 即 $\forall x, y \in E$,

$$\langle T_r x - T y_r, JT_r x - JT_r y\rangle \leqslant \langle T_r x - T_r y, Jx - Jy\rangle;$$

(3) $F(T_r) = EP(f)$;

(4) $EP(f)$ 是闭、凸的且 T_r 是相对非扩张映射.

引理 4.49(Takahashi 和 Zembayashi[98])　设 E 是光滑、严格凸、自反的 Banach 空间, C 是其一非空闭凸子集, $f: C \times C \to \mathbb{R}$ 满足 (A1)—(A4). 令 $r > 0$, 则对 $x \in E$ 与 $q \in F(T_r)$, 有 $\phi(q, T_r x) + \phi(T_r x, x) \leqslant \phi(q, x)$.

引理 4.47—引理 4.49 在 Hilbert 空间中均成立, 此时 $\phi(y,x) = \|x-y\|^2, J = I$, 此时 I 为恒等算子.

以下在 Banach 空间中分别证明修正的 Halpern, Ishikawa 迭代序列关于均衡问题解集与相对非扩张映射不动点集公共元的强收敛定理.

定理 4.33　设 E 是一致光滑、一致凸的 Banach 空间, C 是其一非空闭凸子集, $f: C \times C \to \mathbb{R}$ 满足 (A1)—(A4), S 是 C 到其自身的相对非扩张映射且

$F(S) \cap EP(f) \neq \varnothing$, 序列 $\{x_n\}$ 由如下迭代格式生成:

$$\begin{cases} \forall x_0 \in C, \\ y_n = J^{-1}\left(\alpha_n J x_0 + (1-\alpha_n) JSx_n\right), \\ u_n \in C, \text{s.t.} f(u_n, y) + \dfrac{1}{r_n}\langle y - u_n, Ju_n - Jy_n \rangle \geqslant 0, \quad \forall y \in C, \\ C_n = \{z \in C : \phi(z, u_n) \leqslant \alpha_n \phi(z, x_0) + (1-\alpha_n)\phi(z, x_n)\}, \\ Q_n = \{z \in C : \langle x_n - z, Jx_0 - Jx_n \rangle \geqslant 0\}, \\ x_{n+1} = \Pi_{C_n \cap Q_n} x_0, \quad n = 0, 1 \cdots, \end{cases} \quad (4.3.12)$$

其中 J 是 E 上的对偶映射, $\{\alpha_n\} \subset [0,1]$ 满足 $\lim\limits_{n \to \infty} \alpha_n = 0$ 对某一 $a > 0$, $r_n \subset [a, \infty)$, 则 $\{x_n\}$ 强收敛于 $\Pi_{F(S) \cap EP(f)} x_0$, $\Pi_{F(S) \cap E(f)}$ 表示 E 到 $F(S) \cap EP(f)$ 的广义投射.

证明 我们将这个定理的证明分为如下的四步.

第一步 我们证明 $\forall n \in \mathbb{N}, C_n \cap Q_n$ 是闭凸的.

由 C_n 和 Q_n, 易见 $\forall n \in \mathbb{N}$, C_n 是闭的, Q_n 是闭凸的, 我们证明 C_n 是凸的. 对 $v_1, v_2 \in C_n, t \in (0,1)$, 令 $v = tv_1 + (1-t)v_2$. 只需证明 $v \in C_n$ 即可. 下证

$$\phi(v, u_n) \leqslant \alpha_n \phi(v, x_0) + (1-\alpha_n)\phi(v, x_n) \qquad (4.3.13)$$

等价于

$$\begin{aligned} & 2\alpha_n \langle v, Jx_0 \rangle + 2(1-\alpha_n)\langle v, Jx_n \rangle - 2\langle v, Ju_n \rangle \\ & \leqslant \alpha_n \|x_0\|^2 + (1-\alpha_n)\|x_n\|^2 - \|u_n\|^2. \end{aligned} \qquad (4.3.14)$$

事实上, 由 $\phi(y, x)$ 的定义, 我们有

$$\phi(v, u_n) = \|v\|^2 - 2\langle v, Ju_n \rangle + \|u_n\|^2,$$

$$\phi(v, x_0) = \|v\|^2 - 2\langle v, Jx_0 \rangle + |x_0\|^2,$$

$$\phi(v, x_n) = \|v\|^2 - 2\langle v, Jx_n \rangle + \|x_n\|^2,$$

再与 (4.3.13) 结合, 即得 (4.3.13) 与 (4.3.14) 的等价性.

因此,

$$\begin{aligned} & 2\alpha_n \langle v, Jx_0 \rangle + 2(1-\alpha_n)(v, Jx_n) - 2\langle v, Jy_n \rangle \\ = & 2\alpha_n (tv_1 + (1-t)v_2, Jx_0) + 2(1-\alpha_n)\langle tv_1 + (1-t)v_2, Jx_n \rangle \\ & - 2\langle tv_1 + (1-t)v_2, Jy_n \rangle \\ \leqslant & \alpha_n \|x_0\|^2 + (1-\alpha_n)\|x_n\|^2 - \|y_n\|^2, \end{aligned}$$

此即 $v \in C_n$, 从而, $\forall n \in \mathbb{N}$, $C_n \cap Q_n$ 是闭凸的, $\Pi_{C_n \cap Q_n}$ 是良定义的.

第二步　我们证明 $F(S) \cap EP(f) \subset C_n \cap Q_n$. 令 $u \in F(S) \cap EP(f)$, $u_n = T_{r_n} y_n$, $\forall n \in \mathbb{N}$, 由引理 4.48 的 (4) 得, T_{r_n} 是相对非扩张映射. 又因 S 也是相对非扩张映射, 由相对非扩张映射的定义和 $\|\cdot\|$ 的凸性得

$$
\begin{aligned}
\phi\left(u, u_n\right) &= \phi\left(u, T_{r_n} y_n\right) \leqslant \phi\left(u, y_n\right) \\
&= \phi\left(u, J^{-1}\left(\alpha_n x_0 + (1 - \alpha_n) J S x_n\right)\right) \\
&= \|u\|^2 - 2\left\langle u, \alpha_n J x_0 + (1 - \alpha_n) J S x_n\right\rangle + \left\|\alpha_n J x_0 + (1 - \alpha_n) J S x_n\right\|^2 \\
&= \|u\|^2 - 2\alpha_n\left\langle u, J x_0\right\rangle - 2\left(1 - \alpha_n\right)\left\langle u, J S x_n\right\rangle \\
&\quad + \alpha_n \|x_0\|^2 + (1 - \alpha_n)\left\|S x_n\right\|^2 \\
&= \alpha_n \phi\left(u, x_0\right) + (1 - \alpha_n) \phi\left(u, S x_n\right).
\end{aligned}
\tag{4.3.15}
$$

因此, $u \in C_n$, 此即 $F(S) \cap EP(f) \subset C_n$, $\forall n \in \mathbb{N}$.

下面, 用归纳法来证明 $F(S) \cap EP(f) \in C_n \cap Q_n$, $\forall n \in \mathbb{N}$. 由 $Q_0 = C$ 知

$$
F(S) \cap EP(f) \subset C_0 \cap Q_0,
$$

假设 $F(S) \cap EP(f) \in C_k \cap Q_k$, 对某一 $k \in \mathbb{N}$, 则存在 $x_{k+1} \in C_k \cap Q_k$, 使得

$$
x_{k+1} = \Pi_{C_k \cap Q_k} x_0,
$$

由引理 4.44 得, $\forall z \in C_k \cap Q_k$, $\left\langle x_{k+1} - z, J x_0 - J x_{k+1}\right\rangle \geqslant 0$. 因为 $F(S) \cap EP(f) \subset C_k \cap Q_k$, 从而 $\left\langle x_{k+1} - z, J x_0 - J x_{k+1}\right\rangle \geqslant 0$, $z \in F(S) \cap EP(f)$, 此即 $z \in Q_{k+1}$. 我们有 $F(S) \cap EP(f) \subset C_{k+1} \cap Q_{k+1}$.

因此 $F(S) \cap EP(f) \subset C_n \cap Q_n$, $\forall n \in \mathbb{N}$, 并且 $\{x_n\}$ 是良定义的.

第三步　我们证明 $\{x_n\}$ 是有界的, 且 $\lim\limits_{n \to \infty} \|x_n - S x_n\| = 0$, 由 Q_n 的定义和引理 4.44, 对 $x_n = \Pi_{Q_n} x_0$, 由引理 4.43 得

$$
\phi\left(x_n, x_0\right) = \phi\left(\Pi_{Q_n} x_0, x_0\right) \leqslant \phi\left(u, x_0\right) - \phi\left(u, \Pi_{Q_n} x_0\right) \leqslant \phi\left(u, x_0\right),
$$

$\forall u \in F(S) \cap EP(f) \subset Q_n$, 则 $\phi\left(x_n, x_0\right)$ 是有界的. 因此, $\{x_n\}$ 和 $\{S x_n\}$ 是有界的. 又 $x_{n+1} = \Pi_{C_n \cap Q_n} x_0$ 且 $x_n = \Pi_{Q_n} x_0$, 由 Π_{Q_n} 的定义得

$$
\phi\left(x_n, x_0\right) \leqslant \phi\left(x_{n+1}, x_0\right),
$$

因此 $\{\phi(x_n, x_0)\}$ 是非减的, 也就是说 $\{\phi(x_n, x_0)\}$ 的极限存在. 由 $x_n = \Pi_{Q_n} x_0$ 与引理 4.43 得

$$
\phi\left(x_{n+1}, x_n\right) = \phi\left(x_{n+1}, \Pi_{Q_n} x_0\right)
$$

$$\leqslant \phi\left(x_{n+1}, x_0\right) - \phi\left(\Pi_{Q_n} x_0, x_0\right)$$
$$= \phi\left(x_{n+1}, x_0\right) - \phi\left(x_n, x_0\right), \tag{4.3.16}$$

$\forall n \in \mathbb{N}^+$. 由 (4.3.16) 得

$$\lim_{n \to \infty} \phi\left(x_{n+1}, x_n\right) = 0. \tag{4.3.17}$$

又由 $x_{n+1} = \Pi_{C_n \cap Q_n} x_0$ 得

$$\phi\left(x_{n+1}, u_n\right) \leqslant \alpha_n \phi\left(x_{n+1}, x_0\right) + \left(1 - \alpha_n\right) \phi\left(x_{n+1}, x_n\right), \quad \forall n \in \mathbb{N}^+. \tag{4.3.18}$$

从 $\lim\limits_{n \to \infty} \alpha_n = 0$ 和 (4.3.18) 得出

$$\lim_{n \to \infty} \phi\left(x_{n+1}, u_n\right) = 0.$$

联立上式和 (4.3.17) 并注意到 E 是一致凸、光滑的, 由引理 4.45 知

$$\lim_{n \to \infty} \|x_{n+1} - x_n\| = \lim_{n \to \infty} \|x_{n+1} - u_n\| = 0, \tag{4.3.19}$$

从而有

$$\lim_{n \to \infty} \|x_n - u_n\| = 0. \tag{4.3.20}$$

因为 J 在有界集上是一致依范连续的, 由 (4.3.20) 得

$$\lim_{n \to \infty} \|Jx_n - Ju_n\| = 0, \tag{4.3.21}$$

对 $u \in F(S) \cap EP(f)$, 由 $\phi\left(u, u_n\right) \leqslant \alpha_n \phi\left(u, x_0\right) + \left(1 - \alpha_n\right) \phi\left(u, Sx_n\right)$, $\lim\limits_{n \to \infty} \alpha_n = 0$ 和 $\phi\left(u, Sx_n\right) \leqslant \phi\left(u, x_n\right)$ 得

$$\phi\left(u, u_n\right) \leqslant \phi\left(u, x_n\right). \tag{4.3.22}$$

因

$$\phi\left(u, x_n\right) - \phi\left(u, u_n\right) = \|x_n\|^2 - \|u_n\|^2 - 2\left\langle u, Jx_n - Ju_n\right\rangle$$
$$\leqslant \|x_n\|^2 - \|u_n\|^2 - 2\left\langle u, Jx_n - Ju_n\right\rangle$$
$$\leqslant \|x_n\| - \|u_n\| \left(\|x_n\| + \|u_n\|\right) + 2\|u\| \|Jx_n - Ju_n\|, \tag{4.3.23}$$

由 (4.3.21) 和 (4.3.22) 得

$$\lim_{n \to \infty} \left(\phi\left(u, x_n\right) - \phi\left(u, u_n\right)\right) = 0.$$

又由 $u_n = T_{r_n}y_n$, (4.3.15) 和引理 4.49 得

$$
\begin{aligned}
\phi(u_n, y_n) &= \phi(T_{r_n}y_n, y_n) \\
&\leqslant \phi(u, y_n) - \phi(u, T_{r_n}y_n) \\
&\leqslant \alpha_n\phi(u, x_0) + (1 - \alpha_n)\phi(u, Sx_n) - \phi(u, T_{r_n}y_n) \\
&\leqslant \alpha_n\phi(u, x_0) + \phi(u, x_n) - \phi(u, u_n),
\end{aligned} \tag{4.3.24}
$$

因而联合 $\lim\limits_{n\to\infty}\alpha_n = 0$ 和 (4.3.24) 得

$$
\lim_{n\to\infty}\phi(u_n, y_n) = 0,
$$

因为 E 是一致凸、光滑的, 由引理 4.49 知

$$
\lim_{n\to\infty}\|u_n - y_n\| = 0.
$$

注意到

$$
\|Jy_n - JSx_n\| = \|\alpha_n Jx_0 + (1 - \alpha_n)JSx_n - JSx_n\| = \alpha_n\|Jx_0 - JSx_n\|, \tag{4.3.25}
$$

又因 J^{-1} 在有界集上也是一致依范连续的, 我们得到

$$
\lim_{n\to\infty}\|y_n - Sx_n\| = 0.
$$

又因

$$
\|x_n - Sx_n\| \leqslant \|x_n - x_{n+1}\| + \|x_{n+1} - u_n\| + \|u_n - y_n\| + \|y_n - Sx_n\|, \tag{4.3.26}
$$

则由 (4.3.19), (4.3.25) 和 (4.3.26) 知, $\lim\limits_{n\to\infty}\|x_n - Sx_n\| = 0$.

第四步　我们证明 $\{x_n\}$ 强收敛于 $\Pi_{F(S)\cap EP(f)}x_0$.

由于 $\{x_n\}$ 是有界的, 存在 $\{x_n\}$ 的子序列 $\{x_{n_k}\}$ 使得 $x_{n_k} \rightharpoonup \hat{x}$. 由 S 是相对非扩张映射知 $\hat{x} \in \hat{F}(S) = F(S)$.

下面我们证明 $\hat{x} \in EP(f)$.

由 $x_{n_k} \rightharpoonup \hat{x}$, (4.3.21) 和 (4.3.25) 知, $y_{n_k} \rightharpoonup \hat{x}$ 且 $u_{n_k} \rightharpoonup \hat{x}$, 由 J 在有界集上一致依范连续和 (4.3.25) 知

$$
\lim_{n\to\infty}\|Ju_n - Jy_n\| = 0.
$$

由 $r_n \geqslant a$ 知

$$
\lim_{n\to\infty}\frac{\|Ju_n - Jy_n\|}{r_n} = 0.
$$

又由 $u_n = T_{r_n} y_n$ 得

$$f(u_n, y) + \frac{1}{r_n} \langle y - u_n, Ju_n - Jy_n \rangle \geqslant 0, \quad \forall y \in C. \tag{4.3.27}$$

用 n_k 代替 n, 并由 (A2) 知

$$\frac{1}{r_{n_k}} \langle y - u_{n_k}, Ju_{n_k} - Jy_{n_k} \rangle \geqslant -f(u_{n_k}, y) \geqslant f(y, u_{n_k}), \quad \forall y \in C.$$

令 $k \to \infty$, 由 (4.3.27), (A4) 知

$$f(y, \hat{x}) \leqslant 0, \quad \forall y \in C.$$

对 $0 \leqslant t \leqslant 1$, $y \in C$, 令 $y_t = ty + (1-t)\hat{x}$. 由 $y \in C$ 且 $\hat{x} \in C$ 知 $y_t \in C$, 因此由 (A3) 知, $f(y_t, \hat{x}) \leqslant 0$. 再由 (A1) 知

$$0 = f(y_t, y_t) \leqslant tf(y_t, y) + (1-t)f(y_t, \hat{x}) \leqslant tf(y_t, y),$$

两边除以 t 得

$$f(y_t, y) \geqslant 0, \quad \forall y \in C.$$

令 $t \to 0$, 由 (A3) 知

$$f(\hat{x}, y) \geqslant 0, \quad \forall y \in C,$$

因此, $\hat{x} \in EP(f)$.

令 $\omega = \Pi_{F(S) \cap EP(f)} x_0$, 由 $x_{n+1} = \Pi_{C_n \cap Q_n} x_0$ 与 $\omega \in F(S) \cap EP(f) \subset C_n \cap Q_n$, 知

$$\phi(x_{n+1}, x_0) \leqslant \phi(\omega, x_0).$$

由范数的弱下半连续性知

$$
\begin{aligned}
\phi(\hat{x}, x_0) &= \|\hat{x}\|^2 - 2\langle \hat{x}, Jx_0 \rangle + \|x_0\|^2 \\
&\leqslant \liminf_{k \to \infty} \left(\|x_{n_k}\|^2 - 2\langle x_{n_k}, Jx_0 \rangle + \|x_0\|^2 \right) \\
&= \lim_{k \to \infty} \phi(x_{n_k}, x_0) \\
&\leqslant \lim_{k \to \infty} \sup_{k \to \infty} \phi(x_{n_k}, x_0) \\
&\leqslant \phi(\omega, x_0). \tag{4.3.28}
\end{aligned}
$$

由 $\Pi_{F(S)\cap EP(f)}$ 的定义得 $\hat{x} = \omega$, 从而 $\lim\limits_{k\to\infty} \phi(x_{n_k}, x) = \phi(\omega, x)$, 因此有

$$
\begin{aligned}
0 &= \lim_{n\to\infty} \left(\phi\left(x_{n_k}, x_0\right) - \phi\left(\omega, x_0\right)\right) \\
&= \lim_{n\to\infty} \left(\|x_{n_k}\|^2 - \|\omega\|^2 - 2\left\langle x_{n_k} - \omega, Jx_0 \right\rangle\right) \\
&= \lim_{n\to\infty} (\|x_{n_k}\|^2 - \|\omega\|^2).
\end{aligned}
\tag{4.3.29}
$$

又 E 具有 Kadec-Klee 性质, 因此 $x_{n_k} \to \omega = \Pi_{F(S)\cap EP(f)}x_0$, 故 $\{x_n\}$ 强收敛于 $\Pi_{F(S)\cap EP(f)}x_0$. □

作为定理 4.33 的直接应用, 我们得到下列结论.

推论 4.10　设 E 是一致光滑、一致凸的 Banach 空间, C 是其一非空闭凸子集, S 是 C 到其自身的相对非扩张映射且 $F(S) \neq \varnothing$, 序列 $\{x_n\}$ 由如下迭代格式生成:

$$
\begin{cases}
\forall x_0 \in C, \\
y_n = J^{-1}\left(\alpha_n Jx_0 + (1 - \alpha_n) JSx_n\right), \\
C_n = \{z \in C : \phi\left(z, T_{r_n}y_n\right) \leqslant \alpha_n \phi\left(z, x_0\right) + (1 - \alpha_n)\phi\left(z, x_n\right)\}, \\
Q_n = \{z \in C : \left\langle x_n - z, Jx_0 - Jx_n \right\rangle \geqslant 0\}, \\
x_{n+1} = \Pi_{C_n \cap Q_n}x_0, \quad n = 0, 1, \cdots,
\end{cases}
$$

其中 J 是 E 上的正规对偶映射, $\{\alpha_n\} \subset [0, 1]$ 满足 $\lim\limits_{n\to\infty} \alpha_n = 0$, 则 x_n 强收敛于 $\Pi_{F(S)}x_0$, $\Pi_{F(S)}$ 表示 E 到 $F(S)$ 的广义投射.

证明　在定理 4.33 中令 $f(x, y) = 0, \forall x, y \in C$, 且 $r_n = 1, \forall n \geqslant 1$, 则由引理 4.44 得 $u_n = T_{r_n}y_n$. 从而由定理 4.33 知 $\{x_n\}$ 强收敛于 $\Pi_{F(S)}x_0$. □

定理 4.34　设 E 是一致光滑、一致凸的 Banach 空间, C 是其一非空闭凸子集, $f : C \times C \to \mathbb{R}$ 满足 (A1)—(A4), S 是 C 到其自身的相对非扩张映射且 $F(S) \cap EP(f) \neq \varnothing$, 序列 $\{x_n\}$ 由如下迭代格式生成:

$$
\begin{cases}
\forall x_0 \in C, \\
z_n = J^{-1}\left(\beta_n Jx_n + (1 - \beta_n) JSx_n\right), \\
y_n = J^{-1}\left(\alpha_n Jx_n + (1 - \alpha_n) JSz_n\right), \\
u_n \in C, \text{s.t. } f\left(u_n, y\right) + \dfrac{1}{r_n}\left\langle y - u_n, Ju_n - Jy_n \right\rangle \geqslant 0, \quad \forall y \in C, \\
C_n = \{v \in C : \phi(v, u_n) \leqslant \alpha_n \phi\left(v, x_n\right) + (1 - \alpha_n)\phi\left(v, z_n\right)\}, \\
Q_n = \{v \in C : \left\langle x_n - v, Jx_0 - Jx_n \right\rangle \geqslant 0\}, \\
x_{n+1} = \Pi_{C_n \cap Q_n}x_0, \quad n = 0, 1, \cdots,
\end{cases}
\tag{4.3.30}
$$

其中 $\{\alpha_n\}_{n=1}^{\infty}, \{\beta_n\}_{n=1}^{\infty}$ 是 $[0, 1]$ 中的序列, 满足 $\limsup\limits_{n\to\infty} \alpha_n < 1$, $\lim\limits_{n\to\infty} \beta_n = 1$ 且对某一 $a > 0, \{r_n\} \subset [a, \infty)$. 如果 S 是一致连续的, 则 $\{x_n\}$ 强收敛于 $\Pi_{F(S)\cap EP(f)}x_0$, 其中 $\Pi_{F(S)\cap EP(f)}$ 是 E 到 $F(S) \cap EP(f)$ 的广义投射.

证明   如同定理 4.33 的证明, 将这一定理的证明分为如下四步.

第一步   我们证明 $\forall n \in \mathbb{N}, C_n \cap Q_n$ 是闭凸的.

我们只需证明 C_n 是凸的. 与定理 4.33 的证明类似, 由

$$\phi(v, u_n) \leqslant \alpha_n \phi(v, x_n) + (1 - \alpha_n) \phi(v, z_n) \tag{4.3.31}$$

等价于

$$2\alpha_n \langle v, Jx_n \rangle + 2(1 - \alpha_n) \langle v, Jz_n \rangle - 2 \langle v, Ju_n \rangle \leqslant \alpha_n \|x_n\|^2 + (1 - \alpha_n) \|z_n\|^2 - \|u_n\|^2, \tag{4.3.32}$$

即得 C_n 是凸的.

第二步   我们证明 $F(S) \cap EP(f) \subset C_n \cap Q_n$.

与定理 4.33 第二步的证明类似, 我们只需证明 $F(S) \cap EP(f) \subset C_n$. 令 $u \in F(S) \cap EP(f), u_n = T_{r_n} y_n, \forall n \in \mathbb{N}$, 由引理 4.38 的 (4) 得, T_{r_n} 是相对非扩张映射. 又 S 也是相对非扩张映射, 由相对非扩张映射的定义和 $\| \cdot \|^2$ 的凸性知

$$
\begin{aligned}
\phi(u, u_n) &= \phi(u, T_{r_r} y_n) \\
&\leqslant \phi(u, y_n) \\
&= \phi\left(u, J^{-1}(\alpha_n Jx_n + (1 - \alpha_n) JSz_n)\right) \\
&= \|u\|^2 - 2\langle u, \alpha_n Jx_n + (1 - \alpha_n) JSz_n \rangle + \|\alpha_n Jx_n + (1 - \alpha_n) JSz_n\|^2 \\
&\leqslant \alpha_n \phi(u, x_n) + (1 - \alpha_n) \langle u, Sz_n \rangle \\
&\leqslant \alpha_n \phi(u, x_n) + (1 - \alpha_n) \phi(u, z_n), \tag{4.3.33}
\end{aligned}
$$

从而,

$$u \in C_n, \tag{4.3.34}$$

此即说明

$$F(S) \cap EP(f) \in C_n, \quad \forall n \in \mathbb{N},$$

因而 $F(S) \cap EP(f) \subset C_n \cap Q_n, \forall n \in \mathbb{N}$, 并且 $\{x_n\}$ 是良定义的.

第三步   我们证明 $\{x_n\}$ 是有界的且 $\lim\limits_{n \to \infty} \|x_n - Sx_n\| = 0$.

与定理 4.33 第三步的证明类似可得, $\{x_n\}$ 与 $\{Sx_n\}$ 是有界的并且 $\{\phi(x_n, x_0)\}$ 的极限存在. 由 $x_n = \Pi_{Q_n} x_0$ 与引理 4.43 得

$$
\begin{aligned}
\phi(x_{n+1}, x_n) &= \phi(x_{n+1}, \Pi_{Q_n} x_0) \\
&\leqslant \phi(x_{n+1}, x_0) - \phi(\Pi_{Q_n} x_0, x_n) \\
&= \phi(x_{n+1}, x_0) - \phi(x_n, x_0), \tag{4.3.35}
\end{aligned}
$$

$\forall n \in \mathbb{N}$, 此即说明

$$\lim_{n\to\infty} \phi(x_{n+1}, x_n) = 0, \tag{4.3.36}$$

由 $x_{n+1} = \Pi_{C_n \cap Q_n} x_0 \in C_n$ 与 T_{r_n} 是相对非扩张映射知

$$
\begin{aligned}
\phi(x_{n+1}, u_n) &= \phi(x_{n+1}, T_{r_n} y_n) \\
&\leqslant \phi(x_{n+1}, y_n) \\
&\leqslant \alpha_n \phi(x_{n+1}, x_n) + (1 - \alpha_n)\phi(x_{n+1}, z_n), \quad \forall n \in \mathbb{N},
\end{aligned} \tag{4.3.37}
$$

又由 $\|\cdot\|^2$ 的凸性得

$$
\begin{aligned}
&\phi(x_{n+1}, z_n) \\
&= \phi\left(x_{n+1}, J^{-1}(\beta_n J x_n + (1 - \beta_n) J S x_n)\right) \\
&= \|x_{n+1}\|^2 - 2\langle x_{n+1}, \beta_n J x_n + (1 - \beta_n) J S x_n\rangle \\
&\quad + \|\beta_n J x_n + (1 - \beta_n) J S x_n\|^2 \\
&\leqslant \|x_{n+1}\|^2 - 2\beta_n \langle x_{n+1}, J x_n\rangle - 2(1 - \beta_n)\langle x_{n+1}, J S x_n\rangle \\
&\quad + \beta_n \|x_n\|^2 + (1 - \beta_n)\|S x_n\|^2 \\
&= \beta_n \phi(x_{n+1}, x_n) + (1 - \beta_n)\phi(x_{n+1}, S x_n),
\end{aligned} \tag{4.3.38}
$$

由 $\lim\limits_{n\to\infty} \beta_n = 1$ 与 (4.3.36) 得

$$\lim_{n\to\infty} \phi(x_{n+1}, z_n) = 0, \tag{4.3.39}$$

所以我们有

$$\lim_{n\to\infty} \phi(x_{n+1}, y_n) = \lim_{n\to\infty} \phi(x_{n+1}, u_n) = 0, \tag{4.3.40}$$

由 (4.3.36)—(4.3.39) 和引理 4.45 得

$$
\begin{aligned}
\lim_{n\to\infty} \|x_{n+1} - x_n\| &= \lim_{n\to\infty} \|x_{n+1} - z_n\| = \lim_{n\to\infty} \|x_{n+1} - y_n\| \\
&= \lim_{n\to\infty} \|x_{n+1} - u_n\| = 0,
\end{aligned} \tag{4.3.41}
$$

由 J 在有界集上的一致依范连续性得

$$\lim_{n\to\infty} \|J x_{n+1} - J x_n\| = \lim_{n\to\infty} \|J_{n+1} - J y_n\| = 0.$$

因为

$$\|x_n - z_n\| \leqslant \|x_{n+1} - x_n\| + \|x_{n+1} - z_n\|,$$

$$\|x_n - y_n\| \leqslant \|x_{n+1} - x_n\| + \|x_{n+1} - y_n\|,$$

$$\|x_n - u_n\| \leqslant \|x_{n+1} - x_n\| + \|x_{n+1} - u_n\|,$$

从而联立以上不等式与 (4.3.41) 可知

$$\lim_{n\to\infty} \|x_n - z_n\| = \lim_{n\to\infty} \|x_n - y_n\| = \lim_{n\to\infty} \|x_n - u_n\| = 0. \tag{4.3.42}$$

注意到

$$
\begin{aligned}
\|Jx_{n+1} - J_{y_n}\| &= \|Jx_{n+1} - (\alpha_n Jx_n + (1-\alpha_n) JSz_n)\| \\
&= \|(1-\alpha_n)(Jx_{n+1} - JSz_n) - \alpha_n (Jx_n - Jx_{n+1})\| \\
&\geqslant (1-\alpha_n)\|Jx_{n+1} - JSz_n\| - \alpha_n \|Jx_{n+1} - Jx_n\|
\end{aligned}
\tag{4.3.43}
$$

和

$$\|Jx_{n+1} - JSz_n\| \leqslant \frac{1}{1-\alpha_n}\left(\|Jx_n - Jy_n\| + \alpha_n \|Jx_n - Jx_{n+1}\|\right),$$

又由 $\limsup\limits_{n\to\infty} \alpha_n < 1$ 知

$$\lim_{n\to\infty} \|Jx_{n+1} - JSz_n\| = 0.$$

又由 J^{-1} 在有界集上也是一致依范连续的知

$$\lim_{n\to\infty} \|x_{n+1} - Sz_n\| = 0, \tag{4.3.44}$$

从而

$$\|x_n - Sx_n\| \leqslant \|x_n - x_{n+1}\| + \|x_{n+1} - Sz_n\| + \|Sz_n - Sx_n\|,$$

又因 S 是一致连续的, 由 (4.3.41)—(4.3.44) 即得 $\lim\limits_{n\to\infty} \|Sx_n - x_n\| = 0$.

第四步　我们证明 $\{x_n\}$ 强收敛于 $\Pi_{F(S)\cap EP(f)}x_0$.

由 $\{x_n\}$ 的有界性知, 存在 $\{x_n\}$ 的子集 $\{x_{n_k}\}$ 使得 $x_{n_k} \rightharpoonup \hat{x}$. 由于 S 是相对非扩张映射, 从而 $\hat{x} \in \hat{F}(S) = F(S)$. 下面我们证明 $\hat{x} \in EP(f)$. 因为 $u_n = T_{r_n}y_n$, 令 $u \in F(S) \cap EP(f)$, 由 (4.3.33) 得

$$
\begin{aligned}
\phi(u, u_n) &\leqslant \alpha_n \phi(u, x_n) + (1-\alpha_n)\phi(u, Sz_n) \\
&\leqslant \alpha_n \phi(u, x_n) + (1-\alpha_n)\phi(u, z_n).
\end{aligned}
\tag{4.3.45}
$$

又有下式

$$
\begin{aligned}
\phi(u, z_n) &= \phi\left(u, J^{-1}(\beta_n Jx_n + (1-\beta_n) JSx_n)\right) \\
&= \|u\|^2 - 2\langle u, \beta_n Jx_n + (1-\beta_n) JSx_n\rangle \\
&\quad + \|\beta_n Jx_n + (1-\beta_n) JSx_n\|^2
\end{aligned}
$$

$$\leqslant \|u\|^2 - 2\beta_n \langle u, Jx_n \rangle - 2(1-\beta_n) \langle u, JSx_n \rangle$$
$$+ \beta_n \|x_n\|^2 + (1-\beta_n) \|Sx_n\|^2$$
$$\leqslant \phi(u, x_n), \tag{4.3.46}$$

因此, 由 (4.3.45) 与 (4.3.46) 得

$$\phi(u, u_n) \leqslant \phi(u, x_n).$$

因为

$$\phi(u, x_n) - \phi(u, u_n) = \|x_n\|^2 - \|u_n\|^2 - 2\langle u, Jx_n - Ju_n \rangle$$
$$\leqslant |\|x_n\|^2 - \|u_n\|^2| - 2\langle u, Jx_n - Ju_n \rangle$$
$$\leqslant |\|x_n\| - \|u_n\||(\|x_n\| + \|u_n\|) + 2\|u\|\|Jx_n - Ju_n\|$$
$$\leqslant \|x_n - u_n\|(\|x_n\| + \|u_n\|) + 2\|u\|\|x_n - Ju_n\|, \tag{4.3.47}$$

由 (4.3.42) 得

$$\lim_{n\to\infty} (\phi(u, x_n) - \phi(u, u_n)) = 0. \tag{4.3.48}$$

用 $u_n = T_{r_n} y_n$ 和引理 4.49 得

$$\phi(u_n, y_n) = \phi(T_{r_n} y_n, y_n)$$
$$\leqslant \phi(u, y_n) - \phi(u, T_{r_n} y_n)$$
$$\leqslant \alpha_n \phi(u, x_n) + (1-\alpha_n) \phi(u, z_n) - \phi(u, T_{r_n} y_n)$$
$$\leqslant \alpha_n \phi(u, x_n) + (1-\alpha_n) \phi(u, x_n) - \phi(u, T_{r_n} y_n)$$
$$= \phi(u, x_n) - \phi(u, u_n), \tag{4.3.49}$$

从而, 我们有

$$\lim_{n\to\infty} \phi(u_n, y_n) = 0.$$

因为 E 是一致凸、光滑的, 由引理 4.45 知

$$\lim_{n\to\infty} \|y_n - u_n\| = 0, \tag{4.3.50}$$

由 $x_{n_k} \rightharpoonup \hat{x}, \|x_n - u_n\| \to 0$ 与 $\|y_n - u_n\| \to 0$, 我们得到 $y_{n_k} \rightharpoonup \hat{x}$ 并且 $x_{n_k} \rightharpoonup \hat{x}$, 由 J 在有界集上的一致依范连续性知

$$\lim_{n\to\infty} \|Ju_n - Jy_n\| = 0,$$

则与定理 4.33 第四步的证明类似可得, $\{x_n\}$ 强收敛于 $\prod_{F(S)\cap EP(f)} x_0$.　　□

注 4.19 我们是通过直接证明来得到 (4.3.50) 的, 也可以用其他方式得到 (4.3.50). 事实上, 由 $\|u_n - y_n\| \leqslant \|x_n - u_n\| + \|y_n - x_n\|$ 即得想要的结果.

注 4.20 文献 [98] 中的定理 3.1 是定理 4.34 的一个特例. 事实上, $\forall n \in \mathbb{N}$, 如果令 $\beta_n = 1$, 则 $z_n = x_n$ 并且 $y_n = J^{-1}(\alpha_n J x_n + (1 - \alpha_n) J S x_n)$, 此时, 这里的集合 C_n 即为文献 [98] 中的 C_n. 由于我们的证明与文献 [98] 的证明不同, 因此文献 [98] 中的条件 $\liminf\limits_{n \to \infty} \alpha_n (1 - \alpha_n) > 0$ 可被我们定理中的条件 $\limsup\limits_{n \to \infty} \alpha_n < 1$ 取代, 从而, 有下面的推论.

推论 4.11(Takahashi 和 Zembayashi[98]) 设 E 是一致光滑、一致凸的 Banach 空间, C 是 E 的非空闭凸子集. 设 $f : C \times C \to \mathbb{R}$ 满足 (A1)—(A4), 且 S 是 C 到其自身的相对非扩张映射, 使得 $F(S) \cap EP(f) \neq \varnothing$, 设序列 $\{x_n\}$ 由如下迭代格式生成:

$$
\begin{cases}
\forall x_0 \in C, \\
y_n = J^{-1}(\alpha_n J x_n + (1 - \alpha_n) J S x_n), \\
u_n \in C, \text{s.t.} f(u_n, y) + \dfrac{1}{r_n} \langle y - u_n, J u_n - J y_n \rangle \geqslant 0, \quad \forall y \in C, \\
C_n = \{z \in C : \phi(z, u_n) \leqslant \phi(z, x_n)\}, \\
Q_n = \{z \in C : \langle x_n - z, J x_0 - J x_n \rangle \geqslant 0\}, \\
x_{n+1} = \Pi_{C_n \cap Q_n} x_0, \quad n = 0, 1, 2, \cdots,
\end{cases}
\tag{4.3.51}
$$

其中 J 是 E 上的对偶映射, $\alpha_n \subset [0,1]$ 满足 $\limsup\limits_{n \to \infty} \alpha_n < 1$ 且存在某一 $a > 0$ 使得 $r_n \subset [a, \infty)$, 则 $\{x_n\}$ 强收敛于 $\Pi_{F(S) \cap EP(f)} x_0$, 其中 $\Pi_{F(S) \cap EP(f)}$ 是 E 到 $F(S) \cap EP(f)$ 的广义投射.

此外, 类似于推论 4.10 我们还可得到如下的结果.

推论 4.12 设 E 是一致光滑、一致凸的 Banach 空间, C 是其一非空闭凸子集, S 是 C 到其自身的相对非扩张映射且 $F(S) \neq \varnothing$, 序列 $\{x_n\}$ 由如下迭代格式生成:

$$
\begin{cases}
\forall x_0 \in C, \\
z_n = J^{-1}(\beta_n J x_n + (1 - \beta_n) J S x_n), \\
y_n = J^{-1}(\alpha_n J x_n + (1 - \alpha_n) J S z_n), \\
C_n = \{v \in C : \phi(v, T_{r_n} y_n) \leqslant \alpha_n \phi(v, x_n) + (1 - \alpha_n) \phi(v, z_n)\}, \\
Q_n = \{v \in C : \langle x_n - v, J x_0 - J x_n \rangle \geqslant 0\}, \\
x_{n+1} = \Pi_{C_n \cap Q_n} x_0, \quad n = 0, 1, \cdots,
\end{cases}
$$

其中 $\{\alpha_n\}_{n=1}^{\infty}$, $\{\beta_n\}_{n=1}^{\infty}$ 是 $[0,1]$ 中的序列, 满足 $\limsup\limits_{n \to \infty} \alpha_n < 1$, $\lim\limits_{n \to \infty} \beta_n = 1$. 如果 S 是一致连续的, 则 $\{x_n\}$ 强收敛于 $\Pi_{F(S)} x_0$, 其中 $\Pi_{F(S)}$ 是 E 到 $F(S)$ 的广义投射.

推论 4.13　设 E 是一致光滑、一致凸的 Banach 空间. S 是 C 到其自身的相对非扩张映射使得 $F(S) \neq \varnothing$. 设序列 $\{x_n\}$ 有如下迭代格式生成:

$$
\begin{cases}
\forall x_0 \in C, \\
y_n = J^{-1}\left(\alpha_n J x_n + (1-\alpha_n) J S x_n\right), \\
C_n = \{z \in C : \phi(z, T_{r_n} y_n) \leqslant \phi(z, x_n)\}, \\
Q_n = \{z \in C : \langle x_n - z, J x_0 - J x_n \rangle \geqslant 0\}, \\
x_{n+1} = \Pi_{C_n \cap Q_n} x_0, \quad n = 0, 1, 2, \cdots,
\end{cases}
$$

其中 J 是 E 上的对偶映射, $\alpha_n \subset [0,1]$ 满足 $\limsup\limits_{n\to\infty} \alpha_n < 1$ 且存在某一 $a > 0$ 使得 $r_n \subset [a, \infty)$, 则 $\{x_n\}$ 强收敛于 $\Pi_{F(S)} x_0$, 其中 $\Pi_{F(S)}$ 是 E 到 $F(S)$ 的广义投射.

4.3.2　Banach 空间中关于相对非扩张映射的强收敛定理

1. 引言及相关引理

下面在适当条件下研究关于相对非扩张映射的强收敛定理. 这里的结果是新的, 并且可以看作文献 [102] 所获得结果的改进和推广.

Mann[162] 首次给出如下的关于非扩张映射的迭代算法: $x_0 \in C$ 且

$$
x_{n+1} = \alpha_n x_n + (1-\alpha_n) T x_n, \quad n = 0, 1, 2, \cdots, \tag{4.3.52}
$$

其中 T 是非空闭凸子集 C 到其自身的非扩张映射, $\alpha_n \subset [0,1]$.

Matsushita 和 Takahashi[102] 研究了如下迭代序列的强收敛定理: $x_0 \in C$ 且

$$
x_{n+1} = \Pi_C J^{-1}\left(\alpha_n J x_n + (1-\alpha_n) J S x_n\right), \quad n = 0, 1, 2, \cdots, \tag{4.3.53}
$$

其中 S 是非空闭凸子集 C 到其自身的相对非扩张映射且 Π_C 是 E 到 C 的广义投射. 注意到当 E 为一 Hilbert 空间且 $S = T$ 时, 序列 (4.3.52) 与 (4.3.53) 是等价的. 受他们工作的启发, 现在研究如下两个迭代序列的强收敛性: $x_0 \in C$ 且

$$
x_{n+1} = \Pi_C J^{-1}\left(\alpha_n J x_0 + (1-\alpha_n) J S x_n\right), \quad n = 0, 1, 2, \cdots, \tag{4.3.54}
$$

其中 S 是非空闭凸子集 C 到其自身的相对非扩张映射, $\alpha_n \subset [0,1]$ 与 $x_0 \in C$ 且

$$
\begin{cases}
z_n = J^{-1}\left(\beta_n J x_n + (1-\beta_n) J S x_n\right), \\
x_{n+1} = \Pi_C J^{-1}\left(\alpha_n J x_n + (1-\alpha_n) S z_n\right), \quad n = 0, 1, 2, \cdots.
\end{cases} \tag{4.3.55}
$$

接下来, 作为直接应用得到关于非扩张映射与凸可行性问题的一些收敛定理论.

2. Banach 空间中关于相对非扩张映射的强收敛定理

定理 4.35 设 E 是一致凸、一致光滑的 Banach 空间, C 是 E 的非空闭凸子集, S 是 C 到其自身的相对非扩张映射, 序列 $\{\alpha_n\}$ 满足 $\alpha_n \subset [0,1]$ 且 $\lim\limits_{n\to\infty} \alpha_n = 0$. 设序列 $\{x_n\}$ 由 (4.3.54) 生成. 如果 $F(S)$ 的内部非空, 则 $\{x_n\}$ 强收敛到 S 的某一不动点.

证明 首先, 我们证明 $\{x_n\}$ 在 C 中强收敛.

由引理 4.46 知, $F(S)$ 是闭凸的. 从而, 我们可以定义 E 到 $F(S)$ 的广义投射 Π_C. 令 $u \in F(S)$, 由相对非扩张映射的定义和 $\|\cdot\|^2$ 的凸性知

$$
\begin{aligned}
\phi\left(u, x_{n+1}\right) &= \phi\left(u, \Pi_C J^{-1}\left(\alpha_n J x_0 + (1-\alpha_n) J S x_n\right)\right) \\
&\leqslant \phi\left(u, J^{-1}\left(\alpha_n J x_0 + (1-\alpha_n) J S x_n\right)\right) \\
&= \|u\|^2 - 2\left\langle u, \alpha_n J x_0 + (1-\alpha_n) J S x_n\right\rangle \\
&\quad + \left\|\alpha_n J x_0 + (1-\alpha_n) J S x_n\right\|^2 \\
&\leqslant \|u\|^2 - 2\alpha_n\left\langle u, J x_0\right\rangle - 2(1-\alpha_n)\left\langle u, J S x_n\right\rangle \\
&\quad + \alpha_n\left\|x_0\right\|^2 + (1-\alpha_n)\left\|S x_n\right\|^2 \\
&\leqslant \alpha_n \phi\left(u, x_0\right) + (1-\alpha_n) \phi\left(u, S x_n\right) \\
&\leqslant \alpha_n \phi\left(u, x_0\right) + (1-\alpha_n) \phi\left(u, z_n\right). \quad\quad (4.3.56)
\end{aligned}
$$

又 $\lim\limits_{n\to\infty} \alpha_n = 0$ 且 $\phi(u, S x_n) \leqslant \phi(u, x_n)$, 我们有

$$
\phi\left(u, x_{n+1}\right) \leqslant \phi\left(u, x_n\right), \quad\quad (4.3.57)
$$

从而 $\lim\limits_{n\to\infty} \phi(u, x_n)$ 存在, 亦即 $\{\phi(u, x_n)\}$ 是有界的. 这说明 $\{x_n\}, \{S x_n\}$ 是有界的. 由于 $F(S)$ 的内部非空, 则存在 $p \in F(S)$ 且 $r > 0$ 使得

$$
p + rh \in F(S), \quad\quad (4.3.58)
$$

只要 $\|h\| \leqslant 1$. 由 (4.3.10) 得, 对任意 $u \in F(S)$,

$$
\phi\left(u, x_n\right) = \phi\left(x_{n+1}, x_n\right) + \phi\left(u, x_{n+1}\right) + 2\left\langle x_{n+1} - u, J x_n - J x_{n+1}\right\rangle, \quad\quad (4.3.59)
$$

这说明

$$
\left\langle x_{n+1} - u, J x_n - J x_{n+1}\right\rangle + \frac{1}{2}\phi\left(x_{n+1}, x_n\right) = \frac{1}{2}\left(\phi\left(u, x_n\right) + \phi\left(u, x_{n+1}\right)\right). \quad\quad (4.3.60)
$$

我们也有

$$
\phi\left(p + rh, x_{n+1}\right) \leqslant \phi\left(p + rh, x_n\right). \quad\quad (4.3.61)
$$

又由于 $p + rh \in F(S)$, 由 (4.3.56) 得

$$
\begin{aligned}
\langle x_{n+1} - p, Jx_n - Jx_{n+1} \rangle &\leqslant \langle x_{n+1} - (p + rh) + rh, Jx_n - Jx_{n+1} \rangle \\
&= \langle x_{n+1} - (p + rh), Jx_n - Jx_{n+1} \rangle + r \langle h, Jx_n - Jx_{n+1} \rangle.
\end{aligned}
\tag{4.3.62}
$$

根据 (4.3.60), 上不等式等价于

$$
0 \leqslant \langle x_{n+1} - (p + rh), Jx_n - Jx_{n+1} \rangle + \frac{1}{2}\phi\left(x_{n+1}, x_n\right),
\tag{4.3.63}
$$

从而由 (4.3.60) 得

$$
\begin{aligned}
r \langle h, Jx_n - Jx_{n+1} \rangle &\leqslant \langle x_{n+1} - p, Jx_n - Jx_{n+1} \rangle + \frac{1}{2}\phi\left(x_{n+1}, x_n\right) \\
&= \frac{1}{2}\left(\phi\left(p, x_n\right) + \phi\left(p, x_{n+1}\right)\right),
\end{aligned}
\tag{4.3.64}
$$

因此

$$
\langle h, Jx_n - Jx_{n+1} \rangle \leqslant \frac{1}{2r}\left(\phi\left(p, x_n\right) + \phi\left(p, x_{n+1}\right)\right).
\tag{4.3.65}
$$

因为满足 $\|h\| \leqslant 1$ 的 h 是任意的, 我们有

$$
\|Jx_n - Jx_{n+1}\| \leqslant \frac{1}{2r}\left(\phi\left(p, x_n\right) + \phi\left(p, x_{n+1}\right)\right),
\tag{4.3.66}
$$

从而, 如果 $n > m$, 则

$$
\begin{aligned}
\|Jx_m - Jx_n\| &= \|Jx_m - Jx_{m+1} + Jx_{m+1} - \cdots - Jx_{n-1} + Jx_{n-1} - Jx_n\| \\
&\leqslant \sum_{i=m}^{n-1} \|Jx_i - Jx_{i+1}\| \\
&\leqslant \frac{1}{2r}\sum_{i=m}^{n-1}\left(\phi\left(p, x_i\right) + \phi\left(p, x_{i+1}\right)\right) \\
&= \frac{1}{2r}\left(\phi\left(p, x_m\right) + \phi\left(p, x_n\right)\right).
\end{aligned}
\tag{4.3.67}
$$

由于 $\{\phi\left(p, x_n\right)\}$ 收敛, 从而 $\{Jx_n\}$ 为一柯西列. 又由 E 的完备性知, $\{Jx_n\}$ 强收敛于 E^* 的某一点. 又因为 E^* 有 Fréchet 可导范数, 从而 J^{-1} 在 E^* 上连续, 所以 $\{x_n\}$ 强收敛于 C 中的某点 u.

其次, 我们证明 $u \in F(S)$, 其中 $u = \lim_{n\to\infty} \Pi_{F(S)} x_n$, 由 (4.3.66) 与 $\{\phi\left(p, x_n\right)\}$ 的收敛性知

$$
\lim_{n\to\infty} \|Jx_n - Jx_{n+1}\| = 0.
\tag{4.3.68}
$$

由 J^{-1} 在有界集上的一致依范连续性知

$$\lim_{n\to\infty} \|x_n - x_{n+1}\| = 0. \tag{4.3.69}$$

令 $z_n = J^{-1}(\alpha_n J x_0 + (1-\alpha_n) J S x_n)$, 则有

$$\|J z_n - J S x_n\| = \|\alpha_n J x_0 + (1-\alpha_n) J S x_n - J S x_n\|$$
$$= \alpha_n \|x_0 - J S x_n\|. \tag{4.3.70}$$

由 $\lim_{n\to\infty} \alpha_n = 0$ 知

$$\lim_{n\to\infty} \|J z_n - J S x_n\| = 0. \tag{4.3.71}$$

由 J^{-1} 在有界集上的一致依范连续性知

$$\lim_{n\to\infty} \|z_n - S x_n\| = 0. \tag{4.3.72}$$

因为 $x_{n+1} = \Pi_C z_n$, 由引理 4.43 得

$$\phi(S x_n, x_{n+1}) + \phi(x_{n+1}, z_n) = \phi(S x_n, \Pi_C z_n) + \phi(\Pi_C z_n, z_n) \leqslant \phi(S x_n, z_n). \tag{4.3.73}$$

由

$$\phi(S x_n, z_n) = \phi\left(S x_n, J^{-1}(\alpha_n J x_0 + (1-\alpha_n) J S x_n)\right)$$
$$= \|S x_n\|^2 - 2\langle S x_n, \alpha_n J x_0 + (1-\alpha_n) J S x_n\rangle + \|\alpha_n J x_0 + (1-\alpha_n) S z_n\|$$
$$\leqslant \|S x_n\|^2 - 2\alpha_n \langle S x_n, J x_0\rangle - 2 + (1-\alpha_n)\langle S x_n, J S x_n\rangle + \alpha_n \|x_0\|$$
$$+ (1-\alpha_n)\|S x_n\|^2$$
$$\leqslant \alpha_n \phi(S x_n, x_0) + (1-\alpha_n)\phi(S x_n, S x_n), \tag{4.3.74}$$

且 $\lim_{n\to\infty} \alpha_n = 0$ 得

$$\lim_{n\to\infty} \phi(S x_n, x_{n+1}) = \lim_{n\to\infty} \phi(x_{n+1}, z_n) = 0, \tag{4.3.75}$$

由引理 4.45 得

$$\lim_{n\to\infty} \|S x_n - x_{n+1}\| = \lim_{n\to\infty} \|x_{n+1} - z_n\| = 0. \tag{4.3.76}$$

又

$$\|x_n - S x_n\| \leqslant \|x_n - x_{n+1}\| + \|x_{n+1} - z_n\| + \|z_n - S x_n\|, \tag{4.3.77}$$

因此, 由 (4.3.69), (4.3.72) 和 (4.3.76) 即得

$$\lim_{n\to\infty} \|x_n - S x_n\| = 0,$$

从而, 我们有 $u \in F(S)$, 其中 $u = \lim_{n\to\infty} \Pi_{F(S)} x_n$. $\qquad\square$

定理 4.36　设 E 是一致凸、一致光滑的 Banach 空间, C 是 E 的非空闭凸子集, S 是 C 到其自身的相对非扩张映射, 序列 $\{\alpha_n\}$ 与 $\{\beta_n\}$ 满足 $\alpha_n, \beta_n \subset [0,1]$ 并且 $\lim\limits_{n\to\infty} \alpha_n = 0$, $\lim\limits_{n\to\infty} \beta_n = 1$. 假定序列 $\{x_n\}$ 由 (4.3.55) 生成. 如果 $F(S)$ 的内部非空, 且 S 是一致连续, 则 $\{x_n\}$ 强收敛于 S 的某一不动点.

证明　首先, 证明 $\{x_n\}$ 在 C 中强收敛.

由引理 4.46 知, $F(S)$ 是闭凸的. 从而, 我们可以定义 E 到 $F(S)$ 的广义投射 Π_C. 令 $u \in F(S)$, 由相对非扩张映射的定义和 $\|\cdot\|^2$ 的凸性知

$$
\begin{aligned}
&\phi\left(u, x_{n+1}\right) \\
&= \phi\left(u, \Pi_C J^{-1}\left(\alpha_n J x_n + (1-\alpha_n) J S z_n\right)\right) \\
&\leqslant \phi\left(u, J^{-1}\left(\phi\left(u, \Pi_C J^{-1}\left(\alpha_n J x_n + (1-\alpha_n) J S z_n\right)\right) J x_n + (1-\alpha_n) J S z_n\right)\right) \\
&= \|u\|^2 - 2\left\langle u, \alpha_n J x_n + (1-\alpha_n) J S z_n\right\rangle + \|\alpha_n J x_n + (1-\alpha_n) J S z_n\|^2 \\
&\leqslant \|u\|^2 - 2\alpha_n\left\langle u, J x_n\right\rangle - 2(1-\alpha_n)\left\langle u, J S z_n\right\rangle + \alpha_n\|x_n\|^2 + (1-\alpha_n)\|S z_n\|^2 \\
&\leqslant \alpha_n \phi\left(u, x_n\right) + (1-\alpha_n)\phi\left(u, S z_n\right) \\
&\leqslant \alpha_n \phi\left(u, x_n\right) + (1-\alpha_n)\phi\left(u, z_n\right).
\end{aligned}
\tag{4.3.78}
$$

又因

$$
\begin{aligned}
\phi\left(u, z_n\right) &= \phi\left(u, J^{-1}\left(\beta_n J x_n + (1-\beta_n) J S x_n\right)\right) \\
&= \|u\|^2 - 2\left\langle u, \beta_n J x_n + (1-\beta_n) J S x_n\right\rangle + \|\beta_n J x_n + (1-\beta_n) J S x_n\|^2 \\
&\leqslant \|u\|^2 - 2\beta_n\left\langle u, J x_n\right\rangle - 2(1-\beta_n)\left\langle u, S x_n\right\rangle + \beta_n\|x\|^2 + (1-\beta_n)\|S x_n\|^2 \\
&\leqslant \beta_n \phi\left(u, x_n\right) + (1-\beta_n)\phi\left(u, S x_n\right) \\
&\leqslant \beta_n \phi\left(u, x_n\right) + (1-\beta_n)\phi\left(u, x_n\right) \\
&= \phi\left(u, x_n\right),
\end{aligned}
\tag{4.3.79}
$$

由 (4.3.78) 与 (4.3.79) 知

$$
\phi\left(u, x_{n+1}\right) \leqslant \phi\left(u, x_n\right),
\tag{4.3.80}
$$

从而 $\lim\limits_{n\to\infty} \phi(u, x_n)$ 存在, 进而得 $\{\phi(u, x_n)\}$ 是有界的, 这说明 $\{x_n\}, \{S x_n\}, \{z_n\}$ 是有界的. 由于 $F(S)$ 的内部非空, 与定理 4.35 证明类似可得, $\{x_n\}$ 在 C 中强收敛.

其次, 我们证明 $u \in F(S)$, 其中 $u = \lim\limits_{n\to\infty} \Pi_{F(S)} x_n$.

令 $y_n = J^{-1}\left(\alpha_n J x_n + (1-\alpha_n) J S z_n\right)$, 则由引理 4.43 得

$$
\phi\left(x_n, x_{n+1}\right) + \phi\left(x_{n+1}, y_n\right) = \phi\left(x_n, \Pi_C y_n\right) + \phi\left(\Pi_C y_n, y_n\right) \leqslant \phi\left(x_n, y_n\right).
\tag{4.3.81}
$$

又

$$
\begin{aligned}
\phi\left(x_n, y_n\right) &= \phi\left(x_n, J^{-1}\left(\alpha_n J x_n + (1-\alpha_n) J S z_n\right)\right) \\
&= \|x_n\|^2 - 2\left\langle x_n, \alpha_n J x_n + (1-\alpha_n) J S z_n\right\rangle \\
&\quad + \|\alpha_n J x_n + (1-\alpha_n) J S z_n\|^2 \\
&\leqslant \alpha_n \phi\left(x_n, x_n\right) + (1-\alpha_n) \phi\left(x_n, S z_n\right) \\
&\leqslant \alpha_n \phi\left(x_n, x_n\right) + (1-\alpha_n) \phi\left(x_n, z_n\right) \\
&\leqslant \phi\left(x_n, z_n\right),
\end{aligned}
\tag{4.3.82}
$$

并且

$$
\|J x_n - J z_n\| = \|J x_n - \beta_n J x_n - (1-\beta_n) J S x_n\| = (1-\beta_n)\|J x_n - J S x_n\|,
\tag{4.3.83}
$$

由 $\lim\limits_{n\to\infty} \beta_n = 1$ 得

$$
\lim_{n\to\infty}\|J z_n - J x_n\| = 0.
\tag{4.3.84}
$$

由 J^{-1} 在有界集上的一致依范连续性知

$$
\lim_{n\to\infty}\|x_n - z_n\| = 0,
\tag{4.3.85}
$$

从而, 我们有

$$
\begin{aligned}
\phi\left(x_n, z_n\right) &= \|x_n\|^2 - 2\left\langle x_n, J z_n\right\rangle + \|z_n\|^2 \\
&= \|x_n\|^2 - 2\left\langle x_n, J z_n - J x_n\right\rangle - 2\left\langle x_n, J x_n\right\rangle + \|z_n\|^2 \\
&\leqslant \|z_n\|^2 - \|x_n\|^2 + 2\|x_n\|\|J z_n - J x_n\| \\
&\leqslant \|z_n - x_n\|\left(\|z_n\| + \|x_n\|\right) + 2\|x_n\|\|J z_n - J x_n\|.
\end{aligned}
\tag{4.3.86}
$$

由 (4.3.84) 和 (4.3.85) 得

$$
\lim_{n\to\infty} \phi\left(x_n, z_n\right) = 0,
\tag{4.3.87}
$$

由 (4.3.81) 和 (4.3.82) 得

$$
\lim_{n\to\infty} \phi\left(x_n, x_{n+1}\right) = \lim_{n\to\infty} \phi\left(x_{n+1}, y_n\right) = 0,
\tag{4.3.88}
$$

从而, 由引理 4.45 得

$$
\lim_{n\to\infty}\|x_n - x_{n+1}\| = \lim_{n\to\infty}\|x_{n+1} - y_n\| = 0.
\tag{4.3.89}
$$

又因

$$
\|J y_n - J S z_n\| = \|\alpha_n J x_n + (1-\alpha_n) J S z_n - J S z_n\| = \alpha_n\|J x_n - J S z_n\|,
$$

由 $\lim\limits_{n\to\infty}\alpha_n = 0$ 得

$$\lim_{n\to\infty}\|Jy_n - JSz_n\| = 0. \tag{4.3.90}$$

由 J^{-1} 在有界集上的一致依范连续性知

$$\lim_{n\to\infty}\|y_n - Sz_n\| = 0. \tag{4.3.91}$$

又

$$\|x_n - Sx_n\| \leqslant \|x_n - x_{n+1}\| + \|x_{n+1} - y_n\| + \|y_n - Sz_n\| + \|Sz_n - Sx_n\|, \tag{4.3.92}$$

因此, 由 (4.3.85), (4.3.89) 和 (4.3.91) 且 S 是一致连续的得

$$\lim_{n\to\infty}\|x_n - Sx_n\| = 0, \tag{4.3.93}$$

从而, 我们有 $u \in F(S)$, 其中 $u = \lim\limits_{n\to\infty}\Pi_{F(S)}x_n$.　　　　　□

　　注 4.21　文献 [102] 中的主要结果 (定理 3.3) 是定理 4.36 的一特殊情况. 事实上, 对任意的 $n \in \mathbb{N}$, 如果我们令 $\beta_n = 1$, 则 $z_n = x_n$ 并且 $x_{n+1} = \Pi_C J^{-1}(\alpha_n Jx_n + (1-\alpha_n)JSx_n), n = 0, 1, 2, \cdots$, 由于我们的证明不同于文献 [21] 中的证明, 从而文献 [21] 中的条件 $\liminf\limits_{n\to\infty}\alpha_n(1-\alpha_n) > 0$ 可以由条件 $\lim\limits_{n\to\infty}\alpha_n = 0$ 取代.

　　从而得到下列推论.

　　推论 4.14 (Matsushita 和 Takahashi[102])　设 E 是一致光滑、一致凸的 Banach 空间, C 是 E 的非空闭凸子集, S 是 C 到其自身的相对非扩张映射, 序列 $\{\alpha_n\}$ 满足 $\{\alpha_n\} \subset [0,1]$ 且 $\lim\limits_{n\to\infty}\alpha_n = 0$. 假定 $\{x_n\}$ 是由 (4.3.55) 在 $\beta_n = 1$ 时所生成的序列. 如果 $F(S)$ 的内部非空, 则 $\{x_n\}$ 强收敛于 S 的某一不动点.

第 5 章 带上下界的均衡问题

5.1 欧氏空间中带上下界的均衡问题解的
存在性及 Hölder 连续性

本节研究带上下界均衡问题解的存在性和 Hölder 连续性. 为叙述方便, 这部分的研究均在欧氏空间上展开, 但有关该问题解的 Hölder 连续性的结果可以推广到度量空间.

5.1.1 带上下界的均衡问题解的存在性

1. 引言

1999 年, Isac 等[18] 提出了**带上下界均衡问题**(ULBEP): 寻找 $\bar{x} \in D$, 使得 $c_1 \leqslant f(\bar{x}, y) \leqslant c_2$ 对 $\forall y \in D$ 都成立, 其中 X 为给定集合, D 是 X 的非空子集, $\mathbb{R}$ 为实数集, $c_1, c_2 \in \mathbb{R}$. 关于该问题, Li[19] 介绍了极端子集的概念, 并利用 KKM 定理给出该问题解的存在性定理; Chadli[20] 等利用不动点定理给出了该问题解的存在性定理; Zhang[21] 定义了 (α, β)-凸的概念并用不动点定理给出了该解的存在性定理; Al-Homidan 等[22] 利用极大元方法给出了该问题解的存在性定理. 然而, 以上工作都只是关于带上下界均衡问题解的存在性研究, 有关带上下界均衡问题稳定性的研究目前并不多见.

基于以上分析, 本章在欧氏空间上进一步考虑带上下界均衡问题解的存在性, 同时也对该问题解的稳定性做了相关研究. 其中针对带上下界均衡问题解的存在性研究, 并没有采用常用的不动点定理, 而是采用另一种方法——Ekeland 变分原理, 该方法不要求相关映射及其定义域具有任何凸性. 另一方面, 为研究带上下界均衡问题解的稳定性, 我们定义了几类广义单调性, 进而在此基础之上研究了该问题解的唯一性和 Hölder 连续性. 本小节共分为四部分, 第 2 部分介绍一些基本概念以及后面证明中将用到的一些引理, 第 3 部分和第 4 部分给出带上下界均衡问题解的存在性定理.

2. 预备知识

设 X 为欧氏空间, X 上的内积记为 $\langle \cdot, \cdot \rangle$, 由该内积诱导的范数记为 $\|\cdot\|$, 由该范数诱导的度量记为 d. X 中非空子集构成的集族记为 2^X, D 为 X 的子集, 0 为 X 中的零元, $\mathbb{R}$ 为实数集.

定义 5.1　设 $f : D \times D \to \mathbb{R}$, $c_1, c_2 \in \mathbb{R}$ 且 $c_1 \leqslant c_2$. 如果对任意 $(x, y) \in D \times D$, 都有 $c_1 \leqslant f(x, y) \leqslant c_2 \Rightarrow f(y, x) \leqslant c_1$ 或 $f(y, x) \geqslant c_2$, 则称 f 是 (c_1, c_2)-伪单调的.

定义 5.2　设 $f : D \times D \to \mathbb{R}$, $c_1, c_2 \in \mathbb{R}$ 且 $c_1 \leqslant c_2$. 如果对任意 $(x, y) \in D \times D$, 都有 $c_1 < f(x, y) < c_2 \Rightarrow f(y, x) \leqslant c_1$ 或 $f(y, x) \geqslant c_2$, 则称 f 是 (c_1, c_2)-拟单调的.

定义 5.3　设 $f : D \times D \to \mathbb{R}$, $c_1, c_2 \in \mathbb{R}$ 且 $c_1 \leqslant c_2$. 如果对任意 $(x, y) \in D \times D$, 都有 $f(x, y) < c_1$ 或 $f(x, y) > c_2 \Rightarrow c_1 \leqslant f(y, x) \leqslant c_2$, 则称 f 是 (c_1, c_2)-反拟单调的.

定义 5.4[24]　设 $f : X \to \mathbb{R}$. 如果对任意 $c \in \mathbb{R}$, 上水平集 $\{x \in X : f(x) \geqslant c\}$ 是闭的, 则称 f 上半连续. 如果 $-f$ 上半连续, 则称 f 下半连续. f 在 X 中连续等价于 f 在 X 中既上半连续又下半连续.

定义 5.5[203]　设 $F : X \to 2^X$ 为集值映射, $x_0 \in X$. 如果存在 x_0 的某个邻域 Q, 使得 $\forall x_1, x_2 \in Q$ 都有 $F(x_1) \subseteq F(x_2) + \alpha B(0, d^a(x_1, x_2))$, 则称 F 在 x_0 处 αa-Hölder 连续, 其中 $\alpha > 0$, $a > 0$, $B(0, r)$ 表示以 0 为中心, r 为半径的闭球.

定义 5.6　设 $S : D \to X$. 如果存在常数 $k_1, k_2 \in \mathbb{R}_{++}$ 使得不等式 $d(S(x_1), S(x_2)) \leqslant k_1 d^{k_2}(x_1, x_2)$ 对任意 $x_1, x_2 \in D$ 都成立, 则称映射 S 是 $k_1 k_2$-Hölder 连续的.

定义 5.7　设 $S : D \times D \to X$. 如果存在常数 $k_1, k_2, k_3, k_4 \in \mathbb{R}_{++}$ 使得不等式 $d(S(x_1, y_2), S(x_2, y_2)) \leqslant k_1 d^{k_2}(x_1, x_2) + k_3 d^{k_4}(y_1, y_2)$ 对任意 $(x_1, y_1), (x_2, y_2) \in D \times D$ 都成立, 则称二元映射 S 是 $k_1 k_2 k_3 k_4$-Hölder 连续的.

定义 5.8　设 $f : D \times D \to \mathbb{R}$, $\alpha > 0$, $a > 0$. 如果对 $\forall x, y \in D$, $x \neq y$, 都有 $c_1 \leqslant f(x, y) \leqslant c_2 \Rightarrow f(y, x) \geqslant c_2 + \alpha d^a(x, y)$ 或 $f(y, x) \leqslant c_1 - \alpha d^a(x, y)$, 则称 f 是 αa-Hölder-(c_1, c_2)-强伪单调的.

定义 5.9　设 $f : D \times D \to \mathbb{R}$, $c \in \mathbb{R}$ 且 $c > 0$. **带对称界均衡问题** (SBEP) 是指: 寻找 $\overline{x} \in D$, 使得 $-c \leqslant f(\overline{x}, y) \leqslant c$, $\forall y \in D$.

注 5.1　带上下界均衡问题总可以通过平移变换转化成带对称界均衡问题, 因为 $c_1 \leqslant f(x, y) \leqslant c_2 \Leftrightarrow -\left(\dfrac{c_2 - c_1}{2}\right) \leqslant f(x, y) - \left(\dfrac{c_1 + c_2}{2}\right) \leqslant \left(\dfrac{c_2 - c_1}{2}\right)$. 令 $c = \dfrac{c_2 - c_1}{2}$, $F(x, y) = f(x, y) - \left(\dfrac{c_1 + c_2}{2}\right)$, 则上式转化成 $-c \leqslant F(x, y) \leqslant c$.

引理 5.1[203]　设 D 为 X 的紧子集, 如果映射 $f : D \times D \to \mathbb{R}$ 满足下列条件:

(i) 对 $\forall x \in D$, $f(x, \cdot)$ 下半连续;

(ii) 对 $\forall x \in D$, $f(x, x) = 0$;

(iii) 对 $\forall x, y, z \in D$, 都有 $f(z, x) \leqslant f(z, y) + f(y, x)$;

(iv) 对 $\forall y \in D$, $f(\cdot, y)$ 上半连续,

则 $\exists \overline{x} \in D$, 使得 $f(\overline{x}, y) \geqslant 0$ 对 $\forall y \in D$ 都成立.

引理 5.2[203]　设 D 为 X 的子集, $\| \cdot \|$ 为 Ω 上的内积诱导的范数, 若映射 $f : D \times D \to \mathbb{R}$ 满足下列条件:

(i) 对 $\forall x \in D, f(x, \cdot)$ 下半连续;

(ii) 对 $\forall x \in D, f(x, x) = 0$;

(iii) 对 $\forall x, y, z \in D$, 都有 $f(z, x) \leqslant f(z, y) + f(y, x)$;

(iv) 对 $\forall y \in D, f(\cdot, y)$ 上半连续;

(v) $\exists r > 0$, 对 $\forall x \in D \setminus K_r$, 都 $\exists y \in D, \|y\| < \|x\|$, 使得 $f(x, y) \leqslant 0$, 其中 $K_r = \{x \in D : \| x \| \leqslant r\}$, 则 $\exists \overline{x} \in D$, 使得 $f(\overline{x}, y) \geqslant 0$ 对 $\forall y \in D$ 都成立.

引理 5.3[203] 设 D 为 X 的闭子集, 如果映射 $f : D \times D \to \mathbb{R}$ 满足下列条件:

(i) 对 $\forall x \in D, f(x, \cdot)$ 下半连续且有下界;

(ii) 对 $\forall x \in D, f(x, x) = 0$;

(iii) 对 $\forall x, y, z \in D$, 都有 $f(z, x) \leqslant f(z, y) + f(y, x)$,

则对 $\forall \varepsilon > 0, \forall x_0 \in D$, 存在 $\overline{x} \in D$ 使得

$$\begin{cases} f(x_0, \overline{x}) + \varepsilon \|x_0 - \overline{x}\| \leqslant 0, \\ f(\overline{x}, x) + \varepsilon \|\overline{x} - x\| > 0, \quad x \neq \overline{x}. \end{cases}$$

由注 5.1 可知带上下界均衡问题总可以通过平移变换转化成带对称界均衡问题. 故下面只需研究带对称界均衡问题 (SBEP). 以下分别在欧氏空间 X 的紧子集和非紧子集上考虑带对称界均衡问题解的存在性.

3. 紧集上 SBEP 解的存在性

定理 5.1 设 D 为 X 的紧子集, $c > 0$, 如果映射 $f : D \times D \to \mathbb{R}$ 满足下列条件:

(i) $f(\cdot, \cdot)$ 关于每个分量连续;

(ii) 对 $\forall x \in D, f(x, x) = c$;

(iii) 对 $\forall x, y, z \in D$, 都有 $|f(z, x)| + c \geqslant 2 \max\{|f(z, y)|, |f(y, x)|\}$,

则 $\exists \overline{x} \in D$, 使得 $|f(\overline{x}, y)| \leqslant c$ 对 $\forall y \in D$ 都成立.

证明 令 $F(x, y) = \mathrm{e}^c - \mathrm{e}^{|f(x, y)|}$, 由 (i) 可得对 $\forall x \in D, F(x, \cdot)$ 下半连续; 对 $\forall y \in D, F(\cdot, y)$ 上半连续. 由 (ii) 可得, 对 $\forall x \in D, F(x, x) = \mathrm{e}^c - \mathrm{e}^c = 0$; 下证对 $\forall x, y, z \in D$, 都有 $F(z, x) \leqslant F(z, y) + F(y, x)$. 对 $\forall x, y, z \in D$, 由 (iii) 可知

$$|f(z, x)| + c \geqslant 2 \max\{|f(z, y)|, |f(y, x)|\},$$

所以

$$\mathrm{e}^{|f(z, x)|} + \mathrm{e}^c \geqslant 2\sqrt{\mathrm{e}^{|f(z, x)|} \cdot \mathrm{e}^c} = 2\mathrm{e}^{\frac{|f(z, x)| + c}{2}} \geqslant \mathrm{e}^{|f(z, y)|} + \mathrm{e}^{|f(y, x)|},$$

即

$$e^{|f(z,x)|} + e^c \geqslant e^{|f(z,y)|} + e^{|f(y,x)|},$$

$$-e^{|f(z,x)|} - e^c \leqslant -e^{|f(z,y)|} - e^{|f(y,x)|},$$

$$e^c - e^{|f(z,x)|} \leqslant e^c - e^{|f(z,y)|} + e^c - e^{|f(y,x)|},$$

$$F(z,x) \leqslant F(z,y) + F(y,x).$$

由引理 5.1 可得, $\exists \overline{x} \in D$, 使得 $F(\overline{x},y) \geqslant 0$, 对 $\forall y \in D$ 都成立. 即 $\exists \overline{x} \in D$, 使得 $|f(\overline{x},y)| \leqslant c$, 对 $\forall y \in D$ 都成立. □

注 5.2　事实上, 定理 5.1 中的条件 (iii) 可直接减弱为 (iii') $e^{|f(z,x)|} + e^c \geqslant e^{|f(z,y)|} + e^{|f(y,x)|}$. 而且若令 $X = \mathbb{R}$, $D = [1,2]$, 则容易证明映射 $f(x,y) = \ln\left(\ln\left(\dfrac{8x}{y}\right)\right)$ 和 $f(x,y) = \ln\left(\ln\left(\dfrac{8y}{x}\right)\right)$ 满足 (i), (ii), (iii'), 并且易知 $f(x,y) = \ln\left(\ln\left(\dfrac{8x}{y}\right)\right)$ 关于 x (第一个变量) 为凹函数, $f(x,y) = \ln\left(\ln\left(\dfrac{8y}{x}\right)\right)$ 关于 y (第二个变量) 为凹函数, 这说明我们的结果对映射的凸性没有要求.

注 5.3　若令 $X = \mathbb{R}$, $D = [1,2]$, 映射 $f(x,y) = x - y + 2$, 则容易证明存在 $\overline{x} = 1 \in D$ 使得 $|f(x,y)| \leqslant 2$ 对 $\forall y \in [1,2]$ 都成立, 但 $f(x,y) = x - y + 2$ 不满足定理 5.1 中的 (iii), 这说明条件 (iii) 是充分条件.

4. 非紧集上 SBEP 解的存在性

定理 5.2　设 D 为 X 的子集, $c > 0$. 如果映射 $f : D \times D \to \mathbb{R}$ 满足下列条件:

(i) $f(\cdot,\cdot)$ 关于每个分量连续;

(ii) 对 $\forall x \in D$, $f(x,x) = c$;

(iii) 对 $\forall x,y,z \in D$, 都有 $|f(z,x)| + c \geqslant 2\max\{|f(z,y)|, |f(y,x)|\}$;

(iv) $\exists r > 0$, 对 $\forall x \in D \setminus K_r$, 都 $\exists y \in D, \|y\| < \|x\|$, 使得 $f(x,y) \geqslant c$, 其中 $K_r = \{x \in D : \|x\| \leqslant r\}$,

则 $\exists \overline{x} \in D$, 使得 $|f(\overline{x},y)| \leqslant c$ 对 $\forall y \in D$ 都成立.

证明　令 $F(x,y) = e^c - e^{|f(x,y)|}$, 易证 $F(x,y)$ 满足引理 5.2 中的条件 (i), (ii), (iii). 其证法与定理 5.1 的证法相同, 此处省略. 下证 $F(x,y)$ 满足引理 5.2 中的条件 (iv), 因为 $\exists r > 0$, 对 $\forall x \in D \setminus K_r$, 都 $\exists y \in D, \|y\| < \|x\|$, 使得 $f(x,y) \geqslant c$, 而 $f(x,y) \geqslant c$ 等价于 $e^{|f(x,y)|} \geqslant e^c$, 所以,

$$F(x,y) = e^c - e^{|f(x,y)|} \leqslant 0,$$

由引理 5.2 可知, $\exists \overline{x} \in D$, 使得 $F(\overline{x},y) \geqslant 0$, 对 $\forall y \in D$ 都成立. 即 $\exists \overline{x} \in D$, 使得 $|f(\overline{x},y)| \leqslant c$ 对 $\forall y \in D$ 都成立. □

5.1.2 带上下界均衡问题解的 Hölder 连续性

设 X, Y, Z 为度量空间, 其上的度量均用 d 表示 (由于 X, Y, Z 中的元素形式不同, 故不会引起混淆). η_0, ε_0 分别为 Y, Z 中任意给定的元素, $U(\varepsilon_0) \subset Y, V(\eta_0) \subset Z$ 分别为 η_0, ε_0 的邻域. $f : D \times D \times U(\varepsilon_0) \to \mathbb{R}, D : V(\eta_0) \to 2^X, D \subset X$.

关于带上下界均衡问题的稳定性, 主要研究当 f, D 分别受参数 ε, η 扰动时, 参数带上下界均衡问题解的各种连续性. 首先研究 D 固定, f 受参数 ε 扰动时, 参数带上下界均衡问题解的 Hölder 连续性, 此情形称为单参数扰动; 然后, 研究 D, f 同时分别受参数 η, ε 扰动时, 参数带上下界均衡问题解的 Hölder 连续性, 此情形称为双参数扰动. 由于 5.1.1 小节已研究过带上下界均衡问题解的存在性, 故本小节总假定带上下界均衡问题有解, 并在此基础之上讨论参数带上下界均衡问题解的稳定性.

首先, 研究单参数扰动时参数带上下界均衡问题解的 Hölder 连续性.

此时, 参数带上下界均衡问题即为: 寻找 $\overline{x}(\varepsilon) \in D$, 使得 $c_1 \leqslant f(\overline{x}(\varepsilon), y, \varepsilon) \leqslant c_2$ 对 $\forall y \in D$ 都成立, 记该参数带上下界均衡问题的解集为 $S(\varepsilon)$, 易知 $S(\varepsilon)$ 为集值映射 $S(\varepsilon) : U(\varepsilon_0) \to 2^X$. 下面研究 $S(\varepsilon)$ 的 Hölder 连续性.

定理 5.3 设映射 $f : D \times D \times U(\varepsilon_0) \to \mathbb{R}$ 满足下列条件:

(i) 对 $\forall \varepsilon \in U(\varepsilon_0), f(\cdot, \cdot, \varepsilon)$ 为 αa-Hölder-(c_1, c_2)-强伪单调的. 即对 $\forall \varepsilon \in U(\varepsilon_0)$, $\forall (x, y) \in D \times D$, 都有 $c_1 \leqslant f(x, y, \varepsilon) \leqslant c_2 \Rightarrow f(y, x, \varepsilon) \leqslant c_1 - \alpha d^a(x, y)$ 或 $f(y, x, \varepsilon) \geqslant c_2 + \alpha d^a(x, y)$, 这里 $\alpha > 0, a > 0$.

(ii) 对 $\forall (x, y) \in D \times D, f(x, y, \cdot)$ 是 βb-Hölder 连续的. 即对 $\forall (x, y) \in D \times D$, $\forall \varepsilon_1, \varepsilon_2 \in U(\varepsilon_0)$, 都有 $|f(x, y, \varepsilon_1) - f(x, y, \varepsilon_2)| \leqslant \beta d^b(\varepsilon_1, \varepsilon_2)$, 这里 $\beta > 0, b > 0$.

则

(a) 对 $\forall \varepsilon \in U(\varepsilon_0)$, 参数带上下界均衡问题的解是唯一的. 此时集值映射 $S(\varepsilon)$ 即为单值映射, 以下记此单值映射为 $\overline{x}(\varepsilon)$.

(b) 解映射 $\overline{x}(\varepsilon)$ 在 $U(\varepsilon_0)$ 中是 Hölder 连续的. 即存在 $k_1, k_2 > 0$, 对任意 $\varepsilon_1, \varepsilon_2 \in U(\varepsilon_0)$ 都有

$$d(\overline{x}(\varepsilon_1), \overline{x}(\varepsilon_2)) \leqslant k_1 d^{k_2}(\varepsilon_1, \varepsilon_2).$$

证明 (a) 对 $\forall \varepsilon \in U(\varepsilon_0)$, 若 $\overline{x} \in S(\varepsilon)$, 则 $c_1 \leqslant f(\overline{x}, y, \varepsilon) \leqslant c_2$ 对 $\forall y \in D$ 都成立. 由 (i) 可知对 $y \in D/\{\overline{x}\}, f(y, \overline{x}, \varepsilon) \leqslant c_1 - \alpha d(\overline{x}, y) < c_1$ 或 $f(y, \overline{x}, \varepsilon) \geqslant c_2 + \alpha d(\overline{x}, y) > c_2$. 因此, $S(\varepsilon)$ 为单点集, 此时集值映射 $S(\varepsilon)$ 退化为单值映射, 记此单值映射为 $\overline{x}(\varepsilon)$.

(b) 任取 $\varepsilon_1, \varepsilon_2 \in U(\varepsilon_0), \overline{x}(\varepsilon_1), \overline{x}(\varepsilon_2)$ 分别为 $\varepsilon_1, \varepsilon_2$ 对应的带上下界均衡问题的解, 故 $c_1 \leqslant f(\overline{x}(\varepsilon_1), \overline{x}(\varepsilon_2), \varepsilon_1) \leqslant c_2$, 由 (i) 可得

$$f(\overline{x}(\varepsilon_2), \overline{x}(\varepsilon_1), \varepsilon_1) \leqslant c_1 - \alpha d^a(\overline{x}(\varepsilon_1), \overline{x}(\varepsilon_2))$$

或

$$f(\overline{x}(\varepsilon_2), \overline{x}(\varepsilon_1), \varepsilon_1) \geqslant c_2 + \alpha d^a(\overline{x}(\varepsilon_1), \overline{x}(\varepsilon_2)).$$

第一种情况, 若 $f(\overline{x}(\varepsilon_2), \overline{x}(\varepsilon_1), \varepsilon_1) \leqslant c_1 - \alpha d^a(\overline{x}(\varepsilon_1), \overline{x}(\varepsilon_2))$, 则

$$
\begin{aligned}
d^a(\overline{x}(\varepsilon_1), \overline{x}(\varepsilon_2)) &\leqslant \frac{c_1}{\alpha} - \frac{1}{\alpha} f(\overline{x}(\varepsilon_2), \overline{x}(\varepsilon_1), \varepsilon_1) \\
&\leqslant \frac{c_1}{\alpha} - \frac{1}{\alpha} f(\overline{x}(\varepsilon_2), \overline{x}(\varepsilon_1), \varepsilon_1) + \frac{1}{\alpha} f(\overline{x}(\varepsilon_2), \overline{x}(\varepsilon_1), \varepsilon_2) \\
&\quad - \frac{1}{\alpha} f(\overline{x}(\varepsilon_2), \overline{x}(\varepsilon_1), \varepsilon_2) \\
&\leqslant \frac{c_1}{\alpha} + \frac{\beta}{\alpha} d^b(\varepsilon_1, \varepsilon_2) - \frac{1}{\alpha} f(\overline{x}(\varepsilon_2), \overline{x}(\varepsilon_1), \varepsilon_2) \\
&\leqslant \frac{c_1}{\alpha} + \frac{\beta}{\alpha} d^b(\varepsilon_1, \varepsilon_2) - \frac{c_1}{\alpha} \\
&= \frac{\beta}{\alpha} d^b(\varepsilon_1, \varepsilon_2),
\end{aligned}
$$

即

$$d(\overline{x}(\varepsilon_1), \overline{x}(\varepsilon_2)) \leqslant \left(\frac{\beta}{\alpha}\right)^{\frac{1}{a}} d^{\frac{b}{a}}(\varepsilon_1, \varepsilon_2).$$

第二种情况, 若 $f(\overline{x}(\varepsilon_2), \overline{x}(\varepsilon_1), \varepsilon_1) \geqslant c_2 + \alpha d^a(\overline{x}(\varepsilon_1), \overline{x}(\varepsilon_2))$, 则

$$
\begin{aligned}
d^a(\overline{x}(\varepsilon_1), \overline{x}(\varepsilon_2)) &\leqslant \frac{1}{\alpha} f(\overline{x}(\varepsilon_2), \overline{x}(\varepsilon_1), \varepsilon_1) - \frac{c_2}{\alpha} \\
&\leqslant \frac{1}{\alpha} f(\overline{x}(\varepsilon_2), \overline{x}(\varepsilon_1), \varepsilon_1) - \frac{c_2}{\alpha} - \frac{1}{\alpha} f(\overline{x}(\varepsilon_2), \overline{x}(\varepsilon_1), \varepsilon_2) \\
&\quad + \frac{1}{\alpha} f(\overline{x}(\varepsilon_2), \overline{x}(\varepsilon_1), \varepsilon_2) \\
&\leqslant \frac{\beta}{\alpha} d^b(\varepsilon_1, \varepsilon_2) + \frac{1}{\alpha} f(\overline{x}(\varepsilon_2), \overline{x}(\varepsilon_1), \varepsilon_2) - \frac{c_2}{\alpha} \\
&\leqslant \frac{\beta}{\alpha} d^b(\varepsilon_1, \varepsilon_2) + \frac{c_2}{\alpha} - \frac{c_2}{\alpha} \\
&= \frac{\beta}{\alpha} d^b(\varepsilon_1, \varepsilon_2),
\end{aligned}
$$

即

$$d(\overline{x}(\varepsilon_1), \overline{x}(\varepsilon_2)) \leqslant \left(\frac{\beta}{\alpha}\right)^{\frac{1}{a}} d^{\frac{b}{a}}(\varepsilon_1, \varepsilon_2).$$

故总有 $d(\overline{x}(\varepsilon_1), \overline{x}(\varepsilon_2)) \leqslant \left(\frac{\beta}{\alpha}\right)^{\frac{1}{a}} d^{\frac{b}{a}}(\varepsilon_1, \varepsilon_2)$. 令 $k_1 = \left(\frac{\beta}{\alpha}\right)^{\frac{1}{a}}, k_2 = \frac{b}{a}$, 则

$$d(\overline{x}(\varepsilon_1), \overline{x}(\varepsilon_2)) \leqslant \left(\frac{\beta}{\alpha}\right)^{1/a} d^{b/a}(\varepsilon_1, \varepsilon_2),$$

即为

$$d(\overline{x}(\varepsilon_1), \overline{x}(\varepsilon_2)) \leqslant k_1 d^{k_2}(\varepsilon_1, \varepsilon_2).$$ □

现在研究双参数扰动时参数带上下界均衡问题解的 Hölder 连续性.

此时, 参数带上下界均衡问题即为: 寻找 $\overline{x}(\eta, \varepsilon) \in D(\eta)$, 使得 $c_1 \leqslant f(\overline{x}(\eta, \varepsilon), y, \varepsilon)$ $\leqslant c_2$, 对 $\forall y \in D(\eta)$ 都成立, 记该参数带上下界均衡问题的解集为 $S(\eta, \varepsilon)$, 易知 $S(\eta, \varepsilon)$ 为集值映射 $S : V(\eta_0) \times U(\varepsilon_0) \to 2^X$. 下面研究 $S(\eta, \varepsilon)$ 的连续性.

定理 5.4   设 $f : X \times Y \times U(\varepsilon_0) \to \mathbb{R}$ 满足下列条件:

(i) 对 $\forall \varepsilon \in U(\varepsilon_0)$, $f(\cdot, \cdot, \varepsilon)$ 为 αa-Hölder-(c_1, c_2)-强伪单调的. 即对 $\forall \varepsilon \in U(\varepsilon_0)$, $\forall(x, y) \in X \times Y$, 都有 $c_1 \leqslant f(x, y, \varepsilon) \leqslant c_2 \Rightarrow f(y, x, \varepsilon) \leqslant c_1 - \alpha d^a(x, y)$ 或 $f(y, x, \varepsilon) \geqslant c_2 + \alpha d^a(x, y)$, 这里 $\alpha > 0, a > 0$.

(ii) 对 $\forall(x, y) \in X \times Y$, $f(x, y, \cdot)$ 是 βb-Hölder 连续的. 即对 $\forall(x, y) \in X \times Y$, $\forall \varepsilon_1, \varepsilon_2 \in U(\varepsilon_0)$, 都有 $|f(x, y, \varepsilon_1) - f(x, y, \varepsilon_2)| \leqslant \beta d^b(\varepsilon_1, \varepsilon_2)$, 这里 $\beta > 0, b > 0$.

(iii) 对 $\forall(x, \varepsilon) \in X \times U(\varepsilon_0)$, $f(x, \cdot, \varepsilon)$ 是 γg-Hölder 连续的. 即 $\forall(x, \varepsilon) \in X \times U(\varepsilon_0), \forall y, y' \in Y$, 都有 $|f(x, y, \varepsilon) - f(x, y', \varepsilon)| \leqslant \gamma d^g(y, y')$, 这里 $\gamma > 0, g > 0$.

(iv) 映射 $D(\eta)$ 在 $V(\eta_0)$ 中 Lipschitz 连续, 即对 $\forall \eta, \eta' \in V(\eta_0)$, 都有 $D(\eta') \subseteq D(\eta) + kB(0, d(\eta, \eta'))$, 这里 $k > 0, \xi > 0$.

则

(a) 对每个 $(\varepsilon, \eta) \in U(\varepsilon_0) \times v(\eta_0)$, ULBEP 的解是唯一的. 此时, $S(\varepsilon, \eta)$ 退化为单值映射, 记此单值映射为 $\overline{x}(\varepsilon, \eta)$.

(b) 解映射 $\overline{x}(\varepsilon, \eta)$ 在 $U(\varepsilon_0) \times V(\eta_0)$ 中是 Hölder 连续的. 即存在 $k_3, k_4, k_5, k_6 > 0$ 使得

$$d(\overline{x}(\eta, \varepsilon), \overline{x}(\eta', \varepsilon')) \leqslant k_3 d^{k_4}(\varepsilon', \varepsilon) + k_5 d^{k_6}(\eta', \eta).$$

证明   (a) 由 (i) 易知 ULBEP 解的唯一性, 其证法与定理 5.3 类似, 此处省略证明过程. 此时, $S(\varepsilon, \eta)$ 退化为单值映射, 记此单值映射为 $\overline{x}(\varepsilon, \eta)$.

(b) 下面分三步证明.

第一步   任取 $(\varepsilon, \eta), (\varepsilon', \eta') \in U(\varepsilon_0) \times V(\eta_0)$, 由定理 5.3 可知

$$d(\overline{x}(\varepsilon, \eta), \overline{x}(\varepsilon', \eta)) \leqslant \left(\frac{\beta}{\alpha}\right)^{\frac{1}{a}} d^{\frac{b}{a}}(\varepsilon, \varepsilon'),$$

这里 $\overline{x}(\varepsilon, \eta)$ 表示 ε, η 对应的参数带上下均衡问题解.

第二步   下面来估计 $d(\overline{x}(\varepsilon', \eta), \overline{x}(\varepsilon', \eta'))$. 由 (iv) 可知, 存在 $x' \in D(\eta')$, 使得

$$d(\overline{x}(\varepsilon', \eta), x') \leqslant k d^{\xi}(\eta, \eta'), \tag{5.1.1}$$

因为 $x' \in D(\eta')$, 所以 $c_1 \leqslant f(\overline{x}(\varepsilon', \eta'), x', \varepsilon') \leqslant c_2$, 即

$$c_2 - f(\overline{x}(\varepsilon', \eta'), x', \varepsilon') \geqslant 0, \quad f(\overline{x}(\varepsilon', \eta'), x', \varepsilon') - c_1 \geqslant 0. \tag{5.1.2}$$

下面分情况讨论:

(1) 如果 $f(\overline{x}(\varepsilon',\eta),\overline{x}(\varepsilon',\eta'),\varepsilon') \in [c_1, c_2]$, 则由 (i) 可得

$$f(\overline{x}(\varepsilon',\eta'),\overline{x}(\varepsilon',\eta),\varepsilon') \leqslant c_1 - \alpha d^a(\overline{x}(\varepsilon',\eta'),\overline{x}(\varepsilon',\eta))$$

或

$$f(\overline{x}(\varepsilon',\eta'),\overline{x}(\varepsilon',\eta),\varepsilon') \geqslant c_2 + \alpha d^a(\overline{x}(\varepsilon',\eta'),\overline{x}(\varepsilon',\eta)),$$

当 $f(\overline{x}(\varepsilon',\eta'),\overline{x}(\varepsilon',\eta),\varepsilon') \leqslant c_1 - \alpha d^a(\overline{x}(\varepsilon',\eta'),\overline{x}(\varepsilon',\eta))$ 时, 由 (5.1.1) 式和 (5.1.2) 式可得

$$\alpha d^a(\overline{x}(\varepsilon',\eta'),\overline{x}(\varepsilon',\eta)) \leqslant c_1 - f(\overline{x}(\varepsilon',\eta'),\overline{x}(\varepsilon',\eta),\varepsilon'). \tag{5.1.3}$$

上面 (5.1.3) 式可变形为

$$
\begin{aligned}
d^a(\overline{x}(\varepsilon',\eta'),\overline{x}(\varepsilon',\eta)) &\leqslant \frac{c_1}{\alpha} - \frac{1}{\alpha}f(\overline{x}(\varepsilon',\eta'),\overline{x}(\varepsilon',\eta),\varepsilon') \\
&\leqslant \frac{c_1}{\alpha} - \frac{1}{\alpha}f(\overline{x}(\varepsilon',\eta'),\overline{x}(\varepsilon',\eta),\varepsilon') + \frac{1}{\alpha}(f(\overline{x}(\varepsilon',\eta'),x',\varepsilon') - c_1) \\
&\leqslant \frac{1}{\alpha}f(\overline{x}(\varepsilon',\eta'),x',\varepsilon') - \frac{1}{\alpha}f(\overline{x}(\varepsilon',\eta'),\overline{x}(\varepsilon',\eta),\varepsilon') \\
&\leqslant \frac{\gamma}{\alpha}d^g(x',\overline{x}(\varepsilon',\eta)) \\
&\leqslant \frac{\gamma k^g}{\alpha}d^{\xi g}(\eta,\eta'),
\end{aligned}
$$

即

$$d(\overline{x}(\varepsilon',\eta'),\overline{x}(\varepsilon',\eta)) \leqslant \left(\frac{\gamma k^g}{\alpha}\right)^{\frac{1}{a}} d^{\frac{\xi g}{a}}(\eta,\eta').$$

当 $f(\overline{x}(\varepsilon',\eta'),\overline{x}(\varepsilon',\eta),\varepsilon') \geqslant c_2 + \alpha d^a(\overline{x}(\varepsilon',\eta'),\overline{x}(\varepsilon',\eta))$ 时, 由 (5.1.1) 式和 (5.1.2) 式可得

$$\alpha d^a(\overline{x}(\varepsilon',\eta'),\overline{x}(\varepsilon',\eta)) \leqslant f(\overline{x}(\varepsilon',\eta'),\overline{x}(\varepsilon',\eta),\varepsilon') - c_2. \tag{5.1.4}$$

上面 (5.1.4) 式可变形为

$$
\begin{aligned}
d^a(\overline{x}(\varepsilon',\eta'),\overline{x}(\varepsilon',\eta)) &\leqslant \frac{1}{\alpha}f(\overline{x}(\varepsilon',\eta'),\overline{x}(\varepsilon',\eta),\varepsilon') - \frac{c_2}{\alpha} \\
&\leqslant \frac{1}{\alpha}f(\overline{x}(\varepsilon',\eta'),\overline{x}(\varepsilon',\eta),\varepsilon') - \frac{c_2}{\alpha} + \frac{1}{\alpha}(c_2 - f(\overline{x}(\varepsilon',\eta'),x',\varepsilon')) \\
&\leqslant \frac{1}{\alpha}f(\overline{x}(\varepsilon',\eta'),\overline{x}(\varepsilon',\eta),\varepsilon') - \frac{1}{\alpha}f(\overline{x}(\varepsilon',\eta'),x',\varepsilon')
\end{aligned}
$$

$$\leqslant \frac{\gamma}{\alpha} d^g(x', \overline{x}(\varepsilon', \eta))$$

$$\leqslant \frac{\gamma k^g}{\alpha} d^{\xi g}(\eta, \eta'),$$

即

$$d(\overline{x}(\varepsilon', \eta'), \overline{x}(\varepsilon', \eta)) \leqslant \left(\frac{\gamma k^g}{\alpha}\right)^{\frac{1}{a}} d^{\frac{\xi g}{a}}(\eta, \eta').$$

(2) 如果 $f(\overline{x}(\varepsilon', \eta), \overline{x}(\varepsilon', \eta'), \varepsilon') \in \mathbb{R} \backslash [c_1, c_2]$, 则由 $f(\cdot, \cdot, \varepsilon)$ 的 (c_1, c_2)-反拟单调性可得

$$f(\overline{x}(\varepsilon', \eta'), \overline{x}(\varepsilon', \eta), \varepsilon') \in [c_1, c_2].$$

同理可证

$$d(\overline{x}(\varepsilon', \eta'), \overline{x}(\varepsilon', \eta)) \leqslant \left(\frac{\gamma k^g}{\alpha}\right)^{\frac{1}{a}} d^{\frac{\xi g}{a}}(\eta, \eta').$$

第三步 由前两步的结果和度量函数的三角不等式性质可得

$$d(\overline{x}(\varepsilon, \eta), \overline{x}(\varepsilon', \eta')) \leqslant d(\overline{x}(\varepsilon, \eta), \overline{x}(\varepsilon', \eta)) + d(\overline{x}(\varepsilon', \eta), \overline{x}(\varepsilon', \eta'))$$

$$\leqslant \left(\frac{\beta}{\alpha}\right)^{\frac{1}{a}} d^{\frac{b}{a}}(\varepsilon, \varepsilon') + \left(\frac{\gamma k^g}{\alpha}\right)^{\frac{1}{a}} d^{\frac{\xi g}{a}}(\eta, \eta'),$$

令 $k_3 = \left(\frac{\beta}{\alpha}\right)^{\frac{1}{a}}, k_4 = \frac{b}{a}, k_5 = \left(\frac{\gamma k^g}{\alpha}\right)^{\frac{1}{a}}, k_6 = \frac{\xi g}{a}$, 则 $d(\overline{x}(\eta, \varepsilon), \overline{x}(\eta', \varepsilon')) \leqslant k_3 d^{k_4}(\varepsilon', \varepsilon) + k_5 d^{k_6}(\eta', \eta)$. □

注 5.4 由于以上参数 η, ε 的取值范围不一定是整个空间 Y, Z, 而分别是 η_0, ε_0 的邻域 $U(\varepsilon_0) \subseteq Y, V(\eta_0) \subset Z$(这里 η_0, ε_0 为任意给定), 故解映射的 Hölder 连续性只是在 (η_0, ε_0) 附近的 Hölder 连续性, 称之为局部 Hölder 连续性. 显然, 当 $U(\varepsilon_0) = Y, V(\eta_0) = Z$ 时, 局部 Hölder 连续性即为整个空间上的 Hölder 连续性.

5.2 拓扑向量空间中带上下界均衡问题解的 存在性、连续性与算法

本节进一步在拓扑向量空间上研究具上、下界及带约束条件的抽象均衡问题, 获得了更为深刻的结果.

5.2.1 Hausdorff 拓扑向量空间中带上下界均衡问题解的存在性

1. 引言

设 X 是 Hausdorff 拓扑向量空间, K 是 X 中的非空子集, $f: K \times K \to$

$(-\infty, +\infty)$ 是泛函, 抽象均衡问题即为: 寻找 $\overline{x} \in K$, 使对 $\forall y \in K$, 都有

$$f(\overline{x}, y) \geqslant 0, \quad \forall y \in K. \tag{5.2.1}$$

抽象均衡问题在最优化理论、鞍点问题, 不动点问题、经济问题等许多方面具有广泛应用, 诸多文献中已有广泛研究, 见文献 [107–112].

1999 年, Isac, Sehgal 和 Singh 在文献 [18] 中提出了一个公开问题, 即带有上下界的均衡问题: 设 X, K, f 如上所述, α, β 是实数, $\alpha \leqslant \beta$, 现要找 $\overline{x} \in K$, 使对 $\forall y \in K$, 都有

$$\alpha \leqslant f(\overline{x}, y) \leqslant \beta, \quad \forall y \in K. \tag{5.2.2}$$

Li[19], Chadli, Chiang 和 Yao[20] 在一定条件下获得了问题 (5.2.2) 的解的存在性结果. 下面用完全不同于文献 [19, 20] 中的方法和条件研究问题 (5.2.2) 的解的存在性, 获得了新的解的存在性定理. 接着, 进一步研究了具上、下界及约束条件的抽象均衡问题, 获得了更为深刻的结果. 最后, 把文献 [18] 中的公开问题推广到两个拓扑向量空间的情形.

2. 预备知识

以下设 X 是 Hausdorff 拓扑向量空间, K 是 X 中的非空凸集, 用 $C(K)$ 表示 K 的闭包, $\mathrm{co}(K)$ 表示 K 的凸包, 2^K 表示 K 中的非空子集全体组成的集簇, $\mathbb{R}$ 表示实数集.

定义 5.10　设 $f : K \times K \to \mathbb{R}$ 是泛函, $\alpha, \beta \in \mathbb{R}, \alpha \leqslant \beta$, 如果对任意有限集 $\{y_1, \cdots, y_n\} \subset K$, 任意 $y_0 \in \mathrm{co}\{y_1, \cdots, y_n\}$, 都存在某个 $i \in \{1, 2, \cdots, n\}$, 使

$$\alpha \leqslant f(y_0, y_i) \leqslant \beta, \tag{5.2.3}$$

则称 $f(x, y)$ 关于 y 是 (α, β)-凸的.

定义 5.11　设 $G : K \to 2^K$ 是一集值映射, 如果对任意有限集 $\{x_1, \cdots, x_n\} \subset K$, 都有

$$\mathrm{co}\{x_1, x_2, \cdots, x_n\} \subset \bigcup_{i=1}^{n} G(x_i), \tag{5.2.4}$$

则称 G 为 KKM 映射.

引理 5.4　泛函 $f : K \times K \to \mathbb{R}$ 关于 y 是 (α, β)-凸的当且仅当集值映射 $G(y) = \{x \in K : \alpha \leqslant f(x, y) \leqslant \beta\}$ 是 KKM 映射.

证明　设 $G : K \to 2^K$ 是 KKM 映射, 则对任何有限集 $\{y_1, \cdots, y_n\} \subset K$, 任何 $y_0 \in \mathrm{co}\{y_1, \cdots, y_n\}$, 都有 $y_0 \in \bigcup_{i=1}^{n} G(y_i)$.

故存在 $i \in \{1, 2, \cdots, n\}$ 使 $y_0 \in G(y_i)$, 从而 $\alpha \leqslant f(y_0, y_i) \leqslant \beta$, 即 f 关于 y 是 (α, β)-凸的.

反之, 若 f 关于 y 是 (α, β)-凸的, 则对任何有限集 $\{x_1, \cdots, x_n\} \subset K$, 存在 $i \in \{1, 2, \cdots, n\}$, 使 $\alpha \leqslant f(x_0, x_i) \leqslant \beta$, 于是 $x_0 \in G(x_i) = \{x \in K : \alpha \leqslant f(x, x_i) \leqslant \beta\}$. 故 $\mathrm{co}\{x_1, x_2, \cdots, x_n\} \subset \bigcup_{i=1}^{n} G(x_i)$, 即 G 是 KKM 映射. □

引理 5.5 (FKKM 定理) 设 X 是 Hausdorff 拓扑向量空间, K 是 X 中的非空子集, $G : K \to 2^X$ 是 KKM 映射, 对每个 $x \in K, G(x)$ 是 X 中的闭集, 且至少存在一点 $x_0 \in X$, 使 $G(x_0)$ 是 X 中的紧集, 则 $\bigcap_{x \in K} G(x) \neq \varnothing$.

引理 5.6 (K-F-G 不动点定理) 设 E 是局部凸的 Hausdorff 拓扑向量空间, K 是 E 的非空紧凸集, $T : K \to 2^K$ 是具闭凸值的上半连续集值映射, 则 T 必有不动点.

引理 5.7 (Hahn-Banach 定理) 设 E 是局部凸的 Hausdorff 拓扑向量空间, K 是 E 中的凸集, 如果 $x_0 \notin \overline{K}$, 则存在 E 上的连续线性泛函 f, 使 $f(x_0) > \sup_{x \in K} f(x)$.

3. 主要结果

定理 5.5 设 X 是 Hausdorff 拓扑向量空间, K 是 X 中的非空凸集, $\alpha, \beta \in \mathbb{R}, \alpha \leqslant \beta, f : K \times K \to \mathbb{R}$ 是泛函, 满足:

(1) $\forall y \in K, f(x, y)$ 关于 x 连续;

(2) $\forall x \in K, f(x, y)$ 关于 y 是 (α, β)-凸的;

(3) 存在 $y_0 \in K$, 使 $\{x \in K : \alpha \leqslant f(x, y_0) \leqslant \beta\}$ 是 X 中的紧集,

则带上下界的均衡问题 (5.2.2) 有解, 即存在 $\overline{x} \in K$, 使 $\alpha \leqslant f(\overline{x}, y) \leqslant \beta, \forall y \in K$.

证明 令 $G(y) = \{x \in K : \alpha \leqslant f(x, y) \leqslant \beta\}, \forall y \in K$, 则由条件 (2) 及引理 5.4, $G : K \to 2^K$ 是 KKM 映射. 由条件 (1), 对每个 $y \in K, G(y)$ 是 X 中的闭集. 由条件 (3), 存在 $y_0 \in K$, 使 $G(y_0) = \{x \in K : \alpha \leqslant f(x, y_0) \leqslant \beta\}$ 是 X 中的紧集. 由引理 5.5 知 $\bigcap_{y \in K} G(y) \neq \varnothing$. 从而存在 $\forall y \in K, \overline{x} \in G(y)$, 即对 $\forall y \in K, \overline{x} \in G(y)$, 从而 $\alpha \leqslant f(\overline{x}, y) \leqslant \beta$. 于是存在 $\overline{x} \in K$, 使 $\alpha \leqslant f(\overline{x}, y) \leqslant \beta, \forall y \in K$, 即带上下界的均衡问题 (5.2.2) 有解. □

推论 5.1 设 X 是 Hausdorff 拓扑向量空间, K 是 X 的非空紧凸子集, $\alpha, \beta \in \mathbb{R}, \alpha \leqslant \beta, f : K \times K \to \mathbb{R}$ 满足:

(1) $\forall y \in K, f(x, y)$ 关于 x 连续;

(2) $\forall x \in K, f(x, y)$ 关于 y 是 (α, β)-凸的,

则带上下界的均衡问题 (5.2.2) 有解.

推论 5.2 设 X 是 Hausdorff 拓扑向量空间, K 是 X 的非空凸子集, $f : K \times K \to \mathbb{R}$ 满足:

(1) $\forall y \in K, f(x, y)$ 关于 x 连续;

(2) $\forall x \in K, f(x,y)$ 关于 y 是 (α, β)-凸的, 其中 $\alpha = \inf\limits_{x \in K} f(x,x), \beta = \sup\limits_{x \in K} f(x,x)$;

(3) 存在 $y_0 \in K$, 使 $\{x \in K : \alpha \leqslant f(x, y_0) \leqslant \beta\}$ 是 X 中的紧集, 则存在 $\overline{x} \in K$, 使

$$\inf_{x \in K} f(x,x) \leqslant f(\overline{x}, y) \leqslant \sup_{x \in K} f(x,x), \quad \forall y \in K \tag{5.2.5}$$

或

$$\sup_{y \in K} f(\overline{x}, y) \leqslant \sup_{x \in K} f(x,x), \quad \inf_{y \in K} f(\overline{x}, y) \geqslant \inf_{x \in K} f(x,x). \tag{5.2.6}$$

推论 5.3　设 X 是 Hausdorff 拓扑向量空间, K 是 X 的非空紧凸子集, $f : K \times K \to \mathbb{R}$ 满足:

(1) $\forall y \in K, f(x,y)$ 关于 x 连续;

(2) $\forall x \in K, f(x,y)$ 关于 y 是 (α, β)-凸的, 其中 $\alpha = \inf\limits_{x \in K} f(x,x), \beta = \sup\limits_{x \in K} f(x,x)$ 是有限数,

则存在 $x_0 \in K, x_1 \in K$, 使

$$\sup_{y \in K} f(x_0, y) = \min_{x \in K} \sup_{y \in K} f(x,y) \leqslant \sup_{x \in K} f(x,x);$$
$$\inf_{y \in K} f(x_1, y) = \max_{x \in K} \inf_{y \in K} f(x,y) \geqslant \inf_{x \in K} f(x,x).$$

证明　由推论 5.2 的 (5.2.6) 式, 有

$$\min_{x \in K} \sup_{y \in K} f(x,y) \leqslant \sup_{y \in K} f(\overline{x}, y) \leqslant \sup_{x \in K} f(x,x), \tag{5.2.7}$$

因为 $\forall y \in K, f(x,y)$ 关于 x 连续, 从而 $f(x,y)$ 也是 x 的连续函数, 而 K 是紧集, 故存在 $x_0 \in K$, 使 $\sup\limits_{y \in K} f(x_0, y) = \min\limits_{x \in K} \sup\limits_{y \in K} f(x,y)$, 因而有

$$\sup_{y \in K} f(x_0, y) = \min_{x \in K} \sup_{y \in K} f(x,y) \leqslant \sup_{x \in K} f(x,x). \tag{5.2.8}$$

类似可证, 存在 $x_1 \in K$, 使 $\inf\limits_{y \in K} f(x_1, y) = \max\limits_{x \in K} \inf\limits_{y \in K} f(x,y) \geqslant \inf\limits_{x \in K} f(x,x)$. □

5.2.2　具约束条件的带上下界均衡问题

本小节将 Isac, Sehgal 和 Singh 的公开问题——带上下界的均衡问题, 推广到带有约束条件的情形.

设 X 是 Hausdorff 拓扑向量空间, K 是 X 的非空子集, $\alpha, \beta \in \mathbb{R}, \alpha \leqslant \beta, f : K \times K \to \mathbb{R}$ 是泛函, $F : K \to 2^K$ 是集值映射, 带上下界及约束条件的均衡问题即: 要找 $\overline{x} \in K$, 使 $\overline{x} \in F(\overline{x})$ 且

$$\alpha \leqslant f(\overline{x}, y) \leqslant \beta, \quad \forall y \in F(\overline{x}). \tag{5.2.9}$$

定义 5.12 设 X 是 Hausdorff 拓扑向量空间, X^* 是 X 的对偶空间, $\langle\cdot,\cdot\rangle$ 是 X 与 X^* 间的配对, K 是 X 的非空子集, $\alpha,\beta\in\mathbb{R},\alpha\leqslant\beta,f:K\times K\to\mathbb{R}$ 是泛函. 如果对任何有限集 $\{y_1,\cdots,y_m\}\subset K$, 任意 $y_0\in\mathrm{co}\,\{y_1,\cdots,y_m\},\forall p_i\in X^*,p_i\neq 0,a_i\geqslant 0,i=1,2,\cdots,n,\sum\limits_{i=1}^n a_i=1$, 存在 $k\in\{1,2,\cdots,m\}$, 使

$$\alpha\leqslant\sum_{i=1}^n a_i\langle p_i,y_k-y_0\rangle f(y_0,y_k)\leqslant\beta, \tag{5.2.10}$$

则称 f 关于 y 是 (α,β)-对角凸的.

定理 5.6 设 X 是局部凸的 Hausdorff 拓扑向量空间, K 是 X 的非空紧凸子集, $\alpha,\beta\in\mathbb{R},\alpha\leqslant\beta<0,f:K\times K\to\mathbb{R}$ 是连续泛函, 关于 y 是 (α,β)-凸的和 (α,β)-对角凸的, $\forall x,y\in K,f(x,y)<0$. $F:K\to 2^K$ 是具非空闭凸值的连续集值映射, 则带上下界及约束条件的均衡问题 (5.2.9) 有解. 即存在 $\overline{x}\in K$, 使 $\overline{x}\in F(\overline{x})$,

$$\alpha\leqslant f(\overline{x},y)\leqslant\beta, \quad \forall y\in F(\overline{x}). \tag{5.2.11}$$

证明 由 K-F-G 不动点定理, F 在 K 中有不动点. 假设定理的结论不成立, 则对 $\forall x\in F(x)$, 存在 $y\in F(x)$, 使 $f(x,y)>\beta$ 或 $f(x,y)<\alpha$.

对 $\forall x\in K$, 若 $x\notin F(x)$, 则根据 Hahn-Banach 定理, 存在 $p\in X^*$, 使 $(p,x)>\sup\limits_{y\in F(x)}\langle p,y\rangle$, 若 $x\in F(x)$, 则必有 $\sup\limits_{y\in F(x)}f(x,y)>\beta$ 或 $\inf\limits_{y\in F(x)}f(x,y)<\alpha$, 记

$$\begin{aligned}
\Delta_p &= \left\{x\in K:x\notin F(x),(p,x)>\sup_{y\in F(x)}\langle p,y\rangle\right\}, \\
\Delta_\alpha &= \left\{x\in K:x\in F(x),\inf_{y\in F(x)}f(x,y)<\alpha\right\}, \\
\Delta_\beta &= \left\{x\in K:x\in F(x),\sup_{y\in F(x)}f(x,y)>\beta\right\}.
\end{aligned} \tag{5.2.12}$$

由 $f(x,y)$ 连续, F 是具非空闭凸值的连续映射, 故 $\sup\limits_{y\in F(x)}f(x,y),\inf\limits_{y\in F(x)}f(x,y),\sup\limits_{y\in F(x)}\langle p,y\rangle$ 都是 x 的连续函数, 因而 $\Delta_\alpha,\Delta_\beta,\Delta_p$ 都是开集且有 $K\subset\left(\bigcup\limits_{p\in X^*}\Delta_p\right)\cup\Delta_\alpha\cup\Delta_\beta$. 因为 K 是紧集, 所以存在 $p_1,\cdots,p_n\in X^*$, 使

$$K\subset\bigcup_{i=1}^{n+2}\Delta_i, \tag{5.2.13}$$

其中 $\Delta_i=\Delta_{p_i},i=1,2,\cdots,n,\Delta_{n+1}=\Delta_\alpha,\Delta_{n+2}=\Delta_\beta$.

设 $r_1,r_2,\cdots,r_{n+2}$ 是与 $\Delta_1,\Delta_2,\cdots,\Delta_{n+2}$ 所对应的连续单位分解, 即 $r_i:K\to[0,1],i=1,2,\cdots,n+2$ 连续, 当 $x\in\Delta_i$ 时, $r_i(x)>0$; 当 $x\notin\Delta_i$ 时, $r_i(x)=0$, 且对 $\forall x\in K,\sum\limits_{i=1}^{n+2}r_i(x)=1$.

令 $g(x, y) = \sum_{i=1}^{n} r_i(x) \langle p_i, y - x \rangle f(x, y) + r_{n+1}(x) f(x, y) + r_{n+2}(x) f(x, y)$, 以下验证 $g(x, y)$ 满足推论 5.1 的全部条件.

显然, $g : K \times K \to \mathbb{R}$ 连续.

对任何有限集 $\{y_1, y_2, \cdots, y_m\} \subset K$, 任何 $y_0 \in \text{co}\{y_1, y_2, \cdots, y_m\}$, 若 $y_0 \in \Delta_\alpha \cup \Delta_\beta$, 则 $y_0 \notin \Delta_i, i = 1, 2, \cdots, n$. 于是 $g(y_0, y) = r_{n+1}(y_0) f(y_0, y) + r_{n+2}(y_0) f(y_0, y) = f(y_0, y)$.

由 f 关于 y 是 (α, β)-凸的, 存在 $k \in \{1, 2, \cdots, m\}$ 使 $\alpha \leqslant g(y_0, y_k) = f(y_0, y_k) \leqslant \beta$, 若 $y_0 \in \bigcup_{i=1}^{n} \Delta_i$, 则 $g(y_0, y) = \sum_{i=1}^{n} r_i(y_0) \langle p_i, y - y_0 \rangle > f(y_0, y)$, 其中, $r_i(y_0) \geqslant 0$, $\sum_{i=1}^{n} r_i(y_0) = 1$.

由于 f 关于 y 是 (α, β)-对角凸的, 存在 $k \in \{1, 2, \cdots, m\}$, 使 $\alpha \leqslant g(y_0, y_k) = \sum_{i=1}^{n} r_i(y_0) \langle p_i, y_k - y_0 \rangle f(y_0, y_k) \leqslant \beta$.

综上可见, $g(x, y)$ 关于 y 是 (α, β)-凸的.

由推论 5.1, 存在 $\overline{x} \in K$, 使

$$\alpha \leqslant g(\overline{x}, y) \leqslant \beta, \quad \forall y \in K. \tag{5.2.14}$$

若 $\overline{x} \in \Delta_\alpha$, 则 $\overline{x} \notin \Delta_i, i = 1, 2, \cdots, n$, 于是 $\overline{x} \in F(\overline{x})$, $\inf_{y \in F(\overline{x})} f(\overline{x}, y) < \alpha$, 由于 $F(\overline{x})$ 是紧集, f 连续, 存在 $y_1 \in F(\overline{x})$, 使 $f(\overline{x}, y_1) < \alpha$, 于是

$$g(\overline{x}, y_1) = [r_{n+1}(\overline{x}) + r_{n+2}(\overline{x})] f(\overline{x}, y_1) = f(\overline{x}, y_1) < \alpha,$$

这与 (5.2.14) 式矛盾.

若 $\overline{x} \in \Delta_\beta$, 同理可推出存在 $y_2 \in F(\overline{x})$, 使 $g(\overline{x}, y_2) > \beta$, 这也与 (5.2.14) 式矛盾.

若 $\overline{x} \in \Delta_i, 1 \leqslant i \leqslant n$, 则 $\langle p_i, \overline{x} \rangle > \sup_{y \in F(x)} \langle p_i, y \rangle$, 任取 $\overline{y} \in F(\overline{x})$, 都有 $\langle p_i, \overline{x} \rangle > \langle p_i, \overline{y} \rangle$, 从而 $\langle p_i, \overline{y} - \overline{x} \rangle < 0$. 由于 $f(\overline{x}, \overline{y}) < 0$, 于是有

$$g(\overline{x}, \overline{y}) = \sum_{i=1}^{n} r_i(\overline{x}) \langle p_i, \overline{y} - \overline{x} \rangle f(\overline{x}, \overline{y}) > 0 > \beta,$$

这也与 (5.2.14) 式矛盾. 综上即知, 存在 $\overline{x} \in K$, 使

$$\overline{x} \in F(\overline{x}), \quad \alpha \leqslant f(\overline{x}, y) \leqslant \beta, \quad \forall y \in F(\overline{x}). \qquad \Box$$

推论 5.4 设 X 是局部凸的 Hausdorff 拓扑向量空间, K 是 X 的非空紧凸子集, $\alpha, \beta \in \mathbb{R}, 0 < \alpha \leqslant \beta, f : K \times K \to \mathbb{R}$ 是连续泛函, 关于 y 是 (α, β)-对角凸

的, $\forall x, y \in K, f(x, y) > 0$. $F : K \to 2^K$ 是具非空闭凸值的连续集值映射, 则存在 $\overline{x} \in K$, 使 $\overline{x} \in F(\overline{x})$, $\alpha \leqslant f(\overline{x}, y) \leqslant \beta$, $\forall y \in F(\overline{x})$.

证明 令 $g(x, y) = -f(x, y)$, 则 g 关于 y 是 $(-\beta, -\alpha)$-对角凸的, 且对 $\forall x, y \in K, g(x, y) < 0$, 由定理 5.6, 存在 $\overline{x} \in K, \overline{x} \in F(\overline{x}), -\beta \leqslant g(\overline{x}, y) \leqslant -\alpha, \forall y \in F(\overline{x})$, 从而 $\alpha \leqslant f(\overline{x}, y) \leqslant \beta, \forall y \in F(\overline{x})$. □

5.2.3 基于广义 KKM 定理的带上下界广义均衡问题

以下设 X, Y 是 Hausdorff 拓扑向量空间, K, M 是 X, Y 中的非空子集, $f : K \times M \to \mathbb{R}$ 是泛函, $\alpha, \beta \in \mathbb{R}, \alpha \leqslant \beta$. 带上下界的广义均衡问题即要找出 $\overline{x} \in K$, 使对 $\forall y \in M$, 都有

$$\alpha \leqslant f(\overline{x}, y) \leqslant \beta. \tag{5.2.15}$$

问题 (5.2.15) 显然是问题 (5.2.2) 的推广.

定义 5.13 设 $f : K \times M \to \mathbb{R}, \alpha, \beta \in \mathbb{R}$, 如果对任意有限集 $\{y_1, \cdots, y_n\} \subset M$, 存在与之相应的有限集 $\{x_1, x_2, \cdots, x_n\} \subset K$, 使对任意的 $x_0 \in \operatorname{co}\{x_{i_1}, \cdots, x_{i_m}\}$ 和任意子集 $\{x_{i_1}, \cdots, x_{i_m}\} \subset \{x_1, \cdots, x_n\}$, 存在 $k \in \{1, 2, \cdots, m\}$, 使

$$\alpha \leqslant f(x_0, y_{i_k}) \leqslant \beta, \tag{5.2.16}$$

则称 f 关于 y 是广义 (α, β)-凸的.

定义 5.14 设 $G : K \to 2^M$ 是集值映射, 如果对任意的有限集 $\{x_1, \cdots, x_n\} \subset K$, 存在与之相应的有限集 $\{y_1, \cdots, y_n\} \subset M$, 使对任意的子集 $\{y_{i_1}, \cdots, y_{i_m}\} \subset \{y_1, \cdots, y_n\}, 1 \leqslant m \leqslant n$ 都有

$$\operatorname{co}\{y_{i_1}, \cdots, y_{i_m}\} \subset \bigcup_{j=1}^m G(x_{i_j}), \tag{5.2.17}$$

则称 G 为广义 KKM 映射.

引理 5.8 泛函 $f : K \times M \to \mathbb{R}$ 关于 y 是广义 (α, β)-凸的当且仅当集值映射 $G : M \to 2^K, G(y) = \{x \in K : \alpha \leqslant f(x, y) \leqslant \beta\}$ 是广义 KKM 映射.

证明 设 $G : M \to 2^K, G(y) = \{x \in K : \alpha \leqslant f(x, y) \leqslant \beta\}$ 是广义 KKM 映射, 则对任意有限集 $\{y_1, \cdots, y_n\} \subset M$, 存在 $\{x_1, \cdots, x_n\} \subset K$, 使对任意子集 $\{x_{i_1}, \cdots, x_{i_l}\} \subset \{x_1 \cdots x_n\}$ 和任意 $x_0 \in \operatorname{co}\{x_{i_1}, \cdots, x_{i_l}\}$ 有 $x_0 \in \bigcup_{j=1}^l G(y_{i_j})$. 故存在 $m \in \{1, 2, \cdots, l\}$, 使 $x_0 \in G(y_{i_m})$. 于是有 $\alpha \leqslant f(x_0, y_{i_m}) \leqslant \beta$. 故 f 关于 y 是 (α, β)-凸的.

反之, 若 $f(x, y)$ 关于 y 是 (α, β)-凸的, 则对任意有限集 $\{y_1, \cdots, y_n\} \subset M$, 存在与之相应的有限集 $\{x_1, x_2, \cdots, x_n\} \subset K$, 使对任意子集 $\{x_{i_1}, \cdots, x_{i_l}\} \subset \{x_1, \cdots, x_l\}$

和任意 $x_0 \in \mathrm{co}\{x_{i_1}, \cdots, x_{i_l}\}$, 存在 $m \in \{1, 2, \cdots, l\}$, 使 $\alpha \leqslant f(x_0, y_{i_m}) \leqslant \beta$. 故 $x_0 \in G(y_{i_m})$, 从而 $\mathrm{co}\{x_{i_1}, \cdots, x_{i_l}\} \subset \bigcup\limits_{j=1}^{l} G(y_{i_j})$, 即 G 是广义 KKM 映射. □

引理 5.9[114]　设 X, Y 是 Hausdorff 拓扑向量空间, K 是 X 中的非空凸子集, $G: K \to 2^Y$ 是具有闭值的集值映射, 且存在 $x_0 \in K$, 使 $G(x_0)$ 是 X 中的紧集, 则 $\bigcap\limits_{x \in K} G(x) \neq \varnothing$ 的充要条件是 G 为广义 KKM 映射.

定理 5.7　设 X, Y 是 Hausdorff 拓扑向量空间, K, M 分别是 X, Y 的非空凸子集, $\alpha, \beta \in \mathbb{R}, \alpha \leqslant \beta$. $f: K \times M \to \mathbb{R}$ 是泛函, 满足:

(1) $\forall y \in M, f(x, y)$ 关于 x 连续;

(2) $\forall x \in K, f(x, y)$ 关于 y 是广义 (α, β)-凸的;

(3) 存在 $y_0 \in M$, 使 $\{x \in K: \alpha \leqslant f(x, y_0) \leqslant \beta\}$ 是 K 的紧子集,

则带上下界的广义均衡问题 (5.2.15) 有解, 即存在 $\overline{x} \in K$, 使 $\alpha \leqslant f(\overline{x}, y) \leqslant \beta, \forall y \in M$.

证明　令 $G(y) = \{x \in K: \alpha \leqslant f(x, y) \leqslant \beta\}$, 由引理 5.8 及条件 (2), $G: M \to 2^K$ 是广义 KKM 映射. 再由条件 (1), 对每个 $y \in M, G(y)$ 是 K 中的闭集, 由条件 (3), $G(y_0)$ 是 K 中的紧集. 于是引理 5.9 的条件全部满足, 故 $\bigcap\limits_{y \in M} G(y) \neq \varnothing$, 即存在 $\overline{x} \in \bigcap\limits_{y \in M} G(y)$, 从而对一切 $y \in M, \overline{x} \in G(y)$, 亦即 $\alpha \leqslant f(\overline{x}, y) \leqslant \beta, \forall y \in M$. □

5.2.4　基于 Tarafdar 不动点定理的带上下界均衡问题

1. 预备知识

以下设 X 为拓扑向量空间, K 为 X 的非空闭子集. 本小节中的集映射即为集值映射.

引理 5.10　设 $F: X \to 2^Y$ 是一个集映射, 如果 Y 是紧空间, 且 F 是闭的, 那么 F 在 X 中是上半连续的.

引理 5.11　设 $F: X \to 2^Y$ 是一个集映射, 且 F 是紧值映射, 那么 F 在点 $x_0 \in X$ 处上半连续, 当且仅当对于每个 $\{x_n\} \subset X, x_n \to x_0$ 以及每个 $y_n \in F(x_n)$, 存在 $y_0 \in F(x_0), \{y_{n_i}\} \subset \{y_n\}$, 使得 $y_{n_i} \to y_0$.

引理 5.12　设 $F: X \to 2^Y$ 是一个集映射, 那么 F 在点 $x_0 \in X$ 处下半连续, 当且仅当对于每个 $\{x_n\} \subset X, x_n \to x_0$ 以及每个 $y_0 \in F(x_0)$, 存在 $y_n \in F(x_n)$, 使得 $y_n \to y_0$.

引理 5.13　设 $f: X \to \mathbb{R}$ 是一个泛函, f 是下半连续的, 当且仅当对于任意的 $c \in \mathbb{R}, \{x \in X: f(x) \leqslant c\}$ 是 X 上的一个闭集. f 是上半连续的, 当且仅当 $-f$ 是下半连续的.

引理 5.14　设 $f: K \times K \to \mathbb{R}$ 是一个泛函, 如果对于任意的 $y \in Y, f(\cdot, y)$ 是上半连续的, 那么 $u(x) = \inf\limits_{y \in Y} f(x, y)$ 在 X 上是上半连续的. 如果对于任意的 $y \in Y$,

$f(\cdot, y)$ 是下半连续的, 那么 $u(x) = \sup\limits_{y \in Y} f(x, y)$ 在 X 上是下半连续的.

引理 5.15 设 $F, G : X \to 2^Y$ 是集映射, 如果下列条件均成立:

(i) 对任意的 $x \in X, F(x) \cap G(x) \neq \varnothing$;

(ii) F 在 x_0 处上半连续;

(iii) $F(x_0)$ 是紧的;

(iv) G 的图是闭的,

那么集映射 $F \cap G : x \to F(x) \cap G(x)$ 在 x_0 处上半连续.

引理 5.16 设 X 是一个 Hausdorff 拓扑向量空间, K 是 X 上的非空子集, D 是 K 上的非空紧凸集, 且 $F : K \to 2^D$ 是一个非空集映射, 如果对于任意的 $y \in K$, $F^{-1}(y)$ 是开的, 那么一定存在 $\hat{x} \in K$ 使得 $\hat{x} \in \mathrm{co}(F(\hat{x}))$.

引理 5.17 设 X 是一个 Hausdorff 拓扑向量空间, K 是 X 上的非空紧凸子集, 且 $F : K \to 2^K$ 是一个集映射. 如果下列条件均成立:

(i) 对于任意的 $x \in K, F(x)$ 是凸的;

(ii) 对于任意的 $y \in K, F^{-1}(y)$ 包含一个 K 中的开子集 $O_y (O_y$ 可能为空集$)$;

(iii) $K = \bigcup\limits_{y \in K} O_y$,

那么存在 $\hat{x} \in K$ 使得 $\hat{x} \in F(\hat{x})$.

引理 5.18 设 X 是一个 Hausdorff 拓扑向量空间, C, K 是 X 上的非空凸子集, 且 $F : C \to 2^X$ 是一个集映射. 如果下列条件均成立:

(i) $C \subset K \subset F(C)$;

(ii) $F(C)$ 是 X 上的紧子集;

(iii) 对于任意的 $x \in C, F(x)$ 是开的,

那么存在 $\hat{x} \in C$ 使得 $\hat{x} \in \mathrm{co}(F^{-1}(\hat{x}))$.

引理 5.19 设 X 是一个 Hausdorff 拓扑向量空间, K 是 X 上的非空紧凸子集, $\alpha, \beta \in \mathbb{R}, \alpha \leqslant \beta$ 且 $f : K \times K \to \mathbb{R}$ 是一个泛函. 如果下列条件均成立:

(i) 对于任意的 $y \in K, f(x, y)$ 关于 x 是连续的;

(ii) 对于任意的 $x \in K, f(x, y)$ 关于 y 是 (α, β)-凸的,

那么存在 $\overline{x} \in K$ 使得对任意的 $y \in K$ 有 $\alpha \leqslant f(\overline{x}, y) \leqslant \beta$.

2. 带上下界均衡问题 (5.2.2) 解的存在性

定理 5.8 设 K 是 X 中的非空子集, $\alpha, \beta \in \mathbb{R}, \alpha \leqslant \beta, f, g_1, g_2 : K \times K \to \mathbb{R}$ 为泛函. 假设以下条件均成立:

(i) 对于任意的 $x \in K$ 有 $g_1(x, x) \geqslant \alpha$ 且 $g_2(x, x) \leqslant \beta$;

(ii) 对于任意的 $x \in K$ 有 $\mathrm{co}(\{y \in K : f(x, y) < \alpha$ 或 $f(x, y) > \beta\}) \subset \{y \in K : g_1(x, y) < \alpha$ 或 $g_2(x, y) > \beta\}$;

(iii) 存在一个 K 上的紧凸子集 D, 使得对于任意的 $x \in K$ 有 $\{y \in K : f(x,y) < \alpha$ 或 $f(x,y) > \beta\} \subset D$;

(iv) 对于任意的 $y \in K$, $\{x \in K : \alpha \leqslant f(x,y) \leqslant \beta\}$ 是 K 的闭子集,

那么存在 $\hat{x} \in K$ 使得对于任意的 $y \in K$, 有 $\alpha \leqslant f(\hat{x},y) \leqslant \beta$.

证明   定义映射 $F, G : K \to 2^K$ 如下:

$$F(x) = K \backslash \{y \in K : \alpha \leqslant f(x,y) \leqslant \beta\}, \quad \forall x \in K,$$

$$G(x) = \{y \in K : g_1(x,y) < \alpha\} \cup \{y \in K : g_2(x,y) > \beta\}, \quad \forall x \in K.$$

利用反证法, 假设该定理的结论不成立, 即对于每个 $x \in K$, $F(x)$ 是非空的. 由条件 (ii) 可知, 对于任意的 $x \in K$ 都有 $\mathrm{co}(F(x)) \subset G(x)$. 根据条件 (iii), 存在一个紧凸集 $D \subset K$ 使得对于每个 $x \in K$ 有 $F(x) \subset D$. 条件 (iv) 说明对于每个 $x \in K$, $F^{-1}(y) = \{x \in K : f(x,y) < \alpha$ 或 $f(x,y) > \beta\}$ 在 K 上是开的. 那么根据引理 5.19 可知, 存在 $\hat{x} \in K$ 使得 $\hat{x} \in \mathrm{co}(F(\hat{x}))$. 因为 $\mathrm{co}(F(x)) \subset G(x)$, 所以 $\hat{x} \in G(\hat{x})$, 即 $g_1(\hat{x},\hat{x}) < \alpha$ 或 $g_2(\hat{x},\hat{x}) > \beta$. 这与条件 (i) 相矛盾, 原假设不成立. 所以存在 $\hat{x} \in K$, 使得对于任意的 $y \in K$, 有 $\alpha \leqslant f(\hat{x},y) \leqslant \beta$. $\square$

推论 5.5   设 K 是 X 上的非空紧凸子集, $\alpha, \beta \in \mathbb{R}, \alpha \leqslant \beta$, 且 $f : K \times K \to \mathbb{R}$ 是一个泛函. 假设以下条件均成立:

(i) 对于每一个 $x \in K, \alpha \leqslant f(x,x) \leqslant \beta$;

(ii) 对于每一个 $x \in K, \{y \in K : f(x,y) < \alpha$ 或 $f(x,y) > \beta\}$ 是凸的;

(iii) 对于每一个 $y \in K, f(x,y)$ 关于 x 是连续的,

那么存在 $\hat{x} \in K$ 使得对于每个 $y \in K$ 有 $\alpha \leqslant f(\hat{x},y) \leqslant \beta$.

证明   令 $g_1 = g_2 = f$, 则条件 (i) 和条件 (ii) 等价于定理 5.8 中的条件 (i) 和条件 (ii). 显然定理 5.8 的条件 (iii) 是满足的, 因为 K 是 X 上的非空紧凸子集. 由于对任意的 $y \in K, f(x,y)$ 关于 x 连续, 所以定理 5.8 的条件 (iv) 也满足. 于是, 根据定理 5.8 可知推论成立. $\square$

定理 5.9   设 K 是 X 上的非空紧凸子集, $\alpha, \beta \in \mathbb{R}, \alpha \leqslant \beta, f, g_1, g_2 : K \times K \to \mathbb{R}$ 为泛函. 假设以下条件均成立:

(i) 对于任意的 $x \in K$, 有 $g_1(x,x) \geqslant \alpha$ 且 $g_2(x,x) \leqslant \beta$;

(ii) 对于任意的 $x \in K$, 有 $\{y \in K : f(x,y) < \alpha$ 或 $f(x,y) > \beta\} \subset \{y \in K : g_1(x,y) < \alpha$ 或 $g_2(x,y) > \beta\}$;

(iii) 对于任意的 $x \in K$, 有 $\{y \in K : f(x,y) < \alpha$ 或 $f(x,y) > \beta\}$ 是凸的;

(iv) 对于任意的 $x \in K$, 存在一个 K 的开子集 O_y, 使得 $O_y \subset \{x \in K : f(x,y) < \alpha$ 或 $f(x,y) > \beta\}$;

(v) $K = \bigcup_{y \in K} O_y$,

那么存在 $\hat{x} \in K$, 使得对于任意 $y \in K$ 有 $\alpha \leqslant f(\hat{x}, y) \leqslant \beta$.

证明 定义集映射 $F, G : K \to 2^K$ 如下:

$$F(x) = K \setminus \{y \in K : \alpha \leqslant f(x, y) \leqslant \beta\}, \quad \forall x \in K,$$

$$G(x) = \{y \in K : g_1(x, y) < \alpha\} \cup \{y \in K : g_2(x, y) > \beta\}, \quad \forall x \in K.$$

利用反证法, 假设本定理的结论不成立, 即对于每个 $x \in K$, $F(x)$ 是非空的. 由条件 (ii) 可知对于任意的 $x \in K$ 都有 $F(x) \subset G(x)$. 根据条件 (iii), $F(x)$ 关于每个 $x \in K$ 是凸的. 条件 (iv) 说明对于每个 $y \in K$, 存在一个开集 $O_y \subset K$, 使得 $O_y \subset F^{-1}(y)$. 因为 $K = \bigcup_{y \in K} O_y$, 根据引理 5.17 可知, 存在 $\hat{x} \in K$, 使得 $\hat{x} \in F(\hat{x})$. 因为 $F(x) \subset G(x)$, 所以 $\hat{x} \in G(\hat{x})$, 即 $g_1(\hat{x}, \hat{x}) < \alpha$ 或 $g_2(\hat{x}, \hat{x}) > \beta$. 这与条件 (i) 相矛盾, 原假设不成立. 所以存在 $\hat{x} \in K$ 使得对于任意的 $y \in K$, 有 $\alpha \leqslant f(\hat{x}, y) \leqslant \beta$. □

定理 5.10 设 K 是 X 上的非空凸子集, $\alpha, \beta \in \mathbb{R}, \alpha \leqslant \beta, f, g_1, g_2 : K \times K \to \mathbb{R}$ 为泛函. 假设以下条件均成立:

(i) 对于任意的 $x \in K$, 有 $g_1(x, x) \geqslant \alpha$ 且 $g_2(x, x) \leqslant \beta$;

(ii) 对于任意的 $y \in K$, 有 $\mathrm{co}(\{x \in K : f(x, y) < \alpha \text{ 或 } f(x, y) > \beta\}) \subset \{x \in K : g_1(x, y) < \alpha \text{ 或 } g_2(x, y) > \beta\}$;

(iii) 对于任意的 $y \in K$, 有 $\{x \in K : f(x, y) < \alpha \text{ 或 } f(x, y) > \beta\}$ 是非空的;

(iv) $\bigcup_{x \in K} \{y \in K : f(x, y) < \alpha \text{ 或 } f(x, y) > \beta\}$ 在 X 上是紧的;

(v) 对于任意的 $x \in K$, $\{y \in K : f(x, y) < \alpha \text{ 或 } f(x, y) > \beta\}$ 在 X 上是开的,

那么存在 $\hat{x} \in K$, 使得对于任意 $y \in K$ 有 $\alpha \leqslant f(\hat{x}, y) \leqslant \beta$.

证明 定义映射 $F, G : K \to 2^K$ 如下:

$$F(x) = K \setminus \{y \in K : \alpha \leqslant f(x, y) \leqslant \beta\}, \quad \forall x \in K,$$

$$G(x) = \{y \in K : g_1(x, y) < \alpha\} \cup \{y \in K : g_2(x, y) > \beta\}, \quad \forall x \in K.$$

反设本定理的结论不成立, 即对于每个 $x \in K$, $F(x)$ 是非空的. 由条件 (ii) 可知对于任意的 $y \in K$ 都有 $\mathrm{co}(F^{-1}(y)) \subset G^{-1}(y)$. 根据条件 (iii), 对于每个 $y \in K$, $F^{-1}(y)$ 是非空的. 由条件 (iv) 可知 $F(K)$ 在 X 上是紧的. 条件 (v) 说明对于任意的 $x \in K$, $F(x)$ 是 X 上的开子集. 那么根据引理 5.18 可知, 存在 $\hat{x} \in K$ 使得 $\hat{x} \in \mathrm{co}(F^{-1}(\hat{x}))$. 因为对所有的 $y \in K$, $\mathrm{co}(F^{-1}(y)) \subset G^{-1}(y)$, 所以 $\hat{x} \in G^{-1}(\hat{x})$, 即 $g_1(\hat{x}, \hat{x}) < \alpha$ 或 $g_2(\hat{x}, \hat{x}) > \beta$. 这与条件 (i) 相矛盾, 原假设不成立. 所以存在 $\hat{x} \in K$ 使得对于任意的 $y \in K$ 有 $\alpha \leqslant f(\hat{x}, y) \leqslant \beta$. □

5.2.5　带上下界均衡问题解映射的半连续性

下面考察带上下界均衡问题解的半连续性.

设 X, Λ_1, Λ_2 为拓扑向量空间, $K : \Lambda_1 \to 2^X$ 是一个非空集映射, $\alpha, \beta \in \mathbb{R}, \alpha \leqslant \beta$ 且 $f : X \times X \times \Lambda_2 \to \mathbb{R}$ 为泛函. 给定 $(\lambda, \mu) \in \Lambda_1 \times \Lambda_2$, 我们考虑如下问题: 找到 $\overline{x} \in K(\lambda)$ 使得

$$\alpha \leqslant f(\overline{x}, y, \mu) \leqslant \beta, \quad \forall y \in K(\lambda).$$

对于每一个给定的 $(\lambda, \mu) \in \Lambda_1 \times \Lambda_2$, 我们记 $S(\lambda, \mu)$ 为该问题的解集.

这一部分, 我们将在一个 Hausdorff 拓扑向量空间中讨论问题 (5.2.2) 的解集的稳定性, 主要包括解映射 $S : \Lambda_1 \times \Lambda_2 \to 2^X$ 的半连续性和连续性. 这里集合 K 和映射 f 分别受到参数 λ 和 μ 的扰动.

下面的拓扑空间为 Hausdorff 空间.

首先, 我们讨论问题 (5.2.2) 的解集映射的上半连续性.

定理 5.11　设 $K : \Lambda_1 \to 2^X$ 是一个非空集值映射, $\alpha, \beta \in \mathbb{R}, \alpha \leqslant \beta, f : X \times X \times \Lambda_2 \to \mathbb{R}$ 是一个泛函. 如果以下假设成立:

(i) $K(\cdot)$ 在 Λ_1 上连续, 且对于任意的 $x \in \Lambda_1$, $K(x)$ 是非空紧凸的;

(ii) $f(\cdot, \cdot, \cdot)$ 在 $X \times X \times \Lambda_2$ 上是连续的;

(iii) 对于每一个 $(\lambda, \mu) \in \Lambda_1 \times \Lambda_2$ 和 $x \in K(\lambda), f(x, y, \mu)$ 关于 y 是 (α, β)-凸的, 那么,

(a) 对于所有的 $(\lambda, \mu) \in \Lambda_1 \times \Lambda_2$, 有 $S(\lambda, \mu) \neq \varnothing$;

(b) 解集映射 $S : \Lambda_1 \times \Lambda_2 \to 2^X$ 在 $\Lambda_1 \times \Lambda_2$ 上是上半连续的.

证明　(a) 显然, 对于每个 $(\lambda, \mu) \in \Lambda_1 \times \Lambda_2$, $K(\lambda)$ 和 $f(\cdot, \cdot, \mu)$ 满足引理 5.19 的条件, 由此可以推出 $S(\lambda, \mu) \neq \varnothing$.

(b) 对于每个 $(\lambda, \mu) \in \Lambda_1 \times \Lambda_2$, $S(\lambda, \mu) = \{\overline{x} \in K(\lambda) : \alpha \leqslant f(\overline{x}, y, \mu) \leqslant \beta, \forall y \in K(\lambda)\}$. 根据条件 (ii), $S(\lambda, \mu)$ 是 $K(\lambda)$ 的一个闭子集, 因为 $K(\lambda)$ 是紧的, 所以 $S(\lambda, \mu)$ 也是紧的.

下面证明 S 是上半连续的. 令 $\{(\lambda_n, \mu_n)\} \subset \Lambda_1 \times \Lambda_2, (\lambda_n, \mu_n) \to (\lambda, \mu), x_n \in S(\lambda_n, \mu_n)$. 根据引理 5.11, 我们只需要证明存在 $x \in S(\lambda, \mu)$ 和 $\{x_{n_i}\} \subset \{x_n\}$ 使得 $x_{n_i} \to x$. 因为 $x_n \in K(\lambda_n)$ 且 K 是上半连续的, 所以由引理 5.11 可知, 存在 $x \in K(\lambda)$ 和 $\{x_{n_i}\} \subset \{x_n\}$ 使得 $x_{n_i} \to x$. 下面我们证明 $x \in S(\lambda, \mu)$. 假设 $x \notin S(\lambda, \mu)$, 则存在 $y \in K(\lambda)$ 使得

$$f(x, y, \mu) < \alpha \quad \text{或} \quad f(x, y, \mu) > \beta. \tag{5.2.18}$$

根据 K 的下半连续性和引理 5.12 可知, 对于上述 y 存在 $\{y_{n_i}\}$ 使得 $y_{n_i} \in K(\lambda_{n_i})$ 且 $y_{n_i} \to y$. 因为 $x_{n_i} \in S(\lambda_{n_i}, \mu_{n_i})$, 所以 $\alpha \leqslant f(x_{n_i}, y_{n_i}, \mu_{n_i}) \leqslant \beta$, 由 f 的连续性

我们可知 $\alpha \leqslant f(x,y,\mu) \leqslant \beta$. 这与上式所得结论相矛盾, 所以原假设不成立, 即有 $x \in S(\lambda,\mu)$. □

固定 f, K 受参数 ε 扰动的情况下, 我们可以得到如下推论.

推论 5.6 设 Λ 是一个 Hausdorff 拓扑向量空间, K 是 X 的非空紧凸子集, $\alpha, \beta \in \mathbb{R}, \alpha \leqslant \beta, f: X \times X \to \mathbb{R}$ 是一个泛函, 如果以下假设成立:

(i) $K(\cdot)$ 在 Λ 上连续, 且对于任意的 $x \in \Lambda$, $K(x)$ 是非空紧凸的;

(ii) $f(\cdot, \cdot)$ 在 $X \times X$ 上是连续的;

(iii) 对于每一个 $\varepsilon \in \Lambda$ 和 $x \in K(\varepsilon)$, $f(x,y)$ 关于 y 是 (α, β)-凸的,

那么,

(a) 对于所有的 $\varepsilon \in \Lambda$, 有 $S(\varepsilon) \neq \varnothing$;

(b) 解集映射 $S: \Lambda \to 2^X$ 在 Λ 上是上半连续的.

固定 K, f 受参数 ε 扰动的情况下, 我们可以得到如下推论.

推论 5.7 设 Λ 是一个 Hausdorff 拓扑向量空间, K 是 X 的非空紧凸子集, $\alpha, \beta \in \mathbb{R}, \alpha \leqslant \beta, f: X \times X \times \Lambda \to \mathbb{R}$ 是一个泛函, 如果以下假设成立:

(i) $f(\cdot, \cdot, \cdot)$ 在 $X \times X \times \Lambda$ 上是连续的;

(ii) 对于每一个 $\varepsilon \in \Lambda$ 和 $x \in K$, $f(x,y,\varepsilon)$ 关于 y 是 (α, β)-凸的,

那么,

(a) 对于所有的 $\varepsilon \in \Lambda$, 有 $S(\varepsilon) \neq \varnothing$;

(b) 解集映射 $S: \Lambda \to 2^X$ 在 Λ 上是连续的.

定理 5.12 设 $K: \Lambda_1 \to 2^X$ 是一个非空集值映射, $\alpha, \beta \in \mathbb{R}, \alpha \leqslant \beta, f: X \times X \times \Lambda_2 \to \mathbb{R}$ 是一个泛函, 如果以下假设成立:

(i) $K(\cdot)$ 在 Λ_1 上连续, 且对于任意的 $x \in \Lambda_1$, $K(x)$ 是非空紧凸的;

(ii) 对于每一个 $(\lambda, \mu) \in \Lambda_1 \times \Lambda_2$ 和 $x \in K(\lambda)$, $\alpha \leqslant f(x,y,\mu) \leqslant \beta$;

(iii) 对于每一个 $(\lambda, \mu) \in \Lambda_1 \times \Lambda_2$ 和 $x \in K(\lambda)$, $\{y \in K(\Lambda): f(x,y,\mu) < \alpha$ 或 $f(x,y,\mu) > \beta\}$ 是凸的;

(iv) $f(\cdot, \cdot, \cdot)$ 在 $X \times X \times \Lambda_2$ 上是连续的,

那么,

(a) 对于所有的 $(\lambda, \mu) \in \Lambda_1 \times \Lambda_2$ 有 $S(\lambda, \mu) \neq \varnothing$;

(b) 解集映射 $S: \Lambda_1 \times \Lambda_2 \to 2^X$ 在 $\Lambda_1 \times \Lambda_2$ 上是上半连续的.

证明 (a) 显然, 对于每个 $(\lambda, \mu) \in \Lambda_1 \times \Lambda_2$, $K(\lambda)$ 和 $f(\cdot, \cdot, \mu)$ 满足推论 5.5 的条件, 由此可以推出 $S(\lambda, \mu) \neq \varnothing$.

(b) 这一部分的证明与定理 5.11 的证明类似, 不再赘述. □

与定理 5.11 一样, 我们有如下两个推论.

推论 5.8 设 Λ 是一个 Hausdorff 拓扑向量空间, $K: \Lambda \to 2^X$ 是一个非空集映射, $\alpha, \beta \in \mathbb{R}, \alpha \leqslant \beta, f: X \times X \to \mathbb{R}$ 是一个泛函, 如果以下假设成立:

(i) $K(\cdot)$ 在 Λ 上连续, 且对于任意的 $x \in \Lambda$, $K(x)$ 是非空紧凸的;

(ii) 对于每一个 $\varepsilon \in \Lambda$ 和 $x \in K(\varepsilon)$ 有 $\alpha \leqslant f(x,x) \leqslant \beta$;

(iii) 对于每一个 $\varepsilon \in \Lambda$ 和 $x \in K(\varepsilon)$, $\{y \in K(\varepsilon) : f(x,y) < \alpha$ 或 $f(x,y) > \beta\}$ 是凸的;

(iv) $f(\cdot,\cdot)$ 在 $X \times X$ 上是连续的,

那么,

(a) 对于所有的 $\varepsilon \in \Lambda$, 有 $S(\varepsilon) \neq \varnothing$;

(b) 解集映射 $S : \Lambda \to 2^X$ 在 Λ 上是上半连续的.

推论 5.9 设 Λ 是一个 Hausdorff 拓扑向量空间, K 是 X 的一个非空紧凸子集, $\alpha, \beta \in \mathbb{R}, \alpha \leqslant \beta$, $f : X \times X \times \Lambda \to \mathbb{R}$ 是一个泛函, 如果以下假设成立:

(i) 对于每一个 $\varepsilon \in \Lambda$ 和 $x \in K$ 有 $\alpha \leqslant f(x,x,\varepsilon) \leqslant \beta$;

(ii) 对于每一个 $\varepsilon \in \Lambda$ 和 $x \in K$, $\{y \in K : f(x,y,\varepsilon) < \alpha$ 或 $f(x,y,\varepsilon) > \beta\}$ 是凸的;

(iii) $f(\cdot,\cdot,\cdot)$ 在 $X \times X \times \Lambda$ 上是连续的,

那么,

(a) 对于所有的 $\varepsilon \in \Lambda$ 有 $S(\varepsilon) \neq \varnothing$;

(b) 解集映射 $S : \Lambda \to 2^X$ 在 Λ 上是上半连续的.

接下来我们讨论解集映射 $S(\cdot,\cdot)$ 在 $(\lambda_0, \mu_0) \in \Lambda_1 \times \Lambda_2$ 上的下半连续性和连续性. 假设 $S(\cdot,\cdot)$ 在 (λ_0, μ_0) 的某个邻域内的取值是非空的, 即对于每个 $\lambda \in U(\lambda_0)$ 和 $\mu \in V(\mu_0)$ 都有 $S(\lambda,\mu) \neq \varnothing$.

定理 5.13 设 $K : \Lambda_1 \to 2^X$ 是一个非空集映射, $\alpha, \beta \in \mathbb{R}, \alpha \leqslant \beta$, $f : X \times X \times \Lambda_2 \to \mathbb{R}$ 是一个泛函, 如果以下假设成立:

(i) $K(\cdot)$ 在 λ_0 处下半连续;

(ii) 对于任意的 $x_0 \in S(\lambda_0, \mu_0)$ 和 x_0 的任一邻域 $W(x_0)$, 由 $K(\lambda) \cap W(x_0) \neq \varnothing$ 可得对于任一 $\mu \in V(\mu_0), S(\lambda,\mu) \cap W(x_0) \neq \varnothing$,

那么 $S(\cdot,\cdot)$ 在 (λ_0, μ_0) 处是下半连续的.

证明 对给定的 $(\lambda, \mu) \in \Lambda_1 \times \Lambda_2$ 有

$$S(\lambda,\mu) = \{\overline{x} \in K(\lambda) : \alpha \leqslant f(\overline{x}, y, \mu) \leqslant \beta, \forall y \in K(\lambda)\}.$$

令 $\{(\lambda_n, \mu_n)\} \subset \Lambda_1 \times \Lambda_2, (\lambda_n, \mu_n) \to (\lambda_0, \mu_0), \forall x_0 \in S(\lambda_0, \mu_0)$. 根据引理 5.12, 我们只需要证明存在 $x_n \in S(\lambda_n, \mu_n)$ 使得 $x_n \to x_0$.

事实上, 因为 $x_0 \in K(\lambda_0)$ 且 $K(\cdot)$ 在 λ_0 处下半连续, 所以根据定义可知, 对于每个满足 $K(\lambda_0) \cap W(x_0) \neq \varnothing$ 的邻域 $W(x_0)$, 存在一个 λ_0 的邻域 $I(\lambda_0)$ 满足 $I(\lambda_0) \subset U(\lambda_0)$, 使得对于每个 $\lambda \in I(\lambda_0)$ 都有 $K(\lambda) \cap W(x_0) \neq \varnothing$. 因为 $\lambda_n \to \lambda_0, \mu_n \to \mu_0$, 所以存在一个 μ_0 的邻域 $J(\mu_0)$ 满足 $J(\mu_0) \subset V(\mu_0)$, 而且存在一个

N_0, 使得当 $n \geqslant N_0$ 时, 有 $\lambda_n \in I(\lambda_0)$ 且 $\mu_n \in J(\mu_0)$. 所以 $K(\lambda_n) \cap W(x_0) \neq \varnothing$. 从条件 (ii) 可知 $S(\lambda_n, \mu_n) \cap W(x_0) \neq \varnothing$, 由此可知, 存在 $x_n \in S(\lambda_n, \mu_n) \cap W(x_0)$. 注意到当 $n \geqslant N_0$ 时 $x_n \in W(x_0)$, 由 $W(x_0)$ 的任意性, 可得 $x_n \to x_0$. 定理得证. □

定理 5.14 若 $K : \Lambda_1 \to 2^X$ 是集值映射, $\alpha, \beta \in \mathbb{R}, \alpha \leqslant \beta, f : X \times X \times \Lambda_2 \to \mathbb{R}$ 是一个泛函, 如果下面的条件成立:

(i) $K(\cdot)$ 在 λ_0 连续, 并且 $K(\lambda_0)$ 是紧的;

(ii) $f(\cdot, \cdot, \cdot)$ 在 $X \times X \times \{\mu_0\}$ 上是连续的;

(iii) 对任何 $x_0 \in S(\lambda_0, u_0)$, 任何 x_0 的邻域 $W(x_0)$, 由 $K(\lambda) \cap W(x_0) \neq \varnothing$ 可推出 $S(\lambda, u) \cap W(x_0) \neq \varnothing$ 对任何 $\mu \in V(u_0)$,

则 $S(\cdot, \cdot)$ 在 (λ_0, μ_0) 连续.

证明 首先, 与证明 5.11 证明类似, 可以得到 $S(\cdot, \cdot)$ 在 (λ_0, u_0) 上半连续, 然后与定理 5.13 类似, $S(\cdot, \cdot)$ 在 (λ_0, u_0) 下半连续, 于是可得 $S(\cdot, \cdot)$ 在 (λ_0, u_0) 连续. □

定理 5.15 若 $K : \Lambda_1 \to 2^X$ 是集值映射, $\alpha, \beta \in \mathbb{R}, \alpha \leqslant \beta, f : X \times X \times \Lambda_2 \to \mathbb{R}$ 是一个泛函, 如果下面的条件成立:

(i) $K(\cdot)$ 在 λ_0 连续, 并且 $K(\lambda_0)$ 是紧的;

(ii) $f(\cdot, \cdot, \cdot)$ 在 $X \times X \times \{\mu_0\}$ 上是连续的;

(iii) 对任何 $x \in S(\lambda_0, \mu_0)$, 对任何 $y \in K(\lambda_0)$, $\alpha < f(x, y, \mu_0) < \beta$,

则 $S(\cdot, \cdot)$ 在 (λ_0, μ_0) 连续.

证明 首先, 与证明 5.11 类似, 容易得到 $S(\cdot, \cdot)$ 在 (λ_0, μ_0) 是上半连续的. 下面我们来说明下半连续性. 假若下半连续不成立, 则存在 $x_0 \in S(\lambda_0, \mu_0)$, 并且存在 $\{(\lambda_n, \mu_n)\} \subset \Lambda_1 \times \Lambda_2, (\lambda_n, \mu_n) \to (\lambda_0, \mu_0)$, 对任何 $x_n \in S(\lambda_n, \mu_n), \{x_n\}$ 不收敛到 x_0. 既然 $K(\cdot)$ 在 λ_0 是下半连续的, 那么对 $\{\lambda_n\} \subset \Lambda_1, \lambda_n \to \lambda_0, x_0 \in S(\lambda_0, \mu_0) \subset K(\lambda_0)$, 存在 $\hat{x}_n \in K(\lambda_n), \hat{x}_n \to x_0$. 由假设条件可知, 存在 $\{\hat{x}_{n_j}\} \subset \{\hat{x}_n\}, \hat{x}_{n_j} \notin S(\lambda_{n_j}, \mu_{n_j})$, 于是有 $f(\hat{x}_{n_j}, y_{n_j}, \mu_{n_j}) < \alpha$ 或者 $f(\hat{x}_{n_j}, y_{n_j}, \mu_{n_j}) > \beta$. 由 $K(\cdot)$ 在 λ_0 上半连续和 $K(\lambda_0)$ 的紧性可得到, $y_0 \in K(\lambda_0)$, 使得 $y_{n_j} \to y_0$. 实际上由条件 (iii) 可知, $\alpha < f(x_0, y_0, \mu_0) < \beta$, 再由条件 (ii) 可知 $f(\hat{x}_{n_j}, y_{n_j}, \mu_{n_j}) \to f(x_0, y_0, \mu_0)$. 矛盾.

令 X, Y 是度量空间, K 是 X 的非空闭凸紧子集, $U(\varepsilon_0) \subset Y, \alpha, \beta \in \mathbb{R}, \alpha \leqslant \beta$. 设 $W : K \times K \times U(\varepsilon_0) \to \mathbb{R}$ 为一个泛函. 对任意 $\varepsilon \in U(\varepsilon_0)$, 考虑如下问题: 寻找 $\overline{x} \in K$, 使得

$$\alpha \leqslant W(\overline{x}, y, \varepsilon) \leqslant \beta, \quad \forall y \in K, \tag{5.2.19}$$

对任意 $\varepsilon \in U(\varepsilon_0)$, 让 $T_{\alpha\beta}(\varepsilon) \subset K$ 表示问题 (5.2.19) 的解集. 集值映射 $T_{\alpha\beta} : U(\varepsilon_0) \to 2^K$ 为问题 (5.2.19) 的解映射. 假设 W 满足: 存在 $f, g : K \times K \times U(\varepsilon_0) \to \mathbb{R}$, 使得

$$g(x, y, \varepsilon) \leqslant W(x, y, \varepsilon) \leqslant f(x, y, \varepsilon), \quad \forall x, y \in K, \forall \varepsilon \in U(\varepsilon_0).$$

下面分别考虑与 f, g 有关的均衡问题:

寻找 $\overline{x} \in K$ 使得

$$f(\overline{x}, y, \varepsilon) \leqslant \beta, \quad \forall y \in K, \tag{5.2.20}$$

对每个 $\varepsilon \in U(\varepsilon_0)$, 让 $T_\beta(\varepsilon) \subset K$ 表示问题 (5.2.20) 的解集, $T_\beta : U(\varepsilon_0) \to 2^K$ 表示问题 (5.2.20) 的解映射.

寻找 $\overline{x} \in K$ 使得

$$g(\overline{x}, y, \varepsilon) \geqslant \alpha, \quad \forall y \in K, \tag{5.2.21}$$

对每个 $\varepsilon \in U(\varepsilon_0)$, 让 $T_\alpha(\varepsilon) \subset K$ 表示问题 (5.2.21) 的解集, $T_\alpha : U(\varepsilon_0) \to 2^K$ 表示问题 (5.2.21) 的解映射.

上述相关函数的定义式分别如下:

$$T_\alpha(\varepsilon) = \bigcap_{y \in K} \{x \in K : g(x, y, \varepsilon) \geqslant \alpha\} = \left\{ x \in K : \inf_{y \in K} g(x, y, \varepsilon) \geqslant \alpha \right\},$$

$$T_\beta(\varepsilon) = \bigcap_{y \in K} \{x \in K : f(x, y, \varepsilon) \leqslant \beta\} = \left\{ x \in K : \sup_{y \in K} f(x, y, \varepsilon) \leqslant \beta \right\},$$

其中 $\varepsilon \in U(\varepsilon_0)$, 图像定义如下:

$$\text{graph}(T_\alpha) = \{(\varepsilon, x) \in U(\varepsilon_0) \times K : x \in T_\alpha(\varepsilon)\},$$

$$\text{graph}(T_\beta) = \{(\varepsilon, x) \in U(\varepsilon_0) \times K : x \in T_\beta(\varepsilon)\}. \qquad \square$$

定义 $T : U(\varepsilon_0) \to 2^K$ 为

$$T(\varepsilon) = T_\alpha(\varepsilon) \cap T_\beta(\varepsilon).$$

定理 5.16　设 X, Y 是度量空间, K 是 X 的非空紧凸子集, $U(\varepsilon_0) \subset Y$, $\alpha, \beta \in \mathbb{R}, \alpha \leqslant \beta, f, g : K \times K \times U(\varepsilon_0) \to \mathbb{R}$. 集值映射 $T_\alpha, T_\beta, T : U(\varepsilon_0) \to 2^K$ 定义如上, 并且 $T_\alpha(\varepsilon) \cap T_\beta(\varepsilon) \neq \varnothing, \forall \varepsilon \in U(\varepsilon_0)$. 并且满足如下条件:

(i) 对任何 $y \in K$, $g(\cdot, y, \cdot)$ 是上半连续的;

(ii) 对任何 $y \in K$, 任何 $\varepsilon \in U(\varepsilon_0)$, $g(\cdot, y, \varepsilon)$ 是上半连续的;

(iii) 对任何 $y \in K$, $f(\cdot, y, \cdot)$ 是下半连续的,

则 T 是上半连续的.

证明　由条件 (i) 和引理 5.14, 可得对于任何 $x \in K, \varepsilon \in U(\varepsilon_0)$, $\inf\limits_{y \in K} g(x, y, \varepsilon)$ 是上半连续的. 因此图像 $\text{graph}(T_\alpha) = \left\{ (\varepsilon, x) \in U(\varepsilon_0) \times K : \inf\limits_{y \in K} g(x, y, \varepsilon) \geqslant \alpha \right\}$ 是闭的. 既然 K 是紧的, 由引理 5.10 可得, T_α 是上半连续的. 同时, 由条件 (ii) 和

引理 5.13 可得, 对任何 $\varepsilon \in U(\varepsilon_0)$, $T_\alpha(\varepsilon)$ 是闭的. 既然 K 是紧的, 因此对任何 $\varepsilon \in U(\varepsilon_0)$, $T_\alpha(\varepsilon)$ 是紧的. 由条件 (iii), 对于任何 $x \in K, \varepsilon \in U(\varepsilon_0)$, $\sup\limits_{y \in K} f(x, y, \varepsilon)$ 是 下半连续的, 所以图像 $\mathrm{graph}(T_\beta) = \left\{ (\varepsilon, x) \in U(\varepsilon_0) \times K : \sup\limits_{y \in K} g(x, y, \varepsilon) \leqslant \beta \right\}$ 是闭 的. 因此由引理 5.15 可得, 集值映射 $T(\varepsilon) = T_\alpha(\varepsilon) \cap T_\beta(\varepsilon)$ 是上半连续的. $\qquad \square$

定理 5.17 设 X, Y 是度量空间, K 是 X 的非空闭凸子集, $U(\varepsilon_0) \subset Y$, $\alpha, \beta \in \mathbb{R}, \alpha \leqslant \beta$, $f, g : K \times K \times U(\varepsilon_0) \to \mathbb{R}$. 集值映射 $T_\alpha, T_\beta, T : U(\varepsilon_0) \to 2^K$ 定义 如上, 并且 $T_\alpha(\varepsilon) \cap T_\beta(\varepsilon) \neq \varnothing, \forall \varepsilon \in U(\varepsilon_0)$, 并且满足:

(1) $\forall \varepsilon \in U(\varepsilon_0), g(\cdot, \cdot, \varepsilon) - \alpha$ 是伪单调的;

(2) $\forall x \in K, g(x, \cdot, \cdot)$ 是下半连续的;

(3) $\forall y \in K, \forall \varepsilon \in U(\varepsilon_0), g(\cdot, y, \varepsilon)$ 是上半连续的;

(4) $\forall y \in K, \forall \varepsilon \in U(\varepsilon_0), g(x, \cdot, \varepsilon)$ 是凸的;

(5) $\forall t \in K, g(t, t, \varepsilon) = \alpha$;

(6) $\forall y \in K, f(\cdot, y, \cdot)$ 是下半连续的,

则集值映射 $T(\varepsilon) = T_\alpha(\varepsilon) \cap T_\beta(\varepsilon)$ 是上半连续的.

证明 首先我们来证明 T_α 是上半连续的. 既然 K 是紧的, 由引理 5.10 可 知, 我们只需要证明 T_α 是闭的. 让 $\{(\varepsilon_n, x_n)\}$ 满足 $x_n \in T_\alpha(\varepsilon_n), (\varepsilon_n, x_n) \to (\varepsilon, \overline{x})$. 下面我们证明 $\overline{x} \in T(\varepsilon)$. 由 $x_n \in T_\alpha(\varepsilon_n)$ 可得 $g(x_n, y, \varepsilon_n) \geqslant \alpha$, 对任何 $y \in K$. 由条件 (1) 可得, 对任何 $y \in K$, $g(y, x_n, \varepsilon_n) \leqslant \alpha$. 由条件 (2) 得到, $g(y, \overline{x}, \varepsilon) \leqslant \liminf\limits_{n \to \infty} g(y, x_n, \varepsilon_n) \leqslant \alpha$, 对任何 $y \in K$. 我们让 $y_t = ty + (1-t)\overline{x}$, 然后由条件 (4) 和 (5) 得到

$$\alpha = g(y_t, y_t, \varepsilon) = tg(y_t, y, \varepsilon) + (1-t)g(y_t, \overline{x}, \varepsilon) \leqslant \max\{g(y_t, y, \varepsilon), g(y_t, \overline{x}, \varepsilon)\}.$$

假若 $g(y_t, y, \varepsilon) < g(y_t, \overline{x}, \varepsilon) \leqslant \alpha$, 则 $g(y_t, y, \varepsilon) < \alpha$. 由 $g(y_t, \overline{x}, \varepsilon) = \alpha$ 得到 $g(y_t, y_t, \varepsilon) < \alpha$ 与条件 (5) 矛盾. 因此 $g(y_t, y, \varepsilon) \geqslant g(y_t, \overline{x}, \varepsilon), g(y_t, y, \varepsilon) \geqslant \alpha$. 由条件 (3),

$$\alpha \leqslant \limsup\limits_{t \to 0^+} g(y_t, y, \varepsilon) \leqslant g(\overline{x}, y, \varepsilon),$$

可得 $\overline{x} \in T_\alpha(\varepsilon)$. 因此, T_α 是闭的. 由条件 (3) 和引理 5.13 可得, $\forall \varepsilon \in U(\varepsilon_0), T_\alpha(\varepsilon)$ 是闭的. 既然 K 是紧的, $\forall \varepsilon \in U(\varepsilon_0), T_\alpha(\varepsilon)$ 是紧的. 由条件 (6) 可知, $\mathrm{graph}(T_\beta) = \left\{ (\varepsilon, x) \in U(\varepsilon_0) \times K : \sup\limits_{y \in K} g(x, y, \varepsilon) \leqslant \beta \right\}$ 是闭的. 再由引理 5.15 可得, 则集值映射 $T(\varepsilon) = T_\alpha(\varepsilon) \cap T_\beta(\varepsilon)$ 是上半连续的. $\qquad \square$

5.2.6 带上下界均衡问题解的迭代算法及收敛性分析

设 X 是 Hausdorff 拓扑向量空间, K 是 X 中的非空闭凸子集, $f : K \times K \to \mathbb{R}$

是泛函, 抽象均衡问题即要找出 $\overline{x} \in K$, 使对 $\forall y \in K$, 都有

$$f(\overline{x}, y) \geqslant 0. \qquad (5.2.22)$$

抽象均衡问题在最优化理论、鞍点问题、不动点问题、经济问题等许多方面具有广泛应用, 诸多文献中已有广泛研究, 见文献 [125–136].

1999 年, Isac, Sehgal 和 Singh 在文献 [18] 中提出了一个公开问题, 即带有上下界的均衡问题:

设 X, K, f 如上所述, α, β 是实数, $\alpha \leqslant \beta$, 现要找出 $\overline{x} \in K$, 使对 $\forall y \in K$, 都有

$$\alpha \leqslant f(\overline{x}, y) \leqslant \beta. \qquad (5.2.23)$$

Li[19], Chadli, Chiang 和 Yao[20], 张从军 [21] 在一定条件下获得了问题 (5.2.23) 的解的存在性结果. 以下用不同于文献 [19, 20] 中的方法和条件研究问题 (5.2.23) 的解的存在性, 获得了新的解的存在性定理. 并进一步研究具有上下界的均衡问题, 构造一个迭代算法, 讨论算法的收敛性.

下面我们用文献 [323] 中的引理 1.2 (即本书引理 6.2) 证明问题 (5.2.23) 的解的存在性.

定理 5.18 若 $f : K \times K \to \mathbb{R}$ 是一泛函, 满足

(1) $\forall x \in K, \alpha \leqslant f(x, x) \leqslant \beta$;

(2) f 关于第一变元连续;

(3) $\forall x \in K$, K 中的任意的有限集 A, 满足

$$A \subset \{y \in K : f(x, y) < \alpha \text{ 或者 } f(x, y) > \beta\}$$
$$\Rightarrow \text{co}(A) \subset \{y \in K : f(x, y) < \alpha \text{ 或者 } f(x, y) > \beta\};$$

(4) 存在 K 的紧子集 D, 使得对于 K 中的任意有限子集 N, 存在 K 中的包含 N 的一个紧凸集 L_N, 使得 $\forall y \in L_N \subset D$ 存在 $x \in L_N$, 满足 $\alpha \leqslant f(x, y) \leqslant \beta$, 那么存在 $x_0 \in D$, 使得 $\alpha \leqslant f(x_0, y) \leqslant \beta, \forall y \in K$.

证明 令 $A = \{(y, x) \in K \times K : \alpha \leqslant f(x, y) \leqslant \beta\}$.

(1) 由定理条件 (1), $(x, x) \in A$ 成立.

(2) $\forall x \in K$, 要证 $A_x = \{y \in K : (x, y) \in A\}$ 是闭的, 即证 $S(x) = \{y \in K : \alpha \leqslant f(y, x) \leqslant \beta\}$ 是闭的, 取 $\{y_n\} \subset S(x)$, 满足 $y_n \to \overline{y}$, 我们有 $\alpha \leqslant f(y_n, x) \leqslant \beta$, 由于 f 关于第一变元连续, 所以有 $\alpha \leqslant f(\overline{y}, x) \leqslant \beta$, 故 $\overline{y} \in S(x)$, 即 $S(x) = \{y \in K : \alpha \leqslant f(y, x) \leqslant \beta\}$ 是闭的.

(3) $\forall y \in K$, 要证 $A_y = \{x \in K : (x, y) \notin A\}$ 是凸的, 只需证 $S(y) = \{x \in K : f(y, x) > \beta \text{ 或者 } f(y, x) < \alpha\}$ 是凸的, 由定理条件 (3), $\forall s_1, s_2 \in S(y)$, $\text{co}\{s_1, s_2\} \subset S(y)$, 即 $S(y) = \{x \in K : f(y, x) \geqslant \beta \text{ 或 } f(y, x) \leqslant \alpha\}$ 是凸的.

(4) 由定理 5.18 中的条件 (4) 可知文献 [323] 中引理 1.2 的条件 (4) 也成立. 因此, 存在 $x_0 \in D$ 使得 $\alpha \leqslant f(x_0, y) \leqslant \beta, \forall y \in K$. $\qquad \Box$

下面研究均衡问题的迭代算法.

定义 5.15 $f: K \times K \to \mathbb{R}$ 是一泛函, 称 f 是反对称的, 若有

$$f(x, y) + f(y, x) = 0, \quad \forall x, y \in K.$$

设 H 是一个实 Hilbert 空间, $|\cdot|$ 是由内积 $\langle \cdot, \cdot \rangle$ 生成的范数, 参照文献 [20] 中的方法, 我们构造算法如下:

给定 $x_{k-1}, x_k \in K$, 参数 $\rho_k \in [0, 1)$ 和 $\lambda_k > 0$, 找出 $x_{k+1} \in K$, 使得

$$\beta \geqslant f(x_{k+1}, x) + \lambda_k^{-1} \langle x_{k+1} - x_k - \rho_k(x_k - x_{k-1}), x - x_{k+1} \rangle \geqslant \alpha, \quad \forall x \in K.$$

更加精确地, 我们考虑以下序列: 找 $x_{k+1} \in K$, 使得

$$\beta + \varepsilon_k \geqslant f(x_{k+1}, x) + \lambda_k^{-1} \langle x_{k+1} - y_k, x - x_{k+1} \rangle \geqslant \alpha - \varepsilon_k, \quad \forall x \in K, \quad (5.2.24)$$

其中 $y_k := x_k + \rho_k(x_k - x_{k-1})$, $\lambda_k, \rho_k, \varepsilon_k$ 为非负实数.

由此, 我们得到以下算法.

算法 5.1

给定 $x_{k-1}, x_k \in K$, 参数 $\rho_k \in [0, 1)$, $\lambda_k > 0$ 和 $\varepsilon_k > 0$, 对任意的 $x \in K$, 考虑以下不等式:

$$\beta + \varepsilon_k \geqslant f(x_{k+1}, x) + \lambda_k^{-1} \langle x_{k+1} - y_k, x - x_{k+1} \rangle \geqslant \alpha - \varepsilon_k. \quad (5.2.25)$$

定理 5.19 令 $\{x_k\} \subset K$ 是由算法 5.1 生成的一个序列, 如果以下条件满足:

(1) 问题 (5.2.23) 有解;

(2) f 关于第一变元弱连续, f 是反对称的;

(3) $\exists \lambda > 0$ 使得 $\forall k \in \mathbb{N}^+, \lambda_k \geqslant \lambda$;

(4) $\exists \omega, \rho \in [0, 1)$, 使得 $\forall k \in \mathbb{N}^+, 0 \leqslant \omega \leqslant \rho_k \leqslant \rho$;

(5) $\sum\limits_{k=1}^{+\infty} \lambda_k \varepsilon_k < +\infty$, $\sum\limits_{k=1}^{+\infty} \rho_k |x_k - x_{k-1}|^2 < +\infty$, $\sum\limits_{k=1}^{+\infty} \varepsilon_k < +\infty$,

那么, 存在问题 (5.2.23) 的解 $\tilde{x}$, 使得 $\{x_k\}$ 弱收敛于 $\tilde{x}$.

证明 假设 $\overline{x}$ 是问题 (5.2.23) 的一个解, 故 $\forall x \in K, \alpha \leqslant f(\overline{x}, x) \leqslant \beta$, 由 f 的反对称性, 有 $-\beta \leqslant f(x, \overline{x}) \leqslant -\alpha$.

取 $x = x_{k+1}$, 有 $-\beta \leqslant f(x_{k+1}, \overline{x}) \leqslant -\alpha$, 结合 (5.2.25), 有

$$2\beta + \varepsilon_k \geqslant \lambda_k^{-1} \langle x_{k+1} - y_k, \overline{x} - x_{k+1} \rangle \geqslant 2\alpha - \varepsilon_k,$$

$$\lambda_k(2\beta + \varepsilon) \geqslant \langle x_{k+1} - y_k, \overline{x} - x_{k+1} \rangle \geqslant \lambda_k(2\alpha - \varepsilon_k),$$

$$\lambda_k(\varepsilon_k - 2\alpha) \geqslant \langle x_{k+1} - y_k, x_{k+1} - \overline{x} \rangle \geqslant -\lambda_k(2\beta + \varepsilon). \quad (5.2.26)$$

令 $\varphi_k = \frac{1}{2}|x_k - \overline{x}|^2$, 则有

$$\langle x_{k+1} - x_k - \rho_k(x_k - x_{k-1}), x_{k+1} - \overline{x}\rangle$$
$$= \Big\langle \frac{1}{2}x_{k+1} - \frac{1}{2}\overline{x} - \frac{1}{2}(x_k - \overline{x}) + \frac{1}{2}x_{k+1} - \frac{1}{2}x_k, \frac{1}{2}x_{k+1}$$
$$\quad - \frac{1}{2}\overline{x} + \frac{1}{2}x_{k+1} - \frac{1}{2}x_k + \frac{1}{2}x_k - \frac{1}{2}\overline{x}\Big\rangle$$
$$\quad - \rho_k\langle x_k - x_{k-1}, x_{k+1} - \overline{x}\rangle$$
$$= \frac{1}{2}|x_{k+1} - \overline{x}|^2 - \frac{1}{2}|x_k - \overline{x}|^2 + \frac{1}{2}|x_{k+1} - x_k|^2 - \rho_k\langle x_k - x_{k-1}, x_{k+1} - \overline{x}\rangle$$
$$= \varphi_{k+1} - \varphi_k + \frac{1}{2}|x_{k+1} - x_k|^2 - \rho_k\langle x_k - x_{k-1}, x_{k+1} - \overline{x}\rangle.$$

又因为

$$\langle x_k - x_{k-1}, x_{k+1} - \overline{x}\rangle$$
$$= \langle x_k - x_{k-1}, x_k - \overline{x}\rangle + \langle x_k - x_{k-1}, x_{k+1} - x_k\rangle$$
$$= \Big\langle \frac{1}{2}x_k - \frac{1}{2}\overline{x} - \Big(\frac{1}{2}x_{k-1} - \frac{1}{2}\overline{x}\Big) + \frac{1}{2}x_k - \frac{1}{2}x_{k-1}, \frac{1}{2}x_k$$
$$\quad - \frac{1}{2}\overline{x} + \frac{1}{2}x_{k-1} - \frac{1}{2}\overline{x} + \frac{1}{2}x_k - \frac{1}{2}x_{k-1}\Big\rangle$$
$$= \frac{1}{2}|x_k - \overline{x}|^2 - \frac{1}{2}|x_{k-1} - \overline{x}|^2 + \frac{1}{2}|x_k - x_{k-1}|^2 + \langle x_k - x_{k-1}, x_{k+1} - x_k\rangle$$
$$= \varphi_k - \varphi_{k-1} + \frac{1}{2}|x_k - x_{k-1}|^2 + \langle x_k - x_{k-1}, x_{k+1} - x_k\rangle,$$

所以

$$\langle x_{k+1} - y_k, x_{k+1} - \overline{x}\rangle$$
$$= \varphi_{k+1} - \varphi_k - \rho_k(\varphi_k - \varphi_{k-1}) + \frac{1}{2}|x_{k+1} - x_k|^2$$
$$\quad - \frac{\rho_k}{2}|x_k - x_{k-1}|^2 - \rho_k\langle x_k - x_{k-1}, x_{k+1} - x_k\rangle$$
$$= \varphi_{k+1} - \varphi_k - \rho_k(\varphi_k - \varphi_{k-1}) + \frac{1}{2}|x_{k+1} - y_k|^2 - \frac{\rho_k + \rho_k^2}{2}|x_k - x_{k-1}|^2.$$

由条件 (4), 上式结合 (5.2.26) 有

$$-\frac{1}{2}|x_{k+1} - y_k|^2 + \rho_k^2|x_k - x_{k-1}|^2 - \lambda_k(2\beta + \varepsilon_k)$$
$$\leqslant \varphi_{k+1} - \varphi_k - \rho_k(\varphi_k - \varphi_{k-1})$$
$$\leqslant -\frac{1}{2}|x_{k+1} - y_k|^2 + \rho_k|x_k - x_{k-1}|^2 + \lambda_k(\varepsilon_k - 2\alpha).$$

令 $\delta_k = \rho_k|x_k - x_{k-1}|^2 + \lambda_k(\varepsilon_k - 2\alpha)$, $\gamma_k = \dfrac{1}{2}|x_{k+1} - y_k|^2 + \lambda_k(2\beta + \varepsilon_k)$, $\theta_k = \varphi_k - \varphi_{k-1}$, 有

$$\rho_k[\theta_k]_- - \gamma_k \leqslant \theta_{k+1} \leqslant \rho_k[\theta_k]_+ + \delta_k,$$

其中 $[\theta_k]_+ = \max(\theta_k, 0)$, $[\theta_k]_- = \min(\theta_k, 0)$.

由条件 (4), $\exists \omega, \rho \in [0, 1)$, 使得 $\forall k \in \mathbb{N}^+$, $0 \leqslant \omega \leqslant \rho_k \leqslant \rho$, 所以有

$$\omega^k[\theta_1]_- - \sum_{i=1}^{k-1}\omega^i\gamma_{k-i} \leqslant \omega[\theta_k]_- - \gamma_k \leqslant [\theta_{k+1}]_+ \leqslant \rho[\theta_k]_+ + \delta_k \leqslant \rho^k[\theta_1]_+ + \sum_{i=1}^{k-1}\rho^i\delta_{k-i},$$

$$\frac{1}{1-\omega}\left([\theta_1]_- - \sum_{k=1}^{\infty}\gamma_k\right) \leqslant \sum_{k=1}^{\infty}[\theta_{k+1}] \leqslant \frac{1}{1-\rho}\left([\theta_1]_+ + \sum_{k=1}^{\infty}\delta_k\right).$$

由条件 (5), $\sum\limits_{k=1}^{\infty}[\theta_{k+1}]$ 是有限的, 考虑序列 $t_k = \varphi_k - \sum\limits_{i=1}^{k}[\theta_i]_+$, 由于 $\varphi_k \geqslant 0$ 与 $\sum\limits_{i=1}^{k}[\theta_i]_+ < +\infty$, 所以 $\{t_k\}$ 是有下界的, 又因为

$$t_{k+1} = \varphi_{k+1} - \sum_{i=1}^{k+1}[\theta_i]_+ \leqslant \varphi_{k+1} - [\theta_{k+1}]_+ - \sum_{i=1}^{k}[\theta_i]_+ \leqslant \varphi_{k+1} - \varphi_{k+1} + \varphi_k - \sum_{i=1}^{k}[\theta_i]_+ = t_k,$$

所以 $\{t_k\}$ 是收敛的, $\{\varphi_k\}$ 也收敛.

另一方面, 我们得到

$$\frac{1}{2}|x_{k+1} - y_k|^2 \leqslant \varphi_k - \varphi_{k+1} + \rho[\theta_k]_+ + \delta_k,$$

不等式两边取极限, $\{\varphi_k\}$ 是收敛的, 当 $k \to \infty$ 时, $[\theta_k]_+$ 与 δ_k 都趋近于 0, 所以我们得到

$$\lim_{k \to +\infty}(x_{k+1} - y_k) = 0.$$

另一方面, 由 $\varphi_k = \dfrac{1}{2}|x_k - \overline{x}|^2$ 收敛, 可知 $\{x_k\}$ 有界, 又因为 Hilbert 空间是自反的, 自反空间中任何有界集是弱列紧的, 故假设 $\tilde{x}$ 是 $\{x_k\}$ 的一个弱聚点, 则存在一个子列 $\{x_v\}$ 弱收敛于 $\tilde{x}$, 并满足

$$\alpha - \varepsilon_v \leqslant f(x_{v+1}, x) + \lambda_v^{-1}\langle x_{v+1} - y_v, x - x_{v+1}\rangle \leqslant \beta + \varepsilon_v, \quad \forall x \in K,$$

不等式两边取极限, 当 $v \to \infty$ 时, 由于 f 关于第一变元弱连续, 我们得到

$$\alpha \leqslant f(\tilde{x}, x) \leqslant \beta, \quad \forall x \in K,$$

也就是说, $\{x_k\}$ 弱收敛于问题 (5.2.23) 的解 $\tilde{x}$.

第6章 广义向量均衡问题

6.1 拓扑向量空间中广义向量均衡问题解的存在性

1. 引言

一般均衡理论是 19 世纪末由 Walras 提出的, Walras 的一般均衡理论以完全竞争经济的分析为主要内容. 他的模型中包括消费者、生产者以及大量财货三方构成的经济系统. 他的理论是, 此时若存在适当的价格体系, 在此价格体系下各主体作为价格的接受者进行活动, 就能使消费者得到最大效益, 生产者获得最大利润, 且使财货达到一致的完全竞争均衡状态. 这一结论称为 Walras 完全竞争均衡存在定理. 它由 Walras 提出, 但严格证明却是在半个世纪以后的 1952 年由数学家 Debreu 给出的. Debreu 也因此于 1983 年获得了诺贝尔经济学奖, Debreu 正是利用集值分析的方法以集值映射的不动点定理为工具证明 Walras 经济均衡理论的. 此后, 许多经济学家, 研究各种各样的商品空间、各种因素影响的价格体系, 讨论均衡点的存在问题, 由于影响价格的因素越来越多, 商品空间也从有限维到无穷维, 许多数学工作者开始证明在什么条件下均衡点存在, 并讨论均衡点的算法, 研究算法的收敛性.

2. 预备知识

定义 6.1 设 $G : X \to 2^Y$ 是一个集值映射, 我们称 G 在 x_0 上是上半连续的, 如果对于 Y 中的包含 $G(x_0)$ 的一个开集合 W, 存在 x_0 的一个邻域 U, 使得对任意的 $x \in U, G(x) \in W$ 成立.

定义 6.2 设 $F : X \times X \to 2^Y$ 是一个集值映射, 我们称 F 关于第二个变元是凸的, 如果 $\forall y_1, y_2 \in X, \lambda \in (0,1)$,

$$F(x, \lambda y_1 + (1-\lambda)y_2) \subset \lambda F(x, y_1) + (1-\lambda)F(x, y_2).$$

定义 6.3 设 X 是一线性空间, K 是 X 的非空子集, $F : K \to 2^X$ 为集值映射, 我们称 $F(x)$ 为 KKM 映射, 如果对 K 的任意有限子集 $\{x_1, x_2, \cdots, x_n\}$ 都有 $\mathrm{co}\{x_1, x_2, \cdots, x_n\} \subset \bigcup_{i=1}^{n} F(x_i)$.

定义 6.4 设 $f : K \to K$ 为单值映射, f 称为仿射映射, 如果 $\forall x, y \in K$, $\forall t \in [0,1]$ 有

$$f(tx + (1-t)y) = tf(x) + (1-t)f(y).$$

下面的引理 6.1 即 Ky Fan 截口定理.

引理 6.1 设 X 是一个实的 Hausdorff 拓扑向量空间, K 是 X 中的非空紧凸集, 设 $A \subset K \times K$, 使得对一切 $x \in K$, $(x, x) \in A$. 再设下列之一条件成立:

(1) $\forall x \in K$, $A_x = \{y \in K, (x, y) \notin A\}$ 为凸集或空集; $\forall y \in K$, $A_y = \{x \in K, (x, y) \in A\}$ 为闭集.

(2) $\forall x \in K$, $A_x = \{y \in K, (x, y) \in A\}$ 为闭集; $\forall y \in K$, $A_y = \{x \in K, (x, y) \notin A\}$ 为凸集或空集,

那么存在 $x_0 \in K$, 使得 $\{x_0\} \times K \subset A$.

下面的引理 6.2 即广义截口定理, 参见文献 [125].

引理 6.2 设 K 是 X 中的凸集, $A \subset K \times K$ 满足:

(1) 对任意的 $x \in K$, $(x, x) \in A$;

(2) 对任意的 $x \in K$, $A_x = \{y \in K, (x, y) \in A\}$ 是闭集;

(3) 对任意的 $y \in K$, $A_y = \{x \in K, (x, y) \notin A\}$ 是凸集或空集;

(4) 存在紧集 $D \subset K$ 使得对于 K 中的任一个有限子集 N, 存在 K 中的一个包含 N 的紧凸子集 L_N 满足

$$L_N \cap \{y \in K : (x, y) \in A, \forall x \in L_N\} \neq \varnothing,$$

那么存在 $y_0 \in D$, 使得 $K \times \{y_0\} \subset A$.

引理 6.3 设 $F : X \to 2^Y$ 在点 x_0 上半连续, $F(x_0)$ 是紧的, 如果 $x_n \to x_0$, $y_n \subset F(x_n)$, 那么一定存在 $\{y_n\}$ 的一个子列 $\{y_{n_k}\}$ 使得 $y_{n_k} \to y_0$.

引理 6.4[24] 设 $F : X \to 2^Y$ 是上半连续的集值映射且具有闭值, 则 F 的图像是闭的.

引理 6.5 (FKKM 定理) 令 K 为 Hausdorff 拓扑向量空间 X 的非空凸子集, $G : K \to 2^X$ 为 KKM 映射, 使得对任意的 $x \in K$, $G(x)$ 为 X 中的闭集, 且至少存在一点 $x_0 \in K$, 使得 $G(x_0)$ 是 X 中的紧集, 则 $\bigcap\limits_{x \in K} G(x) \neq \varnothing$.

3. 广义向量均衡问题解的存在性

均衡问题在最优化理论、鞍点问题、不动点问题、经济问题等许多方面具有广泛应用, 诸多文献中已有广泛研究, 我们在这一部分首先研究一类新的向量均衡问题, 利用截口定理与 KKM 定理两种不同的方法证明此类均衡问题解的存在性定理, 接着, 把这类向量均衡问题推广到更为一般的情形.

设 X 是一个实的 Hausdorff 拓扑向量空间, K 是 X 中的闭凸集, Y 是一个实的局部凸空间. $P : K \to 2^Y$ 是一个集值映射, 满足: 对任意的 $x \in K$, $P(x)$ 是 Y 中的闭凸锥, 且 $\text{int} P(x) \neq \varnothing$.

如果 $F : K \times K \to 2^Y$ 是一个集值映射, $g : K \to K$ 为单值映射, 那么集值映射下的隐向量均衡问题 (IVEP) 是指:

$$(\text{IVEP})\quad \text{找出 } \overline{x} \in K, \quad \text{使得 } F(g(\overline{x}), y) \not\subset -\text{int}P(\overline{x}), \quad \forall y \in K.$$

现在我们来讨论问题 IVEP 的几种特殊情形.

(1) 若 $g(x) = x$, 则问题 (IVEP) 变为集值弱均衡问题:

$$(\text{VEP})\quad \text{找出 } \overline{x} \in K, \quad \text{使得 } F(\overline{x}, y) \not\subset -\text{int}P(\overline{x}), \quad \forall y \in K.$$

(2) 若 $P(x) = P$, 则问题 (IVEP) 变为

$$(\text{IVEP})\quad \text{找出 } \overline{x} \in K, \quad \text{使得 } F(g(\overline{x}), y) \not\subset -\text{int}P, \quad \forall y \in K.$$

(3) 若 F 为单值映射, 则问题 (IVEP) 变为

$$(\text{IVEP})\quad \text{找出 } \overline{x} \in K, \quad \text{使得 } F(g(\overline{x}), y) \notin -\text{int}P(x), \quad \forall y \in K.$$

有关此问题的研究参见文献 [247].

(4) 若 F 为单值映射, g 为恒等映射, 则问题 (IVEP) 变为

$$(\text{VEP})\quad \text{找出 } \overline{x} \in K, \quad \text{使得 } F(\overline{x}, y) \notin -\text{int}P(\overline{x}), \quad \forall y \in K.$$

有关此问题的研究参见文献 [115].

(5) 若 $F : K \times K \to \mathbb{R}$, 对于任意的 $x \in K$ 有 $f(x, x) \geqslant 0$ 且 $P(x) = \mathbb{R}^+ = [0, +\infty)$, 则问题 (IVEP) 变为均衡问题

$$(\text{EP})\quad \text{找出 } \overline{x} \in K, \quad \text{使得} F(\overline{x}, y) \geqslant 0, \quad \forall y \in K.$$

有关此问题的研究参见文献 [116].

(6) 若 $F(\cdot, y) = \langle T(\cdot), \theta(y, \cdot) \rangle$, $T : K \to L(X, Y)$, $\theta : K \times K \to X$, $g : K \to K$, 则问题 (IVEP) 变为广义向量变分不等式

$$(\text{GVVI})\quad \text{找出 } \overline{x} \in K, \quad \text{使得 } \langle T(g(\overline{x})), \theta(y, g(\overline{x})) \rangle \notin -\text{int}P(\overline{x}), \quad \forall y \in K,$$

其中 $L(X, Y)$ 表示所有从 X 到 Y 的连续线性算子组成的空间, $\langle T(x), y \rangle$ 表示线性算子 $T(x)$ 在 y 的值. 更进一步地, 若 g 是 K 上的恒等映射, $Y = \mathbb{R}$ 且对于任意的 $x \in K$, $P(x) = \mathbb{R}^+ = [0, +\infty)$, 则 $L(X, Y) = X^*$, 其中 X^* 是 X 的拓扑共轭空间, 则问题 (GVVI) 变为非线性变分不等式问题.

(7) 在 (6) 中若 g 是 K 上的恒等映射, $h : K \to K$, 对任意的 $x, y \in K$, $\theta(y, x) = y - h(x)$, 则问题 (GVVI) 变为

(GVVI)′   找出 $\overline{x} \in K$,   使得 $\langle T(\overline{x}), y - h(\overline{x}) \rangle \notin -\mathrm{int} P(\overline{x}), \quad \forall y \in K.$

有关此问题的研究参见文献 [118].

(8) 若 h 是 K 上的恒等映射, 则问题 (GVVI)′ 变为向量变分不等式问题

(VVI)   找出 $\overline{x} \in K$,   使得 $\langle T(\overline{x}), y - \overline{x} \rangle \notin -\mathrm{int} P(\overline{x}), \quad \forall y \in K.$

有关此问题的研究参见文献 [119–121].

(9) 若 $Y = \mathbb{R}, T : X \to X^*$, 且对于任意的 $x \in K$, $P(x) = \mathbb{R}^+ = [0, +\infty)$, 则问题 (GVVI)′ 变为

(VVI)′   找出 $\overline{x} \in K$,   使得 $\langle T(\overline{x}), y - h(\overline{x}) \rangle \geqslant 0, \quad \forall y \in K.$

有关此问题的研究参见文献 [122, 123], 若 h 是 K 上的恒等映射, 则问题 (VVI)′ 变为 Hartmann-Stampacchia 变分不等式问题, 参见文献 [124].

定理 6.1   设 $F : K \times K \to 2^Y$ 是一个集值映射, 满足

(1) 对任意的 $x \in K$, $F(g(x), x) \not\subset -\mathrm{int} P(x)$;

(2) g 是连续的;

(3) 对任给定的 $y \in K$, $F(\cdot, y)$ 是紧值的上半连续的映射;

(4) 对任给定的 $x \in K$, F 关于第二个变元是凸的;

(5) 存在 K 的紧子集 D, 使得对于 K 中的任意有限子集 N, 存在 K 中的包含 N 的一个紧凸集 L_N 满足: $\forall y \in L_N \subset D$ 存在 $x \in L_N$ 使得 $F(g(y), x) \not\subset -\mathrm{int} P(y)$;

(6) 集值映射 $W : K \to 2^Y$, $W(x) = Y \backslash (-\mathrm{int} P(x))$, $\forall x \in K$ 是上半连续的,

那么存在 $x_0 \in D$, 使得 $F(g(x_0), y) \not\subset -\mathrm{int} P(x_0), \forall y \in K.$

证明   令 $A = \{(y, x) \in K \times K : F(g(x), y) \not\subset -\mathrm{int} P(x)\}.$

(1) 由定理条件 (1), 则引理 6.2 的条件 (1) 成立.

(2) 要证 $\forall x \in K$, $A_x = \{y \in K : (x, y) \in A\}$ 是闭的, 即要证明对任意的 $x \in K$, $S(x) = \{y \in K : F(g(y), x) \not\subset -\mathrm{int} P(y)\}$ 是闭的.

事实上, 对任取的 $\{y_n\} \subset S(x)$ 满足 $y_n \to \overline{y}$, 我们有

$$F(g(y_n), x) \not\subset -\mathrm{int} P(y_n),$$

则存在 $z_n \in F(g(y_n), x)$, 使得 $z_n \notin -\mathrm{int} P(y_n)$, 由于 $F(\cdot, x)$ 是具紧值的上半连续映射, g 连续, 由引理 6.3, 则存在 $\{z_n\}$ 的一个子列 $\{z_{n_k}\}$, 使得 $\{z_{n_k}\} \to z$, $\{z_{n_k}\} \in W(y_{n_k})$, 又由于 W 是上半连续的, 由 W 的定义可知, W 是具有闭值的,

由引理 6.4, W 是具有闭图像的, 所以我们得到 $z \in W(\overline{y})$, 即 $z \notin -\text{int}P(\overline{y})$, 即 $F(g(\overline{y}), x) \not\subset -\text{int}P(\overline{y})$, 这就是说 $\overline{y} \in S(x)$.

(3) 要证 $\forall y \in K, A_y = \{x \in K, (x, y) \notin A\}$ 是凸的, 即要证明对任意的 $y \in K$, $S(y) = \{x \in K : F(g(y), x) \subset -\text{int}P(y)\}$ 是凸的.

事实上, 假设 $x_1, x_2 \in S(y)$, $\lambda \in (0, 1)$, 则 $F(g(y), x_i) \subset -\text{int}P(y)$, $i = 1, 2$.

$$F(g(y), \lambda x_1 + (1 - \lambda)x_2) \subset \lambda F(g(y), x_1) + (1 - \lambda)F(g(y), x_2) \subset -\text{int}P(y),$$

即 $\lambda x_1 + (1 - \lambda)x_2 \in S(y)$.

(4) 由定理条件 (5), 引理 6.2 的条件 (4) 成立.

根据引理 6.2, $\exists x_0 \in D$ 使得 $F(g(x_0), y) \not\subset -\text{int}P(x_0)$, $\forall y \in K$.　　　　□

推论 6.1　设 X 是一个实的 Hausdorff 拓扑向量空间, K 是 X 中的紧凸集, $F : K \times K \to 2^Y$ 是一个集值映射, 满足

(1) 对任意的 $x \in K$, $F(g(x), x) \not\subset -\text{int}P(x)$;

(2) g 是连续的;

(3) 对任给定的 $y \in K$, $F(\cdot, y)$ 是紧值的上半连续的映射;

(4) 对任给定的 $x \in K$, F 关于第二个变元是凸的;

(5) 集值映射 $W : K \to 2^Y$, $W(x) = Y \backslash (-\text{int}P(x))$, $\forall x \in K$ 是上半连续的,

那么存在 $x_0 \in K$, 使得 $F(g(x_0), y) \not\subset -\text{int}P(x_0)$, $\forall y \in K$.

证明　类似定理 6.1, 由引理 6.1 可证.　　　　□

定理 6.2　设 K 为 X 的非空凸子集, $g : K \to K$ 为单值映射, $F : K \times K \to 2^Y$ 为集值映射, 若满足

(1) g 是连续的;

(2) 对任意的 $y \in K$, $F(\cdot, y)$ 是紧值上半连续的映射;

(3) 集值映射 $W : K \to 2^Y$, $W(x) = Y \backslash (-\text{int}P(x))$, $\forall x \in K$ 是上半连续的;

(4) 对任意的 $x \in K$, $F(g(x), x) \not\subset -\text{int}P(x)$;

(5) 对任意的 $x \in K$, $\{y \in K : F(g(x), y) \subset -\text{int}P(x)\}$ 为凸集;

(6) D 为 K 的非空紧凸子集, $\forall x \in K \backslash D$, $\exists y \in D$ 使得 $F(g(x), y) \subset -\text{int}P(x)$,

那么, 存在 $x^* \in K$, 使得 $F(g(x^*), y) \not\subset -\text{int}P(x^*)$, $\forall y \in K$.

证明　令 $G(y) = \{x \in D | F(g(x), y) \not\subset -\text{int}P(x)\}$, $\forall y \in K$.

(1) 首先要证对于任意的 $y \in K$, $G(y)$ 是闭的.

取 $\{x_n\} \subset G(y)$ 使 $x_n \to x$, 因为 D 是紧凸集, 所以 $x \in D$,

$$x_n \in G(y) \Rightarrow F(g(x_n), y) \not\subset -\text{int}P(x_n) \Rightarrow \exists z_n \in F(g(x_n), y),$$

使 $z_n \notin -\text{int}P(x_n) \Rightarrow z_n \in W(x_n) = Y \backslash (-\text{int}P(x_n))$.

由于对任意给定的 $y \in K$, $F(\cdot, y)$ 是紧值上半连续的映射, g 是连续的, 则存在 $\{z_n\}$ 的一个子列 $\{z_{n_k}\}$, 使得 $\{z_{n_k}\} \to z \in F(g(x), y)$, $z_{n_k} \in W(x_{n_k})$, 又由于 W 是上半连续的, 有 $z \in W(x) = Y \backslash (-\text{int}P(x)) \Rightarrow z \notin -\text{int}P(x)$. 即 $F(g(x), y) \not\subset -\text{int}P(x)$, 所以 $G(y)$ 是闭的.

(2) 下面我们要证 $\bigcap\limits_{y \in K} G(y) \neq \varnothing$. 因为 D 是紧凸集, 所以只需证 $\{G(y)\}_{y \in K}$ 具有有限交性质. 令 $\{y_1, y_2, \cdots, y_n\}$ 为 K 的有限子集, 记 $B = \text{co}(D \cup \{y_1, y_2, \cdots, y_n\})$, 则 B 为 K 的紧凸子集.

如下定义集值映射 $H : B \to 2^B$:

$$H(y) = \{x \in B | F(g(x), y) \not\subset -\text{int}P(x)\}, \quad \forall y \in K.$$

由定理条件 (4), $F(g(y), y) \not\subset -\text{int}P(y)$, 所以有 $H(y) \neq \varnothing$, 因为 $H(y)$ 为 B 的闭子集, 所以 $H(y)$ 是紧的.

下证 H 是 KKM 映射.

假设 H 不是 KKM 映射, 则一定存在有限集 $\{u_1, u_2, \cdots, u_n\} \subset B$, $\lambda_i \geqslant 0$ 且 $\sum\limits_{i=1}^{n} \lambda_i = 1$, 使得

$$\overline{u} = \sum_{i=1}^{n} \lambda_i u_i \notin \bigcup_{j=1}^{n} H(u_j),$$

即 $F(g(\overline{u}), u_j) \subset -\text{int}P(\overline{u})$.

由定理条件 (5), 对任意的 $x \in K$, $\{y \in K | F(g(x), y) \subset -\text{int}P(x)\}$ 是凸集, 所以有

$$\overline{u} = \sum_{i=1}^{n} \lambda_i u_i \in \{y \in K | F(g(x), y) \subset -\text{int}P(x)\},$$

即 $F(g(\overline{u}), \overline{u}) \subset -\text{int}P(\overline{u})$ 与定理条件 (4) 矛盾, 所以 H 是 KKM 映射, 即 $\exists x^* \in \bigcap\limits_{y \in K} H(y)$, 也就是说, $\exists x^* \in B$ 使 $F(g(x^*), y) \not\subset -\text{int}P(x^*)$, $\forall y \in K$, 由定理条件 (6) 知, $x^* \in D$ 且 $x^* \in G(y_i)$, $i = 1, 2, \cdots, n$, 故 $\{G(y)\}_{y \in K}$ 具有有限交性质, 即 $\bigcap\limits_{y \in K} G(y) \neq \varnothing$, 由引理 6.5, $\exists x^* \in K$, 使得 $F(g(x^*), y) \not\subset -\text{int}P(x^*)$, $\forall y \in K$. $\qquad\square$

问题 (IVEP) 可以进一步推广为如下问题.

设 X 是一个实的 Hausdorff 拓扑向量空间, K 是 X 中的闭凸集, Y 是一个实的局部凸向量空间. $P : K \to 2^Y$ 是一个集值映射, 满足: 对任意的 $x \in K$, $P(x)$ 是 Y 中的闭凸锥, 且 $\text{int}P(x) \neq \varnothing$.

如果 $F : K \times K \to 2^Y$ 是一个集值映射, $g : K \to K$ 为单值映射, $f : K \to K$ 是一个仿射映射, 那么集值映射下的隐向量均衡问题 (IVEP)$'$ 是指:

(IVEP)$'$ 找出 $\overline{x} \in K$, 使得 $F(g(\overline{x}), f(y)) \not\subset -\text{int}P(\overline{x})$, $\quad \forall y \in K$.

定理 6.3　设 $F : K \times K \to 2^Y$ 是一个集值映射, $g : K \to K$ 为单值映射, $f : K \to K$ 是一个仿射映射, 满足

(1) 对任意的 $x \in K$, $F(g(x), f(x)) \not\subset -\mathrm{int}P(x)$;

(2) g 是连续的;

(3) 对任意的 $y \in K$, $F(\cdot, f(y))$ 是紧值上半连续的映射;

(4) 对任意给定的 $x \in K$, F 关于第二变元是凸的;

(5) K 是 X 中凸集, 满足存在 K 的紧子集 D, 使得对于 K 中的任意有限子集 N, 存在 K 中的包含 N 的一个紧凸集 L_N, 使得 $\forall y \in L_N \subset D$, 存在 $x \in L_N$ 满足 $F(g(y), f(x)) \not\subset -\mathrm{int}P(y)$;

(6) 集值映射 $W : K \to 2^Y$, $W(x) = Y \backslash (-\mathrm{int}P(x))$, $\forall x \in K$ 是上半连续的, 那么存在 $\overline{x} \in D$, 使得 $F(g(\overline{x}), f(y)) \not\subset -\mathrm{int}P(\overline{x})$, $\forall y \in K$.

证明　令 $A = \{(y, x) \in K \times K : F(g(x), f(y)) \not\subset -\mathrm{int}P(x)\}$.

(1) 由定理条件 (1), 则引理 6.2 的 (1) 成立.

(2) 要证 $\forall x \in K$, $A_x = \{y \in K | (x, y) \in A\}$ 是闭的, 即要证明对任意的 $x \in K$, $S(x) = \{y \in K : F(g(y), f(x)) \not\subset -\mathrm{int}P(y)\}$ 是闭的.

事实上, 对任意的 $\{y_n\} \subset S(x)$ 满足 $y_n \to \overline{y}$, 有 $F(g(y_n), f(x)) \not\subset -\mathrm{int}P(y_n)$, 则存在 $z_n \in F(g(y_n), f(x))$, 使得 $z_n \notin -\mathrm{int}P(y_n)$, 由于 $F(\cdot, f(x))$ 紧值上半连续, g 连续, 则存在 $\{z_n\}$ 的一个子列 $\{z_{n_k}\}$, 使得 $\{z_{n_k}\} \to z \in F(g(\overline{y}), f(x))$, $\{z_{n_k}\} \in W(y_{n_k})$, W 是上半连续的也是闭的, $z \in W(\overline{y})$ 即 $z \notin -\mathrm{int}P(\overline{y})$, 即 $F(g(\overline{y}), f(x)) \not\subset -\mathrm{int}P(\overline{y})$, 即 $\overline{y} \in S(x)$.

(3) 要证 $\forall y \in K$, $A_y = \{x \in K, (x, y) \notin A\}$ 是凸的, 即要证明对任意的 $y \in K$, $S(y) = \{x \in K : F(g(y), f(x)) \subset -\mathrm{int}P(y)\}$ 是凸的.

事实上, 假设 $x_1, x_2 \in S(y)$, $\lambda \in (0, 1)$, 则

$$F(g(y), f(x_i)) \subset -\mathrm{int}P(y), \quad i = 1, 2.$$

由 $f : K \to K$ 是一个仿射映射, 对任意给定的 $x \in K$, F 关于第二变元是凸的, 所以有

$$F(g(y), f(\lambda x_1 + (1 - \lambda)x_2)) \subset \lambda F(g(y), f(x_1)) + (1 - \lambda)F(g(y), f(x_2)) \subset -\mathrm{int}P(y),$$

即 $\lambda x_1 + (1 - \lambda)x_2 \in S(y)$.

(4) 由定理条件 (5), 引理 6.2 的条件 (4) 成立.

根据引理 6.2, $\exists \overline{x} \in D$ 使得 $F(g(\overline{x}), f(y)) \not\subset -\mathrm{int}P(\overline{x})$, $\forall y \in K$.

下面我们把以上问题推广到两个不同空间的情形.

设 X, Y 是两个实的 Hausdorff 拓扑向量空间, K, M 分别是 X, Y 中的闭凸集, E 是一个实的局部凸向量空间. $P : K \to 2^E$ 是一个集值映射, 满足: 对任意的 $x \in K$, $P(x)$ 是 E 中的闭凸锥, 且 $\mathrm{int} P(x) \neq \varnothing$.

如果 $F : K \times M \to 2^E$ 是一个集值映射, $g : K \to K$ 为单值映射, $f : M \to M$ 是一个仿射映射, 那么不同空间上的隐向量均衡问题 (IVEP)$'$ 是指:

(IVEP)$'$ 找出 $\overline{x} \in K$, 使得 $F(g(\overline{x}), f(y)) \not\subset -\mathrm{int} P(\overline{x}), \quad \forall y \in M$.

定理 6.4 设 $F : K \times M \to 2^E$ 是一个集值映射, $g : K \to K$ 为单值映射, $f : M \to M$ 是一个仿射映射, 满足

(1) 对任意的 $x \in K$, $F(g(x), f(x)) \not\subset -\mathrm{int} P(x)$;

(2) g 是连续的;

(3) 对任意的 $y \in M$, $F(\cdot, f(y))$ 是紧值上半连续的映射;

(4) 对任意给定的 $x \in K$, $F(g(x), \cdot)$ 关于第二变元是凸的;

(5) K 是 X 中的凸集, 满足存在 K 的紧子集 D, 使得对于 K 中的任意有限子集 N, 存在 K 中的包含 N 的一个紧凸集 L_N, 使得 $\forall y \in L_N \subset D$, 存在 $x \in L_N$ 满足 $F(g(y), f(x)) \not\subset -\mathrm{int} P(y)$;

(6) 集值映射 $W : x \to E \backslash (-\mathrm{int} P(x))$ 是上半连续的,

那么存在 $\overline{x} \in D$, 使得 $F(g(\overline{x}), f(y)) \not\subset -\mathrm{int} P(\overline{x}), \forall y \in M$.

证明仿照定理 6.3 即可.

6.2 锥度量空间中向量均衡问题解的存在性

6.2.1 锥度量空间中的不动点定理

定义 6.5[45] 设 X 是非空集, E 是实 Banach 空间, P 是 E 中的锥并且 P 内部非空, $\leqslant$ 是 P 上的偏序, 定义 $x \leqslant y$ 为 $y - x \in P$, 而 $x < y$ 代表 $x \leqslant y$, 但 $x \neq y$. $x \prec\prec y$ 代表 $y - x \in \mathrm{int} P$. 映射 $d : X \times X \to E$ 若满足:

(1) $0 < d(x, y), \forall x, y \in X, d(x, y) = 0 \Leftrightarrow x = y$;

(2) $d(x, y) \leqslant d(y, x), \forall x, y \in X$; (6.2.1)

(3) $d(x, y) \leqslant d(x, z) + d(z, y), \forall x, y, z \in X$,

则称 d 为 X 上的锥度量, 称 (X, d) 为锥度量空间.

定义 6.6[45] 设 (X, d) 为锥度量空间, $\{x_n\}$ 是 X 中的序列, $x \in X$.

(1) 称 $\{x_n\}$ 是收敛序列, 且 $\{x_n\}$ 收敛到 x 或 x 是 $\{x_n\}$ 的极限, 如果 $\forall c \in E$, 存在 $n_0 \in \mathbb{N}$, 当 $n > n_0$ 时, $d(x_n, x) \prec\prec c$. $\{x_n\}$ 的极限记为 $\lim_{n \to \infty} x_n = x$, $x_n \to x, n \to \infty$;

(2) 称 $\{x_n\}$ 是 X 中的柯西列, 如果 $\forall c \in E, 0 \prec c$, 存在 $n_0 \in \mathbb{N}$, 对任意 $n, m > n_0, d(x_m, x_n) \prec\prec c$;

(3) 称 X 是完备锥度量空间, 如果 X 中的每一个柯西列都收敛.

注 6.1[45]　由上面的定义可知, 如果 P 是正规锥, $\{x_n\}$ 收敛于 x 当且仅当 $d(x_m, x) \to 0, n \to \infty$. $\{x_n\}$ 是 X 中的柯西列当且仅当 $d(x_n, x_m) \to 0, n, m \to \infty$.

定义 6.7[45]　设 (X, d) 是锥度量空间, $\{x_n\} \subset X$, 如果存在 $\{x_n\}$ 的子序列 $\{x_{n_i}\}$, 使得 $\{x_{n_i}\}$ 在 X 中收敛, 则称 (X, d) 是序列紧的锥度量空间.

引理 6.6[45]　设 (X, d) 是序列紧的锥度量空间, P 是正规锥, 映射 T 满足 $d(Tx, Ty) < d(x, y), \forall x, y \in X$, 则 T 有唯一的不动点.

引理 6.7[49]　设 (X, d) 是紧度量空间, T 是 X 的自映射, 如果 $\frac{1}{2} d(x, Tx) < d(x, y)$ 时, $d(Tx, Ty) < d(x, y), \forall x, y \in X$, 则 T 有唯一的不动点.

定理 6.5　设 (X, d) 是紧的锥度量空间, T 是 X 上的自映射, P 是正规锥, 正规常数为 $N^* \geqslant 1$, 当 $\forall x, y \in X, \frac{1}{2N^*}\|d(x, Tx)\| < \|d(x, y)\|$ 时, $\|d(Tx, Ty)\| < \|d(x, y)\|$, 则 T 有唯一的不动点.

证明　令 $\beta = \inf\limits_{r \in X}\|d(x, Tx)\|$, 由下确界的定义知, 在 X 中存在序列 $\{x_n\}$ 使得

$$\lim_{n \to \infty}\|d(x_n, Tx_m)\| = \beta,$$

又由 X 紧知, 存在 $\omega, \zeta \in X$, 使得 $\{x_n\}$ 和 $\{Tx_n\}$ 分别收敛于 $\omega, \zeta \in X$.

首先证明 $\beta = 0$. 用反证法. 假设 $\beta > 0$. 因为

$$\lim_{n \to \infty}\|d(x_n, \zeta)\| = \|d(\omega, \zeta)\| = \lim_{n \to \infty}\|d(x_n, Tx_n)\| = \beta,$$

根据极限的定义, 存在 $M > 0$ 使得 $n \in \mathbb{N}, \forall n \geqslant M$ 有

$$\frac{1}{N^*}\beta < \|d(x_n, \zeta)\| \text{ 且 } \|d(x_n, Tx_n)\| < 2\beta.$$

显然, 当 $n \in \mathbb{N}, \forall n \geqslant M$ 时, $\frac{1}{2N^*}\|d(x_n, Tx_n)\| < \|d(x_n, \zeta)\|$. 由条件 $\forall x, y \in X$, 当 $\frac{1}{2N^*}\|d(x, Tx)\| < \|d(x, y)\|$ 时, $\|d(Tx, Ty)\| < \|d(x, y)\|$. 所以对上述 $M > 0$, 当 $n \in \mathbb{N}, \forall n \geqslant M$ 时, $\|d(Tx_m, T\zeta)\| < \|d(x_n, \zeta)\|$, 则

$$\|d(\zeta, T\zeta)\| = \lim_{x \to \infty}\|d(Tx_n, T\zeta)\| \leqslant \lim_{n \to \infty}\|d(x_n, \zeta)\| = \beta,$$

由 β 的定义知, $\|d(\zeta, T\zeta)\| = \beta$. 因 $N^* \geqslant 1$, 故 $2N^* \geqslant 2$, 由此有 $\frac{1}{2N^*}\|d(\zeta, T\zeta)\| < \|d(\zeta, T\zeta)\|$, 则 $\|d(T\zeta, T^2\zeta)\| < \|d(\zeta, T\zeta)\| = \beta$. 这与 β 的定义矛盾, 故 $\beta = 0$.

接下来证明 T 有不动点. 同样用反证法. 假设 T 没有不动点, 则 $\|d(Tx_n,$

$T^2x_n)\| < \|d(x_n, Tx_n)\|$ 对 $\forall n \in \mathbb{R}$ 成立 $\left(\text{因为 } 0 < \dfrac{1}{2N'}\|d(x_n, Tx_n)\| < \|d(x_n, Tx_n)\|\right)$. 而

$$\lim_{n\to\infty} \|d(\omega, Tx_m)\| = \|d(\omega, \zeta)\| = \lim_{x\to\infty} \|d(x_n, Tx_n)\| = \beta = 0,$$

上式包含着 $\{Tx_n\}$ 以范数收敛到 ω. 由锥度量的三角不等式性质有

$$d\left(\omega, T^2x_n\right) \leqslant d(\omega, Tx_n) + d\left(Tx_n, T^2x_n\right).$$

又由于 P 是正规锥, 且正规常数为 N^*, 知

$$\begin{aligned}
\lim_{n\to\infty} \left\|d\left(\omega, T^2x_n\right)\right\| &\leqslant \lim_{n\to\infty} N^* \left\|\left(d(\omega, Tx_n) + d\left(Tx_n, T^2x_n\right)\right)\right\| \\
&\leqslant \lim_{n\to\infty} N^* \left(\|d(\omega, Tx_n)\| + \|d(x_n, Tx_n)\|\right) \\
&= \lim_{n\to\infty} N^* \|d(\omega, Tx_n)\| = 0,
\end{aligned}$$

因此 $\{T^2x_n\}$ 依范数收敛到 ω.

假如 $\dfrac{1}{2N^*}\|d(x_n, Tx_n)\| \geqslant \|d(x_n, \omega)\|$ 且 $\dfrac{1}{2N^*}\left\|d\left(Tx_n, T^2x_n\right)\right\| \geqslant \|d(Tx_n, \omega)\|$ 成立. 由锥度量的三角不等式性质有 $d(x_n, Tx_n) \leqslant d(x_n, \omega) + d(\omega, Tx_n)$. 又由于 P 是正规锥, 且正规常数为 N^*, 知

$$\begin{aligned}
\|d(x_n, Tx_n)\| &\leqslant N^* \|d(x_n, \omega) + d(Tx_n, \omega)\| \\
&\leqslant N^* \left(\|d(x_n, \omega)\| + \|d(Tx_n, \omega)\|\right) \\
&\leqslant N^* \left(\frac{1}{2N^*}\|d(x_n, Tx_n)\| + \frac{1}{2N^*}\left\|d\left(Tx_n, T^2x_n\right)\right\|\right) \\
&< \frac{N^*}{2N^*}\|d(x_n, Tx_n)\| + \frac{N^*}{2N^*}\|d(x_n, Tx_n)\| \\
&= \frac{2N^*}{2N^*}\|d(x_n, Tx_n)\| \\
&= \|d(x_n, Tx_n)\|,
\end{aligned}$$

矛盾, 因此, 对任意的 $n \in \mathbb{N}$, 下面两式中其中一个必成立:

$$\frac{1}{2N^*}\left\|d\left(Tx_n, T^2x_n\right)\right\| < \|d(Tx_n, \omega)\|,$$

$$\frac{1}{2N^*}\|d(x_n, Tx_n)\| < \|d(x_n, \omega)\|,$$

否则由下面的计算可推出矛盾.

$$\|d(x_n, Tx_n)\| \leqslant N^* \|d(x_n, \omega)\| + \|d(Tx_n, \omega)\|$$
$$\leqslant N^* \left(\frac{1}{2N^*} \|d(Tx_n, T^2x_n)\| + \frac{1}{2N^*} \|d(x_n, Tx_n)\| \right)$$
$$< \frac{1}{2} \|d(x_n, Tx_n)\| + \frac{1}{2} \|d(x_n, Tx_n)\| = \|d(x_n, Tx_n)\|.$$

若上述第一个不等式成立, 则

$$\|d(\omega, T\xi)\| \leqslant N^* \left(\|d(\omega, T^2x_n)\| + \|d(T\omega, T^2x_n)\| \right)$$
$$\leqslant N^* \left(\|d(\omega, T^2x_n)\| + \|d(\omega, Tx_n)\| \right)$$
$$\to 0 \quad (n \to \infty). \tag{6.2.2}$$

若上述第二个不等式成立, 则

$$\|d(\omega, T\omega)\| \leqslant N^* \left(\|d(\omega, Tx_n)\| + \|d(T\omega, Tx_n)\| \right)$$
$$\leqslant N^* \left(\|d(\omega, Tx_n)\| + \|d(\omega, x_n)\| \right)$$
$$\to 0 \quad (n \to \infty). \tag{6.2.3}$$

这说明两种情况下都有 $T\omega = \omega$, 即 ω 都是 T 的不动点, 这与假设矛盾. 因此 $\exists u \in X$ 使得 $Tu = u$.

下证唯一性. 假设 $v \in X, v \neq u$, 且 $Tv = v, Tu = u$. 因为 $\frac{1}{2N^*} \|d(u, Tu)\| = 0 < \|d(u, v)\|$, 所以 $\|d(u, v)\| = \|d(u, Tv)\| = \|d(Tu, Tv)\| < \|d(u, v)\|$, 矛盾, 故 T 有唯一的不动点. □

注 6.2　显然定理是引理 6.7 的推广. 若定理中的空间换为序列紧锥度量空间, 因为 (X, d) 是序列紧的锥度量空间, 根据序列紧锥度量空间的定义和下确界的定义知, 对任意的 $\{x_n\} \subset X$, 存在其子序列 $\{x_{n_i}\}$, 使得 $\{x_{n_i}\} \to \omega \ (i \to \infty), \omega \in X$ 并且 $\{Tx_{n_i}\} \to \zeta (i \to \infty), \zeta \in X$, 因此, $\lim\limits_{i \to \infty} \|d(x_n, \omega)\| = \|d(\zeta, \omega)\| = \lim\limits_{i \to \infty} \|d(x_n, Tx_n)\| = \beta$, 接下来证明同定理 6.5 的证明, 只需将 x_n 换为 x_{n_i}. 因此, 在序列紧的锥度量空间中我们研究的不动点存在性问题, 与引理 6.6 给出的条件是不同的.

6.2.2　锥度量空间中向量均衡问题解的存在性研究

1. 引言

1994 年, Blum 和 Oettli 提出了如下均衡问题: 寻找 $\overline{x} \in K$, 使得 $f(\overline{x}, y) \geqslant 0$, $\forall y \in K$, 其中 K 是拓扑向量空间 X 的子集, $f : K \times K \to \mathbb{R}$ 为给二元函数.

1997 年, Bianchi, Hadjisavvas 和 Schaible 给出了向量均衡问题: 寻找 $\overline{x} \in K$ 使得

$$f(\overline{x}, y) \notin \text{int}(K), \quad \forall y \in K,$$

其中 Y 为实 Hausdorff 拓扑向量空间的非空闭凸子集, C 为 Y 上的闭凸体锥 $(\text{int} C \neq \varnothing)$, K 为实 Hausdorff 拓扑向量空间的非空闭凸子集, 且 $f: K \times K \to Y$.

2007 年, Bianchi, Kassay, Pini 在度量空间中, 用 Ekeland 变分原理研究向量均衡解的存在性. 下面在锥度量空间中研究向量均衡解的存在性. 显然, 我们的工作是均衡问题在空间上的推广. 本小节由三部分组成, 第 2 部分给出锥度量空间的若干拓扑概念和性质; 第 3 部分给出锥度量空间的非空交定理和 Ekeland 变分原理, 并在锥度量空间中证明向量均衡问题解的存在性.

2. 预备知识

定义 6.8[45]　设 Y 为 Banach 空间, $P \subset Y$. 若 P 满足下列条件:

(i) P 为非空闭的, 且 $P \neq \theta$;

(ii) $\forall a, b \in \mathbb{R}, a, b \geqslant 0, \forall x, y \in P \Rightarrow ax + by \in P$;

(iii) $x \in P$ 且 $-x \in P \Rightarrow x = \theta$,

则称 P 为 Y 中的锥. 这里 $\mathbb{R}$ 为实数集, θ 为 Y 中的零元.

对于给定的锥 P, 可以定义偏序关系 $\preceq$ 如下:

$$x, y \in Y, \quad x \preceq y \Leftrightarrow y - x \in P.$$

以下用 $x \prec y$ 表示 $x \preceq y$, 但 $x \neq y$, 并用 $x \prec\prec y$ 表示 $y - x \in \text{int} P$ ($\text{int} P$ 表示 P 内部).

P 称为正规锥, 如果存在实数 $K > 0$ 使得 $\forall x, y \in Y, \theta \preceq x \preceq y$ 蕴含 $\|x\| \leqslant K \|y\|$, 满足上式的最小正数称为 P 的正规常数.

定义 6.9[45]　设 X 为非空集合. 若映射 $d: X \times X \to Y$ 满足下列条件:

(i) $0 \preceq d(x, y)$, 对任意 $x, y \in X$ 且 $d(x, y) = \theta \Leftrightarrow x = y$;

(ii) $d(x, y) = d(y, x)$, 对任意 $x, y \in X$;

(iii) $d(x, y) \preceq d(x, z) + d(y, z)$, 对任意 $\forall x, y, z \in X$,

则 d 称为 X 上的锥度量, 且 (X, d) 称为锥度量空间.

定义 6.10　设 (X, d) 为锥度量空间, E 为 (X, d) 的非空子集. E 称为 X 的有界子集, 如果存在正实数 M 使得 $\|d(x, y)\| \leqslant M$ 对任意 $x, y \in E$ 成立; X 称为有界锥度量空间, 若它本身是有界的.

定义 6.11　设 (X, d) 为锥度量空间, E 为 (X, d) 的非空子集. E 的直径 (记

为 diam(E)) 定义如下:

$$\mathrm{diam}(E) = \begin{cases} \sup\|d(x,y)\| : x,y \in E, & \text{若 } E \text{ 有界}, \\ \infty, & \text{若 } E \text{ 无界}. \end{cases}$$

定义 6.12　设 (X,d) 为锥度量空间, $x \in X, c \in P, \theta \prec\prec c$. 我们将集合

$$\{y \in X : d(x,y) \prec\prec c\}$$

记为 $B(x,c)$, 且称 $B(x,c)$ 为 x 的 c 邻域.

定义 6.13　设 (X,d) 为锥度量空间, $A \subset X, x_0 \in X, c \prec\prec P$. 若对任意 $\theta \prec\prec c, A \cap (B(X_0,c)/x_0) \neq \varnothing$, 则 x_0 称为 A 的凝聚点. ∂A 表示 A 所有聚点的集合. 集合 $A \cup \partial A$ 称为 A 的闭包并记为 A^-. A 是闭的等价于 $A^- = A$.

定义 6.14[45]　设 (X,d) 为锥度量空间. 称 x_n 为

(i) 收敛序列, 如果对任意 $c \in Y$ 和 $\theta \prec\prec c$, 存在 N 使得 $n > N, d(x_n,x) \prec\prec c$, 对 X 中某个固定的 x. 此时称 x_n 收敛于 x, 并称 x 为 x_n 的极限, 记为 $x_n \to x(n \to \infty)$.

(ii) 柯西列, 若对任意 $\theta \prec\prec c$, 存在 N 使得对所有 $n,m > N, d(x_n,x_m) \prec\prec c$; 锥度量空间 X 称为完备的, 如果 X 中的任意柯西列都在 X 中收敛.

定义 6.15[45]　锥度量空间 (X,d) 称为

(i) 完备的, 如果 (X,d) 中的每个柯西列都在 (X,d) 中收敛;

(ii) 序列紧的, 如果每个收敛序列 $\{x_n\}$ 均有收敛子列.

定义 6.16[140]　设 (X,d) 为完备度量空间且 Y 为局部凸空间, 其上的偏序由闭凸锥 $P \subset Y$ 诱导. 集值函数 $f : X \to Y$ 称为

(i) 在 $x_0 \in X$ 下半连续, 如果对 $f(x_0)$ 的每个邻域 V, 存在 x_0 的邻域 $U \subset X$ 使得 $f(U) \subset V + P$. f 在 X 上下半连续, 如果它在 X 上的每点都下半连续.

(ii) 在 $x_0 \in X$ 拟下半连续, 如果对任意 $b \in Y$ 和 $b \notin f(x_0) + K$ 的每个邻域 V, 存在 x_0 的邻域 $U \subset X$ 使得 $b \notin f(x_0) + K$ 对任意 $x \in U$ 都成立. f 在 X 上拟上半连续, 如果它在 X 上每点都上半连续.

引理 6.8[140]　设 (X,ρ) 为完备度量空间且 Y 为局部凸空间, 其上的偏序由闭凸锥 $P \subset Y$ 诱导. 若 f,g 在 X 上下半连续, 则 $f+g$ 在 X 上下半连续.

引理 6.9　设 (X,ρ) 为完备度量空间且 Y 为局部凸空间, 其上的偏序由闭凸锥 $P \subset Y$ 诱导. 若 f 在 X 上下半连续, 则 f 在 X 上拟下半连续.

引理 6.10[140]　设 (X,ρ) 为完备度量空间且 Y 为局部凸空间, 其上的偏序由闭凸锥 $P \subset Y$ 诱导. 若 f 在 X 上下半连续当且仅当对任意 $b \in Y, L(f,b) = \{x \in X : f(x) \in b - K\}$ 是闭的.

下面在锥度量空间上定义上半连续和下半连续.

定义 6.17 设 (X,d) 为完备锥度量空间, 其中锥为正规的, 且 Y 为局部凸空间, 其上的偏序由闭凸锥 $P \subset Y$ 诱导. 向量值函数 $f: X \to Y$ 称为

(i) 在 $x_0 \in X$ 下半连续, 如果对 $f(x_0)$ 的每个邻域 V, 存在 x_0 的邻域 U 使得 $f(U) \subset V + P$. f 在 X 上下半连续, 如果它在 X 上的每点都下半连续.

(ii) 在 x_0 拟下半连续, 如果对任意 $\forall b \in Y$ 和 $b \notin f(x_0) + K$ 的任意邻域 V, 存在 x_0 的邻域 U 使得 $b \notin f(x_0) + K$ 对任意 $x \in U$ 都成立. f 在 X 上拟下半连续, 如果它在 X 上每点都下半连续.

引理 6.11[240] 设 (X,d) 为完备锥度量空间, 其中锥为正规的. 如果我们记

$$\tau_d = \{U : \forall x \in U, \exists\, K_c(x),\ \text{s.t.}\ x \in K_c(x) \subset U\}$$

和

$$\tau_D = \{K_\varepsilon(x) : x \in X, \varepsilon > 0\},$$

其中 $D(x,y) = \|d(x,y)\|$, $K_\varepsilon(x) = \{y \in X : D(y,x) < \varepsilon\}$, $K_c(x) = \{y \in X : d(x,y) \prec\prec c, c \in P,\ c \succ\succ \theta\}$, 则

(a) τ_d 和 τ_D 都为 (X,d) 上的拓扑, 且 $\tau_d = \tau_D$;

(b) $K_c(x) \in \tau_d$ 对任意 $x \in X$.

基于引理 6.11, 易知引理 6.10 可推广至锥度量空间.

3. 主要结果

为将 Ekeland 变分原理推广至锥度量空间, 下面首先证明一个非空交定理.

引理 6.12 设 (X,d) 为完备锥度量空间, 其中锥是正规的. $E_1, E_2, \cdots, E_i, \cdots$ 为 X 的子集, 满足 $E_1 \supset E_2 \supset \cdots \supset E_i \supset \cdots$ 和 $\mathrm{diam}(E_i) \to 0$ $(n \to \infty)$. 则 $\bigcap\limits_{i \in \mathbb{N}^+} E_i^-$ 为单点集.

证明 设 $E_1, E_2, \cdots, E_i, \cdots$ 为 X 的子集且满足 $E_1 \supset E_2 \supset \cdots \supset E_i \supset \cdots$ 和 $\mathrm{diam}(E_i) \to 0$ $(i \to \infty)$. 显然, 序列 $\{x_i\}_{i \in \mathbb{N}^+}$ 为柯西列, 其中 $x_i \in E_i^-$, $i \in \mathbb{N}^+$. 事实上, 由于 $\mathrm{diam}(E_i) \to 0$ $(i \to \infty)$, 对任意 $\varepsilon > 0$, 存在 $N > 0$ 使得 $\mathrm{diam}(E_k) < \varepsilon$. 当 $k > N$ 时, 对于上述 $N > 0$ 有

$$\|d(x_i, x_j)\| \leqslant \sup_{x_i, x_j \in E_{\min\{i,j\}}} \|d(x_i, x_j)\| = \mathrm{diam}(E_{\min\{i,j\}}) < \varepsilon,\ \text{对任意}\ i, j > N,$$

故

$$\|d(x_i, x_j)\| \to 0 \quad (i, j \to \infty).$$

此外由范数的连续性可得 $d(x_i, x_j) \to \theta$ $(i, j \to \infty)$, 所以 $\{x_i\}_{i \in \mathbb{N}^+}$ 为柯西列.

因为 (X,d) 是完备的, 存在 $x \in X$ 使得 $\{x_i\}_{i \in \mathbb{N}^+}$ 收敛于 x. 因为对任意 $i \in \mathbb{N}^+$, $x_i, x_{i+1}, \cdots \in E_i^-$, 由此可得 $x \in E_i^-$. 因此 $x \in \bigcap\limits_{i \in \mathbb{N}^+} E_i^-$.

假设 $y \in \bigcap_{i \in \mathbb{N}^+} E_i^-$, 则 $\|d(x,y)\| \leqslant \operatorname{diam}(E_i) \to 0 \, (i \to \infty)$, 由此可知 $d(x,y) = \theta$, 即 $x = y$. □

利用引理 6.12, 可在锥度量空间获得如下向量形式的 Ekeland 变分原理.

定理 6.6　设 (X, d) 为完备锥度量空间, 且锥为正规的, 且正规常数为 l. 假设函数 $f : X \times X \to Y$ 满足下列假设:

(i) $f(t, t) = \theta$ 对任意 $t \in X$;

(ii) $e^*(f(x, \cdot))$ 对任意 $x \in X$ 有下界;

(iii) $f(z, y) + f(y, x) \in f(z, x) + K$ 对任意 $x, y, z \in X$;

(iv) $f(x, \cdot)$ 对任意 $x \in X$ 拟下半连续,

则对任意 $\varepsilon > 0$ 和任意 $x_0 \in X$, 存在 $\overline{x} \in X$ 使得

(a) $f(x_0, \overline{x}) + \varepsilon d(x_0, \overline{x}) \in -K$;

(b) $f(\overline{x}, x) + \varepsilon d(\overline{x}, x) \notin -K, \forall x \neq \overline{x}, x \in X$.

证明　令 K^* 表示 K 在拓扑对偶空间 Y^* 中的对偶锥, 定义如下:

$$K^* = \{y^* \in Y^* : y^*(y) \geqslant 0, \forall y \in K\}.$$

考虑泛函 $e^* \in K^*$ 和 $e^* \geqslant \|y\|$. 易知上述 e^* 存在.

不失一般性, 考虑 $\varepsilon = 1$ 的情形. 令

$$F(x) = \{y \in X : f(x, y) + d(x, y) \in -K\},$$

对任意 $x \in X$. 由 (i) 和 (iv), 对任意 $x \in X$, $F(x)$ 为非空闭的. 假设 $y \in F(x)$, 则

$$f(x, y) + d(x, y) \in -K. \tag{6.2.4}$$

令 $z \in F(y)$, 可得

$$f(y, z) + d(y, z) \in -K, \tag{6.2.5}$$

由 (6.2.4),(6.2.5), (iii) 及锥度量的三角不等式, 可得 $z \in F(x)$. 故 $y \in F(x)$. 由此可诱导 $F(y) \subset F(x)$.

定义集值函数 $v(x) = \inf\limits_{z \in F(x)} e^*(f(x, z))$. 如果 $z \in F(x)$, 则存在 $k \in K$ 使得 $d(x, z) = -f(x, z) - k$. 因此

$$e^*(d(x, z)) = e^*(-f(x, z) - k) = -e^*(f(x, z)) - e^*(k) \leqslant -e^*(f(x, z)),$$

$$\|d(x, z)\| \leqslant e^*(d(x, z)) \leqslant -e^*(f(x, z)) \leqslant \inf\limits_{z \in F(x)} e^*(f(x, z)) = -v(x).$$

一般地, 对任意 $x_1, x_2 \in F(x)$, 因为 $d(x_1, x_2) \preceq d(x_1, x) + d(x, x_2)$, 所以

$$\|d(x_1, x_2)\| \leqslant l\|d(x_1, x) + d(x, x_2)\| \leqslant l\|d(x_1, x)\| + l\|d(x, x_2)\| \leqslant -2lv(x),$$

即从 x_0 开始, 构造序列 x_n 使得 $x_{n+1} \in F(x_n)$ 和 $e^*(f(x_n, x_{n+1})) \leqslant v(x_n) + \dfrac{1}{2^{n+1}}$.

由 (iii) 可得 $e^*(f(z, y)) + e^*(f(y, x)) \geqslant e^*(f(z, x))$.

因此, $-v(x_n) \leqslant e^*(f(x_n, x_{n+1})) + \dfrac{1}{2^{n+1}} \leqslant v(x_{n+1}) - v(x_n) + \dfrac{1}{2^{n+1}}$, 进而可知

$$\mathrm{diam}(F(x)) \leqslant -2lv(x_n) \leqslant 2l \cdot 2^{-n},$$

即

$$\mathrm{diam}(F(x_n)) \to 0 \quad (n \to \infty).$$

因为集合 $F(x_n)$ 是闭的且 $F(x_{n+1}) \subset F(x_n)$, 由引理 6.12, 存在唯一元素 $\overline{x} \in X$ 使得 $\bigcap\limits_{n=1}^{\infty} F(x_n) = \{\overline{x}\}$. 由于 $\overline{x} \in F(x_0)$, 所以 (a) 成立. 此外, 如果 $x \neq \overline{x}$, 则 $x \notin F(\overline{x})$, 由此 (b) 成立. $\qquad\square$

现在我们在锥度量空间中利用引理 6.12 证明向量均衡问题解的存在性.

定理 6.7 设 (X, d) 为序列紧完备的锥度量空间, 其中锥为正规的. 假设函数 $f : X \times X \to Y$ 满足下列假设:

(i) $f(t, t) = 0_Y$ 对任意 $t \in X$;

(ii) $y \to e^*(f(x, y))$ 对任意 $x \in X$ 是有界的;

(iii) $f(z, y) + f(y, x) \in f(z, x) + K$ 对任意 $x, y, z \in X$;

(iv) $y \to f(x, y)$ 对所有 $x \in X$ 为拟下半连续的;

(v) $f(\cdot, y)$ 对任意 $y \in X$ 为上半连续的,

则 VEP 的解集非空.

证明 令 $\varepsilon = \dfrac{1}{n}$, 由定理 6.6 的 (b), 可以找到序列 x_n 使得

$$f(x_n, y) + \frac{1}{n}d(x_n, y) \notin -K, \quad \forall y \neq x_n,$$

因为 (X, d) 为序列紧的, 不失一般性, 可假设 x_n 收敛于 $\overline{x} \in X$. 设存在某个 $\overline{y} \in X$ 使得 $f(\overline{x}, \overline{y}) \in -\mathrm{int}(K)$. 选取 $f(\overline{x}, \overline{y})$ 的一个邻域 V 使得 $V \subset -\mathrm{int}(K)$. 由假设 (v), 存在正数 N 使得当 $n \geqslant N$ 时 $f(x_n, \overline{y}) \in V - K$. 此外, 如果 n 充分大, $\dfrac{1}{n}d(x_n, \overline{y}) + V \subset -\mathrm{int}(K)$, 所以 $f(x_n, \overline{y}) + \dfrac{1}{n}d(x_n, \overline{y}) \in V - K + \dfrac{1}{n}d(x_n, \overline{y}) \subset -\mathrm{int}(K)$, 矛盾. 因此, $f(\overline{x}, y) \notin -\mathrm{int}(K)$ 对任意 $y \in X$. $\qquad\square$

第 7 章　赋序集上的均衡问题

7.1　赋序集上均衡问题的研究背景

自从均衡问题提出以后, 首先引起关注的课题就是均衡问题解的存在性. 其中最早的研究当属 Blum 和 Oettli[1] 于 1994 年的工作, 他们考察了均衡问题 EP(C, f), 并在 $f(x, y) = g(x, y) + h(x, y)$ 且 g 和 h 满足一定单调性和连续性的条件下, 获得了几个有关均衡问题 EP(C, f) 解的存在性定理. 随后, 在此基础之上, 通过不断推广空间框架和放松相关映射的条件, 国内外学者获得了大量有关均衡问题解的存在性结果. 本节首先分两个阶段回顾一些这方面的主要工作, 第一个阶段为 1994 年至 2007 年, 不妨称为早期研究; 第二个阶段为 2010 年至 2014 年, 姑且称为近期研究. 然后, 简要介绍在均衡问题解的存在性方面的研究思路. 相关记号的含义见第 1 章.

1. 关于均衡问题解的存在性的早期研究

这个时期的研究框架主要为拓扑向量空间, 考虑的映射需满足某种单调性或连续性. 现在介绍一些这个阶段的代表性工作.

1996 年, Bianchi 和 Schaible[133] 将 Blum 等关于 $f : C \times C \to \mathbb{R}$ 的单调性假设放松到伪单调和拟单调的情形, 并在此条件下利用 FKKM 定理研究了均衡问题 EP(C, f) 解的存在性.

1997 年, Bianchi, Hadjisavvas 和 Schaible[2] 又将标量值映射 $f : C \times C \to \mathbb{R}$ 的伪单调性和拟单调性推广到向量值映射 $f : C \times C \to Y$ 的情形, 并在向量值映射 f 伪 (拟) 单调以及 $f(x, \cdot)$ 下半连续的条件下, 利用 FKKM 定理研究了向量均衡问题 VEP$(C, f, \succcurlyeq)$ 与 VEP$(C, f, \nprec)$ 解的存在性.

1997 年, Oettli[134] 进一步推广了 $f : C \times C \to \mathbb{R}$ 的伪单调性和拟单调性, 定义了 g-伪单调性, 并在此条件下利用 FKKM 定理考虑了均衡问题 EP(C, f) 解的存在性, 同时还利用标量化的方法讨论了向量均衡问题 VEP$(C, f, \succcurlyeq)$ 和 VEP$(C, f, \nprec)$ 解的存在性.

1997 年, Ansari, Oettli 和 Schlager[3] 将向量值函数 $f : C \times C \to Y$ 的伪单调性推广到集值映射 $f : C \times C \to 2^Y \setminus \{\varnothing\}$ 的情形, 并在此条件下研究了广义向量均衡问题 GVEP$(C, f, \nsubseteq)$ 和 GVEP$(C, f, \subseteq)$ 解的存在性.

1998 年, Hadjisavvas 和 Schaible[135] 定义了标量值映射 $f : C \times C \to \mathbb{R}$ 的 g-拟

单调性, 这个概念推广了 g-伪单调性. 在此条件下利用 FKKM 定理研究了均衡问题 EP(C, f) 解的存在性.

1999 年, Konnov 和 Yao[4] 将标量值映射 $f: C \times C \to \mathbb{R}$ 的 g-伪单调性推广到集值映射的情形, 定义了集值映射 f 的 $g_{C,D}$-伪单调性, 并在此条件下利用 FKKM 定理研究了 GVEP$(C, f, K_x, \nsubseteq)$ 解的存在性.

当然, 为保证均衡问题解的存在性, 仅要求考虑的映射满足以上某种 (广义) 单调性是不够的, 还必须对映射的定义域加以必要的限制, 如满足一定的闭性、紧性或凸性等. 另一方面, 这些集合的紧性和闭性有时也可通过相关映射的连续性或半连续性来保证. 此外, 连续性也可为某些不动点定理的应用创造条件. 因此, 映射的连续性在证明均衡问题解的存在性时也发挥了十分关键的作用. 以下是一些这方面的研究工作.

1995 年, Noor 和 Oettli[6] 在 S, T, f 连续的条件下, 利用拓扑不动点定理研究了拟均衡问题 QEP(C, S, T_m, f) 解的存在性. 同年, Cubiotti[141] 考虑了 T 为单值映射时的 QEP(C, S, T_m, f), 即 QEP(C, S, T_s, f), 并在 S 下半连续的条件下利用 Browder 不动点定理研究该问题解的存在性.

1997 年, Bianchi, Hadjisavvas 和 Schaible[2] 在 $f(x, \cdot)$ 下半连续的条件下利用 FKKM 定理研究了向量均衡问题 VEP$(C, f, \succcurlyeq)$ 与 VEP$(C, f, \nprec)$ 解的存在性.

1998 年, Lin 和 Park[7] 在 S 和 f 连续的条件下利用 Fan-Browder 型不动点定理研究了广义拟均衡问题 GQEP(C, S, T, f) 解的存在性. Ding 在 T 为单值映射的条件下, 利用 Fan-Browder 型不动点定理研究了该问题解的存在性.

1999 年, Ansari 和 Yao[136] 在 $f(\cdot, y)$ 上半连续的条件下利用 Fan-Browder 型不动点定理研究了广义向量均衡问题 GVEP$(C, f, K_x, \nsubseteq)$ 解的存在性.

2000 年, Konnov 和 Schaible[142] 在 $f(x, \cdot)$ 下半连续且 g-伪单调的条件下利用 FKKM 定理研究了均衡问题 EP(C, f) 解的存在性.

2000 年, Park[8] 考虑了广义拟均衡问题 QEP$(C, S, T, f(\cdot, \cdot, \cdot))$, 并在 f 上半连续的条件下利用不动点定理研究了该问题解的存在性.

2001 年, Lina 和 Yu[137] 在 S 和 f 连续的条件下利用 Fan-Browder 不动点定理研究了拟均衡问题 QEP(C, S, f) 和 GQEP(C, S, T, f) 解的存在性.

2001 年, Ansari, Konnov 和 Yao[138] 在 $f(x, \cdot)$ 上半连续的条件下利用 Fan-Browder 型不动点定理研究了广义向量均衡问题 GVEP$(C, f, K_x, \nsubseteq)$ 解的存在性.

2003 年, Chen, Lin 和 Park[139] 在 f 上半连续的条件下利用不动点定理研究了拟均衡问题 QEP(C, S, f) 和 GQEP(C, S, T, f) 解的存在性.

2007 年, Bianchi, Kassay 和 Pini[140] 在 $f(x, \cdot)$ 拟下半连续和 $f(\cdot, y)$ 上半连续的条件下利用 Ekeland 变分原理研究了向量均衡问题 VEP(C, f, K_x) 解的存在性.

通过回顾以上工作可知, 这些结果都依赖于相关映射的某种单调性或连续性, 但随着研究问题的深入, 这些单调性和连续性的概念被不断推广. 需要指出的是, 虽然这个阶段的结果很多, 但研究方法主要为：KKM 定理、FKKM 定理、不动点定理、Ekeland 变分原理、极大元定理. 现将这个阶段的研究历程总结成图 7.1.

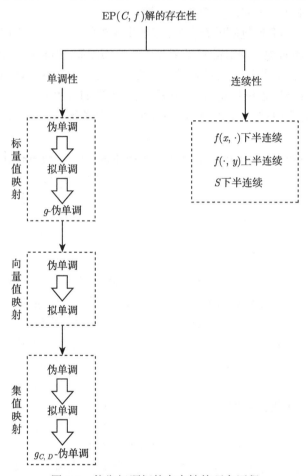

图 7.1　均衡问题解的存在性的研究历程

2. 关于均衡问题解的存在性的近期研究

由于早期关于均衡问题解的存在性研究大多依赖于相关映射的连续性和单调性, 所以当映射的连续性和单调性未知时, 早期的研究方法就不再适用. 为此, 有必要发展新的方法来规避连续性和单调性这类条件. 从 2010 年到 2014 年, 序不动点定理被应用到变分不等式问题和广义 Nash 均衡问题中, 极大地促进了序方法在这些非线性问题中的应用. 这个阶段考虑的空间框架一般都具有半序结构, 考虑的映射已不必具有连续性或早期研究中的单调性. 以下回顾一些这方面的相关工作.

2010 年, Nishimura 和 Ok[11] 在 Hilbert 格中利用序不动点定理研究了广义变分不等式极大解和极小解的存在性. 事实上, 这方面的研究可以追溯到 Fujimoto[147] 等对非线性互补问题的研究.

2011 年, Li 和 Yao[12] 在 Hilbert 格中利用投影算子的保序性研究了广义变分不等式最大解和最小解的存在性.

2012 年, Li 和 Ok[143] 在 Banach 格中研究了广义投影算子的保序性, 并利用 Abian-Brown 不动点定理研究了广义变分不等式的最大解和最小解的存在性.

2013 年, Li[144] 在 Banach 格中研究了一类不完备偏好下非合作博弈, 并研究了该博弈广义 Nash 均衡点的存在性. 此后, Li 和 Park[145], 以及 Xie 等[14] 在该问题上做了一系列工作, 分别在格、链完备–偏序集、链完备预序集中讨论了多种广义 Nash 均衡点的存在性.

2014 年, Xie 等[15] 在赋序的 Banach 空间中利用序不动点定理研究了广义鞍点问题和广义赋序变分不等式问题.

需要指出的是, 以上结果对映射的拓扑连续性不再有要求.

3. 本章在均衡问题解的存在性方面的研究思路

通过前面介绍可知, 许多学者利用序方法研究了不连续的非线性互补问题、广义变分不等式问题、广义鞍点问题及广义 Nash 均衡问题, 然而, 作为这些问题统一研究框架的均衡问题尚未被研究. 另外, 我们知道早期有关均衡问题解的存在性研究大多需要考虑的映射具有某种连续性. 所以, 能否利用序方法研究不连续的均衡问题自然应受到关注. 需要强调的是, 利用序方法研究变分不等式问题的思想是利用内积或广义内积的变分特征将其转化为一个不动点问题, 进而利用 (广义) 投影算子的保序性讨论不动点的存在性. 遗憾的是, 在均衡问题中并不涉及任何内积和广义内积, 因此传统的很多技巧在均衡问题的研究中并不适用, 所以必须发展新的证明技巧. 为此, 本章主要做了以下工作: 7.2 节介绍一些证明用到的相关概念和引理; 7.3 节在 Banach 格中讨论均衡问题解的存在性; 7.4 节在 Hilbert 格上研究拟均衡问题解的存在性; 7.5 节和 7.6 节分别在链完备格和链完备偏序集上研究拟均衡问题解的存在性; 7.7 节和 7.8 节探讨广义变分不等式和向量均衡问题解映射的保序性.

7.2 赋序集的相关概念和引理

本节先回顾偏序集中的部分概念, 并介绍一些关于保序映射的定义和结论, 然后给出几个证明中要用到的引理和定理, 更多内容可参见相关参考文献 (见 [11]).

1. 偏序集中的相关概念

定义 7.1　设 $(X, \succcurlyeq)$ 为一个偏序集, $\succcurlyeq$ 表示 X 上的偏序关系, 则有以下定义和记号:

(i) 对任意 $x \in (X, \succcurlyeq)$, 记 $x^\uparrow = \{y \in (X, \succcurlyeq) : y \succcurlyeq x\}$ 且 $x_\downarrow = \{y \in (X, \succcurlyeq) : x \succcurlyeq y\}$. 一般地, 对任意非空子集 V, 记 $V^\uparrow = \cup\{x^\uparrow : x \in V\}$ 且 $V^\downarrow = \cup\{x^\downarrow : x \in V\}$.

(ii) 如果 $(X, \succcurlyeq)$ 中的元素 x 满足 $x \succcurlyeq V$, 即对任意 $y \in V$ 都有 $x \succcurlyeq y$, 则称 x 是 V 的一个 $\succcurlyeq$-上界. 类似可以理解 $V \succcurlyeq x$.

(iii) 如果对某个 $x \in (X, \succcurlyeq)$ 有 $x \succcurlyeq V$, 则称 V 从上 $\succcurlyeq$-有界. 如果对某个 $x \in (X, \succcurlyeq)$ 有 $V \succcurlyeq x$, 则称 V 从下 $\succcurlyeq$-有界. 如果 V 既从上 $\succcurlyeq$-有界又从下 $\succcurlyeq$-有界, 则称 V 是 $\succcurlyeq$-有界的.

(iv) 特别地, 如果 $x \in V$ 且 x 是 V 的 $\succcurlyeq$-上界, 则称 x 是 V 中的 $\succcurlyeq$-最大值. 类似地可以定义 V 中的 $\succcurlyeq$-最小值.

(v) 如果 $x \in V$ 且对任意 $y \in V \backslash \{x\}$, $y \succcurlyeq x$ 都不成立, 则称 x 是 V 的 $\succcurlyeq$-极大元. 类似地, 如果 $x \in V$ 且对任意 $y \in V \backslash \{x\}$, $x \succcurlyeq y$ 都不成立, 则称 x 是 V 的 $\succcurlyeq$-极小元.

(vi) 设 V 是 X 中的非空子集, 如果对任意 $x, y \in V$ 都有 $x \succcurlyeq y$ 或 $y \succcurlyeq x$, 则称 V 是 X 中的 $\succcurlyeq$-链.

(vii) V 的 $\succcurlyeq$-上确界是指 V 所有 $\succcurlyeq$-上界的 $\succcurlyeq$-最小值, 通常记为 $\bigvee_X V$. 类似可以定义 V 的 $\succcurlyeq$-下确界, 通常记为 $\bigwedge_X V$. 方便起见, 对任意 $x, y \in (X, \succcurlyeq)$, 将 $\bigvee_X \{x, y\}$ 记作 $x \bigvee y$, 将 $\bigwedge_X \{x, y\}$ 记作 $x \bigwedge y$.

(viii) 如果对任意 $(X, \succcurlyeq)$ 中的元素 x 和 y, $x \bigvee y$ 和 $x \bigwedge y$ 都存在, 则称 $(X, \succcurlyeq)$ 是一个格. 如果对任意非空 ($\succcurlyeq$-有界) $V \subseteq (X, \succcurlyeq)$, $\bigvee_X V$ 和 $\bigwedge_X V$ 都存在, 则称 $(X, \succcurlyeq)$ 是一个 (Dedekind) 完备格.

(ix) 设 Y 是 $(X, \succcurlyeq)$ 的非空子集, 如果对任意 $x, y \in Y$, $\bigvee_X \{x, y\}$ 和 $\bigwedge_X \{x, y\}$ 都属于 Y, 则称 Y 为 $(X, \succcurlyeq)$ 的 $\succcurlyeq$-子格. 如果对任意非空 $V \subseteq Y$, $\bigvee_X V$ 和 $\bigwedge_X V$ 都属于 Y, 则称 Y 为 $(X, \succcurlyeq)$ 的子完备 $\succcurlyeq$-子格.

(x) 设 A 是 X 的非空子集, 如果 A 中的每个链在 A 中都有上界, 则称 A 是**可归纳的**. 此外, 如果 A 中的每个链在 A 中都有上确界, 则称 A 是链完备的.

2. 映射的保序性

定义 7.2　设 $(X, \succcurlyeq_X)$ 和 $(Y, \succcurlyeq_Y)$ 是任意给定的两个格, $F : X \to Y$ 为单值映射, $\Gamma : X \to 2^Y$ 为集值映射.

(i) 如果对任意 $x, y \in X$ 且 $x \succeq_X y$ 都有 $F(x) \succeq_Y F(y)$, 则称映射 $F : X \to Y$ 是保序的.

(ii) 如果 $x \succeq_X y$ 蕴含 $\Gamma(y) = \varnothing$ 或者对任意 $y' \in \Gamma(y)$ 都存在 $x' \in \Gamma(x)$ 使得 $x' \succeq_Y y'$, 则称 Γ 是上保序的. 同理可以定义 Γ 的上逆序.

(iii) 如果 $x \succeq_X y$ 蕴含 $\Gamma(x) = \varnothing$ 或者对任意 $x' \in \Gamma(x)$, 都存在 $y' \in \Gamma(y)$ 使得 $x' \succeq_Y y'$, 则称 Γ 是下保序的. 如果 Γ 既是上保序的又是下保序的, 则称 Γ 是保序的.

(iv) 如果 $(X, \succeq_X)$ 和 $(Y, \succeq_Y)$ 是同一个偏序集 $(Z, \succeq)$ 的子集, 则用符号 "保 $\succeq$" 代替 "保序".

定义 7.3 设 $(X, \succeq_X)$ 和 $(Y, \succeq_Y)$ 是任意给定的两个格, $\Gamma : X \to 2^Y$ 为集值映射.

(i) 如果存在 $y^* \in Y$ 使得 $\bigvee_Y \Gamma(x)$ 存在且 $y^* \succeq \bigvee_Y \Gamma(x)$, 则称 Γ 是**上 $\succeq$-有界的**. 如果对任意的 $x \in X$, 都有 $\Gamma(x) = \varnothing$ 或者 $\bigvee_Y \Gamma(x) \in \Gamma(x)$, 则称 Γ 有**上界 $\succeq$-闭值**.

(ii) 如果存在 $y_* \in Y$ 使得 $\bigwedge_Y \Gamma(x)$ 存在且 $\bigwedge_Y \Gamma(x) \succeq y_*$, 则称 Γ 是**下 $\succeq$-有界的**. 如果对任意的 $x \in X$, 都有 $\Gamma(x) = \varnothing$ 或者 $\bigwedge_Y \Gamma(x) \in \Gamma(x)$, 则称 Γ 有**下界 $\succeq$-闭值**.

定义 7.4 设 $\Gamma : X \to 2^Y \setminus \{\varnothing\}$ 是集值映射, 如果存在一个单值映射 $F : X \to Y$ 使得对任意 $x \in X$ 都有 $F(x) \in \Gamma(x)$, 则称 $F(x)$ 是 Γ 的一个选择. 特别地, 如果 $F(x)$ 是保序映射, 则称 $F(x)$ 为 Γ 的保序选择.

引理 7.1[146] 设 $(X, \succeq)$ 是一个偏序集, $\Gamma : X \to 2^X \setminus \{\varnothing\}$ 为一个集值映射, 单值映射 $F : X \to X$ 定义为 $F(x) = \bigvee_X \Gamma(x)$. 如果 Γ 是上保-$\succeq$ 的且拥有上界 $\succeq$-闭值, 则 $F(x)$ 是 Γ 的保序选择.

引理 7.2[146] 设 $(X, \succeq)$ 是偏序集, $\Gamma : X \to 2^X \setminus \{\varnothing\}$ 为集值映射, 单值映射 $F : X \to X$ 定义为 $F(x) = \bigwedge_X \Gamma(x)$. 如果 Γ 是下保-$\succeq$ 的且拥有下界 $\succeq$-闭值, 则 $F : X \to X$ 为 Γ 的保序选择.

3. Hilbert 格及相关结论

定义 7.5 设实线性空间 $(X, \succeq)$ 是一个格, 如果对任意 $z \in X$ 和实数 $\alpha > 0$, $\alpha \mathrm{id}_X + z$ 是 X 上保-$\succeq$ 的自映射, id_X 表示 X 上的恒等映射, 则称 $(X, \succeq)$ 是一个 **Riesz 空间**, 并称集合 $X_+ := \{x \in X : x \succeq \mathbf{0}\}$ 为 X 的正锥, 其中 $\mathbf{0}$ 表示 X 中的零元.

定义 7.6 设 $(X, \succeq)$ 是一个 Riesz 空间. 如果 X 同时也为赋范线性空间且 X 上的范数 $\|\cdot\|$ 和偏序关系 $\succeq$ 满足: 对任意 $x, y \in X$ 且 $|x| \succeq |y|$ 都有 $\|x\| \geqslant \|y\|$, 其中对任意 $z \in X$, $|z| = (z \bigvee \mathbf{0}) + (-z \bigvee \mathbf{0})$, 则称 $(X, \succeq)$ 为**赋范 Riesz 空间**. 特别

地, 如果 $(X, \succcurlyeq)$ 是赋序的 Riesz 空间且 X 是一个 Banach 空间, 则称 $(X, \succcurlyeq)$ 是一个 **Banach 格**. 如果 $(X, \succcurlyeq)$ 是赋序的 Riesz 空间且 X 是一个 Hilbert 空间, 则称 $(X, \succcurlyeq)$ 是一个 **Hilbert 格**.

引理 7.3　设 $(X, \succcurlyeq)$ 是一个 Banach 格, 则下列结论成立:

(i) 格运算 $\bigvee$ 和 $\bigwedge$ 是连续的;

(ii) 正锥 X_+ 是闭的;

(iii) 对任意 $y \in X$, $\{z \in X : z \succcurlyeq y\} = y + X_+$, $\{y \in X : y \succcurlyeq z\} = y - X_+$ 且 $\{z \in X : y_2 \succcurlyeq z \succcurlyeq y_1\} = (y_1 + X_+) \cap (y_2 - X_+)$.

7.3　Banach 格上均衡问题解的存在性

本节讨论 Banach 格上不连续均衡问题解的存在性. 为此, 首先利用 Zorn 引理给出一个序不动点定理, 该定理将 Nishimura 和 Ok 的结果从 Hilbert 格推广到 Banach 格.

定理 7.1　设 $(X, \succcurlyeq)$ 是 Banach 格且 C 为 X 的子完备 $\succcurlyeq$-子格. 如果映射 $f : C \to 2^C \setminus \{\varnothing\}$ 是上保-$\succcurlyeq$ 的且具有紧值的, 则 f 存在极大不动点 (不动点集的极大元).

证明　令

$$A = \{x \in C : \text{存在 } u \in f(x) \text{ 使得 } u \succcurlyeq x\}. \tag{7.3.1}$$

因为 C 是子完备 $\succcurlyeq$-子格, 故 $\bigwedge_X C \in C$, 由此可得 $\bigwedge_X C \in A$, 即 A 非空. 下面我们证明 A 是可归纳的.

为此, 任取链 $L \subseteq A$, 则对任意 $x \in L$ 存在 $\omega(x) \in f(x)$ 使得 $\omega(x) \succcurlyeq x$. 但由于对任意 $x \in L$ 都有 $\bigvee_X L \succcurlyeq x$ 且 f 是上保-$\succcurlyeq$ 的, 所以对任意 $x \in L$ 存在 $\mu(x) \in f(\bigvee_X L)$ 使得 $\mu(x) \succcurlyeq \omega(x) \succcurlyeq x$.

因此, $L \subseteq f(\bigvee_X L)^{\downarrow}$. 我们断言 $\{x^{\uparrow} \cap f(\bigvee_X L) : x \in L\}$ 具有有限交性质. 事实上, 如果 D 为 L 的非空有限子集, 因为 L 为 $\succcurlyeq$-链, 所以 D 也是 $\succcurlyeq$-链, 故存在 $\bar{x} \in D$ 使得 $\bar{x} \succcurlyeq D$. 因为 $\bar{x} \in D \subseteq L \subseteq f(\bigvee_X L)^{\downarrow}$, 故存在 $y \in f(\bigvee_x L)$ 使得 $y \succcurlyeq \bar{x}$ 成立. 由 $\succcurlyeq$ 的传递性可得 $y \in \bigcap \{x^{\uparrow} \cap f(\bigvee_X L) : x \in D\}$.

由引理 7.1 可知, Banach 格的正锥 X_+ 是闭的且 $x^{\uparrow} = x + X_+$, 所以 $\{x^{\uparrow} \cap f(\bigvee_X L) : x \in L\}$ 是 $f(\bigvee_X L)$ 中的闭集族. 又因为 f 具有紧值, $f(\bigvee_X L)$ 为 C 的紧子集. 通过以上分析可知 $\{x^{\uparrow} \cap f(\bigvee_X L) : x \in L\} \neq \varnothing$, 这说明 L 在 $f(\bigvee_X L)$ 中存在 $\succcurlyeq$-上界. 记此 $\succcurlyeq$-上界为 ω, 则 $\omega \succcurlyeq \bigvee_X L$. 另一方面, 因为 $\omega \in f(\bigvee_X L)$, 所以 $\bigvee_X L \in A$, 即 A 是可归纳的.

由 Zorn 引理可知 A 中存在 $\succcurlyeq$ 极大元, 记此极大元为 $\hat{x}$. 根据 A 的定义, 存在 $\hat{y} \in f(\hat{x})$ 使得 $\hat{y} \succcurlyeq \hat{x}$. 此外, 因为 f 是上保 $\succcurlyeq$ 的且 $\hat{y} \in f(\hat{x})$, 故存在 $\hat{z} \in f(\hat{y})$ 使得 $\hat{z} \succcurlyeq \hat{y}$, 由此可得 $\hat{y} \in A$. 因为 $\hat{y} \succcurlyeq \hat{x}$ 且 $\hat{x}$ 是 A 中的极大元, 所以, $\hat{x} = \hat{y}$. 于是, $\hat{x} \in f(\hat{x})$. 记 $\mathrm{Fix}(f)$ 为 f 的不动点集, 容易验证 $\mathrm{Fix}(f) \subseteq A$. 因此, f 具有极大不动点. □

在文献 [11] 中, Nishimura 和 Ok 指出, 如果 C 为一个可分的 Hilbert 格的闭的且 $\succcurlyeq$-有界的 $\succcurlyeq$-子格, 则 C 是 X 的子完备 $\succcurlyeq$-子格. 容易验证, 这个结论在 Banach 格中仍然成立, 由此我们得到定理 7.1 的如下推论.

推论 7.1 设 $(X, \succcurlyeq)$ 为可分的 Banach 格, C 为 X 的闭 $\succcurlyeq$-有界 $\succcurlyeq$-子格. 如果 $f: C \to 2^C \setminus \{\varnothing\}$ 是上保-$\succcurlyeq$ 的且具有紧值, 则 f 存在极大不动点.

利用 Fujimoto[147] 的思想和 Zorn 引理的对偶形式, 可以证明下面关于下保序集值映射的序不动点定理.

定理 7.2 设 $(X, \succcurlyeq)$ 为 Banach 格, C 为 X 的子完备 $\succcurlyeq$-子格. 如果 $f: C \to 2^C \setminus \{\varnothing\}$ 是下保 $\succcurlyeq$ 且具有紧值的, 则 f 存在极小不动点.

与推论 7.1 类似, 可以推出如下关于定理 7.2 的推论.

推论 7.2 设 $(X, \succcurlyeq)$ 为可分的 Banach 格, C 为 X 的闭 $\succcurlyeq$-有界 $\succcurlyeq$-子格. 如果 $f: C \to 2^C \setminus \{\varnothing\}$ 是下保 $\succcurlyeq$ 且具有紧值的, 则 f 存在极小不动点.

下面利用以上序不动点定理和相关映射的保序性讨论均衡问题 $\mathrm{EP}(C, f)$ 解的存在性, 以下结果不再要求 f 具有拓扑连续性.

定理 7.3 设 $(X, \succcurlyeq)$ 是一个 Banach 格且 C 为 X 的子完备 $\succcurlyeq$-子格, $f: C \times C \to \mathbb{R}$. 如果下列条件成立:

(i) 对任意 $(x, x) \in C \times C$, $f(x, x) \geqslant 0$;

(ii) 按 $\Phi(x) = \{y \in C : f(x, y) < 0\}$ 定义的集值映射 $\Phi: C \to 2^C$ 是上保-$\succcurlyeq$ 的且具有紧值,

则均衡问题 $\mathrm{EP}(C, f)$ 有解.

证明 我们断言必存在 $\hat{x} \in C$ 使得 $\Phi(\hat{x}) = \varnothing$. 事实上, 如果对任意 $x \in C$ 都有 $\Phi(x) \neq \varnothing$, 则 Φ 即为 C 到 $2^C \setminus \{\varnothing\}$ 的集值映射. 因为 Φ 为上保-$\succcurlyeq$ 的且具有紧值, 并注意到 C 为 X 的子完备 $\succcurlyeq$-子格, 故由定理 7.1 可知映射 Φ 存在不动点. 若记此不动点为 $\bar{x}$, 则 $\bar{x} \in \Phi(\bar{x})$, 由此可得 $f(\bar{x}, \bar{x}) < 0$, 这与条件(i)矛盾! 因此, 存在 $\hat{x} \in C$ 使得 $\Phi(\hat{x}) = \varnothing$, 即对任意 $y \in C$ 都有 $f(\hat{x}, y) \geqslant 0$. □

注意到在定理 7.3 中, 条件(ii)并非直接施加在相关的映射或集合上, 这势必会为该定理的应用带来一定的麻烦. 为此, 有必要挖掘一些关于映射 f 和集合 C 的原始条件.

定理 7.4 设 $(X, \succcurlyeq)$ 为 Banach 格, C 为 X 的子完备 $\succcurlyeq$ 子格, $f: C \times C \to \mathbb{R}$. 如果下列条件成立:

(i) 对任意 $(x,x) \in C \times C$, 都有 $f(x,x) \geqslant 0$;

(ii) 对任意 $y \in C$, $f(\cdot, y)$ 是逆-$\succcurlyeq$ 的, 而且对任意 $x \in C$, 集合 $\{y \in C : f(x,y) < 0\}$ 都是紧的,

则均衡问题 EP(C,f) 有解.

证明　我们断言存在 $\hat{x} \in C$ 使得 $\{y \in C : f(\hat{x}, y) < 0\} = \varnothing$. 倘若不然, 如果对任意 $x \in C$ 都有 $\{y \in C : f(x,y) < 0\} \neq \varnothing$, 则可按以下方式定义集值映射 $\Phi : C \to 2^C \setminus \{\varnothing\}$:

$$\Phi(x) = \{y \in C : f(x,y) < 0\}. \tag{7.3.2}$$

下面, 我们证明 Φ 是上保-$\succcurlyeq$ 的. 为此, 任取 $x_1, x_2 \in C$ 且 $x_1 \succcurlyeq x_2$, 并任取 $y_2 \in \Phi(x_2)$, 则 $f(x_2, y_2) < 0$. 因为对任意 $y \in C$, $f(\cdot, y)$ 是逆-$\succcurlyeq$, 所以 $f(x_2, y_2) \geqslant f(x_1, y_2)$. 令 $y_1 = y_2$, 则 $y_1 \in C$ 且 $f(x_1, y_1) < 0$, 由此可得 $y_1 \in \Phi(x_1)$ 且 $y_1 \succcurlyeq y_2$. 因此, Φ 是上保-$\succcurlyeq$ 的. 又因为 C 是 X 的子完备 $\succcurlyeq$-子格, 由定理 7.1 可知 Φ 存在不动点. 记此不动点为 $\bar{x}$, 则 $\bar{x} \in \Phi(\bar{x})$, 由此可得 $f(\bar{x}, \bar{x}) < 0$. 这与条件(i)矛盾! 因此, 存在 $\hat{x} \in C$ 使得 $\Phi(\hat{x}) = \varnothing$, 即对任意 $y \in C$, 都有 $f(\hat{x}, y) \geqslant 0$. $\qquad\square$

利用定理 7.2 和推论 7.2, 可以类似地考虑当 Φ 是下保-$\succcurlyeq$ 和 $f(\cdot, y)$ 是保-$\succcurlyeq$ 的情形.

定理 7.5　设 $(X, \succcurlyeq)$ 为 Banach 格且 C 为 X 的子完备 $\succcurlyeq$-子格, $f : C \times C \to \mathbb{R}$. 如果以下条件成立:

(i) 对任意 $(x,x) \in C \times C$, $f(x,x) \geqslant 0$;

(ii) 按 $\Phi(x) = \{y \in C : f(x,y) < 0\}$ 定义的集值映射 $\Phi : C \to 2^C$ 是下保 $\succcurlyeq$ 且具有紧值的,

则均衡问题 EP(C,f) 有解.

定理 7.6　设 $(X, \succcurlyeq)$ 是一个 Banach 格且 C 为 X 的子完备 $\succcurlyeq$-子格, $f : C \times C \to \mathbb{R}$. 如果下列条件成立:

(i) 对任意 $(x,x) \in C \times C$, $f(x,x) \geqslant 0$;

(ii) 对任意 $y \in C$, $f(\cdot, y)$ 是保-$\succcurlyeq$ 的, 且对任意 $x \in C$, 集合 $\{y \in C : f(x,y) < 0\}$ 是紧的,

则均衡问题 EP(C,f) 有解.

事实上, 满足定理 7.4 和定理 7.6 中有关条件的非平凡例子很多, 现以定理 7.4 为例给出一个例子.

例 7.1　设 $(X, \succcurlyeq) = (\mathbb{R}, \geqslant)$ 且 $C = [0,2] \subseteq \mathbb{R}$. 集合 D 表示 $\{(x,y) \in$

$[0,2] \times [0,2] : x - y \geqslant 1\}$. 映射 $f : [0,2] \times [0,2] \to \mathbb{R}$ 按以下方式定义:

$$z = f(x,y) = \begin{cases} \dfrac{2}{3}y - \dfrac{2}{3}x + \dfrac{2}{3}, & (x,y) \in [0,2] \times [0,2] \setminus D, \\ y - x, & (x,y) \in D. \end{cases} \tag{7.3.3}$$

容易验证, f 满足定理 7.4 中的所有条件, 故均衡问题 EP$([0,2],f)$ 必有解. 为此, 取 $\hat{x} = \dfrac{1}{2}$, 则易知

$$\text{对任意 } y \in [0,2] \text{ 都有 } f\left(\dfrac{1}{2},y\right) \geqslant 0. \tag{7.3.4}$$

此外, 由例 7.1 可知, f 为不连续映射. 为更加直观起见, 图 7.2 给出了例 7.1 中相关映射的示意图.

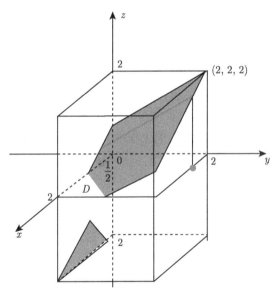

图 7.2 不连续均衡问题示意图

7.4 Hilbert 格上拟均衡问题解的存在性

本节在 Hilbert 格中讨论拟均衡问题解的存在性, 我们的工具是下面的序不动点定理, 该不动点定理由 Nishimura 和 Ok[11] 给出, 他们利用该定理研究了广义变分不等式问题.

引理 7.4 设 $(X, \succcurlyeq)$ 为可分的 Hilbert 格且 C 为 X 的弱紧凸 $\succcurlyeq$-子格. 如果映射 $F : C \to 2^C \setminus \{\varnothing\}$ 是上保-$\succcurlyeq$ 且具有紧值的, 则 F 存在不动点.

利用引理 7.4, 可获得如下关于拟均衡问题解的存在性结果.

定理 7.7　设 $(X, \succcurlyeq)$ 为可分的 Hilbert 格且 C 为 X 的弱紧凸 $\succcurlyeq$-子格, $f: C \times C \to \mathbb{R}$, $S: C \to 2^C \setminus \{\varnothing\}$ 为集值映射. 如果下列条件成立:

(i) 对任意 $(x, x) \in C \times C$, 都有 $f(x, x) \geqslant 0$;

(ii) S 是上保-$\succcurlyeq$ 且具有紧值的, 令 E 表示集合 $\{x \in C : x \in S(x)\}$, 且对任意 $x \in E$ 都有 $x \not\succ C \setminus E$;

(iii) 集值映射 $\Phi: C \to 2^C$ 由 $\Phi(x) = \{y \in S(x) : f(x, y) < 0\}$ 定义, 且 Φ 是上保 $\succcurlyeq$ 且具有紧值的,

则拟均衡问题 $\mathrm{QEP}(C, S, f)$ 有解.

证明　我们断言存在 $x^* \in E$ 使得 $\Phi(x^*) = \varnothing$. 倘若不然, 假设对任意 $x \in E$ 都有 $\Phi(x) \neq \varnothing$, 则可以按如下方式定义集值映射 $\Psi: C \to 2^C \setminus \{\varnothing\}$:

$$\Psi(x) = \begin{cases} \Phi(x), & x \in E, \\ S(x), & x \in C \setminus E. \end{cases}$$

接下来, 分两步完成余下证明.

第一步　证明 Ψ 是上保-$\succcurlyeq$ 的.

任取 $x_1, x_2 \in C$ 且 $x_1 \succcurlyeq x_2$, 并取 $y_2 \in \Psi(x_2)$. 根据上保序的定义, 只需寻找 $y_1 \in \Psi(x_1)$ 使得 $y_1 \succcurlyeq y_2$. 为此分三种情况考虑.

情况一: 如果 $x_1, x_2 \in E$, 则 Ψ 的上保-$\succcurlyeq$ 性等价于 Φ 的上保-$\succcurlyeq$ 性. 因此, 只需证明 Φ 是上保-$\succcurlyeq$ 的. 由条件(iii)可知, 这是显然的.

情况二: 如果 $x_1, x_2 \in C \setminus E$, 则 Ψ 的上保-$\succcurlyeq$ 性即为 S 的上保-$\succcurlyeq$ 性. 这可由条件(ii) 推得.

情况三: 如果 $x_1 \in C \setminus E$ 且 $x_2 \in E$, 则 $y_2 \in \Psi(x_2)$ 即为 $y_2 \in \Phi(x_2)$, 由此可得 $y_2 \in S(x_2)$. 又因为 S 为上保-$\succcurlyeq$ 的, 故存在 $y_1 \in S(x_1) = \Psi(x_1)$ 使得 $y_1 \succcurlyeq y_2$.

此外, 因为对任意 $x \in E$ 都有 $x \not\succ C \setminus E$, 所以对任意 $x_1 \in E$ 和 $x_2 \in C \setminus E$, $x_1 \succcurlyeq x_2$ 不成立. 因此, 由以上三种情况可知 Ψ 为上保-$\succcurlyeq$ 的.

第二步　证明 Ψ 存在不动点.

因为 C 是 X 的弱紧凸-$\succcurlyeq$-子格且 Ψ 是上保-$\succcurlyeq$ 且具有紧值的, 故由引理 7.4 可知 Ψ 存在不动点. 记此不动点为 $\overline{x}$. 注意到 $\{x \in C : x \in \Psi(x)\} \subseteq E$, 于是有 $\overline{x} \in E \cap \Phi(\overline{x})$, 因此, $f(\overline{x}, \overline{x}) < 0$, 而这与条件(i)矛盾. 因此, 存在 $x^* \in E$ 使得 $\Phi(x^*) = \varnothing$, 即 $x^* \in S(x^*)$ 且对所有 $y \in S(x^*)$, $f(x^*, y) \geqslant 0$.　□

例 7.2　容易构造集值映射 S 使得它满足定理 7.7 中的条件(ii). 为此, 取 $X = (\mathbb{R}, \geqslant)$ 且 $C = [1, 3]$. 按以下方式定义 $S: [1, 3] \to 2^{[1,3]}$:

$$S(x) = \begin{cases} [1, 2], & x \in [1, 2], \\ \{2\}, & x \in (2, 3]. \end{cases} \tag{7.4.1}$$

容易验证 $E = [1, 2]$ 且 $C \setminus E = (2, 3]$. 显然, 对任意 $x \in E$, $x \leqslant C \setminus E$.

图 7.3 为例 7.2 的示意图.

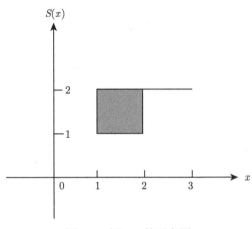

图 7.3　例 7.2 的示意图

在定理 7.7 中, 条件(iii) 与新定义的映射 Φ 有关, 并非直接与 f 有关, 这在应用此定理时, 不易验证该条件, 故有必要寻找一些直接与 f 有关的条件来替换条件(iii).

定理 7.8　设 $(X, \succcurlyeq)$ 为可分的 Hilbert 格且 C 为 X 的弱紧凸 $\succcurlyeq$-子格, $f: C \times C \to \mathbb{R}$, $S : C \to 2^C \setminus \{\varnothing\}$ 为集值映射. 如果下列条件成立:

(i) 对任意 $(x, x) \in C \times C$, 都有 $f(x, x) \geqslant 0$;

(ii) S 是上保-$\succcurlyeq$ 且具有紧值的, 令 E 表示集合 $\{x \in C : x \in S(x)\}$, 且对 $x \in E$ 都有 $x \not\succ C \setminus E$;

(iii) 对任意 $y \in C$, $f(\cdot, y)$ 是逆序的, 且对任意 $x \in C$, $f(x, \cdot)$ 是逆序的, 此外, 对任意 $x \in C$, 集合 $\{y \in C : f(x, y) < 0\}$ 是闭的,

则拟均衡问题 $\mathrm{QEP}(C, S, f)$ 有解.

证明　按以下方式定义集值映射 $\Phi : C \to 2^C$:

$$\Phi(x) = \{y \in S(x) : f(x, y) < 0\}.$$

根据定理 7.7, 只需证明 Φ 是上保-$\succcurlyeq$ 且具有紧值的. 事实上, 任取 $x_1, x_2 \in C$ 且 $x_1 \succcurlyeq x_2$, 并任取 $y_2 \in \Phi(x_2)$. 根据上保序定义, 只需寻找 $y_1 \in \Phi(x_1)$ 使得 $y_1 \succcurlyeq y_2$.

因为 $y_2 \in \Phi(x_2)$, 所以

$$y_2 \in S(x_2) \quad 且 \quad f(x_2, y_2) < 0. \tag{7.4.2}$$

由条件 (ii) 可知 S 是上保-$\succcurlyeq$ 的, 故存在 $y_1 \in S(x_1)$ 使得 $y_1 \succcurlyeq y_2$. 注意到 $x_1 \succcurlyeq x_2$,

并且由条件 (iii) 可知 $f(\cdot, y_1)$ 是逆序的, 故

$$f(x_2, y_1) \geqslant f(x_1, y_1). \tag{7.4.3}$$

又因为 $y_1 \succcurlyeq y_2$ 且 $f(x_2, \cdot)$ 是逆序的 (由条件 (iii) 可得), 所以

$$f(x_2, y_2) \geqslant f(x_2, y_1). \tag{7.4.4}$$

联立 (7.4.2), (7.4.3) 和 (7.4.4), 可知

$$f(x_1, y_1) < 0. \tag{7.4.5}$$

因此, Φ 是上保-$\succcurlyeq$ 的.

另一方面, 由条件 (iii) 可知, 对任意 $x \in C$, $\{y \in C : f(x, y) < 0\}$ 是闭的, 并且由条件 (ii) 可知对任意 $x \in C$, $S(x)$ 是 C 的紧子集, 所以 Φ 是紧值的. 综上所述, Φ 满足定理 7.7 的条件 (iii), 因此, 拟均衡问题 QEP(C, S, f) 有解. □

特别地, 如果对任意 $x \in C$, 都有 $S(x) = C$, 我们可由定理 7.7 和定理 7.8 推导一些关于均衡问题解的存在性定理.

推论 7.3　设 $(X, \succcurlyeq)$ 为可分的 Hilbert 格, C 为 X 的弱紧凸 $\succcurlyeq$-子格, $f : C \times C \to \mathbb{R}$. 如果下列条件成立:

(i) 对任意 $(x, x) \in C \times C$, 有 $f(x, x) \geqslant 0$;

(ii) 由 $\Phi(x) = \{y \in C : f(x, y) < 0\}$ 定义的集值映射 $\Phi : C \to 2^C$ 是上保-$\succcurlyeq$ 且具有紧值的,

则均衡问题 EP(C, f) 有解.

推论 7.4　设 $(X, \succcurlyeq)$ 为可分的 Hilbert 格, C 为 X 的弱紧凸 $\succcurlyeq$-子格, $f : C \times C \to \mathbb{R}$. 如果下列条件成立:

(i) 对任意 $(x, x) \in C \times C$, $f(x, x) \geqslant 0$;

(ii) 对任意 $y \in C$, $f(\cdot, y)$ 是逆序的, 且对任意 $x \in C$, $f(x, \cdot)$ 是逆序的, 此外, 对任意 $x \in C$, 集合 $\{y \in C : f(x, y) < 0\}$ 是紧的,

则均衡问题 EP(C, f) 有解.

事实上, 推论 7.4 中的条件 (ii) 可以进一步减弱.

推论 7.5　设 $(X, \succcurlyeq)$ 为可分的 Hilbert 格, C 为 X 的弱紧凸 $\succcurlyeq$-子格, $f : C \times C \to \mathbb{R}$. 如果下列条件成立:

(i) 对任意 $(x, x) \in C \times C$, $f(x, x) \geqslant 0$;

(ii) 对任意 $y \in C$, $f(\cdot, y)$ 是逆序的, 且对任意 $x \in C$, 集合 $\{y \in C : f(x, y) < 0\}$ 是紧的,

则均衡问题 EP(C, f) 有解.

证明 按以下方式定义 $\Phi : C \to 2^C$:

$$\Phi(x) = \{y \in C : f(x, y) < 0\}.$$

为使用推论 7.3, 只需证明 Φ 是上保-$\succcurlyeq$ 的. 事实上, 任取 $x_1, x_2 \in C$ 且 $x_1 \succcurlyeq x_2$, 并任取 $y_2 \in \Phi(x_2)$. 因为 $y_2 \in \Phi(x_2)$, 故 $y_2 \in C$ 且 $f(x_2, y_2) < 0$. 又因为 $f(\cdot, y_2)$ 是逆序的, 所以 $f(x_2, y_2) \geqslant f(x_1, y_2)$. 令 $y_1 = y_2$, 则 $y_1 \in C$ 且 $f(x_1, y_1) < 0$, 由此可得 $y_1 \in \Phi(x_1)$. 因此, Φ 是上保-$\succcurlyeq$ 的. 由推论 7.3 可知, 均衡问题 $\mathrm{EP}(C, f)$ 有解. $\quad\square$

注 7.1 根据 Zorn 引理的对偶形式, 可以在 Hilbert 格中证明一个关于下保-$\succcurlyeq$ 映射的不动点定理. 利用此不动点定理可以类似地考虑有关下保-$\succcurlyeq$ 映射的拟均衡问题.

为保证定理 7.7 和定理 7.8 中的条件 (iii) 成立, 映射 f 的连续性不是必要的, 下面针对定理 7.7 给出一个例子.

例 7.3 令 $(X, \succcurlyeq) = (\mathbb{R}, \geqslant)$ 且 $C = [0, 2] \subseteq \mathbb{R}$. 记 D 为集合 $\{(x, y) \in [0, 2] \times [0, 2] : x - y \geqslant 1\}$. 定义映射 $f : [0, 2] \times [0, 2] \to \mathbb{R}$ 如下

$$z = f(x, y) = \begin{cases} \dfrac{2}{3}y - \dfrac{2}{3}x + \dfrac{2}{3}, & (x, y) \in [0, 2] \times [0, 2] \setminus D, \\ y - x, & (x, y) \in D. \end{cases}$$

同时定义集值映射 $S : C \to 2^C \setminus \{\varnothing\}$ 如下

$$S(x) = \begin{cases} \left[0, \dfrac{1}{2}\right], & x \in \left[0, \dfrac{1}{2}\right], \\ \left\{\dfrac{1}{2}\right\}, & x \in \left(\dfrac{1}{2}, 2\right]. \end{cases}$$

则容易验证 f 和 S 满足定理 7.7 中的所有条件 (包括条件 (iii)), 但是 f 是不连续的. 此外, 如果取 $\hat{x} = \dfrac{1}{2}$, 则有

$$f\left(\frac{1}{2}, y\right) \geqslant 0, \quad \forall y \in S\left(\frac{1}{2}\right),$$

这说明 $\hat{x} = \dfrac{1}{2}$ 为拟均衡问题 $\mathrm{QEP}([0, 2], f)$ 的一个解. 该例的示意图为图 7.4. 类似地, 可以给出关于定理 7.8 的例子.

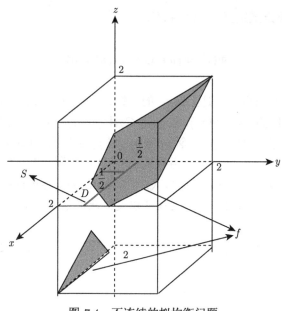

图 7.4　不连续的拟均衡问题

7.5　链完备格上拟均衡问题解的存在性

本节在链完备格上探讨拟均衡问题解的存在性定理, 该空间框架不再具备拓扑结构和代数结构. 首先回顾以下序不动点定理, 该不动点定理由 Tarski[148] 于 1955 年给出.

引理 7.5 (Tarski 不动点定理)　*设 $(X, \succcurlyeq)$ 为链完备格, $F: X \to X$ 为保序的单值映射. 如果存在 $\hat{x} \in X$ 使得 $F(\hat{x}) \succcurlyeq \hat{x}$, 则 F 存在不动点.*

定理 7.9　*设 $(X, \succcurlyeq)$ 为偏序集, C 为 X 的链完备 $\succcurlyeq$-子格, $f: C \times C \to \mathbb{R}$, $S: C \to 2^C \setminus \{\varnothing\}$ 为集值映射, 如果下列条件成立:*

(i) 对任意 $(x, x) \in C \times C$, $f(x, x) \geqslant 0$.

(ii) S 是上保-$\succcurlyeq$ 的且拥有上界 $\succcurlyeq$-闭值. 令 E 表示集合 $\{x \in C : x \in S(x)\}$ 且对任意 $x \in E$ 有 $x \not\succ C \setminus E$.

(iii) 按 $\Phi(x) = \{y \in S(x) : f(x, y) < 0\}$ 定义的集值映射 $\Phi: C \to 2^C$ 是上保-$\succcurlyeq$ 的且有上界 $\succcurlyeq$-闭值.

(iv) 存在 $\hat{x} \in C \setminus E$ 使得 $\bigvee_C S(\hat{x}) \succcurlyeq \hat{x}$, 或者存在 $\hat{x} \in E$ 使得 $\bigvee_C \Phi(\hat{x}) \succcurlyeq \hat{x}$.

则拟均衡问题 QEP(C, S, f) 有解.

证明　我们断言存在 $x^* \in E$ 使得 $\Phi(x^*) = \varnothing$. 倘若不然, 假设对任意 $x \in E$ 都有 $\Phi(x) \neq \varnothing$, 则可定义集值映射 $\Psi: C \to 2^C \setminus \{\varnothing\}$ 如下:

$$\Psi(x) = \begin{cases} \Phi(x), & x \in E, \\ S(x), & x \in C \setminus E. \end{cases}$$

与定理 7.7 的证明类似, 可知 Ψ 是上保-$\succcurlyeq$ 的. 由条件 (ii) 和条件 (iii) 可得, Ψ 是上界 $\succcurlyeq$-闭的. 由引理 7.1, 集值映射 Ψ 存在保序选择 ψ. 由条件 (iv) 可知, 存在 $\hat{x} \in C$ 使得 $\psi(\hat{x}) \succcurlyeq \hat{x}$. 因为 C 是 X 的链完备 $\succcurlyeq$-子格, 因此, 由 **Tarski 不动点定理**, 存在 $\overline{x} \in C$ 使得 $\overline{x} = \psi(\overline{x}) \in \Psi(\overline{x})$. 因为 $\{x \in C : x \in \Psi(x)\} \subseteq E$, 故 $\overline{x} \in E \cap \Phi(\overline{x})$. 特别地, $f(\overline{x}, \overline{x}) < 0$, 而这与条件 (i) 矛盾. 因此, 存在 $x^* \in E$ 使得 $\Psi(x^*) = \varnothing$, 即 $x^* \in S(x^*)$ 且对任意 $y \in S(x^*)$ 都有 $f(x^*, y) \geqslant 0$. □

为使以上定理在使用时更加方便, 下面替换定理 7.9 中的条件 (iii), 可得到以下结果.

定理 7.10 设 $(X, \succcurlyeq)$ 为偏序集, C 为 X 的链完备 $\succcurlyeq$-子格. $f : C \times C \to \mathbb{R}$, $S : C \to 2^C \setminus \varnothing$ 为集值映射. 如果下列条件成立:

(i) 对任意 $(x, x) \in C \times C$, $f(x, x) \geqslant 0$.

(ii) S 是上保 $\succcurlyeq$ 的且有上界 $\succcurlyeq$-闭值, 记集合 $\{x \in C : x \in S(x)\}$ 为 E, 且对任意 $x \in E$, $x \not\succ C \setminus E$.

(iii) 对任意 $y \in C$, $f(\cdot, y)$ 是递序的, 且对任意 $x \in C$, $f(x, \cdot)$ 是递序的. 对任意 $x \in C$, $\{y \in S(x) : f(x, y) < 0\}$ 是 C 的子完备 $\succcurlyeq$-子格.

(iv) 存在 $\hat{x} \in C \setminus E$ 使得 $\bigvee_C S(\hat{x}) \succcurlyeq \hat{x}$, 或者存在 $\hat{x} \in E$ 使得 $\bigvee_C \Phi(\hat{x}) \succcurlyeq \hat{x}$.

则拟均衡问题 $\text{QEP}(C, S, f)$ 有解.

证明 定义集值映射 $\Phi : C \to 2^C$ 如下

$$\Phi(x) = \{y \in S(x) : f(x, y) < 0\}.$$

显然, 下面只需证明 Φ 满足定理 7.9 的条件 (iii). 由定理 7.8 可知, Φ 是上保-$\succcurlyeq$ 的. 另一方面, 由 Φ 的定义可知, 对任意 $x \in C$, 都有 $\Phi(x) \subseteq S(x)$. 因为对任意 $x \in C$, $\{y \in S(x) : f(x, y) < 0\}$ 是 C 的子完备 $\succcurlyeq$-子格, 所以 $\bigvee_C \{y \in S(x) : f(x, y) < 0\} \in \{y \in S(x) : f(x, y) < 0\}$, 即 $\bigvee_C \Phi(x) \in \Phi(x)$. 由此可知, Φ 具有上界 $\succcurlyeq$-闭值. 因此, Φ 满足定理 7.9 的条件 (iii). 由定理 7.9 可知, 拟均衡问题 $\text{QEP}(C, S, f)$ 有解. □

如果 $\bigvee_C C \in C$ 且对任意 $x \in C$ 都有 $S(x) = C$, 那么可以利用定理 7.9 和定理 7.10 推导若干关于均衡问题解的存在性定理.

推论 7.6 设 $(X, \succcurlyeq)$ 为偏序集, C 为 X 的链完备 $\succcurlyeq$-子格且满足 $\bigvee_C C \in C$, $f : C \times C \to \mathbb{R}$. 如果下列条件成立:

(i) 对任意 $(x, x) \in C \times C$, $f(x, x) \geqslant 0$;

(ii) 由 $\Phi(x) = \{y \in C : f(x, y) < 0\}$ 定义的集值映射 $\Phi : C \to 2^C$ 是上保 $\succcurlyeq$ 的且有上界 $\succcurlyeq$-闭值;

(iii) **存在** $\hat{x} \in E$ **使得** $\bigvee_C \Phi(\hat{x}) \succcurlyeq \hat{x}$,

则均衡问题 EP(C, f) 有解.

推论 7.7　设 $(X, \succcurlyeq)$ 为偏序集, C 为 X 的链完备 $\succcurlyeq$-子格且满足 $\bigvee_C C \in C$, $f : C \times C \to \mathbb{R}$. 如果下列条件成立:

(i) 对任意 $(x, x) \in C \times C$, $f(x, x) \geqslant 0$.

(ii) 对任意 $y \in C$, $f(\cdot, y)$ 是递序的, 且任意 $x \in C$ 都有 $f(x, \cdot)$ 是递序的. 对任意 $x \in C$, 集合 $\{y \in C : f(x, y) < 0\}$ 是 C 的子完备 $\succcurlyeq$-子格.

(iii) **存在** $\hat{x} \in C$ **使得** $\bigvee_C \{y \in C : f(\hat{x}, y) < 0\} \succcurlyeq \hat{x}$,

则均衡问题 EP(C, f) 有解.

注 7.2　在定理 7.9、定理 7.10 中, 我们总假设 S 是上保 $\succcurlyeq$ 的, 对任意 $y \in C$, $f(\cdot, y)$ 是递序的, 对任意 $x \in C$, $f(x, \cdot)$ 是递序的. 事实上, 所有这些条件都是为了保证 Ψ 是上保-$\succcurlyeq$ 的, 从而根据引理 7.1 可以获得保序选择. 然而, 需要指出的是这些与上保-$\succcurlyeq$ 有关的条件都是充分的. 换言之, 为得到保序选择, 集值映射不必是上保-$\succcurlyeq$ 的或下保-$\succcurlyeq$ 的. 例如, 取 $X = (\mathbb{R}, \geqslant)$ 和 $C = [0, 6]$. 定义集值映射 $\Gamma : [0, 6] \to 2^{[0,6]}$ 如下:

$$\Gamma(x) = \{y \in \mathbb{R} : \sin(x) + 4 \geqslant y \geqslant \sin(x) + 1\}. \tag{7.5.1}$$

容易验证, Γ 既不是上保-$\succcurlyeq$ 的也不是下保-$\succcurlyeq$ 的. 但 Γ 存在保序选择 F, 定义 F 如下:

$$F(x) = \frac{1}{6}x + 2. \tag{7.5.2}$$

该例子的示意图见图 7.5.

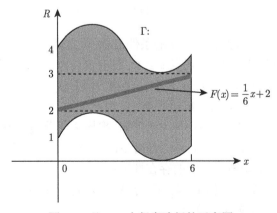

图 7.5　注 7.2 中保序选择的示意图

注 7.3　利用引理 7.2, 同样可以考虑 S 下保-$\succcurlyeq$, 对任意 $x \in C$, $f(x, \cdot)$ 保序和对任意 $y \in C$, $f(\cdot, y)$ 保序的情形.

7.6 链完备偏序集上拟均衡问题解的存在性

本节在链完备偏序集上考察拟均衡问题. 为此, 我们需要链完备偏序集上的不动点定理作为分析工具. 下面的 Abian-Brown 不动点定理将 Tarski 不动点定理从链完备格推广到了链完备偏序集.

引理 7.6(Abian-Brown 不动点定理) 设 $(X, \succcurlyeq)$ 为链完备偏序集, $F : X \to X$ 为保序的单值映射, 如果存在 $\overline{x} \in X$ 使得 $F(\overline{x}) \succcurlyeq \overline{x}$, 则 F 有不动点.

最近, Li[13] 在链完备的偏序集中进一步将 Abian-Brown 不动点定理从单值映射的情形推广到集值映射的情形, 并获得如下序不动点定理.

引理 7.7(Li 不动点定理) 设 $(X, \succcurlyeq)$ 为链完备的偏序集, $F : X \to 2^X \setminus \{\varnothing\}$ 为一个集值映射. 假设:

(A1) F 是上保序的;

(A2) 存在 $y \in X$ 使得 $u \succcurlyeq y$ 对某个 $u \in F(y)$ 成立.

此外, 还要满足下列条件之一:

(A3) 对任意 $x \in X$, $SF = \{z \in X : 对某个 u \in F(x) 使得 u \succcurlyeq z\}$ 是可归纳的;

(A3)′ 对每个 $x \in X$, $(F(x), \succcurlyeq)$ 是可归纳的且有有限个极大元;

(A3)″ 对每个 $x \in X$, $F(x)$ 有一个最大元;

(A3)‴ 对每个 $x \in X$, $F(x)$ 是链完备格,

则 F 有不动点.

利用 Abian-Brown 不动点定理, 可以将定理 7.9 由链完备格推广到链完备偏序集.

定理 7.11 设 $(X, \succcurlyeq)$ 为偏序集, C 为 X 的链完备子集. $f : C \times C \to \mathbb{R}$, $S : C \to 2^C \setminus \{\varnothing\}$ 为集值映射. 如果下列条件成立:

(i) 对任意 $(x, x) \in C \times C$, $f(x, x) \geqslant 0$;

(ii) S 是上保-$\succcurlyeq$ 的且具有上界 $\succcurlyeq$-闭值, 记集合 $\{x \in C : x \in S(x)\}$ 为 E, 且对任意 $x \in E$, $x \not\succ C \setminus E$;

(iii) 对任意 $y \in C$, $f(\cdot, y)$ 是递序的, 且对任意 $x \in C$, $f(x, \cdot)$ 是递序的. 对任意 $x \in C$, 集合 $\{y \in S(x) : f(x, y) < 0\}$ 是 C 的子完备 $\succcurlyeq$-子格;

(iv) 存在 $\hat{x} \in C \setminus E$ 使得 $\bigvee_C S(\hat{x}) \succcurlyeq \hat{x}$, 或者存在 $\hat{x} \in E$ 使得 $\bigvee_C \{y \in S(\hat{x}) : f(\hat{x}, y) < 0\} \succcurlyeq \hat{x}$,

则拟均衡问题 QEP(C, S, f) 有解.

证明 定义集值映射 $\Phi : C \to 2^C$ 如下: $\Phi(x) = \{y \in S(x) : f(x, y) < 0\}$. 接下来, 我们证明存在 $x^* \in E$ 使得 $\Phi(x^*) = \varnothing$. 倘若不然, 假设对任意 $x \in E$ 都有 $\Phi(x) \neq \varnothing$. 由定理 7.7 的证明可知, Φ 为上保-$\succcurlyeq$ 的. 定义集值映射 $\Psi : C \to 2^C \setminus \{\varnothing\}$

如下：

$$\Psi(x) = \begin{cases} \Phi(x), & x \in E, \\ S(x), & x \in C \setminus E. \end{cases}$$

由定理 7.7 和定理 7.9 的证明可知, Ψ 是上保-$\succcurlyeq$ 的. 因为对任意 $x \in C$, $\{y \in S(x) : f(x,y) < 0\}$ 是 C 的子完备 $\succcurlyeq$-子格, 且 S 有上界 $\succcurlyeq$-闭值, 故 Ψ 有上界 $\succcurlyeq$-闭值. 由引理 7.2, Ψ 存在保序选择 ψ 使得 $\psi(x) \in \Psi(x)$ 对任意 $x \in C$ 都成立. 由条件 (iv) 可知, 存在 $\hat{x} \in C$ 使得 $\psi(\hat{x}) \succcurlyeq \hat{x}$. 因此, 由 **Abian-Brown 不动点定理**, 存在 $\overline{x} = \psi(\overline{x}) \in \Psi(\overline{x})$. 因为 $\{x \in C : x \in \Psi(x)\} \subseteq E$, 所以 $\overline{x} \in E \cap \Phi(\overline{x})$. 特别地, $f(\overline{x}, \overline{x}) < 0$, 这与条件 (i) 矛盾. 因此, 存在 $x^* \in E$ 使得 $\Psi(x^*) = \varnothing$, 即存在 $x^* \in S(x^*)$, 对任意 $y \in S(x^*)$, 都有 $f(x^*, y) \geqslant 0$. □

　　注 7.4　类似地, 利用 Abian-Brown 不动点定理, 可以将定理 7.10、推论 7.6 以及推论 7.7 推广到链完备的偏序集.

　　下面, 利用 Li 不动点定理去考虑拟均衡问题. 与 7.5 节不同的是, 此时证明已不需要借助保序选择定理.

　　定理 7.12　设 $(X, \succcurlyeq)$ 为偏序集, C 为 X 的链完备子集, $f : C \times C \to \mathbb{R}$, $S : C \to 2^C \setminus \{\varnothing\}$ 为集值映射. 假设下列条件成立:

　　(i) 对任意 $(x, x) \in C \times C$, $f(x, x) \geqslant 0$.

　　(ii) S 是上保-$\succcurlyeq$ 的, 对任意 $x \in C$, $S(x)$ 有最大元. 记集合 $\{x \in C : x \in S(x)\}$ 为 E, 且对任意 $x \in E$, $x \nsucc C \setminus E$.

　　(iii) 对任意 $y \in C$, $f(\cdot, y)$ 是逆序的, 且对任意 $x \in C$ $f(x, \cdot)$ 是逆序的. 对任意 $x \in E$, $f(x, \bigvee_C S(x)) < 0$.

　　(iv) 存在 $y \in C \setminus E$ 使得 $y \preccurlyeq u$ 对某个 $u \in S(y)$ 成立, 或者存在 $y \in E$ 使得 $y \preccurlyeq u$ 对某个 $u \in S(y)$ 且 $f(y, u) < 0$ 成立.

则拟均衡问题 QEP(C, S, f) 有解.

　　证明　定义集值映射 $\Phi : C \to 2^C$ 如下: $\Phi(x) = \{y \in S(x) : f(x, y) < 0\}$. 我们断言存在 $x^* \in E$ 使得 $\Phi(x^*) = \varnothing$. 倘若不然, 假设对任意 $x \in E$, 都有 $\Phi(x) \neq \varnothing$. 由定理 7.7 的证明可知, Φ 是上保-$\succcurlyeq$ 的. 定义集值映射 $\Psi : C \to 2^C \setminus \{\varnothing\}$ 如下:

$$\Psi(x) = \begin{cases} \Phi(x), & x \in E, \\ S(x), & x \in C \setminus E. \end{cases}$$

由定理 7.9 和定理 7.10 的证明可知, Ψ 为上保-$\succcurlyeq$ 的. 由 Ψ 的定义可知, 对任意 $x \in C$, $\Psi(x) \subseteq S(x)$. 因为对任意 $x \in C$, $S(x)$ 具有最大元, 记此最大元为 $m(x)$, 则 $m(x) \succcurlyeq S(x)$. 由条件 (ii) 和条件 (iii) 可知, $m(x)$ 也为 $\Psi(x)$ 的最大元. 由条件 (iv), 存在 $y \in C$ 使得 $y \preccurlyeq u$ 对某个 $u \in \Psi(y)$ 成立. 因此, 由 **Li 不动点定理**的条

件(A1), (A2), (A3), 存在 $\overline{x} \in C$ 使得 $\overline{x} \in \Psi(\overline{x})$. 因为 $\{x \in C : x \in \Psi(x)\} \subseteq E$, 故 $\overline{x} \in E \cap \Phi(\overline{x})$. 特别地, $f(\overline{x}, \overline{x}) < 0$, 这与条件 (i) 矛盾. 因此, 存在 $x^* \in E$ 使得 $\Psi(x^*) = \varnothing$, 即存在 $x^* \in S(x^*)$, 对任意 $y \in S(x^*)$ 都有 $f(x^*, y) \geqslant 0$. □

定理 7.13 设 $(X, \succcurlyeq)$ 为偏序集, C 为 X 的链完备子集. $f : C \times C \to \mathbb{R}$, 且 $S : C \to 2^C \setminus \{\varnothing\}$ 为集值映射. 假设下列条件成立:

(i) 对任意 $(x, x) \in C \times C$, $f(x, x) \geqslant 0$.

(ii) S 是上保-$\succcurlyeq$ 的, 且对任意 $x \in C$, $S(x)$ 为 C 的链完备子格. 记集合 $\{x \in C : x \in S(x)\}$ 为 E, 且对任意 $x \in E$, $x \not\prec C \setminus E$.

(iii) 对任意 $y \in C$, $f(\cdot, y)$ 是逆序的, 且对 $x \in C$, $f(x, \cdot)$ 是逆序的.

(iv) 存在 $y \in C \setminus E$ 使得 $y \preccurlyeq u$ 对某个 $u \in S(y)$ 成立, 或者存在 $y \in E$ 使得 $y \preccurlyeq u$ 对某个 $u \in S(y)$ 和 $f(y, u) < 0$ 成立.

则拟均衡问题 QEP(C, S, f) 有解.

证明 定义集值映射 $\Phi : C \to 2^C$ 如下: $\Phi(x) = \{y \in S(x) : f(x, y) < 0\}$. 我们断言存在 $x^* \in E$ 使得 $\Phi(x^*) = \varnothing$. 若不然, 假设对任意 $x \in E$, $\Phi(x) \neq \varnothing$, 则我们可以定义集值映射 $\Psi : C \to 2^C \setminus \{\varnothing\}$ 如下:

$$\Psi(x) = \begin{cases} \Phi(x), & x \in E, \\ S(x), & x \in C \setminus E. \end{cases}$$

由定理 7.7 的证明可知, Φ 是上保-$\succcurlyeq$ 的, 且存在 $y \in C$ 使得 $u \preccurlyeq y$ 对某个 $u \in \Psi(y)$ 成立. 因为对任意 $x \in C$, $S(x)$ 为 C 的链完备格且 $\Psi(x) \subseteq S(x)$, 容易验证, $\Psi(x)$ 为 C 的链完备格. 因此, Ψ 满足 **Li 不动点定理** 的条件 (A1), (A2) 和 (A3)‴, 故存在 $\overline{x} \in C$ 使得 $\overline{x} \in \Psi(\overline{x})$. 因为 $\{x \in C : x \in \Psi(x)\} \subseteq E$, 所以 $\overline{x} \in E \cap \Phi(\overline{x})$. 特别地, $f(\overline{x}, \overline{x}) < 0$, 这与条件 (i) 矛盾. 故存在 $x^* \in E$ 使得 $\Psi(x^*) = \varnothing$, 即存在 $x^* \in S(x^*)$, 对任意 $y \in S(x^*)$ 都有 $f(x^*, y) \geqslant 0$. □

如果对任意 $x \in C$ 都有 $S(x) = C$, 则可由定理 7.12 和定理 7.13 得到两个关于均衡问题解的存在性结果.

推论 7.8 设 $(X, \succcurlyeq)$ 为偏序集, C 为 X 的链完备子集且存在最大元, $f : C \times C \to \mathbb{R}$. 假设下列条件成立:

(i) 对任意 $(x, x) \in C \times C$, $f(x, x) \geqslant 0$.

(ii) 对任意 $y \in C$, $f(\cdot, y)$ 是逆序的, 且对 $x \in C$, $f(x, \cdot)$ 是逆序的. 对任意 $x \in C$, $f(x, \bigvee_C C) < 0$.

(iii) 存在 $y \in C$ 使得 $y \preccurlyeq u$ 对某个 $u \in C$ 和 $f(y, u) < 0$ 成立.

则均衡问题 EP(C, f) 有解.

推论 7.9 设 $(X, \succcurlyeq)$ 为偏序集, C 为 X 的链完备子格, $f : C \times C \to \mathbb{R}$. 假设下列条件成立:

　　(i) 对任意 $(x,x) \in C \times C$, $f(x,x) \geqslant 0$;

　　(ii) 对任意 $y \in C$, $f(\cdot,y)$ 是逆序的, 且对任意 $x \in C$, $f(x,\cdot)$ 是拟序的;

　　(iii) 存在 $y \in C$ 使得 $y \preccurlyeq u$ 对某个 $u \in C$ 和 $f(y,u) < 0$ 成立,

则均衡问题 $\mathrm{EP}(C,f)$ 有解.

　　注 7.5　用类似的方法, 可以考虑 S 下保-$\succcurlyeq$、$f(x,\cdot)$ 和 $f(\cdot,y)$ 保序时, 拟均衡问题解的存在性定理.

7.7　赋序集上广义变分不等式解映射的保序性

　　本节关注均衡问题的另一研究课题: 解的性态. 由于均衡问题与变分不等式问题在一定条件下可以互相转化, 为表述方便, 这里主要考虑一类含参数的广义变分不等式问题. 我们利用序不动点定理和相关映射的保序性, 分别在 Hilbert 格和 Banach 格中研究含参数的广义变分不等式问题解映射的上保序性和下保序性.

　　1. 引言

　　设 X 为 Banach 空间, X^* 表示它的对偶空间, C 为 X 的非空闭凸子集, $\Gamma : C \to 2^{X^*} \setminus \{\varnothing\}$ 为集值映射. 我们研究以下广义变分不等式问题: 寻找 $\hat{x} \in C$ 使得存在 $\phi \in \Gamma(\hat{x})$ 且

$$\langle \phi, y - \hat{x} \rangle \geqslant 0, \quad \text{对任意 } y \in C \text{ 都成立.} \tag{7.7.1}$$

方便起见, 记该问题为 $\mathrm{GVI}(C,\Gamma)$, 并且当该问题至少存在一个解时, 称 $\mathrm{GVI}(C,\Gamma)$ 是可解的.

　　由文献 [11] 可知, 为研究 $\mathrm{GVI}(C,\Gamma)$ 的可解性, Nishimura 和 Ok 在 Hilbert 格中利用序不动点定理研究了 $\mathrm{GVI}(C,\Gamma)$ 极大解的存在性. Li 和 Ok[143] 研究了广义度量投影算子的保序性, 并在 Banach 格中研究了 $\mathrm{GVI}(C,\Gamma)$ 最大解和最小解的存在性, 为保证能够取得最大解和最小解, 他们要求考虑的映射需有顶 (底) 值 (具体定义见 7.2 节的预备知识). 由于他们的方法为序方法, 所以 Γ 不必为连续映射或半连续映射.

　　事实上, 除了考虑 $\mathrm{GVI}(C,\Gamma)$ 的可解性, 关于 $\mathrm{GVI}(C,\Gamma)$ 及均衡问题解集的性态研究也是一个重要的研究课题. 但是有关均衡问题解的性态研究直到 21 世纪初才逐渐受到关注. 2002 年, Moudafi[10] 在 Hilbert 空间中考查了混合均衡问题 $\mathrm{MEP}(f,g,T)$, 并利用广义 Wiener-Hopf 方程技巧研究了该问题解映射的连续性和 Lipschitz 连续性. 在此后的十几年, 国内外学者在不同空间框架中对多种广义均衡问题的稳定性展开了相关研究, 并获得大量有意义的结果. 概括地说, 这些工作主

要研究了均衡问题解映射的连续性、上半连续性、下半连续性、Hausdorff 连续性及 Hölder 连续性. 以下从两方面回顾一些这方面的工作.

1) 上半连续性、下半连续性、连续性及 Hausdorff 连续性

2006 年, Huang, Li 和 Thompson[149] 考虑了一类广义均衡问题 —— 隐向量均衡问题 IVEP(C, f, g, K_x), 并在 Hausdorff 拓扑向量空间中研究了该问题解映射的上半连续性和下半连续性. 此外, Huang, Lan 和 Cho[150] 又进一步考查了**混合隐向量均衡问题**, 并利用广义 Wiener-Hopf 方程技巧和 Yosida 逼近在 Hilbert 空间中研究了该问题解的连续性. 他们的工作在一定程度上推广了 Moudafi 于 2002 年的工作.

2004 年, Anh 和 Khanh[151] 考虑了另一种广义均衡问题 —— 广义向量拟均衡问题 GVQEP(C, S, f, K), 并在拓扑向量空间中研究该问题解映射的 Hausdorff 上半连续性、下半连续性和上半连续性.

2007 年, Kimura 和 Yao 推广了 Anh 和 Khanh 在 2004 年所研究的问题, 考虑移动锥情形下的广义向量拟均衡问题 GVQEP(C, S, f, K_x), 并在拓扑向量空间中研究了该问题解映射的上半连续性、下半连续性及连续性.

2007 年, Anh 和 Khanh[152] 考虑了向量拟均衡问题 VQEP(C, S, f, K), 并在拓扑向量空间中研究了该问题解映射的 Hausdorff 上半连续性及连续性、上半连续性和下半连续性.

2012 年, Zhong 和 Huang[153] 推广了 Anh 和 Khanh 在 2007 年所研究的问题, 考虑了移动锥情形下的向量拟均衡问题 VQEP(C, S, f, K_x), 并在 Banach 空间中研究了该问题解映射的 Hausdorff 下半连续性.

2) Hölder 连续性

2003 年, Bianchi 和 Pini[154] 考虑了均衡问题 EP(C, f), 并在向量度量空间中研究了该问题解的唯一性和解映射的 Hölder 连续性.

2005 年, Mansour 和 Riahi[155] 考虑了均衡问题 EP(C, f), 并在线性赋范空间中研究了该问题解的唯一性和解映射的 Hölder 连续性.

2006 年, Anh 和 Khanh[156] 考虑了广义向量均衡问题 GVEP($C, f, \nsubseteq$), 并在向量度量空间中研究了该问题解的唯一性和解映射的 Hölder 连续性.

2009 年, Li 等[157] 考虑了广义向量均衡问题 GVEP($C, f, \nsubseteq$), 并在度量空间中研究了该问题解映射的 Hölder 连续性, 他们的主要贡献在于考虑了解映射为集值映射的情形, 即不要求解映射为单值映射.

2011 年, Li 等[158] 考虑了广义向量拟均衡问题 GVQEP(C, S, f, K), 并在度量空间中研究了该问题解映射的 Hölder 连续性. 由于考虑的问题更一般, 这些结果推广了他们于 2009 年的工作.

2012 年, Anh, Khanh 和 Tam[159] 考虑了均衡问题 EP(C, f), 并在度量空间中研究了近似解的 Hölder 连续性.

然而, 以上工作都是关于均衡问题解映射某种连续性的研究, 这些连续性只能刻画解受参数扰动时的变化范围, 而无法刻画解受参数扰动时的变化趋势. 因此, 通过给空间赋序进而研究解映射的保序性自然十分重要. 遗憾的是, 在赋序的空间框架中, 研究解映射保序性的工作并不多见. 2012 年, Nishimura 和 Ok[11] 曾在 Hilbert 格中初步研究过 GVI(C, Γ) 解映射的上保序性, 但只考虑了 Γ 受参数 θ 扰动的单参数扰动情形.

基于以上分析, 本节的主要任务是研究双参数扰动下广义变分不等式 GVI(C, Γ) 解映射的保序性, 并将相关结果从 Hilbert 格中推广到 Banach 格中. 为此, 第 2 部分将介绍一些基本的概念和后面证明中要用到的若干引理; 第 3 部分在 Hilbert 格中研究双参数扰动下广义变分不等式解映射的下保序性和上保序性; 第 4 部分将第 3 部分的结论推广到 Banach 格中, 并且我们不再要求相关的映射具有**顶(底)** 值.

2. 预备知识

本节需要以下定义、定理及相关记号.

定义 7.7[143]　设 $(X, \succeq)$ 为 Banach 格. X^* 上的偏序关系 $\succeq^*$ 称为 $\succeq$ 的对偶如果以下条件满足:

$$\phi \succeq^* \psi \quad \text{当且仅当对任意 } x \in X_+ \text{ 都有 } \langle \phi - \psi, x \rangle \geqslant 0 . \tag{7.7.2}$$

显然, $(X^*, \succeq^*)$ 为 Banach 格, 通常称为 $(X, \succeq)$ 的对偶, 并记 $(X^*, \succeq^*)$ 的正锥为 X_+^*.

1996 年, Alber[160] 给出了 Banach 空间上的广义度量投影算子. 设 X 为 Banach 空间, 其对偶记为 X^*, X^* 上的算子范数记为 $\| \cdot \|_*$. 考虑如下定义的映射 $V : X^* \times X \to \mathbb{R}$:

$$V(\phi, x) := \|\phi\|^2 - 2\langle \phi, x \rangle + \|x\|^2. \tag{7.7.3}$$

容易验证, 此映射为非负值的. 对 X 的任意非空闭凸子集 C, C 上的**广义度量投影算子** 是指映射 $\pi_C : X^* \to 2^C \setminus \{\varnothing\}$:

$$\pi_C(\phi) := \{z \in C : \text{对任意 } x \in C \text{ 都有 } V(\phi, z) \leqslant V(\phi, x)\}. \tag{7.7.4}$$

当 X 为 Hilbert 空间时, 则 X^* 中的 ϕ 在 X 中. 此时, 对任意 $(\phi, x) \in X^* \times X$, $V(\phi, x) = \|\phi - x\|$, 由此可知 π_C 即为 C 上标准度量投影算子. 这方面, Li[161] 给出了关于 π_C 的很多性质, 以下列举本节要用到的几个性质.

引理 7.8[161] 设 X 为**自反** Banach 空间, X^* 为 X 的对偶空间, C 为 X 的非空闭凸子集. 则以下结论成立:

(i) 如果映射 $J_X : X \to 2^{X^*}$ 满足

$$J_X(x) = \{\phi(x) \in X^* : \langle \phi(x), x \rangle = \|\phi(x)\|_* \cdot \|x\| = \|x\|^2 = \|\phi(x)\|_*^2\}, \qquad (7.7.5)$$

则称映射 $J_X : X \to 2^{X^*}$ 为**正规化对偶映射**. 如果 X 同时也为**光滑和严格凸**的, 则 J_X 为单值映射且 $\pi_C \circ J_X = \mathrm{id}_C$.

(ii) 设 X 同时为**光滑**的, 则对任意给定的 $\phi \in X^*$, $x \in \pi_C(\phi)$ 当且仅当对任意 $y \in C$, $\langle \phi - J_X(x), x - y \rangle \geqslant 0$. 这个性质通常称为广义度量投影算子的变分特征.

(iii) 算子 $\pi_C : X^* \to C$ 为单值的当且仅当 X 是**严格凸**的.

(iv) 如果 X 同时为**光滑**和**严格凸**的, 则广义投影算子 $\pi_C : X^* \to C$ 是**连续**的.

利用引理 7.8 的结论 (ii), 可以建立广义变分不等式问题 GVI(C, Γ) 和不动点问题之间的等价性, 具体有如下结果.

引理 7.9[143] 设 X 为自反和光滑的 Banach 空间, $\lambda : X \to \mathbb{R}_{++}$ 为任意映射, C 为 X 的非空闭凸子集, $\Gamma : C \to 2^{X^*}$ 为任意映射, 则 x^* 为变分不等式 GVI(C, Γ) 的解当且仅当 x^* 为映射 $\pi_C \circ (J_X - \lambda \Gamma)$ 的不动点, 即 $x^* \in \pi_C(J_X(x^*) - \lambda(x^*)\Gamma(x^*))$.

此外, 我们还需要以下结论.

定义 7.8[143] 设 X 为 Banach 格. Q 为 X 上的 $\succcurlyeq$-子格. 如果 $\|\cdot\|^2$ 为 Q 上关于 $\succcurlyeq$ 的子模, 即对任意 $x, y \in Q$, $\|x \bigvee y\|^2 + \|x \bigwedge y\|^2 \leqslant \|x\|^2 + \|y\|^2$, 则称 Q 为正规的.

引理 7.10[143] 设 X 为自反的 Banach 格, C 为 X 的正规 $\succcurlyeq$-子格, 则 π_C 是保序的.

引理 7.11 (Zorn 引理) 设 $(P, \succcurlyeq)$ 为偏序集, 如果 P 的每一个链在 P 中有 $\succcurlyeq$-上界, 则称 P 至少有一个极大元.

引理 7.12 (Zorn 引理的对偶形式) 设 $(P, \succcurlyeq)$ 为偏序集, 如果 P 的每一个链在 P 中有 $\succcurlyeq$-下界, 则 P 至少有一个极小元.

引理 7.13[11] 设 $(X, \succcurlyeq)$ 为可分的 Hilbert 格. 如果 C 是 X 的弱紧 $\succcurlyeq$-子格, 则 C 为 X 的子完备 $\succcurlyeq$-子格.

引理 7.14[11] 设 $(X, \succcurlyeq)$ 为可分的 Hilbert 格. 如果 C 是 X 的非空闭凸子集, 则投影算子 P_C 保-$\succcurlyeq$ 的充要条件为 C 为 X 的 $\succcurlyeq$-子格.

3. Hilbert 格中含参数的广义变分不等式解映射的保序性

本部分首先利用 Zorn 引理的对偶形式在 Hilbert 格中给出一个关于下保-$\succcurlyeq$ 集值映射的极小不动点定理, 然后利用该不动点定理研究了广义变分不等式问题解的存在性和含参数的广义变分不等式问题解映射的保序性.

定理 7.14　设 $(X, \succcurlyeq)$ 为可分的 Hilbert 格, C 为 $(X, \succcurlyeq)$ 的弱紧凸 $\succcurlyeq$-子格. 如果集值映射 $f: C \to 2^C \setminus \{\varnothing\}$ 是下保-$\succcurlyeq$ 且具有紧值的, 则 f 有极小不动点, 即存在 $x^* \in C$ 使得 $x^* \in f(x^*)$ 并且 x^* 为 f 不动点集的极小元.

证明　以下分三步证明该定理.

第一步　构造偏序集 Y.

首先定义如下集合:

$$Y = \{x \in C : \text{存在 } \omega \in f(x) \text{ 使得 } x \succcurlyeq \omega \text{ 成立}\}. \tag{7.7.6}$$

我们断言 Y 相对于 X 上的偏序关系 $\succcurlyeq$ 构成一个偏序集. 为此, 只需证明集合 Y 非空. 由引理 7.13, C 是 X 的子完备 $\succcurlyeq$-子格, 故由此可知 $\bigvee_X C \in C$. 进而 $\bigvee_X C \in Y$, 即 Y 非空. 方便起见, 以下将该偏序集记为 $(Y, \succcurlyeq)$. (事实上, 准确的记法应为 $(Y, \succcurlyeq \cap (Y \times Y))$, 其中 $\succcurlyeq \cap (Y \times Y)$ 表示 X 上的偏序关系 $\succcurlyeq$ 在 Y 上的限制.)

第二步　证明 Y 的每一个 $\succcurlyeq$-链在 Y 中有 $\succcurlyeq$-下界.

令 L 为 Y 中任意 $\succcurlyeq$-链. 对任意给定的 $x \in L \subseteq Y$, 由 Y 的定义可知, 存在 $\omega(x) \in f(x)$ 使得

$$x \succcurlyeq \omega(x), \tag{7.7.7}$$

因为 f 是下保-$\succcurlyeq$ 的, $x \succcurlyeq \bigwedge_X L$ 以及 $\omega(x) \in f(x)$, 所以存在 $\mu(x) \in f(\bigwedge_X L)$ 使得

$$\omega(x) \succcurlyeq \mu(x), \tag{7.7.8}$$

联立 (7.7.7) 式与 (7.7.8) 式可得 $x \succcurlyeq \mu(x)$, 并由此可知

$$L \subseteq f\left(\bigwedge_X L\right)^{\uparrow}. \tag{7.7.9}$$

定义 $U = \{x^{\downarrow} \cap f(\bigwedge_X L) : x \in L\}$. 下面证明 U 具有有限交性质. 令 D 为 L 的任意有限非空子集. 因为 L 是 $\succcurlyeq$-链, 故 D 也为 $\succcurlyeq$-链. 因此, 存在 $\bar{x} \in D$ 使得 $D \succcurlyeq \bar{x}$. 由 (7.7.9) 和 $\bar{x} \in D \subseteq L$ 可得 $\bar{x} \in f(\bigwedge_X L)^{\uparrow}$, 所以必存在 $y \in f(\bigwedge_X L)$ 使得 $\bar{x} \succcurlyeq y$. 由 $\succcurlyeq$ 的传递性可知 $D \succcurlyeq y$. 换言之, $y \in \cap \{x^{\downarrow} \cap f(\bigwedge_X L) : x \in D\}$, 即

$$\cap \left\{x^{\downarrow} \cap f\left(\bigwedge_X L\right) : x \in D\right\} \neq \varnothing. \tag{7.7.10}$$

因为 Hilbert 格中的正锥是闭的, 所以 $x^{\downarrow}$ 是 X 中的闭集. 又因为 f 是紧值的, 故 U 为 $f(\bigwedge_X L)$ 中的闭集族. 由于 $f(\bigwedge_X L)$ 为 C 的紧子集, 由 (7.7.10) 式可得

$$\cap \left\{x^{\downarrow} \cap f\left(\bigwedge_X L\right) : x \in L\right\} \neq \varnothing, \tag{7.7.11}$$

即存在 $\omega \in f(\bigwedge_X L)$ 使得 ω 为 L 的 $\succcurlyeq$-下界. 根据 $\succcurlyeq$-下确界的定义可得 $\bigwedge_X L \succcurlyeq \omega$. 进一步由 Y 的构造可知 $\bigwedge_X L \in Y$, 即 $\succcurlyeq$-链 L 在 Y 中存在 $\succcurlyeq$-下界.

第三步 证明 f 存在极小不动点.

由第二步和引理 7.12 可知 $(Y, \succcurlyeq)$ 在 Y 中有极小元, 以下记此极小元为 x^*. 由 Y 的构造可知, 存在 $y^* \in f(x^*)$ 使得 $x^* \succcurlyeq y^*$. 因为 f 是下保-$\succcurlyeq$ 的, 故存在 $z^* \in f(y^*)$ 使得 $y^* \succcurlyeq z^*$, 即 $y^* \in Y$. 因为 x^* 是 Y 中的极小元且 $x^* \succcurlyeq y^*$, 所以 $x^* = y^*$. 又因为 $y^* \in f(x^*)$, 故 $x^* \in f(x^*)$, 即 x^* 为 f 的不动点. 记 f 的不动点集为 $\mathrm{Fix}(f)$, 则容易验证 $\mathrm{Fix}(f) \subseteq Y$. 综上所述, f 在 C 中有极小不动点. □

下面利用极小不动点定理 (定理 7.14) 研究广义变分不等式 $\mathrm{GVI}(C, \Gamma)$ 解的存在性. 首先考虑定义域有界的情形.

定理 7.15 设 $(X, \succcurlyeq)$ 为可分的 Hilbert 格, C 为 X 的弱紧凸 $\succcurlyeq$-子格. 如果 $\Gamma : C \to 2^X \setminus \{\varnothing\}$ 具紧值, 且存在 $\lambda : X \to \mathbb{R}_{++}$ 使得 $\mathrm{id}_C - \lambda\Gamma$ 为下保-$\succcurlyeq$, 则变分不等式 $\mathrm{GVI}(C, \Gamma)$ 有极小解.

证明 定义 $\Psi : C \to 2^X \setminus \{\varnothing\}$ 为 $\Psi = \mathrm{id}_C - \lambda\Gamma$, 并且定义 $f : C \to 2^C \setminus \{\varnothing\}$ 为 $f = P_C \circ \Psi$. 下面我们证明 f 满足定理 7.14 的条件.

首先, 我们断言 f 是下保-$\succcurlyeq$ 的. 为此, 任取 x 和 y 属于 C 使得 $x \succcurlyeq y$. 令 a 为 $f(x)$ 中任意给定的元素, 则存在 $x' \in \Psi(x)$ 使得 $a = P_C(x')$. 因为 Ψ 是下保-$\succcurlyeq$ 的, 故存在 $y' \in \Psi(y)$ 使得 $x' \succcurlyeq y'$. 又因为 C 是 X 的 $\succcurlyeq$-子格, 所以由引理 7.14 可知 P_C 为保-$\succcurlyeq$ 的, 由此可得 $P_C(x') \succcurlyeq P_C(y')$. 注意到 $a = P_C(x')$ 且 $P_C(y') \in f(y)$, 故 f 是下保-$\succcurlyeq$ 的.

其次, 因为 Γ 是紧值的且 P_C 是连续的, 故 f 也是紧值的. 利用定理 7.14 可得 f 在 C 中有极小不动点, 进而由引理 7.9 可知变分不等式 $\mathrm{GVI}(C, \Gamma)$ 有极小解. □

由于当 C 为 X 的凸 $\succcurlyeq$-子格时, C 是弱紧的当且仅当 C 是闭的且 $\succcurlyeq$-有界的, 故定理 7.15 只考查了定义域有界的情形. 下面研究定义域无界的情形.

定理 7.16 设 $(X, \succcurlyeq)$ 为可分的 Hilbert 格, C 为 X 的闭凸 $\succcurlyeq$-子格. $\Gamma : C \to 2^X \setminus \{\varnothing\}$ 为一个集值映射且存在 $\lambda : X \to \mathbb{R}_{++}$ 使得 $\mathrm{id}_C - \lambda\Gamma$ 为下保-$\succcurlyeq$. 如果下列条件之一成立:

(i) $\mathrm{id}_C - \lambda\Gamma$ 是保-$\succcurlyeq$ 的, 并且存在 $x^\circ, x_\circ \in C$, 使得当 $x^\circ \succcurlyeq x_\circ$ 时, 有 $\Gamma(x^\circ) \succcurlyeq \mathbf{0} \succcurlyeq \Gamma(x_\circ)$;

(ii) C 具有 $\succcurlyeq$-最大值, 且存在 $x_\circ \in C$ 使得 $\mathbf{0} \succcurlyeq \Gamma(x_\circ)$,

则广义变分不等式 $\mathrm{GVI}(C, \Gamma)$ 有解.

证明 令 $K = \{x \in C : x^\circ \succcurlyeq x \succcurlyeq x_\circ\}$, 其中 x° 在 (i) 成立时即为 (i) 所述, 在 (ii) 成立时即为 C 的 $\succcurlyeq$-最大值. 由引理 7.13 可知, K 为 X 的子完备 $\succcurlyeq$-子格. 定义集值映射 $f : C \to 2^C \setminus \{\varnothing\}$ 为 $f = P_C \circ (\mathrm{id}_C - \lambda\Gamma)$. 一般来说, f 总是下保-$\succcurlyeq$ 的, 特别地, 当 (i) 成立时, f 为保-$\succcurlyeq$ 的.

下面证明 $f(K) \subseteq K$, 其中 $f(K) = \cup\{f(x) : x \in K\}$. 为此, 令 x 为 K 中任意给定元素, 因为 $\mathbf{0} \succcurlyeq \Gamma(x_\circ)$ 且 $\lambda(x_\circ) > 0$, 所以

$$f(x_\circ) = P_C(x_\circ - \lambda(x_\circ)\Gamma(x_\circ)) \succcurlyeq P_C(x_\circ) = x_\circ. \tag{7.7.12}$$

注意上面推理中用到了 P_C 的保-$\succcurlyeq$ 性. 又因为 f 是下保-$\succcurlyeq$ 的且 $x \succcurlyeq x_\circ$, 所以对任意 $y \in f(x)$, 存在 $y_\circ \in f(x_\circ)$ 使得 $y \succcurlyeq y_\circ$. 由 (7.7.12) 式和 y 的任意性可得

$$f(x) \succcurlyeq x_\circ. \tag{7.7.13}$$

注意 (7.7.13) 式对条件 (i) 和条件 (ii) 都成立. 另一方面, 如果 (i) 成立, 易知

$$x^\circ \succcurlyeq f(x). \tag{7.7.14}$$

否则, 如果 (ii) 成立, 则 (7.7.14) 式显然成立. 联立 (7.7.13) 式和 (7.7.14) 式可知 $f(K) \subseteq K$.

由定理 7.15, 存在 x^* 为变分不等式 $\mathrm{GVI}(K, \Gamma|_K)$ 的解. 由引理 7.9 可知, 存在 $y^* \in \Gamma(x^*)$ 使得 $x^* = P_K(x^* - \lambda(x^*)y^*)$. 根据投影算子 P_K 的变分特征可得

$$\langle x^* - u, x^* - y \rangle \leqslant 0, \quad \text{对任意 } y \in K \text{ 都成立}, \tag{7.7.15}$$

其中, $u = x^* - \lambda(x^*)y^*$. 注意到 $P_C(u) \in f(x^*) \subseteq f(K) \subseteq K$, 于是

$$\langle x^* - u, x^* - P_C(u) \rangle \leqslant 0. \tag{7.7.16}$$

我们断言 $P_C(u) = x^*$. 事实上, 由 P_C 的定义可知

$$\langle P_C(u) - u, P_C(u) - x^* \rangle \leqslant 0, \tag{7.7.17}$$

联立 (7.7.16) 式与 (7.7.17) 式可得

$$
\begin{aligned}
\|x^* - P_C(u)\|^2 &= \langle x^* - P_C(u), x^* - P_C(u) \rangle \\
&= \langle x^* - u, x^* - P_C(u) \rangle - \langle P_C(u) - u, x^* - P_C(u) \rangle \\
&\leqslant 0, \tag{7.7.18}
\end{aligned}
$$

由此可知 $x^* = P_C(u)$. 因为 $P_C(u) \in f(x^*)$, 故 $x^* \in f(x^*)$. 由引理 7.9 可知, $\mathrm{GVI}(C, \Gamma)$ 有解. $\qquad\square$

注 7.6   在定理 7.15 和定理 7.16 中, 集值映射 Γ 不必具有连续性或半连续性.

设 X 为 Hilbert 空间, Θ, Ω 为偏序集, 分别记其偏序关系为 $\succeq_\Theta$ 和 $\succeq_\Omega$. 此外, 可以定义 $(\Omega, \succeq_\Omega)$ 与 $(\Theta, \succeq_\Theta)$ 的积. 设 $\Omega \times \Theta$ 为 Ω 与 Θ 的笛卡儿积, 现定义 $\Omega \times \Theta$ 上的偏序关系如下:

$$(\omega_1, \theta_1) \succeq_{\Omega \times \Theta} (\omega_2, \theta_2) \text{ 当且仅当 } \omega_1 \succeq_\Omega \omega_2 \text{ 和 } \theta_1 \succeq_\Theta \theta_2, \tag{7.7.19}$$

其中, $(\omega_1, \theta_1), (\omega_2, \theta_2)$ 属于 $\Omega \times \Theta$.

设 $C : \Omega \to 2^X \setminus \{\varnothing\}$ 为集值映射, $\Gamma : X \times \Theta \to 2^X \setminus \{\varnothing\}$ 为任意映射. 对给定的 $(\omega, \theta) \in \Omega \times \Theta$, 我们考虑如下**含参数的广义变分不等式**: 寻找 $x^* \in C(\omega)$ 使得存在 $\varphi^* \in \Gamma(x^*, \theta)$ 且

$$\langle \varphi^*, y - x^* \rangle \geqslant 0, \text{ 对任意 } y \in C(\omega) \text{ 都成立}. \tag{7.7.20}$$

以下将此问题记为 $\mathrm{GVI}(C(\omega), \Gamma(\cdot, \theta))$. 一般来说, 变分不等式 $\mathrm{GVI}(C(\omega), \Gamma(\cdot, \theta))$ 的解受参数 ω 和 θ 的扰动, 即 $\mathrm{GVI}(C(\omega), \Gamma(\cdot, \theta))$ 的解集会随着参数的变化而变化. 因此, 可以定义解映射 $S : \Omega \times \Theta \to 2^X$ 如下:

$$S(\omega, \theta) = \{x^* \in C(\omega) : x^* \text{ 是 } \mathrm{GVI}(C(\omega), \Gamma(\cdot, \theta)) \text{ 的解}\}. \tag{7.7.21}$$

本部分的目的正是讨论解映射 S 的保序性.

利用定理 7.14 和定理 7.15, 可获得有关广义变分不等式解映射的下保序性的相关结果.

定理 7.17 设 $(X, \succeq_X)$ 为可分的 Hilbert 格, $(\Omega, \succeq_\Omega), (\Theta, \succeq_\Theta)$ 为偏序集. $C : \Omega \to 2^X \setminus \{\varnothing\}$ 和 $\Gamma : X \times \Theta \to 2^X \setminus \{\varnothing\}$ 为集值映射. 如果下列条件成立:

(i) 对任意 $\omega \in \Omega$, $C(\omega)$ 是 X 的弱紧凸 $\succeq_X$-子格, 存在 X 的弱紧凸 $\succeq_X$-子格 Y 使得对任意 $\omega \in \Omega$ 都有 $C(\omega) \in Y$;

(ii) 对任意 $x \in X$, $\Gamma(x, \cdot)$ 为下逆序的, 且对任意 $\theta \in \Theta$ 存在 $\lambda : X \to \mathbb{R}_{++}$ 使得 $\mathrm{id}_X - \lambda\Gamma(\cdot, \theta)$ 为下保-$\succeq_X$ 且具紧值的;

(iii) 对任意 $x \in X$, $P_{C(\cdot)}(x) : X \times \Omega \to X$ 是保序的,

则

(a) 对任意 $(\omega, \theta) \in \Omega \times \Theta$, $S(\omega, \theta) \neq \varnothing$;

(b) 解映射 S 为下保序的.

证明 定义映射 $f : X \times \Omega \times \Theta \to 2^X \setminus \{\varnothing\}$ 如下:

$$f(x, \omega, \theta) = P_{C(\omega)}(x - \lambda(x)\Gamma(x, \theta)), \tag{7.7.22}$$

其中 λ 为满足条件 (ii) 的映射. 显然, f 是紧值的. 由引理 7.9 可知

$$S(\omega, \theta) = \{x \in C(\omega) : x \in f(x, \omega, \theta)\}, \quad \forall (\omega, \theta) \in \Omega \times \Theta. \tag{7.7.23}$$

由定理 7.15 可知对每个 $(\omega, \theta) \in \Omega \times \Theta$, $S(\omega, \theta) \neq \varnothing$, 即结论 (a) 成立. 下面证明 (b).

由引理 7.14 和条件 (i) 可知, 对任意 $(\omega, \theta) \in \Omega \times \Theta$, $f(\cdot, \omega, \theta)$ 是下保 $\succcurlyeq_X$ 的. 进而我们断言对每个 $x \in X$, $f(x, \cdot, \cdot)$ 是下保序的. 为此, 任取 $x \in X$, $(\omega_1, \theta_1), (\omega_2, \theta_2) \in \Omega \times \Theta$ 且 $(\omega_1, \theta_1) \succcurlyeq_{\Omega \times \Theta} (\omega_2, \theta_2)$, 并任取 $x(\omega_1, \theta_1) \in f(x, \omega_1, \theta_1)$. 根据 f 的定义, 存在 $y(\theta_1) \in \Gamma(x, \theta_1)$ 使得 $x(\omega_1, \theta_1) = P_{C(\omega_1)}(x - \lambda(x) y(\theta_1))$. 因为 $(\omega_1, \theta_1) \succcurlyeq_{\Omega \times \Theta} (\omega_2, \theta_2)$, 由定义可知 $\theta_1 \succcurlyeq_\Theta \theta_2$. 又因为 $\Gamma(x, \cdot)$ 是下逆序的, 故存在 $y(\theta_2) \in \Gamma(x, \theta_2)$ 使得 $y(\theta_2) \succcurlyeq_X y(\theta_1)$. 由此可得 $x - \lambda(x) y(\theta_1) \succcurlyeq_X x - \lambda(x) y(\theta_2)$. 因为 $(\omega_1, \theta_1) \succcurlyeq_{\Omega \times \Theta} (\omega_2, \theta_2)$ 蕴含 $\omega_1 \succcurlyeq_\Omega \omega_2$ 并且 $P_{C(\cdot)}(x)$ 是保序的, 所以 $P_{C(\omega_1)}(x - \lambda(x) y(\theta_1)) \succcurlyeq P_{C(\omega_2)}(x - \lambda(x) y(\theta_2))$. 记 $P_{C(\omega_2)}(x - \lambda(x) y(\theta_2))$ 为 $x(\omega_2, \theta_2)$. 显然, $x(\omega_1, \theta_1) \succcurlyeq_{\Omega \times \Theta} x(\omega_2, \theta_2)$ 且 $x(\omega_2, \theta_2) \in f(x, \omega_2, \theta_2)$. 因此, 对任意 $x \in X$, $f(x, \cdot, \cdot)$ 为下保序的.

下面证明 S 是下保序的. 任取 $(\omega_1, \theta_1), (\omega_2, \theta_2) \in \Omega \times \Theta$ 且 $(\omega_1, \theta_1) \succcurlyeq_{\Omega \times \Theta} (\omega_2, \theta_2)$, 并任取 $x(\omega_1, \theta_1) \in S(\omega_1, \theta_1)$. 根据下保序的定义, 以下只需证明存在 $x(\omega_2, \theta_2) \in S(\omega_2, \theta_2)$ 使得 $x(\omega_1, \theta_1) \succcurlyeq_X x(\omega_2, \theta_2)$. 为此, 将余下证明分为五步.

第一步　构造集值映射 g.

定义映射 $g : Y \cap x(\omega_1, \theta_1)^\downarrow \to 2^{Y \cap x(\omega_1, \theta_1)^\downarrow}$ 如下

$$g(x) = f(x, \omega_2, \theta_2) \cap C(\omega_2) \cap x(\omega_1, \theta_1)^\downarrow, \tag{7.7.24}$$

由条件 (i) 易知 $x(\omega_1, \theta_1) \in C(\omega_1)$ 且 $C(\omega_1) \subseteq Y$, 于是 $x(\omega_1, \theta_1) \in Y \cap x(\omega_1, \theta_1)^\downarrow$, 即 $Y \cap x(\omega_1, \theta_1)^\downarrow \neq \varnothing$.

第二步　证明 g 是真集值映射.

为此, 只需证明对任意 $x \in x(\omega_1, \theta_1)^\downarrow$, $f(x, \omega_2, \theta_2) \cap C(\omega_2) \cap x(\omega_1, \theta_1)^\downarrow \neq \varnothing$. 事实上, 根据 $x(\omega_1, \theta_1) \in S(\omega_1, \theta_1)$ 以及 (7.7.23) 式, 容易推得 $x(\omega_1, \theta_1) \in f(x(\omega_1, \theta_1), \omega_1, \theta_1)$. 因为 $(\omega_1, \theta_1) \succcurlyeq_{\Omega \times \Theta} (\omega_2, \theta_2)$ 且 $f(x, \cdot, \cdot)$ 是下保序的, 故存在 $y \in f(x(\omega_1, \theta_1), \omega_2, \theta_2)$ 使得 $x(\omega_1, \theta_1) \succcurlyeq_X y$. 又因为 $f(\cdot, \omega_2, \theta_2)$ 是下保-$\succcurlyeq_X$ 的, 故对任意 $x \in x(\omega_1, \theta_1)^\downarrow$, 存在 $z \in f(x, \omega_2, \theta_2)$ 使得 $y \succcurlyeq_X z$. 由 $\succcurlyeq_X$ 的传递性可知 $x(\omega_1, \theta_1) \succcurlyeq_X z$, 即

$$z \in f(x, \omega_2, \theta_2) \cap C(\omega_2) \cap x(\omega_1, \theta_1)^\downarrow. \tag{7.7.25}$$

第三步　验证 $Y \cap x(\omega_1, \theta_1)^\downarrow$ 为 X 的弱紧凸 $\succcurlyeq_X$-子格.

我们断言 $x(\omega_1, \theta_1)^\downarrow$ 为 X 的闭凸 $\succcurlyeq_X$-子格. 因为 Hilbert 格的正锥是闭的, 所以 $x(\omega_1, \theta_1)^\downarrow$ 为 X 中的闭集. 对任意 $a, b \in x(\omega_1, \theta_1)^\downarrow$, 有 $x(\omega_1, \theta_1) \succcurlyeq_X a$ 和 $x(\omega_1, \theta_1) \succcurlyeq_X b$, 而这说明 $x(\omega_1, \theta_1) \succcurlyeq_X \bigvee \{a, b\} \succcurlyeq_X \bigwedge \{a, b\}$, 即 $x(\omega_1, \theta_1)^\downarrow$ 为 X 的 $\succcurlyeq_X$-子格. 容易验证, 对任意 $\mu \in (0, 1)$ 和 $a, b \in x(\omega_1, \theta_1)^\downarrow$ 都有 $\mu a + (1 - \mu) b \in$

$x(\omega_1,\theta_1)^{\downarrow}$. 所以 $x(\omega_1,\theta_1)^{\downarrow}$ 是凸的. 此外, 因为 Y 为 X 的弱紧凸 $\succcurlyeq_X$-子格, 故 $Y \cap x(\omega_1,\theta_1)^{\downarrow}$ 为 X 的弱紧凸 $\succcurlyeq_X$-子格.

第四步 证明对任意 $x \in X$, $g(x)$ 是紧的.

显然, f 是紧值的. 因为对任意 $\omega \in \Omega$, $C(\omega)$ 是闭的, 并且由第三步可知 $x(\omega_1,\theta_1)^{\downarrow}$ 也是闭的, 故对任意 $x \in X$, $g(x)$ 是紧的.

第五步 证明 g 是下保-$\succcurlyeq_X$ 的.

任取 $x, x' \in x(\omega_1,\theta_1)^{\downarrow}$ 且 $x \succcurlyeq_X x'$, 并任取 $y \in g(x)$. 根据 g 的定义, 我们有 $y \in f(x,\omega_2,\theta_2)$ 且 $x(\omega_1,\theta_1) \succcurlyeq_X y$. 因为 $f(\cdot,\omega_2,\theta_2)$ 是下保-$\succcurlyeq_X$ 的, 故存在 $y' \in f(x',\omega_2,\theta_2)$ 使得 $y \succcurlyeq_X y'$. 又 $x(\omega_1,\theta_1) \succcurlyeq_X y$, 故 $y' \in g(x')$, 即: g 是下保-$\succcurlyeq_X$ 的. 由定理 7.1, g 在 $x(\omega_1,\theta_1)^{\downarrow}$ 中有不动点, 若记该不动点为 $x(\omega_2,\theta_2)$, 则 $x(\omega_2,\theta_2) \in g(x(\omega_2,\theta_2)) = f(x(\omega_2,\theta_2),\omega_2,\theta_2) \cap x(\omega_1,\theta_1)^{\downarrow}$. 于是有 $x(\omega_2,\theta_2) \in S(\omega_2,\theta_2)$ 且 $x(\omega_1,\theta_1) \succcurlyeq_X x(\omega_2,\theta_2)$, 因此, S 是下保序的. $\qquad\square$

以上考虑的是广义变分不等式受两个参数扰动时, 解映射的下保序性. 特别地, 利用定理 7.17, 可以推导出几个单参数扰动时, 变分不等式解映射的保序性.

当 C 固定而 Γ 受参数 θ 扰动时, 有以下结果.

推论 7.10 设 $(X,\succcurlyeq_X)$ 为可分的 Hilbert 格, C 为 X 的弱紧凸 $\succcurlyeq_X$-子格. $(\Theta,\succcurlyeq_\Theta)$ 为偏序集, $\Gamma : X \times \Theta \to 2^X \setminus \{\varnothing\}$ 为集值映射. 如果下列条件成立:

(i) 对任意 $x \in X$, $\Gamma(x,\cdot)$ 是逆序的, 且存在映射 $\lambda : X \to \mathbb{R}_{++}$ 使得对任意 $\theta \in \Theta$, $\mathrm{id}_X - \lambda\Gamma(\cdot,\theta)$ 是下保-$\succcurlyeq_X$,

则

(a) 对每个 $\theta \in \Theta$, $S(\theta) \neq \varnothing$;

(b) 解映射 $S : \Theta \to 2^X \setminus \{\varnothing\}$ 为下保序的.

证明 定义 $C^* : \Omega \to 2^X \setminus \{\varnothing\}$ 如下: 对任意 $\omega \in \Omega$, $C^*(\omega) = C$. 令 $Y = C$, 则容易验证 C^* 和 Γ 满足定理 7.17 中的所有条件. $\qquad\square$

当 Γ 固定, 而 C 受参数 ω 扰动时, 有以下结果.

推论 7.11 设 $(X,\succcurlyeq_X)$ 为可分的 Hilbert 格, $(\Omega,\succcurlyeq_\Omega)$ 为偏序集. $C : \Omega \to 2^X \setminus \{\varnothing\}$ 和 $\Gamma : X \to 2^X \setminus \{\varnothing\}$ 为集值映射. 如果下列条件成立:

(i) 对任意 $\omega \in \Omega$, $C(\omega)$ 为 X 的弱紧凸 $\succcurlyeq_X$-子格, 存在 X 的弱紧凸 $\succcurlyeq_X$-子格 Y 使得对任意 $\omega \in \Omega$ 都有 $C(\omega) \in Y$;

(ii) 存在映射 $\lambda : X \to \mathbb{R}_{++}$ 使得 $\mathrm{id}_X - \lambda\Gamma$ 是下保-$\succcurlyeq_X$;

(iii) 对任意 $x \in X$, $P_{C(\cdot)}(x) : X \times \Omega \to X$ 是保序的,

则

(a) 对每个 $\omega \in \Omega$, $S(\omega) \neq \varnothing$;

(b) 解映射 $S : \Omega \to 2^X \setminus \{\varnothing\}$ 是下保序的.

证明　定义 $\Gamma^* : X \times \Theta :\to 2^X \setminus \{\varnothing\}$ 如下: 对任意 $(x,\theta) \in X \times \Theta$,

$$\Gamma^*(x,\theta) = \Gamma(x). \tag{7.7.26}$$

显然, Γ^* 和 C 满足定理 7.14 的所有条件.　　　　　　　　　　　　　　　□

当 Γ 为单值映射时, 可获得关于变分不等式 $\text{VI}(C,\Gamma)$ 解映射的下保序性.

推论 7.12　设 $(X, \succcurlyeq_X)$ 为可分的 Hilbert 格, $(\Omega, \succcurlyeq_\Omega), (\Theta, \succcurlyeq_\Theta)$ 为偏序集. $C : \Omega \to 2^X \setminus \{\varnothing\}$ 和 $\Gamma : X \times \Theta \to X$ 为单值映射. 如果下列条件成立:

(i) 对任意 $\omega \in \Omega$, $C(\omega)$ 是 X 的弱紧凸 $\succcurlyeq_X$-子格, 存在 X 的弱紧凸 $\succcurlyeq_X$-子格 Y 使得对任意 $\omega \in \Omega$ 都有 $C(\omega) \in Y$;

(ii) 对任意 $x \in X$, $\Gamma(x,\cdot)$ 为逆序的, 存在 $\lambda : X \to \mathbb{R}_{++}$ 使得对任意 $\theta \in \Theta$, $\text{id}_X - \lambda\Gamma(\cdot,\theta)$ 是保-$\succcurlyeq_X$ 的;

(iii) 对任意 $x \in X$, $P_{C(\cdot)}(x) : X \times \Omega \to X$ 是保序的,

则

(a) 对每个 $(\omega,\theta) \in \Omega \times \Theta$, $S(\omega,\theta) \neq \varnothing$;

(b) 解映射 S 是下保序的.

为研究解映射 S 的上保序性, 我们需要下面的极大不动点定理, 该定理由 Nishimura 和 Ok 给出.

引理 7.15　设 $(X, \succcurlyeq)$ 为可分的 Hilbert 格, C 为 X 的弱紧凸 $\succcurlyeq$-子格. 如果集值映射 $f : C \to 2^C \setminus \{\varnothing\}$ 为上保-$\succcurlyeq$ 且具紧值的, 则 f 有极大不动点, 即存在 $x^* \in C$ 使得 $x^* \in f(x^*)$ 且 x^* 为 f 不动点集的极大元.

定理 7.18　设 $(X, \succcurlyeq_X)$ 为可分的 Hilbert 格, $(\Omega, \succcurlyeq_\Omega), (\Theta, \succcurlyeq_\Theta)$ 偏序集. $C : \Omega \to 2^X \setminus \{\varnothing\}$ 和 $\Gamma : X \times \Theta \to 2^X \setminus \{\varnothing\}$ 为集值映射, 如果下列条件成立:

(i) 对任意 $\omega \in \Omega$, $C(\omega)$ 为 X 的弱紧凸 $\succcurlyeq_X$-子格, 存在 X 的弱紧凸 $\succcurlyeq_X$-子格 Y 使得对任意 $\omega \in \Omega$, $C(\omega) \in Y$;

(ii) 对任意 $x \in X$, $\Gamma(x,\cdot)$ 为逆序的, 存在映射 $\lambda : X \to \mathbb{R}_{++}$ 使得对任意 $\theta \in \Theta$, $\text{id}_X - \lambda\Gamma(\cdot,\theta)$ 为上保-$\succcurlyeq_X$ 的;

(iii) 对任意 $x \in X$, $P_{C(\cdot)}(x) : X \times \Omega \to X$ 为保序的,

则

(a) 对每个 $(\omega,\theta) \in \Omega \times \Theta$, $S(\omega,\theta) \neq \varnothing$;

(b) 解映射 S 为上保序的.

证明　定义集值映射 $f : X \times \Omega \times \Theta \to 2^X \setminus \{\varnothing\}$ 如下

$$f(x,\omega,\theta) = P_{C(w)}(x - \lambda(x)\Gamma(x,\theta)), \tag{7.7.27}$$

其中 λ 满足条件 (ii) 的映射. 显然, f 具紧值. 由引理 7.9 可得

$$S(\omega,\theta) = \{x \in C(\omega) : x \in f(x,\omega,\theta)\}, \quad \forall \, (\omega,\theta) \in \Omega \times \Theta. \tag{7.7.28}$$

由引理 7.9 和定理 7.15 可知对任意 $(\omega, \theta) \in \Omega \times \Theta$, $S(\omega, \theta) \neq \varnothing$, 即结论 (a) 成立. 下面证明结论 (b).

由引理 7.14 和条件 (ii) 可知, 对任意 $(\omega, \theta) \in \Omega \times \Theta$, $f(\cdot, \omega, \theta)$ 是上保-$\succcurlyeq_X$ 的. 另一方面, 我们断言 $f(x, \cdot, \cdot)$ 是上保序的. 事实上, 对任给的 $x \in X$ 和 (ω_1, θ_1), $(\omega_2, \theta_2) \in \Omega \times \Theta$ 且 $(\omega_1, \theta_1) \succcurlyeq_{\Omega \times \Theta} (\omega_2, \theta_2)$, 任取 $x(\omega_2, \theta_2) \in f(x, \omega_2, \theta_2)$. 由 f 的定义可知, 存在 $y(\theta_2) \in \Gamma(x, \theta_2)$ 使得 $x(\omega_2, \theta_2) = P_{C(\omega_2)}(x - \lambda(x)y(\theta_2))$. 注意到 $(\omega_1, \theta_1) \succcurlyeq_{\Omega \times \Theta} (\omega_2, \theta_2)$ 蕴含 $\theta_1 \succcurlyeq_\Theta \theta_2$ 且对任意 $x \in X$, $\Gamma(x, \cdot)$ 是上保序的, 故存在 $y(\theta_1) \in \Gamma(x, \theta_1)$ 使得 $y(\theta_2) \succcurlyeq_X y(\theta_1)$, 由此可得 $x - \lambda(x)y(\theta_1) \succcurlyeq_X x - \lambda(x)y(\theta_2)$. 因为 $(\omega_1, \theta_1) \succcurlyeq_{\Omega \times \Theta} (\omega_2, \theta_2)$ 蕴含 $\omega_1 \succcurlyeq_\Omega \omega_2$ 且由条件 (iii) 可知 $P_{C(\cdot)}(x)$ 为保序的, 所以

$$P_{C(\omega_1)}(x - \lambda(x)y(\theta_1)) \succcurlyeq_X P_{C(\omega_2)}(x - \lambda(x)y(\theta_2)). \tag{7.7.29}$$

显然, $P_{C(\omega_1)}(x - \lambda(x)y(\theta_1)) \in f(x, \omega_1, \theta_1)$, 如果记 $P_{C(\omega_1)}(x - \lambda(x)y(\theta_1))$ 为 $x(\omega_1, \theta_1)$, 则 (7.7.29) 式即为 $x(\omega_1, \theta_1) \succcurlyeq_X x(\omega_2, \theta_2)$. 因此, $f(x, \cdot, \cdot)$ 为上保序的.

下面证明 S 是上保序的. 任取 $(\omega_1, \theta_1), (\omega_2, \theta_2) \in \Omega \times \Theta$ 且 $(\omega_1, \theta_1) \succcurlyeq_{\Omega \times \Theta} (\omega_2, \theta_2)$, 并任取 $x(\omega_2, \theta_2) \in S(\omega_2, \theta_2)$. 由上保序的定义可知只需寻找 $x(\omega_1, \theta_1) \in S(\omega_1, \theta_1)$ 使得 $x(\omega_1, \theta_1) \succcurlyeq_X x(\omega_2, \theta_2)$. 以下分四步完成余下证明.

第一步 构造映射.

定义集值映射 $g: Y \cap x(\omega_2, \theta_2)^\uparrow \to 2^{Y \cap x(\omega_2, \theta_2)^\uparrow}$ 如下

$$g(x) = f(x, \omega_1, \theta_1) \cap C(\omega_1) \cap x(\omega_2, \theta_2)^\uparrow, \tag{7.7.30}$$

类似定理 7.17 的证明, 易知 $Y \cap x(\omega_2, \theta_2)^\uparrow \neq \varnothing$.

第二步 证明 g 是真集值映射.

为此只需说明对任意 $x \in x(\omega_2, \theta_2)^\uparrow$, $f(x, \omega_1, \theta_1) \cap C(\omega_1) \cap x(\omega_2, \theta_2)^\uparrow \neq \varnothing$. 因为 $x(\omega_2, \theta_2) \in S(\omega_2, \theta_2)$, 故 $x(\omega_2, \theta_2) \in f(x(\omega_2, \theta_2), \omega_2, \theta_2)$. 由于 $(\omega_1, \theta_1) \succcurlyeq_{\Omega \times \Theta} (\omega_2, \theta_2)$ 并且 $f(x(\omega_2, \theta_2), \cdot, \cdot)$ 是上保序的, 所以存在 $y \in f(x(\omega_2, \theta_2), \omega_1, \theta_1)$ 使得 $y \succcurlyeq_X x(\omega_2, \theta_2)$. 又因为对任意 $x \succcurlyeq_X x(\omega_2, \theta_2)$, $f(\cdot, \omega_1, \theta_1)$ 为上保-$\succcurlyeq_X$, 所以存在 $z \in f(x, \omega_1, \theta_1)$ 使得 $z \succcurlyeq_X y$. 由 $\succcurlyeq_X$ 的传递性可知 $z \succcurlyeq_X x(\omega_2, \theta_2)$, 故 $z \in f(x, \omega_1, \theta_1) \cap C(\omega_1) \bigcap x(\omega_2, \theta_2)^\uparrow$.

第三步 利用定理 7.17 的方法容易验证 $Y \cap x(\omega_2, \theta_2)^\uparrow$ 是 X 的弱紧凸 $\succcurlyeq_X$-子格.

第四步 证明 g 具紧值且为上保-$\succcurlyeq_X$ 的.

因为 f 具紧值且 $C(\omega_1)$ 和 $x(\omega_2, \theta_2)^\uparrow$ 为闭集, 故 g 也具紧值. 下面说明 g 为上保-$\succcurlyeq_X$ 的. 为此, 任取 $x, x' \in x(\omega_2, \theta_2)^\uparrow$ 且 $x \succcurlyeq_X x'$, 并任取 $y' \in g(x')$. 由 g 的定义可知, $y' \in f(x', \omega_1, \theta_1)$. 因为 $f(\cdot, \omega_1, \theta_1)$ 是上保-$\succcurlyeq_X$ 的, 故存在 $y \in f(x, \omega_1, \theta_1)$ 使得 $y \succcurlyeq_X y'$. 注意到 $y' \in g(x')$ 蕴含 $y' \succcurlyeq_X x(\omega_2, \theta_2)$, 所以 $y \succcurlyeq_X x(\omega_2, \theta_2)$. 换言之, 存在 $y \in g(y)$ 使得 $y \succcurlyeq_X y'$. 因此, g 为上保-$\succcurlyeq_X$ 的.

由引理 7.13 可知, g 有不动点, 即存在 $x(\omega_1, \theta_1) \in x(\omega_2, \theta_2)^{\uparrow}$ 使得 $x(\omega_1, \theta_1) \in f(x(\omega_1, \theta_1), \omega_1, \theta_1)$, 于是 $x(\omega_1, \theta_1) \in S(\omega_1, \theta_1)$. 综上所述, S 为上保序的. □

当 C 固定而 Γ 受参数 θ 扰动时, 有以下结果.

推论 7.13 设 $(X, \succcurlyeq_X)$ 为可分的 Hilbert 格, C 为 X 的弱紧凸 $\succcurlyeq_X$-子格. $(\Theta, \succcurlyeq_\Theta)$ 为偏序集. $\Gamma : X \times \Theta \to 2^X \setminus \{\varnothing\}$ 为集值映射, 如果下列条件成立:

对任意 $x \in X$, $\Gamma(x, \cdot)$ 是上逆序的, 存在映射 $\lambda : X \to \mathbb{R}_{++}$ 使得对任意 $\theta \in \Theta$, $\mathrm{id}_X - \lambda \Gamma(\cdot, \theta)$ 为上保-$\succcurlyeq_X$ 的,

则

(a) 对任意 $(\omega, \theta) \in \Omega \times \Theta$, $S(\omega, \theta) \neq \varnothing$;

(b) 解映射 S 为上保序的.

证明 定义 $C^* : \Omega \to 2^X \setminus \{\varnothing\}$ 如下: 对任意 $\omega \in \Omega$, $C^*(\omega) = C$, 并令 $Y = C$. 容易验证 C^* 和 Γ 满足定理 7.18 的所有条件. □

当 Γ 固定, 而 C 受参数 ω 扰动时, 可得以下结果.

推论 7.14 设 $(X, \succcurlyeq_X)$ 为可分的 Hilbert 格, $(\Omega, \succcurlyeq_\Omega)$ 为偏序集. $C : \Omega \to 2^X \setminus \{\varnothing\}$ 和 $\Gamma : X \to 2^X \setminus \{\varnothing\}$ 为集值映射. 如果下列条件成立:

(i) 对任意 $\omega \in \Omega$, $C(\omega)$ 为 X 的紧凸 $\succcurlyeq_X$-子格, 存在 X 的弱紧凸 $\succcurlyeq_X$-子格 Y 使得对任意 $\omega \in \Omega$, $C(\omega) \in Y$;

(ii) 存在映射 $\lambda : X \to \mathbb{R}_{++}$ 使得 $\mathrm{id}_X - \lambda \Gamma$ 为保-$\succcurlyeq_X$ 的;

(iii) 对任意 $x \in X$, $P_{C(\cdot)}(x) : X \times \Omega \to X$ 是保序的,

则

(a) 对任意 $(\omega, \theta) \in \Omega \times \Theta$, $S(\omega, \theta) \neq \varnothing$;

(b) 解映射 S 是上保序的.

证明 定义 $\Gamma^* : X \times \Theta \to 2^X \setminus \{\varnothing\}$ 如下: 对任意 $(x, \theta) \in X \times \Theta$, $\Gamma^*(x, \theta) = \Gamma(x)$. 显然, Γ^* 和 C 满足定理 7.18 的所有条件. □

当 Γ 为单值映射时, 可以证明如下关于变分不等式 VI(C, Γ) 的解映射的保序性.

推论 7.15 设 $(X, \succcurlyeq_X)$ 为可分的 Hilbert 格, $(\Omega, \succcurlyeq_\Omega), (\Theta, \succcurlyeq_\Theta)$ 为偏序集. $C : \Omega \to 2^X \setminus \{\varnothing\}$ 为集值映射, $\Gamma : X \times \Theta \to X$ 为单值映射. 如果下列条件成立:

(i) 对任意 $\omega \in \Omega$, $C(\omega)$ 为 X 的弱紧凸 $\succcurlyeq_X$-子格, 存在 X 的弱紧凸 $\succcurlyeq_X$-子格 Y 使得对任意 $\omega \in \Omega$, $C(\omega) \in Y$;

(ii) 对任意 $x \in X$, $\Gamma(x, \cdot)$ 为逆序的, 存在映射 $\lambda : X \to \mathbb{R}_{++}$ 使得对任意 $\theta \in \Theta$, $\mathrm{id}_X - \lambda \Gamma(\cdot, \theta)$ 是保-$\succcurlyeq_X$ 的;

(iii) 对任意 $x \in X$, $P_{C(\cdot)}(x) : X \times \Omega \to X$ 是保序的,

则

(a) 对每个 $(\omega, \theta) \in \Omega \times \Theta$, $S(\omega, \theta) \neq \varnothing$;

(b) 解映射 S 为上保序的.

4. Banach 格中含参数的广义变分不等式解映射的保序性

以下考虑 $(X, \succcurlyeq)$ 为 Banach 格的情形. 设 Θ, Ω 为偏序集, 其上的偏序关系分别记为 $\succcurlyeq_\Theta$ 和 $\succcurlyeq_\Omega$. 此外, 定义 $(\Omega, \succcurlyeq_\Omega)$ 和 $(\Theta, \succcurlyeq_\Theta)$ 的积如下: 令 $\Omega \times \Theta$ 表示 Ω 和 Θ 的积空间, $\Omega \times \Theta$ 上的偏序关系定义为

$$(\omega_1, \theta_1) \succcurlyeq_{\Omega \times \Theta} (\omega_2, \theta_2) \text{ 当且仅当 } \omega_1 \succcurlyeq_\Omega \omega_2 \text{ 和 } \theta_1 \succcurlyeq_\Theta \theta_2, \tag{7.7.31}$$

其中, $(\omega_1, \theta_1), (\omega_2, \theta_2)$ 属于 $\Omega \times \Theta$.

设 $C : \Omega \to 2^X \setminus \{\varnothing\}$ 和 $\Gamma : X \times \Theta \to 2^{X^*} \setminus \{\varnothing\}$ 为集值映射. 对给定的 $(\omega, \theta) \in \Omega \times \Theta$, **含参数的广义变分不等式**是指: 寻找 $x^* \in C(\omega)$ 使得存在 $\varphi^* \in \Gamma(x^*, \theta)$ 且

$$\langle \varphi^*, y - x^* \rangle \geqslant 0, \text{ 对任意 } y \in C(\omega) \text{ 都成立}, \tag{7.7.32}$$

以下将该问题记为 $\mathrm{GVI}(C(\omega), \Gamma(\cdot, \theta))$. 一般来说, 变分不等式 $\mathrm{GVI}(C(\omega), \Gamma(\cdot, \theta))$ 的解集受到参数 ω 和 θ 的扰动, 即 $\mathrm{GVI}(C(\omega), \Gamma(\cdot, \theta))$ 的解集会随着这些参数的变化而变化. 因此, 定义解映射 $S : \Omega \times \Theta \to 2^X$ 如下

$$S(\omega, \theta) = \{x^* \in C(\omega) : x^* \text{ 是 } \mathrm{GVI}(C(\omega), \Gamma(\cdot, \theta)) \text{ 的解}\}. \tag{7.7.33}$$

下面首先考察解映射 S 的上保序性.

定理 7.19 设 $(X, \succcurlyeq_X)$ 为自反光滑、严格凸的 Banach 格, $(\Omega, \succcurlyeq_\Omega), (\Theta, \succcurlyeq_\Theta)$ 为偏序集, $C : \Omega \to 2^X \setminus \{\varnothing\}$ 和 $\Gamma : X \times \Theta \to 2^{X^*} \setminus \{\varnothing\}$ 为集值映射. 如果下列条件满足:

(i) 对任意 $\omega \in \Omega$, $C(\omega)$ 为 X 的正规闭凸子完备 $\succcurlyeq_X$-子格, 存在 X 的正规闭凸子完备 $\succcurlyeq_X$-子格 Y 使得对任意 $\omega \in \Omega$, 都有 $C(\omega) \in Y$;

(ii) 对任意 $x \in X$, $\Gamma(x, \cdot)$ 是递序的, 存在映射 $\lambda : X \to \mathbb{R}_{++}$ 使得对任意 $\theta \in \Theta$, $J_X - \lambda \Gamma(\cdot, \theta)$ 是上保序且具有紧值的;

(iii) 对任意 $x \in X$, $\pi_{C(\cdot)}(x) : X^* \times \Omega \to X$ 是保序的,

则

(a) 对任意 $(\omega, \theta) \in \Omega \times \Theta$, $S(\omega, \theta) \neq \varnothing$;

(b) 解映射 S 是上保序的.

证明 (a) 定义集值映射 $f : X \times \Omega \times \Theta \to 2^X \setminus \{\varnothing\}$ 如下

$$f(x, \omega, \theta) = \pi_{C(\omega)} \circ (J_X(x) - \lambda \Gamma(x, \theta)). \tag{7.7.34}$$

由引理 7.9 可知, 对于任意 $(\omega, \theta) \in \Omega \times \Theta$, 变分不等式 $\mathrm{GVI}(C(\omega), \Gamma(\cdot, \theta))$ 的解集等价于映射 $f(\cdot, \omega, \theta)$ 的不动点集. 因此只需证明对任意 $(\omega, \theta) \in \Omega \times \Theta$, 映射 $f(\cdot, \omega, \theta)$

有不动点. 为此, 首先证明对任意给定的 (ω, θ), $f(\cdot, \omega, \theta)$ 是上保-$\succcurlyeq_X$ 的. 因为 X 为自反的 Banach 格而且由条件 (i) 可知对任意 $\omega \in \Omega$, $C(\omega)$ 是正规的 $\succcurlyeq$-子格, 所以由引理 7.10 可知对任意 $\omega \in \Omega$, $\pi_{C(\omega)}$ 是保序的. 又因为对任意 $\theta \in \Theta$, $J_X - \lambda \Gamma(\cdot, \theta)$ 是上保序的, 所以对任意 $(\omega, \theta) \in \Omega \times \Theta$, $f(\cdot, \omega, \theta)$ 是上保-$\succcurlyeq_X$ 的. 另一方面, 由条件 (ii) 可知对任意 $\theta \in \Theta$, $J_X - \lambda \Gamma(\cdot, \theta)$ 具紧值. 又由引理 7.8 可知对任意 $\omega \in \Omega$, $\pi_{C(\omega)}$ 是连续的, 所以对任意 $(\omega, \theta) \in \Omega \times \Theta$, $f(\cdot, \omega, \theta)$ 具紧值. 因为 $C(\omega)$ 为 X 的子完备 $\succcurlyeq$-子格, 故由定理 7.1 可得对任意 $(\omega, \theta) \in \Omega \times \Theta$, $f(\cdot, \omega, \theta)$ 有不动点, 即对任意 $(\omega, \theta) \in \Omega \times \Theta$, $S(\omega, \theta) \neq \varnothing$.

(b) 现在考察解映射 S 的上保序性. 首先注意以下事实, 由 (a) 的证明过程可知对任意 $(\omega, \theta) \in \Omega \times \Theta$, $f(\cdot, \omega, \theta)$ 是上保-$\succcurlyeq_X$ 的. 事实上, 对任意 $x \in X$, $f(x, \cdot, \cdot)$ 也是上保序的. 为此, 任取 $x \in X$ 和 $(\omega_1, \theta_1), (\omega_2, \theta_2) \in \Omega \times \Theta$ 且 $(\omega_1, \theta_1) \succcurlyeq_{\Omega \times \Theta} (\omega_2, \theta_2)$. 任取 $x(\omega_2, \theta_2) \in f(x, \omega_2, \theta_2)$, 根据 f 的定义, 存在 $y(\theta_2) \in \Gamma(x, \theta_2)$ 使得 $x(\omega_2, \theta_2) = \pi_{C(\omega_2)}(J_X(x) - \lambda(x)y(\theta_2))$. 注意到 $(\omega_1, \theta_1) \succcurlyeq_{\Omega \times \Theta} (\omega_2, \theta_2)$ 蕴含 $\theta_1 \succcurlyeq_\Theta \theta_2$ 且对任意 $x \in X$, $\Gamma(x, \cdot)$ 是逆序的, 所以存在 $y(\theta_1) \in \Gamma(x, \theta_1)$ 使得 $y(\theta_2) \succcurlyeq_{X^*} y(\theta_1)$, 进而可知 $J_X(x) - \lambda(x)y(\theta_1) \succcurlyeq_{X^*} J_X(x) - \lambda(x)y(\theta_2)$. 又因为 $(\omega_1, \theta_1) \succcurlyeq_{\Omega \times \Theta} (\omega_2, \theta_2)$ 蕴含 $\omega_1 \succcurlyeq_\Omega \omega_2$ 且 $\pi_{C(\cdot)}(x)$ 是保序的, 于是

$$\pi_{C(\omega_1)}(J_X x - \lambda(x)y(\theta_1)) \succcurlyeq_X \pi_{C(\omega_2)}(J_X(x) - \lambda(x)y(\theta_2)). \tag{7.7.35}$$

记 $\pi_{C(\omega_1)}(J_X(x) - \lambda(x)y(\theta_1))$ 为 $x(\omega_1, \theta_1)$, 则 (7.7.35) 式即为 $x(\omega_1, \theta_1) \succcurlyeq_X x(\omega_2, \theta_2)$. 显然, $x(\omega_1, \theta_1) \in f(x, \omega_1, \theta_1)$. 因此, 对任意 $x \in X$, $f(x, \cdot, \cdot)$ 是上保序的.

为证明解映射 S 的上保序性, 任取 $(\omega_1, \theta_1), (\omega_2, \theta_2) \in \Omega \times \Theta$ 且 $(\omega_1, \theta_1) \succcurlyeq_{\Omega \times \Theta} (\omega_2, \theta_2)$, 并任取 $x(\omega_2, \theta_2) \in S(\omega_2, \theta_2)$. 以下我们的任务是: 寻找 $x(\omega_1, \theta_1) \in S(\omega_1, \theta_1)$ 使得 $x(\omega_1, \theta_1) \succcurlyeq_X x(\omega_2, \theta_2)$. 以下分四步来证明.

第一步 构造集值映射.

由条件 (i) 可知 $x(\omega_2, \theta_2) \in C(\omega_2)$ 和 $C(\omega_2) \subseteq Y$, 故 $x(\omega_2, \theta_2) \in Y \cap x(\omega_2, \theta_2)^\uparrow$, 由此可得 $Y \cap x(\omega_2, \theta_2)^\uparrow \neq \varnothing$. 因此, 可以定义集值映射 $g : Y \cap x(\omega_2, \theta_2)^\uparrow \to 2^{Y \cap x(\omega_2, \theta_2)^\uparrow}$ 如下

$$g(x) = f(x, \omega_1, \theta_1) \cap C(\omega_1) \cap x(\omega_2, \theta_2)^\uparrow. \tag{7.7.36}$$

第二步 证明 g 是真集值映射.

为此只需证明对任意 $x \in x(\omega_2, \theta_2)^\uparrow$, $f(x, \omega_1, \theta_1) \cap C(\omega_1) \cap x(\omega_2, \theta_2)^\uparrow \neq \varnothing$. 因为 $x(\omega_2, \theta_2) \in S(\omega_2, \theta_2)$, 所以 $x(\omega_2, \theta_2) \in f(x(\omega_2, \theta_2), \omega_2, \theta_2)$. 因为 $(\omega_1, \theta_1) \succcurlyeq_{\Omega \times \Theta} (\omega_2, \theta_2)$ 且 $f(x(\omega_2, \theta_2), \cdot, \cdot)$ 是上保序的, 故存在 $y \in f(x(\omega_2, \theta_2), \omega_1, \theta_1)$ 使得 $y \succcurlyeq_X x(\omega_2, \theta_2)$. 又因为 $f(\cdot, \omega_1, \theta_1)$ 是上保-$\succcurlyeq_X$ 的, 因此对任意 $x \succcurlyeq_X x(\omega_2, \theta_2)$ 存在 $z \in f(x, \omega_1, \theta_1)$ 使得 $z \succcurlyeq_X y$. 由 $\succcurlyeq_X$ 的传递性可知 $z \succcurlyeq_X x(\omega_2, \theta_2)$, 所以 $z \in$

$f(x,\omega_1,\theta_1) \cap C(\omega_1) \cap x(\omega_2,\theta_2)^\uparrow$, 进而可知对任意 $x \succcurlyeq_X x(\omega_2,\theta_2)$, $f(x,\omega_1,\theta_1) \cap C(\omega_1) \cap x(\omega_2,\theta_2)^\uparrow \neq \varnothing$.

第三步 证明 $Y \cap x(\omega_2,\theta_2)^\uparrow$ 为 X 的子完备 $\succcurlyeq_X$-子格.

任取 $a, b \in Y \cap x(\omega_2,\theta_2)^\uparrow$, 则 $a,b \in Y$ 且 $a,b \in x(\omega_2,\theta_2)^\uparrow$, 由此可知 $a \succcurlyeq x(\omega_2,\theta_2)$ 和 $b \succcurlyeq x(\omega_2,\theta_2)$. 因此, 我们得到 $a \bigvee b \succcurlyeq a \bigwedge b \succcurlyeq x(\omega_2,\theta_2)$, 即 $a \bigvee b, a \bigwedge b \in x(\omega_2,\theta_2)^\uparrow$. 因为 Y 为 X 的子格, 故 $a \bigvee b, a \bigwedge b \in Y$, 所以 $a \bigvee b, a \bigwedge b \in x(\omega_2,\theta_2)^\uparrow \cap Y$, 由此可知 $Y \cap x(\omega_2,\theta_2)^\uparrow$ 是 X 的子格. 类似地, 任取 $Y \cap x(\omega_2,\theta_2)^\uparrow$ 的非空子集 V, 则容易验证 $\bigvee_X V, \bigwedge_X V \in Y \cap x(\omega_2,\theta_2)^\uparrow$. 由子完备 $\succcurlyeq_X$-子格的定义可知 $Y \cap x(\omega_2,\theta_2)^\uparrow$ 为 X 的子完备 $\succcurlyeq_X$-子格.

第四步 证明 g 具有紧值且是上保-$\succcurlyeq_X$ 的.

由 (a) 的证明可知对任意 $(\omega_1,\theta_1) \in \Omega \times \Theta$, $f(\cdot,\omega_1,\theta_1)$ 具有紧值. 因为 X 的正锥 X_+ 是闭的且 $x(\omega_2,\theta_2)^\uparrow = x(\omega_2,\theta_2) + X_+$, 所以 $x(\omega_2,\theta_2)^\uparrow$ 是闭的. 此外, 由条件 (i) 可知 $C(\omega_1)$ 也是闭的, 因此 g 具有紧值.

下面证明 g 是上保-$\succcurlyeq_X$ 的. 为此, 任取 $x, x' \in x(\omega_2,\theta_2)^\uparrow$ 且 $x \succcurlyeq_X x'$, 并任取 $y' \in g(x')$. 由 g 的定义可知 $y' \in f(x',\omega_1,\theta_1)$. 因为 $f(\cdot,\omega_1,\theta_1)$ 是上保-$\succcurlyeq_X$ 的, 故存在 $y \in f(x,\omega_1,\theta_1)$ 使得 $y \succcurlyeq_X y'$. 注意到 $y' \in g(x')$ 蕴含 $y' \succcurlyeq_X x(\omega_2,\theta_2)$, 进而 $y \succcurlyeq_X x(\omega_2,\theta_2)$, 即存在 $y \in g(x)$ 使得 $y \succcurlyeq_X y'$. 因此, g 是上保-$\succcurlyeq_X$ 的.

由定理 7.1 可知 g 有不动点. 换言之, 存在 $x(\omega_1,\theta_1) \in x(\omega_2,\theta_2)^\uparrow$ 使得 $x(\omega_1,\theta_1) \in f(x(\omega_1,\theta_1),\omega_1,\theta_1)$, 即 $x(\omega_1,\theta_1) \in S(\omega_1,\theta_1)$. 综上所述, S 是上保序的. □

特别地, 利用定理 7.19 可以获得以下推论.

推论 7.16 设 $(X,\succcurlyeq_X)$ 为自反光滑、严格凸可分的 Banach 格, $(\Omega,\succcurlyeq_\Omega), (\Theta,\succcurlyeq_\Theta)$ 为偏序集, $C : \Omega \to 2^X \setminus \{\varnothing\}$ 和 $\Gamma : X \times \Theta \to 2^{X^*} \setminus \{\varnothing\}$ 为集值映射. 如果下列条件成立:

(i) 对任意 $\omega \in \Omega$, $C(\omega)$ 为 X 的正规闭凸 $\succcurlyeq$-有界 $\succcurlyeq$-子格, 存在 X 的正规闭凸 $\succcurlyeq$-有界 $\succcurlyeq$-子格 Y 使得对任意 $\omega \in \Omega$, $C(\omega) \in Y$;

(ii) 对任意 $x \in X$, $\Gamma(x,\cdot)$ 是上逆序的, 存在映射 $\lambda : X \to \mathbb{R}_{++}$ 使得对任意 $\theta \in \Theta$, $J_X - \lambda\Gamma(\cdot,\theta)$ 是上保序且具有紧值的;

(iii) 对任意 $x \in X$, $\pi_{C(\cdot)}(x) : X^* \times \Omega \to X$ 是保序的,

则

(a) 对任意 $(\omega,\theta) \in \Omega \times \Theta$, $S(\omega,\theta) \neq \varnothing$;

(b) 解映射 S 是上保序的.

如果对任意 $\omega \in \Omega$, $C(\omega) = C$, 而 Γ 受参数 θ 的扰动, 可由定理 7.19 推出以下结论.

推论 7.17 设 $(X,\succcurlyeq_X)$ 为自反光滑、严格凸的 Banach 格, $(\Theta,\succcurlyeq_\Theta)$ 为偏序集, $\Gamma : X \times \Theta \to 2^{X^*} \setminus \{\varnothing\}$ 为集值映射. 如果下列条件成立:

(i) C 为 X 的正规闭凸子完备 $\succcurlyeq$-子格;

(ii) 对任意 $x \in X$, $\Gamma(x, \cdot)$ 是上逆序的, 存在映射 $\lambda : X \to \mathbb{R}_{++}$ 使得对任意 $\theta \in \Theta$, $J_X - \lambda\Gamma(\cdot, \theta)$ 是上保序的且具有紧值的,

则

(a) 对每个 $\theta \in \Theta$, $S(\theta) \neq \varnothing$;

(b) 解映射 S 是上保序的.

当 Γ 固定, 而 C 受参数 ω 扰动时, 可由定理 7.19 推出以下结论.

推论 7.18　设 $(X, \succcurlyeq_X)$ 为自反光滑、严格凸的 Banach 格, $(\Omega, \succcurlyeq_\Omega)$ 为偏序集, $C : \Omega \to 2^X \setminus \{\varnothing\}$ 和 $\Gamma : X \to 2^{X^*} \setminus \{\varnothing\}$ 为集值映射. 如果下列条件成立:

(i) 对任意 $\omega \in \Omega$, $C(\omega)$ 为 X 的正规闭凸子完备 $\succcurlyeq$-子格, 存在 X 的正规闭凸子完备 $\succcurlyeq$-子格 Y 使得对任意 $\omega \in \Omega$, $C(\omega) \in Y$;

(ii) 存在映射 $\lambda : X \to \mathbb{R}_{++}$ 使得 $J_X - \lambda\Gamma$ 是上保序且具紧值的;

(iii) 对任意 $x \in X$, $\pi_{C(\cdot)}(x) : X^* \times \Omega \to X$ 是保序的,

则

(a) 对任意 $\omega \in \Omega$, $S(\omega) \neq \varnothing$;

(b) 解映射 S 是上保序的.

当 Γ 为单值映射, 则有如下结果.

推论 7.19　设 $(X, \succcurlyeq_X)$ 为自反光滑、严格凸的 Banach 格, $(\Omega, \succcurlyeq_\Omega), (\Theta, \succcurlyeq_\Theta)$ 为偏序集, $C : \Omega \to 2^X \setminus \{\varnothing\}$ 为集值映射, $\Gamma : X \times \Theta \to X^*$ 为单值映射. 如果下列条件成立:

(i) 对任意 $\omega \in \Omega$, $C(\omega)$ 为 X 的正规闭凸子完备 $\succcurlyeq$-子格, 存在 X 的正规闭凸子完备 $\succcurlyeq$-子格 Y 使得对任意 $\omega \in \Omega$, $C(\omega) \in Y$;

(ii) 对任意 $x \in X$, $\Gamma(x, \cdot)$ 是逆序的, 存在映射 $\lambda : X \to \mathbb{R}_{++}$ 使得对任意 $\theta \in \Theta$, $J_X - \lambda\Gamma(\cdot, \theta)$ 是保序的;

(iii) 对任意 $x \in X$, $\pi_{C(\cdot)}(x) : X^* \times \Omega \to X$ 是保序的,

则

(a) 对任意 $(\omega, \theta) \in \Omega \times \Theta$, $S(\omega, \theta) \neq \varnothing$;

(b) 解映射 S 是上保序的.

现在考虑解映射 S 的下保序性. 为此, 我们需要关于下保-$\succcurlyeq$ 映射的序不动点定理, 例如, 定理 7.2 和推论 7.2.

定理 7.20　设 $(X, \succcurlyeq_X)$ 为自反光滑、严格凸的 Banach 格, $(\Omega, \succcurlyeq_\Omega), (\Theta, \succcurlyeq_\Theta)$ 为偏序集, $C : \Omega \to 2^X \setminus \{\varnothing\}$ 和 $\Gamma : X \times \Theta \to 2^{X^*} \setminus \{\varnothing\}$ 为集值映射. 如果下列条件成立:

(i) 对任意 $\omega \in \Omega$, $C(\omega)$ 为 X 的正规闭凸子完备 $\succcurlyeq$-子格, 存在 X 的正规闭凸子完备 $\succcurlyeq$-子格 Y 使得对任意 $\omega \in \Omega$, $C(\omega) \in Y$;

(ii) 对任意 $x \in X$, $\Gamma(x, \cdot)$ 是下逆序的, 存在映射 $\lambda : X \to \mathbb{R}_{++}$ 使得对任意 $\theta \in \Theta$, $J_X - \lambda\Gamma(\cdot, \theta)$ 是下保序的且具紧值的;

(iii) 对任意 $x \in X$, $\pi_{C(\cdot)}(x) : X^* \times \Omega \to X$ 是保序的,

则

(a) 对任意 $(\omega, \theta) \in \Omega \times \Theta$, $S(\omega, \theta) \neq \varnothing$;

(b) 解映射 S 是下保序的.

证明 (a) 与定理 7.19 的证明类似, 首先定义集值映射 $f : X \times \Omega \times \Theta \to 2^X \backslash \{\varnothing\}$ 如下

$$f(x, \omega, \theta) = \pi_{C(\omega)} \circ (J_X(x) - \lambda\Gamma(x, \theta)). \tag{7.7.37}$$

由引理 7.9 可知只需证对任意 $(\omega, \theta) \in \Omega \times \Theta$, $f(\cdot, \omega, \theta)$ 有不动点. 与定理 7.19 的证明不同的是, 这里我们需要证明对任意给定的 $(\omega, \theta) \in \Omega \times \Theta$, $f(\cdot, \omega, \theta)$ 是下保-$\succcurlyeq_X$ 的. 由定理 7.19 的证明可知, 对任意 $\omega \in \Omega$, $\pi_{C(\omega)}$ 是保序的. 又因为对任意 $\theta \in \Theta$, $J_X - \lambda\Gamma(\cdot, \theta)$ 是下保序的, 故易知对任意 $(\omega, \theta) \in \Omega \times \Theta$, $f(\cdot, \omega, \theta)$ 是下保-$\succcurlyeq_X$ 的. 类比定理 7.19 的证明可知, 对任意 $(\omega, \theta) \in \Omega \times \Theta$, $f(\cdot, \omega, \theta)$ 是具紧值的. 同时注意到, $C(\omega)$ 为 X 的子完备 $\succcurlyeq$-子格. 由定理 7.2 可知, 对任意 $(\omega, \theta) \in \Omega \times \Theta$, $f(\cdot, \omega, \theta)$ 有不动点, 所以, 对任意 $(\omega, \theta) \in \Omega \times \Theta$, $S(\omega, \theta) \neq \varnothing$.

(b) 为证明解映射 S 的下保序性, 先证明对任意 $x \in X$, $f(x, \cdot, \cdot)$ 为下保序的. 为此, 任取 $x \in X$ 且 (ω_1, θ_1), $(\omega_2, \theta_2) \in \Omega \times \Theta$ 且 $(\omega_1, \theta_1) \succcurlyeq_{\Omega \times \Theta} (\omega_2, \theta_2)$. 任取 $x(\omega_1, \theta_1) \in f(x, \omega_1, \theta_1)$, 由 f 的定义可知存在 $y(\theta_1) \in \Gamma(x, \theta_1)$ 使得 $x(\omega_1, \theta_1) = \pi_{C(\omega_1)}(J_X(x) - \lambda(x)y(\theta_1))$. 注意到 $(\omega_1, \theta_1) \succcurlyeq_{\Omega \times \Theta} (\omega_2, \theta_2)$ 蕴含 $\theta_1 \succcurlyeq_{\Theta} \theta_2$, 并且对任意 $x \in X$, $\Gamma(x, \cdot)$ 是下逆序的, 故存在 $y(\theta_2) \in \Gamma(x, \theta_2)$ 使得 $y(\theta_2) \succcurlyeq_{X^*} y(\theta_1)$, 进而可得 $J_X(x) - \lambda(x)y(\theta_1) \succcurlyeq_{X^*} J_X(x) - \lambda(x)y(\theta_2)$. 又因为 $(\omega_1, \theta_1) \succcurlyeq_{\Omega \times \Theta} (\omega_2, \theta_2)$ 蕴含 $\omega_1 \succcurlyeq_{\Omega} \omega_2$, 并且 $\pi_{C(\cdot)}(x)$ 是保序的, 故

$$\pi_{C(\omega_1)}(J_X x - \lambda(x)y(\theta_1)) \succcurlyeq_X \pi_{C(\omega_2)}(J_X(x) - \lambda(x)y(\theta_2)). \tag{7.7.38}$$

若记 $\pi_{C(\omega_2)}(J_X(x) - \lambda(x)y(\theta_2))$ 为 $x(\omega_2, \theta_2)$, 那么 (7.7.38) 式即为 $x(\omega_1, \theta_1) \succcurlyeq_X x(\omega_2, \theta_2)$. 显然, $x(\omega_2, \theta_2) \in f(x, \omega_2, \theta_2)$. 因此, 对任意 $x \in X$, $f(x, \cdot, \cdot)$ 是下保序的.

基于以上分析, 现在开始证明解映射 S 的下保序性. 任取 $(\omega_1, \theta_1), (\omega_2, \theta_2) \in \Omega \times \Theta$ 且 $(\omega_1, \theta_1) \succcurlyeq_{\Omega \times \Theta} (\omega_2, \theta_2)$, 并任取 $x(\omega_1, \theta_1) \in S(\omega_1, \theta_1)$. 我们的目标是: 寻找 $x(\omega_2, \theta_2) \in S(\omega_2, \theta_2)$ 使得 $x(\omega_1, \theta_1) \succcurlyeq_X x(\omega_2, \theta_2)$. 现在分四步完成余下证明.

第一步 构造集值映射.

由条件 (i) 可知 $x(\omega_1, \theta_1) \in C(\omega_1)$ 且 $C(\omega_1) \subseteq Y$, 故 $x(\omega_1, \theta_1) \in Y \cap x(\omega_1, \theta_1)^{\downarrow}$, 进而可知 $Y \cap x(\omega_1, \theta_1)^{\downarrow} \neq \varnothing$. 因此, 可以定义集值映射 $g : Y \cap x(\omega_1, \theta_1)^{\downarrow} \to 2^{Y \cap x(\omega_1, \theta_1)^{\downarrow}}$ 如下

$$g(x) = f(x, \omega_2, \theta_2) \cap C(\omega_2) \cap x(\omega_1, \theta_1)^{\downarrow}. \tag{7.7.39}$$

第二步　证明 g 是真集值映射.

为此, 只需证明对任意 $x \in x(\omega_1, \theta_1)^{\downarrow}$, $f(x, \omega_2, \theta_2) \cap C(\omega_2) \cap x(\omega_1, \theta_1)^{\downarrow} \neq \varnothing$. 因为 $x(\omega_1, \theta_1) \in S(\omega_1, \theta_1)$, 所以 $x(\omega_1, \theta_1) \in f(x(\omega_1, \theta_1), \omega_1, \theta_1)$. 因为 $(\omega_1, \theta_1) \succcurlyeq_{\Omega \times \Theta} (\omega_2, \theta_2)$ 且 $f(x(\omega_1, \theta_1), \cdot, \cdot)$ 是下保序的, 故存在 $y \in f(x(\omega_1, \theta_1), \omega_2, \theta_2)$ 使得 $x(\omega_1, \theta_1) \succcurlyeq_X y$. 又因为 $f(\cdot, \omega_1, \theta_1)$ 是下保-$\succcurlyeq_X$ 的, 故对任意 $x(\omega_1, \theta_1) \succcurlyeq_X x$, 存在 $z \in f(x, \omega_2, \theta_2)$ 使得 $y \succcurlyeq_X z$. 由 $\succcurlyeq_X$ 的传递性可得 $x(\omega_1, \theta_1) \succcurlyeq_X z$. 因此, $z \in f(x, \omega_2, \theta_2) \cap C(\omega_2) \cap x(\omega_1, \theta_1)^{\downarrow}$, 由此可知对任意 $x \in x(\omega_2, \theta_2)^{\downarrow}$, $f(x, \omega_2, \theta_2) \cap C(\omega_2) \cap x(\omega_1, \theta_1)^{\downarrow} \neq \varnothing$.

第三步　证明 $Y \cap x(\omega_1, \theta_1)^{\downarrow}$ 为 X 的子完备 $\succcurlyeq_X$-子格. 此步类比定理 7.19 推得.

第四步　证明 g 具紧值且为下保-$\succcurlyeq_X$ 的.

因为 X 的正锥 X_+ 是闭的, 且 $x(\omega_1, \theta_1)^{\downarrow} = x(\omega_1, \theta_1) - X_+$, 故由定理 7.19 的证明可知 g 是具紧值的. 我们断言 g 是下保-$\succcurlyeq_X$ 的. 为此, 任取 $x, x' \in x(\omega_1, \theta_1)^{\downarrow}$ 且 $x \succcurlyeq_X x'$, 并任取 $y \in g(x)$. 由 g 的定义可知 $y \in f(x, \omega_1, \theta_1)$. 因为 $f(\cdot, \omega_1, \theta_1)$ 是下保-$\succcurlyeq_X$, 故存在 $y' \in f(x', \omega_1, \theta_1)$ 使得 $y \succcurlyeq_X y'$. 注意到 $y \in g(x)$ 蕴含 $x(\omega_1, \theta_1) \succcurlyeq_X y$, 进而可知 $x(\omega_1, \theta_1) \succcurlyeq_X y'$. 所以存在 $y' \in g(x')$ 使得 $y \succcurlyeq_X y'$, 即 g 是下保-$\succcurlyeq_X$ 的.

由定理 7.2 可知, g 有不动点, 即, 存在 $x(\omega_2, \theta_2) \in x(\omega_1, \theta_1)^{\downarrow}$ 使得 $x(\omega_2, \theta_2) \in f(x(\omega_2, \theta_2), \omega_2, \theta_2)$, 由此可知 $x(\omega_2, \theta_2) \in S(\omega_2, \theta_2)$. 综上所述, S 是下保序的.　　□

利用定理 7.20 可推出以下结果.

推论 7.20　设 $(X, \succcurlyeq_X)$ 为自反光滑、严格凸可分的 Banach 格, $(\Omega, \succcurlyeq_\Omega)$, $(\Theta, \succcurlyeq_\Theta)$ 为偏序集, $C : \Omega \to 2^X \setminus \{\varnothing\}$ 和 $\Gamma : X \times \Theta \to 2^{X^*} \setminus \{\varnothing\}$ 为集值映射. 如果下列条件成立:

(i) 对任意 $\omega \in \Omega$, $C(\omega)$ 为 X 的正规闭凸 $\succcurlyeq$-有界 $\succcurlyeq$-子格, 存在 X 的正规闭凸 $\succcurlyeq$-有界 $\succcurlyeq$-子格 Y 使得对任意 $\omega \in \Omega$, $C(\omega) \in Y$;

(ii) 对任意 $x \in X$, $\Gamma(x, \cdot)$ 是下逆序的, 存在映射 $\lambda : X \to \mathbb{R}_{++}$ 使得对任意 $\theta \in \Theta$, $J_X - \lambda \Gamma(\cdot, \theta)$ 是下保序的且具紧值的;

(iii) 对任意 $x \in X$, $\pi_{C(\cdot)}(x) : X^* \times \Omega \to X$ 是保序的,

则

(a) 对任意 $(\omega, \theta) \in \Omega \times \Theta$, $S(\omega, \theta) \neq \varnothing$;

(b) 解映射 S 是下保序的.

如果对任意 $\omega \in \Omega$, $C(\omega) = C$ 而 Γ 受参数 θ 的扰动, 我们有以下结果.

推论 7.21　设 $(X, \succcurlyeq_X)$ 为自反光滑、严格凸的 Banach 格, $(\Theta, \succcurlyeq_\Theta)$ 为偏序集, $\Gamma : X \times \Theta \to 2^{X^*} \setminus \{\varnothing\}$ 为集值映射. 如果下列条件成立:

(i) C 为 X 的正规闭凸子完备 $\succcurlyeq$-子格;

(ii) 对任意 $x \in X$, $\Gamma(x, \cdot)$ 是下逆序的, 存在映射 $\lambda : X \to \mathbb{R}_{++}$ 使得对任意 $\theta \in \Theta$, $J_X - \lambda\Gamma(\cdot, \theta)$ 是保序的且具紧值的,

则

(a) 对任意 $\theta \in \Theta$, $S(\theta) \neq \varnothing$;

(b) 解映射 S 是下保序的.

如果 Γ 固定, 而 C 受参数 ω 的扰动, 则有如下结果.

推论 7.22 设 $(X, \succcurlyeq_X)$ 为自反光滑、严格凸的 Banach 格, $(\Omega, \succcurlyeq_\Omega)$ 为偏序集, $C : \Omega \to 2^X \setminus \{\varnothing\}$ 和 $\Gamma : X \to 2^{X^*} \setminus \{\varnothing\}$ 为集值映射. 如果下列条件成立:

(i) 对任意 $\omega \in \Omega$, $C(\omega)$ 为 X 的正规闭凸子完备 $\succcurlyeq$-子格, 存在 X 的正规闭凸子完备 $\succcurlyeq$-子格 Y 使得对任意 $\omega \in \Omega$, $C(\omega) \in Y$;

(ii) 存在映射 $\lambda : X \to \mathbb{R}_{++}$ 使得对任意 $\theta \in \Theta$, $J_X - \lambda\Gamma$ 是保序的且具有紧值的;

(iii) 对任意 $x \in X$, $\pi_{C(\cdot)}(x) : X^* \times \Omega \to X$ 是保序的,

则

(a) 对每个 $\omega \in \Omega$, $S(\omega) \neq \varnothing$;

(b) 解映射 S 是保序的.

如果 Γ 为单值映射, 则有如下结果.

推论 7.23 设 $(X, \succcurlyeq_X)$ 为自反光滑、严格凸的 Banach 格, $(\Omega, \succcurlyeq_\Omega), (\Theta, \succcurlyeq_\Theta)$ 为偏序集. $C : \Omega \to 2^X \setminus \{\varnothing\}$ 为集值映射和 $\Gamma : X \times \Theta \to X^*$ 为单值映射. 如果下列条件成立:

(i) 对任意 $\omega \in \Omega$, $C(\omega)$ 为 X 的正规闭凸子完备 $\succcurlyeq$-子格, 存在 X 的正规闭凸子完备 $\succcurlyeq$-子格 Y 使得对任意 $\omega \in \Omega$, $C(\omega) \in Y$;

(ii) 对任意 $x \in X$, $\Gamma(x, \cdot)$ 是保序的, 存在映射 $\lambda : X \to \mathbb{R}_{++}$ 使得对任意 $\theta \in \Theta$, $J_X - \lambda\Gamma(\cdot, \theta)$ 是保序的且具有紧值的;

(iii) 对任意 $x \in X$, $\pi_{C(\cdot)}(x) : X^* \times \Omega \to X$ 是保序的,

则

(a) 对任意 $(\omega, \theta) \in \Omega \times \Theta$, $S(\omega, \theta) \neq \varnothing$;

(b) 解映射 S 是下保序的.

注 7.7 由于 Hilbert 格为自反光滑、严格凸的, 故以上结果在 Hilbert 格中均成立.

注 7.8 本节的分析工具是序不动点定理, 故所有的结论不要求考虑的映射 Γ 具有拓扑连续性.

7.8   向量均衡问题解的上保序性

1. 引言

令 $\mathscr{X}$ 和 Y 为拓扑向量空间, $C \subseteq \mathscr{X}$, $F : C \times C \to Y$ 为集值映射. 在 1997 年, Bianchi 等[2] 提出了如下向量均衡问题 (VEP): 寻找 $x^* \in C$ 使得

$$F(x^*, y) \notin \text{int} P, \quad \forall y \in C, \tag{7.8.1}$$

其中 P 为 Y 中的锥, $\text{int} P$ 表示 P 的内部. 为研究 VEP 解的存在性, 他们对 $\mathscr{X}$, C, Y 及 P 作出以下假设:

(B1) $\mathscr{X}$ 为实 Hausdorff 拓扑向量空间, C 为 $\mathscr{X}$ 的非空闭凸子集;

(B2) Y 为实局部凸向量空间, P 为 Y 的闭凸点体锥.

向量均衡问题在向量优化领域有诸多重要应用. 在过去的 20 余年, 该问题已引起国内外许多学者的关注并取得了很大进展. 为研究向量均衡问题的存在性, 主要方法有 KKM 定理及其推广 (见 [245–249])、拓扑不动点定理 (见 [136,138])、Ekeland 变分原理 (见 [140,253,254])、极大元定理 (见 [9,251,252]) 等, 上述方法的使用一般均需要相关映射具有某种连续性和凸性. 近期, Zhang 和 Wang[255] 利用序不动点定理研究了均衡问题解的存在性, 其研究结果不再要求相关映射具有任何拓扑连续性.

另一方面, 稳定性分析也是 VEP 的一个重要研究课题. 从 2004 年到 2010 年, Anh 和 Khanh 在该领域做了大量工作, 例如, 他们考虑广义向量均衡问题解的连续性、半连续性、Hölder 连续性等 (见 [151,256–258]). 最近, Li 等[157] 在较弱的条件下研究了广义向量均衡问题解的 Hölder 连续性. Zhang 等[259] 证明了参数向量均衡问题有效解的下半连续性. Han 和 Gong[260] 在单调性和紧性的假设条件下研究了参数广义强向量均衡问题解映射的下半连续性. 更多关于向量均衡问题敏感性分析方面的文献参见 [159,261,262] 等. 总结以上工作易知, 上述稳定性分析主要关注均衡问题解的各种拓扑连续性. 然而, 连续性并不能刻画参数扰动时均衡解的变化趋势. 为此, 美国纽约大学的 Nishimura 和 Ok[11] 在 Hilbert 格上考虑了一类广义变分不等式解的上保序性. 在 2015 年, Zhang 和 Wang[263] 在 Banach 格上研究了双参数扰动下参数广义变分不等式解映射的上保序性. 在 2017 年, Sun[264] 在新的条件下研究了单参数扰动下广义变分不等式问题解的上保序性. 众所周知, 变分不等式问题是均衡问题的特例, 但迄今为止, 关于均衡问题的保序性研究尚属罕见.

受 Nishimura 和 Ok[11] 及 Sun[264] 的启发, 本节在赋序的拓扑空间中研究一类向量均衡问题解的上保序性. 由于向量均衡问题 (7.8.1) 并不具备内积结构, 因此在文献 [11,263,264] 中运用的技术方法并不能直接应用于本研究. 为此, 本节首先

建立一些新的序不动点定理和集值映射的构造技巧, 然后用之研究向量均衡问题的保序性. 具体结构如下: 第 2 部分回顾偏序集的相关概念和引理; 第 3 部分在赋序的拓扑空间中证明几个序不动点定理并用之研究向量均衡问题解的存在性; 第 4 部分研究向量均衡问题解映射的上保序性; 第 5 部分介绍几类本研究适用的其他广义向量均衡问题.

2. 预备知识

以下分别回顾赋序集、赋序拓扑空间及拓扑向量空间中的若干概念和引理, 更多细节请关注文献 [11, 143, 265, 266] 等.

1) 赋序集中相关概念

令 $(Z, \preccurlyeq_Z)$ 为偏序集, 其中 $\preccurlyeq_Z$ 为 Z 上的偏序关系, $\prec_Z$ 表示 $x \preccurlyeq_Z y$ 且 $x \neq y$. 对任意 $z, w \in Z$, 定义如下 $\preccurlyeq_Z$- 区间: $[z) = \{x \in Z : z \preccurlyeq_Z x\}$, $(w] = \{x \in Z : x \preccurlyeq_Z w\}$, $[z, w] = [z) \cap (w] = \{x \in Z : z \preccurlyeq_Z x \preccurlyeq_Z w\}$.

定义 7.9 设 $(Z, \preccurlyeq_Z)$ 为一个偏序集, S 为 $(Z, \preccurlyeq_Z)$ 的非空子集, 且 x 为 $(Z, \preccurlyeq_Z)$ 中某一元素.

(a) 若 $S \preccurlyeq_Z x$ (即对任意 $y \in S$, $y \preccurlyeq_Z x$), 则称 x 为 S 的 $\preccurlyeq_Z$-上界. 类似地, 可定义 $x \preccurlyeq_Z S$.

(b) 若 $S \preccurlyeq_Z x$, 则称 S 从上 $\preccurlyeq_Z$-有界; 若 $x \preccurlyeq_Z S$, 则称 S 从下 $\preccurlyeq_Z$-有界. 若 S 既从上 $\preccurlyeq_Z$-有界又从下 $\preccurlyeq_Z$-有界, 则称 S 为 $\preccurlyeq_Z$-有界的.

定义 7.10 设 $(Z, \preccurlyeq_Z)$ 为偏序集, S 为 $(Z, \preccurlyeq_Z)$ 的非空子集.

(a) 若 $x \in S$ 且 x 是 S 的 $\preccurlyeq_Z$-上界, 则称 x 为 S 的 $\preccurlyeq_Z$-最大值. 类似可以定义 S 的 $\preccurlyeq_Z$-最小值.

(b) 若 $x \in S$ 且 $x \prec_Z y$ 对 $y \in S \backslash \{x\}$ 均不成立, 则称 x 为 S 的 $\preccurlyeq_Z 0$ 极大元; 若 $x \in S$ 且 $y \prec_Z x$ 对 $y \in S \backslash \{x\}$ 均不成立, 则称 x 为 S 的 $\preccurlyeq_Z$-极小元.

定义 7.11 设 $(Z, \preccurlyeq_Z)$ 为偏序集, S 为 $(Z, \preccurlyeq_Z)$ 的非空子集. 若 x 是 S 所有 $\preccurlyeq_Z$-上界的 $\preccurlyeq_Z$-最小值, 则称 x 为 S 的 $\preccurlyeq_Z$-上确界, 记为 $\bigvee_Z S$. 类似可以定义 S 的 $\preccurlyeq_Z$-下确界, 记为 $\bigwedge_Z S$. 方便起见, 对任意 $x, y \in (Z, \preccurlyeq_Z)$, 将 $\bigvee_Z \{x, y\}$ 记为 $x \bigvee y$, 将 $\bigwedge_Z \{x, y\}$ 记为 $x \bigwedge y$.

定义 7.12 设 $(Z, \preccurlyeq_Z)$ 为偏序集, S 为 $(Z, \preccurlyeq_Z)$ 的非空子集.

(a) 若对 $(Z, \preccurlyeq_Z)$ 中的任意元素 x 和 y, $x \vee y$ 和 $x \bigwedge y$ 均存在, 则称 $(Z, \preccurlyeq_Z)$ 为一个格.

(b) 若对任意非空 ($\preccurlyeq_Z$-有界) $S \subseteq (Z, \preccurlyeq_Z)$, $\bigvee_Z S$ 和 $\bigwedge_Z S$ 均存在, 则称 $(Z, \preccurlyeq_Z)$ 为 (Dedekind) 完备格.

(c) 若 D 为 $(Z, \preccurlyeq_Z)$ 的非空子集, 且对任意 $x, y \in D$, $\bigvee_Z \{x, y\}$ 和 $\bigwedge_Z \{x, y\}$ 都属于 D, 则称 D 为 $(Z, \preccurlyeq_Z)$ 的 $\preccurlyeq_Z$-子格. 若对任意非空 $S \subseteq D$, D 都包含 $\bigvee_Z S$ 和

$\bigwedge_Z S$, 则称 D 为 $(Z, \preccurlyeq_Z)$ 的子完备 $\preccurlyeq_Z$-子格.

2) 偏序拓扑空间集值映射的保序性

设 $(X, \preccurlyeq_X)$ 为一个具有拓扑结构的偏序集, 其拓扑记为 τ. 如果对任意 $z \in X$, $\succ$- 区间 $[z)$ 和 $(z]$ 都是 τ-闭的, 则称 τ 为 $(X, \preccurlyeq_X)$ 上关于偏序 $\preccurlyeq_X$ 的自然拓扑. 以下称具有自然拓扑 τ 的偏序集 X 为赋序拓扑空间, 记为 $(X, \preccurlyeq_X, \tau)$.

定义 7.13　设 $(X, \preccurlyeq_X, \tau)$ 为赋序拓扑空间, $(\Theta, \preccurlyeq_\Theta)$ 为偏序集. $\mathscr{S} : (\Theta, \preccurlyeq_\Theta) \to 2^{(X, \preccurlyeq_X, \tau)} \setminus \{\varnothing\}$ 为集值映射.

(a) 若 $\theta_1 \preccurlyeq_\Theta \theta_2$ 且对任意 $x(\theta_1) \in \mathscr{S}(\theta_1)$ 存在 $x(\theta_2) \in \mathscr{S}(\theta_2)$ 使得 $x(\theta_1) \preccurlyeq_X x(\theta_2)$, 则称 $\mathscr{S}$ 是上保序的. 类似可定义下逆序.

(b) 若 $\theta_1 \prec_\Theta \theta_2$ 且对任意 $x(\theta_1) \in \mathscr{S}(\theta_1)$ 存在 $x(\theta_2) \in \mathscr{S}(\theta_2)$ 使得 $x(\theta_1) \prec_X x(\theta_2)$, 则称 $\mathscr{S}$ 是严格上保序的,

(c) 若 $\theta_1 \prec_\Theta \theta_2$ 且对任意 $x(\theta_2) \in \mathscr{S}(\theta_2)$ 存在 $x(\theta_1) \in \mathscr{S}(\theta_1)$ 使得 $x(\theta_1) \preccurlyeq_X x(\theta_2)$, 则称 $\mathscr{S}$ 是下保序的. 类似可定义下逆序,

若 $(X, \preccurlyeq_X, \tau)$ 和 $(\Theta, \preccurlyeq_\Theta)$ 均为 $(Z, \preccurlyeq_Z)$ 的子集, 则用记号保-$\preccurlyeq_Z$ 表示保序. 特别地, 若 $\mathscr{S}$ 为单值映射, 则上保序记为保序. 具体有以下定义.

定义 7.14　设 $(X, \preccurlyeq_X, \tau)$ 为赋序拓扑向量空间且 $(\Theta, \preccurlyeq_\Theta)$ 为偏序集. $g : \Theta \to (X, \preccurlyeq_X, \tau)$ 为单值映射.

(a) 若对任意 $\theta_1, \theta_2 \in \Theta$, $\theta_1 \preccurlyeq_\Theta \theta_2 \Rightarrow g(\theta_1) \preccurlyeq_X g(\theta_2)$, 则称 g 是保序的.

(b) 若对任意 $\theta_1, \theta_2 \in \Theta$, $\theta_1 \preccurlyeq_\Theta \theta_2 \Rightarrow g(\theta_2) \preccurlyeq_X g(\theta_1)$, 则称 g 是逆序的.

(c) 若对任意 $\theta_1, \theta_2 \in \Theta$, $\theta_1 \prec_\Theta \theta_2 \Rightarrow g(\theta_1) \prec_X g(\theta_2)$, 则称 g 是严格保序的.

(d) 若对任意 $\theta_1, \theta_2 \in \Theta$, $\theta_1 \prec_\Theta \theta_2 \Rightarrow g(\theta_2) \prec_X g(\theta_1)$, 则称 g 是严格逆序的.

3) 拓扑向量空间中二元映射的广义单调性

设 Y 为实拓扑向量空间, P 为 Y 中的锥. 众所周知, Y 中的非空子集 P 称为锥当且仅当对 $\forall x \in P$ 和 $\forall \lambda \in \mathbb{R}_+$, $\lambda x \in P$.

(a) 若 $\forall x_1, x_2 \in P : x_1 + x_2 \in P$, 则 P 为凸锥;

(b) 若 $P \neq \{\varnothing\}$ 且 $P \neq X$, 则 P 为真锥;

(c) 若 $P \cap (-P) = \{0\}$, 则 P 为点锥;

(d) 若 $\mathrm{int}P \neq \varnothing$, 则 P 为体锥.

以下总假设 P 为真锥, 显然, 每一个点凸真锥可诱导一个偏序关系. 由 P 诱导的偏序关系记为 $\preccurlyeq_P$. $x \prec_P y$ 表示 $x \preccurlyeq_P y$ 且 $x \neq y$, $x \ll_P y$ 表示 $y - x \in \mathrm{int}P$.

定义 7.15　设 $(X, \preccurlyeq_X, \tau)$ 为赋序拓扑空间, C 为 $(X, \preccurlyeq_X, \tau)$ 的子集. Y 为拓扑向量空间, P 为 Y 上的点凸体锥. $F : C \times C \to Y$ 为向量值二元映射.

(i) 若对任意 $x, y \in C$, $F(x, y) \notin \mathrm{int}P \Rightarrow F(y, x) \notin -\mathrm{int}P$, 则称 F 为弱 P-伪单调的.

(ii) 若对任意 $x, y \in C$, $F(x, y) \notin \mathrm{int}P \Rightarrow F(y, x) \in P$, 则称 F 为 P-伪单调的.

(iii) 若对任意 $x, y \in C, x \neq y, F(x,y) \notin \operatorname{int}P \Rightarrow F(y,x) \in \operatorname{int}P$, 则称 F 为严格 P-伪单调的.

(iv) 若对任意 $x, y \in C$, $F(x,y) \notin P \Rightarrow F(y,x) \notin -\operatorname{int}P$, 则称 F 为 P-拟单调的.

注 7.9 容易验证严格 P-伪单调 $\Rightarrow$ P-伪单调 $\Rightarrow$ 弱 P-伪单调 $\Rightarrow$ P-拟单调.

特别地, 若在定义 7.15 中, 用拓扑向量空间 Y 代替赋序拓扑空间 $(X, \preceq_X, \tau)$, 则可定义另一种关于 g 的严格保序性.

定义 7.16 设 Y 为拓扑向量空间且 $(\Theta, \preceq_\Theta)$ 为一个偏序集. $g: \Theta \to Y$ 为单值映射. 若对任意 $\theta_1, \theta_2 \in \Theta, \theta_1 \prec_\Theta \theta_2 \Rightarrow g(\theta_1) \ll_P g(\theta_2)$, 则称 g 为 s-严格保序的.

3. 赋序拓扑空间中 VEP 解的存在性

为在赋序拓扑空间中研究向量均衡问题 (7.8.1) 解的存在性和保序性, 其首要任务是在该空间框架下建立一些分析工具. 近期, Fujimoto[147], Nishimura 和 Ok[11], Li 和 Ok[143] 在格上建立了一些序不动点定理. 借助 Fujimoto 的思想, 以下利用 Zorn 引理在赋序拓扑空间中证明一些新的序不动点定理.

定理 7.21 设 $(X, \preceq_X, \tau)$ 为赋序拓扑空间, C 为 X 的非空子集. $f: C \to 2^C \setminus \{\varnothing\}$ 为一个集值映射. 若下列条件满足:

(i) X 为一个完备格且 C 具有 $\preceq_X$-最小值;

(ii) f 是上保-$\preceq_X$ 且具紧值的,

则 f 存在极大不动点 (即 f 所有不动点的极大元).

证明 首先利用 f 和 C 构造如下偏序集:

$$A = \{x \in C : \text{存在某个 } \omega \in f(x) \text{ 使得 } x \preceq_X \omega\}, \tag{7.8.2}$$

其中 A 上的偏序关系为 $(X, \preceq_X, \tau)$ 上的偏序关系在 A 上的限制. 注意到 C 具有 $\preceq_X$-最小值, 容易验证 C 的 $\preceq_X$-最小值属于 A, 因此 $A \neq \varnothing$.

接下来证明对 A 中的任意 $\preceq_X$-链 S, S 在 A 上有 $\preceq_X$-上界. 下面分三步证明.

第一步 证明 $S \subseteq \bigcup\limits_{z \in f(\bigvee_X S)} (z]$.

任取 $x \in S \subseteq A$, 由 A 的结构可知存在 $\omega_x \in f(x)$ 使得

$$x \preceq_X \omega_x, \tag{7.8.3}$$

因为 X 为一个完备格, $\bigvee_X S$ 在 X 中存在. 注意到 $x \preceq_X \bigvee_X S$ 且 f 是上保-$\succeq$ 的, 故存在 $\mu_x \in f(\bigvee_X S)$ 使得

$$\omega_x \preceq_X \mu_x, \tag{7.8.4}$$

联立 (7.8.3) 和 (7.8.4) 可得

$$x \preccurlyeq_X \mu_x. \tag{7.8.5}$$

由 x 的任意性, 可知 $S \subseteq \bigcup\limits_{z \in f(\bigvee_X S)} (z]$.

第二步　证明 $\{[x) \cap f(\bigvee_X S) : x \in S\}$ 具有有限交性质.

令 T 为 S 的任意有限子集, 注意到 S 是一个 $\preccurlyeq_X$-链, 因此必存在 $\overline{x} \in T$ 使得

$$T \preccurlyeq_X \overline{x}, \tag{7.8.6}$$

因为 $\overline{x} \in T \subseteq S$ 且在第一步已证明 $S \subseteq \bigcup\limits_{z \in f(\bigvee_X S)} (z]$, 故 $\overline{x} \in \bigcup\limits_{z \in f(\bigvee_X S)} (z]$. 即存在 $y \in f(\bigvee_X S)$ 使得

$$\overline{x} \preccurlyeq_X y, \tag{7.8.7}$$

结合 (7.8.6) 和 (7.8.7) 可得

$$T \preccurlyeq_X y, \tag{7.8.8}$$

即 $y \in \cap\{[x) \cap f(\bigvee_X S) : x \in T\}$, 所以 $\{[x) \cap f(\bigvee_X S) : x \in S\}$ 具有有限交性质.

第三步　证明 $\cap\{[x) \cap f(\bigvee_X S) : x \in S\} \neq \varnothing$.

因为在赋序拓扑空间中 $\preccurlyeq_X$- 区间 $[x)$ 是 τ-闭的且由条件 (ii) 可知 $f(\bigvee_X S)$ 是紧集, 所以

$$\cap\{[x) \cap f(\vee_X S) : x \in S\} \neq \varnothing. \tag{7.8.9}$$

由此可知 $\bigvee_X S \in A$. 这说明 A 中任意 $\preccurlyeq_X$-链 S 在 A 中有上界.

由 Zorn 引理可知 A 中存在 $\preccurlyeq_X$-极大元. 下面证明 A 中的 $\preccurlyeq_X$-极大元正是 f 的不动点. 为此, 记 A 的 $\preccurlyeq_X$-极大元为 x^*. 因为 $x^* \in A$, 故对某个 $y^* \in f(x^*)$ 有 $x^* \preccurlyeq_X y^*$. 由 f 的上保-$\preccurlyeq_X$ 性可知存在 $z^* \in f(y^*)$ 使得 $y^* \preccurlyeq_X z^*$, 即 $y^* \in A$. 又因为 x^* 是 A 的 $\preccurlyeq_X$-极大元且 $x^* \preccurlyeq_X y^*$, 故 $x^* = y^*$. 注意到 $y^* \in f(x^*)$, 所以 x^* 为 f 的不动点. □

注 7.10　在定理 7.21 的条件 (i) 中, 需要 C 有最小值. 特别地, 若 C 为序区间 $[a)$, 则 C 显然具有 $\preccurlyeq_X$-最小值.

为证明定理 7.21, 条件 (i) 主要是保证 A 为非空的, 进而使得 $\bigvee_X S$ 在 X 中存在. 事实上, 若 C 为 X 的子完备 $\preccurlyeq_X$-子格, 则容易验证 A 也是非空的且 $\bigvee_X S$ 存在. 于是可立即获得一个关于上保-$\preccurlyeq_X$ 集值映射的不动点定理.

定理 7.22 设 $(X, \preccurlyeq_X, \tau)$ 为赋序拓扑空间且 C 为 X 的非空子集. $f : C \to 2^C \setminus \{\varnothing\}$ 为集值映射. 若下列条件成立:

(i) C 为 X 的子完备 $\preccurlyeq_X$-子格;

(ii) f 是上保-$\preccurlyeq_X$ 且具紧值的,

则 f 具有极大不动点定理.

注 7.11 定理 7.22 将 Nishimura 和 Ok[11] 的结果由 Hilbert 格推广到了赋序拓扑空间. 此外, 与 Nishimura 和 Ok 的结果相比, 我们去掉了 C 的凸性.

此外, 利用 Zorn 引理的对偶形式, 类似可证明下保序集值映射的极小不动点定理.

命题 7.1 设 $(X, \preccurlyeq_X, \tau)$ 为赋序拓扑空间, C 为 X 的非空子集. $f : C \to 2^C \setminus \{\varnothing\}$ 为一个集值映射. 若下列条件成立:

(i) X 为完备格且 C 有 $\preccurlyeq_X$-最大值;

(ii) f 是下保-$\preccurlyeq_X$ 且具有紧值的,

则 f 具有极小不动点 (f 的极小不动点的极小值).

命题 7.2 设 $(X, \preccurlyeq_X, \tau)$ 为赋序拓扑空间且 C 为 X 的非空子集. $f : C \to 2^C \setminus \{\varnothing\}$ 为一个集值映射. 若下列条件成立:

(i) C 为 X 的子完备 $\preccurlyeq_X$-子格;

(ii) f 为下保-$\preccurlyeq_X$ 且具有紧值的,

则 f 具有极小不动点.

现在利用上述序不动点定理研究 VEP(7.8.1) 解的存在性. 方便起见, 若 VEP(7.8.1) 至少存在一个解, 则称其为可解的.

定理 7.23 设 $(X, \preccurlyeq_X, \tau)$ 为赋序拓扑空间且 C 为 X 的子完备 $\preccurlyeq_X$-子格. Y 为拓扑向量空间, P 为 Y 中的点凸体锥. $F : C \times C \to Y$ 为向量值映射. 若下列条件成立:

(i) 对任意 $x \in C$, $F(x, x) \notin \text{int} P$;

(ii) F 和 $-F$ 均为弱 P-伪单调的;

(iii) 对任意 $x \in C$, $F(x, \cdot)$ 是递序的, 且 $\{y \in C : F(x, y) \in \text{int} P\}$ 是紧的,

则 VEP(7.8.1) 是可解的.

证明 首先构造集值映射 $\Phi : C \to 2^C$ 如下

$$\Phi(x) = \{y \in C : F(x, y) \in \text{int} P\}. \tag{7.8.10}$$

下面证明必存在 $\overline{x} \in C$ 使得 $\Phi(\overline{x}) = \varnothing$. 假设不然, 即对任意 $x \in C$, $\Phi(x) \neq \varnothing$, 则 Φ 为由 C 到 $2^C \setminus \{\varnothing\}$ 的集值映射. 且由条件 (iii) 可得 $\Phi : C \to 2^C \setminus \{\varnothing\}$ 是紧值的.

下证 Φ 为上保序的. 任取 $x_a, x_b \in C$ 且 $x_b \preccurlyeq_X x_a$, 并取 $y_b \in \Phi(x_b)$, 则有

$$F(x_b, y_b) \in \text{int} P, \tag{7.8.11}$$

由 $-F$ 的弱 P-伪单调性可得

$$-F(y_b, x_b) \in \text{int}P, \tag{7.8.12}$$

因为 $F(x, \cdot)$ 是逆序的且 $x_b \preceq_X x_a$, 故

$$F(y_b, x_a) \preceq_P F(y_b, x_b). \tag{7.8.13}$$

联立 (7.8.12) 和 (7.8.13) 并注意到 $P + \text{int}P \subseteq \text{int}P$, 可知

$$-F(y_b, x_a) \in \text{int}P, \tag{7.8.14}$$

再由 F 的弱 P-伪单调性可得

$$F(x_a, y_b) \in \text{int}P, \tag{7.8.15}$$

由此可知 $y_b \in \Phi(x_a)$. 记 y_b 为 y_a, 即存在 $y_a \in \Phi(x_a)$ 使得 $y_b \preceq_X y_a$. 因此, Φ 在 C 上是上保-$\preceq_X$ 的.

由定理 7.22 可知存在 $\hat{x} \in C$ 使得 $\Phi(\hat{x}) = \hat{x}$, 进而有 $F(\hat{x}, \hat{x}) \in \text{int}P$, 这与条件 (i) 矛盾. 因此, 存在 $\overline{x} \in C$ 使得 $\Phi(\overline{x}) = \varnothing$, 即 VEP(1.1) 可解. □

在定理 7.23 中, F 和 $-F$ 均要求是弱 P-伪单调的. 事实上, $-F$ 的弱 P-伪单调性条件可进一步放松. 下面的定理说明, 若 $-F$ 为 P-拟单调的且 $F(x, \cdot)$ 为 s-强逆序的, 则 VEP(7.8.1) 也可解.

定理 7.24　设 $(X, \preceq_X, \tau)$ 为赋序拓扑向量空间且 C 为 X 的子完备 $\preceq_X$-子格. Y 为拓扑向量空间, P 为其点凸体锥. $F : C \times C \to X$ 为向量值映射. 若下列条件成立:

(i) 对任意 $x \in C$, $F(x, x) \notin \text{int}P$;

(ii) F 为弱 P-伪单调的且 $-F$ 为 P-拟单调的;

(iii) 对任意 $x \in C$, $F(x, \cdot)$ 是 s-强逆序的, 且 $\{y \in C : F(x, y) \in \text{int}P\}$ 是紧的,

则 VEP(7.8.1) 可解.

证明　按定理 7.23 的证明定义 Φ. 注意到定理 7.24 和定理 7.23 的主要差异为 Φ 的上保-$\preceq_X$ 性的证明. 因此以下只证明 Φ 在新的条件下仍是上保-$\preceq_X$ 的.

任取 $x_a, x_b \in C$ 且 $x_b \preceq_X x_a$, 并取 $y_b \in \Phi(x_b)$. 若 $x_a = x_b$, 则显然存在 $y_a \in \Phi(x_a)$ 使得 $y_b \preceq_X y_a$.

下面考虑 $x_b \prec_X x_a$ 的情况. 由于 $y_b \in \Phi(x_b)$, 故

$$F(x_b, y_b) \in \text{int}P, \tag{7.8.16}$$

由 $-F$ 的 P-拟单调性可得

$$-F(y_b, x_b) \in P. \tag{7.8.17}$$

因为 $F(x, \cdot)$ 是 s-严格逆序的且 $x_b \prec_X x_a$, 所以

$$F(y_b, x_a) \ll_P F(y_b, x_b). \tag{7.8.18}$$

又因为 $P + \text{int} P \subseteq \text{int} P$, 联立 (7.8.17) 和 (7.8.18) 可得

$$-F(y_b, x_a) \in \text{int} P, \tag{7.8.19}$$

利用 F 的弱 P-伪单调性可知

$$F(x_a, y_b) \in \text{int} P. \tag{7.8.20}$$

由此可得 $y_b \in \Phi(x_a)$. 记此 y_b 为 y_a, 则已找到 $y_a \in \Phi(x_a)$ 使得 $y_b \prec_X y_a$, 即: Φ 在 C 上是上保-$\prec_X$ 的. □

下面利用 $F(\cdot, y)$ 的保序性证明一个新的不动点定理. 此时, 定理 7.23 和定理 7.24 中的条件 (ii) 可以去掉.

定理 7.25 设 $(X, \prec_X, \tau)$ 为赋序拓扑向量空间且 C 为 X 的子完备 $\prec_X$-子格. Y 为拓扑向量空间, P 为其上的点凸体锥. $F: C \times C \to X$ 为向量值映射. 若下列条件成立:

(i) 对任意 $x \in C$, $F(x, x) \notin \text{int} P$;

(ii) 对任意 $y \in C$, $F(\cdot, y)$ 是保序的;

(iii) 对任意 $x \in C$, $\{y \in C : F(x, y) \in \text{int} P\}$ 是紧的,

则 VEP(7.8.1) 可解.

证明 按定理 7.21 中的方式定义集值映射 Φ, 则必存在 $\bar{x} \in C$ 使得 $\Phi(\bar{x}) = \varnothing$. 倘若不然, Φ 将为从 C 到 $2^C \setminus \{\varnothing\}$ 的集值映射. 下证 Φ 在新的条件下仍为上保序的. 任取 $x_a, x_b \in C$ 且 $x_b \prec_X x_a$, 并取 $y_b \in \Phi(x_b)$, 则

$$F(x_b, y_b) \in \text{int} P, \tag{7.8.21}$$

由于 $F(\cdot, y)$ 是保序的且 $x_b \prec_X x_a$, 故

$$F(x_b, y_b) \prec_P F(x_a, y_b). \tag{7.8.22}$$

联立 (7.8.21) 和 (7.8.22) 并注意到 $P + \text{int} P \subseteq \text{int} P$, 则

$$F(x_a, y_b) \in \text{int} P, \tag{7.8.23}$$

即 y_b 也在 $\Phi(x_a)$ 中. 因此, Φ 是上保序的. 利用定理 7.22 可知存在 $\hat{x} \in C$ 使得 $F(\hat{x}, \hat{x}) \in \text{int} P$, 这与条件 (i) 相矛盾. 因此, VEP(7.8.1) 可解. □

在上述定理中, 二元映射 F 需要满足不同类型的保序性和单调性, 其主要目的是保证集值映射 Φ 是上保序的. 这些条件是充分非必要的, 为此可直接将上述条件减弱为 Φ 是上保序的.

定理 7.26　设 $(X, \preccurlyeq_X, \tau)$ 为赋序拓扑向量空间且 C 为 X 的子完备 $\preccurlyeq_X$-子格. Y 为拓扑向量空间, P 为其上的点凸体锥. $F : C \times C \to X$ 为向量值映射. 如果下列条件成立:

(i) 对任意 $x \in C$, $F(x, x) \notin \operatorname{int} P$;

(ii) 集值映射 $\Phi(x) = \{y \in C : F(x, y) \in \operatorname{int} P\}$ 为上保序且紧值的,

则 VEP(7.8.1) 可解.

注 7.12　注意到定理 7.23、定理 7.24、定理 7.25 和定理 7.26 均由定理 7.22 推出. 事实上, 利用定理 7.21、命题 7.1、命题 7.2 及定理 7.23 中的证明技巧, 可进一步探索一些关于 VEP(7.8.1) 的存在性定理.

4. 参数向量均衡问题解映射的上保序性

下面利用前面的序不动点定理研究参数向量均衡问题解映射的上保序性. 为表述方便, 下面总假设:

(A1) $(X, \preccurlyeq_X, \tau_X)$ 为赋序拓扑空间且 C 为 X 的子完备 $\preccurlyeq_X$-子格;

(A2) Y 为实拓扑向量空间且 P 为 Y 中的点凸体锥;

(A3) 由 P 诱导的偏序关系记为 $\preccurlyeq_P$, $x \prec_P y$ 表示 $x \preccurlyeq_P y$ 且 $x \neq y$, $x \ll_P y$ 表示 $y - x \in \operatorname{int} P$;

(A4) $(\Theta, \preccurlyeq_\theta)$ 为偏序集, 其中 $\preccurlyeq_\theta$ 表示 Θ 上的偏序关系;

(A5) $F : C \times C \times \Theta \to Y$ 为向量值映射, 受参数 $\theta \in \Theta$ 扰动.

现考虑参数向量均衡问题 (PVEP): 寻找 $\overline{x}(\theta) \in C$ 使得

$$F(\overline{x}(\theta), y; \theta) \notin \operatorname{int} P, \quad \forall y \in C, \tag{7.8.24}$$

这里可定义一个解映射 $\mathscr{S} : (\Theta, \preccurlyeq_\theta) \to 2^C$, $\mathscr{S}(\theta)$ 表示 PVEP 关于 $\theta \in \Theta$ 的解集.

定理 7.27　设 $(X, \preccurlyeq_X, \tau_X)$, $(Y, \preccurlyeq_P)$, $(\Theta, \preccurlyeq_\theta)$, C 和 F 满足假设 (A1)—(A5). 若对任意 $(x, y) \in C \times C$ 且 $x \neq y$, $F(x, y; \cdot)$ 为 s-严格保序的. 对任意 $\theta \in (\Theta, \preccurlyeq_\theta)$, 下列条件成立:

(i) 对任意 $x \in C$, $F(x, x; \theta) \notin \operatorname{int} P$;

(ii) $F(\cdot, \cdot; \theta)$ 是 P-伪单调的;

(iii) 集值映射 $\Phi(x) = \{y \in C : F(x, y; \theta) \in \operatorname{int} P\}$ 为上保序且紧值的,

则

(a) 对任意 $\theta \in (\Theta, \preccurlyeq_\theta)$, $\mathscr{S}(\theta) \neq \varnothing$;

(b) 此外, 若对任意 $x \notin \mathscr{S}(\theta)$, 存在 $y \in C$ 且 $x \prec_P y$ 使得 $F(x, y; \theta) \in \operatorname{int} P$, 则 $\mathscr{S}$ 是上保序的.

证明　(a) 由条件 (i) 和条件 (iii) 可知对任意 $\theta \in \Theta$, F 均满足定理 7.26 的条件, 因此对任意 $\theta \in \Theta$, PVEP(7.8.24) 可解.

(b) 任取 $\theta_1, \theta_2 \in \Theta$ 且 $\theta_1 \preccurlyeq_\Theta \theta_2$, 并取 $\overline{x}(\theta_1) \in \mathscr{S}(\theta_1)$. 为证 $\mathscr{S}$ 是上保序的, 只需寻找 $\overline{x}(\theta_2) \in \mathscr{S}(\theta_2)$ 使得 $\overline{x}(\theta_1) \preccurlyeq_X \overline{x}(\theta_2)$. 若 $\overline{x}(\theta_1) \in \mathscr{S}(\theta_2)$ 或 $\theta_1 = \theta_2$, 则 $\overline{x}(\theta_2)$ 显然存在.

下面考虑 $\theta_1 \prec \theta_2$ 且 $\overline{x}(\theta_1) \notin \mathscr{S}(\theta_2)$ 的情形. 为此, 构造集值映射 $\Psi : C \to 2^C$ 如下:

$$\Psi(x) = \begin{cases} \{y \in C : F(x, y; \theta_2) \in \mathrm{int}P\}, & x \in [\overline{x}(\theta_1)) \cap C, \\ \{\overline{x}(\theta_1)\}, & x \in C \setminus [\overline{x}(\theta_1)). \end{cases} \quad (7.8.25)$$

若 $\overline{x}(\theta_1) = \bigwedge_X C$, 则 $\overline{x}(\theta_2)$ 显然存在. 接下来考虑 $\overline{x}(\theta_1) \neq \bigwedge_X C$ 的情形, 此时易知 $C \setminus [\overline{x}(\theta_1)) \neq \varnothing$. 下证必存在 $\tilde{x} \in [\overline{x}(\theta_1)) \cap C$ 使得 $\Psi(\tilde{x}) = \varnothing$. 倘若不然, 即对 $\forall x \in [\overline{x}(\theta_1)) \cap C$, $\Psi(x) \neq \varnothing$, 则 Ψ 为从 C 到 $2^C \setminus \{\varnothing\}$ 的集值映射.

现在证明 Ψ 是上保-$\preccurlyeq_X$ 的. 任取 $x_a, x_b \in C$ 且 $x_b \preccurlyeq_X x_a$, 并取 $y_b \in \Psi(x_b)$. 因为 Ψ 的定义域分为两部分, 下面将证明分为三种情形.

第一种情形, $x_a \in [\overline{x}(\theta_1)) \cap C$ 且 $x_b \in C \setminus [\overline{x}(\theta_1))$.

首先考虑一种特殊情况, 即 $x_a = \overline{x}(\theta_1)$. 因为 $\overline{x}(\theta_1) \notin \mathscr{S}(\theta_2)$, 由定理 7.27(b) 中的条件可知存在 $\overline{y} \in C$ 且 $\overline{x}(\theta_1) \prec \overline{y}$ 使得 $F(\overline{x}(\theta_1), \overline{y}; \theta_2) \in \mathrm{int}P$. 换言之, 对任意 $y_b \in \Psi(x_b)$, 存在 $\overline{y} \in \Psi(x_a)$ 使得 $y_b \preccurlyeq_X \overline{y}$.

现在考察 $x_a \neq \overline{x}(\theta_1)$ 的情形. 因为 $x_b \in C \setminus [\overline{x}(\theta_1))$ 且对 $\forall x \in C \setminus [\overline{x}(\theta_1))$, $\Psi(x) = \{\overline{x}(\theta_1)\}$, 故 $y_b = \overline{x}(\theta_1)$. 由于 $\overline{x}(\theta_1)$ 为 PVEP 的解, 所以

$$F(\overline{x}(\theta_1), y; \theta_1) \notin \mathrm{int}P, \quad \forall y \in C. \quad (7.8.26)$$

注意到 $x_a \in [\overline{x}(\theta_1)) \cap C \subseteq C$, 故

$$F(\overline{x}(\theta_1), x_a; \theta_1) \notin \mathrm{int}P, \quad (7.8.27)$$

因为 $F(\cdot, \cdot; \theta_1)$ 是 P-伪单调的, 所以

$$F(x_a, \overline{x}(\theta_1); \theta_1) \in P. \quad (7.8.28)$$

又因为 $\theta_1 \prec_\Theta \theta_2$ 并且 $F(x_a, \overline{x}(\theta_1); \cdot)$ 是 s-严格保序的, 所以

$$F(x_a, \overline{x}(\theta_1); \theta_1) \ll_P F(x_a, \overline{x}(\theta_1); \theta_2). \quad (7.8.29)$$

由此可得 $F(x_a, \overline{x}(\theta_1); \theta_2) - F(x_a, \overline{x}(\theta_1); \theta_1) \in \mathrm{int}P$. 因为 $P + \mathrm{int}P \subseteq \mathrm{int}P$, 联立 (7.8.28) 和 (7.8.29) 可得

$$F(x_a, \overline{x}(\theta_1); \theta_2) \in \mathrm{int}P, \quad (7.8.30)$$

这说明 $\overline{x}(\theta_1) \in \Psi(x_a)$. 因此, Ψ 为上保序 -$\preccurlyeq_X$ 的.

第二种情形, $x_a, x_b \in [\overline{x}(\theta_1)) \cap C$.

若 $x_a, x_b \in [\overline{x}(\theta_1)) \cap C$, 则 $\Psi(x) = \{y \in C : F(x,y;\theta_2) \in \mathrm{int}P\}$. 由条件 (iii) 可得 Ψ 此时也是上保-$\preccurlyeq_X$ 的.

第三种情形, $x_a, x_b \in C \setminus [\overline{x}(\theta_1))$.

此时对任意 $x \in C \setminus [\overline{x}(\theta_1))$, $\Psi(x) = \{\overline{x}(\theta_1)\}$. 因此, Ψ 的上保-$\preccurlyeq_X$ 性是显然的.

综上所述, Ψ 在整个定义域 C 上是上保-$\preccurlyeq_X$ 的. 又因为 Ψ 是紧值的且 C 是 X 的子完备 $\preccurlyeq_X$-子格, 由定理 7.22 可得 Ψ 存在不动点, 即存在 $\hat{x} \in C$ 使得 $\Psi(\hat{x}) = \hat{x}$. 易知 $\hat{x}$ 必在 $[\overline{x}(\theta_1)) \cap C$ 中, 故 $F(\hat{x}, \hat{x};\theta) \in \mathrm{int}P$, 这与条件 (i) 矛盾.

因此, 存在 $\tilde{x} \in [\overline{x}(\theta_1)) \cap C$ 使得 $\Psi(\tilde{x}) = \varnothing$, 这说明存在 $\tilde{x} \in C$ 使得 $\overline{x}(\theta_1) \preccurlyeq_X \tilde{x}$ 且对任意 $y \in C, F(\tilde{x}, y; \theta_2) \notin \mathrm{int}P$. 换言之, 我们已找到 $\tilde{x} \in \mathscr{S}(\theta_2)$ 使得 $\overline{x}(\theta_1) \preccurlyeq_X \tilde{x}$. 因此, $\mathscr{S}$ 是上保序的. $\qquad\square$

特别地, 若 F 为严格 P-伪单调的, 则对任意 $\theta \in \Theta$, PVEP 有唯一解. 此时可推出定理 7.27 的一个特殊形式.

定理 7.28　设 $(X, \preccurlyeq_X, \tau_X), (Y, \preccurlyeq_P), (\Theta, \preccurlyeq_\theta), C$ 和 F 满足假设 (A1)—(A5). 若对任意 $(x,y) \in C \times C$ 且 $x \neq y$, $F(x,y;\cdot)$ 是 s-严格保序的并且对任意 $\theta \in (\Theta, \preccurlyeq_\theta)$, 下列条件成立:

(i) 对任意 $x \in C$, $F(x,x;\theta) \notin \mathrm{int}P$;

(ii) $F(\cdot,\cdot;\theta)$ 为严格 P-伪单调的;

(iii) 集值映射 $\Phi(x) = \{y \in C : F(x,y;\theta) \in \mathrm{int}P\}$ 是上保序且紧值的,

则

(a) 对任意 $\theta \in (\Theta, \preccurlyeq_\Theta)$, PVEP(7.8.24) 有唯一解.

(b) 若对任意 $x \notin \mathscr{S}(\theta)$, 存在 $y \in C$ 且 $x \prec_P y$ 使得 $F(x,y;\theta) \in \mathrm{int}P$, 则 $\mathscr{S}$ 是保序的.

注 7.13　在定理 7.27 和定理 7.28 中, 向量值函数 F 需满足两种类型的保序性. 为保证解的上保序性, 我们需要满足这些定理 (b) 中的条件: 对任意 $x \notin \mathscr{S}(\theta)$, 存在 $y \in C$ 且 $x \prec_P y$ 使得 $F(x,y;\theta) \in \mathrm{int}P$. 下面举例说明该条件很容易被满足.

例 7.4　令 $X = (\mathbb{R}, \leqslant)$ 且 $C = \left\{0, \dfrac{1}{3}, \dfrac{2}{3}, 1\right\}$, 其中 $\mathbb{R}$ 为实数集且 $\leqslant$ 为 $\mathbb{R}$ 上的普通序关系. 令 $Y = \mathbb{R}, P = \mathbb{R}_+$ 且 Θ 为闭区间 $\left[0, \dfrac{1}{4}\right]$. 定义映射 $F : C \times C \times \theta \to \mathbb{R}$

如下:

$$
F(x, y; \theta) = \begin{cases}
-\dfrac{1}{2}x + \dfrac{1}{2}y + \dfrac{1}{2} + \theta, & (x,y) \in \{(x,y) \in C \times C : x < y\}, \\
0, & x = y, \\
-\dfrac{1}{2}x + \dfrac{1}{2}y - \dfrac{1}{2} + \theta, & (x,y) \in \{(x,y) \in C \times C : x > y\},
\end{cases} \tag{7.8.31}
$$

容易验证 F 满足定理 7.27 的所有条件.

注 7.14　在定理 7.27 和定理 7.28 中, 要求 $F(x,y;\cdot)$ 是 s-严格保序的. 另一方面, 若 $F(x,y;\cdot)$ 是逆序的, 则条件 (ii) 和定理 7.27(b) 中的条件可以去掉.

定理 7.29　设 $(X, \preccurlyeq_X, \tau_X)$, $(Y, \preccurlyeq_P)$, $(\Theta, \preccurlyeq_\theta)$, C 和 F 满足假设 (A1)—(A5). 若对任意 $(x,y) \in C \times C$, $F(x,y;\cdot)$ 是逆序的, 且对任意 $\theta \in (\Theta, \preccurlyeq_\theta)$, 下列条件成立:

(i) 对任意 $x \in C$, $F(x,x;\theta) \notin \text{int}P$;

(ii) 集值映射 $\Phi(x) = \{y \in C : F(x,y;\theta) \in \text{int}P\}$ 是上保序且紧值的,

则

(a) 对任意 $\theta \in (\Theta, \preccurlyeq_\theta)$, $\mathscr{S}(\theta) \neq \varnothing$;

(b) $\mathscr{S}$ 是上保序的.

证明　由定理 7.26 可知, (a) 显然成立. 下面证明 $\mathscr{S}$ 是上保序的. 任取 $\theta_1, \theta_2 \in \Theta$ 且 $\theta_1 \preccurlyeq_\theta \theta_2$, 并取 $\overline{x}(\theta_1) \in \mathscr{S}(\theta_1)$, 则

$$
F(\overline{x}(\theta_1), y; \theta_1) \notin \text{int}P, \quad \forall y \in C. \tag{7.8.32}
$$

因为 $\theta_1 \preccurlyeq_\theta \theta_2$ 且 $F(\overline{x}(\theta_1), y; \cdot)$ 是逆序的, 所以

$$
F(\overline{x}(\theta_1), y; \theta_2) \preccurlyeq_P F(\overline{x}(\theta_1), y; \theta_1), \tag{7.8.33}
$$

这等价于 $F(\overline{x}(\theta_1), y; \theta_1) - F(\overline{x}(\theta_1), y; \theta_2) \in P$. 由 $P + \text{int}P \subseteq \text{int}P$, 可知

$$
F(\overline{x}(\theta_1), y; \theta_2) \notin \text{int}P. \tag{7.8.34}
$$

由此可得 $\overline{x}(\theta_1)$ 也在 $\mathscr{S}(\theta_2)$ 中. 因此, $\mathscr{S}$ 是上保序的.　　　　□

注 7.15　利用定理 7.23、定理 7.24 及定理 7.25, 定理 7.29 中的条件 (ii) 可由关于 F 的一些假设代替, 并可获得保序性的相关结果. 本部分主要讨论了 PVEP (7.8.24) 解映射的上保序性, 然而利用命题 7.1 和命题 7.2, 可类似研究 PVEP (7.8.24) 解的下保序性.

5. 小结

以上利用序不动点定理研究了向量均衡问题解的存在性和保序性. 与之前关于向量均衡问题的研究相比, 不需要相关映射具有任何拓扑连续性和凸性.

另一方面, 当 F 为向量值映射时, 向量均衡问题还有多种形式.

在 2000 年, Ansari[267] 考虑了如下向量均衡问题: 寻找 $y \in C$ 使得

$$F(y, x) \notin \operatorname{int} P(y), \tag{7.8.35}$$

其中 $\{P(x) : x \in C\}$ 为 Y 中的一族闭凸点锥, 这些锥的顶点在原点且 $\operatorname{int} P(x) \neq \varnothing, \ \forall x \in C$.

同年, Chadli 和 Riahi[268] 考察了下面的向量均衡问题: 寻找 $\overline{x} \in C$ 使得

$$F(\overline{x}, y) \notin P(\overline{x}), \quad \forall y \in C, \tag{7.8.36}$$

其中对 $\forall x \in C, P(x)$ 为 Y 中的凸开锥.

在 2003 年, Huang 和 Li 等[5] 研究了下面的隐向量均衡问题: 寻找 $x^* \in C$ 使得

$$F(G(x^*, y)) \notin -\operatorname{int} P(x^*), \quad \forall y \in C, \tag{7.8.37}$$

其中对任意 $x \in C, P(x)$ 为 Y 中的闭凸点锥, 且其内部 $\operatorname{int} P(x)$ 非空, $G : C \to C$ 为一个映射.

利用本节的研究方法, 可以类似研究向量均衡问题 (7.8.35)—(7.8.37) 的存在性和保序性.

第 8 章　微分均衡问题

本章利用序不动点理论研究一类微分变分不等式问题. 为此首先研究临近点算子的保序性质, 再利用临近点算子的保序性质和 Knaster-Tarski 不动点定理证明混合变分不等式解的存在性和保序性. 基于上述获得的结果, 探索微分不等式温和解的存在性. 与已有文献相比, 本章研究微分变分不等式的方法 —— 序方法 —— 是新的, 且获得的结果不再要求微分方程中的函数具有 Lipschitz 连续性. 因为均衡问题是变分不等式问题的推广, 所以本章最后提出一类比微分变分不等式问题更广的一类非线性问题 —— 微分均衡问题.

8.1　微分变分不等式的研究背景与现状

令 H 和 H_1 为两个 Hilbert 空间, K 为 H_1 的非空闭凸子集. 令 $f : [0, T] \times H \times H_1 \to H$ 和 $g : [0, T] \times H \times K \to H$ 为给定的两个映射, 这里常数 $T > 0$. 令 $\phi : H_1 \to \mathbb{R} \cup \{+\infty\}$ 为真凸下半连续泛函. 令 $A : \mathcal{D}(A) \subseteq H \to H$ 为 H 中 C_0-半群 $\{T(t) : t \geqslant 0\}$ 的无穷小生成元, 其中 $\mathcal{D}(A)$ 表示 A 的定义域.

2016 年, Liu, Zeng 和 Motreanu[205] 研究了一类由一个混合变分不等式驱动的非线性进展方程 (EEVI), 具体形式为

$$\begin{cases} \dot{x}(t) = Ax(t) + f(t, x(t), u(t)), & \text{a.e. } t \in [0, T], \\ u(t) \in S(K, g(t, x(t), \cdot), \phi), & \text{a.e. } t \in [0, T], \\ x(0) = x_0, \end{cases} \tag{8.1.1}$$

其中 $S(K, g(t, x(t), \cdot), \phi)$ 为如下混合变分不等式问题的解: 寻找 $u : [0, T] \to K$ 使得

$$\langle g(t, x(t), u(t)), v - u(t) \rangle + \phi(v) - \phi(u(t)) \geqslant 0, \quad \forall v \in K. \tag{8.1.2}$$

通过利用 C_0-半群理论、Filippov 隐函数定理以及 ν-凝聚算子的不动点定理, Liu, Zeng 和 Motreanu[205] 在 K 为紧集的假设下研究了 EEVI (8.1.1) 温和解的存在性, 其中该问题温和解的定义如下.

定义 8.1　函数 (x, u) 称为 EEVI (8.1.1) 的温和解, 如果 $x \in C([0, T]; H)$ 且 $u : [0, T] \to K$ 为一个可测函数, 使得

$$x(t) = T(t)x_0 + \int_0^t T(t-s)f(s,x(s),u(s))\mathrm{d}s, \quad t \in [0,T],$$

且 $u(s) \in S(K, g(s, x(s), \cdot), \phi)$, $s \in [0, T]$. 如果 (x, u) 为 EEVI (8.1.1) 的温和解, 则称 x 为 EEVI 的温和轨迹, 并称 u 为 EEVI 的控制轨迹.

2018 年, 在文献 [205] 的基础之上, Liu, Motreanu 和 Zeng[206] 在 K 非紧的条件下进一步研究了 EEVI (8.1.1) 温和解的存在性. 事实上, EEVI (8.1.1) 为微分变分不等式 (DVIs) 的一种推广形式. Pang 和 Stewart[23] 于 2008 年在一篇长达 80 页的论文中系统介绍了微分变分不等式的概念. 由于微分变分不等式为许多数学问题提供了一个新的框架并且广泛应用于动态博弈、动态交通均衡问题和接触力学等领域, 该理论在过去 10 余年吸引了诸多学者的注意. 目前, 微分变分不等式已被推广至多种形式, 例如, 微分混合变分不等式、微分向量变分不等式、微分拟变分不等式、偏微分变分不等式、半线性微分变分不等式、二阶微分变分不等式等. 更多信息请参阅 [4—10] 及相关文献. 关于广义微分变分不等式, 已有研究主要关注该问题解的存在性, 且主要工具为 C_0-半群理论、Filippov 隐函数定理及半连续算子的不动点定理. 例如, Liu, Zeng 和 Motreanu 在 2016 年, 以及 Liu 等在 2017 年利用凝聚算子的不动点定理研究了 EEVI (8.1.1) 温和解的存在性. 2019 年, Lu, Liu 和 Motreanu[212] 利用 Kakutani-Fan-Glicksberg 不动点定理研究了半线性微分变分不等式解的存在性. 其他有关微分变分不等式解的存在性研究, 请参阅 [4—10] 及其参考文献. 因为这些拓扑不动点定理通常需要涉及的集值映射满足一定的连续性或上半连续性, 所以之前的大部分研究要求微分方程中的函数 f 为 Lipschitz 连续的. 而 Lipschitz 连续性在很多实际问题中难以满足, 因此, 有必要探索一些放松连续的方法.

受上述问题的启发, 我们发现 Nishimura 和 Ok[11] 在 2012 年提出了一种研究广义变分不等式的序方法, 并在不借助相关映射连续性的条件下证明变分不等式解的存在性. 2017 年, Li[214] 在链完备格上利用 Abian-Brown 不动点定理证明了非线性 Hammerstein 积分方程连续解的存在性, 其研究也不要求 f 具有 Lipschitz 连续性. 基于 Liu 等[205], Li[214], Nishimura 和 Ok[11] 的工作, 很自然提出下列问题.

问题: 既然序方法可分别应用于变分不等式和微分方程, 那么能否将序方法应用于二者联合起来的问题, 即研究微分变分不等式问题?

本章将对上述问题给出肯定答案. 各节安排如下: 8.2 节介绍一些基本的概念和引理; 8.3 节研究临近点映射的保序性, 该性质与混合变分不等式具有密切联系; 8.4 节应用 Knaster-Tarski 不动点定理建立混合变分不等式解的存在性以及解映射的保序性质; 8.5 节在前几节获得的结果的基础之上研究 EEVI 温和解的存在性, 这里我们不再需要微分方程中的函数 f 具有 Lipschitz 连续性.

8.2 预备知识

本节首先回顾有关偏序集的一些基本概念, 然后介绍几个序不动点定理. 更多细节请参考相关文献.

定义 8.2 令 $(P, \preccurlyeq_P)$ 为偏序集且 D 为 $(P, \preccurlyeq_P)$ 的非空子集.

(i) P 中的元素 p 称为 D 的上界, 如果 $x \preccurlyeq_P p, \forall x \in D$. 如果 $p \in D$, 则 b 称为 D 的最大元, 并记为 $p = \max D$. D 的下界和最小元 $\min D$ 可类似定义.

(ii) 元素 p 称为 D 的上确界, 如果它是 D 所有上界的最小元, 且记为 $\sup D$. 我们称 y 为 D 的极大元, 如果 $y \in D$, 且 $z \in D$ 和 $y \preccurlyeq_P z$ 蕴含 $y = z$. D 的下确界 $\inf D$ 和极小元可类似定义.

(iii) D 称为从上 $\preccurlyeq_P$-有界的, 如果 $D \preccurlyeq_P x$ 对某个 $x \in P$ 成立. D 称为从下 $\preccurlyeq_P$-有界的, 如果 $x \preccurlyeq_P D$ 对某个 $x \in D$ 成立. D 称为 $\preccurlyeq_P$-有界的, 如果它同时从上和从下 $\preccurlyeq_P$-有界.

(iv) P 称为一个格, 如果 $\inf\{x, y\}$ 且 $\sup\{x, y\}$ 对所有 $x, y \in P$ 都存在. P 称为一个完备格, 如果 $\sup S$ 和 $\inf S$ 对任意非空 $S \subseteq P$ 都存在. D 称为 $\preccurlyeq_P$-子格, 如果 $\sup\{x, y\}$ 且 $\inf\{x, y\}$ 在 X 中存在, 且对属于 $D, \forall x, y \in D$. 如果对任意非空 $S \subseteq D$, 都有 D 包含 $\sup S$ 和 $\inf S$, 则称 D 为 P 的子完备 $\preccurlyeq_P$-子格.

定义 8.3 令 E 为赋序的 Banach 空间, 并记 $x^+ = \sup\{0, x\}$, $x^- = \inf\{-x, 0\}$ 且 $|x| = \sup\{x, -x\}$, 则

(i) E 称为格序的, 如果 $\sup\{x, y\}$ 且 $\inf\{x, y\}$ 存在, $\forall x, y \in E$. 如果 $\|u^+\| \leqslant \|u\|, \forall x \in E$, 则称 E 具有 (N+) 性质.

(ii) E 称为一个 Banach 格, 如果 $|x| \preccurlyeq_P |y|$ 蕴含 $\|x\| \leqslant \|y\|, \forall x, y \in E$. 此外, 如果 E 为一个 Hilbert 空间, 且其范数由内积 $\langle \cdot, \cdot \rangle$ 诱导, 则称 E 为一个 Hilbert 格.

注 8.1 需要指出的是, 很多函数空间具有性质 (N+). 例如, 令 H 为一个 Hilbert 格, 则容易验证按以下方式定义的 Bochner-Lebesgue 空间 $L^2([0, T]; H)$,

$$L^2([0, T]; H) := \left\{ u : [0, T] \to H \mid u \text{ 为 Bochner 可积的 且 } \int_0^T \|u(t)\|_H^2 \mathrm{d}t < +\infty \right\}$$

为一个格序的 Hilbert 空间且具有性质 (N+). 更多的例子请参见文献 [217] 中的引理 4.38 和引理 5.10.

定义 8.4 令 $(X, \preccurlyeq_X)$ 和 $(P, \preccurlyeq_P)$ 为两个给定的偏序集. 令 $\mathcal{F} : X \to 2^P \setminus \{\varnothing\}$ 为集值映射, 且 $\mathcal{G} : X \to P$ 为单值映射.

(i) $\mathcal{F} : X \to 2^P \setminus \{\varnothing\}$ 称为向上递增的, 如果对于 X 中的 $x \preccurlyeq_X y$, $z \in \mathcal{F}(x)$ 蕴含 $[z) \cap \mathcal{F}(y)$ 非空. $\mathcal{F} : X \to 2^P \setminus \{\varnothing\}$ 称为向下递增的, 如果对于 X 中的 $x \preccurlyeq_X y$,

$w \in \mathcal{F}(y)$ 蕴含 $(w] \cap \mathcal{F}(x)$ 非空. 如果 $\mathcal{F}$ 同时向上递增和向下递增, 则称 $\mathcal{F}$ 为递增的. 这里序区间 $[z) = \{x \in P : z \preccurlyeq_P x\}$, $(w] = \{x \in P : x \preccurlyeq_P w\}$ 且 $[z, w] = [z) \cap (w]$.

(ii) $\mathcal{G} : X \to P$ 称为递增的, 如果 $x \preccurlyeq_X y$ 蕴含 $\mathcal{G}(x) \preccurlyeq_P \mathcal{G}(y)$; $\mathcal{G} : X \to P$ 称为递减的, 如果 $x \preccurlyeq_X y$ 蕴含 $\mathcal{G}(y) \preccurlyeq_P \mathcal{G}(x)$.

(iii) 映射 (单值的或集值的) 称为具有保序性质, 如果该映射为递增的. 该性质在文献 [218] 中称为单调性.

下面回顾偏序集上两个序不动点定理, 它们在 8.4 节和 8.5 节具有重要作用. 引理 8.1 通常称为 Knaster-Taski 不动点定理.

引理 8.1[148,219]　设 X 为完备格且 $\mathcal{G} : X \to X$ 为递增映射, 则 $\mathcal{G}$ 的不动点集非空, 且构成一个完备格. 特别地, $\mathcal{G}$ 具有最小不动点和最大不动点.

引理 8.2[217]　设 E 为格序的、自反的 Banach 空间, 且具有性质 (N+). 如果 B 为 E 中的有界闭球, 则每个具有弱序列闭值的递增映射 $\mathcal{F} : B \to 2^B \setminus \{\varnothing\}$ 具有极小不动点和极大不动点.

8.3　临近点算子的保序性

本节我们首先回顾临近点映射的概念, 它与混合变分不等式具有密切联系. 然后, 在格上研究临近点映射的保序性质.

令 H_1, K 和 ϕ 满足 8.1 节中的条件. 对于任意给定的 $x \in H_1$, 考虑如下极小值问题

$$\min_{v \in K} \left\{ \frac{1}{2} \|v - x\|^2 + \phi(v) : v \in K \right\}. \tag{8.3.1}$$

由文献 [220, 命题 1.2] 可知上述极小值问题在 K 中具有唯一解. 因此, 可以按以下方式定义映射 $\mathbf{Prox}_\phi : H_1 \to K$,

$$\mathbf{Prox}_\phi(x) := \arg\min_{v \in K} \left\{ \frac{1}{2} \|v - x\|^2 + \phi(v) : v \in K \right\}, \tag{8.3.2}$$

该映射最初由 Moreau[221,222] 于 20 世纪 60 年代给出并通常称为关于 ϕ 的临近点映射. 众所周知, 关于该映射, 有以下等价关系.

引理 8.3[220]　令 H_1 为 Hilbert 空间且 K 为 H_1 的非空闭凸子集. $\phi : K \to \mathbb{R} \cup \{+\infty\}$ 为真凸下半连续的泛函. 若 $u \in K$, 则下面三个条件相互等价:

(a) $u = \mathbf{Prox}_\phi(x)$; $\qquad\qquad\qquad\qquad\qquad\qquad\qquad\qquad$ (8.3.3)

(b) $\langle u - x, v - u \rangle + \phi(v) - \phi(u) \geqslant 0$, $\ \forall v \in K$; $\qquad\qquad$ (8.3.4)

(c) $\langle v - x, v - u \rangle + \phi(v) - \phi(u) \geqslant 0$, $\ \forall v \in K$. $\qquad\qquad$ (8.3.5)

在过去几十年, 临近点映射 $\mathbf{Prox}_\phi$ 对于构造求解混合变分不等式的算法具有重要作用. 为此, 考虑如下混合变分不等式 (MVI): 寻找 $u \in K$ 使得

$$\langle Q(u), v - u \rangle + \phi(v) - \phi(u) \geqslant 0, \quad \forall v \in K, \tag{8.3.6}$$

其中 K, ϕ 如引理 8.3 所述, $Q : K \to H_1$. 显然, 若用 $u - Q(u)$ 代替 (8.3.2)—(8.3.5) 中的 x, 则可建立 MVI (8.3.6) 与 $\mathbf{Prox}_\phi$ 的等价关系.

引理 8.4 [220, 命题 2.2]   在引理 8.3 的假设下, 向量 $u \in K$ 为 MVI (8.3.6) 的解当且仅当 $u \in K$ 满足下列方程

$$u = \mathbf{Prox}_\phi(u - Q(u)). \tag{8.3.7}$$

根据引理 8.4, MVI (8.3.6) 可以转化为映射 $\mathbf{Prox}_\phi \circ (I_K - Q) : K \to K$ 的不动点问题, 其中 I_K 为 K 上的恒等映射. 为了证明 $\mathbf{Prox}_\phi(I_K - Q)$ 的不动点集非空, 在已有研究中通常要用到 $\mathbf{Prox}_\phi$ 的非扩张性. 然而, 在赋序的空间框架下, 我们主要关注 $\mathbf{Prox}_\phi$ 的保序性质. 下面, 我们在 Hilbert 格上考察 $\mathbf{Prox}_\phi$ 的递增性质. 为此, 我们需要下面的引理.

引理 8.5 [11]   令 $(H_1, \preccurlyeq_{H_1})$ 为 Hilbert 格且 $H_1^+ := \{x \in X : \mathbf{0} \preccurlyeq_{H_1} x\}$ 为 H_1 的正锥, 则对任意 $x, y \in H_1^+$, 可得 $\langle z - z \wedge w, z \vee w - z \rangle = 0, \forall z, w \in H_1$.

基于引理 8.5, 我们给出下面结果.

定理 8.1   令 $(H_1, \preccurlyeq_{H_1})$ 为 Hilbert 格, 且 K 为 H_1 的非空闭凸子集. $\phi : K \to \mathbb{R} \cup \{+\infty\}$ 为真凸下半连续的泛函. 假设 K 为 H_1 的 $\preccurlyeq_{H_1}$-子格, 且 $\phi(z) + \phi(w) \geqslant \phi(z \vee w) + \phi(z \wedge w), \forall z, w \in K$, 则 $\mathbf{Prox}_\phi$ 在 H_1 上递增.

证明   任取 $x, y \in H_1$ 且 $y \preccurlyeq_{H_1} x$, 令 $p = \mathbf{Prox}_\phi(x), q = \mathbf{Prox}_\phi(y)$. 利用反证法, 假设 $q \preccurlyeq_{H_1} p$ 不成立. 因为 K 为 H_1 的 $\preccurlyeq_{H_1}$-子格, 故有 $p \vee q \in K$. 由 $\mathbf{Prox}_\phi$ 的定义可知

$$\frac{1}{2}\|p - x\|^2 + \phi(p) < \frac{1}{2}\|p \vee q - x\|^2 + \phi(p \vee q). \tag{8.3.8}$$

注意到

$$\|p - x\|^2 = \|p - p \vee q\|^2 + \|p \vee q - x\|^2 + 2\langle p - p \vee q, p \vee q - x \rangle, \tag{8.3.9}$$

由 (8.3.8) 和 (8.3.9) 可得

$$\|p - p \vee q\|^2 < 2\langle p \vee q - p, p \vee q - x \rangle + 2\phi(p \vee q) - 2\phi(p). \tag{8.3.10}$$

另一方面, 因为 $p \wedge q \in K$, 故

$$\frac{1}{2}\|q - y\|^2 + \phi(q) < \frac{1}{2}\|p \wedge q - y\|^2 + \phi(p \wedge q), \tag{8.3.11}$$

因而同理可知

$$\|q - p \wedge q\|^2 < 2\langle p \wedge q - q, p \wedge q - y\rangle + 2\phi(p \wedge q) - 2\phi(q). \tag{8.3.12}$$

因为 $p \vee q - q = p - p \wedge q$, 将 (8.3.12) 式的两边分别加到 (8.3.10) 式的两边可得

$$\|p - p \vee q\|^2 < \langle p \vee q - p, y - x + p \vee q - p \wedge q\rangle + \phi(p \vee q) + \phi(p \wedge q) - \phi(p) - \phi(q). \tag{8.3.13}$$

因为

$$\begin{aligned}
&\langle p \vee q - p, y - x + p \vee q - p \wedge q\rangle \\
&= \langle p \vee q - p, y - x + p \vee q - p + p - p \wedge q\rangle \\
&= \langle p \vee q - p, y - x + p - p \wedge q\rangle + \langle p \vee q - p, p \vee q - p\rangle \\
&= \langle p \vee q - p, y - x + p - p \wedge q\rangle + \|p \vee q - p\|^2,
\end{aligned} \tag{8.3.14}$$

联立 (8.3.13) 和 (8.3.14) 可知

$$0 < \langle p \vee q - p, y - x + p - p \wedge q\rangle + \phi(p \vee q) + \phi(p \wedge q) - \phi(p) - \phi(q). \tag{8.3.15}$$

由于 $\phi(p) + \phi(q) \geqslant \phi(p \vee q) + \phi(p \wedge q)$, 所以

$$\langle p \vee q - p, x - y - (p - p \wedge q)\rangle < 0. \tag{8.3.16}$$

根据引理 8.5, $\langle p \vee q - p, p - p \wedge q\rangle = 0$, 由此和 (8.3.16) 式可知

$$\langle p \vee q - p, x - y\rangle < 0. \tag{8.3.17}$$

注意到 $p \vee q - p$ 且 $x - y$ 属于 H_1^+, 因此 (8.3.17) 式导致一个矛盾. □

在定理 8.1 中, ϕ 需要满足条件: $\phi(z) + \phi(w) \geqslant \phi(z \vee w) + \phi(z \wedge w), \forall z, w \in K$. 容易给出一些例子使 ϕ 满足上述条件.

例 8.1 令 $H_1 = \mathbb{R}^2$ 和 $K \subseteq H_1$, 其中 $\mathbb{R}^2$ 上的偏序关系定义为

$$(x_1, x_2) \preceq_{\mathbb{R}^2} (y_1, y_2) \Leftrightarrow x_1 \leqslant y_1 \text{ 和 } x_2 \leqslant y_2, \quad \forall (x_1, x_2), (y_1, y_2) \in \mathbb{R}^2. \tag{8.3.18}$$

令 $\phi(x) = x_1^2 + x_2^2$, 其中 $x = (x_1, x_2)$, 则容易验证 ϕ 满足定理 8.1 中的条件.

例 8.2 如果 K 为 H_1 中的全序子集, 则有 $z = z \vee w$ 且 $w = z \wedge w$, 或者 $z = z \wedge w$ 且 $w = z \vee w$. 显然, 这种情况下, 定理 8.1 中的条件也成立.

例 8.3 注意到 $z + w = z \vee w + z \wedge w, \forall z, w \in H_1$, 因此, 若 ϕ 为 K 上的线性映射, 则必有 $\phi(z) + \phi(w) = \phi(z \vee w) + \phi(z \wedge w)$.

注 8.2 如果 $\phi(v) \equiv 0, \forall v \in K$, 则临近点映射 $\mathbf{Prox}_\phi$ 即为经典的投影算子 $P_K(\cdot)$, 其保序性质已被 Isac[218] 和 Nishimura 和 Ok[11] 研究过. 因此, 定理 8.1 推广了之前的结果.

8.4 混合变分不等式解的存在性及解映射的保序性

本节我们在 Hilbert 格上研究 MVI (8.3.6) 解的存在性及其解映射的保序性.

定理 8.2 令 $(H_1, \preccurlyeq_{H_1})$ 为可分的 Hilbert 格且 K 为 H_1 的弱紧凸 $\preccurlyeq_{H_1}$. 假设

(i) $Q : K \to H_1$ 为一个映射使得 $I_K - Q$ 为递增的;

(ii) $\phi : K \to \mathbb{R} \cup \{+\infty\}$ 为真凸下半连续泛函且满足

$$\phi(z) + \phi(w) \geqslant \phi(z \vee w) + \phi(z \wedge w), \quad \forall z, w \in K,$$

则 MVI (8.3.6) 具有 $\preccurlyeq_{H_1}$-极大解.

证明 首先, 按以下方式定义映射 $\Psi : K \to K$

$$\Psi(x) = \mathbf{Prox}_\phi \circ (I_K - Q)(x), \quad \forall x \in K. \tag{8.4.1}$$

因为 $I_K - Q$ 在 K 上是递增的, 且由定理 8.1 可知 $\mathbf{Prox}_\phi$ 也递增, 故 $\mathbf{Prox}_\phi$ 与 $I_K - Q$ 的复合也是递增的, 即: Ψ 在 K 上是递增的.

令 $Y := \{x \in K : x \preccurlyeq_{H_1} \Psi(x)\}$. 因为 K 为 H_1 的弱紧凸 $\preccurlyeq_{H_1}$-子格, 进而为 H_1 的一个子完备 $\preccurlyeq_{H_1}$-子格, 所以 $\inf K \in K$, 由此可知 Y 非空. 显然, Y 关于 H_1 上的偏序关系构成一个偏序集.

对于 Y 中的全序子集 S (通常也称之为 $\preccurlyeq_{H_1}$-链), 我们断言 $\sup S \in Y$. 事实上, 任取 $x \in S \subseteq Y$, 由 Y 的构造可知 $x \preccurlyeq_{H_1} \Psi(x)$. 因为 Ψ 是递增的且 $x \preccurlyeq_{H_1} \sup S$, 故可得 $\Psi(x) \preccurlyeq_{H_1} \Psi(\sup S)$. 因此 $x \preccurlyeq_{H_1} \Psi(x) \preccurlyeq_{H_1} \Psi(\sup S)$. 由 x 的任意性可知 $S \preccurlyeq_{H_1} \Psi(\sup_X S)$, 即: $\Psi(\sup S)$ 是 S 的一个 $\preccurlyeq_{H_1}$-界, 因此 $\sup S \preccurlyeq_{H_1} \Psi(\sup S)$, 进而可知 $\sup S \in Y$. 由 Zorn 引理, Y 存在极大元 x^*.

接下来, 证明该极大元 x^* 为 Ψ 的不动点. 事实上, 因为 $x^* \in Y$, 故有 $x^* \preccurlyeq_{H_1} \Psi(x^*)$. 注意到 Ψ 是递增的, 因此, $\Psi(x^*) \preccurlyeq_{H_1} \Psi(\Psi(x^*))$, 即 $\Psi(x^*) \in Y$. 又因为 x^* 是 Y 的极大元且 $x^* \preccurlyeq_{H_1} \Psi(x^*)$, 故 $x^* = \Psi(x^*)$. 由引理 8.4 可知, x^* 为 MVI (8.3.6) 的一个解. 此外, 容易验证, Ψ 的所有不动点均属于 Y, 因此, x^* 为 MVI (8.3.6) 的极大解. $\square$

事实上, 如果我们直接利用 Knaster-Taski 不动点定理, 则可得到更强的结论.

命题 8.1 令 $(H_1, \preccurlyeq_{H_1})$ 为可分的 Hilbert 格, K 为 H_1 的弱紧凸 $\preccurlyeq_{H_1}$-子格. 假设:

(i) $Q : K \to H_1$ 为一个映射使得 $I_K - Q$ 是递增的;

(ii) $\phi : K \to \mathbb{R} \cup \{+\infty\}$ 为真凸下半连续的泛函, 且满足

$$\phi(z) + \phi(w) \geqslant \phi(z \vee w) + \phi(z \wedge w), \quad \forall z, w \in K,$$

则 MVI (8.3.6) 的解构成一个非空完备格.

此外, 利用 Zorn 引理的对偶形式可以获得 MVI (8.3.6) 极小解的存在性.

命题 8.2   令 $(H_1, \preccurlyeq_{H_1})$ 为可分的 Hilbert 格, K 为 H_1 的凸子完备 $\preccurlyeq$-子格. 假设

(i) $Q: K \to H_1$ 为一个映射使得 $I_K - Q$ 为递减的;

(ii) $\phi: K \to \mathbb{R} \cup \{+\infty\}$ 为真凸下半连续的泛函, 且满足

$$\phi(z) + \phi(w) \geqslant \phi(z \vee w) + \phi(z \wedge w), \quad \forall z, w \in K,$$

则 MVI (8.3.6) 具有 $\preccurlyeq_{H_1}$-极小解.

在 K 为 H_1 的凸 $\preccurlyeq_{H_1}$-子格的情形下, K 是弱紧的当且仅当它是闭的且 $\preccurlyeq_{H_1}$-有界的, 故有以下推论.

推论 8.1   令 $(H_1, \preccurlyeq_{H_1})$ 为可分的 Hilbert 格, K 为 H_1 闭的且 $\preccurlyeq_{H_1}$-有界的凸 $\preccurlyeq_{H_1}$-子格. 假设 $Q: K \to H_1$ 和 $\phi: K \to \mathbb{R} \cup \{+\infty\}$ 满足定理 8.2 中的条件 (i) 和 (ii), 则定理 8.2 的结论仍成立.

推论 8.2   令 $(H_1, \preccurlyeq_{H_1})$ 为可分的 Hilbert 格, 且 K 为 H_1 的子完备 $\preccurlyeq_{H_1}$-子格. 假设 $Q: K \to H_1$ 和 $\phi: K \to \mathbb{R} \cup \{+\infty\}$ 满足定理 8.2 中的条件 (i) 和 (ii), 则定理 8.2 的结论仍成立.

特别地, 如果 Q 是递减的映射, 则可证明 MVI (8.3.6) 的解集是闭凸的.

定理 8.3   令 $(H_1, \preccurlyeq_{H_1})$ 为可分的 Hilbert 格, K 为 H_1 的弱紧凸 $\preccurlyeq_{H_1}$-子格. 假设:

(i) $Q: K \to H_1$ 为递减的且

$$\liminf_{\lambda \to 0^+} \langle Q(\lambda u + (1-\lambda)v), v - u \rangle \leqslant \langle Q(v), v - u \rangle, \quad \forall v, u \in K.$$

(ii) $\phi: K \to \mathbb{R} \cup \{+\infty\}$ 为真凸下半连续泛函, 且满足

$$\phi(z) + \phi(w) \geqslant \phi(z \vee w) + \phi(z \wedge w), \quad \forall z, w \in K,$$

则 MVI (8.3.6) 的解为 H_1 的非空、闭凸子集.

证明   因为 Q 是递减的, 则 $I_K - Q$ 必为递增的. 利用定理 8.1 可知, MVI (8.3.6) 在 K 中至少存在一个解. 此外, 易见若 Q 递减, 则 Q 是单调的, 即 $\langle Q(v) - Q(u), v - u \rangle \geqslant 0, \forall u, v \in K$. 根据 Q 的单调性及假设 (i) 和 (ii), 可以参考文献 [205, 定理 3.1] 证明 MVI (8.3.6) 解集的闭凸性.   □

注 8.3   与 [205, 定理 3.1] 相比, 我们的结果不再借助文献 [205, 定理 3.1] 中的假设 (iii).

现在我们研究混合变分不等式解映射的保序性质. 关于混合变分不等式解映射的连续性, 已有诸多研究. 以下结果为 Liu 等[205] 于 2016 年给出的.

命题 8.3[205]　假设 K 为实 Banach 空间 E_1 的非空紧凸子集. 假设 E 为实可分的 Banach 空间. 给定常数 $T > 0$, 映射 $g : [0,T] \times H \times K \to H_1$ 是使得 $g(\cdot,\cdot,u)$ 为从 $[0,T] \times H$ 到赋有弱拓扑的 Banach 空间 E^* 的连续函数. 此外, 假设对任意 $t, x \in [0,T] \times E$, 映射 $\phi : E_1 \to \mathbb{R} \cup \{+\infty\}$ 为真凸下半连续泛函且 $Q := g(t,x,\cdot)$ 满足定理 8.3 中的假设 (i). 则按以下方式定义的集值映射 $U : [0,T] \times H \to 2^K \setminus \{\varnothing\}$

$$U(t,x) := \{u \in K : \langle g(t,x,u), v-u \rangle + \phi(v) - \phi(u) \geqslant 0, \forall v \in K\}, \quad \forall (t,x) \in [0,T] \times E \tag{8.4.2}$$

为

(U_1) U 是上半连续的;

(U_2) U 是叠合可测的.

在赋序的空间框架下, 我们关注混合变分不等式解映射的保序性质. 为此令 $(H, \preccurlyeq_H)$ 为一个 Hilbert 格, $[0,T] \times H$ 上的偏序关系 $\preccurlyeq_{[0,T] \times H}$ 定义如下:

$$(t_1, h_1) \preccurlyeq_{[0,T] \times H} (t_2, h_2) \text{ 当且仅当 } t_1 \leqslant t_2, h_1 \preccurlyeq_H h_2, \tag{8.4.3}$$

对任意 $(t_1, h_1), (t_2, h_2) \in [0,T] \times H$ 都成立. 此外, $H \times H_1$ 的偏序关系按 (8.4.3) 式类似定义, 并且记为 $\preccurlyeq_{H \times H_1}$. 由定理 8.1 和定理 8.2 可得如下结果.

定理 8.4　令 $(H_1, \preccurlyeq_{H_1})$ 和 $(H, \preccurlyeq_H)$ 为两个实可分的 Hilbert 格, K 为 H_1 的非空弱紧凸 $\preccurlyeq_{H_1}$-子格. $T > 0$ 为给定常数. 假设 $g : [0,T] \times H \times K \to H_1$ 满足下列条件:

(i) $g(\cdot,\cdot,u)$ 是递减的, $\forall u \in H_1$;

(ii) 对任意 $(t,x) \in [0,T] \times H$, 映射 $Q := g(t,x,\cdot)$ 和 $\phi : K \to \mathbb{R} \cup \{+\infty\}$ 满足推论 8.1 中的假设 (i) 和 (ii),

则 $U(t,x) \neq \varnothing, \forall (t,x) \in [0,T] \times H$, 且由 (8.4.2) 定义的集值映射 $U : [0,T] \times H \to 2^K \setminus \{\varnothing\}$ 为递增的且具有完备格值.

证明　首先, 按以下方式构造集值映射 $G : [0,T] \times H \times K \to K$

$$G(t,x,u) := \mathbf{Prox}_\phi(u - g(t,x,u)), \quad \forall (t,x,u) \in [0,T] \times H \times K. \tag{8.4.4}$$

由假设 (ii) 可知 $I - g(t,x,\cdot)$ 和 $\mathbf{Prox}_\phi$ 为递增的. 因此, $G : [0,T] \times H \times K \to K$ 也是递增的, $\forall (t,x) \in [0,T] \times H$. 另一方面, 由假设 (i) 以及 $\mathbf{Prox}_\phi$ 的保序性可知 $G(\cdot,\cdot,u)$ 也是递增的, $\forall u \in K$.

根据引理 8.4, $U(t,x) = \{u \in K : u = G(t,x,u)\}, \forall (t,x) \in [0,T] \times H$. 由命题 8.1, 对于任意 $(t,x) \in [0,T] \times H$, $U(t,x)$ 非空并且构成一个完备格. 接下来, 我们证明 $U : [0,T] \times H \to P(K)$ 为向上递增的. 任取 $(t_1, x_1), (t_2, x_2) \in [0,T] \times H$ 且 $(t_1, x_1) \preccurlyeq_{[0,T] \times H} (t_2, x_2)$ 并任取 $u_1 \in U(t_1, x_1)$. 为了证明集值映射 $U : [0,T] \times H \to$

$2^K \setminus \{\varnothing\}$ 为向上递增的, 只需寻找 $u_2 \in U(t_2, x_2)$ 使得 $u_1 \preccurlyeq_{H_1} u_2$. 为此, 记 $K \cap [u_1)$ 为 K_1, 显然 K_1 为 H_1 的非空子完备 $\preccurlyeq_{H_1}$-子格.

下面证明映射 $G(t_2, x_2, \cdot)$ 将 K_1 映射到 K_1 中. 事实上, 任取 $u \in K_1$, 则由 $G(t, x, \cdot)$ 和 $G(\cdot, \cdot, u)$ 的保序性质可得

$$G(t_1, x_1, u_1) \preccurlyeq_{H_1} G(t_1, x_1, u) \preccurlyeq_{H_1} G(t_2, x_2, u), \tag{8.4.5}$$

进而可知 $G(t_2, x_2, \cdot)$ 为 K_1 上递增的自映射. 利用引理 8.1, $G(t_2, x_2, \cdot)$ 在 K_1 中存在不动点. 令 u_2 表示 $G(t_2, x_2, \cdot)$ 在 K_1 中的不动点, 则 $u_2 \in U(t_2, x_2)$ 且 $u_1 \preccurlyeq_{H_1} u_2$. 因此, $U : [0, T] \times H \to 2^K \setminus \{\varnothing\}$ 是向上递增的.

类似地, 可以证明 $U : [0, T] \times H \to 2^K \setminus \{\varnothing\}$ 也为向上递增的. 综上所述, $U : [0, T] \times H \to 2^K \setminus \{\varnothing\}$ 是递增的. $\qquad\square$

8.5 微分变分不等式温和解的存在性

本节在有限维 Hilbert 格中利用序方法研究 EEVI (8.1.1) 温和解的存在性. 下面令 $(H, \preccurlyeq_H)$ 和 $(H_1, \preccurlyeq_{H_1})$ 为两个赋序的有限维欧几里得空间, $\{T(t) : t \geqslant 0\}$ 为正 C_0-半群. 其余符号与前文含义相同. 为证明 EEVI 温和解的存在性, 假设 $f : [0, T] \times H \times H_1 \to H$ 满足下列条件:

(f_1) 对任意 $(t, x) \in [0, T] \times H$ 和任意凸集 $D \subseteq K$, 集合 $f(t, x, D)$ 在 H 中是凸的;

(f_2) 存在 $\psi \in L^1_+([0, T])$ 使得

$$\|f(t, x, u)\|_H \leqslant \psi(t)(1 + \|x\|_H), \quad \forall (t, x, u) \in [0, T] \times H \times K; \tag{8.5.1}$$

(f_3) 对于每个 $(x, u) \in H \times H_1$, $f(\cdot, x, u) : [0, T] \to H$ 是可测的;

(f_4) 对于a.e. $t \in [0, T]$, $f(t, \cdot, \cdot) : H \times H_1 \to H$ 是连续的;

(f_5) 对于a.e. $t \in [0, T]$, $f(t, \cdot, \cdot) : H \times H_1 \to H$ 是递增的.

需要指出的是上述条件除了 (f_5) 之外均与文献 [205] 一致. 在文献 [205] 中, 条件 (f_5) 为: 存在 $k \in L^1([0, T])$ 使得

$$\|f(t, x_0, u) - f(t, x_1, u)\|_E$$
$$\leqslant k(t) \|x_0 - x_1\|_E, \quad \text{a.e. } t \in [0, T], \quad \forall x_0, x_1 \in H, \quad \forall u \in K. \tag{8.5.2}$$

本节的主要目的即为利用序方法去掉此条件. 为此, 首先构造集值映射 $F : [0, T] \times H \to 2^H \setminus \{\varnothing\}$ 如下: $F(t, x) = f(t, x, U(t, x))$, 其中 $U(\cdot, \cdot)$ 由 (8.4.2) 定义.

借助假设 (f_1), (f_3) 和 (f_4), 可证明关于集值映射 $F : [0, T] \times H \to 2^H \setminus \{\varnothing\}$ 的一些性质.

引理 8.6[205] 设 $(H, \preccurlyeq_H)$ 和 $(H_1, \preccurlyeq_{H_1})$ 为两个有限维欧几里得空间, 且 K 为 H_1 的非空紧凸子集. 假设 $g : [0,T] \times H \times K \to H_1$ 且 $\phi : H_1 \to \mathbb{R} \cup \{+\infty\}$ 满足命题 8.3 的假设. $f : [0,T] \times H \times H_1 \to H$ 满足条件 (f$_1$), (f$_3$) 和 (f$_4$). 则以下结论成立:

(i) 对任意 $(t, x) \in [0,T] \times H$, $F(t,x) \in Kv(H)$, 其中 $Kv(H)$ 为 H 的非空紧凸子集族;

(ii) 对任意 $x \in H$, $F(\cdot, x)$ 具有强可测选择;

(iii) 对 a.e. $t \in [0,T]$, $F(t, \cdot)$ 为上半连续的.

接下来, 令 $L^2([0,T]; H)$ 按注 8.1 中的方式定义, 该空间上的偏序关系记为 $\preccurlyeq_{L^2}$. 因为 $C([0,T]; H)$ 为 $L^2([0,T]; H)$ 的稠密子集. 我们用相同的记号 $\preccurlyeq_{L^2}$ 表示 $C([0,T]; H)$ 上的偏序关系. 本节的主要结果如下.

定理 8.5 设 $(H, \preccurlyeq_H)$ 和 $(H_1, \preccurlyeq_{H_1})$ 为两个有限维的欧几里得空间. 令 K 为 H_1 的非空紧凸 $\preccurlyeq_{H_1}$-子格. 假设映射 $f : [0,T] \times H \times H_1 \to H$ 满足 (f$_1$)—(f$_5$); $g : [0,T] \times H \times K \to H_1$ 和 ϕ 满足命题 8.3 中的条件, 则 EEVI (8.1.1) 存在温和解.

证明 以下分五步证明定理结论.

第一步 构造集值映射 $\Gamma : L^2([0,T]; H) \to 2^{C([0,T]; H)} \setminus \{\varnothing\}$.

根据引理 8.6 的结论 (ii) 和 (iii) 以及 [215, 定理 1.3.5], 构造集值映射 $P_F : L^2([0,T]; H) \to 2^{L^1([0,T]; H)} \setminus \{\varnothing\}$ 如下:

$$P_F := \{g : g \text{ 强可测且 } g(t) \in F(t, q(t)) \text{ 对 a.e. } t \in [0,T]\}, \quad \forall q \in L^2([0,T]; H), \tag{8.5.3}$$

其中 $L^1([0,T]; H)$ 上的偏序关系记为 $\preccurlyeq_{L^1}$. 利用 P_F 可进一步按下述方式构造一个集值映射 $\Gamma : L^2([0,T]; H) \to 2^{C([0,T]; H)} \setminus \{\varnothing\}$:

$$\Gamma x = \left\{ y \in C([0,T]; H) : y(t) = T(t)x_0 + \int_0^t T(t-s)h(s)\mathrm{d}s, h \in P_F(x) \right\}. \tag{8.5.4}$$

第二步 证明 Γ 在 $L^2([0,T]; H)$ 上递增.

为此, 首先证明 Γ 为向上递增的. 任取 $x_1, x_2 \in L^2([0,T]; H)$ 且 $x_1 \preccurlyeq_{L^2} x_2$, 并任取 $y_1 \in \Gamma x_1$. 我们的目的是寻找 $y_2 \in \Gamma x_2$ 使得 $y_1 \preccurlyeq_{L^2} y_2$. 事实上, 由于 $y_1 \in \Gamma x_1$, 所以存在 $u_1 : [0,T] \to K$ 使得 $u_1(t) \in U(t, x_1(t)), \forall t \in [0,T]$ 并且

$$y_1(t) = T(t)x_0 + \int_0^t T(t-s)h_1(s)\mathrm{d}s, \tag{8.5.5}$$

其中 $h_1(s) := f(s, x_1(s), u_1(s)), s \in [0,t]$. 注意到定理 8.4 的所有假设此时均满足, 故 $U(\cdot, \cdot)$ 递增. 因此, 存在 $\tilde{u}_2 : [0,T] \to K$ 使得 $\tilde{u}_2(t) \in U(t, x_2(t))$ 和 $u_1(t) \preccurlyeq_{H_1} \tilde{u}_2(t), \forall t \in [0,T]$. 又因为 $U(\cdot, \cdot)$ 具有完备格值的, 所以 $u_2(\cdot) := \sup U(\cdot, x_2(\cdot))$ 在

$U(\cdot, x_2(\cdot))$ 中存在. 显然, $u_2(\cdot)$ 在 $[0,T]$ 上递增, 因此, $u_2(\cdot)$ 是可测的. 令 $h_2(\cdot) :=$ $f(\cdot, x_2(\cdot), u_2(\cdot)) \in F(\cdot, x_2(\cdot))$, 则由 (f$_2$)—(f$_4$) 可得 $h_2(\cdot)$ 为 Bochner 可积的. 定义 $y_2 : [0,T] \to H$ 如下

$$y_2(t) = T(t)x_0 + \int_0^t T(t-s)h_2(s)\mathrm{d}s. \tag{8.5.6}$$

显然, $y_2 \in C([0,T]; H)$, 即: $y_2 \in \Gamma x_2$. 下面证明 $y_1 \preccurlyeq_{L^2} y_2$. 由 (f$_5$) 可知 $f(t, \cdot, \cdot)$ 是递增的且 $(x_1, u_1) \preccurlyeq_{H \times H_1} (x_2, u_2)$, 我们有 $h_1 \preccurlyeq_{L^1} h_2$, 这等价于 $\mathbf{0} \preccurlyeq_H h_2(s) - h_1(s)$, $\forall s \in [0,t]$. 因为 $\{T(t) : t \geqslant 0\}$ 是正 C_0-半群, 因此 $\mathbf{0} \preccurlyeq_H T(t-s)(h_2(s) - h_1(s))$, $\forall s \in [0,t]$. 由 Bochner 积分 $\int$ 的保序性质可得

$$y_1(t) = T(t)x_0 + \int_0^t T(t-s)h_1(s)\mathrm{d}s \preccurlyeq_H T(t)x_0 + \int_0^t T(t-s)h_2(s)\mathrm{d}s = y_2(t). \tag{8.5.7}$$

因此, Γ 为向上递增的. 类似地, 可以证明 Γ 也是向下递增的. 综上, Γ 在 $L^2([0,T]; H)$ 上递增.

第三步 寻找 $L^2([0,T]; H)$ 的子集 $\mathbf{B}$ 使得 $\Gamma(\mathbf{B}) \subseteq \mathbf{B}$.

令 L 为充分大的正数使得

$$\max_{t \in [0,T]} \sqrt{T}M \left(\int_0^t \mathrm{e}^{-2L(t-s)} \psi^2(s)\mathrm{d}s \right)^{\frac{1}{2}} \leqslant \gamma < 1, \tag{8.5.8}$$

其中 $\psi \in L_+^1([0,T])$ 由 (f$_2$) 给定, 且 $M := \max\limits_{t \in [0,T]} \|T(t)\|$.

利用上述给定的 L, 可以定义 $L^2([0,T]; H)$ 上的等价范数如下:

$$\|u\|_* = \left(\int_0^T \mathrm{e}^{-2Lt} \|u(t)\|_H^2 \mathrm{d}t \right)^{\frac{1}{2}}. \tag{8.5.9}$$

基于等价范数 $\|u\|_*$, 可按以下方式构造 $L^2([0,T]; H)$ 的闭凸子集

$$\mathbf{B} := \left\{ x \in L^2([0,T]; H) : \|x\|_* \leqslant r \right\}, \tag{8.5.10}$$

其中半径 $r > 0$ 由下式确定

$$r \geqslant (1-\gamma)^{-1} \sqrt{T}M \left(\|x_0\|_H + \|\psi\|_{L_+^1([0,T])} \right). \tag{8.5.11}$$

下面证明 $\Gamma(\mathbf{B}) \subseteq \mathbf{B}$. 设 $y \in \Gamma x$ 且 $x \in \mathbf{B}$, 则根据等价范数的定义可知 $\|y\|_*^2 = \int_0^T \mathrm{e}^{-2Lt} \|y(t)\|_H^2 \mathrm{d}t$. 现在考虑 $\mathrm{e}^{-2Lt} \|y(t)\|_H^2$, 由 Minkowski 不等式、假设 (f$_2$) 以及 Bochner 积分的保序性质可得

$$\mathrm{e}^{-2Lt} \|y(t)\|_H^2$$

$$
= e^{-2Lt} \left\| T(t)x_0 + \int_0^t T(t-s)h(s)\mathrm{d}s \right\|_H^2
$$

$$
\leqslant e^{-2Lt} \left(\|T(t)x_0\|_H + \left\| \int_0^t T(t-s)h(s)\mathrm{d}s \right\|_H \right)^2
$$

$$
\leqslant \left[e^{-Lt} \|T(t)x_0\|_H + e^{-Lt} \int_0^t \|T(t-s)h(s)\|_H \,\mathrm{d}s \right]^2
$$

$$
\leqslant \left[e^{-Lt} \|T(t)x_0\|_H + e^{-Lt} \int_0^t \|T(t-s)\| \cdot \|h(s)\|_H \mathrm{d}s \right]^2
$$

$$
\leqslant \left[e^{-Lt} \|T(t)x_0\|_H + e^{-Lt} M \int_0^t \|h(s)\|_H \mathrm{d}s \right]^2
$$

$$
= \left[e^{-Lt} \|T(t)x_0\|_H + e^{-Lt} M \int_0^t \psi(s)\left(1 + \|x(s)\|_H\right)\mathrm{d}s \right]^2
$$

$$
\leqslant \left[M\left(\|x_0\|_H + \|\psi\|_{L_+^1([0,T])}\right) + M \int_0^t e^{-L(t-s)}\psi(s) \cdot e^{-Ls}\|x(s)\|_H \mathrm{d}s \right]^2. \tag{8.5.12}
$$

由柯西–施瓦茨不等式估计出 (8.5.12) 式的最后一项

$$
\int_0^t e^{-L(t-s)}\psi(s) \cdot e^{-Ls}\|x(s)\|_H \mathrm{d}s
$$

$$
\leqslant \left(\int_0^t e^{-2L(t-s)}\psi^2(s)\mathrm{d}s \right)^{\frac{1}{2}} \cdot \left(\int_0^t e^{-2Ls}\|x(s)\|_H^2 \mathrm{d}s \right)^{\frac{1}{2}}
$$

$$
\leqslant \left(\int_0^t e^{-2L(t-s)}\psi^2(s)\mathrm{d}s \right)^{\frac{1}{2}} \cdot \left(\int_0^T e^{-2Ls}\|x(s)\|_H^2 \mathrm{d}s \right)^{\frac{1}{2}}
$$

$$
\leqslant \|x\|_* \left(\int_0^t e^{-2L(t-s)}\psi^2(s)\mathrm{d}s \right)^{\frac{1}{2}}. \tag{8.5.13}
$$

联立 (8.5.11), (8.5.12) 和 (8.5.13) 可得

$$
\|y\|_*^2 \leqslant \int_0^T \left[M\left(\|x_0\|_H + \|\psi\|_{L_+^1([0,T])}\right) \right.
$$

$$
\left. + M\|x\|_* \left(\int_0^t e^{-2L(t-s)}\psi^2(s)\mathrm{d}s \right)^{\frac{1}{2}} \right]^2 \mathrm{d}t \leqslant r^2. \tag{8.5.14}
$$

第四步 证明 Γ 在 **B** 中存在不动点.

在第二步和第三步中, 已证明 Γ 在 **B** 上递增. 此外, 由 [215, 引理 5.5.1, 定理 4.2.1] 以及假设 (f_1) 可得 Γ 具有闭值, 进而具有弱序列闭值. 注意到 $L^2([0,T];H)$ 具有 (N+) 性质, 因此, 利用引理 8.2 可知 Γ 在 **B** 中存在不动点.

第五步　证明 EEVI (8.1.1) 的解集非空.

由第四步, Γ 至少存在一个不动点 $x^* \in \mathbf{B}$, 这等价于下面的微分包含问题有解:

$$
\begin{cases}
\dot{x}(t) \in Ax(t) + F(t, x(t)), & t \in [0, T], \\
x(0) = x_0.
\end{cases}
\tag{8.5.15}
$$

此外, 因为 Γ 将 $L^2([0,T]; H)$ 映射到 $C([0,T]; H)$, $x^* \in C([0,T]; H)$. 命题 8.3 的论断 (U_2) 保证了集值映射 $U : [0, T] \times H \to Kv(K)$ 是叠合可测的, 所以, 利用 Filippov 隐函数定理可知, 对于 EDI 的每个轨迹 $x \in C([0,T]; H)$, 存在可测选择 $u(t) \in U(t, x(t))$ 使得 $\dot{x}(t) = x(t) + f(t, x(t), u(t)), t \in [0, T]$. 因此, (x, u) 为 EEVI (8.1.1) 的温和解.　　　　　　　　　　　　　　　　　　　　　　$\square$

注 8.4　因为变分不等式是均衡问题的特殊形式, 我们可建立一类比微分变分不等式更广泛的框架:

$$
\begin{cases}
\dot{x}(t) = \phi(t, x(t), u(t)), & t \in [0, T], \\
u(t) \in S(K, f(t, x(t), \cdot, \cdot)), & t \in [0, T], \\
x(0) = x_0,
\end{cases}
\tag{8.5.16}
$$

其中, $S(K, f(t, x(t), \cdot, \cdot))$ 为如下均衡问题的解集: 寻找 $u : [0, T] \to K$ 使得不等式 $f(t, x(t), u(t), v) \geqslant 0, \forall v \in K$. 这里 $f : [0, T] \times H \times H_1 \times H_1 \to \mathbb{R}$ 为给定映射, 其他符号如前所述. 我们将上述问题称为**微分均衡问题**. 显然, 该问题推广了微分变分不等式的概念. 借助本节研究微分变分不等式的思想和均衡问题解的连续性可以研究微分均衡问题解的存在性.

第9章 均衡问题的应用

本章介绍均衡问题的应用, 限于篇幅, 主要是税收、博弈、交通、优化等方面. 事实上, 由于均衡问题这种分析框架高度的一般性和深刻性, 均衡理论在经济、管理、金融、医疗等许多领域都有广泛应用.

9.1 均衡问题在税收中的应用

税收是实现国家财富再分配的一种财政手段, 关系到一个国家的经济发展及社会稳定. 简单地说, 如果税负过重, 则会影响投资和工作积极性, 进而降低经济效率; 如果税负过轻, 则会刺激高收入群体投资生产, 进而拉大收入差距, 造成收入的不平等. 因此, 一个既有理论意义又有现实意义的问题是: 在税收制度中, 有没有"平等"和"效率"的均衡点?

基于以上分析, 本章将对该问题进行初步探索, 并重点从"平等"角度研究合理调整收入分配的个人所得税问题. 与传统以计量工具为主的研究方法不同, 我们将主要利用非线性分析等理论展开相关研究. 20 世纪 50 年代, 诺贝尔经济学奖获得者 Arrow 和 Debreu 在一篇著名论文 *Existence of Equilibrium for a Competitive Economy* 中利用不动点定理给出了一般均衡存在性的证明. 他们的工作充分说明非线性工具 (均衡理论、变分不等式理论及不动点理论等) 的深刻性和优越性.

1. 引言

为研究收入分配不平等和经济增长之间的关系, Kuznets[223] 给出了 Kuznets 曲线, 并指出收入分配的不平等性会随着经济的发展呈现出先增大后减小的趋势, 所以该曲线也称为"倒 U"曲线, Kuznets 凭借这一发现获得了 1971 年的诺贝尔经济学奖. 最近, Shi 等[224] 利用 Gini 系数测度收入分配的不平等性, 研究了我国从 2003 年到 2008 年期间的收入分配状况. 结果表明, 从 2003 年到 2008 年我国的 Gini 系数在呈现不断增大的趋势, 这从一定程度上反映出我国居民的收入差距在不断扩大. 众所周知, 过大收入差距可能会影响到社会的稳定, 并进而产生一系列负面效应. 所以将收入差距控制在一定范围之内具有重要经济意义和社会意义. 我们知道税收是国家财富进行二次分配的重要财政手段. 而在众多税种中, 个人所得税是调节收入分配相对直接的税种. 因此, 如何合理调整收入分配的个人所得税自然成为一个重要的研究课题. Edgeworth 利用最大化社会福利的方法研究了个人所得税, 并指出个人所得税应使居民的税后收入相等, 这意味着个人所得税的边际税率应该是高度累进的. Mirrlees[225] 将动态最优控制理论用于税收领域中, 为研究非线性所得税建立了一个研究框架, 他的模型表明边际税应为非负的且高技能人群的边际税率应为零. 由于他将激励竞争约束加入模型并同时最大化个人一生的效用和社会的总效用, 故从功利主义的观点看, 他的模型同时考虑了平等与效率, Mirrlees 也因这项工作获得了 1996 年的诺贝尔经济学奖. 利用 Mirrlees 的最优所得税模型和拟线性偏好, Diamond[226] 给出了 "U 型" 最优边际税率并因此获得了 2010 年的诺贝尔经济学奖, 更多相关的工作见文献 [227].

　　然而, 以上研究只是从规范经济学角度分析了个人所得税的一些特征, 很难将这些理论应用于现行的个人所得税体系. 以中国为例, 表 9.1 为中国税制改革之前的个人所得税制.

表 9.1　　中国的个人所得税制(起征点为 3500 元)

税级分段点		边际税率/%
高于/元	不高于/元	
0	1500	3
1500	4500	10
4500	9000	20
9000	35000	25
35000	55000	30
55000	80000	35
80000		45

　　由表 9.1 可知改革前中国的个人所得税为七级累进制. 事实上, 世界上很多国家的个人所得税制都是累进的, 只是税级有所差别. 如果我们想知道税率 3%, 10%, · · · , 45% 是否合理地调整了收入分配, 则 Edgeworth, Mirrlees 等的理论并不适用. 基于以上分析, 很自然地提出以下问题.

　　问题: 如何刻画收入分配的 "合理性"? 合理调整收入分配的个人所得税是否存在?

　　本章将尝试回答以上问题. 以下内容分为六部分. 第 2 部分介绍一些基本概念和引理; 第 3 部分推导 Gini 系数和个人所得税税率之间的函数形式, 这个函数关系是下面有关分析的主要工具; 第 4 部分为描述合理调节收入分配的个人所得税, 定义了 (α, β)-平等税率. 此外, 利用第 3 部分推导的函数关系和非线性分析理论中的 F-KKM 引理, 我们研究了 (α, β)-平等税率的存在性; 第 5 部分通过数值实验表明我们的理论是可行的; 第 6 部分初步探讨并分析了兼顾平等与效率的个人所得税问题.

2. 预备知识

这部分介绍一些后面将用到的基本概念和定理.

1905 年, Lorenz[229] 给出了 Lorenz 曲线的概念, 该曲线可以用下函数来表示:

$$q = L(p), \tag{9.1.1}$$

其中 p 表示累计人口百分比, q 表示累计收入百分比. 例如, $0.25 = L(0.7)$ 表示 70% 的人口占有 25% 的收入. 经济学家常用 Lorenz 曲线研究收入分配的不平等性.

设非负随机变量 Y 表示一个国家或地区的人均年收入, 记随机变量 Y 的累计分布函数为 $F(x) = P(Y \leqslant x)$. 令 $f(x)$ 为相应的概率密度函数, 这里仅考虑非负的收入, 故约定 $x \geqslant 0$. 当 $F(x)$ 的反函数存在时, Gastwirth[230] 给出了以下有关 Lorenz 曲线的结论:

$$L(p) = L(F(x)) = \frac{1}{\mu} \int_0^x t f(t) \mathrm{d}t = \frac{1}{\mu} \int_0^p F^{-1}(u) \mathrm{d}u, \tag{9.1.2}$$

其中 $p = F(x)$ 且 $\mu = EY$ 表示总体收入的期望. 由 (9.1.2) 式可得

$$L'(p) = \frac{\mathrm{d}L(p)}{\mathrm{d}x} \frac{\mathrm{d}x}{\mathrm{d}p} = \frac{x}{\mu} \tag{9.1.3}$$

和

$$L''(p) = \frac{1}{\mu} \frac{\mathrm{d}x}{\mathrm{d}p} = \frac{1}{\mu f(x)}. \tag{9.1.4}$$

根据 (9.1.3) 和 (9.1.4), 可得到以下有关 $L(p)$ 的性质:

$$L(0) = 0, \quad L(1) = 1, \quad L'(p) \geqslant 0, \quad L''(p) \geqslant 0, \tag{9.1.5}$$

由此可知 $L(p)$ 是单调增的凸函数.

为测度收入分配的不平等性, Gini[231] 于 1912 年给出 Gini 系数的概念. 一般来说, 主要有两种计算 Gini 系数的方法. 第一种方法利用 Lorenz 曲线, 若记 G 为 Gini 系数, 则

$$G = 1 - 2 \int_0^1 L(p) \mathrm{d}p. \tag{9.1.6}$$

第二种方法要利用样本个体的收入数据, 设 $x_1, x_2, \cdots, x_n$ 为 n 个样本的应税收入, 则这些数据的 Gini 系数可按以下方式计算:

$$G_n = \frac{1}{2n^2 \mu} \sum_{i=1}^n \sum_{j=1}^n |x_i - x_j|, \tag{9.1.7}$$

其中 μ 为 $x_1, x_2, \cdots, x_n$ 的均值.

此外, 如果 $x_1, x_2, \cdots, x_n$ 按非减的顺序排列, 则 (9.1.7) 式可被简化为

$$G_n = \frac{1}{n^2\mu} \sum_{i=1}^{n} \sum_{j=1}^{i} (x_i - x_j). \tag{9.1.8}$$

作为一个重要的财政手段, 个人所得税在调整收入分配方面起着关键的作用. 目前, 多数国家使用的是累进的个人所得税制, 该税制通常分为几个等级, 不同税级的边际税率有所差异. 正如表 9.1 所示, 中国的个人所得税制分为七个等级.

值得指出的是, 以上的累计税一般是超额累进的. 以中国为例, 如果一个人的月收入为 10000 元, 其应缴税额并非总收入的 25%, 而是对超过 3500 元的低于 4500 元的部分征收 3%, 对超过 5000 元低于 8000 元的部分征收 10%, 对超过 8000 元低于 12500 元的部分征收 20%.

为测度税收体系的累计程度, Kakwani[232] 定义了 Kakwani 指数, 该指数等于税前 Gini 系数和税后 Gini 系数之差.

以下为泛函分析中的一些概念.

定义 9.1　设映射 $A : \mathbb{R}^m \to \mathbb{R}^n$, 如果下列条件成立:

$$\text{(i) } A(x + y) = A(x) + A(y) \text{ 对 } \forall x, y \in \mathbb{R}^m \text{ 都成立;} \tag{9.1.9}$$

$$\text{(ii) } A(\alpha x) = \alpha A(x) \text{ 对 } \forall x \in \mathbb{R}^m \text{和标量 } \alpha \text{ 都成立,} \tag{9.1.10}$$

则称映射 $A : \mathbb{R}^m \to \mathbb{R}^n$ 是线性的.

定义 9.2　设映射 $B : \mathbb{R}^m \to \mathbb{R}^n$, 如果存在线性映射 $A : \mathbb{R}^m \to \mathbb{R}^n$ 和 $\mathbb{R}^n$ 中的向量 b 使得

$$B(x) = A(x) + b, \text{ 对 } \forall x \in \mathbb{R}^m \text{ 都成立,} \tag{9.1.11}$$

则称映射 $B : \mathbb{R}^m \to \mathbb{R}^n$ 为仿射.

根据仿射的定义, 容易证明以下结论.

引理 9.1　如果 $B_1, B_2, \cdots, B_n$ 是从 $\mathbb{R}^m$ 到 $\mathbb{R}^n$ 的仿射, 则 $\sum_{i=1}^{n} B_n$ 也为从 $\mathbb{R}^m$ 到 $\mathbb{R}^n$ 的仿射.

定义 9.3　设 X 为给定的集合, $T : X \to 2^X$ 为集值映射. 如果存在 $\overline{x}$ 使得

$$\overline{x} \in T(\overline{x}), \tag{9.1.12}$$

则称 $\overline{x}$ 为 T 的不动点.

下面介绍一个关于非空交的定理, 该定理为 Fan[234] 对 KKM 定理的推广工作, 因此常称为 F-KKM 定理.

引理 9.2 设 X 为拓扑向量空间, K 为 X 的非空子集, $T: K \to 2^X$ 为集值映射. 如果下列条件成立:

(i) 对任意 $x \in K$, $T(x)$ 是非空闭集;

(ii) 至少存在一个 $x_0 \in K$ 使得 $T(x_0)$ 是紧的;

(iii) 对任意有限子集 $\{x_1, \cdots, x_n\} \subset K$, 都有

$$\mathrm{co}\{x_1, \cdots, x_n\} \subset \bigcup_{i=1}^{n} T(x_i),$$

其中 $\mathrm{co}\{x_1, \cdots, x_n\}$ 为 $\{x_1, \cdots, x_n\} \subset K$ 的凸包,
则

$$\bigcap_{x \in K} T(x) \neq \varnothing.$$

引理 9.3 设 $f(x)$ 和 $F(x)$ 分别为随机变量 X 的概率密度函数和累进分布函数. 如果 $F(x)$ 的反函数存在, 并记 $X(u) = F^{-1}(u)$, 其中 u 为服从均匀分布的随机变量, 即 $u \sim U(0, 1)$, 则

$$P(F^{-1}(u) \leqslant x) = F(x), \tag{9.1.13}$$

由此可得 $X(u)$ 服从随机变量 X 的分布.

3. Gini 系数与个人所得税边际税率之间的函数形式

这部分的主要目的是在一定条件下推导 Gini 系数和个人所得税边际税率之间的函数关系. 这个函数关系是下面分析的主要工具. 本章总假设:

假设 1 以下研究的个人所得税体系被 $a_1 < a_2 < \cdots < a_{n-1} < a_n$ 分为 n 个税级. 第 i 个税级的形式为 $(a_i, a_{i+1}]$, 其中 $i = 1, 2, \cdots, n$ 且 $a_{n+1} = +\infty$. 令 t_i 为第 i 个税级的边际税率. 记此个人所得税体系为 $t = (t_1, t_2, \cdots, t_n)$. 以表 9.1 为例, $a_1 = 3500, a_2 = 5000, \cdots, a_7 = 83500, a_8 = +\infty$ 且 $t = (0.03, 0.10, \cdots, 0.45)$.

假设 2 个人收入由工资性收入和转移支付构成, 即: 个人可支配收入 = 个人工资性收入 + 个人转移支付 – 个人所得税.

对于给定的个人工资性收入和个人转移支付, 个人可支配收入只依赖于个人所得税. 此时, 记可支配收入的 Gini 系数为 $G(t)$. 下面来推导 $G(t)$ 与 t 之间的函数形式.

设 $x_1, x_2, \cdots, x_m$ 表示 m 个体的工资性收入. 不失一般性, 令 $x_1, x_2, \cdots, x_m$ 按非减的顺序排列. 由假设 1 可知 $x_1, x_2, \cdots, x_m$ 被 $a_1, a_2, \cdots, a_n$ 分成 $n + 1$ 组.

记第 i 组个体数目为 m_i, 其中 $i = 0, 1, \cdots, n$. 显然, $m_0 + m_1 + \cdots + m_n = m$. 沿用假设 1 中的符号, t_i 表示第 i 个税级的边际税率, 其中 $i = 0, 1, \cdots, n$ 且 $t_0 = 0$.

基于以上假设和符号, 可以将第 i 组个体的收入数据写成以下形式:

$$x_1^i, x_2^i, \cdots, x_{m_i}^i, \tag{9.1.14}$$

其中 $i = 0, 1, \cdots, n$.

类似地, 整个序列 $x_1, x_2, \cdots, x_m$ 可以记为

$$\begin{aligned}
& x_1^0, x_2^0, \cdots, x_{m_0}^0, \\
& x_1^1, x_2^1, \cdots, x_{m_1}^1, \\
& \qquad \cdots\cdots \\
& x_1^n, x_2^n, \cdots, x_{m_n}^n.
\end{aligned} \tag{9.1.15}$$

对于第 j 组收入数据, 记第 i 个个体的收入为 $x_i^j(t)$, 其中 $j = 1, 2, \cdots, n$ 且 $i = 1, 2, \cdots, m_j$. 则 (9.1.15) 式对应的税后收入可记为

$$\begin{aligned}
& x_1^0(t), x_2^0(t), \cdots, x_{m_0}^0(t), \\
& x_1^1(t), x_2^1(t), \cdots, x_{m_1}^1(t), \\
& \qquad \cdots\cdots \\
& x_1^n(t), x_2^n(t), \cdots, x_{m_n}^n(t).
\end{aligned} \tag{9.1.16}$$

对第 j 组, 记第 i 个个体的可支配收入为 $x_i^j(t, tr)$, 其中 $j = 1, 2, \cdots, n$ 且 $i = 1, 2, \cdots, m_j$, 则 (9.1.15) 式对应的可支配收入可记为

$$\begin{aligned}
& x_1^0(t, tr), x_2^0(t, tr), \cdots, x_{m_0}^0(t, tr), \\
& x_1^1(t, tr), x_2^1(t, tr), \cdots, x_{m_1}^1(t, tr), \\
& \qquad \cdots\cdots \\
& x_1^n(t, tr), x_2^n(t, tr), \cdots, x_{m_n}^n(t, tr).
\end{aligned} \tag{9.1.17}$$

定理 9.1   设 $x_1, x_2, \cdots, x_m$ 为 m 个个体的工资性收入且按非减的顺序排列. 如果

(i) 个人所得税全部用于转移支付且对于每个个体的转移支付是相等的;

(ii) 个人所得税体系 $t = (t_1, t_2, \cdots, t_n)$ 是累进的, 即 $t_1 < t_2 < \cdots < t_n$, 则可支配收入的 Gini 系数是关于 t 的仿射泛函, 即存在 n 维向量 M 和实数 b 使得

$$G(t) = \langle M, t \rangle + b, \tag{9.1.18}$$

其中 $G(t)$ 为可支配收入的 Gini 系数.

证明 以下分三步证明上述结论.

第一步 证明对 $j = 1, 2, \cdots, n$ 和 $i = 1, 2, \cdots, m_j$, $x_i^j(t)$ 是关于 t 的仿射.

因为 t 是累进的, 所以

$$x_i^j(t) = a_1 + (a_2 - a_1)(1 - t_1) + \cdots + (x_i^j - a_j)(1 - t_j), \tag{9.1.19}$$

其中 $j = 1, 2, \cdots, n$ 和 $i = 1, 2, \cdots, m_j$.

定义 $n + 1$ 维向量 $a(i, j)$ 如下:

$$a(i, j) = (a_1 - a_0, a_2 - a_1, \cdots, a_j - a_{j-1}, x_i^j - a_j, 0, \cdots, 0), \tag{9.1.20}$$

其中 $j = 1, 2, \cdots, n$ 和 $i = 1, 2, \cdots, m_j$. 记

$$T = (1 - t_0, 1 - t_1, \cdots, 1 - t_n). \tag{9.1.21}$$

联立 (9.1.20) 式和 (9.1.21) 式, 则 (9.1.19) 式表示为以下形式.

$$x_i^j(t) = \langle a(i, j), T \rangle, \tag{9.1.22}$$

由此可知 $x_i^j(t)$ 为关于 t 的仿射.

第二步 证明可支配收入 (9.1.17) 的 Gini 系数为关于 t 的仿射.

利用计算 (9.1.8) 式计算 Gini 系数, 则

$$G_m = \frac{1}{m^2 \mu} \sum_{i=1}^{m} \sum_{j=1}^{i} (x_i - x_j). \tag{9.1.23}$$

根据 (9.1.23) 式并记 $G(t, tr)$ 为 (9.1.17) 式对应的 Gini 系数, 可得

$$\begin{aligned}
G(t, tr) = \frac{1}{m^2 \mu} \Bigg\{ &\sum_{k=1}^{n} \sum_{i=1}^{m_k} \sum_{h=0}^{k-1} \sum_{j=1}^{m_h} (x_i^k(t, tr) - x_j^h(t, tr)) \\
&+ \sum_{i=1}^{m_0} \sum_{j=1}^{i-1} (x_i^0(t, tr) - x_j^0(t, tr)) \Bigg\},
\end{aligned} \tag{9.1.24}$$

其中 μ 为 (9.1.17) 式所表示的收入的平均值. 由条件 (i) 可知 μ 是一个常数. 此外, 记 c 为关于每个个体的转移支付, 则

$$x_i^j(t, tr) = x_i^j(t) + c, \tag{9.1.25}$$

其中 $j = 1, 2, \cdots, n$ 且 $i = 1, 2, \cdots, m_j$.

将 (9.1.25) 式代入 (9.1.24) 式, 对于给定的转移支付, 用符号 $G(t)$ 代替 $G(t, tr)$ 表示可支配收入的 Gini 系数, 可得

$$G(t) = \frac{1}{m^2\mu}\left\{ \sum_{k=1}^{n}\sum_{i=1}^{m_k}\sum_{h=0}^{k-1}\sum_{j=1}^{m_h}(x_i^k(t) - x_j^h(t)) + \sum_{i=1}^{m_0}\sum_{j=1}^{i-1}(x_i^0(t) - x_j^0(t)) \right\}. \quad (9.1.26)$$

由 (9.1.22) 式、(9.1.26) 式及引理 9.1 可得 $G(t)$ 是关于 t 的仿射, 即存在 n 维向量 M 和实数 b 使得

$$G(t) = \langle M, t \rangle + b. \qquad \square$$

下面, 推导两个计算 $G(t) = \langle M, t\rangle + b$ 系数 M 和 b 的公式. 为此, 我们需要以下引理.

引理 9.4 设 $x_1, x_2, \cdots, x_m$ 表示 m 个个体的工资性收入. 如果 $x_1, x_2, \cdots, x_m$ 按非减的顺序排列, 则关于 $x_1, x_2, \cdots, x_m$ 的 Gini 系数可由以下公式计算:

$$G_m = \frac{1}{m^2\mu}\sum_{k=1}^{m}(-m + 2k - 1)x_k, \qquad (9.1.27)$$

其中 G_m 表示 $x_1, x_2, \cdots, x_m$ 的 Gini 系数且 μ 为 $x_1, x_2, \cdots, x_m$ 的平均值.

证明 注意到 $\sum_{i=1}^{m}\sum_{j=1}^{i}(x_i - x_j)$ 有以下展开式

$$\begin{aligned}\sum_{i=2}^{m}\sum_{j=1}^{i-1}(x_i - x_j) = &(x_m - x_{m-1}) + (x_m - x_{m-2}) + \cdots + (x_m - x_1)\\ &+(x_{m-1} - x_{m-2}) + (x_{m-1} - x_{m-3}) + \cdots + (x_{m-1} - x_1) + \cdots\\ &+(x_2 - x_1).\end{aligned} \qquad (9.1.28)$$

在以上展开式的右端, 对每个 $k \in \{1, 2, \cdots, m\}$, 共有 $m - 1$ 项 x_k. 具体而言, 有 $m - k$ 项的形式为 $(x_i - x_k)$, 其中 x_i 表示比 x_k 大的项, 即 $i = m, m-1, \cdots, k+1$. 此时, 对每个 $i \in \{m, m-1, \cdots, k+1\}$, $(x_i - x_k)$ 中 x_k 的系数为 -1. 另一方面, 形式为 $(x_k - x_j)$ 的项共有 $k - 1$ 项, 其中, x_j 表示比 x_k 小的项, 即 $j = 1, 2, \cdots, k-1$. 此时, 对每个 $j \in \{1, 2, \cdots, k-1\}$, $(x_k - x_j)$ 中 x_k 的系数为 $+1$. 综上所述, x_k 的系数为 $-(m-k) + (k-1)$, 即 $(-m + 2k - 1)$. 因此,

$$\sum_{i=1}^{m}\sum_{j=1}^{i}(x_i - x_j) = \sum_{k=1}^{m}(-m + 2k - 1)x_k. \qquad (9.1.29)$$

将 (9.1.29) 式代入 (9.1.7) 式可得

$$G_m = \frac{1}{m^2\mu}\sum_{i=1}^{m}\sum_{j=1}^{i}(x_i - x_j) = \frac{1}{m^2\mu}\sum_{k=1}^{m}(-m + 2k - 1)x_k. \qquad \square$$

事实上, 借助引理 9.4 的思想, (9.1.26) 式可写成以下形式:

$$G(t) = \frac{1}{m^2\mu}\left(\sum_{k=1}^{m}\sum_{i=1}^{m_k}\left(-m + 2\sum_{j=0}^{k-1}m_j + 2i - 1\right)x_i^k(t)\right.$$
$$\left. + \sum_{i=1}^{m_0}(-m + 2i - 1)x_i^0(t)\right). \tag{9.1.30}$$

基于以上分析, 我们给出以下计算 M 和 b 的公式. 这两个公式是后面数值实验与分析的基础.

定理 9.2 设 $x_1, x_2, \cdots, x_m$ 为 m 个个体的工资性收入且按非减的顺序排列. 如果,

(i) 个人所得税全部用于转移支付且关于每个个体的转移支付相等;

(ii) 个人所得税体系 $t = (t_1, t_2, \cdots, t_n)$ 是累进的, 即 $t_1 < t_2 < \cdots < t_n$, 则 (9.1.18) 式中的 n 维向量 $M = (M_1, M_2, \cdots, M_n)$ 和实数 b 可由以下公式计算:

$$M_j = \begin{cases} -\dfrac{1}{m^2\mu}\left(A_j\displaystyle\sum_{k=j+1}^{n}\sum_{i=1}^{m_k}b(k,i) + \sum_{i=1}^{m_j}X_i^j\right), & j = 1, \cdots, n-1, \\ -\dfrac{1}{m^2\mu}\left(\displaystyle\sum_{i=1}^{m_n}b(n,i)X_i^n\right), & j = n \end{cases} \tag{9.1.31}$$

和

$$b = \frac{1}{m^2\mu}\left\{\left(A_0\sum_{k=1}^{n}\sum_{i=1}^{m_k}b(k,i) + \sum_{i=1}^{m_0}X_i^0\right) + \left(A_1\sum_{k=2}^{n}\sum_{i=1}^{m_k}b(k,i) + \sum_{i=1}^{m_1}X_i^1\right)\right.$$
$$\left. + \cdots + \left(A_{n-1}\sum_{k=n}^{n}\sum_{i=1}^{m_k}b(k,i) + \sum_{i=1}^{m_{n-1}}X_i^{n-1}\right) + \sum_{i=1}^{m_n}b(n,i)X_i^n\right\}, \tag{9.1.32}$$

其中

$$b(k,i) = m + 2\sum_{j=0}^{k-1}m_j + 2i - 1, \quad k = 0, 1, \cdots, n \text{ 且 } i = 1, 2, \cdots, m_k, \tag{9.1.33}$$

$$X_i^k = x_i^k - a_k, \quad k = 0, 1, \cdots, n \text{ 且 } i = 1, 2, \cdots, m_k, \tag{9.1.34}$$

$$A_j = a_{j+1} - a_j, \quad j = 0, 1, \cdots, n \text{ 且 } \mu = \frac{1}{m}\sum_{i=1}^{m}x_i. \tag{9.1.35}$$

证明 令 $b(k,i) = -m + 2\sum_{j=0}^{k-1}m_j + 2i - 1$ 且 $b(0,i) = -m + 2i - 1$, 其中

$k = 0, 1, \cdots, n$ 和 $i = 1, 2, \cdots, m_k$, 则 (9.1.30) 式可写成如下展开式:

$$
\begin{aligned}
G(t) =& \frac{1}{m^2\mu}\left(\sum_{k=1}^{m}\sum_{i=1}^{m_k}\left(-m + 2\sum_{j=0}^{k-1}m_j + 2i - 1 \right)x_i^k(t) \right.\\
& \left. + \sum_{i=1}^{m_0}(-m + 2i - 1)x_i^0(t) \right)\\
=& \frac{1}{m^2\mu}(b(0,1)x_1^0(t) + b(0,2)x_2^0(t) + \cdots + b(0,m_0)x_{m_0}^0(t)\\
& + b(1,1)x_1^1(t) + b(1,2)x_2^1(t) + \cdots + b(1,m_1)x_{m_1}^1(t)\\
& + \cdots\\
& + b(n,1)x_1^n(t) + b(n,2)x_2^n(t) + \cdots + b(n,m_n)x_{m_n}^n(t)).
\end{aligned}
\tag{9.1.36}
$$

为进一步简化上述不等式, 对 $j = 0, 1, 2, \cdots, n$, 记 $A_j = a_{j+1} - a_j$ 和 $T_j = 1 - t_j$. 对 $k = 0, 1, \cdots, n$ 和 $i = 1, 2, \cdots, m_k$, 记 $X_i^k = x_i^k - a_k$, 则有

$$
x_i^k(t) = \sum_{j=0}^{k-1}A_jT_j + X_i^kT_k,
\tag{9.1.37}
$$

将 (9.1.37) 代入 (9.1.36) 等式, 可得

$$
\begin{aligned}
G(t) =& \frac{1}{m^2\mu}\left(b(0,1)X_1^0T_0 + \cdots + b(0,m_0)X_{m_0}^0T_0 \right.\\
& + b(1,1)(A_0T_0 + X_1^1T_1) + \cdots + b(1,m_1)(A_0T_0 + X_{m_1}^1T_1)\\
& + \cdots\\
& \left. + b(n,1)\left(\sum_{j=0}^{n-1}A_jT_j + X_1^nT_n \right) + \cdots + b(n,m_n)\left(\sum_{j=0}^{n-1}A_jT_j + X_{m_n}^nT_n \right) \right).
\end{aligned}
$$

对上述等式的每一行提取 T_i, 则

$$
\begin{aligned}
G(t) =& \frac{1}{m^2\mu}\left(\sum_{i=1}^{m_0}b(0,i)X_i^0T_0 \right.\\
& + \sum_{i=1}^{m_1}b(1,i)A_0T_0 + \sum_{i=1}^{m_1}b(1,i)X_i^iT_1\\
& + \cdots
\end{aligned}
$$

$$+ \sum_{i=1}^{m_n} b(n,i)A_0 T_0 + \sum_{i=1}^{m_n} b(n,i)A_1 T_1 + \cdots$$

$$+ \sum_{i=1}^{m_n} b(n,i)A_{n-1} T_{n-1} + \sum_{i=1}^{m_n} b(n,i)X_i^n T_n \Bigg).$$

分别对 $i = 0, 1, \cdots, n$, 提取公因式 T_i, 可得

$$G(t) = \frac{1}{m^2 \mu} \Bigg\{ \left(A_0 \sum_{k=1}^{n} \sum_{i=1}^{m_k} b(k,i) + \sum_{i=1}^{m_0} X_i^0 \right) T_0 + \left(A_1 \sum_{k=2}^{n} \sum_{i=1}^{m_k} b(k,i) + \sum_{i=1}^{m_1} X_i^1 \right) T_1$$

$$+ \cdots + \left(A_{n-1} \sum_{k=n}^{n} \sum_{i=1}^{m_k} b(k,i) + \sum_{i=1}^{m_{n-1}} X_i^{n-1} \right) T_{n-1} + \sum_{i=1}^{m_n} b(n,i) X_i^n T_n \Bigg\}. \quad (9.1.38)$$

注意到对每个 $j = 0, 1, \cdots, n$, $T_j = 1 - t_j$. 我们得到以下关于 t_j 的系数 (记为 M_j):

$$M_j = \begin{cases} -\dfrac{1}{m^2\mu} \left(A_j \displaystyle\sum_{k=j+1}^{n} \sum_{i=1}^{m_k} b(k,i) + \sum_{i=1}^{m_j} X_i^j \right), & j = 1, \cdots, n-1, \\[4mm] -\dfrac{1}{m^2\mu} \left(\displaystyle\sum_{i=1}^{m_n} b(n,i) X_i^n \right), & j = n \end{cases}$$

和

$$b = \frac{1}{m^2\mu} \Bigg\{ \left(A_0 \sum_{k=1}^{n} \sum_{i=1}^{m_k} b(k,i) + \sum_{i=1}^{m_0} X_i^0 \right) + \left(A_1 \sum_{k=2}^{n} \sum_{i=1}^{m_k} b(k,i) + \sum_{i=1}^{m_1} X_i^1 \right)$$

$$+ \cdots + \left(A_{n-1} \sum_{k=n}^{n} \sum_{i=1}^{m_k} b(k,i) + \sum_{i=1}^{m_{n-1}} X_i^{n-1} \right) + \sum_{i=1}^{m_n} b(n,i) X_i^n \Bigg\}. \qquad \square$$

注 9.1 由 (9.1.33) 式可知只要知道原始数据 $x_1, x_2, \cdots, x_m$ 以及 $a_1, a_2, \cdots, a_n$, 即可计算 b 和 M.

注 9.2 事实上, b 为关于 $x_1, x_2, \cdots, x_n$ 的 Gini 系数. 因为 $G(\mathbf{0}) = \langle M, \mathbf{0} \rangle + b = b$, 其中 $\mathbf{0}$ 为 $n+1$ 维向量 $(0, 0, \cdots, 0)$.

4. 累进的 (α, β)-平等税率的存在性

本节回答引言中的**问题**, 即如何刻画合理调整收入分配的个人所得税以及这样的个人所得税税率是否存在?

为刻画合理调整收入分配的个人所得税税率, 我们定义以下 (α, β)-平等税率的概念.

定义 9.4 设个人所得税体系被 $a_1 < a_2 < \cdots < a_n$ 分为 n 个税级. t_i 为第 i 个税级的边际税率, 记第 i 个税级为 $(a_i, a_{i+1}]$, 其中 $i = 1, 2, \cdots, n$, 且 $a_{n+1} = +\infty$.

记 $t = (t_1, t_2, \cdots, t_n)$ 为个人所得税体系, 记 $G(t)$ 为可支配收入的 Gini 系数. 令 α 和 β 为给定的正常数. 如果

$$\alpha \leqslant G(\bar{t}) \leqslant \beta,$$

则称 $\bar{t}$ 为 (α, β)-平等税率.

注 9.3　在以上定义中, 我们利用 Gini 系数测度收入分配的不平等, 使用 α 和 β 描述了收入分配的合理性. 因为 "合理性" 是一个模糊的概念, 所以 α 和 β 可根据研究的具体问题来确定. 例如, 我们可以考虑 $(0.25, 0.31)$-平等税率、$(0.32, 0.35)$-平等税率以及 $(0.35, 0.41)$-平等税率等.

令 C_1 表示集合 $\{t | \alpha \leqslant G(t) \leqslant \beta\}$. 如果定理 9.1 的条件满足, 则

$$C_1 = \{t | \alpha \leqslant \langle M, t \rangle + b \leqslant \beta\}. \tag{9.1.39}$$

另一方面, 如果个人所得税 t 是累进的, 则对任意 $i = 1, 2, \cdots, n$, $t_i - t_{i-1} \geqslant 0$. 对每个 $i = 2, \cdots, n$, 记 n 维向量 $(0, \cdots, 0, \underset{i-1}{-1}, \underset{i}{1}, 0, \cdots, 0)$ 为 K_i, 则 $t_i - t_{i-1} \geqslant 0$ 可写成 $\langle K_i, t \rangle \geqslant 0$. 对 $i = 2, \cdots, n$, 记

$$C_i = \{t | \langle K_i, t \rangle \geqslant 0\}. \tag{9.1.40}$$

显然, 对 $i = 2, \cdots, n$, C_i 是凸的.

此外, 记

$$C_{n+i} = \{t | 0 \leqslant \langle K_{n+i}, t \rangle \leqslant 1\}, \tag{9.1.41}$$

其中, $K_{n+i} = (0, \cdots, 0, \underset{i}{1}, 0, \cdots, 0)$ 且 $i = 1, 2, \cdots, n$.

沿用以上符号, 累进的 (α, β)-平等税率的存在性可转化为以下凸可行问题(CFP): 寻找 $\bar{t}$ 使得

$$\bar{t} \in \bigcap_{i=1}^{2n} C_i. \tag{9.1.42}$$

利用 (9.1.39) 式、(9.1.40) 式及 (9.1.41) 式, 可定义集值映射 Φ 如下:

$$\Phi : \quad \Omega \mapsto 2^{\mathbb{R}^n} \tag{9.1.43}$$

$$K_i \to C_i,$$

其中 $K_1 = -M$ 和 $\Omega = \{K_1, K_2, \cdots, K_{2n}\} \subset \mathbb{R}^n$.

定理 9.3 设个人所得税体系 t 是累进的且个人所得税全部用于转移支付, 此时有 $G(t) = \langle M, t \rangle + b$. 令映射 Φ 按 (9.1.43) 定义. 如果 K_1 为 Φ 的不动点, 则存在 $\bar{t}$ 使得

$$\bar{t} \in \bigcap_{i=1}^{2n} C_i,$$

其中 c 为一个常数.

证明 以下分三步证明.

第一步 证明对 $i = 1, 2, \cdots, n$, C_{n+i} 是凸的和闭的, $i = 1, 2, \cdots, n$.

任取 $t^{*1} \in C_{n+i}$ 和 $t^{*2} \in C_{n+i}$, 则

$$0 \leqslant \langle K_{n+i}, t^{*1} \rangle \leqslant 1 \text{ 且 } 0 \leqslant \langle K_{n+i}, t^{*2} \rangle \leqslant 1.$$

令 $t^* = \lambda_1 t^{*1} + \lambda_2 t^{*2}$, 其中 $\lambda_1 + \lambda_2 = 1$, 则

$$\begin{aligned}
\langle K_{n+i}, t^* \rangle &= \langle K_{n+i}, \lambda_1 t^{*1} + \lambda_2 t^{*2} \rangle \\
&= \langle K_{n+i}, \lambda_1 t^{*1} \rangle + \langle K_{n+i}, \lambda_2 t^{*2} \rangle \\
&= \lambda_1 \langle K_{n+i}, t^{*1} \rangle + \lambda_2 \langle K_{n+i}, t^{*2} \rangle \in [0, 1].
\end{aligned}$$

此外, 由内积的连续性可知 C_{n+i} 是闭的.

第二步 证明对 $i = 2, 3, \cdots, n$, $C_i = \{t | \langle K_i, t \rangle \geqslant 0\}$ 是闭的.

由内积的连续性可知, 这是显然的. 此外对 $i = 2, 3, \cdots, n$, C_i 也是紧的.

第三步 证明凸可行问题 (9.1.42) 解的存在性.

因为个人所得税体系是累进的且转移支付函数 $f_{tr} = c$, 故 $C_1 = \{t | \alpha \leqslant \langle M, t \rangle + b \leqslant \beta\}$. 由内积的性质可知 C_1 是闭的和凸的. 因为 K_1 是 Φ 的不动点, 所以

$$K_1 \in \Phi(K_1),$$

由此可得 $K_1 \in C_1$. 显然, 对 $i = 2, 3, \cdots, 2n$, $K_i \in C_i$. 因此, 对 Ω 的任意子集 (记为 Ω_{sub}), 都有

$$\text{co}\{\Omega_{\text{sub}}\} \subset \bigcup_{i=1}^{2n} C_i.$$

由引理 9.2 可知存在 $\bar{t}$ 使得

$$\bar{t} \in \bigcap_{i=1}^{2n} C_i. \qquad \square$$

5. 数值实验与分析

这部分, 利用我们得到的理论研究中国城镇的收入分配. 此时, 个人所得税体系为七级累进制且 $a_1 = 3500, a_2 = 5000, a_3 = 8000, a_4 = 12500, a_5 = 38500, a_6 = 58500, a_7 = 83500, a_8 = +\infty$. 这里的难点是如何获取原始数据, 本节利用 2012 年中国统计年鉴关于中国城镇的分组数据, 通过随机模拟的方法获得了 80000 个数据 (实数上, 可根据需要获取更多的随机数), 这些数据将代表个体的工资性收入. 基于以上数据和第 3 部分的公式 (9.1.31)—(9.1.35), 我们推导了 $G(t)$ 和 t 之间的函数表达式. 此外, 我们还以中国城镇为例研究了 (α, β)-平等税率的存在性. 以下的数值实验分为七步, 其中第一步到第五步主要为获得 80000 个随机数, 第六步推导了 $G(t)$ 的具体函数表达式, 最后一步分析了 (α, β)-平等税率的存在性.

第一步　基于中国统计年鉴 2012 的分组数据.

目前, 多数国家都是以分组数据的形式给出相关的收入分配. 表 9.2 为中国统计年鉴 2012 给出的 2011 年中国城镇家庭收入的分组数据.

第二步　计算累计人口百分比和收入百分比.

基于表 9.2 第一行、第三行及第六行的数据, 可计算出累计人口百分比和累计收入百分比 (表 9.3). 事实上, 点 (0.0580, 0.0160), (0.1152, 0.0353), (0.2275, 0.0917), (0.4369, 0.2325), (0.6331, 0.4086), (0.8198, 0.6325) 及 (0.9100, 0.7759) 为样本 Lorenz 曲线上的点.

第三步　利用 Beta 模型拟合 Lorenz 曲线.

用于拟合 Lorenz 曲线的模型有很多 (见 [233, 235]). 下面选择 Beta 模型, 该模型最早由 Nanak 和 Kakwani[233] 给出, Shi 等[224] 的研究表明该模型比较适合我国的国情. Beta 模型的一般形式如下:

$$L(p) = p - \theta p^\gamma (1-p)^\delta, \quad 0 \leqslant p \leqslant 1, \tag{9.1.44}$$

其中 θ, γ, δ 为参数, 且满足 $\theta > 0, 0 < \gamma \leqslant 1$ 和 $0 < \delta \leqslant 1$. (9.1.44) 式的另一种形式为

$$\ln(p - L(p)) = \ln\theta + \gamma\ln p + \delta\ln(1-p).$$

利用表 9.3 中的数据拟合 Beta 模型可得

$$\theta = e^{-0.4514}, \quad \gamma = 0.9366, \quad \delta = 0.6095. \tag{9.1.45}$$

以上回归方程在 1% 的水平下是显著的且相应的 p 值近似等于 0.000000200059, R^2 统计量近似等于 0.999552720427.

表 9.2　按收入等级分城镇居民家庭基本情况 (2011 年)

指标	全国	最低收入户		按收入等级分						
		(10%)	困难户 (5%)	较低收入户 (10%)	中等偏下户 (20%)	中等收入户 (20%)	中等偏上户 (20%)	较高收入户 (10%)	最高收入户 (10%)
调查户数/户	65655	6505	3232	6566	13170	13178	13177	6572	6488
调查户比重/%	100.00	9.91	4.92	10.00	20.06	20.07	20.07	10.01	9.88
平均每户家庭人口/人	2.87	3.30	3.32	3.20	3.01	2.82	2.67	2.57	2.53
平均每户就业人口/人	1.48	1.29	1.16	1.51	1.52	1.49	1.48	1.48	1.58
平均每人全部年收入/元	23979.20	7819.44	6445.45	11751.28	15880.67	21439.70	29058.92	39215.49	64460.67
平均每人可支配收入/元	21809.78	6876.09	5398.17	10672.02	14498.26	19544.94	26419.99	35579.24	58841.87
平均每人总支出/元	20365.71	8147.60	7290.91	10749.19	13926.13	18386.86	24276.24	32969.21	51203.46
平均每人现金消费支出/元	15160.89	6431.85	5575.56	8509.32	10872.83	14028.17	18160.91	23906.21	35183.64

表 9.3　累计人口百分比和累计收入百分比

累计人口百分比	0.0580	0.1152	0.2275	0.4369	0.6331	0.8198	0.9100
累计收入百分比	0.0160	0.0353	0.0917	0.2325	0.4086	0.6325	0.7759

将 (9.1.45) 代入 (9.1.44) 可得

$$L(p) = p - \mathrm{e}^{-0.4514} p^{0.9366} (1-p)^{0.6095}.$$

第四步　求解分布函数的反函数.

因为 $L(p) = \dfrac{1}{\mu} \displaystyle\int_0^p F^{-1}(q)\mathrm{d}q$, 所以

$$F^{-1}(p) = \mu L'(p), \qquad (9.1.46)$$

其中 $L(p) = p - \mathrm{e}^{-0.4549} p^{0.9288} (1-p)^{0.6065}$.

$L(p)$ 对应的图像如图 9.1 所示.

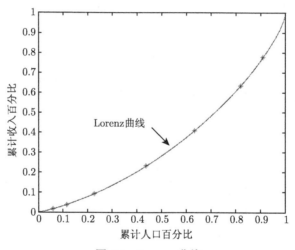

图 9.1　Lorenz 曲线

第五步　通过随机模拟生成随机数.

由引理 9.3 和 (9.1.46) 可生成大量随机数, 这些随机数服从以上分布, 我们将用这些随机数模拟个体的收入数据. 这里通过随机模拟产生了 80000 随机数, 这 80000 个随机数对应的频数直方图绘出如图 9.2 所示, 其中分为 500 组.

第六步　利用 (9.1.31)—(9.1.32) 式推导 $G(t)$ 的具体表达式.

将由随机模拟生成的随机数和 a_i 代入公式 (9.1.31)—(9.1.33), 则得到如下关于边际税率的系数向量:

$$M = (-0.0482, -0.0248, -0.0079, -0.0055, -0.0005, -0.0003, -0.0002)$$

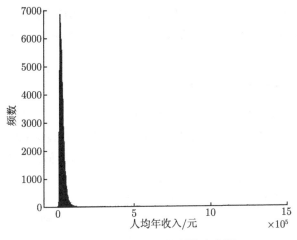

图 9.2 人均年收入的频数直方图

和

$$b = 0.3184.$$

于是, 所求 $G(t)$ 的表达式为

$$G(t) = -0.0482t_1 - 0.0248t_2 - 0.0079t_3 - 0.0055t_4 - 0.0005t_5$$
$$- 0.0003t_6 - 0.0002t_7 + 0.3184.$$

第七步 分析 (α, β)-平等税率的存在性.

注意到 $G(-M) = 0.3154$, 如果我们选择 $\alpha = 0.3001$ 和 $\beta = 0.3156$, 则 $G(-M) = 0.3154 \in [0.3001, 0.3156]$, 由此可得 $-M$ 为 Φ 的不动点. 由定理 9.3 可知中国城镇的 $(0.3001, 0.3156)$-平等税率存在. 换言之, 存在 t 使得中国城镇可支配收入的 Gini 系数落入 $[0.3001, 0.3156]$ 内. 事实上, 我们还可以给出以下其他的 $(0.3001, 0.3156)$-平等税率. 例如,

$$
\begin{aligned}
t_a &= (0.03, 0.10, 0.2, 0.25, 0.3, 0.35, 0.55), & G(t_a) &= 0.311154, \\
t_b &= (0.03, 0.15, 0.2, 0.25, 0.3, 0.35, 0.55), & G(t_b) &= 0.309914, \\
t_c &= (0.03, 0.15, 0.25, 0.3, 0.35, 0.4, 0.55), & G(t_c) &= 0.309204,
\end{aligned}
\tag{9.1.47}
$$

其中 (9.1.47) 中的 t_a 即为中国改革前的个人所得税体系.

注 9.4 由 (9.1.47) 式可知 $(0.3001, 0.3156)$-平等税率并不唯一. 事实上, 以上 $(0.3001, 0.3156)$-平等税率的税率只是从 Gini 系数这一个角度来界定收入平等的, 但在现实生活中, 往往还要综合考虑机会平等、经济发展及社会背景等多方面的因素和标准, 也只有这样才可能进一步在众多的 $(0.3001, 0.3156)$-平等税率中找到合适的税率.

注 9.5 设 $t_d = (1,1,1,1,1,1,1)$, 则 $G(t_d) = 0.2310$, 这是 $G(t)$ 的最小值. 事实上, 0.2310 为不需要缴纳个人所得税的群体所对应的 Gini 系数. 换言之, 个人所得税对收入分配的调节作用是有限的.

6. 浅析兼顾平等与效率的个人所得税问题

以上重点研究了平等税率的存在性和唯一性, 然而, 正如前面所言, 个人所得税税率的确定往往还要参照其他标准, 其中**效率**就是税收政策制定过程中必须要考虑的一个因素. 以下结合 "平等" 和 "效率" 对个人所得税问题展开初步探索. 为表述方便, 以下称为兼顾平等与效率的个人所得税.

为此, 我们需要解决的一个首要问题就是: 如何界定**效率**? 事实上, 效率的外延很广, 例如, 生产效率、资源交换效率 (帕累托效率)、管理效率、税收效率等. 本部分将以税收效率为例展开相关的研究, 事实上, 其他的效率可以类似分析.

为理解税收效率, 需注意以下事实. 在对劳动者征收所得税时, 不仅会使劳动者的收入减少, 往往还会影响他对劳动时间的选择. 一个极端的例子是: 过高的所得税会使一个人放弃工作. 这种由所得税引起的额外的福利损失称为超额负担. 在税收领域, 所得税的税收效率通常用税收的超额负担来刻画. 税收的超额负担与劳动者剩余关系密切. 关于劳动者剩余或生产者剩余的具体定义见文献 [236], 下面仅给出劳动者剩余的几何解释. 设 S^{-1} 表示劳动供给曲线对应的反函数图像 (一般而言, 该图像并非直线, 以下为使分析过程简单化, 暂考虑直线的情形), L 表示劳动者的劳动量 (通常用时间来表示, 单位为小时), W 表示劳动者的工资率 (每小时的工资), w^* 为劳动者当前的工资水平. 则劳动者剩余可用图 9.3 中的灰色部分来表示.

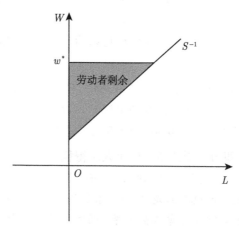

图 9.3 劳动者剩余的几何意义

在对税收的研究中, 相对于劳动者剩余的绝对值, 人们更感兴趣的是劳动者剩余的变化值. 设 w_1 和 l_1 分别表示对一个人征收所得税之前对应的工资率和劳动量, w_2 和 l_2 分别表示对一个人征收所得税之后对应的工资率和劳动量. 则图 9.4 给出征收所得税前后此人的劳动者剩余的变化. 具体而言, 整个劳动剩余的减少由梯形 $aecd$ 的面积刻画, 其中矩形 $abcd$ 的面积测量了由个人所得税引起的劳动者剩余的减少, 而三角形 bec 的面积测量了由所得税引起的**超额负担**.

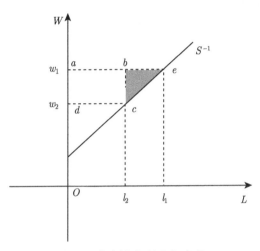

图 9.4　超额负担的几何意义

根据以上分析, 为测度整个社会的税收效率的损失, 只需计算每个人的超额负担, 然后加总即可. 为此引入以下记号, 设社会中有 N 个人, 第 i 个人劳动供给曲线用 S_i 来表示, 相应地, 其反函数记为 S_i^{-1}. 第 i 个人的税前所得和税后所得分别记为 w_i^q 和 w_i^h. 累进的个人所得税体系仍表示为 $t = (t_1, t_2, \cdots, t_n)$, $a_1, a_2, \cdots, a_n$ 表示税收节点. 整个社会的效率损失记为 E, 则由前面的分析可知

$$E = \sum_{i=1}^{N} \int_{w_i^h}^{w_i^q} S_i^{-1} \, \mathrm{d}L. \tag{9.1.48}$$

注意到税前所得 w_i^q 和税后所得 w_i^h 存在以下关系

$$w_i^h = w_i^q - g(w_i^q), \quad i = 1, 2, \cdots, N,$$

其中 g 为税收函数

$$g(w_i^q) = \begin{cases} 0, & w_i^q \leqslant a_1, \\ t_1(w_i^q - a_1), & a_1 < w_i^q \leqslant a_2, \\ \cdots\cdots & \\ \displaystyle\sum_{k=1}^{i-1} t_k(a_{k+1} - a_k) + t_j(w_i^q - a_j), & a_j < w_i^q \leqslant a_{j+1}, \\ \cdots\cdots & \\ \displaystyle\sum_{k=1}^{n-1} t_k(a_{k+1} - a_k) + t_m(w_i^q - a_n), & w_i^q > a_n. \end{cases}$$

所以, E 事实上为 t 的函数, 若记此函数关系为 f, 则 (9.1.48) 式即为

$$E = f(t) = \sum_{i=1}^{N} \int_{w_i^h}^{w_i^q} S_i^{-1} \, \mathrm{d}L, \tag{9.1.49}$$

结合 (9.1.42) 式和 (9.1.49) 式, 兼顾平等与效率的个人所得税问题的数理模型即为下面的**凸优化问题**:

$$\min_{t \in \bigcap_{i=1}^{2n} C_i} f(t),$$

上述凸优化模型的具体含义为: 在平等税率中寻找使税收效率损失最小的税率. 此外, 如果函数 f 可微, 则上述优化问题可进一步转化为下面的**变分不等式问题**: 寻找 $\bar{t} \in \bigcap_{i=1}^{2n} C_i$ 使得

$$\langle \nabla f, t - \bar{t} \rangle \geqslant 0, \quad \forall t \in \bigcap_{i=1}^{2n} C_i,$$

其中, ∇f 表示函数 f 的梯度. 更一般地, 如果令 $F(t, y) = \langle \nabla f, y - t \rangle$, 则上述变分不等式问题又可以进一步转化为如下的**均衡问题**: 寻找 $\bar{t} \in \bigcap_{i=1}^{2n} C_i$ 使得

$$F(\bar{t}, y) \geqslant 0, \quad \forall y \in \bigcap_{i=1}^{2n} C_i. \tag{9.1.50}$$

综上所述, 兼顾平等与效率的个人所得税问题在一定条件下可以转化为一个**均衡问题**. 因此, 为研究兼顾平等与效率的个人所得税的存在性及相关算法, 只需研究均衡问题 (9.1.50) 解的存在性及相关算法, 而这些问题正是本书前几章所研究的课题, 所以将之前的研究成果应用于税收问题是一个具有重要性和可行性的研究方向.

9.2 均衡问题在博弈论中的应用

1. 引言

令 $A = (a_{ij})_{m,n}$ 为 $m \times n$ 矩阵博弈的收益矩阵, 其中 m 和 n 为正整数, 在该博弈中, 博弈双方分别记为 R 和 C. 假设 R 的策略集为 $r_1, r_2, \cdots, r_m$, C 的策略为 $c_1, c_2, \cdots, c_n$. 对任意 $1 \leqslant i \leqslant m, 1 \leqslant j \leqslant n, a_{ij}$ 为 R 的收益, 当 R 选择策略 r_i 且 C 选择策略 c_j 时. 令 $X = (x_1, x_2, \cdots, x_m)$ 为 R 关于其策略 $r_1, r_2, \cdots, r_m$ 的概率分布. $Y = (y_1, y_2, \cdots, y_n)^{\mathrm{T}}$ 为 C 关于其策略 $c_1, c_2, \cdots, c_m$ 的概率分布. 令 $E(X, Y) = XAY$, 这是该博弈关于 X 和 Y 的期望值. 由著名的博弈论基本定理 (见 [269] 和 [24]), 对 R 和 C 分别存在概率分布 X^* 和 Y^* 使得

$$E(X, Y^*) \leqslant E(X^*, Y^*) \leqslant E(X^*, Y), \tag{9.2.1}$$

对任意概率分布 X 和 Y 都成立, 则 (X^*, Y^*) 称为 Nash 均衡, 或最优策略, 或该博弈的鞍点. $E(X^*, Y^*)$ 称为该博弈的值. 如果 $E(X^*, Y^*) = 0$, 则称该博弈是公平的.

对每个给定的 $m \times n$ 矩阵博弈 A, 期望值函数 $E(X, Y)$ 是关于 X 和 Y 的函数, 定义在 $S^{m-1} \times S^{n-1}$ 上, 其中 $S^{k-1} = \left\{ (x_1, x_2, \cdots, x_k) \in \mathbb{R}^k : x_1, x_2, \cdots, x_k \geqslant 0$ 且 $x_1 + x_2 + \cdots + x_k = 1 \right\}$ 是 k 维单纯形, 这里 $k = m$ 或 n. 我们知道 $S^{m-1} \times S^{n-1}$ 为 $\mathbb{R}^m \times \mathbb{R}^n$ 的凸紧子集. 基于 $S^{m-1} \times S^{n-1}$ 的紧性, 博弈论的基本定理可由著名的 Von Neumann 定理证明, 该定理由 Kakutani 不动点定理证明 (见 [24]). 在无限维的情况下, 令 $S = \left\{ (x_1, x_2, \cdots) : x_i \geqslant 0, i = 1, 2, \cdots$ 且 $\sum\limits_{i=1}^{\infty} x_i = 1 \right\}$. 对任意 $p \geqslant 1, S \times S$ 是凸的但不是 $l^p \times l^p$ 的紧子集. 因此 Von Neumann 定理并不能类似地推广到无限维的情形. 进而博弈论的基本定理在无限维的情况并不成立, 故探索无限维矩阵博弈均衡的存在条件成为博弈论中一个有意义的问题. 在文献 [270] 中, Radzik, Mendez-Naya, Wald 等研究了无限矩阵博弈均衡存在的条件.

以下研究 $\infty \times \infty$ 矩阵博弈的存在条件. 本节第 2 部分给出 $\infty \times \infty$ 矩阵博弈均衡点的基本特征, 这些特征可用于检验 $\infty \times \infty$ 矩阵博弈是否存在均衡点. 第 3 部分利用 Fan-KKM 定理证明 $\infty \times \infty$ 矩阵博弈最优策略的存在性. 第 4 部分给出该定理的一些应用实例.

2. $\infty \times \infty$ 矩阵博弈的均衡点的特征

在 $\infty \times \infty$ 矩阵博弈中, 假设 R 有无限个策略 $r_1, r_2, \cdots$ 且 C 有无限个策略 $c_1, c_2, \cdots$. 令 $A = (a_{ij})$ 为该博弈的收益矩阵, 它是一个 $\infty \times \infty$ 矩阵. 如果 a_{kl} 最小化矩阵 A 第 k 行且最大化第 l 列, 则称策略 (r_k, c_l) 为该矩阵博弈的鞍点.

一个博弈称为严格确定的 (strictly determined), 如果它至少含有一个鞍点策略. 与有限维的情况类似, 如果一个 $\infty \times \infty$ 矩阵博弈不是严格确定的, 则局中人会采取混合策略, 从而使得 R 最大化其收益同时 C 最小化其损失. 令

$$S = \left\{ (x_1, x_2, \cdots.) : x_i \geqslant 0, i = 1, 2 \cdots \text{且} \sum_{i=1}^{\infty} x_i = 1 \right\}.$$

这是一个无限维单纯形. 众所周知, S 为 l^2 的闭凸子集, 但它不是紧的. 对任意 $\infty \times \infty$ 矩阵 $A = (a_{ij})$, 令 $\|A\| = \sup\{|a_{ij}| : 1 \leqslant i, j < \infty\}$. 我们定义 $E(X, Y) = XAY^{\mathrm{T}}$, 其中所有 $(X, Y) \in S \times S$, 这里在不混淆的情形下在 $E(X, Y)$ 中省略 A. 易知 $E(\cdot, \cdot)$ 在 $S \times S$ 上有定义当且仅当 $\|A\| < \infty$.

定理 9.4　令 $A = (a_{ij})$ 为一个无限矩阵博弈的 $\infty \times \infty$ 收益矩阵, 满足 $\|A\| < \infty$. 令 $X^* = (x_i^*)$ 和 $Y^* = (y_i^*)$ 为一对概率分布, 则 $(X^*, Y^*) \in S \times S$ 是该博弈的 Nash 均衡点当且仅当下面不等式成立

$$\sup_m \sum_{j=1}^{\infty} a_{mj} y_j^* = \inf_n \sum_{i=1}^{\infty} a_{in} x_i^*. \tag{9.2.2}$$

证明　必要性: 设 $(X^*, Y^*) \in S \times S$ 为函数 $E(\cdot, \cdot)$ 的 Nash 均衡点. 则对任意 $(X, Y) \in S \times S$, 我们有

$$E(X, Y^*) \leqslant E(X^*, Y^*) \leqslant E(X^*, Y), \tag{9.2.3}$$

即

$$\sum_{i,j=1}^{\infty} a_{ij} x_i y_j^* \leqslant \sum_{i,j=1}^{\infty} a_{ij} x_i^* y_j^* \leqslant \sum_{i,j=1}^{\infty} a_{ij} x_i^* y_j. \tag{9.2.4}$$

对任意正整数 m 和 n, 取 $X, Y \in S$ 使得 X 的第 m 个分量和 Y 的第 n 个分量为 1 其他分量为零, 则

$$\sum_{j=1}^{\infty} a_{mj} y_j^* \leqslant \sum_{i,j=1}^{\infty} a_{ij} x_i^* y_j^* \leqslant \sum_{i=1}^{\infty} a_{in} x_i^*, \tag{9.2.5}$$

由此可得

$$\sup_m \sum_{j=1}^{\infty} a_{mj} y_j^* \leqslant \sum_{i,j=1}^{\infty} a_{ij} x_i^* y_j^* \leqslant \inf_n \sum_{i=1}^{\infty} a_{in} x_i^*. \tag{9.2.6}$$

现在

$$\sum_{i,j=1}^{\infty} a_{ij} x_i^* y_j^* = \sum_{i=1}^{\infty} x_i^* \sum_{j=1}^{\infty} a_{ij} y_j^* \leqslant \sum_{i=1}^{\infty} x_i^* \left(\sup_m \sum_{j=1}^{\infty} a_{mj} y_j^* \right) = \sup_m \sum_{j=1}^{\infty} a_{mj} y_j^*, \tag{9.2.7}$$

由此可知

$$\sum_{i,j=1}^{\infty} a_{ij} x_i^* y_j^* \leqslant \sup_m \sum_{j=1}^{\infty} a_{mj} y_j^*. \tag{9.2.8}$$

(9.2.6) 式和 (9.2.8) 式表明

$$\sup_m \sum_{j=1}^{\infty} a_{mj} y_j^* = \sum_{i,j=1}^{\infty} a_{ij} x_i^* y_j^*. \tag{9.2.9}$$

同理, 由 $\sum_{i,j=1}^{\infty} a_{ij} x_i^* y_j^* \geqslant \sum_{j=1}^{\infty} y_j^* \left(\inf_n \sum_{i=1}^{\infty} a_{jn} x_i^* \right)$ 和 (9.2.6) 式可得

$$\sum_{i,j=1}^{\infty} a_{ij} x_i^* y_j^* = \inf_n \sum_{i=1}^{\infty} a_{in} x_i^*. \tag{9.2.10}$$

联立 (9.2.9) 式和 (9.2.10) 式, 可得 (9.2.2) 式.

充分性: 假设 (9.2.2) 式对任意 $(X, Y) \in S \times S$ 成立, 则有

$$\sum_{i,j=1}^{\infty} a_{ij} x_i y_j^* = \sum_{i=1}^{\infty} x_i \sum_{j=1}^{\infty} a_{ij} y_j^* \leqslant \sum_{i=1}^{\infty} x_i \left(\sup_m \sum_{j=1}^{\infty} a_{mj} y_j^* \right) = \sup_m \sum_{j=1}^{\infty} a_{mj} y_j^* \tag{9.2.11}$$

且

$$\sum_{i,j=1}^{\infty} a_{ij} x_i^* y_j = \sum_{j=1}^{\infty} y_j \sum_{i=1}^{\infty} a_{ij} x_i^* \geqslant \sum_{j=1}^{\infty} y_j \left(\inf_n \sum_{i=1}^{\infty} a_{jn} x_i^* \right) = \inf_n \sum_{i=1}^{\infty} a_{in} x_i^*. \tag{9.2.12}$$

与 (9.2.11) 和 (9.2.12) 式类似, 可知

$$\sum_{i,j=1}^{\infty} a_{ij} x_i^* y_j^* \leqslant \sup_m \sum_{j=1}^{\infty} a_{mj} y_j^* \quad \text{且} \quad \sum_{i,j=1}^{\infty} a_{ij} x_i^* y_j^* \geqslant \inf_n \sum_{i=1}^{\infty} a_{in} x_i^*, \tag{9.2.13}$$

因为 (9.2.2) 式成立, 由 (9.2.13) 式可得

$$\sup_m \sum_{j=1}^{\infty} a_{mj} y_j^* = \sum_{i,j=1}^{\infty} a_{ij} x_i^* y_j^* = \inf_n \sum_{i=1}^{\infty} a_{in} x_i^*. \tag{9.2.14}$$

联立 (9.2.11), (9.2.12) 和 (9.2.14) 可得

$$\sum_{i,j=1}^{\infty} a_{ij} x_i y_j^* \leqslant \sum_{i,j=1}^{\infty} a_{ij} x_i^* y_j^* \leqslant \sum_{i,j=1}^{\infty} a_{ij} x_i^* y_j, \quad \forall (X, Y) \in S \times S, \tag{9.2.15}$$

因此, (X^*, Y^*) 为该博弈的 Nash 均衡点. $\qquad\qquad\qquad\qquad\qquad\qquad \square$

注 9.6 由定理 9.4 的证明可知, 如果存在 $(X^*, Y^*) \in S \times S$ 满足方程 (9.2.2), 则该博弈有 Nash 均衡点, 因此

$$\sum_{i,j=1}^{\infty} a_{ij} x_i^* y_j^* = \sup_m \sum_{j=1}^{\infty} a_{mj} y_j^* = \inf_n \sum_{i=1}^{\infty} a_{in} x_i^*. \tag{9.2.16}$$

推论 9.1 令 $A = (a_{ij})$ 为给定无限矩阵博弈的 $\infty \times \infty$ 收益矩阵, 满足 $\|A\| < \infty$. 假设该博弈为严格确定的且它有一个鞍点策略 (r_k, c_l). 设 $X^*, Y^* \in S$ 使得 X^* 的第 k 个分量和 Y^* 的第 l 个分量为 1 且其他分量为 0, 则 (X^*, Y^*) 为该博弈的 Nash 均衡点.

证明 由鞍点策略的定义可得

$$\sup_m \sum_{j=1}^{\infty} a_{mj} y_j^* = \sup_m \{a_{ml}\} = a_{kl} \tag{9.2.17}$$

和

$$\inf_n \sum_{i=1}^{\infty} a_{in} x_i^* = \inf_n \{a_{kn}\} = a_{kl}. \tag{9.2.18}$$

则由定理 9.4 可立即证明此推论. □

3. $\infty \times \infty$ 矩阵博弈 Nash 均衡点的存在性定理

关于存在性定理的证明基于著名的 FKKM 定理. 以下回忆相关概念.

定义 9.5 设 E 为线性空间, K 为 E 的非空子集. 令 $G : K \to 2^E$ 为一个集值映射. 如果对任意有限子集 $\{x_1, x_2, \cdots, x_n\} \subseteq K$, 有

$$\mathrm{co}\{x_1, x_2, \cdots, x_n\} \subseteq \bigcup_{i=1}^{n} G(x_i), \tag{9.2.19}$$

则 G 称为 KKM 映射.

定理 9.5 设 E 为 Hausdorff 拓扑向量空间且 K 为 E 的非空子集. $G : K \to 2^E$ 为 KKM 映射且具有闭值. 存在一个点 $x_0 \in K$ 使得 $G(x_0)$ 为紧的, 则

$$\bigcap_{x \in K} G(x) \neq \varnothing. \tag{9.2.20}$$

定理 9.6 令 $A = (a_{ij})$ 为无限矩阵博弈的 $\infty \times \infty$ 收益矩阵, 满足 $\|A\| < \infty$. 如果存在 $(X, Y) \in S \times S$ 使得下述

$$\{(X', Y') \in S \times S : XAY' \leqslant X'AY\} \tag{9.2.21}$$

在 $l^2 \times l^2$ 中为紧的, 则该博弈至少存在一个均衡点.

证明 定义 $G : S \times S \to 2^{S \times S}$ 如下:

$$G(X,Y) = \{(X',Y') \in S \times S : XAY' \leqslant X'AY\}, \quad \forall (X,Y) \in S \times S, \qquad (9.2.22)$$

因为 $(X,Y) \in G(X,Y)$, 所以 $G(X,Y)$ 对任意 $(X,Y) \in S \times S$ 非空. 现由

$$|XAY| \leqslant \|A\| \|X\|_2 \|Y\|_2 \qquad (9.2.23)$$

可知对任意 $(X,Y) \in S \times S, G(X,Y)$ 在 $l^2 \times l^2$ 中是闭的. 因此 G 有闭值.

下面证明 G 为 KKM 映射. 对任意有限集

$$\{(X_1, Y_1), (X_2, Y_2), \cdots, (X_n, Y_n)\} \subset S \times S. \qquad (9.2.24)$$

假设 $\mathrm{co}\,\{(X_1,Y_1),(X_2,Y_2),\cdots,(X_n,Y_n)\} \subset \bigcup\limits_{i=1}^{n} G(X_i,Y_i)$, 则存在 $\lambda_1, \lambda_2, \cdots \lambda_n \geqslant 0$ 满足 $\sum\limits_{i=1}^{n} \lambda_i = 1$, 使得 $\sum\limits_{i=1}^{n} \lambda_i (X_i, Y_i) \notin \bigcup\limits_{i=1}^{n} G(X_i,Y_i)$, 则对任意 $j = 1, 2, \cdots n$, 有

$$X_j A \left(\sum_{i=1}^{n} \lambda_i Y_i \right) > \left(\sum_{i=1}^{n} \lambda_i X_i \right) A Y_j, \qquad (9.2.25)$$

两边乘以 λ_j, 应用条件 $\lambda_1, \lambda_2, \cdots, \lambda_n \geqslant 0, \sum\limits_{i=1}^{n} \lambda_i = 1$, 且两边从 1 加到 n, 可得

$$\sum_{j=1}^{n} \left(\lambda_j X_j A \left(\sum_{i=1}^{n} \lambda_i Y_i \right) \right) > \sum_{j=1}^{n} \left(\lambda_j \left(\sum_{i=1}^{n} \lambda_i X_i \right) A Y_j \right). \qquad (9.2.26)$$

由此可得

$$\left(\sum_{i=1}^{n} \lambda_i X_i \right) A \left(\sum_{i=1}^{n} \lambda_i Y_i \right) > \left(\sum_{i=1}^{n} \lambda_i X_i \right) A \left(\sum_{i=1}^{n} \lambda_i Y_i \right), \qquad (9.2.27)$$

矛盾. 因此 G 为 KKM 映射. 利用该定理的条件 (9.2.21) 和 FKKM 定理可得

$$\bigcap_{(X,Y) \in S \times S} G(X,Y) \neq \varnothing. \qquad (9.2.28)$$

取 $(X^*, Y^*) \in \bigcap\limits_{(X,Y) \in S \times S} G(X,Y)$, 则

$$XAY^* \leqslant X^*AY, \quad \forall (X,Y) \in S \times S. \qquad (9.2.29)$$

特别地, 在 (9.2.29) 中取 $X = X^*$ 可得

$$X^*AY^* \leqslant X^*AY, \quad \forall Y \in S. \qquad (9.2.30)$$

在 (9.2.29) 中取 $Y = Y^*$ 可得

$$XAY^* \leqslant X^*AY^*, \quad \forall X \in S, \tag{9.2.31}$$

联立上述两个不等式可得

$$XAY^* \leqslant X^*AY^* \leqslant X^*AY, \forall (X, Y) \in S \times S, \tag{9.2.32}$$

因此 (X^*, Y^*) 为该博弈的最优策略. □

推论 9.2   令 m, n 为任意给定正整数. 对每个 $m \times n$ 矩阵博弈 A, 至少有一个最优策略, 即存在至少一对概率分布 X^* 和 Y^* (不必唯一) 使得不等式

$$E(X, Y^*) \leqslant E(X^*, Y^*) \leqslant E(X^*, Y) \tag{9.2.33}$$

对任意概率分布 X 和 Y(关于 R 和 C) 成立.

证明   因为 $S^{m-1} \times S^{n-1}$ 在 $l^2 \times l^2$ 中是紧的, 则对任意 $(X, Y) \in S^{m-1} \times S^{n-1}$, 下面的子集

$$\left\{ (X', Y') \in S^{m-1} \times S^{n-1} : XAY' \leqslant X'AY \right\} \tag{9.2.34}$$

在 $l^2 \times l^2$ 中是紧的. 故由定理 9.6 可立即得到本推论. □

众所周知, 严格确定博弈至少具有一组最优策略. 下面利用定理 9.6 证明其中一种特殊情形.

定义 9.6   无限矩阵博弈 (其博弈矩阵记为 A) 称为有限严格确定的, 如果存在一对正整数 $(i(0), j(0))$ 使得

(i) $a_{i(0),j} \geqslant a_{i(0),j(0)}, \forall j$ 且等号当 j 取有限数时成立; 且

(ii) $a_{i,j(0)} \leqslant a_{i(0),j(0)}, \forall i$ 且等号当 i 取有限数时成立.

推论 9.3   如果一个无限博弈为有限严格确定的, 则该博弈至少含有一个最优策略.

证明   令 $A = (a_{ij})$ 为该矩阵博弈的收益矩阵. 由有限严格确定博弈的定义可得, 存在一对正整数 $(i(0), j(0))$ 和正整数 p 与 q 使得

$$
\begin{aligned}
a_{i(0)j} &= a_{i(0)j(0)}, \quad j = j(0), j(1), \cdots, j(p), \\
a_{i(0)j} &> a_{i(0)j(0)}, \quad j \neq j(0), j(1), \cdots, j(p)
\end{aligned}
\tag{9.2.35}
$$

且

$$
\begin{aligned}
a_{ij(0)} &= a_{i(0)j(0)}, \quad i = i(0), i(1), \cdots, i(q), \\
a_{ij(0)} &< a_{i(0)j(0)}, \quad i \neq i(0), i(1), \cdots, i(q).
\end{aligned}
\tag{9.2.36}
$$

取 $(X, Y) \in S \times S$ 使得 X 的第 $i(0)$ 分量为 1 且其他分量为 0, 同时 Y 的第 $j(0)$ 分量为 1 且其他分量为 0, 则对任意 $(X', Y') \in S \times S$ 有

$$XAY' = \sum_{k=0}^{p} a_{i(0)j(k)} y'_{j(k)} + \sum_{j \neq j(k)} a_{i(0)j} y'_j = a_{i(0)j(0)} \sum_{k=0}^{p} y'_{j(k)} + \sum_{j \neq j(k)} a_{i(0)j} y'_j \geqslant a_{i(0)j(0)} \tag{9.2.37}$$

和

$$X'AY = \sum_{k=0}^{q} a_{i(k),j(0)} x'_{i(k)} + \sum_{j \neq i(k)} a_{ij(0)} x'_i = a_{i(k)j(0)} \sum_{k=0}^{q} x'_{i(k)} + \sum_{j \neq i(k)} a_{ij(0)} x'_i \leqslant a_{i(0)j(0)}. \tag{9.2.38}$$

如果 $XAY' \leqslant X'AY$, 则由上述两个不等式可得

$$a_{i(0)j(0)} \leqslant XAY' \leqslant X'AY \leqslant a_{i(0)j(0)}, \tag{9.2.39}$$

进而可得

$$XAY' = X'AY = a_{i(0)j(0)}. \tag{9.2.40}$$

联立 (9.2.35), (9.2.37) 及 (9.2.40), 可得 $\sum_{j \neq j(k)} y'_j = 0$. 同时联立 (9.2.36), (9.2.38) 及 (9.2.40), 可得 $\sum_{j=i(k)} x_i = 0$. 因此, 我们有

$$\{(X', Y') \in S \times S : XAY' \leqslant X'AY\} \cong S^p \times S^q, \tag{9.2.41}$$

它是 $l^2 \times l^2$ 的紧子集. 由定理 9.6 可立即证明本推论. □

4. 一些应用

不失一般性, 我们假设两个博弈方的策略集为正整数集. 下面给出几个 $\infty \times \infty$ 矩阵博弈, 并给出最优策略的存在性.

例 9.1 局中人 R 和 C, 同时给出一个正整数并遵循下面的规则: 如果他们给出相同的数字, 则他们打平; 如果他们给出不同的数字, 则 C 向 R 支付一美元. 该博弈为一个 $\infty \times \infty$ 矩阵博弈, 且它的 $\infty \times \infty$ 收益矩阵 $A = (a_{ij})$ 按下面的方式给出

$$a_{ij} = \begin{cases} 0, & i = j, \\ 1, & i \neq j. \end{cases} \tag{9.2.42}$$

显然 $\|A\| = 1$. 因此, $E(\cdot, \cdot)$ 在 $S \times S$ 上有定义. 该博弈没有最优策略分布. 即泛函 $E(\cdot, \cdot)$ 没有鞍点.

下面给出该例子的两个证明. 第一个证明由定理 9.4 给出. 第二个证明是直接证, 由此可以发现无限矩阵博弈的一些细节.

证明 1　对任意给定的 $(X^*, Y^*) \in S \times S$, 令 $X^* = (x_1^*, x_2^*, \cdots)$ 和 $Y^* = (y_1^*, y_2^*, \cdots)$. 我们有 $\sum\limits_{i=1}^{\infty} x_i^* = \sum\limits_{i=1}^{\infty} y_i^* = 1$, 由此可知

$$\sup_m \sum_{j=1}^{\infty} a_{mj} y_j^* = \sup_m (1 - y_m^*) = 1 \tag{9.2.43}$$

和

$$\inf_n \sum_{i=1}^{\infty} a_{in} x_i^* = \inf_n (1 - x_n^*) < 1, \tag{9.2.44}$$

我们可得 $\sup\limits_m \sum\limits_{j=1}^{\infty} a_{mj} y_j^* \neq \inf\limits_n \sum\limits_{i=1}^{\infty} a_{in} x_i^*$. 因此, (X^*, Y^*) 不是该博弈的 Nash 均衡点.
$\qquad\qquad\qquad\qquad\qquad\qquad\qquad\qquad\qquad\qquad\qquad\qquad\qquad\qquad\qquad\qquad\qquad$ □

证明 2　对任意给定的 $(X^*, Y^*) \in S \times S$, 有

$$E(X^*, Y^*) = \sum_{i,j=1}^{\infty} a_{ij} x_i^* y_j^* = \sum_{i=1}^{\infty} x_i^* \sum_{j=1}^{\infty} a_{ij} y_j^* = \sum_{i=1}^{\infty} x_i^* (1 - y_i^*) = 1 - \sum_{i=1}^{\infty} x_i^* y_i^*. \tag{9.2.45}$$

情形 1: 设 $\sum\limits_{i=1}^{\infty} x_i^* y_i^* = 0$. 此时, $E(X^*, Y^*) = 1$. 因为 $\sum\limits_{i=1}^{\infty} x_i^* = 1$, 存在正整数 i_0 使得 $x_{i0}^* > 0$. 取 $Y = (y_1, y_2, \cdots) \in S$ 满足

$$y_i = \begin{cases} 1, & i = i_0, \\ 0, & i \neq i_0, \end{cases} \tag{9.2.46}$$

可得 $E(X^*, Y) = \sum\limits_{i=1}^{\infty} x_i^* (1 - y_i) = 1 - \sum\limits_{i=1}^{\infty} x_i^* y_i = 1 - x_{i0}^* < 1$. 因此, 不可能得到 $E(X^*, Y^*) \leqslant E(X^*, Y)$ 对任意 $Y \in S$ 成立, 由此可知 (X^*, Y^*) 不是该博弈的 Nash 均衡点.

情形 2: 设 $\sum\limits_{i=1}^{\infty} x_i^* y_i^* \neq 0$.

情形 2.1: 设存在 i_1 使得 $y_{i_1}^* = 0$. 取 $X = (x_1, x_2, \cdots) \in S$ 满足

$$x_i = \begin{cases} 1, & i = i_1, \\ 0, & i \neq i_1, \end{cases} \tag{9.2.47}$$

由此可得 $\sum\limits_{i=1}^{\infty} x_i y_i^* = 0$. 因此 $E(X, Y^*) = 1 - \sum\limits_{i=1}^{\infty} x_i y_i^* = 1 > 1 - \sum\limits_{i=1}^{\infty} x_i^* y_i^*$. 我们可得 $E(X, Y^*) > E(X^*, Y^*)$. 由此可知不等式 $E(X, Y^*) \leqslant E(X^*, Y^*)$ 不对任意 $X \in S$ 都成立. 因此, (X^*, Y^*) 不是该博弈的 Nash 均衡点.

情形 2.2: 设 $y_i^* > 0$ 对任意 $i = 1, 2, \cdots$. 令 $I = \{i : x_i^* y_i^* \neq 0\}$.

首先, 假设 $I = \mathbb{N}$. 由 $\sum\limits_{i=1}^{\infty} y_i^* = 1$, 可知 $y_i^* \to 0 (i \to \infty)$. 则存在一些正整数 u 和下面正整数的有限集 $\{i_1, i_2, \cdots, i_u\} = \{j : j \in \mathbb{Z}^+ \text{ 且 } y_j^* = \max\{y_i^* : i = 1, 2, \cdots\}\}$. 取 $X = (x_1, x_2, \cdots)$ 满足

$$x_i = \begin{cases} 0, & i = i_1, i_2, \cdots, i_u, \\ x_{i_u+1}^* + \sum\limits_{k=1}^{u} x_{i_k}^*, & i = i_u + 1, \\ x_i^*, & i \neq i_1, i_2, \cdots, i_u, i_u + 1, \end{cases} \tag{9.2.48}$$

显然 $\sum\limits_{i=1}^{\infty} x_i = 1$. 因此, $X = (x_1, x_2, \cdots) \in S$. 现有

$$\begin{aligned} E(X, Y^*) &= 1 - \sum_{i=1}^{\infty} x_i y_i^* \\ &= 1 - \left(\sum_{i \neq i_k, i \neq i_k + 1} x_i^* y_i^* + \sum_{k=1}^{u} x_{ik} y_{iu}^* + x_{i_u+1} y_{i_u+1}^* \right) \\ &= 1 - \left(\sum_{i \neq i_k, i \neq i_k + 1} x_i^* y_i^* + 0 + \left(x_{i_u+1}^* + \sum_{k=1}^{u} x_{i_k}^* \right) y_{i_u+1}^* \right) \\ &= 1 - \left(\sum_{i \neq i_k} x_i^* y_i^* + \sum_{k=1}^{u} x_{i_k}^* y_{i_u+1}^* \right) \\ &> 1 - \left(\sum_{i \neq i_k} x_i^* y_i^* + \sum_{k=1}^{u} x_{i_k}^* y_{i_k}^* \right) \\ &= 1 - \sum_{i=1}^{\infty} x_i^* y_i^* \\ &= E(X, Y^*), \end{aligned} \tag{9.2.49}$$

我们可得 $E(X, Y^*) > E(X^*, Y^*)$, 由此可知 (X^*, Y^*) 不是该博弈的 Nash 均衡点.

其次, 我们假设 $I \neq \mathbb{N}$. 存在 i_1 使得 $x_{i_1}^* y_{i_1}^* = 0$. 此时, 因为 $y_i^* > 0$ 对所有 i 成立, 我们有 $x_{i_1}^* = 0$. 另一方面, 由情形 2 的假设, 存在 i_2 使得 $x_{i_2}^* y_{i_2}^* \neq 0$. 取 $Y \in S$ 使得

$$y_i = \begin{cases} 0, & i = i_1, \\ y_{i_i}^* + y_{i_2}^*, & i = i_2, \\ y_i^*, & i \neq i_1, i_2, \end{cases}$$

我们有

$$E\left(X^*, Y\right) = 1 - \sum_{i=1}^{\infty} x_i^* y_i$$

$$= 1 - \left(\sum_{i \neq i_k, i \neq i_2} x_i^* y_i + x_{i_1}^* y_{i_1} + x_{i_2}^* y_{i_2} \right)$$

$$= 1 - \left(\sum_{i \neq i_k, i \neq i_2} x_i^* y_i + 0 + x_{i_2}^* y_{i_2}^* + x_{i_2}^* y_{i_1}^* \right)$$

$$= 1 - \left(\sum_{i \neq i_k, i \neq i_2} x_i^* y_i + x_{i_2}^* y_{i_1}^* + x_{i_2}^* y_{i_2}^* + x_{i_2}^* y_{i_1}^* \right)$$

$$= 1 - \sum_{i=1}^{\infty} x_i^* y_i^* - x_{i_2}^* y_{i_1}^*$$

$$< E\left(X^*, Y^*\right).$$

由此可得 (X^*, Y^*) 不是泛函 $E(\cdot, \cdot)$ 的鞍点. 因此, 此博弈没有 Nash 均衡点. 　□

如果例 9.1 被修正为有限维的情形, 则它至少含有一个鞍点 (由博弈论的基本定理可知).

例 9.2　令 n 为比 1 大的正整数. 两个局中人 R 和 C, 同时给出小于等于 n 的正整数并遵循下面规则: 如果两个整数一样, 则打平. 如果两个整数不同, 则 C 支付给 R 一美元. 显然该博弈为 $n \times n$ 矩阵博弈且 $n \times n$ 矩阵 $A = (a_{ij})_{m,n}$ 按下面方式定义

$$a_{ij} = \begin{cases} 0, & i = j, \\ 1, & i \neq j, \end{cases}$$

对任意 $1 \leqslant i, j \leqslant n$.

它不是严格确定的. 取 $X^* = Y^* = \left(\dfrac{1}{n}, \dfrac{1}{n}, \cdots, \dfrac{1}{n} \right)$. 可以证明 (X^*, Y^*) 是一个最优策略分布. 事实上, 对任意 $(X, Y) \in S^{n-1} \times S^{n-1}$, 有

$$E\left(X, Y^*\right) = E\left(X^*, Y^*\right) = E\left(X^*, Y\right) = 1 - \frac{1}{n}.$$

下面的例子类似于 Wald 在文献 [273] 中给出的例子. 类似于例 9.1 的证明, 我们可以证明下面的例子没有最优策略.

例 9.3　两个局中人 R 和 C, 同时给出一个正整数并遵循下面的规则: 如果两个整数是一样的, 则打平; 如果两个整数不同, 则出示整数较小的人给另一个人一

美元. 显然该博弈为一个 $\infty \times \infty$ 矩阵博弈且 $\infty \times \infty$ 矩阵 $A = (a_{ij})$ 由下式给出:

$$a_{ij} = \begin{cases} 0, & i = j, \\ 1, & i > j, \\ -1, & i < j, \end{cases}$$

易知 $\|A\| = 1$. 因此, $E(\cdot, \cdot)$ 在 $S \times S$ 上有定义. 此博弈没有 Nash 均衡点.

    证明   例 9.3 的证明类似于例 9.1 的证明, 如果我们不使用定理 9.4, 它将稍复杂些. 这里仅用定理 9.4 给出证明. 对任意 $(X^*, Y^*) \in S \times S$, 有

$$\sup_m \sum_{j=1}^{\infty} a_{mj} y_j^* = \sup_m \left(\sum_{j=1}^{m-1} a_{mj} y_j^* - \sum_{j=m+1}^{\infty} a_{mj} y_j^* \right) = 1$$

和

$$\inf_n \sum_{i=1}^{\infty} a_{in} x_i^* = \inf_n \left(- \sum_{i=1}^{n-1} a_{in} x_i^* + \sum_{i=n+1}^{\infty} a_{in} x_i^* \right) = -1,$$

易见 (X^*, Y^*) 不是此博弈的 Nash 均衡点.

    例 9.4   两个局中人 R 和 C 每人给出一个正整数, 并遵循以下规则: 如果两个数的和为偶数, 则 C 给 R 一美元; 如果两个数的和为奇数, 则 R 给 C 一美元. 此博弈为一个 $\infty \times \infty$ 矩阵博弈且 $\infty \times \infty$ 矩阵 $A = (a_{ij})$ 由下式给出:

$$a_{ij} = \begin{cases} 1, & i+j \text{ 为偶数}, \\ -1, & i+j \text{为奇数}, \end{cases}$$

显然, $\|A\| = 1$. 因此, $E(\cdot, \cdot)$ 在 $S \times S$ 有定义. 此博弈有无限 Nash 均衡点, 即: 泛函 $E(\cdot, \cdot)$ 有无限鞍点. 此外, 对任意给定的 $(X^*, Y^*) \in S \times S, X^* = (x_1^*, x_2^*, \cdots)$ 和 $Y^* = (y_1^*, y_2^*, \cdots)$, (X^*, Y^*) 为一个 Nash 均衡点当且仅当

$$\sum_{i=1}^{\infty} (-1)^i x_i^* = 0 \quad \text{且} \quad \sum_{i=1}^{\infty} (-1)^i y_i^* = 0. \tag{9.2.50}$$

    注 9.7   (1) 充分性的证明由定理 9.4 获得. 事实上如果 (9.2.50) 成立, 则

$$\sup_m \sum_{j=1}^{\infty} a_{mj} y_j^* = \inf_n \sum_{i=1}^{\infty} a_{in} x_i^* = 0.$$

因此, (X^*, Y^*) 为此博弈的一个 Nash 均衡. 为给出一些细节, 我们换一种证法 (不用定理 9.4).

    (2) 这个例子不满足文献 [270] 中推论 4.1 的条件. 这说明文献 [270] 中推论 4.1 的条件对于无限矩阵博弈 A 不是必要的.

证明　充分性: 假设 $\sum\limits_{i=1}^{\infty}(-1)^i x_i^* = 0$ 和 $\sum\limits_{i=1}^{\infty}(-1)^i y_i^* = 0$. 由 A 的定义, 我们可得 $a_{ij} = (-1)^{i+j}, i, j = 1, 2, 3, \cdots$, 故

$$E(X^*, Y^*) = \left(\sum_{i=1}^{\infty}(-1)^i x_i\right)\left(\sum_{j=1}^{\infty}(-1)^j y_i^*\right) = 0,$$

类似于上面的证明, 对任意 $X = (x_1, x_2, \cdots), Y = (y_1, y_2, \cdots) \in S$, 有

$$E(X, Y^*) = \left(\sum_{i=1}^{\infty}(-1)^i x_i\right)\left(\sum_{j=1}^{\infty}(-1)^j y_i^*\right) = 0$$

和

$$E(X^*, Y) = \left(\sum_{i=1}^{\infty}(-1)^i x_i^*\right)\left(\sum_{j=1}^{\infty}(-1)^j y_j\right) = 0.$$

因此, 对任意给定的 $(X, Y) \in S \times S, E(X, Y^*) = E(X^*, Y^*) = E(X, Y^*)$. 从而, (X^*, Y^*) 为此博弈的 Nash 均衡点.

必要性: 利用反证法, 假设 $\sum\limits_{i=1}^{\infty}(-1)^i x_i^*$ 和 $\sum\limits_{i=1}^{\infty}(-1)^i y_i^*$ 至少一个不是零.

情形 1: 假设 $\sum\limits_{i=1}^{\infty}(-1)^i x_i^* = 0$ 和 $\sum\limits_{i=1}^{\infty}(-1)^i y_i^* \neq 0$. 首先假设 $\sum\limits_{i=1}^{\infty}(-1)^i y_i^* > 0$. 由假设 $\sum\limits_{i=1}^{\infty}(-1)^i x_i^* = 0$, 存在奇数 i_0 和偶数 i_1 使得 $x_{i_0}^* > 0$ 和 $x_{i_1}^* > 0$. 取 $X = (x_1, x_2, \cdots)$ 满足

$$x_i = \begin{cases} 0, & i = i_0, \\ x_{i_0}^* + x_1^*, & i = i_1, \\ x_i^*, & i \neq i_0, i_1. \end{cases}$$

显然, $\sum\limits_{i=1}^{\infty} x_i = 1$, 因此, $X = (x_1, x_2, \cdots) \in S$. 现有

$$E(X, Y^*) = \sum_{i=1}^{\infty}(-1)^i x_i \sum_{i=1}^{\infty}(-1)^i y_i^*$$

$$= \left(\sum_{i \neq i_0, i_1}(-1)^i x_i^* + (-1)^{i_0} x_{i_0} + (-1)^{i_1} x_{i_1}\right)\sum_{i=1}^{\infty}(-1)^i y_i^*$$

$$= \left(\sum_{i \neq i_0, i_1} (-1)^i x_i^* + 0 + x_{i_0}^* + x_{i_1}^* \right) \sum_{i=1}^{\infty} (-1)^i y_i^*$$

$$= \left(\sum_{i=1}^{\infty} (-1)^i x_i^* + 2x_{i_0}^* \right) \sum_{i=1}^{\infty} (-1)^i y_i^*$$

$$= 2x_{i_0}^* \sum_{i=1}^{\infty} (-1)^i y_i^*$$

$$> 0 = E(X^*, Y^*), \tag{9.2.51}$$

由此可知不等式 $E(X, Y^*) \leqslant E(X^*, Y^*)$ 对任意 $X \in S$ 不成立. 因此 (X^*, Y^*) 不是 $E(\cdot, \cdot)$ 的鞍点. 类似于上述证明, 我们可以证明如果 $\sum_{i=1}^{\infty} (-1)^i x_i^* = 0$ 且 $\sum_{i=1}^{\infty} (-1)^i y_i^* < 0$, 则 (X^*, Y^*) 不是此博弈的 Nash 均衡点.

情形 2: 设 $\sum_{i=1}^{\infty} (-1)^i x_i^* > 0$ 和 $\sum_{i=1}^{\infty} (-1)^i y_i^* < 0$. 存在一个偶数 i_1 使得 $x_{i_1}^* > 0$. 取 $X = (x_1, x_2, \cdots)$ 满足

$$x_i = \begin{cases} 0, & i = i_1, \\ x_{i_1+1}^* + x_{i_1}^*, & i = i_1 + 1, \\ x_i^*, & i \neq i_1, i_1 + 1. \end{cases}$$

显然 $\sum_{i=1}^{\infty} x_i = 1$, 因此, $X = (x_1, x_2, \cdots) \in S$. 类似于 (9.2.51) 的计算, 可得

$$E(X, Y^*) = \left(\sum_{i=1}^{\infty} (-1)^i x_i \right) \left(\sum_{j=1}^{\infty} (-1)^j y_j^* \right)$$

$$= \left(\sum_{i=1}^{\infty} (-1)^i x_i^* \right) \left(\sum_{j=1}^{\infty} (-1)^j y_j^* \right)$$

$$= \left(\sum_{i=1}^{\infty} (-1)^i x_i^* \right) \left(\sum_{j=1}^{\infty} (-1)^j y_j^* \right) - 2x_{i_1}^* \left(\sum_{j=1}^{\infty} (-1)^j y_j^* \right)$$

$$> \sum_{i=1}^{\infty} (-1)^i x_i^* \sum_{j=1}^{\infty} (-1)^j y_j^*$$

$$= E(X^*, Y^*), \tag{9.2.52}$$

因此, 不等式 $E(X, Y^*) \leqslant E(X^*, Y^*)$ 对任意 $X \in S$ 不成立, 且 (X^*, Y^*) 不是此博弈的 Nash 均衡点.

情形 3: 设 $\sum\limits_{i=1}^{\infty}(-1)^i x_i^* > 0$ 和 $\sum\limits_{i=1}^{\infty}(-1)^i y_i^* > 0$. 因为 $\sum\limits_{i=1}^{\infty}(-1)^i y_i^* > 0$, 存在偶数 i_1 使得 $y_{i_1}^* > 0$. 取 $Y = (y_1, y_2, \cdots)$ 满足

$$
y_i = \begin{cases} 0, & i = i_1, \\ y_{i_1+1}^* + y_{i_1}^* & i = i_1 + 1, \\ y_i^*, & i \neq i_1, i_1 + 1, \end{cases}
$$

则

$$
\sum_{i=1}^{\infty} y_i = \sum_{i=1}^{\infty} y_i^* = 1.
$$

因此 $Y \in S$. 类似于 (9.2.52) 的计算, 可得

$$
\begin{aligned}
E(X^*, Y) &= \left(\sum_{i=1}^{\infty}(-1)^i x_i^* \right) \left(\sum_{j=1}^{\infty}(-1)^j y_j \right) \\
&= \left(\sum_{i=1}^{\infty}(-1)^i x_i^* \right) \left(\sum_{j=1}^{\infty}(-1)^j y_j^* - 2y_{j_1}^* \right) \\
&< \left(\sum_{i=1}^{\infty}(-1)^i x_i^* \right) \left(\sum_{i=1}^{\infty}(-1)^j y_i^* \right) \\
&= E(X^*, Y^*),
\end{aligned}
$$

由此可得不等式 $E(X^*, Y^*) \leqslant E(X^*, Y)$ 对任意 $Y \in S$ 不成立, 所以 (X^*, Y^*) 不是此博弈的 Nash 均衡点.

类似于上述两种情形的证明, 可以证明如果下面情形之一成立, 则 (X^*, Y^*) 不是 $E(\cdot, \cdot)$ 的鞍点:

情形 4: $\sum\limits_{i=1}^{\infty}(-1)^i x_i^* \neq 0$ 且 $\sum\limits_{i=1}^{\infty}(-1)^i y_i^* = 0$;

情形 5: $\sum\limits_{i=1}^{\infty}(-1)^i x_i^* < 0$ 且 $\sum\limits_{i=1}^{\infty}(-1)^i y_i^* > 0$;

情形 6: $\sum\limits_{i=1}^{\infty}(-1)^i x_i^* < 0$ 且 $\sum\limits_{i=1}^{\infty}(-1)^i y_i^* < 0$.

因此 (X^*, Y^*) 是此博弈的一个 Nash 均衡点当且仅当 (9.2.50) 式成立. □

注 9.8　如果 (9.2.50) 成立, 由 $E(X^*, Y^*) = \sum\limits_{i=1}^{\infty}(-1)^i x_i^* \sum\limits_{i=1}^{\infty}(-1)^i y_i^* = 0$, 我们可得此博弈的值为零. 因此, 该博弈为公平博弈.

例 9.5　令 n 为比 1 大的固定正整数. 局中人 R 和 C 同时给出一个正整数, 并遵循下面的规则: 如果两个数的和为 n 的倍数, 则 C 给 R s 美元, 这里 s 为一个

给定的正整数; 如果两个数的和不是 n 的倍数, 则 R 给 C 一美元. 显然此博弈为一个 $\infty \times \infty$ 矩阵博弈且其收益矩阵 $A = (a_{ij})$ 由下式给出:

$$a_{ii} = \begin{cases} s, & i+j \text{是 } n \text{ 的倍数}, \\ -1, & i+j \text{不是 } n \text{ 的倍数}. \end{cases}$$

此博弈有无限多个最优策略且此博弈的值为 $\dfrac{s+1}{n} - 1$. 此外, 对任意给定 $(X^*, Y^*) \in S \times S, X^* = (x_1^*, x_2^*, \cdots)$ 和 $Y^* = (y_1^*, y_2^*, \cdots)$, 令 $\lambda_k = \sum\limits_{i=1}^{\infty} x_{in-k}^*$ 和 $\gamma_k = \sum\limits_{i=1}^{\infty} y_{(i-1)n+k+1}^*, k = 0, 1, 2, \cdots, n-1$. 则 (X^*, Y^*) 为此博弈的 Nash 均衡点当且仅当

$$\lambda_k = \gamma_k = \frac{1}{n}, \quad k = 0, 1, 2, \cdots, n-1.$$

证明 由 A 的定义可得

$$
\begin{aligned}
&E(X^*, Y^*) \\
&= X^* A (Y^*)^{\mathrm{T}} \\
&= \left(-1 + (s+1) \sum_{j=1}^{\infty} x_{jn}^*, -1 + (s+1) \sum_{j=1}^{\infty} x_{jn-1}^*, \cdots, \right. \\
&\quad -1 + (s+1) \sum_{j=1}^{\infty} x_{jn-(n-1)}^* - 1 + (s+1) \sum_{j=1}^{\infty} x_{jn}^*, \\
&\quad \left. -1 + (s+1) \sum_{j=1}^{\infty} x_{jn-1}^*, \cdots, -1 + (s+1) \sum_{j=1}^{\infty} x_{jn-(n-1)}^*, \cdots \right) (Y^*)^{\mathrm{T}} \\
&= (-1) \sum_{i=1}^{\infty} y_i^* + (s+1) \sum_{i=1}^{\infty} \sum_{k=0}^{n-1} \left(\sum_{j=1}^{\infty} x_{jn-k}^* y_{(i-1)n+k+1}^* \right) \\
&= -1 + (s+1) \sum_{k=0}^{n-1} \sum_{j=1}^{\infty} x_{jn-k}^* \sum_{i=1}^{\infty} y_{(i-1)n+k-1}^* \\
&= -1 + (s+1) \sum_{k=0}^{n-1} \lambda_k \gamma_k.
\end{aligned}
\tag{9.2.53}
$$

类似于上述推导, 对给定的 $(X, Y) \in S \times S$, 可得

$$
\begin{aligned}
E(X, Y^*) &= -1 + (s+1) \sum_{k=0}^{n-1} \sum_{j=1}^{\infty} x_{jn-k} \sum_{i=1}^{\infty} y_{(i-1)n+k-1}^* \\
&= -1 + (s+1) \sum_{k=0}^{n-1} \sum_{j=1}^{\infty} x_{jn-1} \gamma_k
\end{aligned}
\tag{9.2.54}
$$

和

$$E\left(X^{*}, Y\right) = -1 + (s+1) \sum_{k=0}^{n-1} \sum_{j=1}^{\infty} x_{jn-k}^{*} \sum_{i=1}^{\infty} y_{(i-1)n+k-1}$$

$$= -1 + (s+1) \sum_{k=0}^{n-1} \lambda_k \sum_{i=1}^{\infty} y_{(i-1)n+k-1}. \tag{9.2.55}$$

充分性: (这部分可由定理 9.4 证明.) 假设 $\lambda_k = r_k = \dfrac{1}{n}, k = 0, 1, 2, \cdots, n-1.$ 由 (9.2.53) 可得

$$E\left(X^{*}, Y^{*}\right) = -1 + \frac{s+1}{n}, \tag{9.2.56}$$

对任意 $(X, Y) \in S \times S$, 由 (9.2.54) 可得

$$E\left(X, Y^{*}\right) = -1 + (s+1) \sum_{k=0}^{n-1} \left(\sum_{j=1}^{\infty} x_{jn-k} \frac{1}{n} \right)$$

$$= -1 + \frac{s+1}{n} \sum_{k=0}^{n-1} \sum_{j=1}^{\infty} x_{jn-k}$$

$$= -1 + \frac{s+1}{n} \sum_{j=1}^{\infty} x_j$$

$$= -1 + \frac{s+1}{n}. \tag{9.2.57}$$

类似于上述推导, 由 (9.2.55) 可得

$$E\left(X^{*}, Y\right) = -1 + \frac{s+1}{n}, \tag{9.2.58}$$

由 (9.2.56), (9.2.57) 和 (9.2.58) 推出 (X^{*}, Y^{*}) 为此博弈的 Nash 均衡点.

必要性: 假设 $\lambda_k = \gamma_k = \dfrac{1}{n}, k = 0, 1, 2, \cdots, n-1$ 不是真的. 显然此博弈不是严格确定的. 由此可得对所有 $i, j = 1, 2, 3, \cdots$, 有 $0 \leqslant x_j^{*}, y_{i_0}^{*} < 1$.

情形 1: $\varnothing \neq \{k : \lambda_k \gamma_k \neq 0\} \neq \{0, 1, 2, \cdots, n-1\}$, 则存在 $k_0 \in \{0, 1, 2, \cdots, n-1\} \backslash \{k : \lambda_k \gamma_k \neq 0\}$ 和 $k_1 \in \{k : \lambda_k \gamma_k \neq 0\}$ 使得 $\lambda_{k_0} \gamma_{k_0} = 0$ 和 $\lambda_{k_1} \gamma_{k_1} \neq 0$. 由此可推出 $\lambda_{k_0} = 0$ 或 $\gamma_{k_0} = 0$. 假设 $\lambda_{k_0} = 0$. 取 $Y \in S$ 满足

$$y_{(i-1)n+k-1} = \begin{cases} 0, & k = k_1, \\ y_{(i-1)n+k_0-1}^{*} + y_{(i-1)n+k_1-1}^{*}, & k = k_0, \\ y_{(i-1)n+k-1}^{*}, & k \neq k_0, k_1. \end{cases}$$

对 $i = 1, 2, 3, \cdots$, 由 (9.2.55) 可得

$$
\begin{aligned}
E\left(X^{*}, Y\right) &= -1 + (s+1) \sum_{k=0}^{n-1} \lambda_k \sum_{i=1}^{\infty} y_{(i-1)n+k-1} \\
&= -1 + (s+1) \sum_{k=0, k \neq k_1}^{n-1} \lambda_{k\gamma_k} + \lambda_{k_1} \times 0 + \lambda_{k_0}\gamma_{k_1} \\
&= -1 + (s+1) \sum_{k=0}^{n-1} \lambda_k \gamma_k - \lambda_{k_1}\gamma_{k_1} + \lambda_{k_0}\gamma_{k_1} \\
&= -1 + (s+1) \sum_{k=0}^{n-1} \lambda_k \gamma_k - \lambda_{k_1}\gamma_{k_1} + 0 \\
&< E\left(X^{*}, Y^{*}\right),
\end{aligned}
$$

因此不等式 $E\left(X^{*}, Y^{*}\right) \leqslant E\left(X^{*}, Y\right)$ 对任意 $Y \in S$ 不成立. 另一方面, 如果 $\lambda_{k_0} \neq 0$, 由假设 $\lambda_{k_0}\gamma_{k_0} = 0$, 必有 $\gamma_{k_0} = 0$. 取 $X \in S$ 满足

$$
x_{in-k} = \begin{cases}
0, & k = k_0, \\
x_{in-k_0}^{*} + x_{in-k_1}^{*}, & k = k_1, \\
x_{in-k}^{*}, & k \neq k_0, k_1,
\end{cases}
$$

对 $i = 1, 2, 3, \cdots$, 由 (9.2.54), 类似于上述证明可得

$$
\begin{aligned}
E\left(X, Y^{*}\right) &= -1 + (s+1) \sum_{k=0}^{n-1} \sum_{j=1}^{\infty} x_{jn-k}\gamma_k \\
&= -1 + (s+1) \sum_{k=0}^{n-1} \lambda_k \gamma_k + \lambda_{k_0}\gamma_{k_1} \\
&> -1 + (s+1) \sum_{k=1}^{n} \lambda_{n-k}\gamma_{n-k} \\
&= E\left(X^{*}, Y^{*}\right),
\end{aligned}
$$

不可能得到 $E\left(X, Y^{*}\right) \leqslant E\left(X^{*}, Y^{*}\right)$, 对任意 $X \in S$. 因此, (X^{*}, Y^{*}) 不是此博弈的 Nash 均衡点.

情形 2: $\{k : \lambda_k \gamma_k \neq 0\} = \varnothing$. 此时 $E\left(X^{*}, Y^{*}\right) = -1 + (s+1) \sum_{k=1}^{n} \lambda_k \gamma_k = -1$. 显然存在 k_0 使得 $\lambda_{k_0} \neq 0$ 和 $\gamma_{k_1} = 0$, 则这种情形可以转换成情形 1 的第二部分.

情形 3: $\{k : \lambda_{k\gamma_k} \neq 0\} = \{0, 1, 2, \cdots, n-1\}$. 影响 $\lambda_k = \gamma_k = \dfrac{1}{n}$, $k = 0, 1, 2, \cdots$, $n-1$ 不是真的, 我们有 $\min\{\lambda_k\} < \max\{\lambda k\}$ 或 $\min\{\gamma_k\} < \max\{\gamma_k\}$. 所以我们假

设 $\lambda_1 = \min\{\lambda_k\} < \lambda_2 = \max\{\lambda_k\}$. 取 $Y \in S$ 满足

$$y_{(i-1)n+k-1} = \begin{cases} 0, & k = 2, \\ y^*_{(i-1)n} + y^*_{(i-1)n+1}, & k = 1, \\ y^*_{(i-1)n+k-1}, & k \neq 1, 2, \end{cases}$$

对 $i = 1, 2, 3, \cdots$, 由 (9.2.55) 可得

$$\begin{aligned} E(X^*, Y) &= -1 + (s+1) \sum_{k=0}^{n-1} \lambda_k \sum_{i=1}^{\infty} y_{(i-1)n+k-1} \\ &= -1 + (s+1) \sum_{k=0}^{n-1} \lambda_k \gamma_k + \lambda_1 \gamma_2 - \lambda_2 \gamma_2 \\ &< E(X^*, Y^*). \end{aligned}$$

$\square$

这里最后一个不等式可由下面事实推出: 对所有 k 和 $\lambda_1 < \lambda_2, \lambda_k \gamma_k \neq 0$. 因此, (X^*, Y^*) 不是此博弈的 Nash 均衡点. 类似于上述证明过程, 易知: 如果 $\min\{\gamma_k\} < \max\{\gamma_k\}$, 那么 (X^*, Y^*) 不是此博弈的 Nash 均衡点.

注 9.9　(1) 例 9.5 中给出的博弈是公平的当且仅当 $s = n-1$. 如果 $s > n-1$, 则此博弈对 R 有利. 如果 $s < n-1$, 则此博弈对 C 有利.

(2) 此博弈满足文献 [270] 中推论 4.1 的条件, 博弈值的存在性可由文献 [270] 中推论 4.1 给出.

9.3　均衡理论在交通中的应用

本节研究一类拟变分不等式问题解的存在性与唯一性, 构造解的两种算法, 即投影算法与超平面投影算法, 给出相应的收敛性分析. 作为这些研究结果的应用, 我们讨论交通流量和环境影响的问题, 并通过数值实验模拟相关结果.

1. 引言

在空间 $\mathbb{R}^n$ 上的经典拟变分不等式问题 QVIP(f, K) 如下: 找到一点 $x^* \in \mathbb{R}^n$, 使得 $\langle f(x^*), y - x^* \rangle \geqslant 0$, 对 $\forall y \in K(x^*)$ 成立, 其中 $\langle \cdot, \cdot \rangle$ 是 $\mathbb{R}^n$ 上的内积, $f : \mathbb{R}^n \to \mathbb{R}^n$ 是一映射, $K : \mathbb{R}^n \to 2^{\mathbb{R}^n}$ 是集值映射, 且对 $\forall x \in \mathbb{R}^n, K(x)$ 是闭凸集.

目前, 关于拟变分不等式问题 QVIP(f, K) 的研究主要有三个方面, 分别为解的存在性、求解的算法及其在金融、经济、交通等方向中的应用. QVIP(f, K) 解的存在性的部分结果可以参见文献 [274]; 求解 QVIP(f, K) 的算法则有投影法、二次投影法、牛顿法等多种算法, 可以参见文献 [275, 276]. 关于 QVIP(f, K) 的应用方

面, 在经济学中最常见的则是广义 Nash 均衡问题可以等价转化为 QVIP(f, K), 可以参见文献 [277], 在交通配流问题上, 拟变分不等式也被广泛应用.

我们下面考虑的拟变分不等式问题为: 找到一点 $x^* \in \mathbb{R}^n$, 使得 $h(x^*) \in K(x^*)$, 且

$$\langle f(x^*), y - h(x^*) \rangle \geqslant 0, \quad \forall y \in K(x^*), \tag{9.3.1}$$

其中 $f, h : \mathbb{R}^n \to \mathbb{R}^n$ 是连续映射, $K : \mathbb{R}^n \to 2^{\mathbb{R}^n}$ 是集值映射, 且对 $\forall x \in \mathbb{R}^n, K(x)$ 是闭凸集, $\langle \cdot, \cdot \rangle$ 是 $\mathbb{R}^n$ 上的内积. 记上述拟变分不等式问题为 QVIP(f, h, K). 如果对 $\forall x \in \mathbb{R}^n$ 有 $K(x) = D$, 其中 D 是一集合, 那么 QVIP(f, h, K) 即为逆变分不等式问题 IVIP(f, h, D); 当 h 是 $\mathbb{R}^n$ 上的恒等映射, 并且对 $\forall x \in \mathbb{R}^n$ 有 $K(x) = D$ 时, 那么 QVIP(f, h, K) 即为经典变分不等式问题 VIP(f, D); 当 h 是 $\mathbb{R}^n$ 上的恒等映射时, QVIP(f, h, K) 即为经典拟变分不等式问题 QVIP(f, K), 所以 QVIP(f, h, K) 可以看作经典拟变分不等式问题的一种推广.

2013 年, Didier Aussel 提出拟变分不等式问题 QVIP(f, h, K), 并在假设该变分不等式有解的前提下, 给出了 QVIP(f, h, K) 的误差界[278], 但并未涉及 QVIP(f, h, K) 解的存在性与算法. 这里拟探讨拟变分不等式问题 QVIP(f, h, K) 解的存在性与唯一性条件, 构造相应算法并给出其在交通问题中的应用.

2. 拟变分不等式问题解的存在性与唯一性

引理 9.5 设 $f, h : \mathbb{R}^n \to \mathbb{R}^n$ 是连续映射, $K : \mathbb{R}^n \to 2^{\mathbb{R}^n}$ 是下半连续的集值映射, 且对任意的 $x \in \mathbb{R}^n, K(x)$ 是闭凸集. 记 $\Phi(x) = \{y \in K(x) | \langle f(x), y - h(x) \rangle < 0\}$, 那么 $\Phi(x)$ 是下半连续的.

证明 因 K 是下半连续的, 取 $x_0 \in \mathbb{R}^n$, 那么对任意的 $y \in K(x_0)$ 及任意的 $\varepsilon > 0$, 存在 $\eta' > 0$, 当 $x \in B(x_0, \eta')$ 时, 有 $K(x) \cap B(y, \varepsilon) \neq \varnothing$. 因为 $\Phi(x_0) \subseteq K(x_0)$, 所以对任意的 $y \in \Phi(x_0)$ 及任意的 $\varepsilon > 0$, 存在 $\eta' > 0$, 当 $x \in B(x_0, \eta')$ 时, $K(x) \cap B(y, \varepsilon) \neq \varnothing$. 又因为 $y \in \Phi(x_0)$, 所以有 $\langle f(x_0), y - h(x_0) \rangle < 0$. f, h 是连续的, 所以存在 $\eta'' > 0$, 当 $x \in B(x_0, \eta'')$ 时, 有 $\langle f(x), y - h(x) \rangle < 0$. 取 $\eta = \min\{\eta', \eta''\}$, 则对任意的 $y \in \Phi(x_0)$ 及任意的 $\varepsilon > 0$, 存在 $\eta > 0$, 当 $x \in B(x_0, \eta)$ 时, 有 $K(x) \cap \{y \in \mathbb{R}^n | \langle f(x), y - h(x) \rangle < 0\} \cap B(y, \varepsilon) \neq \varnothing$, 即 $\Phi(x) \cap B(y, \varepsilon) \neq \varnothing$. 所以, Φ 是下半连续的. $\qquad\square$

引理 9.6 设 $K : \mathbb{R}^n \to 2^{\mathbb{R}^n}$ 是下半连续的集值映射, 且对任意的 $x \in \mathbb{R}^n, K(x)$ 是闭凸集. 对任意的 $x_0 \in \mathbb{R}^n$, 以及任意的 $\{x_n\} \subset \mathbb{R}^n, x_n \to x_0 (n \to \infty)$, 若存在 $y_n \in K(x_n), y_n \to y_0 (n \to \infty)$, 那么, $y_0 \in K(x_0)$.

证明 记 core $V = \{x \in X | K(x) \cap V\}$, 其中 $V \in 2^{\mathbb{R}^n}$, 即 core V 是 V 在 K 下的柱心. 假设 $y_0 \notin K(x_0)$. 因为 $K(x_0)$ 是闭集, 所以存在 y_0 的一个邻域 V, 使得 $V \cap K(x_0) = \varnothing$, 即 $x_0 \notin$ core V. 又因 $y_n \in K(x_n)$, 所以对 y_n 的任意开邻域

V_n, 有 $y_n \in K(x_n) \cap V_n$. 由 $y_n \to y_0(n \to \infty)$, 可知存在一个闭邻域 $V' \subset V \subset \mathbb{R}^n$ 以及 $N \in \mathbb{N}^*$, 当 $n \geqslant N$ 时, 有 $y_n \in V'$, 因此, $y_n \in K(x_n) \cap V'$. 因为 $V' \subset V$, 所以 $\operatorname{core}V' \subset \operatorname{core}V$, 其中 $\operatorname{core}V' = \{x \in X | K(x) \cap V'\}$, 又因 V' 是闭集, 所以 $K(x) \cap V'$ 是闭集. 又 K 是下半连续的, 由文献 [6] 中定理 5.2.4(2) 可知 $\operatorname{core}V'$ 是闭集. $x_n \in \operatorname{core}V'(n \geqslant N)$, 而 $x_n \to x_0(n \to \infty)$, 故 $x_0 \in \operatorname{core}V' \subset \operatorname{core}V$, 与假设矛盾. 故 $y_0 \in K(x_0)$. □

定理 9.7　设 $f: \mathbb{R}^n \to \mathbb{R}^n$ 是连续的, $h: \mathbb{R}^n \to \mathbb{R}^n$ 是连续且可逆的, $K: \mathbb{R}^n \to 2^{\mathbb{R}^n}$ 是下半连续的集值映射, 且对任意的 $x \in \mathbb{R}^n, K(x)$ 是闭凸集, 那么拟变分不等式问题 QVIP(f, h, K) 的解是存在的.

映射 $h: X \to Y$ 可逆是指, 存在映射 $g: Y \to X$ 满足 $g \cdot h = Ix$ (I 是 X 上的恒等映射), 以及 $h \cdot g = Iy$ (I 是 Y 上的恒等映射). 称 g 是 h 的逆映射, 记作 h^{-1}.

证明　记 $E = \{x \in \mathbb{R}^n | h(x) \in K(x)\}$. 下证 E 是闭集. 令 $\{x_n\}$ 是 E 上的序列, 且 $x_n \to x_0(n \to \infty)$. 因为 h 是连续的, 所以有 $h(x_n) \to h(x_0)(n \to \infty)$. 又因 K 是下半连续的, 对任意的 $x \in \mathbb{R}^n, K(x)$ 是闭凸集, 且 $h(x_n) \in K(x_n)$, 由引理 9.6 可知 $h(x_0) \in K(x_0)$, 故 E 为闭集.

再记

$$\Psi(x) = \begin{cases} \Phi(x), & x \in E, \\ K(x), & x \in \mathbb{R}^n \backslash E. \end{cases} \tag{9.3.2}$$

由引理 9.5 可知 $\Phi(x) = \{y \in K(x) | \langle f(x), y - h(x) \rangle < 0\}$ 是下半连续的. 要证存在 $x^* \in \mathbb{R}^n$, 使得 $h(x^*) \in K(x^*)$ 且 $\langle f(x^*), y - h(x^*) \rangle \geqslant 0, \forall y \in K(x^*)$, 即证存在 $x^* \in E$ 且 $\Phi(x^*) = \varnothing$.

假设对任意的 $x \in E, \Phi(x) \neq \varnothing$, 那么集值映射 Ψ 有非空凸值. 由文献 [279] 中引理 9.7 可知 Ψ 是下半连续的, 由文献 [280] 中定理 3.1''' 知, 存在 $\psi: \mathbb{R}^n \to \mathbb{R}^n$ 是连续的, 使得对任意的 $x \in \mathbb{R}^n$ 有 $\psi(x) \in \Psi(x)$. 由于 h 是连续且可逆的, 那么 $h^{-1}\psi$ 也是连续的, 因此, $h^{-1}\psi(x) \in h^{-1}\Psi(x)$.

由 Brouwer 不动点定理可知存在 $x^* \in \mathbb{R}^n$, 使得 $x^* = h^{-1}\psi(x^*) \in h^{-1}\Psi(x^*)$, 即: $h(x^*) = \psi(x^*) \in \Psi(x^*)$. 又因为 $\{x \in \mathbb{R}^n | h(x) \in \Psi(x)\} \subseteq E$, 所以存在 $x^* \in E$ 且 $h(x^*) = \Phi(x^*)$, 因为 $\Phi(x^*) = \{y \in K(x^*) | \langle f(x^*), y - h(x^*) \rangle < 0\}$, 取 $y = h(x^*)$ 时, 得

$$\langle f(x^*), h(x^*) - h(x^*) \rangle < 0.$$

矛盾. □

定义 9.7　如果对于所有的 $u, v \in \mathbb{R}^n$, 有 $\langle f(u) - f(v), h(u) - h(v) \rangle \geqslant \eta \|u - v\|^2$ 成立, 那么称 f 在 $\mathbb{R}^n$ 上关于 h 是 η-强单调的.

引理 9.7 设 f 在 $\mathbb{R}^n$ 上关于 h 是 η-强单调的, 如果 x_1, x_2 是 QVIP(f, h, K) 的两个解, 且满足 $h(x_1) \in K(x_2)$ 和 $h(x_2) \in K(x_1)$, 那么, $x_1 = x_2$.

证明 如果 x_1, x_2 是上述拟变分不等式的解, 那么有 $\langle f(x_1), y - h(x_1) \rangle \geqslant 0$, $\forall y \in K(x_1)$, $\langle f(x_2), y - h(x_2) \rangle \geqslant 0, \forall y \in K(x_2)$. 因为 $h(x_1) \in K(x_2)$ 和 $h(x_2) \in K(x_1)$, 那么有 $\langle f(x_1), h(x_2) - h(x_1) \rangle \geqslant 0$, $\langle f(x_2), h(x_1) - h(x_2) \rangle \geqslant 0$. 将两式相加可得

$$\langle f(x_1) - f(x_2), h(x_1) - h(x_2) \rangle \leqslant 0,$$

因为 f 在 $\mathbb{R}^n$ 上关于 h 是 η-强单调的, 所以有

$$\eta \|x_1 - x_2\|^2 \leqslant \langle f(x_1) - f(x_2), h(x_1) - h(x_2) \rangle \leqslant 0, \quad \eta > 0, \qquad \square$$

因此 $x_1 = x_2$.

注 9.10 由引理 9.7 可见, 若 f 在 $\mathbb{R}^n$ 上关于 h 是 η-强单调的, x_1, x_2 是 QVIP(f, h, K) 的两个解, 如果 $K(x_1) = K(x_2)$, 那么 $x_1 = x_2$.

定理 9.8 设 f 在 $\mathbb{R}^n$ 上关于 h 是 η-强单调的, 令 $F = \{h(x) | h(x) \in K(x), x \in \mathbb{R}^n\}$, 如果对任意的 $x \in \mathbb{R}^n$, 有 $F \subseteq K(x)$, 那么 QVIP(f, h, K) 有唯一解.

证明 设 x_1, x_2 是 QVIP(f, h, K) 的两个解, 即

$$\begin{aligned} h(x_1) \in K(x_1), \quad \langle f(x_1), y - h(x_1) \rangle \geqslant 0, \quad \forall y \in K(x_1), \\ h(x_2) \in K(x_2), \quad \langle f(x_2), y - h(x_2) \rangle \geqslant 0, \quad \forall y \in K(x_2), \end{aligned} \tag{9.3.3}$$

所以 $h(x_1), h(x_2)$ 在集合 F 中. 因为对任意的 $x \in \mathbb{R}^n$, 有 $F \subseteq K(x)$, 由引理 9.7 可知 $x_1 = x_2$. 即: QVIP(f, h, K) 的解唯一. $\qquad \square$

注 9.11 若对任意的 $x \in \mathbb{R}^n$, 都有 $K(x) = D$, 其中 D 为一集合, 那么 (9.3.1) 式即为逆变分不等式: $\langle f(x^*), y - h(x^*) \rangle \geqslant 0, \forall y \in D$. 关于逆变分不等式的内容可以参考文献 [281] 及其文献中的相关参考文献.

注 9.12 若条件只是 f 在 $\mathbb{R}^n$ 上关于 h 是 η-强单调的, 则显然 QVIP(f, h, K) 的解不唯一. 例如, 在 $\mathbb{R}^n$ 上, 令 $f(x) = -x, h(x) = 2x, K(x) = [x_1 - 1, x_1] \times [x_2 - 1, x_2] \times \cdots \times [x_n - 1, x_n]$, 那么 $x^* = (0, 0, \cdots, 0) \in K(x^*), \overline{x} = (1, 1, \cdots, 1) \in K(\overline{x})$ 都是 $\langle -x, y - 2x \rangle \geqslant 0, \forall y \in K(x)$ 的解, 并且易知解有无穷多个.

3. 拟变分不等式问题的算法

目前, 关于求解经典拟变分不等式问题的解的算法有很多, 例如投影算法、牛顿法、最速下降法、超平面投影算法等, 在此不一一列举说明, 可以参见相关文献 [274—279]. 下面针对 QVIP(f, h, K) 给出两种算法: 投影算法与超平面投影算法, 并相应地给出收敛性证明.

算法 9.1　投影算法

步骤 1: $x^0 \in \mathbb{R}^n, h\left(x^0\right) \in K\left(x^0\right)$;

步骤 2: $x^{n+1} = h^{-1} P_{K(x^n)}\left(h\left(x^n\right) - \rho f\left(x^n\right)\right)$.

该算法可以生成序列 $\{x^n\}$, 下面给出序列的收敛性定理.

定理 9.9　f 在 $\mathbb{R}^n$ 上关于 h 是 η-强单调的, 且是 L-Lipschitz 连续的, h 在 $\mathbb{R}^n$ 上可逆且 l-Lipschitz 连续, h^{-1} 是 m-Lipschitz 连续的, $K : \mathbb{R}^n \to 2^{\mathbb{R}^n}$ 是下半连续的集值映射, 且对任意的 $x \in \mathbb{R}^n, K(x)$ 是闭凸集. 且以下条件成立:

(1) $\left\|P_{K(x)}(u) - P_{K(y)}(u)\right\| \leqslant \gamma\|x - y\|, \forall x, y, u \in \mathbb{R}^n$, 其中常数 $\gamma > 0$;

(2) $m\left(\gamma + \sqrt{l^2 + \rho^2 L^2 - 2\rho\eta}\right) < 1$,

那么 $\{x^n\}$ 收敛于 QVIP(f, h, K) 的一个解.

证明　因为 h^{-1} 是 m-Lipschitz 连续的, 且投影算子是非扩张的, 根据条件 (1) 可知

$$
\begin{aligned}
\left\|x^{n+1} - x^n\right\| &= \left\|h^{-1} P_{K(x^n)}\left(h\left(x^n\right) - \rho f\left(x^n\right)\right) - h^{-1} P_{K(x^{n-1})}\left(h\left(x^{n-1}\right) - \rho f\left(x^{n-1}\right)\right)\right\| \\
&\leqslant m \left\|P_{K(x^n)}\left(h\left(x^n\right) - \rho f\left(x^n\right)\right) - P_{K(x^{n-1})}\left(h\left(x^{n-1}\right) - \rho f\left(x^{n-1}\right)\right)\right\| \\
&= m\|P_{K(x^n)}\left(h\left(x^n\right) - \rho f\left(x^n\right)\right) - P_{K(x^{n-1})}\left(h\left(x^n\right) - \rho f\left(x^n\right)\right) \\
&\quad + P_{K(x^{n-1})}\left(h\left(x^n\right) - \rho f\left(x^n\right)\right) - P_{K(x^{n-1})}\left(h\left(x^{n-1}\right) - \rho f\left(x^{n-1}\right)\right)\| \\
&\leqslant m \left\|P_{K(x^n)}\left(h\left(x^n\right) - \rho f\left(x^n\right)\right) - P_{K(x^{n-1})}\left(h\left(x^n\right) - \rho f\left(x^n\right)\right)\right\| \\
&\quad + m \left\|P_{K(x^{n-1})}\left(h\left(x^n\right) - \rho f\left(x^n\right)\right) - P_{K(x^{n-1})}\left(h\left(x^{n-1}\right) - \rho f\left(x^{n-1}\right)\right)\right\| \\
&\leqslant m\gamma \left\|x^n - x^{n-1}\right\| + m \left\|h\left(x^n\right) - h\left(x^{n-1}\right) - \rho\left(f\left(x^n\right) - f\left(x^{n-1}\right)\right)\right\|.
\end{aligned}
$$

由于 f 在 $\mathbb{R}^n$ 上关于 h 是 η-强单调的, 且是 L-Lipschitz 连续的, h 在 $\mathbb{R}^n$ 上可逆且 l-Lipschitz 连续, 则有

$$
\begin{aligned}
&\left\|h\left(x^n\right) - h\left(x^{n-1}\right) - \rho\left(f\left(x^n\right) - f\left(x^{n-1}\right)\right)\right\|^2 \\
&= \left\|h\left(x^n\right) - h\left(x^{n-1}\right)\right\|^2 + \rho^2 \left\|\left(f\left(x^n\right) - f\left(x^{n-1}\right)\right)\right\|^2 \\
&\quad - 2\rho\langle h\left(x^n\right) - h\left(x^{n-1}\right), f\left(x^n\right) - f\left(x^{n-1}\right)\rangle \\
&\leqslant l^2 \left\|x^n - x^{n-1}\right\|^2 + \rho^2 L^2 \left\|x^n - x^{n-1}\right\|^2 - 2\rho\eta \left\|x^n - x^{n-1}\right\|^2 \\
&= \left(l^2 + \rho^2 L^2 - 2\rho\eta\right) \left\|x^n - x^{n-1}\right\|^2.
\end{aligned}
$$

所以

$$
\left\|x^{n+1} - x^n\right\| \leqslant \left(m\gamma + m\sqrt{l^2 + \rho^2 L^2 - 2\rho\eta}\right) \left\|x^n - x^{n-1}\right\|.
$$

当 $m\left(\gamma + \sqrt{l^2 + \rho^2 L^2 - 2\rho\eta}\right) < 1$ 时, $\{x^n\}$ 是柯西列, 故 $x^n \to x^*(n \to \infty)$.

下证 $h\left(x^*\right) \in K\left(x^*\right)$, 且 $\langle f\left(x^*\right), y - h\left(x^*\right)\rangle \geqslant 0, \forall y \in K\left(x^*\right)$.

因为 $x^n \to x^* (n \to \infty), h$ 连续, 所以 $h(x^n) \to h(x^*)$. 又因为 $h(x^{n+1}) \in K(x^n)$, 且 K 是下半连续的, 令 $y^n = h(x^{n+1})$, 由引理 9.6 可知 $h(x^*) \in K(x^*)$, 再由文献 [24] 中定理 5.2.4(4) 可知, 对任意的 $y \in K(x^*)$, 存在 $y^n \in K(x^n)$ 且 $y^n \to y$. 因为 $x^{n+1} = h^{-1} P_{K(x^n)}(h(x^n) - \rho f(x^n))$, 由文献 [285] 中引理 2.1(1) 可得 $\langle h(x^{n+1}) - h(x^n) + \rho f(x^n), y^n - h(x^{n+1}) \rangle \geqslant 0$, 两边取极限可得 $\rho \langle f(x^*), y - h(x^*) \rangle \geqslant 0$. □

注 9.13 h^{-1} 是 m-Lipschitz 连续的, 即 $\|h^{-1}(x) - h^{-1}(y)\| \leqslant m\|x - y\|, \forall x, y \in \mathbb{R}^n$, 所以有 $m^{-1}\|x - y\| \leqslant \|h(x) - h(y)\|$, 又 h 是 l-Lipschitz 连续的, 则有 $m^{-1}\|x - y\| \leqslant \|h(x) - h(y)\| \leqslant l\|x - y\|$. 所以 m, l 需要满足关系式 $0 < m^{-1} \leqslant l$, 即: $ml \geqslant 1$.

注 9.14 f 在 $\mathbb{R}^n$ 上关于 h 是 η-强单调的, 且是 L-Lipschitz 连续的, h 在 $\mathbb{R}^n$ 上是 l-Lipschitz 连续的, 所以 $\eta\|x - y\|^2 \leqslant \langle f(x) - f(y), h(x) - h(y) \rangle \leqslant \|f(x) - f(y)\|\|h(x) - h(y)\| \leqslant Ll\|x - y\|^2, \forall x, y \in \mathbb{R}^n$. 故 η, l, L 需要满足关系式 $\eta \leqslant Ll$.

注 9.15 条件 (1) 是合理的, 参见文献 [286] 中的例 2.1.

注 9.16 $ml \geqslant 1, \eta \leqslant Ll, m\left(\gamma + \sqrt{l^2 + \rho^2 L^2 - 2\rho\eta}\right) < 1$ 是可以同时满足的.

算法 9.1 的数值实验

例如, 在 $\mathbb{R}^3$ 空间中, 令

$$
\begin{aligned}
&f(x_1, x_2, x_3) = (1.2x_1, 1.2x_2, 1.2x_3), \\
&h(x_1, x_2, x_3) = (1.35x_1, 1.35x_2, 1.35x_3), \\
&K(\overline{x}_1, \overline{x}_2, \overline{x}_3) = \{(x_1, x_2, x_3) \,|\, 0.15\overline{x}_i \leqslant x_i \leqslant 1 + 0.15\overline{x}_i, i = 1, 2, 3\},
\end{aligned}
\tag{9.3.4}
$$

易知 f 是 1.25-Lipschitz 连续的, h 是 1.35-Lipschitz 连续的, $h^{-1}(x) = 20x/27$ 是 0.75-Lipschitz 连续的. 取 $\gamma = 0.3, \rho = 0.5$, 经计算可知满足定理 9.9 中条件 (1) 和 (2).

当取初值 $x^0 = (0, 0, 0)$ 时, 显然 $h(x^0) \in K(x^0)$, 通过计算机检验可得 $x = (0, 0, 0)$, CPU 运行时间为 0.0310 秒.

当取初值 $x^0 = (0.5, 0.5, 0.5)$ 时, 计算可知 $h(x^0) \in K(x^0)$, 通过计算机检验可得 $x = (0, 0, 0)$, CPU 运行时间为 0.0160 秒. 算法 9.1 的步骤较少, 迭代过程简单, 但需要算子 f, h, K 满足的条件较多. 为了放宽算子的条件, 下面考虑另一类迭代算法: 超平面投影算法.

定理 9.10 x^* 是拟变分不等式问题 QVIP(f, h, K) 的一个解, 当且仅当

$$
h(x^*) = P_{K(x^*)}(h(x^*) - \theta f(x^*)).
$$

证明 如果 x^* 是拟变分不等式问题 QVIP(f, h, K) 的一个解, 那么当且仅当

$$
h(x^*) \in K(x^*), \quad \langle f(x^*), y - h(x^*) \rangle \geqslant 0, \quad \forall y \in K(x^*),
\tag{9.3.5}
$$

当 $\theta > 0$ 时, (9.3.5) 式可以转化为

$$\langle h(x^*) - (h(x^*) - \theta f(x^*)), y - h(x^*) \rangle \geqslant 0, \quad \forall y \in K(x^*). \tag{9.3.6}$$

由文献 [285] 中引理 2.1(1) 可知, (9.3.6) 成立当且仅当 $h(x^*) = P_{K(x^*)}(h(x^*) - \theta f(x^*))$.

在给出算法前, 先给出如下假设:

(A1) $F = \{h(x) | h(x) \in K(x), x \in \mathbb{R}^n\}$, 对任意的 $x \in \mathbb{R}^n$, 有 $F \subseteq K(x)$.

(A2) x^* 为 QVIP(f, h, K) 的一个解, 对任意的 $x \in \mathbb{R}^n$ 有 $\langle f(x), h(x) - h(x^*) \rangle \geqslant 0$. 当 (A1) 成立时, 由定理 9.8 可知, QVIP(f, h, K) 解是唯一的. □

算法 9.2　超平面投影算法

选取初始点 $x^0 \in \mathbb{R}^n$, 参数 $\alpha > 0, \beta \geqslant 0, \sigma > 0, \rho \in (0, \sigma^{-1}), \gamma \in (0, 1)$, 令 $k = 0$.

步骤 1:

$$y^k = h^{-1} P_{K(x^k)}(h(x^k) - \rho f(x^k)), \tag{9.3.7}$$

如果 $x^k = y^k$, 那么 x^k 即为所求解, 停止; 否则, 进行步骤 2.

步骤 2: $z^k = h^{-1}(h(x^k) - \eta_k(h(x^k) - h(y^k)))$, 其中 $\eta_k = \gamma^{m_k}$, m_k 是下述不等式的最小非负整数解 m.

$$\langle f(x^k) - f(h^{-1}(h(x^k) - \gamma^m(h(x^k) - h(y^k)))), h(x^k) - h(y^k) \rangle$$
$$\leqslant \sigma \|h(x^k) - h(y^k)\|^2. \tag{9.3.8}$$

步骤 3: $x^{k+1} = h^{-1} P_{H_k \cap K(x^k)}(h(x^k))$, 其中

$$H_k = \big\{ y \in \mathbb{R}^n \big| \langle \alpha \eta_k(h(x^k) - h(y^k)) + \beta f(x^k)$$
$$+ \alpha \rho f(z^k), y - h(x^k) \rangle + \alpha \eta_k(1 - \rho\sigma) \|h(x^k) - h(y^k)\|^2 \leqslant 0 \big\}. \tag{9.3.9}$$

引理 9.8　设 x^* 是 QVIP(f, h, K) 的解. 如果 $\{x^k\}$ 是由算法 9.2 生成的无穷序列, 且满足假设 (A1), (A2). 定义

$$h_k(y) = \langle \alpha \eta_k(h(x^k) - h(y^k)) + \beta f(x^k) + \alpha \rho f(z^k), y - h(x^k) \rangle$$
$$+ \alpha \eta_k(1 - \rho\sigma) \|h(x^k) - h(y^k)\|^2,$$

那么有 $h_k(h(x^k)) \geqslant 0, h_k(h(x^*)) \leqslant 0$, 且如果 $x^k \neq y^k$, 则 $h_k(h(x^k)) > 0$.

证明

$$h_k(h(x^k)) = \langle \alpha \eta_k(h(x^k) - h(y^k)) + \beta f(x^k) + \alpha \rho f(z^k), h(x^k) - h(x^k) \rangle$$
$$+ \alpha \eta_k(1 - \rho\sigma) \|h(x^k) - h(y^k)\|^2$$
$$= \alpha \eta_k(1 - \rho\sigma) \|h(x^k) - h(y^k)\|^2 \geqslant 0. \tag{9.3.10}$$

当 $x^k \neq y^k$ 时, 即 $h\left(x^k\right) \neq h\left(y^k\right)$, 所以, $h_k\left(h\left(x^k\right)\right) > 0$.

下证 $h_k\left(h\left(x^*\right)\right) \leqslant 0$.

由文献 [285] 中引理 2.1(1) 以及 (9.3.7) 式可得

$$\left\langle h\left(x^k\right) - \rho f\left(x^k\right) - h\left(y^k\right), h\left(y^k\right) - h\left(x^*\right)\right\rangle \geqslant 0, \tag{9.3.11}$$

由假设可知

$$\left\langle \rho f\left(x^k\right), h\left(x^k\right) - h\left(x^*\right)\right\rangle \geqslant 0. \tag{9.3.12}$$

(9.3.11) 和 (9.3.12) 两式相加可得

$$\left\langle h\left(x^k\right) - h\left(y^k\right) - \rho f\left(x^k\right), h\left(y^k\right) - h\left(x^*\right)\right\rangle + \left\langle h\left(x^k\right) - h\left(y^k\right), h\left(x^k\right) - h\left(x^*\right)\right\rangle \geqslant 0, \tag{9.3.13}$$

所以由 (9.3.8), (9.3.13) 式, 以及 (A2) 有

$$\left\langle \alpha\eta_k\left(h\left(x^k\right) - h\left(y^k\right)\right) + \beta f\left(x^k\right) + \alpha\rho f\left(z^k\right), h\left(x^k\right) - h(x^*)\right\rangle$$
$$= \alpha\eta_k\left\langle h\left(x^k\right) - h\left(y^k\right), h\left(x^k\right) - h\left(x^*\right)\right\rangle + \beta\left\langle f\left(x^k\right), h\left(x^k\right) - h\left(x^*\right)\right\rangle$$
$$\quad + \alpha\rho\left\langle f\left(z^k\right), h\left(x^k\right) - h(x^*)\right\rangle$$
$$\geqslant \alpha\eta_k\left\langle h\left(x^k\right) - h\left(y^k\right) - \rho f\left(x^k\right), h\left(x^k\right) - h(y^k)\right\rangle + \alpha\rho\left\langle f\left(z^k\right), h\left(x^k\right) - h\left(x^*\right)\right\rangle$$
$$= \alpha\eta_k\left\langle h\left(x^k\right) - h\left(y^k\right) - \rho f\left(x^k\right), h\left(x^k\right) - h(y^k)\right\rangle + \alpha\rho\langle f\left(z^k\right), h\left(z^k\right) - h\left(x^*\right)$$
$$\quad + \eta_k\left(h\left(x^k\right) - h\left(y^k\right)\right)\rangle$$
$$\geqslant \alpha\eta_k\left\langle h\left(x^k\right) - h\left(y^k\right) - \rho f\left(x^k\right), h\left(x^k\right) - h\left(y^k\right)\right\rangle + \alpha\rho\eta_k\left\langle f\left(z^k\right), h\left(x^k\right) - h\left(y^k\right)\right\rangle$$
$$= \alpha\eta_k\left\|h\left(x^k\right) - h\left(y^k\right)\right\|^2 - \alpha\rho\eta_k\left\langle f\left(x^k\right) - f\left(z^k\right), h\left(x^k\right) - h\left(y^k\right)\right\rangle$$
$$\geqslant \alpha\eta_k\left\|h\left(x^k\right) - h\left(y^k\right)\right\|^2 - \alpha\rho\sigma\eta_k\left\|h\left(x^k\right) - h\left(y^k\right)\right\|^2$$
$$= \alpha\eta_k(1 - \rho\sigma)\left\|h\left(x^k\right) - h\left(y^k\right)\right\|^2, \tag{9.3.14}$$

因此

$$h_k\left(h\left(x^*\right)\right)$$
$$= \left\langle \alpha\eta_k\left(h\left(x^k\right) - h\left(y^k\right)\right) + \beta f\left(x^k\right) + \alpha\rho f\left(z^k\right), h\left(x^*\right) - h\left(x^k\right)\right\rangle$$
$$\quad + \alpha\eta_k(1 - \rho\sigma)\left\|h\left(x^k\right) - h\left(y^k\right)\right\|^2$$
$$= -\left\langle \alpha\eta_k\left(h\left(x^k\right) - h\left(y^k\right)\right) + \beta f\left(x^k\right) + \alpha\rho f\left(z^k\right), h\left(x^k\right) - h\left(x^*\right)\right\rangle$$
$$\quad + \alpha\eta_k(1 - \rho\sigma)\left\|h\left(x^k\right) - h\left(y^k\right)\right\|^2$$
$$\leqslant -\alpha\eta_k(1 - \rho\sigma)\left\|h\left(x^k\right) - h\left(y^k\right)\right\|^2 + \alpha\eta_k(1 - \rho\sigma)\left\|h\left(x^k\right) - h\left(y^k\right)\right\|^2$$
$$= 0. \tag{9.3.15}$$

综上所述, 可知超平面 H_k 严格分离 $h\left(x^k\right)$ 与 $h\left(x^*\right)$. $\qquad\Box$

下面说明 $x^{k+1} = h^{-1} P_{H_k \cap K\left(x^k\right)}\left(h\left(x^k\right)\right)$ 是有意义的.

令 x^* 是 QVIP(f, h, K) 的解, 那么 $h_k\left(h\left(x^*\right)\right) \leqslant 0$, 即: $h\left(x^*\right) \in H_k$. 由假设 (A1) 可知 $h\left(x^*\right) \in K\left(x^k\right)$. 所以 $H_k \cap K\left(x^k\right)$ 为非空闭凸集, 即

$$x^{k+1} = h^{-1} P_{H_k \cap K\left(x^k\right)}\left(h\left(x^k\right)\right) \tag{9.3.16}$$

是存在的.

综上所述, 算法 9.2 是合理的. 当算法 9.2 在第 k 次循环时停止, 那么所求的 x^k 即为拟变分不等式问题 QVIP(f, h, K) 的解; 当算法 9.2 生成一无穷序列时, 有如下定理.

定理 9.11 设 $f : \mathbb{R}^n \to \mathbb{R}^n$ 是连续的, $h : \mathbb{R}^n \to \mathbb{R}^n$ 是连续可逆的, $K : \mathbb{R}^n \to 2^{\mathbb{R}^n}$ 是下半连续的集值映射, 且对任意的 $x \in \mathbb{R}^n, K(x)$ 是闭凸集. 在假设 (A1), (A2) 的条件下, 如果算法 9.2 生成一列无穷序列 $\{x^k\}$, 那么 $\{x^k\}$ 收敛到 QVIP(f, h, K) 的解.

证明 若算法 9.2 生成了无穷序列 $\{x^k\}$, 那么对任意的 k 有 $x^k \neq y^k$, 因此 $h_k\left(h\left(x^k\right)\right) > 0$, 即: $h\left(x^k\right) \notin H_k$. 对任意的 $h(x) \in H_k \cap K\left(x^k\right)$, 由文献 [285] 中引理 2.1(4) 以及 $x^{k+1} = h^{-1} P_{H_k \cap K\left(x^k\right)}\left(h\left(x^k\right)\right)$ 可得

$$\left\|h\left(x^{k+1}\right) - h(x)\right\|^2 \leqslant \left\|h\left(x^k\right) - h(x)\right\|^2 - \left\|h\left(x^{k+1}\right) - h\left(x^k\right)\right\|^2$$
$$= \left\|h\left(x^k\right) - h(x)\right\|^2 - \operatorname{dist}^2\left(h\left(x^k\right), H_k \cap K\left(x^k\right)\right). \tag{9.3.17}$$

因为 $h\left(x^k\right) \notin H_k$, 所以 $\operatorname{dist}\left(h\left(x^k\right), H_k \cap K\left(x^k\right)\right) > 0, \left\{\left\|h\left(x^k\right) - h(x)\right\|\right\}$ 严格递减, 由单调有界原理可知, $\left\{\left\|h\left(x^k\right) - h(x)\right\|\right\}$ 收敛, 所以 $\left\{h\left(x^k\right)\right\}$ 是有界序列, 且

$$\lim_{k \to \infty} \operatorname{dist}\left(h\left(x^k\right), H_k \cap K\left(x^k\right)\right) = 0.$$

又因 f, h, h^{-1} 以及投影算子是连续的, 且 $y^k = h^{-1} P_{K\left(x^k\right)}\left(h\left(x^k - \rho f\left(x^k\right)\right)\right)$, 所以序列 $\left\{f\left(x^k\right)\right\}, \left\{y^k\right\}, \left\{x^k\right\}$ 以及 $\left\{f\left(z^k\right)\right\}$ 都是有界的. 因此存在一个 $M > 0$, 使得

$$\left\|\alpha \eta_k\left(h\left(x^k\right) - h\left(y^k\right)\right) + \beta f\left(x^k\right) + \alpha \rho f\left(z^k\right)\right\| \leqslant M, \quad \forall k \in \mathbb{N}, \tag{9.3.18}$$

所以

$$\left\|h_k\left(y_1\right) - h_k\left(y_2\right)\right\| = \left|\left\langle \alpha \eta_k\left(h\left(x^k\right) - h\left(y^k\right)\right) + \beta f\left(x^k\right) + \alpha \rho f\left(z^k\right), y_1 - y_2\right\rangle\right|$$
$$\leqslant \left\|\alpha \eta_k\left(h\left(x^k\right) - h\left(y^k\right)\right) + \beta f\left(x^k\right) + \alpha \rho f\left(z^k\right)\right\| \left\|y_1 - y_2\right\|$$
$$\leqslant M \left\|y_1 - y_2\right\|, \tag{9.3.19}$$

即 h_k 是 M-Lipschitz 连续的. 由文献 [287] 中引理 2.3 可知

$$\text{dist}\left(h\left(x^k\right), H_k \cap K\left(x^k\right)\right) \geqslant M^{-1} h_k\left(h\left(x^k\right)\right) = M^{-1} \alpha \eta_k (1-\rho\sigma) \left\|h\left(x^k\right) - h\left(y^k\right)\right\|^2,$$
$$(9.3.20)$$

两边同时取极限, 可得 $\lim\limits_{k\to\infty} \eta_k \left\|h\left(x^k\right) - h\left(y^k\right)\right\|^2 = 0$.

下面分类讨论:

(1) 当 $\limsup\limits_{k\to\infty} \eta_k > 0$ 时, 则有 $\liminf\limits_{k\to\infty} \left\|h\left(x^k\right) - h\left(y^k\right)\right\|^2 = 0$. 因 $\{x^k\}$ 是有界序列, 由 Weierstrass 聚点定理知, 存在一聚点 x', 且 $\{x^k\}$ 存在一子列 $\{x^{k_i}\}$, 使得 $\lim\limits_{i\to\infty} x^{k_i} = x'$, 即 $\lim\limits_{i\to\infty} h\left(x^{k_i}\right) = h\left(x'\right)$, 对应的 $\{y^k\}$ 存在子列 $\{y^{k_i}\}$, 使得 $\lim\limits_{i\to\infty} \left\|h\left(x^{k_i}\right) - h\left(y^{k_i}\right)\right\| = 0$. 易知 $\lim\limits_{i\to\infty} h\left(y^{k_i}\right) = h\left(x'\right)$.

下证 $h\left(x'\right) \in K\left(x'\right)$, 且 $\langle f\left(x'\right), y - h\left(x'\right)\rangle \geqslant 0, \forall y \in K\left(x'\right)$.

因为 $h\left(y^k\right) \in K\left(x^k\right)$, 由引理 9.6 可知 $h\left(x'\right) \in K\left(x'\right)$. K 是下半连续的, 由文献 [24] 中定理 5.2.4(4) 可知, 对任意的 $t \in K\left(x'\right)$, 存在 $t^k \in K\left(x^k\right)$ 且 $t^k \to t(k \to \infty)$. 因为 $y^k = h^{-1} P_{K(x^k)}\left(h\left(x^k\right) - \rho f\left(x^k\right)\right)$, 且由文献 [285] 中引理 2.1(1) 可得

$$\langle h\left(y^k\right) - h\left(x^k\right) + \rho f\left(x^k\right), t_k - h\left(y^k\right)\rangle \geqslant 0, \tag{9.3.21}$$

两边取极限可得

$$\rho \langle f\left(x'\right), t - h\left(x'\right)\rangle \geqslant 0, \quad \forall t \in K\left(x'\right), \tag{9.3.22}$$

即 x' 是 QVIP(f, h, K) 的解. 所以 $\left\{\left\|h\left(x^k\right) - h\left(x'\right)\right\|\right\}$ 严格递减, 即 $\left\{\left\|h\left(x^k\right) - h\left(x'\right)\right\|\right\}$ 收敛, $h\left(x'\right)$ 是 $\left\{h\left(x^k\right)\right\}$ 的聚点, 故 $\lim\limits_{k\to\infty} \left\|h\left(x^k\right) - h\left(x'\right)\right\| = 0$. 所以序列 $\left\{h\left(x^k\right)\right\}$ 收敛到 $h\left(x'\right)$, 即序列 $\{x^k\}$ 收敛到 x'.

(2) 当 $\limsup\limits_{k\to\infty} \eta_k = 0$ 时, 则存在 $\{\eta_k\}$ 的子列 $\{\eta_{k_i}\}$, 使得 $\lim\limits_{i\to\infty} \eta_{k_i} = 0$. 又因为在步骤 2 中 $\eta_k = \gamma^{m_k}$, 且 m_k 是满足 (9.3.8) 式的最小非负整数, 所以有

$$\langle f\left(x^k\right) - f\left(h^{-1}\left(h\left(x^k\right) - \gamma^{m_k-1}\left(h\left(x^k\right)\right.\right.\right.$$
$$\left.\left.\left. - h\left(y^k\right)\right)\right)\right), h\left(x^k\right) - h\left(y^k\right)\rangle > \sigma \left\|h\left(x^k\right) - h\left(y^k\right)\right\|^2, \tag{9.3.23}$$

因此, 对应取 $\{x^{k_i}\}, \{y^{k_i}\}$ 有

$$\sigma \left\|h\left(x^{k_i}\right) - h\left(y^{k_i}\right)\right\|^2$$
$$< \langle f\left(x^{k_i}\right) - f\left(h^{-1}\left(h\left(x^{k_i}\right) - \gamma^{m_{k_i}-1}\left(h\left(x^{k_i}\right) - h\left(x^{k_i}\right)\right)\right)\right), h\left(x^{k_i}\right) - h\left(y^{k_i}\right)\rangle$$
$$= \langle f\left(x^{k_i}\right) - f\left(h^{-1}\left(h\left(x^{k_i}\right) - \gamma^{-1}\eta_{k_i}\left(h\left(x^{k_i}\right) - h\left(y^{k_i}\right)\right)\right)\right), h\left(x^{k_i}\right) - h\left(y^{k_i}\right)\rangle, \tag{9.3.24}$$

由于 f, h 的连续性, 两边取极限可得 $\lim\limits_{i\to\infty} \left\|h\left(x^{k_i}\right) - h\left(y^{k_i}\right)\right\| = 0$, 证明同上. $\square$

4. 交通流量与环境影响问题中的应用

我们考虑如下交通问题: 假设一个交通网络中有 n 条路或桥, 在此称为 n 条线路, 可以在这 n 条线路上收取费用来控制这些线路上的流量, 记收取的费用为 $x \in \mathbb{R}^n$, 那么流量为 $q(x) \in \mathbb{R}^n$, 对环境造成的影响为 $e(q(x)) \in \mathbb{R}^n$. 在流量为 $q(x)$ 时, 环境的承受范围为

$$K(x) = \tilde{K}(q(x)) = \{\xi \in \mathbb{R}^n | a(q(x)) \preceq \xi \preceq b(q(x))\}, \tag{9.3.25}$$

其中 $a(q(x)), b(q(x))$ 分别是流量为 $q(x)$ 时, 环境所能承受的上下限. 针对实际问题, 可以根据统计数据拟合得到具体的函数表达式.

上述 $\preceq$ 为一偏序关系, 偏序关系 $(\preceq, \prec)$ 是指对所有的 $x, y \in \mathbb{R}^n$ 有 $x \preceq y \Leftrightarrow y - x \in \mathbb{R}_+^n, x \prec y \Leftrightarrow y - x \in \mathbb{R}_+^n \backslash \{0\}$.

我们的想法是希望通过收取一定的道路使用费用, 控制交通流量, 进而减少对环境造成的影响, 使交通流量对环境的影响在一个合理的范围内.

当 $a(q(x^*)) \prec e(q(x^*)) \prec b(q(x^*))$ 时, 即环境影响在环境的承受范围内, 我们可以不收取任何费用, 此时 $x^* = 0$. 当 $b(q(x^*)) \preceq e(q(x^*))$ 时, 对环境造成的影响超过环境的承受上限, 此时需要收取一定的费用进行环境治理, 即: $0 \preceq x^*$. 而当 $e(q(x^*)) \preceq a(q(x^*))$ 时, 流量比较少, 对环境的影响非常小, 为了促进交通行业的发展, 可能需要补贴一定的费用, 即: $x^* \preceq 0$.

当 $e(q(x^*)) \in K(x^*)$ 时, 即: $a(q(x^*)) \preceq e(q(x^*)) \preceq b(q(x^*))$, 所以解的存在情况必为下述三种情况之一:

(i) $e(q(x^*)) = a(q(x^*)) \Leftrightarrow x^* \preceq 0$;

(ii) $a(q(x^*)) \prec e(q(x^*)) \prec b(q(x^*)) \Leftrightarrow x^* = 0$;

(iii) $e(q(x^*)) = b(q(x^*)) \Leftrightarrow 0 \preceq x^*$.

在此先考虑一个最简单的求解极小值点问题: 设 $f : \mathbb{R} \to \mathbb{R}$ 是连续函数, 找到一个 $x^* \in [a, b] \subset \mathbb{R}$, 使得 $f(x^*) = \min f(x), x \in [a, b]$. 那么解的可能性有三种情况: ① $x^* = a, f'(x^*) \geqslant 0$; ② $a < x^* < b, f'(x^*) = 0$; ③ $x^* = b, f'(x^*) \leqslant 0$. 所以, $f'(x^*)(y - x^*) \geqslant 0, \forall y \in [a, b]$. 因此, 类比上述极小值点问题, 由 (i)—(iii) 可知, 上述交通问题即求 $x^* \in \mathbb{R}^n$, 使得 $e(q(x^*)) \in K(x^*)$, 且满足 $\langle -x^*, y - e(q(x^*)) \rangle \geqslant 0, \forall y \in K(x^*)$. 记 $f(x) = -x, h(x) = e(q(x))$, 那么上述交通问题, 则是求 $x^* \in \mathbb{R}^n$, 使得 $h(x^*) \in K(x^*)$, 且 $\langle f(x^*), y - h(x^*) \rangle \geqslant 0, \forall y \in K(x^*)$. 所以上述交通问题可以转化为拟变分不等式问题 $\text{QVIP}(f, h, K)$.

下面采用空气质量指数 AQI(air quality index) 作为刻画环境影响程度的指标, AQI 是一个无纲量指数. 假设考虑的区域是一个二类区, 即 AQI 指数的范围为 51—100, 并且有 6 条道路, 即 $n = 6$. 设收费的计量单位为角, 流量的单位为辆/小时. 假设六条道路上的流量与 AQI 的数据如表 9.4 所示.

表 9.4 交通流量表

道路 1		道路 2		道路 3		道路 4		道路 5		道路 6	
AQI	流量	AQI	流量	AQI	流量	AQI	流量	AQI	流量	AQI	流量
102	1489	88	1209	83	1600	80	2089	94	1802	95	1801
104	1510	113	1347	111	1768	115	2450	90	1799	92	1800
119	1580	109	1324	104	1726	160	2980	110	1859	110	1858
133	1604	116	1363	109	1759	180	3000	122	1872	122	1872
163	1801	145	1524	130	1989	271	3659	143	1992	143	1992
179	1945	159	1698	142	2016	337	4300	176	2201	176	2200
186	1987	176	1711	182	2189	362	4378	198	2506	198	2505
155	1739	158	1688	190	2213	358	4370	180	2457	177	2451
156	1743	115	1501	190	2231	278	3782	128	1877	127	1875
153	1702	103	1298	135	2001	306	4189	122	1871	123	1872

记流量为 q, 环境影响为 $e(q)$, 由上述数据拟合得到 $e(q) = Aq + c$. 下面为方便计算, 我们将矩阵 A 拟合成对角矩阵, 其中

$$A = \begin{bmatrix} 0.1695 & 0 & 0 & 0 & 0 & 0 \\ 0 & 0.1510 & 0 & 0 & 0 & 0 \\ 0 & 0 & 0.1665 & 0 & 0 & 0 \\ 0 & 0 & 0 & 0.1221 & 0 & 0 \\ 0 & 0 & 0 & 0 & 0.1316 & 0 \\ 0 & 0 & 0 & 0 & 0 & 0.1292 \end{bmatrix}$$

$$C = (-144.80, -93.189, -186.92, -185.03, -130.01, -125.09)^{\mathrm{T}}.$$

若环境承受范围受外界的影响不明显, 我们假设环境承受范围为

$$K(x) = g(x) + D, \quad D = \underbrace{[51, 100] \times [51, 100] \times \cdots \times [51, 100]}_{6}, \quad g(x) = -0.001x,$$

同时再假设费用与流量的函数关系为 $q(x) = -Ex + d$, 其中

$$d = (1400, 1300, 1700, 2300, 1800, 1700)^{\mathrm{T}},$$

E 是单位阵. 所以 $h(x) = e(q(x)) = -Ax + Ad + c$, 因此有

$$\|h(x_1) - h(x_2)\| \leqslant \|A\| \|x_1 - x_2\| = 0.1695 \|x_1 - x_2\|,$$
$$\|h^{-1}(x_1) - h^{-1}(x_2)\| \leqslant \|A^{-1}\| \|x_1 - x_2\| = 8.1900 \|x_1 - x_2\|,$$
$$\langle f(x_1) - f(x_2), h(x_1) - h(x_2) \rangle = \langle x_1 - x_2, A(x_1 - x_2) \rangle \geqslant 0.1221 \|x_1 - x_2\|^2.$$

取 $l = 0.1695, \eta = 0.1221, \rho = 0.12, \gamma = 0.002, m = 8.19$, 那么 h 是 l-Lipschitz 连续的, h^{-1} 是 m-Lipschitz 连续的, $f(x) = -x$ 可以看作是 1-Lipschitz 连续的, 且 f 关于 h 是 η-强单调的. 经计算满足 $ml \geqslant 1, \eta \leqslant Ll, m\left(\gamma + \sqrt{l^2 + \rho^2 L^2 - 2\rho\eta}\right) < 1$.

选取初值 $x^0 = (60, 30, 10, -20, 60, 30)^{\mathrm{T}}$, 验证可知 $h(x^0) \in K(x^0)$, 采用算法 9.1 上机实验可得 $x = (545.7227, 20.7400, 577.3574, 784.6028, 52.6034, 731.8111)^{\mathrm{T}}$. 因这里已设收费单位为角, 四舍五入可得在道路 1, 2, 3, 4, 5, 6 上应分别收取 54.6, 2.1, 57.7, 78.5, 5.3, 73.2 元, 在此收费影响下的流量对环境造成的污染控制在了环境的可承受范围内.

9.4　一个标量泛函的研究及其在集值优化问题中的应用

1. 引言

文献 [291, 293] 引进了标量方法, 并用此方法来研究向量优化问题, 得到两个非凸的分离理论. 文献 [289, 294, 299] 把该方法推广到集值优化问题中. 具体说来, 文献 [294] 在非凸的假设下, 得到了集值优化问题的表示理论和存在性理论, 文献 [289] 得到了 Jordan 类型的替代理论, 文献 [299] 对于集值优化问题引进了三种适定性概念, 并且证明了相关的等价性理论. 本节不同于文献 [289, 291, 293, 294, 299], 我们利用一个标量泛函, 把集值优化问题转化为均衡问题, 通过求解均衡问题从而解决原问题.

最近, 文献 [296] 研究了文献 [294] 中相关泛函的连续性和凸性, 进而研究了拟集值优化问题强逼近解映射的上半连续性与下半连续性. 他们在集值参数映射连续性、凸性的假设下, 得到了标量泛函的连续性和拟凸性, 并以此研究拟集值优化问题的强逼近解. 文献 [296] 的方法依赖于集值分析中的相关结论和赋范空间的相关性质.

与文献 [296] 的研究方法完全不同. 本节以拓扑向量空间为框架, 在 K-条件下, 证明了所给泛函的连续性和拟凸性. 在集值优化问题中, 半序往往是由锥诱导出来的, 而 K 条件与锥紧密相关. 我们的方法不仅适用于文献 [296] 中的标量泛函, 还适用于文献 [289] 中的相关标量泛函. 我们的方法是全新的, 空间框架、假设条件和结论也更加一般化.

本节结构如下. 第 2 部分, 介绍预备知识. 第 3 部分, 在 K 条件下讨论标量泛函的连续性和拟凸性. 第 4 部分和第 5 部分, 利用以上结果, 研究含约束的集值优化问题弱充分解的存在性、拟集值优化问题强逼近解映射的上半连续性和下半连续性.

2. 预备知识

本部分 $(Y, \preceq)$ 表示拓扑向量空间, 这里半序 $\preceq$ 是由闭凸点锥 $K \subset Y$ 诱导出来的. $\wp_0(Y)$ 表示 Y 中的非空子集族, 对 $A \in \wp_0(Y)$, $\mathrm{int}A$ 和 $\mathrm{cl}A$ 分别表示 A 的内部和闭包. 半序 $\preceq$ 的定义如下: $x, y \in Y$, $x \preceq y \Leftrightarrow y - x \in K$, $x \ll y \Leftrightarrow y - x \in \mathrm{int}K$.

以下, 我们假定 e 是 -$\mathrm{int}K$ 中的一个固定点. 令 $k_0 := -e$.

定义 9.8 让 a 是 Y 中的一个点. 如下定义的泛函 $\phi_{e,a} : Y \to \mathbb{R}$

$$\phi_{e,a}(y) := \min\{t \in \mathbb{R} : y \in te + a + K\}, \quad \forall y \in Y \tag{9.4.1}$$

被称为 Gerstewizt 泛函.

我们已知泛函 (9.4.1) 是 Y 上的连续函数, 由 $\phi_{e,a}(b) = \phi_{e,0}(b - a)$ 可知, $\phi_{e,\cdot}(\cdot)$ 是 $Y \times Y$ 上的连续函数.

用子集 $A \in \wp_0(Y)$ 代替点 a, 我们得到如下泛函 $\phi_{e,A} : Y \to \mathbb{R} \cup \{-\infty\}$

$$\phi_{e,A}(y) := \inf\{t \in \mathbb{R} : y \in te + A + K\}, \quad \forall y \in Y. \tag{9.4.2}$$

同样地, 泛函 (9.4.2) 也是 Y 上的连续函数, 并且 $\phi_{e,A}(y) = \inf\limits_{a \in A}\{\phi_{e,a}(y)\}$.

让 $A \in \wp_0(Y)$, A 称为 K-适当的, 如果 $A + K \neq Y$; A 称为 K-闭的, 如果 $A + K$ 是闭集; A 称为 K-有界的, 如果对于 Y 中的每个零邻域 U, 存在一个正数 t 满足 $A \subseteq tU + K$; A 称为 K-紧的, 如果对于 A 的任意形式的覆盖 $\{U_\alpha + K\}$, 都存在有限子覆盖, 其中 U_α 是开集. 容易得到, 若 A 是 K-紧的, 则 A 是 K-闭的并且 K-有界的. 令 $\wp_{0K}(Y)$ 是 Y 中的 K-适当子集族. 这里所说的 K 条件具体是指, K-适当、K-闭、K-有界、K-紧, 以及后面提到的 K-上半连续、K-下半连续、K-凸等条件.

命题 9.1 让 $A \in \wp_{0K}(Y)$, $r \in \mathbb{R}$. 然后对于任何 $y \in Y$, 我们有

(i) $-\infty < \phi_{e,A}(y) < \infty$;

(ii) $\phi_{e,A}(y) < r \Leftrightarrow y \in re + A + \mathrm{int}K$;

(iii) $\phi_{e,A}(y) \leqslant r \Leftrightarrow y \in re + \mathrm{cl}(A + K)$.

定义 9.9 泛函 $G_e(\cdot, \cdot) : \wp_{0K}(Y) \times \wp_{0K}(Y) \to \mathbb{R} \cup \{\infty\}$ 被定义成

$$G_e(A, B) := \sup\limits_{b \in B}\{\phi_{e,A}(b)\}, \quad \forall (A, B) \in \wp_{0K}(Y) \times \wp_{0K}(Y), \tag{9.4.3}$$

让 $A, B \in \wp_0(Y)$, 我们用 $\preceq^K (\ll^K)$ 表示如下的集合半序关系 $A \preceq^K B \Leftrightarrow B \subseteq A + K$ ($A \ll^K B \Leftrightarrow B \subseteq A + \mathrm{int}K$). 这里的集合半序关系是向量半序关系的自然推广.

定义 9.10 一个函数 $f : \wp_{0K}(Y) \to \mathbb{R} \cup \{\infty\}$ 被称为 K-递减 (K-递增) 的, 如果

$$A, B \in \wp_{0K}(Y), A \preceq^K B \Rightarrow f(B) \leqslant f(A) \quad (f(A) \leqslant f(B)).$$

命题 9.2 [294] 让 $A, B \in \wp_{0K}(Y)$, 我们有如下关系:

(i) 如果 A 是 K-闭的, 则 $G_e(A, A) = 0$;

(ii) 如果 A, B 是 K-有界的, 则 $-\infty < G_e(A, B) < \infty$;

(iii) $G_e(A, \cdot)$ 是 K-递减的;

(iv) $G_e(\cdot, B)$ 是 K-递增的;

(v) 如果 A 和 B 是 K-紧的, 则 $G_e(A, B) \geqslant 0 \Leftrightarrow A \ll B$ 不成立;

(vi) 如果 A 是 K-闭和 K-有界的, B 是 K-紧的, 则 $G_e(A, B) = \max\limits_{b \in B}\{\phi_{e,A}(b)\}$;

(vii) 如果 A 是 K-闭的并且 $G_e(A, B) < \infty$, 则 $G_e(A, B) = \min\{t \in \mathbb{R} : B \subseteq te + A + K\}$;

(viii) 如果 A 是 K-闭的, 则 $A \preceq^K B \Leftrightarrow G_e(A, B) \leqslant 0$;

(ix) 如果 A 是 K-闭的, 则 $\phi_{e,A}(y) = \min\limits_{a \in A}\{\phi_{e,a}(y)\}$.

定义 9.11 设 X 是拓扑向量空间, A 是 X 的非空凸子集. 集值映射 $\varphi : A \rightrightarrows Y$ 称为:

(i) K-凸, 如果对于任何 $x_1, x_2 \in A$, 任何 $t \in [0, 1]$, 如下关系成立

$$t\varphi(x_1) + (1 - t)\varphi(x_2) \subseteq \varphi(tx_1 + (1 - t)x_2) + K;$$

(ii) 严格 K-凸, 如果对于任何 $x_1, x_2 \in A$, $x_1 \neq x_2$, 任何 $t \in [0, 1]$, 如下关系成立

$$t\varphi(x_1) + (1 - t)\varphi(x_2) \subseteq \varphi(tx_1 + (1 - t)x_2) + \mathrm{int}K;$$

(iii) 自然拟 K-凸, 如果对于任何 $x_1, x_2 \in A$, 任何 $t \in [0, 1]$, 存在 $\lambda \in [0, 1]$ 满足

$$\lambda\varphi(x_1) + (1 - \lambda)\varphi(x_2) \subseteq \varphi(tx_1 + (1 - t)x_2) + K;$$

(iv) 自然拟 K-凹, 如果对于任何 $x_1, x_2 \in A$, 任何 $t \in [0, 1]$, 存在 $\lambda \in [0, 1]$ 满足

$$\varphi(tx_1 + (1 - t)x_2) \subseteq \lambda\varphi(x_1) + (1 - \lambda)\varphi(x_2) + K.$$

以上概念是集值映射凸性有关概念的自然推广, 引进这些概念的主要原因是, 半序是由锥诱导出的.

设 X 是拓扑空间, 集值映射 $F : X \rightrightarrows Y$ 在 $x_0 \in X$ 是 Hausdorff 上半连续的 (H-u.s.c), 如果对于 Y 的任何零邻域 V, 存在 x_0 的邻域 U_{x_0},

$$F(x) \subseteq F(x_0) + V, \quad \forall x \in U_{x_0}.$$

称 F 在 X 上 Hausdorff 上半连续, 如果对于任何 $x_0 \in X$, F 在 x_0 是 Hausdorff 上半连续的.

定义 9.12 集值映射 $F : X \rightrightarrows Y$ 称为

(i) 在 $x_0 \in X$, K-上半连续 (K-u.s.c), 如果对于任何 Y 中的开集 V, $F(x_0) \subseteq V$, 存在 x_0 的邻域 U_{x_0},

$$F(x) \subseteq V + K, \quad \forall x \in U_{x_0};$$

(ii) 在 $x_0 \in X$, K-下半连续 (K-l.s.c), 如果对于任何 Y 中的开集 V, $F(x_0) \cap V \neq \varnothing$, 存在 x_0 的邻域 U_{x_0},

$$F(x) \cap (V - K) \neq \varnothing, \quad \forall x \in U_{x_0}.$$

特别地, 我们称单值映射 $f : X \to Y$ 在 $x_0 \in X$ 是 K-上半连续的, 如果对于任何 Y 中的开集 V, $f(x_0) \in V$, 存在 x_0 的邻域 U_{x_0},

$$f(x) \in V + K, \quad \forall x \in U_{x_0}.$$

称单值映射 f 在 $x_0 \in X$ 是 K-下半连续的, 如果对于任何 Y 中的开集 V, $f(x_0) \in V$, 存在 x_0 的邻域 U_{x_0},

$$f(x) \in V - K, \quad \forall x \in U_{x_0}.$$

容易看出, 当集值映射退化为单值映射时, 集值映射的 K-上 (下) 半连续的定义与单值映射的 K-上 (下) 半连续的定义是一致的. 我们称集值映射 F 在 x_0 是 K-连续的, 如果 F 在 x_0 既是 K-上半连续也是 K-下半连续的. 同样地, 我们称 F 在 X 上是 K-上半连续、K-上半连续、K-连续的, 若 F 在每一点都是 K-上半连续、K-上半连续、K-连续的. 对于单值映射 f 也类似.

下面讨论, 这里引进的 K-上半连续、K-下半连续、K-连续与通常的上半连续, 下半连续、连续概念之间的关系.

命题 9.3 对于集值映射 $F : X \rightrightarrows Y$, 下面结论成立:

(i) 若 F 在 $x_0 \in X$ 上半连续 (下半连续), 则 F 在 x_0 点 K-上半连续、K-下半连续;

(ii) K-上半连续与 K-下半连续之间没有必然的蕴含关系.

下面考察当集值映射退化为单值映射时, 其上半连续性和下半连续性与 K-连续性之间的关系.

例 9.6 让 $X = \mathbb{R}$, $Y = \mathbb{R}$, $K = \mathbb{R}_+ = \{x \in R : x \geqslant 0\}$, $x_0 \in X$. 对于单值映射 $f : X \to Y$, 如下关系成立:

(i) f 在 x_0 点上半连续 $\Leftrightarrow$ f 在 x_0 点 K-下半连续;

(ii) f 在 x_0 点下半连续 $\Leftrightarrow$ f 在 x_0 点 K-上半连续.

这里只证明 (i). (ii) 类似可得. 若 f 在 x_0 点上半连续, 对于任何 Y 中的开集 V, $f(x_0) \in V$, 存在 $\varepsilon > 0$ 满足 $(f(x_0) - \varepsilon, f(x_0) + \varepsilon) \subseteq V$. 由 f 的上半连续性可得, 存在 x_0 的邻域 U_{x_0} 满足对任何 $x \in U_{x_0}$, $f(x) < f(x_0) + \varepsilon$. 即 $f(x) \in V - K$, 对任何 $x \in U_{x_0}$. 若 f 在 x_0 点 K-下半连续, 要证 f 在 x_0 点上半连续, 只需证明对任何 $r > f(x_0)$, 存在 x_0 的邻域 U_{x_0} 满足 $f(x) < r$, 对任何 $x \in U_{x_0}$. 选择一个合适的 $\varepsilon > 0$ 满足 $r > f(x_0) + \varepsilon$. 由 f 在 x_0 点 K-下半连续, 存在 x_0 的邻域 U_{x_0} 满足

$f(x) \in (f(x_0) - \varepsilon, f(x_0) + \varepsilon) - K$, 对任何 $x \in U_{x_0}$. 即 $f(x) \leqslant f(x_0) + \varepsilon < r$, 对任何 $x \in U_{x_0}$.

具体地, 设 A 是 $\mathbb{R}$ 中的非空开集, B 是 $\mathbb{R}$ 中的非空闭集, 令 $f_1 = \chi_A, f_2 = \chi_B$, χ_A 和 χ_B 是集合的特征函数. 易知 f_1 是下半连续的, 而不是上半连续的, 由上面结论可得 f_1 是 K-上半连续的, 而不是 K-下半连续的; 同理可得 f_2 是 K-下半连续的, 而不是 K-上半连续的.

3. 连续性和拟凸性

本部分 $(Y, \preceq)$ 表示拓扑向量空间, 这里半序 $\preceq$ 是由闭凸点锥 $K \subset Y$ 诱导出来的.

定理 9.12　设 X_1, X_2 是两个拓扑空间. 如果集值映射 $A(x): X_1 \rightrightarrows Y$ 和 $B(y): X_2$ 是 K-连续的, 并且是具 K-适当、K-紧值的, 则泛函 $G_e(A(x), B(y))$ 是 $X_1 \times X_2$ 上的连续函数.

证明　由于对任何 $x \in X_1$, $y \in X_2$, $A(x)$ 和 $B(y)$ 是 K-适当、K-紧的, 故是 K-有界的. 由命题 9.2(ii) 可得, $-\infty < G_e(A(x), B(y)) < \infty$.

下面任取 $x_0 \in X_1$, $y_0 \in X_2$, 证明 $G_e(A(x), B(y))$ 在 (x_0, y_0) 点的连续性. 为了符号的简单, 我们令 $\lambda = G_e(A(x_0), B(y_0))$. 任取 $\varepsilon > 0$, 由定义知, 对于任何 $b \in B(y_0)$, 存在 $a_{(b)} \in A(x_0)$ 满足

$$\phi_{e, a_{(b)}}(b) < \phi_{e, A(x_0)}(b) + \varepsilon. \tag{9.4.4}$$

既然 $\phi_{e, \cdot}(\cdot)$ 是 $Y \times Y$ 上的连续函数, 故存在 $a_{(b)}$ 的开邻域 $U_{a_{(b)}}$ 和 b 的开邻域 U_b 满足

$$\phi_{e, x}(y) < \phi_{e, a_{(b)}}(b) + \varepsilon, \quad \forall (x, y) \in U_{a_{(b)}} \times U_b. \tag{9.4.5}$$

下面证明如下关系成立,

$$\phi_{e, x}(y) < \phi_{e, a_{(b)}}(b) + \varepsilon, \quad \forall (x, y) \in (U_{a_{(b)}} - K) \times (U_b + K). \tag{9.4.6}$$

对于 $(x, y) \in (U_{a_{(b)}} - K) \times (U_b + K)$, 存在 $x_1 \in U_{a_{(b)}}, k_1 \in K, y_2 \in U_b, k_2 \in K$ 满足 $x = x_1 - k_1, y = y_2 + k_2$. 然后由命题 9.2(iii), (iv) 和式子 (9.4.4) 可得 $\phi_{e, x}(y) \leqslant \phi_{e, x_1}(y) \leqslant \phi_{e, x_1}(y_2) < \phi_{e, a_{(b)}}(b) + \varepsilon$. 既然 $B(y_0)$ 是 K-紧的, 故存在 $U_{b_i} (1 \leqslant i \leqslant n)$ 满足 $B(y_0) \subseteq \bigcup\limits_{i=1}^{n} (U_{b_i} + K)$. 由于集值映射 $B(y)$ 是 K-上半连续的, 故存在 y_0 的开邻域 $U_{y_0}^{(1)}$ 满足

$$B(y) \subseteq \bigcup_{i=1}^{n} (U_{b_i} + K) + K \subseteq \bigcup_{i=1}^{n} (U_{b_i} + K), \quad \forall y \in U_{y_0}^{(1)}. \tag{9.4.7}$$

注意到集值映射 $A(x)$ 是 K-下半连续的, 故存在 x_0 的开邻域 $U_{x_0}^{(1)}$ 满足: 对于任意 $i, 1 \leqslant i \leqslant n$

$$A(x) \cap (U_{a_{(b_i)}} - K) \neq \varnothing, \quad \forall x \in U_{x_0}^{(1)}. \tag{9.4.8}$$

对于任何 $(x, y) \in U_{x_0}^{(1)} \times U_{y_0}^{(1)}$, 任何 $b \in B(y)$, 存在 $U_{b_i}(1 \leqslant i \leqslant n)$ 满足 $b \in U_{b_i} + K$, 存在 $a \in A(x) \cap (U_{a_{(b_i)}} - K)$. 然后由 (9.4.4) 和 (9.4.6) 得到

$$\phi_{e, A(x)}(b) \leqslant \phi_{e, a}(b) < \phi_{e, a_{(b_i)}}(b_i) + \varepsilon < \phi_{e, A(x_0)}(b_i) + 2\varepsilon \leqslant G_e(A(x_0), B(y_0)) + 2\varepsilon.$$

由上面的式子就得到

$$G_e(A(x), B(y)) \leqslant \lambda + 2\varepsilon, \quad \forall (x, y) \in U_{x_0}^{(1)} \times U_{y_0}^{(1)}. \tag{9.4.9}$$

另一方面, 由定义知, 存在 $b \in B(y_0)$ 满足

$$\lambda - \varepsilon < \phi_{e, A(x_0)}(b). \tag{9.4.10}$$

既然 $\phi_{e, \cdot}(\cdot)$ 是 $Y \times Y$ 上的连续函数, 那么对于任何 $a \in A(x_0)$, 存在 a 的开邻域 U_a, b 的开邻域 $U_b^{a(b)}$ 满足

$$\phi_{e, a}(b) - \varepsilon < \phi_{e, x}(y), \quad \forall (x, y) \in U_a \times U_b^{a(b)}. \tag{9.4.11}$$

由命题 9.2(iii) 和 (iv), (9.4.11) 得到

$$\phi_{e, a}(b) - \varepsilon < \phi_{e, x}(y), \quad \forall (x, y) \in (U_a + K) \times (U_b^{a(b)} - K). \tag{9.4.12}$$

由于 $A(x_0)$ 是 K-紧的, 故存在 $U_{a_j}(1 \leqslant j \leqslant m)$ 满足 $A(x_0) \subseteq \bigcup_{j=1}^{m} (U_{a_j} + K)$. 既然集值映射 $A(x)$ 是 K-上半连续的, 那么存在 x_0 的开邻域 $U_{x_0}^{(2)}$ 满足

$$A(x) \subseteq \bigcup_{j=1}^{m}(U_{a_j} + K) + K \subseteq \bigcup_{j=1}^{m}(U_{a_j} + K), \quad \forall x \in U_{x_0}^{(2)}. \tag{9.4.13}$$

利用 $B(y)$ 是 K-下半连续的, 那么存在 y_0 的开邻域 $U_{y_0}^{(2)}$ 满足

$$B(y) \cap \left(\left(\bigcap_{j=1}^{m} U_b^{a_j(b)} \right) - K \right) \neq \varnothing, \quad \forall y \in U_{y_0}^{(2)}. \tag{9.4.14}$$

对于任何 $(x, y) \in U_{x_0}^{(2)} \times U_{y_0}^{(2)}$, 任何 $a \in A(x)$, 存在 $U_{a_j}(1 \leqslant j \leqslant m)$ 满足 $a \in U_{a_j} + K$, 并且 $b^* \in B(y) \cap \left(\left(\bigcap_{j=1}^{m} U_b^{a_j(b)} \right) - K \right)$. 由 (9.4.10) 和 (9.4.12) 得到

$$\lambda - 2\varepsilon < \phi_{e, A(x_0)}(b) - \varepsilon \leqslant \phi_{e, a_j}(b) - \varepsilon < \phi_{e, a}(b^*).$$

由 a 的任意性得到

$$\lambda - 2\varepsilon \leqslant \phi_{e,A(x)}(b^*).$$

再由 $G_e(A(x), B(y))$ 的定义, 得到如下式子

$$\lambda - 2\varepsilon \leqslant G_e(A(x), B(y)), \quad \forall (x,y) \in U_{x_0}^{(2)} \times U_{y_0}^{(2)}. \tag{9.4.15}$$

如果我们让 $U_{x_0} = U_{x_0}^{(1)} \cap U_{x_0}^{(2)}, U_{y_0} = U_{y_0}^{(1)} \cap U_{y_0}^{(2)}$, 并且结合式子 (9.4.9) 和 (9.4.15), 就得到

$$\lambda - 2\varepsilon \leqslant G_e(A(x), B(y)) \leqslant \lambda + 2\varepsilon, \quad \forall (x,y) \in U_{x_0} \times U_{y_0}.$$

这就得到了泛函 $G_e(A(x), B(y))$ 在 (x_0, y_0) 点的连续性. 再由 (x_0, y_0) 的任意性, 可知原命题成立. □

注 9.17　定理 9.12 推广了文献 [296] 中的定理 3.1, 在文献 [296] 中, Y 是一个赋范空间, $A(x)$ 和 $B(y)$ 是连续的, 并且是具 K-适当、紧值的. 需要指出的是, 文献 [296] 中的证明, 依赖于赋范空间的性质, 并需借助于集值分析的结论. 这种方法对定理 9.12 是失效的, 我们这里的证明方法, 不依赖于赋范空间的限制和集值分析中的现有结论, 该方法不仅适用于文献 [296] 中的标量泛函, 对于文献 [289] 中的相关标量泛函同样适用.

通过我们的证明, 可以得到下面两个重要推论, 即标量泛函 $G_e(A(x), B(y))$ 的上半连续性和下半连续性.

推论 9.4　设 X_1, X_2 是两个拓扑空间. 如果集值映射 $A(x): X_1 \rightrightarrows Y$ 是 K-下半连续的, 并且是具 K-适当、K-有界值的. 集值映射 $B(y): X_2 \rightrightarrows Y$ 是 K-上半连续的, 并且是具 K-适当、K-紧值的, 则泛函 $G_e(A(x), B(y))$ 是 $X_1 \times X_2$ 的上半连续函数.

推论 9.5　设 X_1, X_2 是两个拓扑空间. 如果集值映射 $A(x): X_1 \rightrightarrows Y$ 是 K-上半连续的, 并且是具 K-适当、K-紧值的. 集值映射 $B(y): X_2 \rightrightarrows Y$ 是 K-下半连续的, 并且是具 K-适当、K-有界值的, 则泛函 $G_e(A(x), B(y))$ 是 $X_1 \times X_2$ 上的下半连续函数.

注 9.18　无论是在变分不等式、均衡问题, 还是优化问题中. 连续性都是比较强的条件, 因此人们更倾向于在上半连续和下半连续的条件下讨论问题. 我们这里得到了泛函 $G_e(A(x), B(y))$ 上 (下) 半连续的成立条件. 而且较连续性来说, 条件更弱. 具体说来, 如果我们要求泛函是上半连续的, 只要求集值映射 $B(y)$ 是具 K-紧值的, 而不需要 $A(x)$ 的 K-紧性, K-紧性条件被削弱了. 对于下半连续也类似. 同样地, 集值映射 $A(x), B(y)$ 的 K-连续性条件也被削弱了. 通过推论还能看出泛函 $G_e(A(x), B(y))$ 上 (下) 半连续和集值映射 $B(y)$ 的 K-上 (下) 连续一致.

定理 9.13 设 X 是拓扑向量空间. 假定子集 $A \in \wp_{0K}(Y)$, 并且 $A + K$ 是凸的. 如果集值映射 $B(x) : X \rightrightarrows Y$ 是自然拟 K-凹的, 并且具 K-适当值的, 那么集合 $\{x \in X : G_e(A, B(x)) < 0\}$ 是凸的.

证明 让 $x_1, x_2 \in \{x \in X : G_e(A, B(x)) < 0\}$, 我们证明, 对于任何 $t \in [0,1], tx_1 + (1-t)x_2 \in \{x : G_e(A, B(x)) < 0\}$. 由命题 9.1(ii) 可知, 存在 $\lambda_1 < 0, \lambda_2 < 0$ 满足

$$B(x_1) \subseteq \lambda_1 e + A + \mathrm{int}K,$$

$$B(x_2) \subseteq \lambda_2 e + A + \mathrm{int}K.$$

既然 $B(x)$ 是自然拟 K-凹的, 存在 $\lambda \in [0,1]$ 满足

$$B(tx_1 + (1-t)x_2) \subseteq \lambda B(x_1) + (1-\lambda)B(x_2) + K.$$

于是

$$B(tx_1 + (1-t)x_2) \subseteq (\lambda\lambda_1 + (1-\lambda)\lambda_2)e + \lambda A + (1-\lambda)A + K + \mathrm{int}K.$$

注意到 $A + K$ 是凸的, 那么

$$B(tx_1+(1-t)x_2) \subseteq (\lambda\lambda_1+(1-\lambda)\lambda_2)e+A+K+\mathrm{int}K = (\lambda\lambda_1+(1-\lambda)\lambda_2)e+A+\mathrm{int}K.$$

所以 $G_e(A, B(tx_1 + (1-t)x_2)) \leqslant (\lambda\lambda_1 + (1-\lambda)\lambda_2)$, 并且 $tx_1 + (1-t)x_2 \in \{x : G_e(A, B(x)) < 0\}$. $\square$

定理 9.14 设 X 是拓扑向量空间. $B \in \wp_{0K}(Y)$, 并是 K-紧的. 如果集值映射 $A(x) : X \rightrightarrows Y$ 是严格 K-凸的, 并且是具 K-适当、K-闭、K-有界值的, 那么泛函 $G_e(A(x), B)$ 是 X 上的严格凸函数.

证明 令 $x_1, x_2 \in X, x_1 \neq x_2, t \in [0,1]$. 由命题 9.2(vi) 可知, 存在 $b_0 \in B$ 满足

$$\begin{aligned} G_e(A(tx_1 + (1-t)x_2), B) &= \max_{b \in B}\{\phi_{e, A(tx_1+(1-t)x_2)}(b)\} \\ &= \phi_{e, A(tx_1+(1-t)x_2)}(b_0), \end{aligned} \tag{9.4.16}$$

既然 $A(x_1), A(x_2)$ 是 K-闭的, 则存在 $y_1 \in A(x_1), y_2 \in A(x_2)$ 满足

$$\phi_{e, A(x_1)}(b_0) = \min_{y \in A(x_1)}\{\phi_{e,y}(b_0)\} = \phi_{e,y_1}(b_0), \tag{9.4.17}$$

$$\phi_{e, A(x_2)}(b_0) = \min_{y \in A(x_2)}\{\phi_{e,y}(b_0)\} = \phi_{e,y_2}(b_0). \tag{9.4.18}$$

(9.4.17),(9.4.18) 可由命题 9.2(ix) 得到. 由 $A(x)$ 是严格 K-凸, 得到

$$tA(x_1) + (1-t)A(x_2) \subseteq A(tx_1 + (1-t)x_2) + \mathrm{int}K.$$

因此存在 $y_t \in A(tx_1 + (1-t)x_2)$ 满足 $y_t \ll ty_1 + (1-t)y_2$. 容易验证

$$\phi_{e,y_t}(b_0) < \phi_{e,ty_1+(1-t)y_2}(b_0). \tag{9.4.19}$$

显然 $\phi_{e,\cdot}(b_0)$ 是 Y 上的凸函数. 那么

$$\phi_{e,ty_1+(1-t)y_2}(b_0) \leqslant t\phi_{e,y_1}(b_0) + (1-t)\phi_{e,y_2}(b_0), \tag{9.4.20}$$

结合 (9.4.16)—(9.4.20), 得到

$$G_e(A(tx_1 + 1 - tx_2, B)) < t\phi_{e,A(x_1)}(b_0) + (1-t)\phi_{e,A(x_2)}(b_0).$$

于是

$$G_e(A(tx_1 + 1 - tx_2), B) < tG_e(Ax_1, B) + (1-t)G_e(Ax_2, B). \qquad \square$$

4. 含约束的集值优化问题的弱充分解

本部分 $(Y, \preceq)$ 表示 Banach 空间, 这里半序 $\preceq$ 是由闭凸点锥 $K \subset Y$ 诱导出来的. 我们研究在不动点约束下, 集值优化问题弱充分解的存在性.

首先介绍一些符号, 让 C_0 是 Y 中的一个非空子集, $T : Y \rightrightarrows Y$ 是一个集值映射. $T_{|C_0}$ 表示 T 在 C_0 上的限制, $\mathrm{fix}(T_{|C_0})$ 表示集合 $\{x \in C_0 : x \in T(x)\}$.

引理 9.9 [290] 令 C 是 Y 的非空子集, $f : C \times C \to \mathbb{R}$ 是函数, $T : C \rightrightarrows C$ 是集值映射. 假若存在 C 的非空闭凸子集 C_0, 并且存在 C_0 的紧子集 D 满足如下条件:

(i) $T_{|C_0} : C_0 \rightrightarrows C$ 是下半连续的, 具非空、闭值的. 并且对于任何 $x \in C_0$, $T(x) \subseteq D$.

(ii) $T_{|C_0}$ 的图像是 $C_0 \times C$ 中的闭集.

(iii) 对于任何 $x \in \mathrm{fix}(T_{|C_0})$, $f(x,x) \geqslant 0$.

(iv) 对于任何 $x \in \mathrm{fix}(T_{|C_0})$, 集合 $\{y \in C : f(x,y) < 0\}$ 是凸的.

(v) f 在 $\mathrm{fix}(T_{|C_0}) \times C$ 的限制是上半连续的,

那么存在 $x \in T(x)$, 对于任何 $y \in T(x)$, $f(x,y) \geqslant 0$.

注 9.19 这里的引理 9.9 与文献 [290] 的定理 4.1 表述不太一致. 我们这里引用的实际上是一个更一般的版本, 即在文献 [290] 的注 4.1 中描述的那个版本.

定理 9.15 令 C 是 Y 的非空子集, $T : C \rightrightarrows C$ 是集值映射, 集值映射 $A(x) : C \rightrightarrows Y$ 是具 K-适当、K-紧值的, 集值映射 $B(y) : C \rightrightarrows Y$ 是 K-上半连续的, 并且是具 K-适当, K-紧值的. 假若存在 C 的非空闭凸子集 C_0, 并存在 C_0 的紧子集 D 满足如下条件:

(i) $T_{|C_0} : C_0 \rightrightarrows C$ 是下半连续的, 具非空, 闭值的, 并且对于任何 $x \in C_0$, $T(x) \subseteq D$;

(ii) $T_{|C_0}$ 的图像是 $C_0 \times C$ 中的闭集;

(iii) 对于任何 $x \in \text{fix}(T_{|C_0})$, $B(x) \preceq^K A(x)$;

(iv) 集值映射 $B(y)$ 是自然拟 K-凹的;

(v) 对于任何 $x \in \text{fix}(T_{|C_0})$, 集合 $A(x) + K$ 是凸集;

(vi) $A(x)$ 在 $\text{fix}(T_{|C_0})$ 的限制是 K-下半连续的,

则存在 $x \in T(x)$, 对于任何 $y \in T(x)$, $A(x) \ll^K B(y)$ 不成立.

证明 定义函数 $f : C \times C \to \mathbb{R}$

$$f(x, y) := G_e(A(x), B(y)).$$

下面逐一验证引理 9.9 中的条件是满足的. (i),(ii) 显然满足. 对 f 应用命题 9.2(i)—(iii), 结合定理 9.15 的条件 (iii), 可知对于任何 $x \in \text{fix}(T_{|C_0})$, $f(x, x) \geqslant 0$. 同样对 f 应用定理 9.13, 再结合定理 9.15 的条件 (iv) 和 (v), 可知对于任何 $x \in \text{fix}(T_{|C_0})$, 集合 $\{y \in C : f(x, y) < 0\}$ 是凸的. 最后对 f 应用推论 9.4, 结合定理 9.15 的条件 (vi), 可知 f 在 $\text{fix}(T_{|C_0}) \times C$ 的限制是上半连续的. 由上讨论可知, 存在 $x \in T(x)$, 对于任何 $y \in T(x)$, $f(x, y) \geqslant 0$. 再利用命题 9.2(v), 可知定理结论成立. □

注 9.20 上面结论得到的解与通常解不一样, 这里是表述不等式不成立, 而通常的解是表述为不等式成立. 只能建立这种弱解的原因是, 我们这里讨论的是半序. 通常描述的最优解, 往往是指全序下的最优解. 实际上, 当研究的空间框架具有较好的序结构时, 在某一个方向上不等式不成立, 就意味着另一个方向的不等式成立. 例如在 $\mathbb{R}$ 上, $x < y$ 不成立则意味着 $x \geqslant y$ 成立. 当我们考虑单值映射时, 由上面的结论也能得到分离类型的结论.

下面我们给出一个关于单值映射的推论.

定理 9.16 令 C 是 Y 的非空子集, $A(x) : C \to Y$ 是单值映射, $T : C \rightrightarrows C$ 是集值映射, 单值映射 $B(y) : C \to Y$ 是 K-上半连续的. 假若存在 C 的非空、闭凸子集 C_0, 并且存在 C_0 的一个紧子集 D 满足如下条件:

(i) $T_{|C_0} : C_0 \rightrightarrows C$ 是下半连续的, 具非空、闭值的, 并且对于任何 $x \in C_0$, $T(x) \subseteq D$;

(ii) $T_{|C_0}$ 的图像是 $C_0 \times C$ 中的闭集;

(iii) 对于任何 $x \in \text{fix}(T_{|C_0})$, $B(x) \preceq A(x)$;

(iv) 如果对于任何 $x_1, x_2 \in C$, 任何 $t \in [0, 1]$, 存在 $\lambda \in [0, 1]$ 满足

$$\lambda B(y_1) + (1 - \lambda) B(y_2) \preceq B(ty_1 + (1 - t)y_2);$$

(v) $A(x)$ 在 $\text{fix}(T_{|C_0})$ 的限制是 K-下半连续的,

则存在 $x \in T(x)$ 满足

$$(A(x) + \text{int}K) \cap \{z \in Y : \{z\} = B(y), y \in T(x)\} = \varnothing.$$

证明   注意到单点集是 K-紧的, 也是凸的. 然后根据向量之间的半序定义、集合之间的半序定义, 以及定理 9.15 知命题成立. □

注 9.21   这里首次在 K-条件下建立了充分解的存在性理论、分离类型的理论, 并且削弱了连续性的相关条件.

5. 拟集值优化问题强逼近解映射的上半连续性与下半连续性

本部分 Λ, X, Y 表示三个赋范向量空间, $F : X \rightrightarrows Y, T : \Lambda \rightrightarrows X$ 是两个集值映射, $f : X \times X \to \mathbb{R}$ 是一个函数, $\mathrm{Im}\, T$ 表示 T 的像集, 即 $\mathrm{Im}\, T := \bigcup\limits_{\lambda \in \Lambda} T(\lambda)$. 假定 $\mathbb{R}_+ = \{x \in \mathbb{R} : x \geqslant 0\}$. 受文献 [295] 的启发, 令 $S : \mathbb{R}_+ \times \Lambda \rightrightarrows X$ 表示拟集值优化问题的强逼近解映射, 即

$$S(\varepsilon, \lambda) = \{x \in T(\lambda) : F(x) \preceq^K F(y) + \varepsilon k_0, \forall y \in T(\lambda)\}, \quad \forall (\varepsilon, \lambda) \in \mathbb{R}_+ \times \Lambda.$$

注 9.22   若 $F : X \rightrightarrows Y$ 是集值映射, 具 K-适当、K-闭、K-有界值的, 由命题 9.2(vii), (viii) 可得如下论断: $F(x) \preceq^K F(y) + \varepsilon k_0 \Leftrightarrow G_e(F(x), F(y)) - \varepsilon \leqslant 0$.

令 $E : \mathbb{R}_+ \times \Lambda \rightrightarrows X$ 表示均衡问题的强逼近解映射, 即

$$E(\varepsilon, \lambda) = \{x \in T(\lambda) : f(x, y) + \varepsilon \geqslant 0, \forall y \in T(\lambda)\}, \quad \forall (\varepsilon, \lambda) \in R_+ \times \Lambda.$$

定义函数 $\psi : X \times X \to \mathbb{R} \cup \{\infty\}$:

$$\psi(x, y) = -G_e(F(x), F(y)).$$

引理 9.10   假定 $F : X \rightrightarrows Y$ 是集值映射, 并且是具 K-适当、K-闭、K-有界值的, 则

$$x_0 \in S(\varepsilon, \lambda) \Leftrightarrow x_0 \in T(\lambda), \psi(x_0, y) + \varepsilon \geqslant 0, \quad \forall y \in T(\lambda).$$

证明   这是注 9.22 的直接推论. □

引理 9.11   令 $(\varepsilon_0, \lambda_0) \in \mathbb{R}_+ \times \Lambda$. 假定 $T(\lambda_0)$ 是非空紧集, $T(\cdot)$ 在 λ_0 连续, $f(\cdot, \cdot)$ 是 $T(\lambda_0) \times T(\lambda_0)$ 上的连续函数, 则 $E(\cdot, \cdot)$ 在 $(\varepsilon_0, \lambda_0)$ 上半连续.

定理 9.17   令 $(\varepsilon_0, \lambda_0) \in \mathbb{R}_+ \times \Lambda$. 假定 $T(\lambda_0)$ 是非空紧集, $T(\cdot)$ 在 λ_0 连续. 如果 $F : X \rightrightarrows Y$ 在 $T(\lambda_0)$ 上是 K-连续的, 并且是具 K-适当、K-紧值的, 那么 $S(\cdot, \cdot)$ 在 $(\varepsilon_0, \lambda_0)$ 上半连续.

证明   由定理 9.12、引理 9.10 和引理 9.11 可得. □

引理 9.12   令 $\varepsilon_0 > 0$, 并且对某个 $\lambda_0 \in \Lambda$, $E(0, \lambda_0) \neq \varnothing$. 假定:

(i) 集合 $T(\lambda_0)$ 是非空凸的, 对于任何 $y \in T(\lambda_0)$, $f(\cdot, y)$ 是 $T(\lambda_0)$ 上的凹函数;

(ii) $K(\cdot)$ 在 λ_0 点 Hausdorff-上半连续, 并且在 λ_0 点下半连续;

(iii) $f(\cdot, \cdot)$ 在 $\mathrm{Im}\, T \times \mathrm{Im}\, T$ 一致连续,

则 $E(\cdot, \cdot)$ 在 $(\varepsilon_0, \lambda_0)$ 是下半连续的.

引理 9.13 令 $B \in \wp_{0K}(Y)$. 如果集值映射 $F : X \rightrightarrows Y$ 是 K-凸的, 则 $G_e(F(x), B)$ 是 X 上的凸函数.

定理 9.18 令 $\varepsilon_0 > 0$, 并且对于某个 $\lambda_0 \in \Lambda$, $S(0, \lambda_0) \neq \varnothing$. 假若:

(i) 集合 $T(\lambda_0)$ 是非空凸的, $T(\cdot)$ 在 λ_0 点 Hausdorff-上半连续, 并且在 λ_0 点下半连续;

(ii) $\mathrm{Im}T$ 是紧集;

(iii) F 在 $T(\lambda_0)$ 上是 K-连续、K-凸的, 并且是具 K-适当, K-紧值的,

则 $S(\cdot, \cdot)$ 在 $(\varepsilon_0, \lambda_0)$ 下半连续.

证明 由定理 9.12、引理 9.10、引理 9.12 和引理 9.13 可得. □

引理 9.14 让 $(\varepsilon_0, \lambda_0) \in \mathbb{R}_+ \times \Lambda$. 假定:

(i) $T(\lambda_0)$ 是非空的紧凸集, $K(\cdot)$ 在 λ_0 连续;

(ii) 对于任何 $y \in T(\lambda_0)$, $f(\cdot, y)$ 是 $T(\lambda_0)$ 上的严格凹函数;

(iii) $f(\cdot, \cdot)$ 在 $T(\lambda_0) \times T(\lambda_0)$ 连续,

则 $E(\cdot, \cdot)$ 在 $(\varepsilon_0, \lambda_0)$ 下半连续.

定理 9.19 让 $(\varepsilon_0, \lambda_0) \in \mathbb{R}_+ \times \Lambda$. 假定 $T(\lambda_0)$ 是非空的紧凸集, $K(\cdot)$ 在 λ_0 连续. 如果 $F : X \rightrightarrows Y$ 在 $T(\lambda_0)$ 上是 K-连续、严格 K-凸的, 并且是具 K-适当、K-紧值的, 那么 $S(\cdot, \cdot)$ 在 $(\varepsilon_0, \lambda_0)$ 下半连续.

证明 由定理 9.12、定理 9.14、引理 9.10 和引理 9.14 可得. □

注 9.23 定理 9.17 推广了文献 [296] 中的定理 5.1, 在文献 [296] 中, $F : X \rightrightarrows Y$ 是连续的, 并且具 K-适当紧值. 定理 9.18 推广了文献 [296] 中的定理 5.2, 在文献 [296] 中, $F : X \rightrightarrows Y$ 是连续的, K-凸, 并且具 K-适当紧值. 定理 9.19 推广了文献 [296] 中的定理 5.3, 在文献 [296] 中, $F : X \rightrightarrows Y$ 是连续的、严格 K-凸, 并且具 K-适当紧值.

参 考 文 献

[1] Blum E, Oettli W. From optimization and variational inequalities to equilibrium problems. The Mathematics Student, 1994, 63: 123-145.

[2] Bianchi M, Hadjisavvas N, Schaible S. Vector equilibrium problems with generalized monotone bifunctions. Journal of Optimization Theory and Applications, 1997, 92: 527-542.

[3] Ansari Q H, Oettli W, Schläger D. A generalization of vectorial equilibria. Mathematical Methods of Operations Research, 1997, 46: 147-152.

[4] Konnov I V, Yao J C. Existence of solutions for generalized vector equilibrium problems. Journal of Mathematical Analysis and Applications, 1999, 233: 328-335.

[5] Huang N, Li J, Thompson H B. Implicit vector equilibrium problems with applications. Mathematical and Computer Modelling, 2003, 37: 1343-1356.

[6] Noor M A, Oettli W. On general nonlinear complementarity problems and quasi-equilibria. Le Matematiche (Catania), 1994, 49: 313-331.

[7] Lin L J, Park S. On some generalized quasi-equilibrium problems. Journal of Mathematical Analysis and Applications, 1998, 224: 167-181.

[8] Park S. Fixed points and quasi-equilibrium problems. Mathematical and Computer Modelling, 2000, 32: 1297-1304.

[9] Ansari Q H, Flores-Bazán F. Generalized vector quasi-equilibrium problems with applications. Journal of Mathematical Analysis and Applications, 2003, 277: 246-256.

[10] Moudafi A. Mixed equilibrium problems: Sensitivity analysis and algorithmic aspect. Computers and Mathematics with Applications, 2002, 44: 1099-1108.

[11] Nishimura H, Ok E A. Solvability of variational inequalities on Hilbert lattices. Mathematics of Operations Research, 2012, 37(4): 608-625.

[12] Li J, Yao J. The existence of maximum and minimum solutions to general variational inequalities in the Hilbert lattices. Fixed Point Theory and Applications, 2011: 1-19.

[13] Li J. Several extensions of the Abian-Brown fixed point theorem and their applications to extended and generalized Nash equilibria on chain-complete posets. Journal of Mathematical Analysis and Applications, 2014, 409: 1084-1092.

[14] Xie L, Li J, Yang W. Order-clustered fixed point theorems on chain-complete pre-ordered sets and their applications to extended and generalized Nash equilibria. Fixed Point Theory and Applications, 2013: 192.

[15] Xie L, Li J, Wen C. Applications of fixed point theory to extended Nash equilibriums of nonmonetized strategic games on posets. Fixed Point Theory and Applications, 2013: 235.

[16]   Noor M A. Multivalued general equilibrium problems. Journal of Mathematical Analysis and Applications, 2003, 283: 140-149.

[17]   Takahashi S, Takahashi W. Viscosity approximation methods for equilibrium problems and fixed point problems in Hilbert spaces. Journal of Mathematical Analysis and Applications, 2007, 331: 506-515.

[18]   Isac G, Sehgal V M, Singh S P. An alternate version of a variational inequality. Indian Journal of Mathematics, 1999, 41(1): 25-31.

[19]   Li J. A lower and upper bounds version of a variational inequality. Applied Mathematics Letters, 2000, 13: 47-51.

[20]   Chadli O, Chiang Y, Yao J C. Equilibrium problems with lower and upper bounds. Applied Mathematics Letters, 2002, 15: 327-331.

[21]   Zhang C J. A class of equilibrium problems with lower and upper bounds. Nonlinear Analysis, 2005, 63(5): 2377-2385.

[22]   Al-Homidan S, Ansari Q H. Systems of quasi-equilibrium problems with lower and upper bounds. Applied Mathematics Letters, 2007, 20: 323-328.

[23]   Pang J S, Stewart D E. Differential variational inequalities. Mathematical Programming, 2008, 113(2): 345-424.

[24]   张从军. 集值分析与经济应用. 北京: 科学出版社, 2004.

[25]   高英. 多目标优化 ε-拟弱有效解的最优性条件. 应用数学学报, 2010, 33(6): 1061-1071.

[26]   Jofre A, Luc D T, Thera M. ε-subdifferential calculus for nonconvex functions an ε-monotonicity. Comptes Rendus de l'Academie des Science, 1996, 323: 735-740.

[27]   Huang L G. The tangent cones on constraint qualifications in optimization problems. Acta Mathematica Scientia, 2008, 28B(4): 843-850.

[28]   Mordukhovich B, Shao Y. Nonsmooth sequential analysis in Asplund spaces. Transactions of the American Mathematical Society, 1996, 348(4): 1235-1280.

[29]   Xu Z K. On multiple-criteria fractional programming problems. Journal of Systems Science and Mathematical Sciences，1994, 14(3): 199-208.

[30]   Zhang C J, Cho Y J, Wei S M. Variational inequalities and surjectivity for set-valued monotone mappings. Topological Methods in Nonlinear Analysis, 1998, 12(1): 169-178.

[31]   Zhang C J, Hu X. On a class of generalized variational inequalities for fuzzy mappings. Mathematica Applicata, 2001, 14(1): 52-55.

[32]   Mosco U. Implicit variational problems and quasi variational inequalities// Nonlinear Operators and the Calculus of Variations. Berlin, Heidelberg: Springer, 1976.

[33]   Fan K. A minimax inequality and applications// Inequalities III. New York: Academic press, 1972: 103-113.

[34]   张石生. 变分不等式和相补问题理论及应用. 上海: 上海科学技术文献出版社, 1991.

[35]   Zhang C J. Generalized variational inequalities and generalized quasi-variational in-

equalities. Applied Mathematics and Mechaincs, 1993, 14(4): 333-344.

[36] Chang S S, Zhang C J. On a class of generalized variational inequalities and quasi-variational inequalities. Journal of Mathematical Analysis and Applications, 1993, 179(1): 250-259.

[37] 张从军, 张石生. Browder-Hartman-Stampacchia 变分不等式研究概况及问题. 数学研究与评论, 1995, 12(2): 313-317.

[38] 张从军. Gwinner 变分不等式和隐变分不等式. 应用数学, 1997, 10(4): 131-134.

[39] Rodríguez-López J, Romaguera S. The Hausdorff fuzzy metric on compact sets. Fuzzy Sets and Systems, 2004, 147(2): 273-283.

[40] Meir A, Keeler E. A theorem on contraction mappings. Journal of Mathematical Analysis and Applications, 1969, 28(2): 326-329.

[41] Amini-Harandi A, Emami H. A fixed point theorem for contraction type maps in partially ordered metric spaces and application to ordinary differential equations. Nonlinear Analysis, 2010, 72: 2238-2242.

[42] Gnana Bhaskar T, Lakshmikantham V. Fixed point theorems in partially ordered metric spaces and applications. Nonlinear Analysis, 2006, 65(7): 1379-1393.

[43] Harjani J, Sadarangani K. Generalized contractions in partially ordered metric spaces and applications to ordinary differential equations. Nonlinear Analysis, 2010, 72(3): 1188-1197.

[44] Kutukcu S, Tuna A, Yakut A T. Generalized contraction mapping principle in intuitionistic Menger spaces and an application to differential equations. Applied Mathematics and Mechanics, 2007, 28(6): 799-809.

[45] Huang L G, Zhang X. Cone metric spaces and fixed point theorems of contractive mappings. Journal of Mathematical Analysis and Applications, 2007, 332(2): 1468-1476.

[46] Suzuki T. A new type of fixed point theorem in metric spaces. Nonlinear Analysis, 2009, 71(11): 5313-5317.

[47] George A, Veeramani P. On some results in fuzzy metric spaces. Fuzzy Sets and Systems, 1994, 64(3): 395-399.

[48] Sedghi S, Altun I, Shobe N. Coupled fixed point theorems for contractions in fuzzy metric spaces. Nonlinear Analysis, 2010, 72(3-4): 1298-1304.

[49] Zhang S S. Fixed point theorems of mappings on probabilistic metric spaces with applications. Scientia Sinica. Series A: Mathematical, physical, astronomical and technical sciences, 1983, 26(11): 1144-1155.

[50] He B S, Liao L Z, Yuan X M. A LQP based interior prediction-correction method for nonlinear complementarity problems. Journal of Computational Mathematics, 2006, 24(1): 33-44.

[51] Bnouhachem A. An LQP Method for pseudomonotone variational inequalities. Journal

of Global Optimization, 2006, 36(3): 351-363.

[52] Noor M A, Bnouhachem A. Modified proximal-point method for nonlinear complementarity problems. Journal of Computational and Applied Mathematics, 2006, 197(2): 395-405.

[53] Xu Y, He B S, Yuan X M. A hybrid inexact logarithmic-quadratic proximal method for nonlinear complementarity problems. Journal of Mathematical Analysis and Applications, 2006, 322(1): 276-287.

[54] Yuan X M. The prediction-correction approach to nonlinear complementarity problems. European Journal of Operational Research, 2007, 176(3): 1357-1370.

[55] Kanzow C, Pieper H. Jacobian smoothing methods for nonlinear complementarity problems. SIAM Journal on Optimization, 1999, 9(2): 342-373.

[56] Yang Y F, Qi L. Smoothing trust region methods for nonlinear complementarity problems with P_0-functions. Annals of Operations Research, 2005, 133(1-4): 99-117.

[57] Kanzow C. Some noninterior continuation methods for linear complementarity problems. SIAM Journal on Matrix Analysis & Applications, 1996, 17(4): 851-868.

[58] Qi H, Liao L. A smoothing Newton method for general nonlinear complementarity problems. Computational Optimization and Applications, 2000, 17(2-3): 231-253.

[59] Yamashita N, Fukushima M. On the rate of convergence of the Levenberg-Marquardt method// Topics in Numerical Analysis. Vienna: Springer, 2001: 239-249.

[60] Dan H, Yamashita N, Fukushima M. Convergence properties of the inexact Levenberg-Marquardt method under local error bound conditions. Optimization methods and software, 2002, 17(4): 605-626.

[61] Bnouhachem A, Noor M A, Khalfaoui M, et al., A new logarithmic-quadratic proximal method for nonlinear complementarity problems. Applied Mathematics and Computation, 2009, 215(2): 695-706.

[62] Chang S S. The mann and ishikawa iterative approximation of solutions to variational inclusions with accretive type mappings. Computers & Mathematics with Applications, 1999, 37(9): 17-24.

[63] Lee C H, Ansari Q H, Yao J C. A perturbed algorithm for strongly nonlinear variational-like inclusions. Bulletin of the Australian Mathematical Society, 2000, 62(3): 417-426.

[64] Ding X P. Perturbed proximal point algorithms for generalized quasivariational inclusions. Journal of Mathematical Analysis and Applications, 1997, 210(1): 88-101.

[65] Khan M F, Ahman R, Ansari Q H. Generalized multivalued nonlinear variational inclusions with relaxed Lipschitz and relaxed monotone mappings. Advances in Nonlinear Variational Inequalities, 2000, 3(1): 93-101.

[66] Zhang S S. Existence and approximation of solutions to variational inclusions with accretive mappings in Banach spaces. Applied Mathematics and Mechanics, 2001,

22(9): 997-1003.

[67] Chang S S. Set-valued variational inclusions in Banach spaces. Journal of Mathematical Analysis and Applications, 2000, 248(2): 438-454.

[68] Fukushima M. Equivalent differentiable optimization problems and descent methods for asymmetric variational inequality problems. Mathematical Programming, 1992, 53(1): 99-110.

[69] Wu J H, Florian M, Marcotte P. A general descent framework for the monotone variational inequality problem. Mathematical Programming, 1993, 61(3): 281-300.

[70] Yamashita N, Taji K, Fukushima M. Unconstrained optimization reformulations of variational inequality problems. Journal of Optimization Theory and Applications, 1997, 92(3): 439-456.

[71] Huang L R, Ng K F. Equivalent optimization formulations and error bounds for variational inequality problems. Journal of Optimization Theory and Applications, 2005, 125(2): 299-314.

[72] Solodov M V. Merit functions and error bounds for generalized variational inequalities. Journal of Mathematical Analysis and Applications, 2003, 287(2): 405-414.

[73] Noor M A. Merit functions for general variational inequalities. Journal of Mathematical Analysis and Applications, 2006, 316(2): 736-752.

[74] Bensoussan A. On the theory of option pricing. Acta Applicandae Mathematica, 1984, 2(2): 139-158.

[75] Pang J S. Newton's method for B-differentiable equations. Mathematics of Operations Research, 1990, 15(2): 311-341.

[76] Dirkse S P, Ferris M C. The path solver: A nommonotone stabilization scheme for mixed complementarity problems. Optimization Methods and Software, 1995, 5(2): 123-156.

[77] Qu B, Wang C Y, Zhang J Z. Convergence and error bound of a method for solving variational inequality problems via the generalized D-gap function. Journal of Optimization Theory and Applications, 2003, 119(3): 535-552.

[78] Noor M A, Rassias T M. Resolvent equations for set-valued mixed variational inequalities. Nonlinear Analysis, 2000, 42(1): 71-83.

[79] Chang S S, Cho Y J, Lee B S, Jung I H. Generalized set-valued variational inclusions in Banach spaces. Journal of Mathematical Analysis and Applications, 2000, 246(2): 409-422.

[80] Liu Z, Kang S M. Generalized multivalued nonlinear quasivariational inclusions. Mathematische Nachrichten, 2003, 253(1): 45-54.

[81] Chidume C E, Zegeye H, Kazmi K R, Existence and convergence theorems for a class of multi-valued variational inclusions in Banach spaces. Nonlinear Analysis, 2004, 59(5): 649-656.

[82] Peng J W. Set-valued variational inclusions with -accretive operators in Banach spaces. Applied Mathematics Letters, 2006, 19(3): 273-282.

[83] Signorini A. Sopra alcune questioni di elastostatica. Atti della Società. Italiana per il Progresso delle Scienze, 1933.

[84] Duvaut G, Lions J L. Inequalities in Mechanics and Physics. Berlin: Springer-Verlag, 1976.

[85] Chipot M. Variational Inequalities and Flow in Porous Media. New York: Springer-Verlag, 1984.

[86] Rodrigues J F. Obstacle Problems in Mathematical Physics. Amsterdam: North-Holland, 1985.

[87] Auslender A. Optimization Methods Numeriques. Paris: Masson, 1976.

[88] Auchmuty G. Variational principles for variational inequalities. Numerical Functional Analysis and Optimization, 1989, 10: 863-874.

[89] Fukushima M. Equivalent differentiable optimization problems and descent methods for asymmetric variational inequality problems. Mathematical Programming, 1992, 53(1): 99-101.

[90] Han W, Reddy B. On the finite element method for mixed variational inequalities arising in elastoplasticity. SIAM Journal on Numerical Analysis, 1995, 32(6): 1778-1807.

[91] Cohen G. Nash equilibria: Gradient and decomposition algorithms. Large Scale Systems, 1987, 12(2): 173-184.

[92] Pang J S. Complementarity problems//Horst R, Pardalos P, eds. Handbook of Global Optimization. Dordrecht: Kluwer Academic Publishers, 1995.

[93] Harker P T, Pang J S. Finite-dimensional variational inequality and nonlinear complementarity problems: A survey of theory, algorithms and applications. Mathematical Programming, 1990, 48(1-3): 161-220.

[94] Facchinei F, Pang J S. Finite-dimensional variational inequalities and complementarity problems, Vol.I. Springer Series in Operations Research. New York: Springer-Verlag, 2003.

[95] Li J L, Lin S L, Zhang C J. On the existence of Nash equilibriums for infinite matrix games. Nonlinear Analysis, 2009, 10: 42-53.

[96] Li J L, Rhoades B E. An approximation of solutions of variational inequalities. Fixed Point Theory and Applications, 2005, 3: 377-388.

[97] Genel A, Lindenstrauss J. An example concerning fixed Points. Israel Journal of Mathematics. 1975, 22(1): 81-86.

[98] Takahashi W, Zembayashi K. Strong and weak convergence theorems for equilibrium problems and relatively nonexpansive mappings in Banach spaces. Nonlinear Analysis, 2009, 70(1): 45-57.

[99]   Martinez-Yanes C, Xu H K. Strong convergence of the CQ method for fixed point iteration Processes. Nonlinear Analysis, 2006, 64(11): 2400-2411.

[100] Kamirnura S, Takahashi W. Strong convergence of a proximal-type algorithm in a Banach space. SIAM Journal on Optimization. 2002, 13(3): 938-945.

[101] Xu H K, Inequalities in Banach spaces with applications. Nonlinear Analysis, 1991, 16(12): 1127-1138.

[102] Matsushita S, Takahashi W. Weak and strong convergence theorems for relatively nonexpansive mappings in Banach spaces. Fixed Point Theory and Applications, 2004, 1: 37-47.

[103] Wlodarczyk K, Klim D. Equilibria and fixed points of set-valued maps with nonconvex and noncompact domains and ranges. Nonlinear Analysis, 2006, 65(4): 918-932.

[104] Ding X P. Existence of solutions for quasi equilibrium problems in noncompact topological spaces. Computers & Mathematics with Applications, 2000, 39(3-4): 13-21.

[105] Ding X P. Equilibrium problems with lower and upper bounds in topological spaces. Acta Mathematica Scientia, 2005, 25(4): 658-662.

[106] Li S J, Chen G Y, Teo K L. On the stability of generalized vector quasivariational inequality problems. Journal of Optimization Theory and Applications, 2002, 113(2): 283-295.

[107] Yuan G X Z. The study of minimax inequalities and applications to economies and variational inequalities. Memoirs of the American Mathematical Society, 1998, 132(5): 1-132.

[108] Ding X P. Constrained multiobjective games in locally convex H-spaces. Applied Mathematics and Mechanics, 2003, 24(5): 499-508.

[109] Chadli O, Chbani Z, Riahi H. Equilibrium problems and noncoercive variational inequalities. Optimization, 2001, 50: 17-27.

[110] Ansari Q H, Wong N C, Yao J C. The existence of nonlinear inequalities. Applied Mathematics Letters, 1999, 12(5): 89-92.

[111] Ansari Q H, Konnov I V, Yao J C. Characterizations of solutions for vector equilibrium problems. Journal of Optimization Theory and Applications, 2002, 113(3): 435-447.

[112] Zhang C J. A class of implicit Variational inequalities with applications to Nash limitations equilibrium problem. Mathematical Applicata, 2002, 15(1): 92-96.

[113] 朴勇杰. 拓扑空间上不动点和具有上下界的变分不等式. 数学物理学报, 2012, 32A(2): 364-372.

[114] Chang S S, Zhang Y. Generalized KKM theorem and variational inequalities. Journal of Mathematical Analysis & Applications, 1991, 159(1): 208-223.

[115] Giannessi F. Vector variational inequality and vector equilibrium. Dordrecht, Boston, London: Kluwer Academic Publishers, 2000.

[116] Iusem A N, Sosa W. New existence results for equilibrium problems. Nonlinear Anal-

ysis, 2003, 52(2): 621-635.

[117] Behera A, Nayak L. On nonlinear variational-type inequality problem. Indian Journal of Pure and Applied Mathematics, 1999, 30(9): 911-923.

[118] Siddiqi A H, Ansari Q H, Khaliq A. On vector variational inequalities. Journal of Optimization Theory and Applications, 1995, 84(1): 171-180.

[119] Chen G Y. Existence of solutions for a vector variational inequality: An extension of Hartmann-Stampacchia theorem. Journal of Optimization Theory & Applications, 1992, 74(3): 445-456.

[120] Chen G Y, Cheng G M. Vector variational inequality and vector optimization. Lecture Notes in Economics and Mathematical Systems, 1987, 285: 408-416.

[121] Chen G Y, Craven B D. Approximate dual and approximate vector variational inequality for multiobjective optimization. Journal of the Australian Mathematical Society Series A., 1989, 47: 418-423.

[122] Isac G. A special variational inequality and the implicit complementarity problem. Journal of the Faculty of Science, 1990, 37(1): 109-127.

[123] Siddiqi A H, Ansari Q H, Ahmad R. On vector variational inequalities. Indian Journal of Pure and Applied Mathematics, 1997, 28(8): 1009-1016.

[124] Hartman P, Stampacchia G. On some non-linear elliptic differential-functional equations. Acta Mathematica, 1966, 115(1): 271-310.

[125] Siddiqi A H, Ahmap R, Khan M F. Existence of solution for generalized multivalued vector variational inequalities without convexity. Indian Journal of Pure and Applied Mathematics, 1997, 28(8): 1057-1060.

[126] Fan L Y. Weighted quasi-equilibrium problems with lower and upper bounds. Nonlinear Analysis, 2009, 70(6): 2280-2287.

[127] 王月虎. 带上下界均衡问题解的存在性及 Hölder 连续性. 数学进展, 2016, 45(5): 778-786.

[128] Zhang Y. Existence of solutions to equilibrium problems with upper and lower bounds in a topological space. Pure and Applied Mathematics, 2011, 27(3): 377-382.

[129] Moudafi A. Second-order differential proximal methods for equilibrium problems. Journal of Inequalities in Pure and Applied Mathematics, 2003, 4(1): 1-7.

[130] Al-Homidan S, Ansari Q H, Kassay G. Vectorial form of Ekeland variational principle with applications to vector equilibrium problems. Optimization, 2020, 69(3): 415-436.

[131] Yuan G X Z. KKM Theory and Applications in Nonlinear Analysis. New York: Marcel Decker, 1999.

[132] Chadli O, Chbani Z, Riahi H. Recession methods for equilibrium problems and applications to variational and hemivariational inequalities. Discrete and Continuous Dynamical Systems, 1999, 5: 185-195.

[133] Bianchi M, Schaible S. Generalized monotone bifunctions and equilibrium problems.

Journal of Optimization Theory and Applications, 1996, 90(1): 31-43.

[134]　Oettli W. A Remark on vector-valued equilibria and generalized monotonicity. Acta Mathematica Vietnamica, 1997, 22(1): 213-221.

[135]　Hadjisavvas N, Schaible S. From scalar to vector equilibrium problems in the quasi-monotone case. Journal of Optimization Theory and Applications, 1998, 96(2): 297-309.

[136]　Ansari Q H, Yao J C. An existence result for the generalized vector equilibrium problem. Applied Mathematics Letters, 1999, 12(8): 53-56.

[137]　Lina L J, Yu Z T. On some equilibrium problems for multimaps. Journal of Computational and Applied Mathematics, 2001, 129(1): 171-183.

[138]　Ansari Q H, Konnov I V, Yao J C. On generalized vector equilibrium problems. Nonlinear Analysis, 2001, 47(1): 543-554.

[139]　Chen M P, Lin L J, Park S. Remarks on generalized quasi-equilibrium problems. Nonlinear Analysis, 2003, 52(2): 433-444.

[140]　Bianchi M, Kassay G, Pini R. Ekeland's principle for vector equilibrium problems. Nonlinear Analysis, 2007, 66(7): 1454-1464.

[141]　Cubiotti P. Existence of solutions for lower semicontinuous quasi-equilibrium problems. Computers and Mathematics with Applications, 1995, 30(12): 11-22.

[142]　Konnov I V, Schaible S. Duality for equilibrium problems under generalized monotonicity. Journal of Optimization Theory and Applications, 2000, 104(2): 395-408.

[143]　Li J, Ok E A. Optimal solutions to variational inequalities on Banach lattices. Journal of Mathematical Analysis and Applications, 2012, 388(2): 1157-1165.

[144]　Li J. Applications of fixed point theory to generalized Nash equilibria of nonmonetized noncooperative games on Banach lattices. Nonlinear Analysis Forum, 2013, 18: 1-11.

[145]　Li J, Park S. Generalized Nash equilibria of nonmonetized noncooperative games on lattices. British Journal of Economics, Management and Trade, 2014, 4(1): 97-110.

[146]　Smithson R E. Fixed points of order preserving multifunctions. Proceedings of the American Mathematical Society, 1971, 28(1): 1-7.

[147]　Fujimoto T. An extension of Tarski's fixed point theorem and its application to isotone complementarity problems. Mathematical Programming, 1984, 28(1): 116-118.

[148]　Tarski A. A lattice-theoretical fixpoint theorem and its applications. Pacific Journal of Mathematics, 1955, 5(2): 285-309.

[149]　Huang N J, Li J, Thompson H B. Stability for parametric implicit vector equilibrium problems. Mathematical and Computer Modelling, 2005, 43(11): 1267-1274.

[150]　Huang N J, Lan H Y, Cho Y J. Sensitivity analysis for nonlinear generalized mixed implicit equilibrium problems with non-monotone set-valued mappings. Journal of Computational and Applied Mathematics, 2006, 196(2): 608-618.

[151]　Anh L Q, Khanh P Q. Semicontinuity of the solution set of parametric multivalued

vector quasiequilibrium problems. Journal of Mathematical Analysis and Applications, 2004, 294(2): 699-711.

[152] Anh L Q, Khanh P Q. On the stability of the solution sets of general multivalued vector quasiequilibrium problems. Journal of Optimization Theory and Applications, 2007, 135(2): 271-284.

[153] Zhong R Y, Huang N J. On the stability of solution mapping for parametric generalized vector quasiequilibrium problems. Computers and Mathematics with Applications, 2012, 63(4): 807-815.

[154] Bianchi M, Pini R. A note on stability for parametric equilibrium problems. Operations Research Letters, 2003, 31(6): 445-450.

[155] Mansour M A, Riahi H. Sensitivity analysis for abstract equilibrium problems. Journal of Mathematical Analysis and Applications, 2005, 306(2): 684-691.

[156] Anh L Q, Khanh P Q. On the Hölder continuity of solutions to parametric multivalued vector equilibrium problems. Journal of Mathematical Analysis and Applications, 2006, 321(1): 308-315.

[157] Li S J, Li X B, Wang L N, Teo K L. The Hölder continuity of solutions to generalized vector equilibrium problems. European Journal of Operational Research, 2009, 199: 334-338.

[158] Li S J, Chen C R, Li X B, Teo K L. Hölder continuity and upper estimates of solutions to vector quasiequilibrium problems. European Journal of Operational Research, 2011, 210(2): 148-157.

[159] Anh L Q, Khanh P Q, Tam T N. On Hölder continuity of approximate solutions to parametric equilibrium problems. Nonlinear Analysis, 2012, 75(4): 2293-2303.

[160] Alber Y. Metric and generalized projection operators in Banach spaces: Properties and applications. Mathematics, 1993, 1(1): 1109-1120.

[161] Li J. The generalized projection operator on reflexive Banach spaces and its applications. Journal of Mathematical Analysis and Applications, 2005, 306(1): 55-71.

[162] Mann W R. Mean value methods in iteration. Proceedings of the American Mathematical Society, 1953, 4(3): 506-510.

[163] Reich S. Weak convergence theorems for nonexpansive mappings in Banach spaces. Journal of Mathematical Analysis and Applications, 1979, 67(2): 274-276.

[164] Browder F E. Nonlinear mappings of nonexpansive and accretive type in Banach spaces. Bulletin of the American Mathematical Society, 1967, 73: 875-882.

[165] Ishikawa S. Fixed points by a new iteration method. Proceedings of the American Mathematical Society, 1974, 44(1): 147-150.

[166] Halpern B. Fixed points of nonexpansive maps. Bulletin of the American Mathematical Society, 1967, 73: 957-961.

[167] Banach S. Sur les opérations dans les ensembles abstraits et leur application aus

équations intégreles. Fundamenta Mathematicae, 1922, 3: 133-181.

[168] Lions P L. Approximation de points fixes de contractions. Comptes Rendus de l'
       Académie des Sciences, 1977, 284: 1357-1359.

[169] Reich S. Strong convergence theorems for resolvents of accretive operators in Banach
       spaces. Journal of Mathematical Analysis and Applications, 1980, 75(1): 287-292.

[170] Wittmann R. Approximation of fixed points nonexpansive mappings. Archiv Der
       Mathematik, 1992, 58(5): 486-491.

[171] Shioji N, Takahashi W. Strong convergence of approximated sequences for nonexpan-
       sive mappings in Banach spaces. Proceedings of the American Mathematical Society,
       1997, 125(12): 3641-3645.

[172] Moudafi A. Viscosity approximation methods for fixed-points problems. Journal of
       Mathematical Analysis and Applications, 2000, 241(1): 46-55.

[173] Xu H K. Viscosity approximation methods for nonexpansive mappings. Journal of
       Mathematical Analysis and Applications, 2004, 298(1): 279-291.

[174] Marino G, Xu H K. A general iterative method for nonexpansive mappings in Hilbert
       spaces. Journal of Mathematical Analysis and Applications, 2006, 318(1): 43-52.

[175] Nakajo K, Takahashi W. Strong convergence theorems for nonexpansive mappings
       and nonexpansive semigroups. Journal of Mathematical Analysis and Applications,
       2003, 279(2): 372-379.

[176] Kim T H, Xu H K. Strong convergence of modified mann iterations for asymptotically
       nonexpansive mappings and semigroups. Nonlinear Analysis, 2005, 64(5): 1140-1152.

[177] Marino G, Xu H K. Weak and strong convergence theorems for strict pseudo-
       contractions in Hilbert spaces. Journal of Mathematical Analysis and Applications,
       2007, 329(1): 336-346.

[178] Matsushita S, Takahashi W. A strong convergence theorem for relatively nonexpansive
       mappings in a Banach space. Journal of Approximation Theory, 2005, 134(2): 257-266.

[179] Krasnoselskii M A. Two observations about the method of successive approximations.
       Uspehi Matematieskih Nauk, 1955, 10: 123-127.

[180] Borwein D, Borwein J M. Fixed point iterations for real functions Journal of Mathe-
       matical Analysis and Applications, 1991, 157(1): 112-126.

[181] Hicks T L, Kubicek J R. On the Mann iteration process in Hilbert space. Journal of
       Mathematical Analysis and Applications, 1977, 59(3): 498-504.

[182] Stampscchia G. Forms bilinearires coercitives surles ensembles convexs. Comptes Ren-
       dus de l'Academie des Sciences, 1964, 258: 4413-4416.

[183] Lions J L, Stampacchia G. Variational inequalities. Communications on Pure and
       Applied Mathematics, 1967, 20(3): 493-519.

[184] He B S. A class of projection and contraction methods for monotone variational
       inequalities. Applied Mathematics & Optimization, 1997, 35(1): 69-76.

[185] Noor M A. General variational inequalities. Applied Mathematics Letters, 1988, 1(2): 119-122.

[186] Shi P. Equivalence of variational inequalities with Wiener-Hopf equations. Proceedings of the American Mathematical Society, 1991, 111(2): 339-346.

[187] Robinson S M. Normal maps induced by linear transformations. Mathematics of Operations Research, 1992, 17(3): 691-714.

[188] Verma R U. Generalized variational inequalities involving multivalued relaxed monotone operators. Applied Mathematics Letters, 1997, 10(4): 107-109.

[189] Al-Shemas E. General nonconvex Wiener-Hopf equations and general nonconvex variational inequalities. Journal of Mathematical Sciences: Advances and Applications, 2013, 19(1): 1-11.

[190] Noor M A, Huang Z. Wiener-Hopf equation technique for variational inequalities and nonexpansive mappings. Applied Mathematics and Computation, 2007, 191(2): 504-510.

[191] Wu C, Li Y. Wiener-Hopf equations techniques for generalized variational inequalities and fixed point problems. 4th International Congress on Image and Signal Processing. New York: IEEE Press, 2011.

[192] Noor M A. Auxiliary principle technique for equilibrium problems. Journal of Optimization Theory and Applications, 2004, 122(2): 371-386.

[193] Noor M A. Generalized mixed quasi-equilibrium problems with trifunction. Applied Mathematics Letters, 2005, 18(6): 695-700.

[194] Noor M A, Rassias T M. On general hemiequilibrium problems. Journal of Mathematical Analysis and Applications, 2006, 324(2): 1417-1428.

[195] Noor M A, Rassias T M. On nonconvex equilibrium problems. Journal of Mathematical Analysis and Applications, 2005, 312(1): 289-299.

[196] Noor M A. Some developments in general variational inequalities. Applied Mathematics and Computation, 2004, 152(1): 199-277.

[197] Tada A, Takahashi W. Weak and strong convergence theorems for a nonexpansive mapping and an equilibrium problem. Journal of Optimization Theory and Applications, 2007, 133(3): 359-370.

[198] Wangkeeree R, Wangkeeree R. Strong convergence of the iterative scheme based on the extragradient method for mixed equilibrium problems and fixed point problems of an infinite family of nonexpansive mappings. Nonlinear Analysis: Hybrid Systems, 2009, 3(4): 719-733.

[199] Takahashi W, Shimoji K. Convergence theorems for nonexpansive mappings and feasibility problems. Mathematical and Computer Modelling, 2000, 32(11): 1463-1471.

[200] Plubtieng S, Punpaeng R. A general iterative method for equilibrium problems and fixed point problems in Hilbert spaces. Journal of Mathematical Analysis and Appli-

cations, 2007, 336(1): 455-469.

[201] Kumama P, Petrot N, Wangkeeree R. A hybrid iterative scheme for equilibrium prob-
lems and fixed point problems of asymptotically k-strict pseudo-contractions. Journal
of Computational and Applied Mathematics, 2009, 233(8): 2013-2026.

[202] Bari C D, Vetro P. Common fixed points for self mappings on compact metric spaces.
Applied Mathematics and Computation, 2013, 219(12): 6804-6808.

[203] Bianchi M, Kassay G, Pini R. Existence of equilibria via Ekeland's principle. Journal
of Mathematical Analysis and Applications, 2005, 305(2): 502-512.

[204] Zhu D L, Marcotte P. Co-coercivity and its role in the convergence of iterative schemes
for solving variational inequalities. SIAM Journal on Optimization, 1996, 6(3): 714-
726.

[205] Liu Z H, Zeng S D, Motreanu D. Evolutionary problems driven by variational inequal-
ities. Journal of Differential Equations, 2016, 260(9): 6787-6799.

[206] Liu Z H, Motreanu D, Zeng S D. Nonlinear evolutionary systems driven by mixed vari-
ational inequalities and its applications. Nonlinear Analysis Real World Applications,
2018, 42: 409-421.

[207] Li X S, Huang N J, O' Regan D. Differential mixed variational inequalities in finite
dimensional spaces. Nonlinear Analysis: Theory, Methods and Applications, 2010,
72(43718): 3875-3886.

[208] Wang X, Tang G J, Li X S, Huang N J. Differential quasi-variational inequalities in
finite dimensional spaces. Optimization, 2015, 64(4): 895-907.

[209] Zeng B, Liu Z H. Existence results for impulsive feedback control systems. Nonlinear
Analysis: Hybrid Systems 2019, 33: 1-16.

[210] Li X S, Huang N J, O' Regan D. A class of impulsive differential variational inequalities
in finite dimensional spaces. Journal of the Franklin Institute, 2016, 353(13): 3151-
3175.

[211] Lu L, Liu Z H, Obukhovskii V. Second order differential variational inequalities
involving anti-periodic boundary value conditions. Journal of Mathematical Analy-
sis and Applications, 2019, 473(2): 846-865.

[212] Lu L, Liu Z H, Motreanu D. Existence results of semilinear differential variational
inequalities without compactness. Optimization, 2019, 68(5): 1017-1035.

[213] Liu Z H, Migórski S, Zeng S D. Partial differential variational inequalities involving
nonlocal boundary conditions in Banach spaces. Journal of Differential Equations,
2017, 263(7): 3989-4006.

[214] Li J. Existence of continuous solutions of nonlinear hammerstein integral equations
proved by fixed point theorems on posets. Journal of Nonlinear and Convex Analysis,
2017, 17(7): 1311-1323.

[215] Kamenskii M, Obukhovskii V, Zecca P. Condensing Multivalued Maps and Semilinear

Differential Inclusions in Banach Spaces. Berlin: Water de Gruyter, 2001.

[216] Meyer-Nieberg P. Banach Lattices. Berlin: Springer-Verlag, 1991.

[217] Carl S, Heikkila S. Fixed Point Theory in Ordered Sets and Applications: From Differential and Integral Equations to Game Theory. New York: Springer, 2010.

[218] Isac G. On the order monotonicity of the metric projection operator// Singh S P, ed. Approximation Theory, Wavelets and Applications. Dordrecht: Kluwer, 1995.

[219] Zeidler E. Nonlinear Functional Analysis and Its Applications. Vol. I. Berlin: Springer-Verlag, 1985.

[220] Ekeland I, Témam R. Convex analysis and variational problems. Amsterdam: North-Holland, 1976.

[221] Moreau J J. Propriétés des applications prox. Comptes rendus hebdomadaires deséances de l'Académie des ences, 1963, 256: 1069-1071.

[222] Moreau J J. Proximitéet dualité dans un espace hilbertien. Bulletin De La Societe Mathematique De France, 1965, 93: 273-299.

[223] Kuznets S. Economic growth and income inequality. American Economic Review, 1955, 45(1): 1-28.

[224] Shi P, Zhang A. Methods to calculate the upper bound of Gini coefficient based on grouped data and the result for China. https: // arxiv. org/abs/1305. 4896.

[225] Mirrlees J A. An exploration in the theory of optimum income taxation. Review of Economic Studies, 1971, 38(2): 175-208.

[226] Diamond P A. Optimal income taxation: An example with a U-shaped pattern of optimal marginal tax rates. American Economic Review, 1998, 88(1): 83-95.

[227] Li J, Lin S, Zhang C J. Skill distribution and the optimal marginal income tax rate. Economics Letters, 2013, 118(3): 515-518.

[228] Myles G. On the optimal marginal rate of income tax. Economics Letters, 2000, 66(1): 113-119.

[229] Lorenz M O. Methods of measuring the concentration of wealth. Publications of the American Statistical Association, 1905, 9(70): 209-219.

[230] Gastwirth J L. The estimation of the Lorenz curve and Gini index. Review of Economics and Statistics, 1972, 54: 306-316.

[231] Gini C. Concentration and dependency ratios(in Italian, 1909). English translation in Rivista di Politica Economica, 1997, 87: 769-789.

[232] Kakwani N C, Podder N. On the estimation of Lorenz curves from grouped observations. International Economic Review, 1973, 14(2): 278-292.

[233] Kakwani N C. Measurement of tax progressivity: An international comparison. The Economic Journal, 1977, 87(345): 71-80.

[234] Fan K. A generalization of Tychonoff's fixed point theorem. Mathematische Annalen, 1961, 142(3): 305-310.

[235] Schader M, Schmid F. Fitting parametric Lorenz curves to grouped income distribution. Empirical Economics, 1994, 19(3): 361-370.

[236] 哈维·S. 罗森. 财政学. 北京: 中国人民大学出版社, 2003.

[237] Zhang C J, Hu X. Generalized variational inequalities for fuzzy mapping. Journal of Nanjing normal university, 1995, 18(3): 13-17.

[238] Chang S S, Zhu Y G. On variational inequalities for fuzzy mappings. Fuzzy Sets and Systems, 1989, 32(3): 359-367.

[239] Shih M H, Tan K K. Browder-Hartman-Stampacchia variational inequalities for multi-valued monotone operators. Journal of Mathematical Analysis and Applications, 1988, 134 (2): 431-440.

[240] Jankovi S, Kadelburg Z, Radenovi S. On cone metric spaces: A survey. Nonlinear Analysis, 2011, 74(7): 2591-2601.

[241] Asadi M. On Ekeland's variational principle in M-metric spaces. Journal of Nonlinear and Conves Analysis, 2016, 17(6): 1151-1158.

[242] Filipovi M, Paunovi L, Radenovi S, Rajovi M. Remarks on "Cone metric spaces and fixed point theorems of T-Kannan and T-Chatterjea contractive mappings". Mathematical & Computer Modelling, 2011, 54(5): 1467-1472.

[243] Radenovic S, Kadelburg Z. Quasi-contractions on symmetric and cone symmetric spaces. Banach Journal of Mathematical Analysis, 2011, 5(1): 38-50.

[244] Karamardian S, Schaible S. Seven kinds of monotone maps. Journal of Optimization Theory and Applications, 1990, 66(1): 37-46.

[245] Fu J. Simultaneous vector variational inequalities and vector implicit complementarity problem. Journal of Optimization Theory and Applications, 1997, 93(1): 141-151.

[246] Chadli O, Chiang Y, Huang S. Topological pseudomonotonicity and vector equilibrium problems. Journal of Mathematical Analysis and Applications, 2002, 270(2): 435-450.

[247] Li J, Huang N J, Kim J. On implicit vector equilibrium problems. Journal of Mathematical Analysis and Applications, 2003, 283(2): 501-512.

[248] Farajzadeh A P, Amini-Harandi A. On the generalized vector equilibrium problems. Journal of Mathematical Analysis and Applications, 2008, 344(2): 999-1004.

[249] Capata A. Existence results for globally efficient solutions of vector equilibrium problems via a generalized KKM principle. Acta Mathematica Scientia, 2007, 37(2): 463-476.

[250] Han Y, Huang N J. Existence and connectedness of solutions for generalized vector quasi-equilibrium problems. Journal of Optimization Theory and Applications, 2018, 179(1): 65-85.

[251] Ansari Q H, Schaible S, Yao J C. The system of generalized vector equilibrium problems with applications. Journal of Global Optimization, 2002, 22(1-4): 3-16.

[252] Lashkaripour R, Karamian A. On a new generalized symmetric vector equilibrium

problem. Journal of Inequalities and Applications, 2017, (1): 237.

[253] Gong X. Ekeland's principle for set-valued vector equilibrium problems. Acta Mathematica Scientia, 2014, 34(4): 1179-1192.

[254] Gutiérrez C, Kassay G, Novo V, Ródenas-Pedregosa J L. Ekeland Variational Principles in Vector Equilibrium Problems. SIAM Journal on Optimization, 2017, 27(4): 2405-2425.

[255] Zhang C, Wang Y. Applications of order-theoretic fixed point theorems to discontinuous quasi-equilibrium problems. Fixed Point Theory and Applications, 2015, 2015: 54.

[256] Anh L Q, Khanh P Q. Semicontinuity of solution sets to parametric quasivariational inclusions with applications to traffic networks II: Lower semicontinuities applications. Set-Valued and Variational Analysis, 2008, 16(2-3): 267-279.

[257] Anh L Q, Khanh P Q. Sensitivity analysis for weak and strong vector quasiequilibrium problems. Vietnam journal of mathematics, 2009, 37(2-3): 237-253.

[258] Anh L Q, Khanh P Q. Continuity of solution maps of parametric quasiequilibrium problems, Journal of Global Optimization, 2010, 46(2): 247-259.

[259] Zhang W Y, Fang Z M, Zhang Y. A note on the lower semicontinuity of efficient solutions for parametric vector equilibrium problems. Applied Mathematics Letters, 2013, 26(4): 469-472.

[260] Han Y, Gong X H. Lower semicontinuity of solution mapping to parametric generalized strong vector equilibrium problems. Applied Mathematics Letters, 2014, 28(2): 38-41.

[261] Anh L Q, Khanh P Q, Tam T N. Hausdorff continuity of approximate solution maps to parametric primal and dual equilibrium problems. TOP, 2016, 24(1): 242-258.

[262] Anh L Q, Duoc P T, Tam T N. Continuity of approximate solution maps to vector equilibrium problems. Journal of Industrial and Management Optimization, 2017, 13(4): 1685-1699.

[263] Wang Y, Zhang C. Order-preservation of solution correspondence for parametric generalized variational inequalities on Banach lattices. Fixed Point Theory and Applications, 2015, 2015: 108.

[264] Sun S Q. Order preservation of solution correspondence to single-parameter generalized variational inequalities on Hilbert lattices. Journal of Fixed Point Theory and Applications, 2017, 19(3): 2081-2094.

[265] Meyer-Nieberg P. Banach Lattices. Berlin: Springer, 1991.

[266] Schaefer H H. Topological Vector Spaces. New York, Heidelberg, Berlin: Springer-Verlag, 1970.

[267] Ansari Q H. Vector equilibrium problems and vector variational inequalities//Giannessi F, ed. Vector Variational Inequalities and Vector Equilibria. Non-

convex Optimization and Its Applications, vol 38. Boston, MA: Springer, 2000.

[268] Chadli O, Riahi H. On generalized vector equilibrium problems. Journal of Global Optimization, 2000, 16(1): 69-75.

[269] Debreu G. A social optimal strategy existence theorem. Proceedings of the National Academy of Science, 1952, 38: 886-893.

[270] Mendez-Naya L. Weak topology and infinite matrix games. International Journal of Game Theory, 1998, 27(2): 219-229.

[271] Radzik T. Saddle point theorems. International Journal of Game Theory, 1991, 20(1): 23-32.

[272] Radzik T. Characterization of optimal strategies in matrix games with convexity properties. International Journal of Game Theory, 2000, 29(2): 211-227.

[273] Wald A. Note on zero sum two person games. Annals of Mathematics, 1950, 52(3): 739-742.

[274] Pang J S, Fukushima M. Quasi-variational inequalities, generalized Nash equilibria, and multi-leader-follower games. Computational Management Science, 2005, 2(1): 21-56.

[275] Noor M A. On general quasi-variational inequalities. Journal of King Saud University-Science, 2012, 24(1): 81-88.

[276] Outrata J V, Zowe J. A Newton method for a class of quasi-variational inequalities. Computational Optimization and Applications, 1995, 4(1): 5-21.

[277] Harker P T. Generalized Nash games and quasi-variational inequalities. European Journal of Operational Research, 1991, 54(1): 81-94.

[278] Gupta R, Mehra A. Gap functions and error bounds for quasi variational inequalities. Journal of Global Optimization, 2012, 53(4): 737-748.

[279] Ricceri O N. On the covering dimension of the fixed point set of certain multifunctions. Commentationes Mathematicae Universitatis Carolinae, 1991, 32(2): 281-286.

[280] Michael E. Continuous selections I. Annals of Mathematics, 1956, 63(2): 361-382.

[281] He X, Liu H X. Inverse variational inequalities with projection-based solution methods. European Journal of Operational Research, 2011, 208(1): 12-18.

[282] Shehu Y, Gibali A, Sagratella S. Inertial projection-type methods for solving quasi-variational inequalities in real Hilbert spaces. Journal of Optimization Theory and Applications, 2020, 184(3): 877-894.

[283] Wang Y J, Xiu N H, Wang C Y. Unified framework of extragradient-type methods for pseudomonotone variational inequalities. Journal of Optimization Theory and Applications, 2001, 111(3): 641-656.

[284] Yao J C. The generalized quasi-variational inequality problem with applications. Journal of Mathematical Analysis and Applications, 1991, 158(1):139-160.

[285] Wang Y J, Xiu N H, Wang C Y. A new version of extragradient method for variational

inequality problems. Computers and Mathematics with Applications, 2001, 42(6): 969-979.

[286] Noor M A. Sensitivity analysis for quasi-variational inequalities. Journal of Optimization Theory and Applications, 1997, 95(2): 399-407.

[287] He Y. A new double projection algorithm for variational inequalities. Journal of Computational and Applied Mathematics, 2006, 185(1): 166-173.

[288] Noor M A. On merit functions for quasivariational inequalities. Journal of Mathematical Inequalities, 2007, 1(2): 259-268.

[289] Araya Y. Four types of nonlinear scalarizations and some applications in set optimization. Nonlinear Analysis: Theory, Methods & Applications, 2012, 75(9): 3821-3835.

[290] Alleche B, Rădulescu V D. Solutions and approximate solutions of quasi-equilibrium problems in Banach spaces. Journal of Optimization Theory & Applications, 2016, 170(2): 629-649.

[291] Dinh T L. Theory of Vector Optimization. Lecture Notes in Economics & Mathematical Systems, vol. 319. Berlin: Springer, 1989.

[292] Göpfert A, Riahi H, Tammer C, Zălinescu C. Variational Methods in Partially Ordered Spaces. Berlin, Heidelberg: Springer, 2003.

[293] Gerth C, Weidner P. Nonconvex separation theorems and some applications in vector optimization. Journal of Optimization Theory and Applications, 1990, 67(2): 297-320.

[294] Hernández E, Rodríguez-Marín L. Nonconvex scalarization in set optimization with set-valued maps. Journal of Mathematical Analysis and Applications, 2007, 325(1): 1-18.

[295] Shan S Q, Han Y, Huang N J. Upper semicontinuity of solution mappings to parametric generalized vector quasiequilibrium problems. Journal of Function Spaces, 2015, 2015: 1-6.

[296] Han Y, Huang N J. Continuity and convexity of a nonlinear scalarizing function in set optimization problems with applications. Journal of Optimization Theory and Applications, 2018, 177(3): 679-695.

[297] Han Y, Huang N J. Some characterizations of the approximate solutions to generalized vector equilibrium problems. Journal of Industrial and Management Optimization, 2016, 12(3): 1135-1151.

[298] Han Y, Huang N J. Existence and stability of solutions for a class of generalized vector equilibrium problems. Positivity, 2016, 20(4): 829-846.

[299] Zhang W Y, Li S J, Teo K L. Well-posedness for set optimization problems. Nonlinear Analysis: Theory, Methods & Applications, 2009, 71(9): 3769-3778.

[300] Han Y, Pu D. Smoothing Levenberg-Marquardt method for general nonlinear complementarity problems under local error bound. Applied Mathematical Modelling, 2011, 35(3): 1337-1348.

[301] 张石生, 张从军. 集值映射的不动点指数及其在变分不等式中的应用. 数学研究与评论, 1994, (1): 101-104.

[302] Zhang C J. Improvement and generalization for Browder-Hartman-Stampacchia variational inequality. Applied Functional Analysis, 1995, (2): 352-363.

[303] Zhang C J. Variational inequality and complementarity problem for set-valued mapping with application. Chinese quarterly Journal of mathematics, 1995, 10(2): 33-39.

[304] Zhang S S, Ha K S, Cho Y J, Zhang C J. On the Browder-Hartman-Stampacchia variational inequality. Journal of the Korean Mathematical Society, 1995, 32(3): 493-507.

[305] 张从军. 局部凸空间中集值 A-proper 映射的拓扑度. 应用数学, 1996, (1): 83-85.

[306] 张从军. 非紧集上的变分不等式和拟变分不等式. 数学研究与评论, 1997, (2): 247-252.

[307] Zhang C, Zhou G. Equivalent propositions on tangent cones and tangential derivatives. Pure and Applied Mathematics, 2004, 20(1): 14-17.

[308] Zhang Z, Zhang C J. On very rotund Banach space. Applied Mathematics and Mechanics, 2000, 21(8): 965-970.

[309] Zhang C J. Existence of solutions of two abstract variational inequalities. Fixed Point Theory and Applications, 2001(2): 153-161.

[310] Zhang C J. On the existence for the solutions of generalized bi-quasi-variational inequalities and generalized quasi-variational inequalities. Mathematical Applicata, 2003, 16(3): 112-117.

[311] Zhang C J, Kim J K. On the existence for the solutions of generalized bi-quasi-variational inequalities and generalized quasi-variational inequalities. Nonlinear Functional Analysis and Applications, 2003, 8(2): 243-251.

[312] 张从军, 周敏. 关于边缘泛函与边缘映射的研究. 安徽大学学报, 2004, 28(1): 15-19.

[313] 张从军, 周光辉. 关于切锥与切导数的等价命题. 纯粹数学与应用数学, 2004, 20(1): 14-17.

[314] Zhang C J, Zhou G H. Iterative solutions for generalized set-valued variational inclusion in Banach Spaces. Mathematical Applicata, 2004, 17(3): 436-443.

[315] Zhang C J. A new iterative algorithms of solution for multivalued nonlinear mixed variational inclusions problem. Acta Analysis Functionlis Applicata, 2004, 6(4): 310-315.

[316] Zhang C J. Existence and algorithms of solutions for multivalued nonlinear mixed variational inclusions. Acta Mathematicae Applicatae Sinica, 2005, 28(1): 65-72.

[317] Zhang C J, Zhou G H. Iterative algorithm of the solutions for a new class of generalized set-valued variational inclusion in Banach Spaces. Mathematical Biquarterly, 2005, 22(1): 177-182.

[318] 张从军. 关于广义双拟变分不等式和拟变分不等式. 应用泛函分析学报, 2005, 7(2): 116-122.

[319] 张从军, 孙敏. 一类集值非线性混合变分包含问题的逼近解. 应用数学和力学, 2005, 26(9): 1121-1127.

[320] Zhang C J. The equilibrium problems with upper bounds. Nonlinear Analysis, 2005, 48(2): 2377-2385.

[321] Zhang C J. Existence and algorithms of solutions for multivalued nonlinear mixed variational inclusions. Nonlinear Functional Analysis and Applications, 2006, 11(2): 215-225.

[322] Zhang C J. Existence and four iterative algorithms of approximate solution for nonlinear mixed variational inclusions. Proceedings of the Seventh International Conference on Fixed Point Theory and Its Applications, Yokohama Publishers, 2005: 205-219.

[323] 张从军, 孙敏. 抽象经济均衡问题解的存在性及其算法, 数学进展, 2006, 35(5): 570-580.

[324] Zhang C J, Li J, Sun M. Existence of solutions for abstract economic equilibrium problems and algorithm. Computers and Mathematics With Applications, 2006, (52): 1471-1482.

[325] Li J, Zhang C J, Ma X. On the metric projection operator and its applications to solving variational inequalities in Banach spaces. Numerical Functional analysis and Optimization, 2008, (29): 410-418.

[326] Zhang C J, Li J, Liu B. Strong convergence theorems for equilibrium problems and relatively nonexpansive mappings in Banach spaces. Computers and Mathematics with Applications, 2011, 61(2): 262-276.

[327] Liu B, Zhang C J. Strong convergence theorems for equilibrium problems and quasi-nonexpansive mappings. Nonlinear Functional Analysis and Applications, 2011, 16(3): 365-385.

[328] Li J, Zhang C J. On the continuity of transitive closures of vector relations on Banach spaces and its applications to utility theory. Nonlinear Analysis Forum, 2012, (17): 141-163.

[329] Zhang C J, Li J, Zhang Y, Feng X. Several new types of fixed point theorems and their applications to two-point ordinary differential equations. Applied Mathematics, 2012, (10): 1109-1116.

[330] Zhang C J, Li J, Feng Z. The existence and the stability of solutions for equilibrium problems with lower and upper bounds. Journal of Nonlinear Analysis and Application, 2012: 1-13.

[331] Li J, Lin S. Optimal income taxation with discrete skill distribution. Mathematical Social Sciences, 2016, 83: 58-70.

[332] Li J, Zhang C J. Subjective belief projection and subjective belief probabilities for representations of horse lotteries. Nonlinear Analysis Forum, 2013, (18): 123-145.

[333] Zhang C J, Gong W, Li J, Zhou G. The gap functions and error bounds of solutions of a class of set-valued mixed variational inequality and related algorithms. Journal

of Advances in Mathematics, 2013, 4(1): 296-319.

[334] Zhang C J, Liu B, Wei J. Gap functions and algorithms for variational inequality problems. Journal of Applied Mathematics, 2013, 2013: 1-7.

[335] Li J, Zhang C J, Chen Q. Fixed point theorems on ordered vector spaces. Fixed Point Theory and Applications, 2014, 2014: 109.

[336] Gong W, Li J, Zhou G, Zhang C J. Cone metric spaces and related fixed point theorems. Nonlinear Functional Analysis and Applications, 2014, 19(2): 223-236.

[337] Wang Y, Zhang C J. Wiener-Hopf equation technique for solving equilibrium problems and variational inequalities and fixed points of a nonexpansive mapping. Journal of Inequalities and Applications, 2014, 2014: 286.

[338] 张从军, 陈毅平, 周光辉. 半凸多目标优化 ε-拟弱有效解的最优性条件及对偶定理. 数学杂志, 2014, 34(6): 1141-1148.

[339] Li J, Zhang C J. Several fixed point theorems and the applications to ordered variational inequalities on ordered topological vector spaces. Nonlinear Analysis Forum, 2015, 20(3): 121-135.

[340] 王月虎, 张从军. 广义均衡问题的算法及强收敛性——基于 Wiener-Hopf 方程技巧. 数学物理学报, 2015, 35A(4): 695-709.

[341] Wang Y, Zhang C J. Ekeland's principle for existence of solution of vector equilibrium problem in cone metric space. Journal of Mathematics, 2015, 35(4): 825-832.

[342] 郭小亚, 张从军. 拟变分不等式研究及其在交通问题中的应用. 应用数学, 2015, 28(4): 743-752.

[343] 周光辉, 张从军, 张成虎, 王月虎. 非线性互补问题的两种数值解法. 数学杂志, 2016, 36(4): 794-808.

[344] Gong W, Liang J, Zhang C J. Multistability of complex-valued neural networks with distributed delays. Neural Computing & Applications, 2017, 28: 1-14.

[345] Gong W, Liang J, Zhang C J, Cao J. Nonlinear measure approach for the stability analysis of complex-valued neural networks. Neural Processing Letters, 2016, 44(2): 539-554.

[346] Zhang C J, Li S, Liu B. Topological structures and the coincidence point of two mappings in cone b-metric spaces. Journal of Nonlinear Sciences and Applications. 2017, 10(4): 1334-1344.

[347] Zhang Z, Sha M, Wang Y, et al. Chemical perturbation two-dimensional correlation ultraviolet visible spectroscopy for quality control of Chinese liquor. Journal of the American Society of Brewing Chemists, 2018, 76(2): 141-146.

[348] 张从军, 李赛, 吕丽霞, 王月虎. 一种混合算法求解可分离带线性约束的变分不等式问题. 数学杂志, 2019, 39(2): 234-248.

[349] 张从军, 鞠贵垠, 王月虎. 集值均衡与 Browder 变分包含问题解的存在性. 应用数学, 2019, 32(3): 525-531.

[350] 王月虎，刘保庆., 链完备偏序集上广义向量均衡问题解映射的保序性. 数学物理学报, 2019, (6): 1483-1491.

[351] Wang Y, Liu B. Upper order-preservation of the solution correspondence to vector equilibrium problems. Optimization, 2019, 68(9): 1769-1789.

[352] Wang Y, Liu B. Order-preservation properties of solution mapping for parametric equilibrium problems and their applications[J]. Journal of Optimization Theory and Applications, 2019, 183(3): 881-901.

[353] 张从军, 李赛. 一个标量泛函的研究及其在集值优化问题中的应用. 数学学报, 2019, 62(1): 157-166.

[354] Wang Y, Zhang C. Existence results of partial differential mixed variational inequalities without Lipschitz continuity. Journal of Mathematical Analysis and Applications, 2020, 484(1): 123710.

[355] Zhang C, Li Y, Wang Y. On solving split genealized equilibrium problems with trifunctions and fixed point problem of demiconteactive multivalued mapping. Journal of Nonlinear and Convex Analysis, 2020, 21(9): 2027-2042.